50 YEARS

GESCHICHTE, WIRKUNG UND ZUKUNFT DER SAP

THE BEST RUN SAP

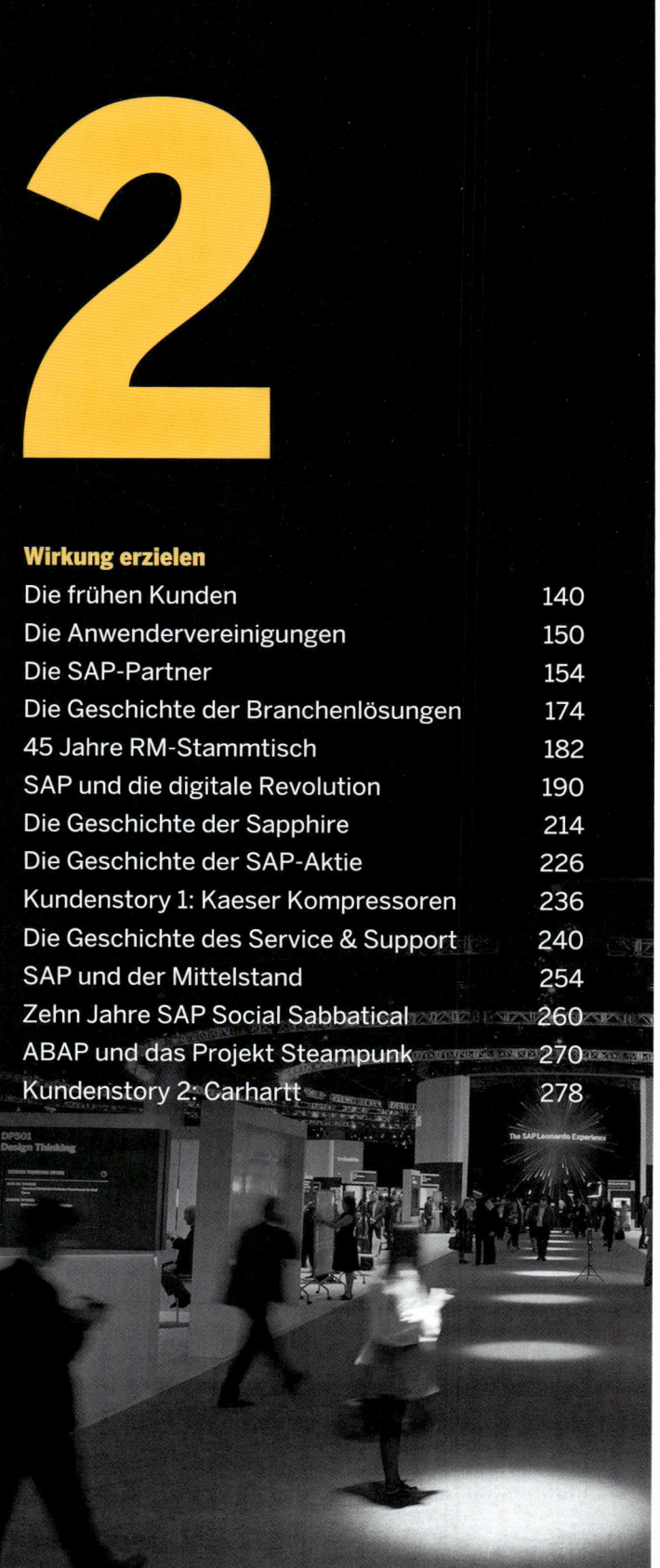

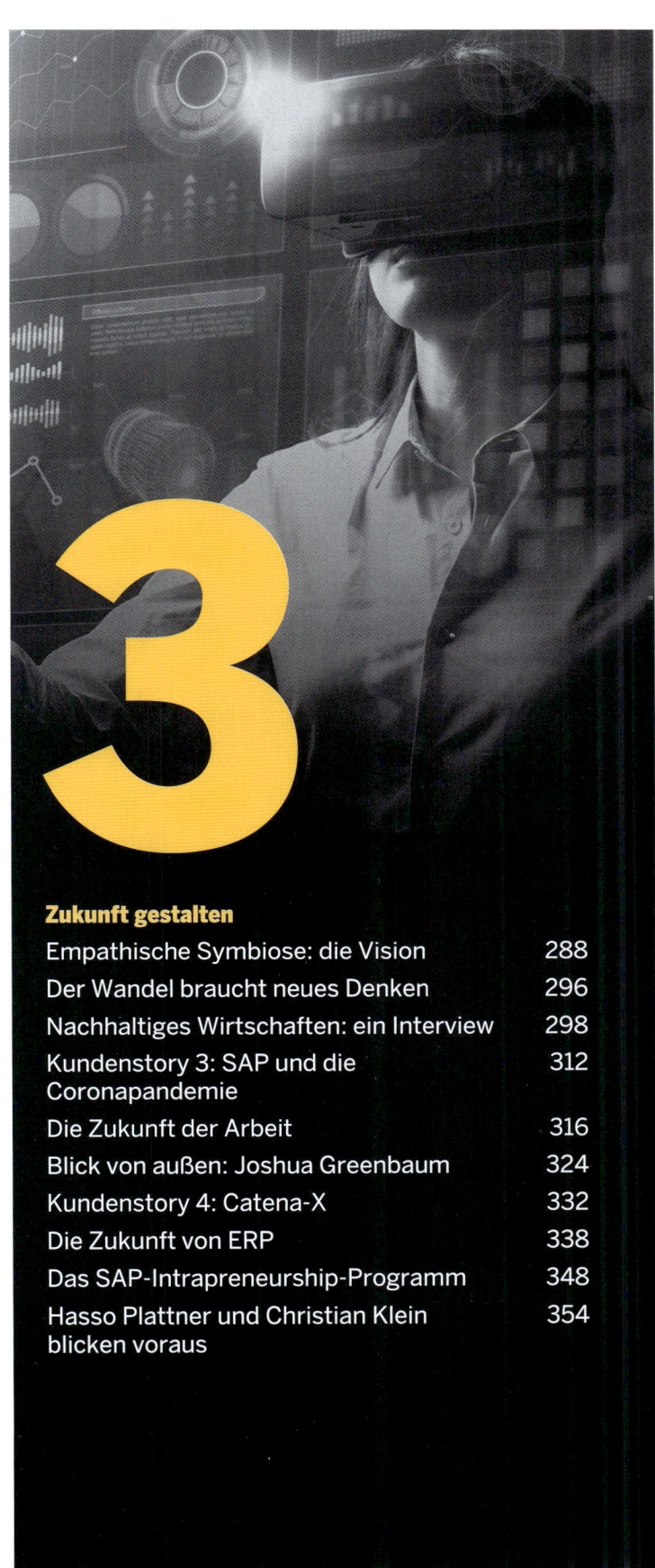

Zukunft gestalten

Geschichten aus Ländern und Regionen

Zeitleisten

Rubriken

Vorwort

Wenn man nur wenige Kilometer von Walldorf entfernt aufwächst, ist es nahezu unmöglich, nicht von Kindesbeinen an mit SAP in Berührung zu kommen. Seien es die Nachbarn, die bei SAP arbeiten, sei es die Bandenwerbung, die man auf Sportplätzen und in Stadien der Region sieht, seien es kulturelle, sportliche oder soziale Projekte, die SAP fördert, oder sei es auf der Autobahn, von der das Headquarter weithin zu sehen ist: SAP ist allgegenwärtig.

Daher war mir bereits früh klar, wie wichtig Unternehmen wie SAP für die Region sind – als Arbeitgeber, Wachstumstreiber, durch soziales Engagement und die Förderung von Kunst, Kultur und Sport. Nicht im Traum hätte ich jedoch daran gedacht – weder als Kind noch als ich als Berufseinsteiger zum ersten Mal den SAP-Hauptsitz in Walldorf betrat –, dass ich einmal der Vorstandssprecher einer der Marktführer für Unternehmenssoftware werden sollte.

Alles begann mit einem Schülerpraktikum: Im Lager habe ich Monitore verräumt, ausgepackt und getestet – wahrlich keine Traumaufgabe, waren die Bildschirme doch schwer und nicht zu vergleichen mit den heutigen Flatscreens. Dennoch war es eine wichtige Arbeit, und als nach dem Abitur die Frage nach der Zukunft aufkam, entschied ich mich: Es sollte ein duales Studium sein, und die praktischen Erfahrungen wollte ich natürlich bei SAP sammeln.

Das ist jetzt mehr als 20 Jahre her, und in diesen Jahren durfte ich in Positionen in unterschiedlichen Abteilungen und Ländern viele Facetten von SAP kennenlernen und erfahren, was SAP zu dem macht, was es heute ist: ein global agierendes Unternehmen mit mehr als 100.000 Beschäftigten aus mehr als 150 Ländern, ohne dessen Programme die Weltwirtschaft stillstehen würde.

Die Geschichte von SAP begann 1972 mit unseren fünf Firmengründern Dietmar Hopp, Hasso Plattner, Claus Wellenreuther, Klaus Tschira und Hans-Werner Hector und ihrer Vision für das Geschäftspotenzial von Technologie. Mit einem Kunden und einer Handvoll Mitarbeiter schlug SAP einen Weg ein, der nicht nur die Welt der IT verändern sollte, sondern auch die Art und Weise, in der Unternehmen ihre Geschäfte abwickeln. Es waren die Ideen, der Pioniergeist und der Tatendrang unserer Gründer, die den Grundstein gelegt haben für den Aufstieg von SAP – und sie sind bis heute, 50 Jahre später, die Basis für unseren Erfolg.

Mit diesem Buch möchten wir zeigen, wie es SAP geschafft hat, in einer sich immer schneller wandelnden Welt erfolgreich zu sein, sich stets neu zu erfinden, nachhaltig zu wachsen und bei allem die zwei wichtigsten Pfeiler unseres Erfolgs im Blick zu behalten: unsere Kunden und unsere Kolleginnen und Kollegen. Wir erzählen von unseren ersten Anwendern und den Anfängen in vielen

Ländern, von unseren Kolleginnen und Kollegen, aber auch von Lösungen, unserem Logo, der Kundenmesse SAP Sapphire und natürlich den Erfolgsgeschichten unserer Kunden.

Doch wir möchten nicht nur zurückblicken, sondern vor allem nach vorne: Aufbauend auf den Erfahrungen der letzten 50 Jahre und mithilfe innovativer Lösungen und Services unter anderem für künstliche Intelligenz, maschinelles Lernen, robotergesteuerte Prozessautomatisierung, Blockchain, das Internet der Dinge und Edge Computing unterstützen wir unsere Kunden heute dabei, intelligente, vernetzte und nachhaltige Unternehmen zu werden. Denn längst reicht es nicht mehr, Organisationen lediglich auf Profitabilität auszurichten.

Alles, was wir bei SAP tun, dreht sich im Kern um eines: die Abläufe der weltweiten Wirtschaft und das Leben von Menschen zu verbessern. Dazu gehört auch der Erfolg unserer Kunden – von Start-ups über mittelständische Firmen bis hin zu Großunternehmen. Seit unserer Gründung revolutionieren wir, wie Unternehmen Geschäfte machen, und wir begleiten unsere Kunden und Geschäftspartner auf jedem ihrer Schritte – als verlässlicher Partner, Paradigmenwechsler und Treiber ihrer Transformation.

Märkte verändern sich immer schneller, und die letzten Jahre haben gezeigt, wie vernetzt unsere globale Wirtschaft ist, wie abhängig wir von widerstandsfähigen Gesundheits- und Sozialsystemen, von funktionierenden Lieferketten und Infrastrukturen sind, wie sehr uns der Klimawandel alle bedroht.

Gleichzeitig steigen die Ansprüche von Verbrauchern, Mitarbeitenden und Investoren: Das Bewusstsein für Themen wie Klimawandel und Ungleichheit hat zugenommen. Kunden entscheiden nicht mehr nur auf der Grundlage von Produkten oder dem Preis, sondern achten darauf, ob Unternehmen ihrer gesellschaftlichen Verantwortung gerecht werden. Arbeitnehmer erwarten, dass sich ihr Arbeitgeber für soziale Gerechtigkeit und Umweltschutz einsetzt, und auch für Investoren kommt Nachhaltigkeit zunehmend an erster Stelle. Unabhängig von ihrer Größe, Region oder Branche müssen Unternehmen also nicht nur ihre Aktionäre zufriedenstellen, sondern auch ihrer Verantwortung für Kunden, Partner, Mitarbeitende, für die Umwelt und die Gesellschaft als Ganzes gerecht werden.

Um unseren Kunden dabei zu helfen, ihre Herausforderungen heute und in Zukunft zu lösen, verfolgen wir drei Ziele:
• Erstens unterstützen wir sie bei ihrem Wandel zum intelligenten und nachhaltigen Unternehmen. Wir helfen ihnen, ihre Unternehmen zu transformieren und dabei zentrale Prozesse in die Cloud zu verlagern.

• Zweitens bringen wir sie in einem globalen Geschäftsnetzwerk zusammen und ermöglichen es ihnen so, über ihre Lieferketten hinweg zusammenzuarbeiten und in Echtzeit auf Störungen zu reagieren.

• Drittens setzen wir uns gemeinsam für eine nachhaltige Welt ein. Wir bieten durchgängige Transparenz, ein umfassendes Lösungsportfolio und helfen unseren Kunden, Nachhaltigkeitskennzahlen nahtlos in ihre Geschäftsabläufe zu integrieren.

Unsere Kunden generieren 87 Prozent des weltweiten Handelsvolumens, 99 der größten 100 Unternehmen arbeiten mit SAP-Software. Damit einher geht für uns sowohl eine große Verantwortung als auch ein unglaubliches Potenzial, die Abläufe der weltweiten Wirtschaft und das Leben von Menschen zu verbessern. Wir sind überzeugt: In einer Welt, in der es gilt, Menschen, Umwelt und Gewinne in Einklang zu bringen, kann Technologie helfen, einen Mehrwert für alle Beteiligten und eine bessere Welt für uns alle zu schaffen, indem wir Nachhaltigkeit profitabel und Profitabilität nachhaltig machen.

Keine Frage, Technologie kann eine entscheidende Rolle spielen, die großen Herausforderungen unserer Zeit zu lösen. Doch letztlich sind es die Menschen und der Mut, Dinge zu verändern, die über Erfolg oder Scheitern entscheiden. Das fängt bei uns selbst an und bringt mich zurück zum zweiten Eckpfeiler unseres Erfolgs: Letztlich sind es die mehr als 100.000 Menschen hinter dem Namen SAP, die uns vorantreiben und der Schlüssel zu unserem Erfolg sind – basierend auf unserer offenen, inklusiven und vielfältigen Kultur, in der jeder und jede Einzelne willkommen ist und die es uns ermöglicht, SAP für die nächsten Generationen noch besser zu machen.

Ein 50-jähriges Firmenjubiläum zu feiern, ist ein besonderes Ereignis. Dass ich bereits über zwei Jahrzehnte Teil des Unternehmens sein darf, ist für mich ebenso besonders und erfüllt mich mit Stolz. In diesem Buch schlagen wir die Brücke zwischen unserer interessanten Historie und einer sicherlich nicht weniger interessanten Zukunft – für unsere Kunden, Partner und Mitarbeitenden und die Menschen in aller Welt.

Ich wünsche Ihnen eine spannende Lektüre.

Ihr Christian Klein

„Wer in Amerika nicht erfolgreich ist, der wird im Rest der Welt auch nicht erfolgreich sein."
Hasso Plattner, 2000

„Wir haben es innerhalb der SAP geschafft, die Bereitschaft zu kultivieren, dem Kollegen zu helfen und sich zu vertrauen. In dieser Atmosphäre, in der auch Fehler toleriert werden, können sich Innovation und Leistungsfähigkeit voll entfalten."
Dietmar Hopp, 1995

„Ich bin der festen Überzeugung, dass unsere Unternehmenskultur ein ganz wesentlicher Erfolgsfaktor war und ist. Wir sprechen miteinander – offen, ehrlich, konstruktiv und teamorientiert, aber in der Sache hart."
Gerhard Oswald, 1995

„Die Unternehmenskultur der SAP ermöglicht außergewöhnliche Leistungen."
Klaus Tschira, 1997

„Anfangs ermöglichte die Geschäftssoftware der SAP den Firmen, zu prozessorientierten Organisationen zu werden ... Rechtzeitig entwickelte sich die SAP-Software weiter und verknüpfte die Abteilungen innerhalb des Unternehmens."
Esther Dyson, 2004

„Ich glaube, das Entscheidende war ein unverwüstlicher Glaube an das Gelingen, ein pragmatischer Ansatz zu Beginn und das Erkennen von den wesentlichen, treibenden Faktoren, die zu diesem einmaligen Erfolg in der Softwareindustrie geführt haben."
Hans Schlegel, 2012

GRUNDLAGEN LEGEN | 1

systemanalyse ■ programmentwicklung

Dpl. Kfm. Dr. Claus Wellenreuther

Dpl. Ing.   Dietmar Hopp

Dpl. Math. Hans - Werner Hector

Dpl. Ing.   Hasso Plattner

Dpl. Phys. Klaus Tschira

Gründerväter

Dietmar Hopp
Hasso Plattner
Claus Wellenreuther
Klaus Tschira † 2015
Hans-Werner Hector

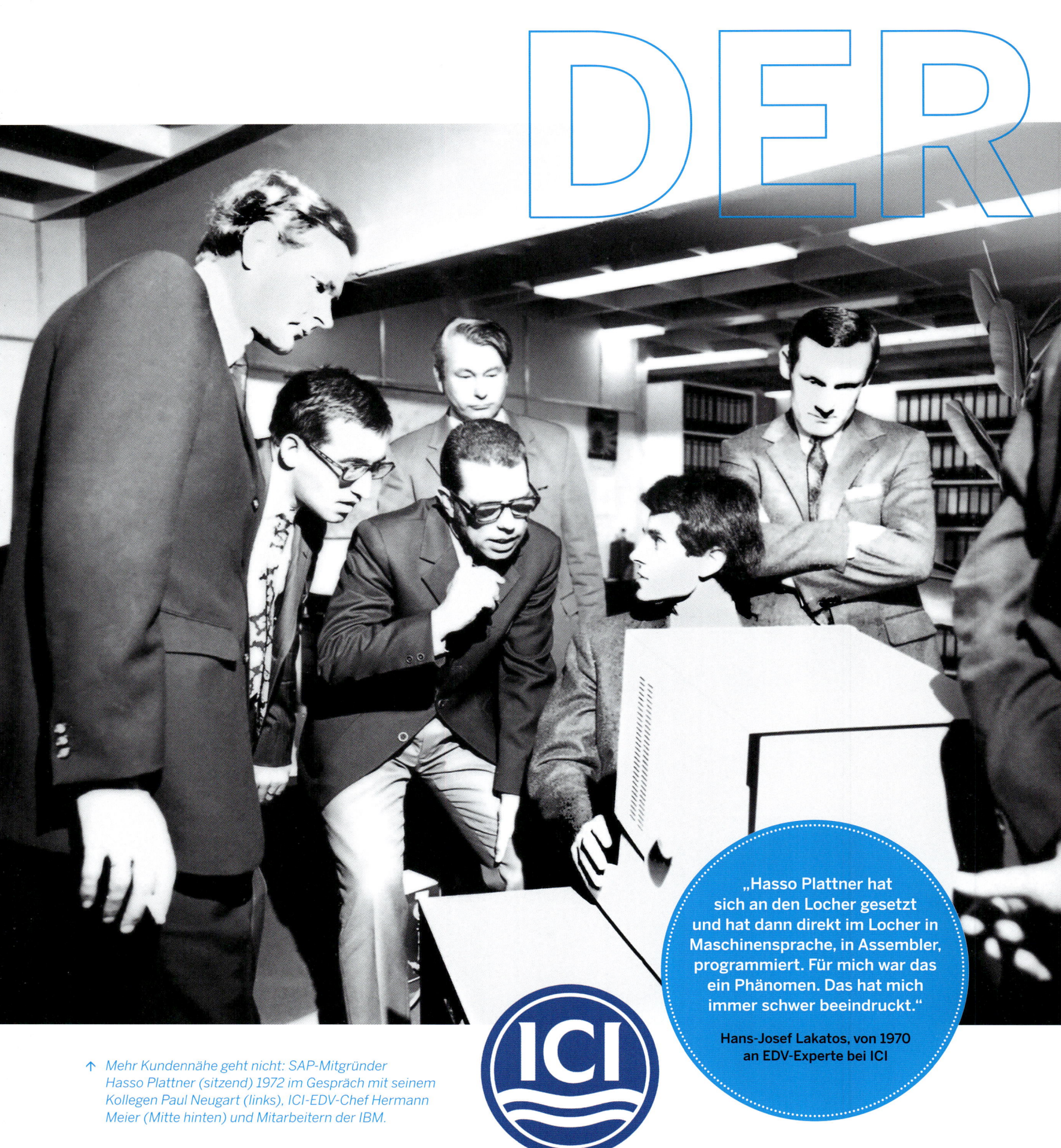

DER

"Hasso Plattner hat sich an den Locher gesetzt und hat dann direkt im Locher in Maschinensprache, in Assembler, programmiert. Für mich war das ein Phänomen. Das hat mich immer schwer beeindruckt."

Hans-Josef Lakatos, von 1970 an EDV-Experte bei ICI

↑ *Mehr Kundennähe geht nicht: SAP-Mitgründer Hasso Plattner (sitzend) 1972 im Gespräch mit seinem Kollegen Paul Neugart (links), ICI-EDV-Chef Hermann Meier (Mitte hinten) und Mitarbeitern der IBM.*

ERSTE KUNDE

Ein Glücksfall

Warum die deutsche Faser-Tochter des britischen Chemiekonzerns Imperial Chemical Industries (ICI) der ideale erste SAP-Kunde war.

Von Michael Zipf

Als Walter Rothermel sich im Herbst 1971 auf den Weg nach Hannover machte, wusste er nicht, dass die Messe seinem beruflichen Leben eine ganz neue Wendung geben würde. Als Mitglied des Einkaufs im Nylonfaserwerk der ICI (Europe) Fibres in Östringen, einer Tochter des britischen Chemiekonzerns Imperial Chemical Industries, war er auch fürs Thema EDV zuständig und besuchte deshalb den Stand der IBM. „Als ich da ankam, sah ich plötzlich ICI-Zeichen auf dem Bildschirm und erfuhr, dass bei uns in Östringen ein Onlinesystem für die Auftragsbearbeitung entwickelt wurde", erinnert sich Rothermel. „Und ich dachte mir: Das muss doch auch im Einkauf funktionieren."

Die Urheber dieses Systems, bei dem erstmals Bildschirme zum Einsatz kamen, waren Dietmar Hopp und Hasso Plattner. Der ICI-Mann Rothermel war den beiden bereits in Östringen begegnet, doch nun war klar, dass man sich näher kennenlernen würde.

Seit 1969 bereits unterstützte Dietmar Hopp als Systemberater der IBM das Werk in Östringen und sorgte dafür, dass die Programme auf dem gemieteten Großrechner reibungslos liefen. „Da war ich Mädchen für alles und habe in vielen Bereichen mitgeholfen, die Software für die Anwender nützlicher zu machen", erzählt er. 1970 stellte ihm die IBM-Niederlassung in Mannheim mit Hasso Plattner einen weiteren Systemberater zur Seite. In Gesprächen mit dem Team der Auftragsabwicklung (Order Processing) – quasi die Schaltstelle zwischen Produktion und Verkauf, die die Bestellungen der Kunden erledigt – erfuhren die beiden, wie mühsam und fehleranfällig der manuelle Prozess und wie groß der Frust auch bei den Kunden war, weil die Lieferungen oft zu spät bei ihnen ankamen. Wie sich der damalige EDV-Leiter Hermann Meier (der 2019 verstarb) erinnerte, hatten Hopp und Plattner die Idee, „die Auftragsabwicklung geschäftsprozessübergreifend in einer Realtime-Software abzubilden und somit die Auftragseingabe und die Auslieferungen zu beschleunigen." Die beiden IBMler nutzten nun erstmals anstelle von Lochkarten die Bildschirme der Serie 2260 ihres Arbeitgebers. Außerdem kamen sogenannte TP-Monitore (Transaction Processing) zum Einsatz.

Neue Hardware einsatzbereit

Doch zunächst musste Hermann Meier seine Chefs bei ICI auf seine Seite bringen. „Mich hat das Konzept überzeugt, wiewohl mir klar war, dass die beiden sich an eine Aufgabe wagten, die alles andere als trivial war. Eine Software, die realtime die Geschäftsprozesse bearbeitet, war zu jener Zeit eine totale Neuheit, galt es doch Probleme zu lösen wie Dialogsteuerung oder die datenbankähnliche Speicherung der Daten mit Restart-Möglichkeiten." Doch Meier konnte seinen Geschäftsführer dafür gewinnen, das Geld zur Verfügung zu stellen. Hermann Meier: „In der ICI-Europazentrale in Brüssel musste er für diese Entscheidung enorme Kritik einstecken, später wurde er für seinen Weitblick gelobt. In der Zentrale wartete eigentlich nur jeder darauf, dass in Östringen eine Bombe platzt

und das Projekt scheitert. Aber alles lief. Mein Bauchgefühl aus einem tiefen Vertrauen in die beiden IBM-Mitarbeiter Hopp und Plattner hatte mich nicht im Stich gelassen."

Erste Realtime-Bildschirm-Anwendung

Innerhalb von sechs Monaten brachten Hopp und Plattner das Onlinesystem an den Start – auch zur Freude der IBM-Geschäftsstelle. Schließlich benötigte ICI nun einen leistungsfähigeren Rechner und Monitore. Damit hatten die beiden IBM-Mitarbeiter – mit tatkräftiger Unterstützung aus dem Fachbereich – die erste Realtime-Bildschirmanwendung in Deutschland realisiert. Dietmar Hopp: „Der Vertriebsbereich der ICI hat das als Befreiungsschlag empfunden und wir hatten noch mehr Vertrauen bei ICI gewonnen." Für Hermann Meier waren damit bereits wichtige Bausteine für den späteren Erfolg der SAP gelegt. „Was die neue Software so einzigartig machte, war der integrierte Ansatz im Echtzeitverfahren. Im System, das bei ICI entstand, wurde der Integrationsgedanke geboren. Zudem war es Hopp und Plattner gelungen, das System so zu konzipieren, dass es als Plattform mühelos auch weitere Fachbereiche einschließen konnte."
Und von denen gab es einige, die nun ebenfalls von einem Onlinesystem profitieren wollten. Einkäufer Walter Rothermel, der das System auf der Messe in Hannover gesehen hatte, wurde Mitglied eines Teams, das nun den nächsten Schritt beim Umbau der EDV-Landschaft in Östringen plante. Aufbauend auf der Auftragsabwicklung sollten nun auch Einkauf und Materialwirtschaft mit Lagerbestandsführung, Rechnungsprüfung sowie Anlagen- und Finanzbuchhaltung in ein System integriert werden.

Gründung des SAP-Vorläufers

In der Mannheimer IBM-Geschäftsstelle traf das Ansinnen ihrer Mitarbeiter Hopp und Plattner, eine weitere Anwendung für ICI zu programmieren, auf wenig Gegenliebe. „Ich hatte angeboten, das Ganze bei IBM weiterzuentwickeln", erzählt Dietmar Hopp. „Doch dann hätte die Geschäftsstelle uns an die Zentrale in Stuttgart verloren und das wollte sie nicht." So beschlossen die beiden nun, ihren schon länger gehegten Traum, betriebliche Standardsoftware in Eigenregie zu entwickeln, in die Tat umzusetzen. Gemeinsam mit Claus Wellenreuther (der die IBM schon 1971 verlassen hatte), Klaus Tschira und Hans-Werner Hector gründeten Hopp und Plattner zum 1. April 1972 die Firma „Systemanalyse Programmentwicklung" (die erst ab 1976 offiziell SAP genannt wurde). Hopp und Meier vereinbarten, zu versuchen, von der ICI-Europazentrale die Genehmigung für die gemeinsame Entwicklung eines weiteren Onlinesystems zu bekommen. Die Vereinbarung sah vor, dass die fünf Gründer für einen Festpreis von 638.000 D-Mark das System innerhalb von neun Monaten, also bis Ende 1972, realisieren sollten. „Damit konnten wir unsere Familien ernähren und noch zwei Mitarbeiter einstellen", erzählt Dietmar Hopp. „Der Computer der ICI wurde ein weiteres Mal hochgerüstet, und, ganz wichtig, es gelang uns auch, das Recht zu sichern, die Software

„Die Zusammen-
arbeit war immer sehr
eng und gut. Sie haben von uns
gelernt, und wir haben von ihnen
gelernt. Ohne unseren Input hätten
sie die Programme nicht schreiben und
verbessern können. Und diese Programme laufen ja inzwischen in aller Welt.
Wir sind schon stolz, dass wir da
einen Beitrag leisten konnten."

**Gabriele Offner, von 1973
an Stenokontoristin
bei ICI**

Szenen aus dem Östringer ICI-Werk Anfang der 1970er-Jahre:

↖ *In der Auftragsabwicklung (Order Processing) bearbeiten Kurt Meister (vorne), Irmgard Rudolf, Brigitte Unger, Richard Back und Rolf Diehm am Telefon (von links) die Bestellungen der Kunden.*

↗ *Im Rechenzentrum bedienen H. Dietrich und Hugo Herzog die Großrechner.*

↙ *Hugo Herzog an einem Eingabeterminal für einen IBM-Großrechner.*

↘ *Jutta Speckert bearbeitet eine Plantafel für die Einsatzplanung der Locherinnen.*

VON DER PENDEL-ZUR LOCHKARTE

Helga Mayer kam 1969 zur ICI nach Östringen und arbeitete zunächst als Bürogehilfin in der Abteilung Materialwirtschaft, ehe sie zur Einkäuferin geschult wurde. Sie beschreibt den manuellen Prozess einer Bestellung im Einkauf. Das verwendete Programm von IBM hieß Mincos und war ein Stapel-(Batch-)Programm auf Lochkartenbasis:

„Es gab die sogenannte Pendelkarte, die so hieß, weil sie vom Lager in den Einkauf pendelte. Darauf waren die Lieferanten bestimmter Waren – zum Beispiel bestimmter Ersatzteile – mit allen Daten und den Einkaufsbedingungen vermerkt. Wenn nun der Lagerbestand eines Artikels so gesunken war, dass der Mindestbestand erreicht war und man nachbestellen musste, wurde die Pendelkarte mit dem Vermerk der zu bestellenden Menge in den Einkauf gebracht, wo der zuständige Einkäufer einen Lieferanten auswählte. Jetzt konnte eine Bestellung platziert werden. Dazu wurde die Bestellung von den Bürokräften abgetippt und anschließend vom Einkäufer geprüft. Danach gingen diese Belege für alle Bestellungen in die Locherei, wo die Lochkarten entstanden.

Über Nacht wurden die Lochkarten in die Maschine eingegeben und im Stapelverfahren nacheinander abgearbeitet. So entstand über Nacht ein Fehlerprotokoll. Dieses Fehlerprotokoll wurde morgens von den Einkäufern geprüft und eventuelle Fehler wurden berichtigt. Zurück in der EDV wurden die Lochkarten ausgebessert und wieder über Nacht vom Großrechner abgearbeitet, ehe die finale Bestellung dann ausgedruckt werden konnte. Bei mehr als 30.000 Artikeln von einer kleinen Schraube bis hin zu einem kompletten Ersatzteil erledigten 10 Einkäufer, die von ca. 20 Bürogehilfinnen unterstützt wurden, täglich zwischen 120 und 240 Bestellungen. Drei oder vier dieser Sachbearbeiter machten nichts anderes, als die Belege zu prüfen und zu korrigieren."

unabhängig von ICI zu einer Standardsoftware weiterzuentwickeln, was ja unser Traumziel war." Laut Hermann Meier hatte ICI im Gegenzug Anspruch auf „unbegrenzte und kostenlose Wartung und Fortentwicklung." ICI stellte der neuen Firma Arbeitsplätze zur Verfügung und erlaubte ihr in der Nacht und an Wochenenden die Nutzung des Mainframe-Computers, den sich das „Start-up" gar nicht hätte leisten können. Hermann Meier: „Auch die Möglichkeit, das System späteren Interessenten bei der ICI zu zeigen, war Inhalt unserer Vereinbarung." Hermann Meier ging erneut ein Risiko ein und musste der ICI-Zentrale in Brüssel regelmäßig berichten, wie man vorankam. Diese befürchtete, dass die Kosten aus dem Ruder laufen würden. „Meier hielt dem Team den Rücken frei", sagt Walter Rothermel. „Hopp und Meier harmonierten perfekt. So konnte sich eine sehr partnerschaftliche und produktive Zusammenarbeit entwickeln."

Entwicklung von MIAS

Gemeinsam mit etwa zehn ICI-Mitarbeitern aus der EDV und den Fachbereichen machten sich die fünf Gründer und die beiden im Laufe des Jahres 1972 hinzugekommenen Mitarbeiter nun daran, das Material-, Informations- und Abrechnungssystem (MIAS) zu programmieren. Es bestand aus drei Teilen: aus einem Systemteil für Materialwirtschaft (Lagerverwaltung und Disposition), für den Einkauf (Bestellabwicklung und Angebotsverwaltung) und die Buchhaltung (Rechnungsprüfung, Zahlung und Kostenstellenrechnung). Das System war modular aufgebaut, doch alle Teile sollten natürlich miteinander verbunden sein.

Das Team machte sich zunutze, dass von 1972 an die neuen leistungsstärkeren IBM-Monitore der Serie 3270 verfügbar waren. „Das war der Durchbruch", sagt Hasso Plattner. „Ich glaube, die ganze Datenverarbeitungsindustrie hat an diesem Tag neu angefangen. Man konnte schnell über diesen Bildschirm navigieren, Daten eingeben und hat diesen ganzen E/A(Eingabe-, Ausgabe-)Prozess, den Fluss der Daten aus der betriebswirtschaftlichen Fachabteilung in den Computer und wieder zurück, revolutioniert." Doch noch lagen neun Monate harter Arbeit vor dem MIAS-Team: „Es wurde ein Kraftakt mit vielen Schwierigkeiten", sagt Paul Neugart, der erste Mitarbeiter, den Dietmar Hopp nach einem Gespräch in seinem Walldorfer Haus im Sommer 1972 einstellte. „Wir benötigten zunächst brauchbare Werkzeuge, um dieses anspruchsvolle Projekt zu realisieren", erzählt Neugart. Die sogenannten Makros dienten zum Beispiel dazu, die Bildschirmmasken für die Datenerfassung und -verarbeitung („Dynpros") oder die Kommunikation mit der Datenbank so zu definieren, dass sie nicht in jedem System erneut programmiert werden mussten. „Die Makros waren ein wichtiges Hilfsmittel und bedeuteten eine enorme Zeitersparnis", so Neugart.

Während die ICI-Kolleginnen und -Kollegen insbesondere ihre betriebswirtschaftlichen und Prozesskenntnisse einbrachten und die Fachbereiche schulten, hatten die Teammitglieder der „System-

↑ Wiedersehen: Beim Jahrestreffen der früheren SAP- und ICI-Mitarbeitenden 2013 ließen Dietmar Hopp (links) und Hermann Meier Erinnerungen an ihre enge Partnerschaft in den 1970er-Jahren wieder aufleben. Im Hintergrund Rainer Kaiser (links) und Hans-Josef Lakatos.

analyse Programmentwicklung" ihre Aufgaben so verteilt: Dietmar Hopp entwickelte als Spezialist für Dialogprogramme Basisfunktionen und kümmerte sich um Einkauf und Lagerwirtschaft. Hasso Plattner nahm sich schwerpunktmäßig der Finanzbuchhaltung an und wurde dabei von Claus Wellenreuther unterstützt, dem einzigen studierten Betriebswirtschaftler unter den Gründern. Der Physiker Klaus Tschira brachte seine Erfahrung mit Betriebssystemen ein und programmierte bald das sogenannten Allgemeine Belegauswertungsprogramm (ABAP), das die Makros bündelte (die sich später entwickelnde hauseigene Programmiersprache ABAP/4 – eine sogenannte 4GL, Fourth Generation Language – hatte mit diesem ABAP nur noch den Namen gemeinsam). Hans-Werner Hector kümmerte sich als Mathematiker um die Zahlungsprogramme. Paul Neugart war unter anderem für die Programme für Bilanz sowie Gewinn- und Verlustrechnung, der zweite Mitarbeiter Ulrich Daub vor allem für die Sachkontenstammsatzpflege zuständig. Eine wichtige Entscheidung traf das Team mit der Trennung der „Basis-Software", also Datenbank und Programmiersprache, Dynpros und Makros, von den betriebswirtschaftlichen Anwendungen. Dies erleichterte es später, das System zu erweitern und an neue Technologien anzupassen. Eine weitere große Stärke des Systems: „Dass alle Anwendungen mit einem gemeinsamen Datensatz arbeiten – die Quelle der betriebswirtschaftlichen Wahrheit eines Unternehmens", wie es Ludwig Siegele und Joachim Zepelin in ihrem Buch „Die Matrix der Welt" beschreiben.

Walter Rothermel, inzwischen Leiter des technischen Einkaufs bei ICI, beschreibt die Zusammenarbeit zwischen den Partnern so:

„In der Regel formulierten und spezifizierten wir unsere Anforderungen und Ideen. Die SAP-Leute schauten dann, was davon möglich war und wie man es realisieren konnte und gaben uns so ein Feedback zu unseren Vorstellungen. Auf dieser gemeinsamen Grundlage arbeiteten sie tagsüber bei uns an der Programmierung und am Abend und in der Nacht, wenn der ICI-Computer frei war, testeten sie. Die Ergebnisse wurden am nächsten Tag besprochen, und es gab ein gegenseitiges Feedback auf die erreichten Schritte. Es war also ein ständiger Abgleich von Ideen und Möglichkeiten sowie realisierten Schritten. Alleine wäre das für keinen von uns machbar gewesen."

Fruchtbare Zusammenarbeit

Walter Rothermel hatte es dabei vor allem mit Dietmar Hopp und Hasso Plattner zu tun. „Ich habe ihnen dann gesagt, das hätte ich gerne so, und diese Funktion sollte so oder so abgebildet werden. Sie haben immer zugehört, aber manchmal auch gesagt: Herr Rothermel, das wird in Zukunft nicht mehr Ihr Thema sein, das übernimmt jetzt eine andere Abteilung. Aber Sie bekommen andere schöne Sachen!", erzählt der heute 81-Jährige und lacht. „Die beiden hatten eben das Gesamtsystem im Blick." Natürlich kam es hier und da auch zu verbissen geführten Diskussionen zwischen der ICI-Fachabteilung und den Programmierern, etwa wenn die ICIler den Eindruck hatten, die Software entferne sich zu sehr von der Praxis. Manchmal beklagte sich der eine oder andere ICI-Mitarbeiter, dass die Rechner von den „SAPlern" belegt seien. Unterm Strich jedoch verlief die Zusammenarbeit harmonisch und letztlich erfolgreich. „Wir waren alle beseelt, uns trieben eine tolle Idee und die Chance, etwas völlig Neues zu machen", urteilte Hermann Meier über diese Zeit. Dabei half, dass bei ICI auf allen Ebenen – auch in den technischen Abteilungen – Fachleute arbeiteten, auf die das Team zurückgreifen konnte. „Wie die Maschinen zu steuern sind, wie die Verbindung zu den Bildschirmen hergestellt wird, welche Leitungen wie zu verlegen sind – all das war damals nicht trivial", erinnert sich Dieter Wohlhaupter. Er war 1971 zur ICI gekommen und entwickelte in erster Linie das Materialwirtschaftssystem mit. „Da konnten wir die Arbeit gut verteilen und die Fragen und Probleme, die auftauchten, bei den Fachleuten in den einzelnen Bereichen schnell lösen."

Das Gefühl, gemeinsame Pionierarbeit zu leisten, schweißte die Teammitglieder zusammen. Und weil kleine Geschenke bekanntlich die Freundschaft erhalten, spendierten Hopp, Plattner und Co. den Locherinnen, die bisweilen nach Feierabend für ihre Programme Lochkarten erstellten, die eine oder andere Schwarzwälder Kirschtorte oder eine Runde Eis. Wenn dann alle vierzehn Tage mittwochs ein IBM-Techniker zur Wartung kam und den Großrechner gegen 17 Uhr abschaltete, traf man sich zum gemeinsamen Fußballspiel im nahegelegenen Schwimmbad.

Neues Zeitalter

Am 1. Januar 1973 war es soweit: MIAS ging online, und ein neues Zeitalter der Datenverarbeitung bei ICI begann. Von nun an konnten die beteiligten ICI-Teams am Bildschirm Daten eingeben, die gleichzeitig den Kolleginnen und Kollegen im Lager, im Einkauf und in der Buchhaltung zur Verfügung standen. So stieg die Produktivität – und gleichzeitig das Besucheraufkommen im Werk, denn der erfolgreiche Einsatz der Software sprach sich schnell herum. „Mithilfe der ICI-Fachbereiche konnten wir anderen Firmen die Software vorführen", erzählt Dietmar Hopp. „Dies war ein nicht zu unterschätzender Vertriebsvorteil."

„Ganze Busladungen", erinnert sich Rolf-Peter Westhues, pilgerten später nach Östringen, um die Software im Livebetrieb in Augenschein zu nehmen. Westhues kam 1974 als Systemanalytiker zur ICI und hatte die Aufgabe, das MIAS-System weiterzuentwickeln. „Mit großer Begeisterung zeigten zum Beispiel die Kollegen im Lager, wie sie einen Warenein- oder ausgang buchten und wie sich im System im selben Augenblick ihr Lagerbestand erhöhte oder reduzierte. Das war für sie ein riesengroßer Schritt im Sinne von Selbstbestätigung und Arbeitszufriedenheit."

Die Gründer und ihre Mitarbeiter schwärmten nun aus in die Region, um das erste Realtime-Softwaresystem nach und nach mit weiteren Komponenten zu erweitern. Denn, so Hasso Plattner: „Obwohl unser erstes Projekt eine kundenspezifische Softwareentwicklung war, dachten wir nur an Standardsoftware."So wurde zunächst, wie Paul Neugart erzählt, „der Finanzbuchhaltungsteil – und zwar nur Kreditoren und Sachkonten – aus dem

MIAS-System herausgelöst und in ein Entwicklungs- und Testsystem überführt, um es zu ergänzen, zu überarbeiten und dann am Markt anbieten zu können". Bei Knoll in Ludwigshafen wurde die Debitorenbuchhaltung (Kunden) hinzu entwickelt, und so ging beim Pharmaunternehmen am 1. Januar 1974 das erste vollständige Realtime-Finanzbuchhaltungssystem mit dem Namen RF live. Auch bei 3K-Möbel in Bensheim, bei Burda in Offenburg, bei den Thermal-Werken im benachbarten Hockenheim oder bei Reemtsma in Hamburg schlugen die Mitarbeiter der „Systemanalyse Programmentwicklung" ihre Zelte auf. Denn bis auf ein kleines Büro in Mannheim, in dem man aufgrund der fehlenden Computer und Lochkartengeräte nicht wirklich programmieren konnte, verfügte die Firma bis zum Umzug in gemietete Büros im Gebäude der Sparkasse in Walldorf 1977 über keine eigenen Räume und keine eigenen Computer.

Die ICI in Östringen blieb deshalb bis 1980, als SAP in Walldorf ihr erstes eigenes Domizil bezog, der wichtigste Entwicklungsstandort. Hier entstand neben RF in enger Zusammenarbeit mit den ICIlern, aber auch mit den Mitarbeitenden anderer Kunden, die zweite wichtige Säule der jungen Firma, die Materialwirtschaft RM. „Ich war unter der Woche bei Boehringer, Veba-Glas oder John Deere, hatte mit ICI fachlich gar nichts zu tun", sagt Clive-Walter Day, der am 1. April 1976 bei SAP startete. „Aber ICI bot uns die Infrastruktur, wir haben hier entwickelt, Präsentationen und Kundentermine vorbereitet, durften ihre Computersysteme nutzen und unsere Lösungen demonstrieren", so Day.

Alle drei, vier Wochen stand freitags bei ICI ein wichtiges Treffen an. Es galt festzulegen, welche der von den Kunden gewünschte Funktionalität in die Standardlösung integriert werden sollte. Clive Day: „Viele Kunden hatten ja Altsysteme und meinten, sie müssten die eins zu eins wieder bei uns im System abbilden. Da mussten wir schon genau hinschauen, wie kundenspezifisch die Anforderung war und wie sich die Einbindung der Funktionalität auf die anderen Module auswirkte."

Lange Arbeitstage

Bei den Diskussionen hatte jahrelang eine Regel Bestand, wie sich Norbert Heenes erinnert, der Ende 1977 zur SAP stieß: „Kam eine Funktionsergänzung, die eventuell aus nur drei Lochkarten bestand oder eine ganze Anwendung sein konnte, bei drei und mehr Kunden zum Einsatz, wurde sie in eine der nächsten Programmversionen und damit in die Standardlösung aufgenommen. Natürlich war das für die Kunden eine enorme Erleichterung, da die Wartung nun in den Händen der SAP lag und die Kunden nicht bei jedem neuen Programm-Upgrade ihre Modifikationen nachpflegen mussten." Neben den ständig wachsenden Kundenanforderungen sorgten auch viele Grundlagenthemen für lange Arbeitstage in Östringen. Philipp Becker, der zusammen mit seinem Studienfreund Norbert Heenes am 1. November 1977 bei SAP begonnen hatte, erinnert sich an ihren ersten gemeinsamen

„Wir haben schnell gemerkt, dass viele von uns gleiche Interessen hatten: Wir waren sportbegeistert, liebten den Wettbewerb und hatten gemeinsame Ziele. Und die Vision der SAP-Gründer hat auch uns von der ICI mitgerissen."

Rainer Kaiser, von 1970 bis 1982 bei ICI, anschließend bis 2004 bei SAP.

↖ *Enge Zusammenarbeit: Dietmar Hopp, Jutta Speckert, Hermann Meier (von links).*

↗ *Nachspielzeit: Wenn die Arbeit getan war oder der Großrechner gewartet wurde, traf man sich zum gemeinsamen Kicken. Das Bild aus dem September 1973 zeigt das EDV-Team der ICI ergänzt mit zwei SAP-Mitspielern. Stehend von links: Rainer Kaiser, Dieter Wohlhaupter, Alex Mayall, Paul Neugart, Hugo Herzog, Horst Garitz, Bob Earl Llewellyn, Gerhard Brecht. Knieend von links: Hans-Josef Lakatos, „Plim" Mayer mit Hasso Plattner direkt dahinter, Robert Lachemann, Horst Schneider, Gerhard Binger.*

↙ *Rainer Kaiser, Dieter Wohlhaupter und Rolf-Peter Westhues (von links) fachsimpeln während des Betriebsfestes 1976.*

↘ *Nicht nur ein Einkäufer: Walter Rothermel kannte sich im Einkauf aus und half bei Vorträgen mit, andere Firmen von den Vorzügen des SAP-Systems zu überzeugen.*

„In den Anfangszeiten kam es öfter vor, dass durch eine fehlerhafte Eingabe das Programm stehenblieb. Dann war es plötzlich mucksmäuschenstill im Rechenzentrum. Auf den damaligen Computern waren ja 20, 30 Lämpchen, die ständig geflackert haben. Die waren alle schwarz, nur eine rote Lampe brannte. Dann hieß es:

WO IST DER HOPP, WO IST DER HOPP?

Dann hat man im Werk herumtelefoniert und Herrn Hopp gesucht, der dann kommen musste, um das Programm wieder zum Laufen zu bringen. Das durfte nur er machen."

Robert Lachemann, seit 1974 Operator im ICI-Rechenzentrum

» MANCHMAL KAMEN DIE SAPLER ZU UNS INS RECHENZENTRUM UND FRAGTEN, OB WIR IHREN JOB AUSNAHMSWEISE EINMAL VORZIEHEN KÖNNTEN. VERBUNDEN WAR DIE BITTE MIT DEM ANGEBOT VON PRIORITÄTSWASSER – EINEM KASTEN BIER. «

Peter Seltenreich, seit 1974 Operator im ICI-Rechenzentrum, von 1980 an bei der SAP

„Die SAPler haben sehr von der ICI profitiert, als sie die Prozesse hier übernehmen und lernen konnten, wie man sie in einem Standardsystem umsetzt. Und wir ICIler haben

SEHR VIEL GELERNT

von der SAP, zum Beispiel wie man bei der Entwicklung von Anwendungen vorgeht und wie die Zukunftsaussichten sind für weitere Dialogprozesse."

Roland Weis, seit 1976 Datenverarbeitungskaufmann bei ICI

„Die Zusammenarbeit mit den SAPlern war sehr inspirierend. Es gab

KEINE DENKVERBOTE.

Sie hat uns geholfen, die gesamten innerbetrieblichen Arbeitsabläufe so zu optimieren, wie man sich das vorher nicht hätte vorstellen können."

Rolf Diehm, seit 1971 Mitarbeiter der Auftragsabwicklung bei ICI

„Die Aufgaben am Bildschirm haben sich immer interessanter gestaltet, man konnte auch immer schneller arbeiten. Man konnte so viel mehr abarbeiten, und viele Dinge, die man vorher aufwändig gemacht hat, fielen jetzt einfach weg."

Juliane Görner, seit 1969 Bürokauffrau und später Einkäuferin bei ICI

Brigitte Unger bei einer → Auftragseingabe auf einem der beiden ersten Terminals.

Auftrag: „Wir mussten ein Onlinedruckprogramm für Bestellungen und Anfragen schreiben, damit die Bildschirmduplikate ausgedruckt werden konnten", erzählt Becker. „Weil es noch keine höhere Programmiersprache gab, war das echte Knochenarbeit." Da half es, dass man gut mit den ICI-Mitarbeitern auskam, wenn mal wieder eine Nachtschicht anstand. Philipp Becker: „Menschlich hat das gut gepasst."

So entwickelte sich auf vielen Ebenen eine fruchtbare Symbiose. Das nach und nach weiterentwickelte SAP-System half den ICIlern in Östringen, die ständigen Forderungen der Konzernchefs in England nach höherer Produktivität und geringeren Kosten zu erfüllen. Walter Rothermel: „Für uns war SAP das beste Reengineering-Programm."

Fruchtbare Symbiose

SAP wiederum konnte die ICI weiterhin als wichtigen Referenzkunden nutzen. „Das Schöne war, dass die Fachbereiche der ICI die Software live vorführen konnten", erzählt Dietmar Hopp. „Ein Einkäufer wollte nicht mit einem EDVler sprechen, sondern mit einem Fachmann aus dem Einkauf." Besonders die Integration der im Laufe der Jahre hinzukommenden Komponenten machte großen Eindruck auf die EDV-Chefs und Bereichsleiter unterschiedlichster Unternehmen, die seit Mitte der 1970er-Jahre das Werk in Östringen besuchten.

Bald kamen diese nicht mehr nur aus dem deutschen Sprachraum. ICI mit seinen Werken, Zulieferern und Kunden in aller Welt eröffnete den SAP-Gründern schnell Einblicke in die Anforderungen eines international agierenden Konzerns. Hasso Plattner: „Dass die ICI ein multinationales Unternehmen war, erweiterte unseren Horizont sofort. Ich glaube, dass ICI der Ausgangspunkt war für die Vorstellung von Integration und internationaler Software."

Zwar wurde 1976 mit John Deere ein weiterer internationaler Konzern SAP-Kunde, doch noch hatte das kleine SAP-Team keine Kapazitäten, um sich eingehend mit Übersetzungen oder gar internationalen Steuergesetzen zu beschäftigen. John Deere erledigte deshalb beispielsweise die Übersetzung der Bildschirmmasken ins Französische gegen 1978 selbst. Erst Mitte der 80er-Jahre stellte SAP eigene Übersetzerinnen und Übersetzer ein, die Bildschirmmasken und Dokumentationen zunächst ins Englische und dann in weitere Sprachen übertrugen. Nun folgten sukzessive auch erste Länderversionen, die die spezifischen betriebswirtschaftlichen Anforderungen abdeckten. „Und dafür brauchten wir Muttersprachler und Experten in den Ländern", sagt Paul Neugart. Bei ICI war es nicht die Faser-Gruppe, die zuerst ein SAP-System außerhalb Deutschlands installierte, sondern die Farben-Tochter ICI Paints. „Die Fibres-Kollegen haben in England viel Geld für ein eigenes System ausgegeben, das nur schlecht funktionierte", erinnert sich Walter Rothermel. Erst nachdem SAP mit R/2 ihre zweite Generation auf den Markt gebracht hatte, entschied man

bei ICI, auf Standardsoftware zu setzen und führte das System 1981 ein. Dafür war es notwendig, dass die Software inzwischen als Mehrmandantensystem ausgeprägt war. Rolf-Peter Westhues: „In der großen ICI sollten die verschiedenen Divisionen wie Fasern, Farben oder Pharmazie als separate Mandanten getrennt voneinander betrieben werden."

Bei all den fachlichen Gründen für eine enge Kooperation war doch entscheidend, dass zwischen den SAPlern und ihren Pendants auf der ICI-Seite die Chemie stimmte. „Es war ein sehr respekt- und vertrauensvoller Umgang", erinnert sich Walter Rothermel. Dabei trafen die SAP-Mitarbeiter auf eine Unternehmenskultur, die die ICIler seit der Östringer Werkseröffnung 1965 pflegten und die „von Offenheit, von Hilfsbereitschaft, von der Übertragung von Verantwortung und selbstständigem Handeln geprägt war", so Rothermel. Diese Werte sollten später auch das Miteinander bei SAP bestimmen. „Es ging auch mit den SAP-Kolleginnen und -Kollegen immer sehr kollegial zu und wenn etwas im Argen lag, wurde es offen angesprochen und diskutiert", erzählt Juliane Görner, die im ICI-Einkauf arbeitete. „Auch wir Bürokräfte konnten da unsere Meinung sagen." Und unterlief einmal ein Fehler, „dann wurde demjenigen nicht der Kopf abgerissen, sondern man schaute nach vorne und bügelte den Fehler gemeinsam aus", erzählt Rolf-Peter Westhues.

Gemeinsame Werte

Wo ähnliche Werte gepflegt werden, bleibt es nicht aus, dass Menschen offen sind für einen Wechsel der Perspektive – und des Arbeitgebers. Mancher ICI-Mitarbeiter sah bessere Karrierechancen bei SAP – insbesondere, als das Fasergeschäft immer mehr an Bedeutung verlor und ICI Fibres 1993 schließlich vom US-Chemiemulti DuPont übernommen wurde. Rolf-Peter Westhues etwa half bereits seit Ende der 1980er-Jahre mit, SAP-Systeme bei ICI-Töchtern in den USA und Südafrika einzuführen und wechselte 1982 die Seiten.

Noch immer treffen sich ehemalige ICI- und SAP-Mitarbeitende einmal im Jahr, lassen die gemeinsamen alten Zeiten wieder aufleben und betrauern diejenigen, die nicht mehr unter ihnen sind. Walter Rothermel denkt noch heute gerne an das erste Aufeinandertreffen mit Dietmar Hopp und Hasso Plattner auf der Hannover-Messe zurück. Für ihn war „das Zusammenfinden von ICI und SAP ein Glücksfall". Dietmar Hopp sieht es so: „Ohne ICI hätte es keine SAP gegeben." ■

Video:
Der perfekte erste Kunde – die Gründung der SAP.

50 GESICHTER DER SAP

Ehemalige und aktuelle Mitarbeitende
erzählen ihre persönliche SAP-Geschichte.

Ein fürsorgliches Unternehmen

01 | Mahsa Givehchi kam vor 17 Jahren als Beraterin für Core-Insurance-Lösungen zur SAP und hat den Großteil ihrer beruflichen Laufbahn in der Presales-Organisation des Unternehmens verbracht. Zurzeit leitet sie den Presales Business Architects Hub der Region EMEA Nord am Standort Paris.

„Ich hatte Glück, denn in den ersten Monaten bei SAP durfte ich mit deutschen Kolleginnen und Kollegen zusammenarbeiten, die mir eine umfassende Einführung in das Unternehmen gaben. Von allen Seiten – Produktentwicklung, Sales und Presales – erhielt ich uneingeschränkte Unterstützung. Mein Manager gab mir konstruktives Feedback, ermutigte mich, Themen offen zu diskutieren und beim Mittagessen in der Kantine in Walldorf Networking zu betreiben. Im Gegensatz zu meinen vorherigen Jobs war ich nicht nur eine ID-Nummer. Meine Meinung war gefragt und meine Teammitglieder und Führungskräfte hätten nicht hilfsbereiter sein können. In den darauffolgenden Jahren habe ich immer wieder gesehen, was für ein offenes, multikulturelles, fürsorgliches und unterstützendes Unternehmen die SAP ist – und wie unglaublich erfahren und sachkundig alle meine Kolleginnen und Kollegen in ihren jeweiligen Bereichen sind. Bei der SAP sind Vielfalt und Inklusion nicht nur Teil der Unternehmensstrategie – sie sind Realität. Während meiner Zeit hier ist kein Tag wie der andere gewesen, und jeder einzelne hat mir Gelegenheit geboten, zu lernen und mich weiterzuentwickeln. Ich habe mich oft aus meiner Komfortzone hinausbewegt – immer in dem Bewusstsein, dass es bei der SAP gefahrlos möglich ist.
Für mich gibt es drei Hauptgründe, warum das Unternehmen seit 50 Jahren so erfolgreich ist. Erstens die hohe Kundenorientierung: Nach dem ‚Customer First'-Prinzip steht der Kunde stets im Mittelpunkt. Zweitens die visionäre Denkweise: Die Marktführerschaft wird nie als selbstverständlich gesehen. Und drittens kümmert sich die SAP um ihr wertvollstes Gut – ihre Mitarbeitenden.
Was die SAP für mich so besonders macht, sind die Unternehmenskultur, das internationale Umfeld und die hervorragenden Mitarbeitenden."

Perfekte Verbindung von Arbeit und Freizeit

02 | Joachim Jacobitz startete 1987 in der Abteilung, die für das R/2-Modul Produktionsplanung und -steuerung verantwortlich zeichnete. Der Hobbymusiker realisierte bei zahlreichen Kunden SAP-Leitstand-Projekte und war auch auf anderem Gebiet ein Vorreiter.

„Am besten hat mir die SAP-Arbeitszeitregelung gefallen, angefangen von der flexiblen Anwesenheit über das Arbeitszeitkonto bis hin zur Teilzeitarbeit, die ich als einer der ersten Mitarbeiter bereits 1995 in Anspruch genommen habe. Dadurch konnte ich mit meiner Band auch weiter entfernte Auftritte wahrnehmen, im Jahr 2000 sogar in elf europäischen Ländern, wozu mir mein damaliger Vorgesetzter Andreas Blumenthal zusätzlich achtzehn Tage unbezahlten Urlaub genehmigte. Bei welchem anderen Unternehmen wäre eine derartige Aktion möglich gewesen – für mich die perfekte Verbindung von Arbeit und Freizeit, die ich in meiner gesamten SAP-Tätigkeit in keinem anderen Unternehmen erlebt habe.

Überhaupt haben mich die vielen SAP-Freizeitgruppen begeistert, nicht nur wegen der Vielfalt der Themen, sondern auch wegen der fach- und länderübergreifenden Kontakte, die eine Zusammenarbeit im Alltag oft erleichtert haben. Aufgrund der Vielzahl an Aktivitäten und Begegnungen habe ich SAP in der Tat wie eine große Familie empfunden, deren Mitglieder ein gemeinsames Ziel vereint hat: Softwareprodukte anzubieten, die in der Welt ihresgleichen suchen."

Einzigartige Kultur

03 | Rohit Gupta (rechts) fing 2001 bei der SAP in den USA an und kann auf mehr als 27 Jahre SAP-Erfahrung im SAP-Partnernetz, in Vertrieb und Presales, im Services-Bereich und in der Entwicklung zurückblicken. In seiner aktuellen Rolle ist er Presales Customer Solutions Director in der Vertriebseinheit US South.

„Ich hatte das Glück, bei der SAP unterschiedliche Ziele erreichen zu können. Ich bin zwar in den USA geboren und aufgewachsen, wollte aber immer eine Zeit lang in Indien arbeiten. Die SAP hat das möglich gemacht. Nach Indien verbrachte ich auch einige Zeit in Singapur, bevor ich in die USA zurückkehrte. Aus beruflicher Sicht suchte ich nach Abwechslung. Und die SAP gab mir die Möglichkeit, sowohl als Mitarbeiter als auch als Führungskraft tätig zu sein. Dafür bin ich sehr dankbar.
Unsere Unternehmenskultur macht uns einzigartig. Wir sind teamorientiert, und unsere Manager haben eine Vorbildfunktion. Eine relativ flache Hierarchie erlaubt es uns, zwanglos mit dem Management zusammenzuarbeiten. Und wir begegnen jedem mit Hilfsbereitschaft, egal, ob wir ihn kennen oder nicht. Wir betrachten die Dinge aus einer globalen Perspektive, legen Wert auf ethisch korrektes Verhalten, leben Vielfalt und Nachhaltigkeit vor und fördern Nachwuchskräfte. Das Management unterstützt uns dabei, unsere beruflichen Ziele und Lebensziele zu verfolgen, und fördert eine Work-Life-Balance, die es uns ermöglicht, auch unsere persönlichen Interessen einzubringen. Und nach meiner Erfahrung sind die Freundschaften, die man bei der SAP schließt, Freundschaften fürs Leben!"

Ein Leben lang Fan

04 | Belén Martinez arbeitet seit mehr als drei Jahrzehnten bei der SAP. Heute ist sie in der Region EMEA South für die Kommunikation in Spanien zuständig.

„Ich sage gerne, dass ich zur ersten Generation der Millennials bei SAP gehöre, denn als ich 1992 im Unternehmen angefangen habe, hatte die SAP in Spanien nur etwa 30 Angestellte. Die SAP wirkte damals auf uns wie ein Start-up. Die meisten von uns waren jung und hatten gerade ihren Abschluss gemacht. Wir waren voller Tatendrang.
Ich habe immer gesagt, dass ich die SAP verlasse, wenn ich nicht mehr an ihre Werte glaube. Bisher war das nicht der Fall, und ich bin immer noch stolz darauf, Teil dieses Unternehmens zu sein. Und ich denke, genau das verbindet uns als Mitarbeitende. Wir sagen immer: Wenn du einmal für SAP gearbeitet hast, dann bist du ein Leben lang Fan."

Für viele sind sie entscheidend für den Erfolg der SAP:
Dietmar Hopp und Hasso Plattner – und ihre kongeniale Partnerschaft
beim Aufbau und bei der Expansion des Unternehmens.

DAS DREA

AM-TEAM

Von Michael Zipf

Leidenschaft für den Job und für den Sport:
Dietmar Hopp (links) und Hasso Plattner.

Die Tennismatches zwischen Dietmar Hopp und Hasso Plattner in den 1980er-Jahren waren ein Ereignis – jedenfalls für die zuschauenden Mitarbeiter, die es nicht verpassen wollten, wenn sich ihre Chefs über den Sandplatz in der Max-Planck-Straße und später am Schulungszentrum hetzten. Nicht weniger ambitioniert zeigten sich die beiden, wenn es darum ging, wer schneller programmierte und mehr Systeme verkaufte, wie es Hasso Plattner einmal erzählte.

Im dritten oder vierten Jahr nach Gründung der Firma „Systemanalyse Programmentwicklung" habe Dietmar Hopp „mehr verkauft als ich, was mir sehr gestunken hat", so Plattner. Beide hätten in den Bereichen, in denen sich ihre Fähigkeiten und Aufgaben überlappten, „intern erbittert darum gerungen", den anderen hinter sich zu lassen. Die beiden SAP-Mitgründer wussten natürlich, wie sie ihren Ehrgeiz und ihr Faible für sportlichen Wettkampf in die richtigen Bahnen lenkten.

Die Rolle des Sports

Überhaupt der Sport. Während der eine, Hasso Plattner, schon früh mit dem Vater auf den Seen rund um Berlin das Segeln erlernt, zieht es Dietmar Hopp im beschaulichen Kraichgau zum Fußball. Mit 17 Jahren wird er bereits in die 1. Mannschaft der TSG Hoffenheim berufen. Bezahlt wird noch in Naturalien. Von einem Bauern aus der Nachbarschaft erhält der Stürmer für jedes Tor eine Dose Leberwurst.

Auch wenn Plattner in den Anfangsjahren bei den freitäglichen Fußballspielen mitkickt, hält er es mehr mit Individualsportarten wie Windsurfing, Snowboarden, Boogie-Board-Fahren und eben Segeln. Technisch anspruchsvoll muss es sein. Später tauschen Plattner und Hopp den Tennis- mit dem Golfschläger und vergleichen ihre Handicaps.

Der Sport ist auch Thema in vielen Vorstellungsgesprächen. Peter Kirschbauer, von 1982 bis 2009 bei SAP, erinnert sich so: „Dietmar Hopp und Hans-Werner Hector führten das Bewerbungsgespräch mit mir. Es fand in einer außerordentlich angenehmen Atmosphäre statt. Herr Hector war sehr auf meine fachliche Eignung fokussiert, während mich Herr Hopp auch auf meine privaten Interessen hin befragte. Fußball? Ja, und ich bin auch Leichtathletiktrainer für die Jugend und tanze Rock 'n' Roll. Gut, das passt!"

„Ich halte Sport für außerordentlich wichtig", sagt Dietmar Hopp, was erklärt, warum er sich seit vielen Jahren mit seiner 1995 gegründeten Stiftung auch für jugendliche Sportler engagiert. Hopp: „Man lernt unheimlich viel beim Sport: man lernt Teamfähigkeit, man merkt, dass sich Leistung lohnt, wenn man fleißig ist. Wer fleißig trainiert, ist besser, und insbesondere wirkt der Sport auch integrierend auf die sehr unterschiedlichen, auch ethnischen Gruppen."

In den Anfangsjahren der Firma wird der Sport zum Kitt einer zunächst losen Ansammlung hochmotivierter und ehrgeiziger Jungspunde, die bei den unterschiedlichen Kunden in Deutschland und bald darüber hinaus Software verkaufen, implementieren und weiterentwickeln. Freitags kommen alle bei ICI in Östringen zusammen, bringen ihre Entwicklungsergebnisse mit und schnüren anschließend die Kickstiefel. Fast alle: Von Claus Wellenreuther, Klaus Tschira und Hans-Werner Hector sind weder Tore noch Fotos im Sportdress überliefert.

„In den Anfangsjahren der SAP kam alles darauf an, dass wir ein Team sind. So ein Team zusammenzubekommen, ist schon keine einfache Sache. Da hat der Dietmar einen tollen Job gemacht", sagt Hasso Plattner.

Von Beginn an übernimmt Hopp in der jungen Firma die Rolle des „Mannschaftskapitäns", der dafür sorgt, dass sich eine eingeschworene Gemeinschaft bildet und alle Teammitglieder in dieselbe Richtung laufen. Für Hasso Plattner zeigt sich hier „Hopps große Stärke, den Laden wie eine Fußballmannschaft zusammenzuhalten".

Teamgeist und Vertrauen

Hopp setzt auf Teamgeist und ist überzeugt, dass sich die Mitarbeiter nur entfalten und innovative Ideen entwickeln können, wenn man ihnen Vertrauen schenkt und Fehler toleriert. „Das Wichtigste im Beruf wie im Sport ist der Erfolg. Wenn Erfolg da ist, ist Motivation da. Aber wir haben natürlich unsere Mitarbeiter auch dadurch motiviert, dass es kein klassisches Chef-Angestellten-Verhältnis gab, sondern dass wir im Team gearbeitet haben", sagt Hopp.

Die Gründer schuften wie ihre Mitarbeiter an den Wochenenden und die Nächte durch, 80-Stunden-Arbeitswochen sind keine Seltenheit. Einmal fragt Hopp einen Mitarbeiter im ICI-Rechenzentrum, ob man am Sonntag bereits um 6 Uhr in der Früh beginnen könne, damit er auf Wunsch seiner Frau einmal beim sonntäglichen Nachmittagsspaziergang mit den beiden Söhnen den Kinderwagen schieben könne.

Hopp und Plattner legen großen Wert darauf, eine Unternehmenskultur zu etablieren, die von Offenheit, Ehrlichkeit, Hilfsbereitschaft, Verantwortungsgefühl und hoher Lernbereitschaft geprägt ist. Dagegen sind ihnen Arroganz, Egoismus und hierarchisches Denken stets ein Gräuel. „Wir haben diese Kultur nie definiert, wir haben sie einfach gelebt", sagt Hopp bei seiner Verabschiedung 1998.

Er trichtert der Truppe auch ein, niemals die Konkurrenz zu unterschätzen. „Wir haben gelernt, Respekt vor den Mitbewerbern zu haben. Wir haben uns nie zurückgelehnt, sondern immer versucht, weitere Innovationen einzubringen, die Systeme zu perfektionieren." Ein weiteres Element des von Hopp und Plattner gelebten Wertekanons: Verlässlichkeit und Loyalität gegenüber den Kunden. „Ein Vertrauensverhältnis ist das Allerwichtigste", sagt Hopp 2006 in einem Interview. „Wenn das Vertrauen verloren geht, dann ist auch die Kundenbeziehung kaputt."

Um sich das Vertrauen ihrer Kunden zu erarbeiten, müssen die Gründer und ihre Mitarbeiter vor allem zuhören. „Wir haben gelernt, unseren Kunden zuzuhören, weil wir von ihnen sehr, sehr viel gelernt haben", so Hopp.

Und manchmal bleibt es nicht aus, Demut zu zeigen. Anfang der 90er kommt ein US-Kunde nach Walldorf, um sich bei Hopp über eine neue Software zu beschweren, wie Christoph Behrendt erzählt, der 2021 nach 30 Jahren in den Vorruhestand gegangen ist. „Hopp hörte sich die berechtigten Klagen an, fragte dann, ob es weitere Probleme gebe, bis der Kunde wirklich alles losgeworden war. Dann fragte er, ob denn der zuständige Berater, also ich, in Ordnung sei.

Ja, sagte der Kunde, dem vertrauen wir, der könne aktuelle Defizite des Produkts auch nicht ausgleichen. Hopp sagte: Gut, dann erhalten Sie jetzt eine Gutschrift und Herr Behrendt bleibt Ihr Ansprechpartner. Zu mir sagte Hopp vor dem Kunden: Sie haben alle Freiheiten, das Problem zu lösen, in drei Monaten geben Sie mir ein Update und wenn Sie Hilfe brauchen, rufen Sie mich direkt an." Der Kunde, so Behrendt, sei völlig beeindruckt gewesen vom SAP-Chef, der aufmerksam zuhörte, ihm unerwartet eine Kompensation anbot und die interne Unterstützung unterstrich. „Ich musste Hopp nicht einmal anrufen, allen war klar, dass dieses Problem gelöst werden musste. Für Hopp und die Kunden gingen alle die Extrameile."

Auch Behrendt war beeindruckt: „Die Art und Weise, wie sich Dietmar Hopp in einer solchen herausfordernden Situation verhielt und dem Kunden erstmal aufmerksam zuhörte, diente mir auch in den Jahren danach als Vorbild."

Gemeinsame strategische Ausrichtung

Hopp stellt als Spezialist für Dialogprogrammierung entscheidende Weichen für die junge Firma und redet auch noch mit, als ab Ende der 1970er-Jahre die zweite Software-Generation, SAP R/2, entwickelt wird. Doch mit dem Erfolg des Unternehmens kommen auf ihn neue und zusätzliche Aufgaben zu: von der Wahl des Standorts über Investitionen in Hardware und die Expansion ins Ausland bis hin zu steuerlichen Themen. „Niemand hatte so wirklich Lust, sich zum Beispiel mit dem Finanzamt auseinanderzusetzen,

aber einer musste es halt machen", sagt Hopp. So übernimmt er neben der Rolle des Integrators auch die des Geschäftsführers und mit dem ersten Börsengang 1988 die des Vorstandssprechers.

Hasso Plattner konzentriert sich von 1988 an ganz auf die Entwicklung der Client-Server-Software R/3. „Die Zeit zwischen 1988 und 1992 war wunderbar", erzählt er in einem Interview mit dem Oral-History-Projekt des Smithsonian Awards Programs. „Ich verbrachte jeden Tag damit, Software zu entwickeln ... das hat mir einen Riesenspaß gemacht. Es war eine tolle Zeit."

Längst ist er der rastlose Visionär und Vordenker im Unternehmen. Seine eigene Rolle beschreibt Plattner in einem Interview im Jahre 2000 so: „Sachen sehen, Richtungen erkennen, andere beeinflussen, andere überzeugen, andere leiten in eine Richtung, auch wenn die Richtung etwas ungewiss ist, unbequeme Wege gehen. Ich glaube, dass ich da einen wesentlichen Beitrag geleistet habe."

Die großen strategischen Leitlinien legen Hopp und Plattner weiterhin gemeinsam fest – auch wenn sie bisweilen in taktischen Fragen hart miteinander ringen. Als es Anfang der 1990er-Jahre ums Tempo der Einführung von SAP R/3 geht, sorgt sich Hopp um die R/2-Umsätze in Deutschland. Plattner plädiert dafür, den R/3-Umsatz schnell zu stärken. Sie vereinbaren, dass die Firma in Deutschland weiter die Mainframe-Software R/2 propagiert, aber in den USA alles auf die Karte R/3 setzt. Die Strategie geht auf, R/3 macht sich zu seinem globalen Siegeszug auf.

Hasso Plattner: „Wir waren ein ausgesprochen gutes Team und dazu gehört eben auch, in kritischen Situationen zusammenzubleiben und zusammenzufinden." Beide wissen, wann es nötig ist, zum Wohle der SAP zurückzustecken. Plattner: „Wir haben uns beide nicht auf das gestürzt, was wir am liebsten mögen, sondern auf das, womit wir insgesamt am meisten Wirkung erzielen konnten."

Trendsetter und ruhender Pol

Das bleibt bei Plattner, auch nach seinem Wechsel 2003 in den Aufsichtsrat, die Entwicklung von betriebswirtschaftlicher Software. Mit großer Leidenschaft und dem Blick für technologische Trends treibt er als „Chief Software Advisor" sein Unternehmen voran. Im selben Jahr gründet er das Hasso Plattner Institute of Design an der Stanford-Universität und führt mit Design Thinking einen neuen Ansatz ein, kreative Lösungen für komplexe Probleme zu finden. Drei Jahre später beginnt er mit Studierenden an seinem 1998 gegründeten Hasso-Plattner-Institut für Softwaresystemtechnik in Potsdam an den Grundlagen einer revolutionären In-Memory-Datenbank zu arbeiten. Fortwährend stellt er den Status quo in Frage und fordert die SAPler auf, das Beste aus sich herauszuholen.

SAP-Vorstandssprecher Christian Klein erinnert sich an eine Aufsichtsratssitzung, als er mithilfe von Powerpoint und Excel die Quartalszahlen vorstellt. „Hasso gefiel das nicht, und er forderte mich mit all der ihm eigenen Leidenschaft und Energie auf, eine innovative digitale Lösung zu finden. Das war der Anfang unseres SAP Digital Boardroom – ein Paradebeispiel dafür, wie Hasso mit einer Vision für ein innovatives Produkt die Richtung vorgegeben hat."

Während Plattner die SAP von Anfang an technologisch prägt und mit immer neuen Ideen auf Trab hält, ist Hopp der ruhende Pol, der dafür sorgt, dass die Firma nicht aus dem Tritt kommt. „Es gab dieses extreme Vertrauen der Mitarbeiter in Dietmar Hopp. Er würde schon dafür sorgen, dass die Finanzen stimmten", sagt Rainer Zinow, einst Hopps Assistent und noch immer bei SAP. Für Zinow war dieses grenzenlose Vertrauen in Hopp und dessen Einsatz für die Mitarbeiter auch ein Grund, warum es bei SAP erst spät eine Initiative zur Gründung eines Betriebsrats gab.

Wer heute ehemalige und noch aktive SAP-Mitarbeiter auf Dietmar Hopp anspricht, spürt, wie viel Respekt sie haben vor einem Menschen, der mit seinem Weitblick, seinem Mut und Gespür fürs

Machbare und mit seiner Art, die Mitarbeiter mitzunehmen und ihnen Vertrauen zu schenken, als echte Führungskraft gesehen wurde. Es kommt nicht von ungefähr, dass die Mitarbeiter, die ihn kennengelernt haben, ihrem „Vadder Hopp" noch immer einen Logenplatz in ihren Erinnerungen bewahren. Es war insbesondere Dietmar Hopp, der bei SAP eine Kultur etablierte, die in ihren Grundzügen und trotz aller Veränderungen noch heute das Unternehmen ausmacht.

Unterschiedliche Stärken

Hasso Plattner sieht einen Erfolgsfaktor in den unterschiedlichen Stärken der Gründer. „Ich glaube, das Wesentliche ist, dass wir mehrere Talente gehabt haben und die auch wechselseitig einsetzen konnten. Und trotzdem sind wir uns nicht permanent ins Gehege kommen." Plattner erzählt, dass er und Hopp in den Anfangszeiten ausgemacht hätten, sich nicht gegenseitig zu loben. Anerkennung sollte von außen kommen. Das hielten sie lange durch, auch wenn, so Plattner lachend, „der eine oder andere mal auf das Lob vom anderen gewartet hat".

Spätestens 1998 beim Wechsel Hopps aus dem Vorstand in den Aufsichtsrat kommt Plattner nicht um ein Lob seines Partners herum. In einer humorigen Laudatio stellt er fest, dass Hopp glücklicherweise zwischen Brutto und Netto unterscheiden konnte, so dass die Gründer bezüglich der Finanzkraft der jungen Firma „immer gut schlafen konnten". Hopp habe zudem ein Gespür dafür gehabt, die „Big Points" zu machen, er habe im Unternehmen einen unerschütterlichen Teamgeist verankert, den Mitarbeitern stets viel zugetraut und sie ermuntert, Verantwortung zu übernehmen.

Als Hopp 2005 auch den SAP-Aufsichtsrat verlässt, lobt Hasso Plattner ihn erneut: „Dietmar Hopp hat sowohl als Mitgründer, als Vorstand wie auch als Aufsichtsratsmitglied die Entwicklung der SAP wesentlich geprägt. Seine Kompetenz und seine Fähigkeit, die Mitarbeiter der SAP zu motivieren, bestimmten seine erfolgreiche Tätigkeit an der Führungsspitze des Unternehmens."

Zu Plattners 75. Geburtstag 2019 revanchiert sich Hopp in einem Interview mit der Deutschen Presse-Agentur: „Seinen Nutzen kann man nicht beziffern, aber die SAP wäre ohne ihn niemals so erfolgreich geworden."

„Wir waren eben", sagt Hasso Plattner, „ein echtes Dream-Team!" ∎

Finanzgenie und Freigeist

In den ersten SAP-Jahren nahm Claus Wellenreuther eine besondere Rolle ein – nicht nur, weil er der einzige gelernte Kaufmann unter den Gründern war.

Von Michael Zipf

Wenn Claus Wellenreuther mit seinem Porsche auf dem Werksgelände der ICI in Östringen vorfuhr, sorgte das für Aufsehen. Oft bekamen die Mitarbeitenden des Faserherstellers den SAP-Mitgründer Anfang der 1970er-Jahre jedoch nicht zu sehen. Dies hatte einen einfachen Grund: Während seine Kollegen Hopp, Plattner, Hector und Tschira bei ICI ihre erste betriebliche Standard-Realtime-Software entwickelten, war Wellenreuther meist bei anderen Kunden unterwegs. Der Diplomkaufmann, der die Haare gerne schulterlang und die Hemden halb zugeknöpft trug, hatte Ende der 1960er-Jahre bei IBM mit großem persönlichen Einsatz ein Finanzbuchhaltungssystem entwickelt. „Man sprach von der Wellenreuther-Buchhaltung, das war nicht nur bei der IBM ein Begriff", erzählt Dietmar Hopp. Die Software war zunächst eine reine „Batch-Buchhaltung": Für jeden Vorgang gab es einen Beleg mit Lochkarte. Die Lochkarten wurden dann über Nacht oder zu einem bestimmten Zeitpunkt vom Großrechner im „Stapelverfahren" (Batch) verarbeitet. „Es war eine Pionierentwicklungsarbeit, hatte regionale Bedeutung im Mannheim-Karlsruhe-Raum. Ich erwartete hierfür eine Belohnung in Form eines Aufstiegs in der Hierarchie", erzählt Wellenreuther,

Als die IBM-Geschäftsstelle in Mannheim keine Anstalten machte, Wellenreuther zum Manager zu befördern, beschloss er, sich zum 1. Oktober 1971 selbstständig zu machen. Als Firmennamen wählte der bereits 1966 promovierte Volkswirt: Systemanalyse Programmentwicklung. Noch aber gehörte das von ihm entwickelte Finanzbuchhaltungspaket seinem bisherigen Arbeitgeber. Um nun für die weitere Entwicklung und Vermarktung in den Besitz eines eigenen Systems zu kommen, ging Wellenreuther auf den bisherigen IBM-Kunden Chio Chips zu. Die Unternehmerfamilie von

Opel hatte bereits 1962 in der Pfalz die erste Produktionsanlage für Kartoffelchips in Deutschland errichtet. Wellenreuther erwarb im Gegenzug für die Komplettierung des Systems und weitere Beratungsleistungen das Nutzungsrecht für das System und verkaufte das Komplettpaket erneut an den Chipshersteller. Fortan konnte er das von ihm „System F" genannte Produkt bei weiteren Unternehmen in ganz Deutschland installieren. Dazu gehörten etwa die Kosmetikfirma Deutsche Revlon, der Pharmaproduzent Rheinpharma oder der Hersteller von Kunstdärmen Naturin. Vor allem bei dieser Firma in Weinheim entwickelte und pflegte Wellenreuther sein System F, das bis Herbst 1976 genau 29 Firmen erworben hatten, wie eine Referenzkundenliste aus diesem Jahr zeigt.

Spezialisten ihres Fachs

Die am 1. April 1972 zusammen mit den vier früheren IBM-Kollegen Hopp, Plattner, Tschira und Hector gegründete Firma übernahm nicht nur den Namen „Systemanalyse Programmentwicklung" und das Büro in der Innenstadt von Mannheim, sondern auch die Kunden, die sich seit Oktober 1971 für das System F entschieden hatten. Wenn Wellenreuther sich bei ICI mit den Gründerkollegen und ersten Mitarbeitenden traf, brachten alle ihre spezifischen Kenntnisse ein: Wellenreuther sein Wissen als Kaufmann und Volkswirt mit einem Verständnis für Geschäftsprozesse, Hopp und Plattner insbesondere ihre Expertise in der Dialogverarbeitung und Nutzung des Bildschirms. Für Wellenreuther war das „der eigentliche Vorteil" gegenüber anderen Datenverarbeitungsfirmen dieser Zeit. „Hopp und Plattner waren Topspezialisten schon zur IBM-Zeit. Die haben im Mannheimer Raum die Pionierarbeiten in der Dialoganwendung gemacht. Die hatten das Know-how, und

Claus Wellenreuther (links) beim Betriebsausflug 1976.

Bei einer Veranstaltung in St. Leon-Rot erläutert Claus Wellenreuther 2003 seine Beweggründe für den Zusammenschluss mit SAP.

Mittelstands-Know-how: Mit der Übernahme der Firma DCW Software stärkte SAP im Jahre 2003 ihre Stellung im Markt der ERP-Systeme für mittelständische Firmen. Inhaber Claus Wellenreuther (links) mit SAP-Vorstandsmitglied Gerhard Oswald.

zwar auf einem sehr maschinennahen Niveau, sie waren ja Ingenieure. Selbst die IBM hatte diese Technologie noch nicht zu einer anwendungsfreundlichen Handhabung gebracht."

Gemeinsam diskutierten die Gründer zusammen mit ihren ersten Mitarbeitern, wie zusätzlich zum Dialog mit dem Terminal ein weiteres innovatives Merkmal ihres Systems realisiert werden könnte: die Verarbeitung der Informationen vom Computer direkt nach der Eingabe. Diese Echtzeitmethode konnte im Gegensatz zum Batch-Betrieb den Nutzern stets einen aktuellen Überblick über Lagerbestand, Rechnungseingang und andere Geschäftsvorgänge liefern. Zusammen mit der Idee der Integration dieser Prozesse wurden so die Grundzüge der zukünftigen Standardsoftware entwickelt.

Während das Realtime-System „R" auch aufgrund der benötigten teuren Hardware vorwiegend von großen Unternehmen wie ICI oder John Deere eingesetzt wurde, gehörten zum Kundenkreis des Systems F eher kleine und mittelständische Firmen. Wellenreuther war davon überzeugt, dass sich ein Realtime-System erst bei rund 60.000 Monatsbuchungen lohne, wie er 1977 in einem Interview mit der „Computerwoche" sagte: „Je größer der Buchungsanfall, das ist ganz klar, umso toller ist der Erfolg, den ich mit der Realtime-Geschichte heraushole."

In der ersten Hälfte der 1970er-Jahre fügte Wellenreuther seinem System F eine Variante mit Dialogverarbeitung hinzu. So wurde die Lochkartenerfassung durch die Datenerfassung am Bildschirm ersetzt. Unter dem Namen „System DF" vertrieb die SAP dieses Batch-System bis zum Ausscheiden Wellenreuthers aus der SAP

im Jahre 1980. Im Herbst 1976 hatte Wellenreuther zusammen mit Dietmar Hopp noch die Geschäftsführung der neu gegründeten GmbH jetzt mit dem Namen SAP – Systeme, Anwendungen, Produkte in der Datenverarbeitung übernommen, doch er litt schon seit vielen Jahren an „Morbus Bechterew". Diese Krankheit führt zu entzündeten Gelenken und ist überaus schmerzhaft. Die SAP befand sich im Umbruch, arbeitete Ende der 1970er-Jahre mit Volldampf an der Fertigstellung der neuen Softwaregeneration R/2. Er habe sich damals „noch ein, vielleicht zwei Jahre gegeben", wird Wellenreuther im Buch von Gerd Meissner „Die heimliche Softwaremacht" zitiert. Zum 1. März 1980 beschloss der damals 45-Jährige, die SAP mit einer Abfindung von einer Million D-Mark zu verlassen. Ein Mitarbeiter seines Teams übernahm die Vertriebsrechte, und SAP bot den Kunden der Wellenreuther-Software den günstigen Umstieg zum Realtime-System RF an.

Krankheitsbedingter Ausstieg

Nach einer „jeder Wahrscheinlichkeit widersprechenden Besserung", so Wellenreuther, und einer speziellen Therapie konnte die Krankheit zumindest gestoppt werden. Daher war es ihm möglich, 1982 mit der Gründung der Firma DCW (Dr. Claus Wellenreuther) Software, die Finanzsoftware für mittelständische Unternehmen lieferte, noch einmal durchzustarten. 2003 übernahm SAP die DCW Software und führte sie ein Jahr später mit der Steeb Anwendungssysteme GmbH zusammen.

Claus Wellenreuther verbringt heute einen Teil seiner Zeit in Spanien. ■

Von der Ungleichzeitigkeit disruptiver Veränderungen

Paul Pape:
*SAP-Rechenzentrum,
Wind spürbar im Gesicht*

Die Geschichte der SAP ist geprägt von tiefgreifenden Umbrüchen in Technologie, Wirtschaft und strategischer Ausrichtung – und von der Frage: gestalten oder anpassen?

Eine Analyse der Unternehmensentwicklung von 1972 bis 2022.

Von Prof. Dr. Paul Erker und Timo Leimbach

Mit Illustrationen von Titus Ackermann, Monika Aichele, Anne Rapp, Paola Troxler und Stephanie Wunderlich.

Zäsursetzungen und Phasenbildungen in der Unternehmensgeschichte sind ein schwieriger und komplexer Prozess. Meist hangelt man sich entlang von Produktzyklen, Branchenentwicklungsphasen oder den Amtszeiten von Vorstandsvorsitzenden. Dabei gilt vor allem, nach wie vor dominierende simple Dekadenzählungen und einfache Chronologien zu durchbrechen. Für die SAP-Geschichte wird im Folgenden ein neuer Ansatz gewählt: Die Beschreibung und Analyse der Unternehmensentwicklung in Disruptionsphasen, bezogen auf technologische Umbrüche, aber auch den Wandel der Geschäftsmodelle.

Das Konzept nimmt nicht nur diese beiden unterschiedlichen, partiell oft eng miteinander verwobenen Prozesse in den Blick. Vielmehr lassen sich darin auch weitere Prozesse und Phänomene integrieren, etwa die Branchenentwicklung mit ihren immer schnelleren Disruptionszyklen, allen voran externe Disruptionen durch große Wirtschaftskrisen (bezogen auf SAP mindestens vier: 1974/81: Ölkrise; 2001: Platzen der Dotcom-Blase; 2008/2009: Subprime-Krise; 2020/2021: Coronakrise) mit im positiven wie auch negativen Sinn jeweils eminenten katalysatorischen Effekten.

Dazu lenkt das Konzept die Aufmerksamkeit auf die jeweils unterschiedlich ausgeprägte Bereitschaft und Fähigkeit, auch die eigene Unternehmensorganisation zu disruptieren, mit entsprechenden Veränderungen unter anderem in der Unternehmenskultur. Damit wird auch die Perspektive der Governancestrukturen vom komplett gründergeführten Start-up zum managementgeführten, funktional organisierten, bürokratischen und stark kapitalmarktorientierten globalen Konzern mitberücksichtigt.

Die Frage nach Disruptionsphasen schließt die Identifikation der jeweils unterschiedlichen, komplexen Dynamiken in der Unternehmensentwicklung ein: die Gleichzeitigkeit oder Ungleichzeitigkeit von technologischen und organisatorischen Umbrüchen, die wechselnden Phasen von organischem oder externem, akquisitionsgetriebenen Wachstum mit ihren wiederum jeweiligen unterschiedlichen Tempi. Radikale Umbruchphasen wechseln sich mit evolutionären Transformationsperioden ab, korrelierend mit iterativen Zyklen der Softwareentwicklung.

Der Blick richtet sich auch auf die Parallelität oder das Auseinanderdriften von Umsatz- und Ertragswachstum (die Growth-versus-Margin-Debatten bei SAP waren legendär) und schließlich auf die unterschiedlichen Dynamiken der Unternehmensentwicklung infolge der jeweiligen Ausprägungen der Antizipationsfähigkeit im Unternehmen. SAP ist im Branchenkontext gesehen ein Musterbeispiel für den Wechsel von Vorausdenken und Vorauseilen, aber auch Gleichlaufen oder Hinterherhinken, schließlich wieder zurück zum „Um-die-Ecke-Sehen" und dem Gespür für kommende Entwicklungen. Letzteres dominierte eindeutig und macht eines der Erfolgskriterien des Unternehmens aus. Mehr als einmal war die SAP in ihrer Geschichte selbst Auslöser von Disruptionen, der Neuerfindung von Geschäftsmodellen in der Softwarebranche.

Nicht zuletzt gilt es, die höchst unterschiedlichen Erwartungsdynamiken des Kapitalmarkts (und der Kunden) zu berücksichtigen.

Titus Ackermann: SAP-Gründung (1972)

Im Folgenden werden vier zentrale Disruptionsphasen in der SAP-Geschichte unterschieden und skizziert: Erstens die Gründung und der Aufbruch als Erfinder von Unternehmenssoftware in Echtzeit (R/1- und R/2-Phase von 1972 bis 1990/91); zweitens die Erfolgsgeschichte von R/3 und der Client-Server-Anwendung und damit der große internationale Durchbruch zwischen 1992/93 bis 1999 mit ihrer atemberaubenden Wachstumsphase; drittens die langen und schwierigen Jahre der Suche nach Neuorientierung und des Kampfes um die Wiederholung oder zumindest Wiederanknüpfung des Erfolgs in den Jahren zwischen 2000 bis 2009, mit den Versuchen, SAP als Internet- und Plattformunternehmen neu zu erfinden, sichtbar in den Produktzyklen von mySAP.com (2000 bis 2006), dann der Einführung der NetWeaver-Plattform mit ihren Komponenten Enterprise Service Architecture (ESA) und der Business Suite 7 (2007 und folgende Jahre); viertens die Periode ab 2010, mit Neuaufbruch, Strategiewechsel und der Disruption des Datenbankbereiches durch HANA, verbunden mit dem allerdings weit länger als erwartet dauernden und steinigen Weg in die Cloud, die eine Disruption des Geschäftsmodells erzwang.

Die schon über zehn Jahre dauernde letzte Phase hält bis heute an, auch wenn es hier 2014/15 einen Einschnitt in der Unternehmensentwicklung gab, der personell wie strategisch unternehmenspolitische nachhaltige Korrekturen nach sich zog. Die Phasenanfänge bzw. -enden jeder dieser vier Perioden markieren entscheidende Bruchstellen und die schwierigen, kritischen Übergangsphasen von einer etablierten, reifen Technologie mit höchst profitablen zu neuen Produkten, Technologien oder Geschäftsmodellen: das klassische Dilemma von innovativen Unternehmen. Bemerkenswert ist, dass SAP diese prekären Phasen immer erfolgreich und auch aus einer Position der wirtschaftlichen wie finanziellen Stärke heraus bewältigt hat.

1. Von der Start-up-Firma zum internationalen Softwareunternehmen oder: Die Erfindung einer neuen Softwarekategorie (1972 bis 1990/91)

Die Gründung der Start-up-Firma „Systemanalyse Programmentwicklung" am 1. April 1972 durch die fünf ehemaligen IBM-Mitarbeiter Claus Wellenreuther, Dietmar Hopp, Hasso Plattner, Klaus Tschira und Hans-Werner Hector bedeutete eine Disruption des noch in den Kinderschuhen steckenden Softwareproduktsektors. Die Absicht dieses Wagnisses war, in dem gerade entstehenden Markt für Softwareprodukte eine neue Art von Unternehmenssoftware zu offerieren. Als zentrale Idee sollten standardisierte Produkte anstelle von komplexen Eigenentwicklungen angeboten werden, die alle betrieblichen Abläufe integrierten und sämtliche Daten in Echtzeit verarbeiteten und anzeigten.

Der zweite Aspekt bestand darin, die Software zu modularisieren, sodass Kunden sich die Software nach eigenem Bedarf zusammenstellen konnten. Zwar waren diese Ideen nicht vollständig neu, doch SAP war die erste Firma in Deutschland, die sie in ein marktreifes Produkt umsetzte. Die Gründung selbst stellte zugleich den ersten kritischen Moment in der SAP-Geschichte dar. Die spätere Entwicklung als erfolgreichste Firmengründung der jüngeren deutschen Wirtschaftsgeschichte war somit keineswegs vorgezeichnet.

Bereits im Folgejahr 1973 wurde das erste Softwareprodukt (Realtime Financial Accounting, RF), welches später zusammen mit anderen Modulen wie RM (Realtime Materialwirtschaft) zu R/1 wurde, auf den Markt gebracht. Der bis etwa 1979 anhaltende Produktzyklus mit rasant steigenden Umsätzen von 0,6 Millionen D-Mark (1972/73) auf 10 Millionen D-Mark (1979) bot die erste Grundlage des weiteren Erfolgs.

Die Anfangsjahre des bis dahin gerade einmal auf 60 Mitarbeitende angewachsenen Programmierbüros, das 1976 in die SAP GmbH („Systeme, Anwendungen und Produkte in der Datenverarbeitung") umgewandelt wurde, sind voller mythologisierender Geschichten und Begebenheiten von nächtlichen Entwicklungsarbeiten in den Rechenzentren der ersten Großkunden wie ICI, freitäglichen Vertriebs- und Codierbesprechungen in der Pizzeria mit anschließendem Fußballspiel und intensiven Tennismatches als Ausgleich zum harten Programmieralltag. Die Start-up-Unternehmenskultur repräsentierten die fünf höchst unterschiedlichen Gründerpersönlichkeiten und Softwarepioniere. Es gab keine Hierarchien und keine funktionale Organisation des Unternehmens. Die fünf Gründer waren für alles zuständig, mit mehr zufällig und ad hoc definierten Verantwortlichkeitsbereichen und inkrementeller Koordination und Abstimmung.

1981, nach drei Jahren Entwicklungszeit, kam die auf die vorherrschenden IBM- und Siemens-Großrechner (Mainframe) in den Unternehmen ausgerichtete und in modularen Funktionen weiterentwickelte Standardsoftware unter dem Namen R/2 auf den Markt. Im nun folgenden 10-jährigen Produktzyklus bis 1991 erwirtschaftete SAP damit kumulative Umsatzerlöse von circa 2 Milliarden D-Mark. Aus dem Start-up war ein mittelständisches Unternehmen geworden, das in den 1980er-Jahren sein Wachstumstempo erheblich beschleunigte.

1982 beschäftigte SAP erstmals mehr als 100, 1989 mehr als 1000 Mitarbeitende. Allein in den folgenden zwei Jahren bis 1991 verdoppelte sich die Beschäftigtenzahl auf 2680. Der Umsatz je Beschäftigtem betrug 1980 bereits 178.000 D-Mark und 1988 stieg er auf 260.400 D-Mark, ein Zuwachs um knapp 50 Prozent. SAP dominierte den Markt für Unternehmenssoftware und prägte die sich zur „IT-based Industries" transformierende Unternehmenslandschaft nicht nur in Deutschland, sondern auch in Europa und darüber hinaus – getrieben durch eine frühzeitig eingeleitete und vielfach von den multinationalen Großkunden beförderte Internationalisierung und Konzentration seiner Aktivitäten jenseits des Heimatmarktes.

Die lange konjunkturelle Krisendekade der 1970er-Jahre, an deren Anfang 1974 die erste und an deren Ende 1981/82 die zweite Ölpreiskrise standen, hat SAP nicht tangiert. Vielmehr haben die damit ausgelöste Modernisierungs- und Transformationsphase der Unternehmen und die Neuausrichtung ihrer Prozesse den Umsatzboom der SAP eher noch beschleunigt. Dabei gelang es den Gründern im Unterschied zu heutigen Start-up-Finanzierungen, mit einem geradezu lächerlich geringen Kapitaleinsatz durch direkte Entwicklung der Produkte bei den Kunden und damit basierend auf dem Cashflow aus dem Kundengeschäft das Unternehmen auf eine Größe zu bringen, die den Börsengang 16 Jahre nach der Gründung im Oktober 1988 ermöglichte. Er war gleichsam der zweite Urknall in der SAP-Geschichte. Mit einem Ausgabepreis von 750 D-Mark für die 1,2 Millionen platzierten Aktien war SAP mit einem Schlag fast 1 Milliarde D-Mark wert.

Zum Dekadenwechsel stand SAP besser da denn je: Das Systemprodukt R/2 mit seiner Integration der gesamten Anwendersoftware vom Materialeinkauf über Personaladministration bis zur Finanzbuchhaltung und Projektsteuerung lieferte stabile Erträge. Hinzu kamen wachsende Einnahmen durch Beratung und Schulung. Der Produktabsatz, vor allem durch die Einmalentgelte, aber auch durch Miete und Wartung machte mit fast 70 Prozent den größten Posten aus. Der Vertrieb mit inzwischen zahlreichen Landesgesellschaften in aller Welt – seit 1988 auch erstmals in den USA – war ebenso stark ausgeweitet worden.

Titus Ackermann:
SAP bezieht erstes eigenes Gebäude (1980)

Das Kundenspektrum umfasste inzwischen neben allen größeren deutschen Unternehmen zahlreiche multinationale Großkonzerne wie Esso, DuPont oder Mobil Oil. Noch kamen circa 60 Prozent des Umsatzes aus dem Inland und knapp 40 Prozent aus dem Ausland. Doch das sollte sich schnell ändern. Nicht zuletzt wurden erhebliche Mittel in Forschung und Entwicklung gesteckt: 1987 waren es 30,3 Millionen D-Mark, keine zwei Jahre später bereits 83,3 Millionen D-Mark, jeweils also etwa 23 Prozent des Gesamtumsatzes.

Der Jahresüberschuss, der 1988 bereits 44,5 Millionen D-Mark betragen hatte, verdreifachte sich bis 1991 auf 123,3 Millionen D-Mark. In der inzwischen 20-jährigen Firmengeschichte war 1991 das erfolgreichste Geschäftsjahr. Dabei ging die Erfolgs- und Wachstumsgeschichte eigentlich erst los, denn am Anfang der nächsten Periode stand eine neue von SAP ausgelöste Disruption, diesmal im Hardwarebereich.

Der alleinige rückschauende Blick auf die Umsatz- und Ertragszahlen verdeckt jedoch die dahinter liegenden Probleme, Herausforderungen und Unwägbarkeiten, mit denen die inzwischen als Vorstände amtierenden Gründer (ihre Zahl hatte sich durch das gesundheitsbedingte Ausscheiden von Claus Wellenreuther 1980 auf vier reduziert) konfrontiert waren. Zum einen war das Branchen- und Konkurrenzumfeld nicht nur größer geworden, sondern auch erheblich in Bewegung geraten. Der Hauptkonkurrent und in vielen Bereichen zugleich Kooperationspartner IBM verstärkte seine Aktivitäten in Deutschland, und das Beratungsunternehmen Arthur Andersen, mit dem SAP zusammen eine Consulting GmbH gegründet hatte, trat durch den Erwerb eines amerikanischen Konkurrenzunternehmens seinerseits zunehmend in Wettbewerb mit den Deutschen. Überhaupt dehnte zu dieser Zeit eine ganze Reihe amerikanischer Konkurrenten wie American Software oder Computer Associates ihre Aktivitäten auf die europäischen Märkte aus.

Um ihre Position insbesondere im Bereich der mittelständischen Unternehmen zu stärken, tätigte SAP ihre ersten Akquisitionen: 1989 beteiligte sich SAP an der Steeb Informationstechnik GmbH und übernahm ein Jahr darauf die CAS Anwendungs-Systeme GmbH, die wenig später zur SAP-Mittelstandsorganisation fusionierten. Daneben nahm das Auslandsgeschäft weiter an Fahrt auf – die internationalen Auftragseingänge betrugen ein Vielfaches der Neuaufträge durch deutsche Unternehmen. Es zeigte sich, dass neue SAP-Projekte nur durchführbar waren, wenn die Beraterkapazitäten vor Ort proportional mitwuchsen. Die inzwischen vielfach zu groß und unbeweglich gewordenen Beratungs- wie Entwicklungsgruppen im Unternehmen erforderten einen erheblichen Koordinierungs- und Orchestrierungsaufwand ebenso wie die inzwischen 60 bis 65 Beratungspartner der SAP, mit denen das Unternehmen bei der Implementierung der Software bei den Kunden zusammenarbeitete. Dennoch sollte sich diese Partneringstrategie in den folgenden Jahren auszahlen, da sie ein schnell skalierbares Wachstum ermöglichte.

1989/90 machten sich die Konjunkturentwicklungen und die wechselhafte internationale Lage auch bei SAP bemerkbar. Der Zusammenbruch der DDR brachte zunächst die Aussicht auf potenzielle 2.000 neue SAP-Anwenderunternehmen mit sich. Im dritten Quartal 1990 ging plötzlich der Auftragseingang stark zurück, was sich durch die Golfkrise noch verstärkte. Erstmals in der SAP-Geschichte wurde der intern budgetierte Jahresüberschuss verfehlt und deutlich unterschritten. Das lag zum einen daran, dass die R/2-Umsätze zunehmende Ambivalenzen aufwiesen. Während sich in Deutschland und Europa eine gewisse Marktenge und Sättigung abzuzeichnen begannen, ergaben sich für die USA noch große Absatzpotenziale. Im Juni 1990 hatte SAP dort gerade einmal 22 R/2-Installationen, während man das gesamte Potenzial auf ca. 5.000 Mainframes schätzte. Zum anderen lag die Budgetunterschreitung an der kurz zuvor eingeschlagenen Weiterentwicklung der Softwarestrategie, die auf eine neue Version der Unternehmenssoftware unter dem Namen R/3 setzte. Das bedeutete parallele und gleichzeitige (Weiter-) Entwicklungsaufwendungen mit entsprechenden Kostenbelastungen.

Am 1. Februar 1990 hatte Hasso Plattner im Aufsichtsrat erstmals über die neue SAP-Softwarestrategie und Details der offenbar bereits 1988 begonnenen Produktentwicklung von SAP R/3 informiert. Mit ihr beabsichtigte man, von der bis Mitte der 1990er-Jahre erwarteten Verdoppelung des DV-Marktes für Standardsoftware mit einem europäischen Marktvolumen von 100 Milliarden D-Mark zu profitieren. Die Merkmale von R/3 waren gleicher betriebswirtschaftlicher Leistungsumfang wie die Systeme R/2, aber mit veränderten Anwendungen und einer weiterentwickelten Programmiersprache (Advanced Business Application Programming Language 4th Generation, ABAP/4). Zugleich wurde es aus einer Reihe von Gründen auf UNIX entwickelt. So musste man sich nicht an der vorhandenen Hardware von IBM orientieren, sondern setzte Techniken voraus, die es mit den Unix-Rechnern gerade erst gab und die für die AS/400 von IBM für 1993 angekündigt waren.

Auch wenn die R/3-Entwicklung initial auf den neuen IBM-Computer ausgerichtet war, konnte so langfristig R/3 auf die UNIX-Systeme der übrigen Hersteller wie DEC und HP ausgedehnt werden. Gleichzeitig erfolgte eine Vereinfachung und Vereinheitlichung der Benutzeroberfläche. Das bedeutete, dass die zukünftig von SAP angebotene Software auch auf den kleineren UNIX-Workstations lauffähig war. Der potenzielle Kundenkreis erweiterte sich dadurch erheblich. Die eigentliche große Herausforderung war, langfristig den Übergang des inzwischen in der Version 5.0. ausgelieferten R/2 auf R/3 zu managen, ohne dass sich die beiden Systeme kannibalisierten.

In der damaligen Perspektive machte sich SAP allerdings zunächst keine allzu großen Sorgen, denn R/3 zielte nicht auf eine Ablösung von R/2, sondern auf die mittelgroßen Neukunden ab. Erst Mitte der 1990er-Jahre sollten die bestehenden Großunternehmen zu einem

Wechsel von R/2 auf R/3 veranlasst werden. Die eigentliche implizierte Disruption mit R/3 – der Übergang von der Mainframe-Hardware zur Client-Server-Architektur – war zu diesem Zeitpunkt offenbar noch niemandem vollständig bewusst.

2. Von der Software- zur Hardwaredisruption: Die R/3-Revolution und der Durchbruch zum Global Player (1992/93 bis 1999)

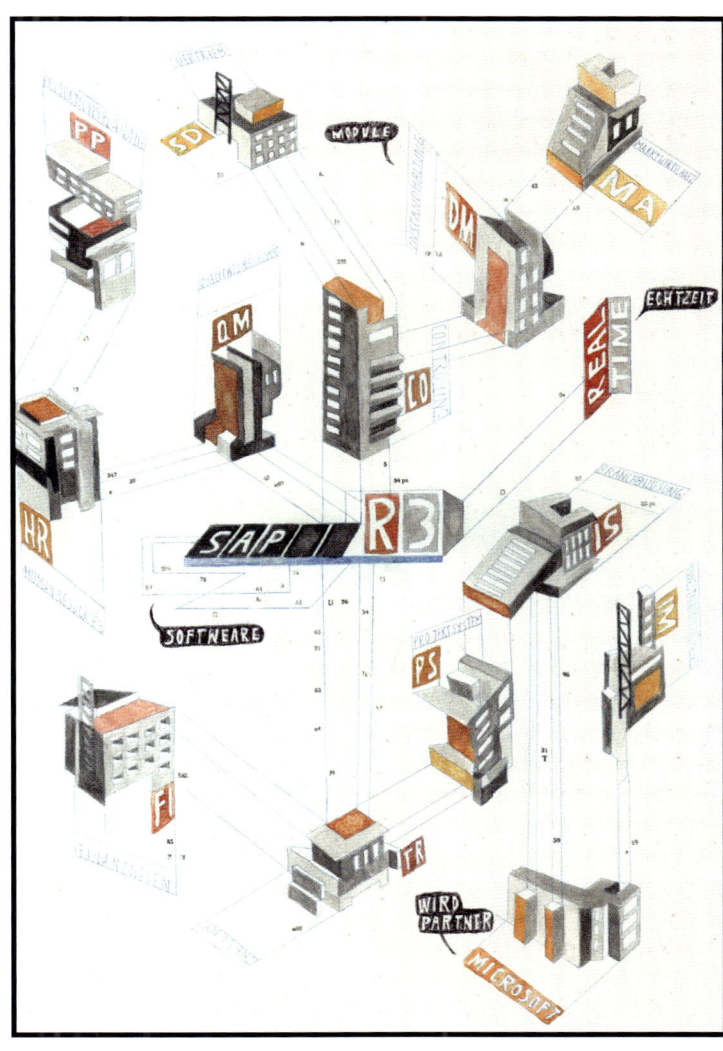

Paola Troxler:
SAP-R/3 und Partnerschaft
mit Microsoft (1992)

Erst Mitte 1992 wurde R/3 nach vierjähriger Entwicklungszeit freigegeben und bei den ersten Pilotkunden installiert. Seit Plattners erster Präsentation im Aufsichtsrat waren fast zweieinhalb Jahre vergangen. Sie waren im Rückblick vielfach legendenumrankt, insbesondere mit einer fast gescheiterten erstmaligen Präsentation auf der Computermesse CeBIT im März 1991. Hier lief die neue Software anders als geplant auf Unix-Rechnern ab und rückte damit die auf der Client-Server-Architektur basierte Unternehmenssoftware als nächste Generation und Disruption zu den bisherigen Architekturen in den Vordergrund.

Wie auch immer die Perzeptionen der SAP-Entwickler aussahen, spätestens im Juli 1991, als Plattner erneut vor dem Aufsichtsrat über R/3 berichtete, war allen im Unternehmen klar, wohin die Reise gehen würde. R/3 war nun vor allem für verteilte und offene Systeme konzipiert und setzte damit die Client-Server-Architektur voraus. Man entwickelte zwar nach wie vor eine AS/400-Version von R/3, aber konzentrierte sich vor allem auf eine UNIX-Version. Mit der Entwicklung von R/3 war SAP auf dem Markt für Unternehmenssoftware völlig konkurrenzlos und den Wettbewerbern um mindestens zwei Jahre voraus. Dennoch ging man davon aus, dass die stufenweise Entwicklung der Anwendungspalette, die frühestens 1994 fertig sein würde, sowie die fehlende Hardwarebasis bei den potenziellen Anwendern eine sehr langwierige Markteinführung bedeuteten. Daher mussten bis mindestens 1993 R/2 und andere Produkte den Großteil des Umsatzes erbringen.

Die tatsächliche weitere Entwicklung ging weit dynamischer vor sich und lag jenseits aller kühnen Träume der SAP-Gründer und des Managements. Die Umsatzzahlen schossen zwischen 1992 und 1998 mit 831 Millionen D-Mark auf 8,46 Milliarden D-Mark um das 10-Fache in die Höhe. Schon 1993 wurde erstmals die Umsatzmilliarde überschritten. Von da an verdoppelten sich praktisch

jährlich die Erträge, und schon im September 1993 hatten die Auftragseingänge bei R/3 – getrieben insbesondere von einer stürmischen Auslandsnachfrage – fast die Höhe des R/2-Geschäfts erreicht.

SAP hatte zudem ein R/2-R/3-Koexistenzkonzept entwickelt, das innerhalb eines Unternehmens Verbundlösungen zwischen den beiden Anwendungen mit ihrer je unterschiedlichen Hardwaretechnologie erlaubte. Die kumulativen Erträge im R/3-Produktzyklus zwischen 1993 und 1999 betrugen umgerechnet 17,2 Milliarden D-Mark, entsprechend kletterte der Jahresüberschuss: 1992 wurden bereits 127 Millionen D-Mark verbucht. 1998 verdiente SAP erstmals in einem Jahr über 1 Milliarde D-Mark – einer der in dieser Phase zu verzeichnenden zahlreichen Meilensteine in der noch jungen SAP-Geschichte.

Mit R/3 gelang SAP auch der Durchbruch auf dem US-Markt. SAP America war schon im Juni 1994 auf dem besten Weg, dort Marktführer zu werden. 1993 hatte SAP mit Microsoft ein höchst prestigeträchtiges Kooperationsabkommen abgeschlossen. 1995 führte der Softwareriese seinerseits R/3 im Finanzbereich ein. Es folgten Großaufträge von zahlreichen namhaften US-Konzernen, allen voran IBM selbst, daneben auch Procter & Gamble oder Apple Computer. Ende 1995 – R/3 war längst Hauptumsatzträger – erfolgte der bislang größte Vertrag der Firmengeschichte mit der Deutschen Telekom, die für 30.000 Arbeitsplätze R/3 einführte.

Im gleichen Jahr hatte SAP mit der Gründung einer Landesgesellschaft in China begonnen, auch geografisch in neue Dimensionen vorzudringen. In den japanischen Markt stieg SAP bereits 1992 erfolgreich ein. Inzwischen war sie der weltweit sechstgrößte Hersteller von Standardsoftware, bei Client-Server-Anwendungen längst mit weitem Vorsprung vor den Konkurrenten wie Lotus, Oracle oder PeopleSoft der dominierende Marktführer. R/3 war zum Softwarestandard in dem inzwischen als ERP-Software (Enterprise Resource Planning) firmierenden Bereich geworden.

Auf der Basis von R/3 trieben die Unternehmen weltweit ihre Globalisierungsprozesse voran, steigerten Effizienz und Transparenz im Zuge von Lean-Management-Philosophien und sahen auf der Basis eines R/3-Euro-Pakets beruhigt dem Währungs- ebenso wie dem Jahrtausendwechsel entgegen, der in den aktualisierten R/3-Releases mitberücksichtigt worden war. Hierbei spielte insbesondere das Partnernetzwerk eine zentrale Rolle, das unter anderem alle wichtigen Beratungsunternehmen umfasste. Es ermöglichte Zugang und eine schnelle Skalierung bei den häufig sehr personalintensiven Prozessen, die SAP trotz enormen Personalwachstums in dieser Zeit alleine nicht leisten konnte. Von all dem (Globalisierung, Währungswechsel, vorherrschende Managementphilosophien und Jahrtausendwechsel) profitierte SAP mit ihrem innovativen Produkt. Einmal eingeführt, entwickelte R/3 als ERP-System in den Unternehmen eine Eigendynamik, veränderte Arbeits-, Produktions- und Entscheidungsprozesse sowie Organisationsstrukturen. Die Unternehmenswirtschaft weltweit war durch SAP R/3 eine andere geworden.

Angesichts dessen war es kein Wunder, dass SAP von dem alle Erwartungen übertreffenden Erfolg und dem damit einhergehenden exorbitanten organischen Wachstum geradezu überwältigt war und die immer neuen Rekorde der Quartalszahlen euphorisch zur Kenntnis nahm. Mit Stolz vernahm der SAP-Vorstand die zwischen Bewunderung und Neid schwankenden Kommentare und Einschätzungen insbesondere der amerikanischen Fachpresse und der dortigen Analysten: „SAP ist ein Phänomen und wahrscheinlich ein langlebiges" und „Wird irgendein Mitbewerber die SAP aufhalten können, einen Marktanteil von 50 Prozent zu erobern?"

Tatsächlich deutete alles darauf hin, dass die Erfolgsgeschichte von R/3 scheinbar endlos weitergehen würde. Alle Marktstudien prognostizierten bis 2002 ein Volumen von knapp 30 Milliarden D-Mark, was jährlichen Wachstumsraten von 30 Prozent und mehr entsprach. Bestehende wie künftige Kunden hatten erhebliches Potenzial, sodass die steil nach oben verlaufende Kurve der jährlichen R/3-Systeminstallationen, die 1994 erst knapp 1000, 1998 aber fast 20.000 aufwies, sich in neue Dimensionen bewegen konnte. Nach der Überzeugung im Vorstand sprach eine ganze Reihe von Gründen für eine langfristige SAP-Marktführerschaft: Finanzielle Performance, die Kundenbasis, signifikante Investitionen in F&E sowie Support, der Multiplikatoreffekt, globale Präsenz, neue Produktangebote für neue vertikale und Non-Manufacturing-Märkte, Pläne zur tieferen Durchdringung der Supply Chain, Momentum und Timing sowie „Partnering". Somit entstand eine Produkt-Ökosystem-Plattform, welche für eine langfristige Entwicklung zentral wurde. Ein weiterer wesentlicher Punkt dabei war die Weiterentwicklung der Organisation und die starke Unternehmenskultur.

Zum 1. Januar 1991 wurde Henning Kagermann als erster Manager, der kein Gründer war, in den Vorstand berufen. Dies war der erste Schritt in den Übergang vom rein gründer- zum managementgeführten Unternehmen und in Richtung Nachfolgeregelung für die „Nachgründerzeit". Wenig später kamen mit Hans Schlegel und Peter Zencke zwei weitere langjährige Manager hinzu. Ende Juni 1995 schied Hans-Werner Hector aus dem Vorstand aus, wodurch sich die Zahl der verbliebenen Gründer auf drei reduzierte. Aus diesem Anlass erfolgte eine Erweiterung des SAP-Vorstands um drei zusätzliche Manager (Claus Heinrich, Gerhard Oswald und Paul Wahl). Zum Jahresende 1996 hatte SAP somit einen 8-köpfigen Vorstand. Dazu kamen weitere vier Manager aus der obersten Führungsebene, die zusammen mit dem Vorstand den Kreis der erweiterten Geschäftsführung bildeten. Zu ihnen gehörte auch Dieter Matheis. Obwohl oberster Finanzchef bei SAP, besaß er keinen direkten Vorstandsposten und berichtete zuständigkeitshalber an Kagermann – für ein global operierendes und am Kapitalmarkt notiertes Milliardenunternehmen wie SAP ein absolutes Unikum.

SAP war aber nach wie vor ein traditionell technisch, F&E- und vertriebsorganisatorisch geprägtes Unternehmen mit vergleichsweise flachen Hierarchien, geringem Bürokratisierungsgrad sowie relativ flexiblen Zuständigkeits- und Verantwortungsbereichen. Um die Internationalisierung des Unternehmens weiter voranzutreiben, hatte im Juni 1993 eine erste größere organisatorische Neustrukturierung stattgefunden. Für transparentere Strukturen bei den Landesgesellschaften wurden insgesamt neun Zentralbereiche gebildet (Beratung, Beraterservice, Allianzen, Vertrieb, Schulung, Marketing, Personal, Controlling und Public Relations) und zu „Corporate Functions" ausgebaut. Dahinter stand vor allem eine Entlastung des Vorstands von operativen Aufgabenbereichen, sodass sich dieser künftig auf Strategiefestlegung, Formulierung der Zielvorgaben und Besetzung der Schlüsselpositionen konzentrierte.

Titus Ackermann:
SAP 1. Entwicklungszentrum im Silicon Valley (1993)

Die Unternehmenskultur war in diesen Jahren von einer starken Mitarbeiterorientierung, Teamdenken und nicht zuletzt einem Vertrauen in die Kompetenzen der Beschäftigten geprägt. Deren Zahl war exorbitant und gleichsam korrelierend mit dem Umsatz gewachsen: von 3.157 (1992) auf erstmals über 10.000 im Jahr 1996. Innerhalb von nur zwei Jahren verdoppelte sie sich noch einmal auf knapp 20.000. Geeignetes Personal in derartigem Umfang Jahr für Jahr zu rekrutieren, zu „SAPlern" zu integrieren und das entsprechende Leistungspotenzial zum Nutzen der Unternehmensziele zu realisieren, war in dieser Phase eine der größten Herausforderungen für die verbliebenen Gründer und deren Vorstandskollegen.

Die Hauptrollen in der SAP-Prägung spielten in diesen Jahren Dietmar Hopp und Hasso Plattner, der eine mehr auf das Gesamtunternehmen und dessen Strukturen achtend, der andere der Innovator und Technikgetriebene. In der komplementären Konstellation repräsentierten sie den Erfolg der SAP und agierten als kongeniale Gründervorstandsmitglieder, dann als gemeinsame Doppelspitze

und Vorstandssprecher und schließlich – nachdem Hopp 1998 den Aufsichtsratsvorsitz übernahm – als spezifische Ausprägung der Corporate-Governance-Strukturen.

Auch in der von der Erfolgsgeschichte des R/3 geprägten Phase galt, dass der Blick auf die Umsatzzahlen mit immer neuen Rekorden die Sicht auf sich dahinter verbergende neue Herausforderungen und Probleme verstellte, die lange nicht wahrgenommen wurden. Die erste Krise fand Anfang 1993 statt, als die SAP-Aktie nach jahrelangem Höhenflug einen dramatischen Kurseinbruch erlitt und binnen zwei Wochen aufgrund erstmals nicht erreichter Umsatzziele um circa 40 Prozent fiel. Es sollte nicht das letzte Mal sein, dass der Vorstand Opfer der eigenen hohen Erwartungen wurde. Allerdings sah man in Walldorf auch keinen Grund, von der Kommunikation höchst ambitionierter und aggressiver Wachstumszahlen abzugehen.

Die zweite „SAP-Krise" ereignete sich im Mai/Juni 1995, und diesmal kamen gleich mehrere Dinge zusammen. Der Mitgründer Hans-Werner Hector verließ den Vorstand, wechselte zunächst in den Aufsichtsrat und schied dann im Streit aus dem Unternehmen aus. Kurz zuvor war im April 1995 in der „Wirtschaftswoche" ein Artikel erschienen, in dem SAP und ihr Vorzeigeprodukt Gegenstand einer scharfen, teilweise überzogenen Kritik waren. „Immer mehr Kunden des deutschen Software-Stars SAP klagen über veraltete Technologie, hohe Kosten und aufwendige Installation. Geht's von nun an bergab?", lautete einer der Kernsätze. Daraufhin versuchte SAP, dem verheerenden Bild in der Öffentlichkeit sowohl mithilfe von Interviews und einer Anzeigenserie entgegenzuwirken, als auch mit einem Aufruf an die Mitarbeitenden, die Krise mit dem SAP-spezifischen Teamgeist zu meistern. Tatsächlich ging ein Ruck durch die Belegschaft, das Produkt R/3 qualitätsmäßig weiter zu verbessern, den Einführungsaufwand zu reduzieren und die Kundenorientierung zu stärken.

Nur ein Jahr später folgte im Mai 1996 eine weitere kritische Studie der amerikanischen Analystengesellschaft Forrester Research Inc., die unter anderem über ein Nachfolgeprodukt namens R/4 spekulierte. Dies löste heftige Dementis von Plattner und Hopp zu neuen Produkten, einbrechender Nachfrage oder finanziellen Schwierigkeiten aus. Sie fürchteten, Kunden würden mit weiteren Investitionsentscheidungen auf eine mögliche neue Software warten. Diese Phase war für die Gründer und Vorstände wie die Mitarbeitenden eine emotionale Berg- und Talfahrt, denn gleichzeitig war SAP mehrmals hintereinander vom „Manager Magazin" zum „Unternehmen des Jahres" gekürt worden, und die Absatzzahlen für R/3 hatten ihren Aufwärtstrend ungebrochen fortgesetzt.

Schon im Oktober 1996 kam der nächste Schock, als unbedachte Äußerungen seitens des Vorstands über die Wachstumsprognosen von der Börse als Gewinnwarnung interpretiert und am nächsten Tag mit einem Kurseinbruch der Aktie um circa 30 Prozent quittiert wurden.

Die Verunsicherung war zur Jahreswende 1996/97 in Walldorf erheblich; zumal auch – und das markierte ein weiteres Problemfeld – die Konkurrenten aufzuholen begannen und gegenüber dem Marktführer SAP zum Angriff bliesen. Während dort etwa das dritte Quartal 1995 schwächer als erwartet ausgefallen war, wiesen die Hauptkonkurrenten wie Baan, PeopleSoft oder Oracle markante Steigerungen auf und wurden auch im Vorstand als Bedrohung wahrgenommen. Tatsächlich war es dem niederländischen Softwarekonkurrenten Baan gelungen, SAP bei einer Reihe deutscher Unternehmen den Auftrag zur ERP-Implementierung abzujagen. Letztendlich war man sich in Walldorf trotz aller eingestandener Qualitätsprobleme bei den neuesten R/3-Releases der eigenen Stärke bewusst und startete ab 1996 eine neue Wachstumsstrategie rund um R/3.

Gegenstand der neuen R/3-Strategie war zunächst – für SAP bis dahin ungewöhnlich – eine Marketingoffensive unter dem Label „EnjoySAP", mit der man ab 1998 gleichsam flankierend zu dem ganzen Bündel anderer Maßnahmen versuchte, R/3 ein moderneres Gesicht zu geben: moderner in der Darstellung, übersichtlicher in der Nutzung und einfacher in der Anwendung. Den eigentlichen Kern bildeten Maßnahmen zur Qualitätsverbesserung des inzwischen in der 3. Version herausgegebenen Softwarepakets, dem raschen Ausbau von R/3-bezogenen Services und den Bemühungen um „Lean Implementation". R/3 erhielt auch eine offene neue Architektur „Business Framework", womit die Integration komplementärer, „fremder" Software durch offene Schnittstellen möglich wurde.

Dazu kam die stärkere Berücksichtigung der Kundenwünsche. Seit 1996 hatte sich herausgestellt, dass sich die Kundenanforderungen mit dem Kernprodukt R/3 allein offenbar nicht mehr erfüllen ließen. Darauf startete man mit hohem Entwicklungsaufwand die Realisierung von kunden- und branchenspezifischen Lösungen um das Kernprodukt R/3 herum und zum Teil auch darüber hinaus. R/3 wurde entkoppelt und in einzelne Komponenten zerlegt, um damit eine Anschlussfähigkeit von Drittanwendungen zu erreichen. Neben dem Entwicklungsaufwand selbst war dabei das Management der Erwartungshaltung der Kunden hinsichtlich neuer Funktionalitäten die größte Herausforderung.

In kurzer Zeit gelang es, industrie- bzw. branchenbezogene R/3-Lösungen anzubieten, allen voran im Bereich Banken/Versicherungen, Public Sector und Handel, wenig später auch im Telekommunikationssektor. Dazu kamen Strategien zur globalen Marktdurchdringung mit R/3 sowie ab Juli 1998 der Aufbau weltweiter SAP Labs zur Dezentralisierung der Entwicklungsaktivitäten mit dem Ziel der Stärkung der globalen Marktposition von SAP. Das Paradigma lautete immer noch und mehr denn je: kontinuierliche Weiterinvestition in R/3 und dessen zahllose Erweiterungen sowie neue Releases und Versionen. Als ein Unternehmen mit einem zentralen Produkt (One-Product-Company), welches die SAP nach dem Ende von R/2 geworden war, lag das auf der Hand, und die Maßnahmen waren durchaus erfolgreich.

Die SAPPHIRE-Anwenderkonferenzen in Amsterdam, Yokohama und Orlando 1997 wiesen neue Rekordbesucherbeteiligungen auf, und die R/3-Erträge stiegen weiter. Faktisch bedeutete das jedoch auch, dass sich SAP mit rasant steigenden F&E-Aufwendungen (die 1993 bereits bei knapp 300 Millionen D-Mark lagen und bis 1998 auf 1,4 Milliarden D-Mark regelrecht explodierten), konfrontiert sah und sich mit seinem Erfolgsprodukt R/3 zunehmend verzettelte. Aus dem integrierten Standardprodukt wurden teilweise wieder maßgeschneiderte, hochkomplexe und damit schwerfällige Softwarelösungen. Vor allem verstellte die starke R/3-Fixierung den Blick auf neue disruptive Entwicklungen im Branchenumfeld, die diesmal durch das Internet ausgelöst wurden. Dies führte zu einer neuen Welle von internetbasierten Unternehmenssoftware-Architekturen –, und diesmal hatten andere Unternehmen die Nase vorn.

Zwar hat SAP das Internet nicht verschlafen, vielmehr sah sie sich Mitte der 1990er-Jahre nicht nur auf der Höhe der Zeit, sondern auch in der Rolle als Vorreiter und Innovationsbereiter der neuen internetbasierten Softwarelösungen. Allerdings wurden durch die anhaltende R/3-Fixierung vielfach die falschen Schlüsse gezogen und Fehlentscheidungen getroffen. Man dachte, es würde reichen, R/3 internetfähig zu gestalten, ohne sich weitere Gedanken darüber zu machen, welche weitergehenden Implikationen das Internet auf die Geschäftsprozesse und Softwareanwendungen in den Unternehmen haben könnte.

Durch den kurz währenden Dotcom-Hype und die aus dem Boden schießenden neuen IT- und Software-Start-ups begann sich die Wahrnehmung der SAP in der (Fach-)Öffentlichkeit zu verändern. Der einstige Pionier und Innovationstreiber galt plötzlich als Vertreter einer Old Economy und als „Yesterday's Company". Die Client-Server-Innovation hatte aus dem Markt für Unternehmenssoftware (ERP) einen echten Massenmarkt gemacht. Die Innovation des Internets brachte nun mit sich, dass Spezialisten von Best-of-Breed-Lösungen bislang unbesetzte Marktnischen okkupieren konnten und die Verkäufer von integrierten Paketlösungen wie SAP zunächst ins Hintertreffen gerieten.

All dies war allerdings 1995, als sich nicht nur die Entwicklungsabteilungen, sondern auch der Vorstand von SAP intensiv mit dem Internet zu befassen begannen, noch nicht sichtbar. Im Geschäftsbericht von 1995 pries Plattner noch die neue „Architektur der Zukunft" und reklamierte im selben Atemzug auch hier eine Vorreiterrolle der SAP. Mit ihrem neuesten Release R/3.1 seien die SAP selbst und ihre Kunden für die neue Internetära gerüstet. SAP entwickelte nun mit hoher Priorität internetfähige Anwendungen. Dabei ging es vor allem darum, die Zukunft von R/3 durch das Zusammendenken mit der neuen technologischen Plattform sicherzustellen, unter anderem mithilfe der Entwicklung sogenannter BAPI-Schnittstellen.

Paola Troxler:
SAP 25. Jubiläum
und Erfolgsjahr (1997)

Legendär wurde in diesem Zusammenhang der gemeinsame Auftritt von Hasso Plattner und Bill Gates auf der SAPPHIRE 1996 in Philadelphia, auf der beide gemeinsam R/3-Anwendungen im Internet vorführten. Ziel dieser Strategie, mit der man sich technologisch auf der Höhe der Zeit sah, war die Integration fertiger Internetanwendungen in die Geschäftsprozesswelt von R/3. So notierte Plattner ergänzend dazu im Geschäftsbericht für 1996: „Mit der neuen, langfristig angelegten Business-Frame-Architektur ist der SAP die weitgehende Entkoppelung der revolutionären Technologiewellen vom Zyklus der Softwarearchitekturen gelungen. Wir sind jetzt noch besser in der Lage, die technologischen Wellen mit dem bewährten System R/3 zu absorbieren und dabei deren Innovationskräfte systematisch weiterzugeben, ohne dass unsere Produkte von derartigen Schüben überholt werden könnten."

Der Vorstand machte am Start des Projekts „Granite Falls" im Juli 1997 fest, dass er den Zeitgeist erkannt hatte. Hinter dem Codenamen stand die Gründung eines gemeinsamen Tochterunternehmens Pandesic von SAP und Intel mit der Vision „die Komplettlösung für elektronische Geschäftsabwicklung" anzubieten. Für das Jahr 2000 rechnete man mit mindestens 1.700 Kunden und einem Umsatz von 462 Millionen US-Dollar. Nicht zuletzt auch aufgrund der höchst unterschiedlichen Unternehmenskulturen und Denkweisen der beiden Mutterkonzerne entwickelte sich diese Kooperation zu einem Millionengrab und wurde im Juli 2000 wieder aufgelöst.

Nach außen hin stand SAP am Vorabend der Jahrtausendwende glänzend da: R/3 bescherte nach wie vor Rekordgewinne, die Führungsfrage war mit dem Wechsel von Hopp in den Aufsichtsrat und der Berufung von Kagermann zum gleichberechtigten Vorstandssprecher neben Plattner geregelt („Unternehmenskrisen werden nicht selten ausgelöst durch einen verspäteten oder schlecht gemanagten Führungswechsel. Wir bei SAP wollen einer solchen Gefahr vorbeugen", hatte Hopp in einen Brief an die Mitarbeitenden geschrieben), die Verantwortlichkeiten im erweiterten Führungskreis waren klar definiert und die Unternehmensorganisation mit der Einrichtung von IBUs (Industry Business Units) als branchenbezogene Entwicklungseinheiten neu ausgerichtet. Nicht zuletzt hatte der Börsengang im Sommer 1998 an die New York Stock Exchange 26 Jahre nach der Gründung gleichsam einen dritten Urknall in der Geschichte von SAP ausgelöst. Mit dem Börsengang schuf SAP die Voraussetzungen dafür, das Unternehmen endgültig als Global Player zu etablieren. Gleichzeitig war man in Walldorf noch nicht bereit, mit dem Erfolgsmodell R/3 zu brechen und die Implikationen des Internets sowohl für die Softwaretechnologie als auch das Geschäftsmodell und damit die Position von SAP in der neuen Welt radikal neu zu überdenken. Das vielbeschworene Erfolgsgeheimnis, „Trends frühzeitig aufspüren, sie richtig bewerten und umsetzen", schien nicht mehr zu funktionieren.

3. SAP als Internetunternehmen: Auf der langen Suche nach einer „neuen SAP" oder: Die Implikationen von „Project Vienna" und der Abschied vom Ein-Produkt-Unternehmen (1999 bis 2009)

Im Mai 1999 startete SAP unter dem Namen mySAP.com eine umfassende Internetstrategie und setzte zugleich einen neuen Produktzyklus in Gang, der zunächst bis etwa 2006 dauern sollte. Die folgende Unternehmensphase war von externen Disruptionen geprägt: ökonomisch mit zwei Wirtschaftskrisen 2000/2001 und 2008/2009, technisch mit dem weiteren Durchbruch des Internets, der Plattformökonomie und turbulenten Veränderungen auch in der Softwarelandschaft und dem Wettbewerbsumfeld. Es sind die langen Jahre, in denen SAP erstmals auf der schwierigen Suche nach einer Neuausrichtung war und mehrere, nur teilweise erfolgreiche Anläufe unternahm, sich selbst neu zu erfinden. In diesen Jahren prägten neue Verunsicherungen und harte Konkurrenzkämpfe das Bild. Es fielen aber auch wegweisende strategische Entscheidungen, und Ansätze neuer visionärer Antizipationsfähigkeit wurden sichtbar. Sie sollten die bislang steinigsten Jahre in der inzwischen 30-jährigen Unternehmensgeschichte werden, in denen sich SAP an neue, deutlich niedrigere Wachstumsraten gewöhnen musste. Die Firma und das Management schafften trotzdem das Kunststück, weiterhin ein hochprofitables Erfolgsunternehmen zu bleiben.

Das neue, von Plattner als Eintritt in eine neue Ära für die SAP, ihre Partner und Kunden gepriesene Produkt mySAP.com umfasste im Kern die SAP-Unternehmenssoftware mit ihren branchenspezifischen Lösungen, die durch XML-fähige Anwendungen wie den Business Connector um Internetanwendungen und -dienste erweitert wurde. Es erlaubte Unternehmen die komplette Abbildung ihrer Geschäftsabläufe von der internen Datenverarbeitung über die Interaktion mit den Kunden bis hin zu virtuellen Marktplätzen. Elektronischer Handel (E-Commerce), Pflege von Kundenbeziehungen (CRM), Personalwirtschaft (HRM), Logistik und Warenbewirtschaftung (SCM) wurden damit ebenso erfasst wie Beschaffung und Einkauf (Procurement). Der ersten internen Präsentation des neuen Vorzeigeproduktes im Mai folgte Mitte Juli eine große Pressekonferenz mit Plattner in Frankfurt, ehe es

Anne Rapp:
E-Trading/Commerce
(1995)

im September 1999 auf der Anwenderkonferenz in Philadelphia vorgestellt wurde. Die ersten Auslieferungen waren für das dritte Quartal 1999 angekündigt. Die weit verbreitete Botschaft „SAP wird zur Internetfirma" sollte damit überzeugend nachgewiesen werden.

Auf dem neuen Systemprodukt ruhten inzwischen alle Hoffnungen der SAP. Aus den USA kamen Meldungen über ein kriselndes R/3-Geschäft. Beim Versuch, für die Kleidungs- und Schuhbranche eine Lösung (AFS) zu entwickeln, hatte man ein Desaster erlebt. Vor allem attackierten neue Konkurrenten wie I2, Siebel und Ariba mit sogenannten Best-of-Breed-Produkten SAP in ihrem Kerngeschäftsfeld, denen zunächst nichts entgegenzusetzen war. SAP hatte viel Zeit und Energie durch eine zu komplexe Entwicklungsstrategie und auseinanderstrebende Entwicklungsinteressen verloren. Dadurch hatten Konkurrenten wie Siebel im plötzlich boomenden CRM-Markt den größten Teil bereits besetzt, ehe SAP hier eigene Lösungen anbot.

Dazu war man mit der Asien- und Russlandkrise Ende 1998, die einen starken Erlöseinbruch in Japan bedeutete, mit einem ersten Vorbeben der labilen Konjunktur- und Wirtschaftsverfassung konfrontiert. Während SAP an ihrem Konzept des einzelnen, hochintegrierten Systems festhielt, beförderte das Internet neue Optionen und Lösungen für Softwarearchitekturen, welche multiple Systemansätze ermöglichten. Zum ersten Mal in der Unternehmensgeschichte sah man sich gezwungen, auf eine neue Entwicklung zu reagieren, anstatt diese wie bisher selbst zu starten. Daher brach man mit der bisherigen Entwicklungstradition und entwickelte nicht nur das Gesamtpaket mySAP.com, sondern auch isolierte Softwarelösungen als mySAP CRM oder mySAP SCM. Das war auch der Abschied von der „Ein-Produkt-Firma".

Mit dem Versuch, gegenüber den neuen „Internetkonkurrenten" wieder die Oberhand zurückzugewinnen und den Prozess des „Sich-neu-Erfindens" zu beschleunigen, startete SAP eine Reihe weiterer strategischer Maßnahmen, allen voran die Gründung der drei neuen Tochterfirmen „SAP Markets", „SAP System Integration" und „SAP Portals". Dahinter stand die Vision, das Unternehmen als großen Orchestrierer der B2B-Marktplätze sowie als Lösungsanbieter zu positionieren. Dazu kam eine strategische Allianz mit Kapitalbeteiligung an dem amerikanischen Unternehmen Commerce One, zu diesem Zeitpunkt als Vorreiter der E-Commerce- und B2B-Marktplatz-Ökonomie gefeiert. Im Jahr 2001 folgte mit dem israelischen Unternehmen TopTier für 400 Millionen US-Dollar die erste große Akquisition in diesem Bereich, deren Portaltechnologie in den folgenden Jahren zentral wurde.

Die umfassende Transformation der SAP und die Neuausrichtung der Strategie mit mySAP.com schienen erfolgreich. Die positiven Kommentare der Kunden spiegelten sich auch in den anziehenden Quartalszahlen wider. mySAP.com wurde schnell zum Hauptumsatzträger. Die 2001 ausbrechende Weltwirtschaftskrise und das Platzen der Dotcom-Blase fungierten als reinigendes Gewitter in der IKT-Branche. Baan fiel dem zum Opfer, jedoch machten Oracle, Siebel und Peoplesoft SAP weiterhin das Leben schwer und auch Microsoft und IBM mischten verstärkt im Markt für Unternehmenssoftware mit.

SAP gehörte letztlich zu den Gewinnern dieses Ausleseprozesses, da die Wirtschaftskrise zunächst einen Zeitgewinn, eine Verringerung des Konkurrenzdrucks und nicht zuletzt auch eine Rückkehr der Unternehmenskunden zu den integrierten Systemprodukten von SAP bedeutete. Mit Commerce One war man nach der damaligen Überzeugung im Vorstand zum Führer der elektronischen Marktplätze aufgestiegen. Für die Akzeptanz von mySAP.com stellte ein Großauftrag des Lebensmittelkonzerns Nestlé den endgültigen Durchbruch als Nachfolgeprodukt zu R/3 dar. Die Weichen waren gestellt, um im Jahr 2002 das 30-jährige Gründungsjubiläum mit einem starken Fokus auf eine erfolgreiche Kundenbindung zu feiern.

Stephanie Wunderlich:
Millennium Bug
(2000)

unter dem neuen Schlagwort „Business Process Platform" (BPP) in neue Segmente für Unternehmenssoftware jenseits des klassischen ERP-Marktes vor.

Am Anfang dieser Phase stand das im Juli 2002 aufgesetzte „Projekt Vienna". Dessen erstes Ziel war es, die Komplexität der bestehenden SAP-Komponenten ohne Funktionalitätsverlust zu reduzieren. Die Software sollte um circa 30 Prozent entschlackt und damit die Benutzbarkeit ebenso wie der Kostenaufwand für die Kunden verbessert werden. Hinzu kam kurze Zeit später als zweites Ziel, die verschiedenen Komponenten unter dem Dach einer neuen Softwarearchitektur zu sammeln. Das sollte eine flexiblere Kombination der Komponenten ermöglichen und letztlich neue Kundenkreise wie mittelständische Unternehmen ansprechen. Den Kern bildeten die neue Enterprise Service Architecture (ESA) sowie SAP NetWeaver. Dies war eine Softwareplattform unter anderem auf Basis von TopTier, die die Verknüpfung von SAP-Komponenten untereinander als auch mit Produkten anderer Hersteller wie Oracle oder Microsoft ermöglichen sollte. Das Projekt Vienna bekam schnell eine Eigendynamik und änderte seine Entwicklungsschwerpunkte immer wieder. Mit etwa zehn Jahren Dauer war es eines der am längsten laufenden und mit circa 1,4 Milliarden Euro auch eines der teuersten Entwicklungsprojekte. In der Öffentlichkeit wurde daher immer wieder vermutet, das Projekt sei eine komplette Neuentwicklung. SAP passte die Strategie in der Form an, dass sie immer wieder Entwicklungsfortschritte in bestehende Produkte integrierte, was heute unter dem Begriff „DevOps" Standard ist.

Das Vorgehen wurde durch die immer wieder notwendigen Anpassungen an die sich rasant verändernde technologische Entwicklung begünstigt. So setzte mit serviceorientierten Architekturen (Service-oriented Architecture, SOA) ein dritter Transformationsschub ein, der sich auf die laufenden Projekte auswirkte. Dies stand für die mit NetWeaver und ESA bereits eingeleitete Modularisierung, die es ermöglichen sollte, dass Softwarekomponenten durch sogenannte Services besser miteinander kommunizieren und zusammenarbeiten. Dementsprechend tauchte nun der Begriff Enterprise SOA (eSOA) bei SAP auf. Zur gleichen Zeit wurde die Mittelstandslösung dezidiert unter dem Namen Business ByDesign entwickelt und sollte als erstes Produkt oder „Frontrunner" das Konzept umsetzen.

Insgesamt war dies ein erster logischer Schritt seitens des SAP-Vorstands in Richtung netzbasierter Unternehmenssoftware, die nicht mehr „On Premise" vor Ort als klassisches Lizenzgeschäft, sondern „On Demand" als Service in der Cloud vertrieben würde. Dies beinhaltete nicht nur eine technologische Disruption, sondern vor allem auch eine des existierenden Geschäftsmodells. Noch konnte zunächst nur auf der Basis des ESA-Konzepts das inzwischen breite Produktportfolio mit seinen verschiedenen SAP-Applikationen für Groß- (mySAP Business Suite und ERP 2005) und mittelständische Unternehmen (SAP Business One,

Gestärkt machte man sich bei einer schnellen konjunkturellen Erholung ab 2003 auf die Suche nach neuen Alleinstellungsmerkmalen im Markt. SAP war zu diesem Zeitpunkt das einzige Softwareunternehmen auf der Welt, das alle Anforderungen mit zwei Technologien (datenbank- und servicebasierend) abdecken konnte. In der Geschichte der SAP sei das Unternehmen heute wahrscheinlich am besten aufgestellt, lautete die allgemeine Wahrnehmung im Vorstand und auch bei den Gründern Mitte Februar 2003. SAP wurde vom Fast Follower wieder zum Smart and Trusted Innovator, blies zur Jagd auf die Konkurrenz und leitete einen neuen strategischen Wandel ein („Projekt Green Light"), verbunden mit einem weiteren Transformationsschub: Mit neuen Plattformtechnologien und Softwarearchitekturen (Net-Weaver und Enterprise Service Architecture, ESA) drang SAP

SAP All-in-One und SAP Business ByDesign) entwickelt und an die Kunden ausgeliefert werden: Die allgemeine Erwartung war, dass SAP spätestens Ende des Jahres 2006 als erstes Unternehmen eine Geschäftsprozessplattform auf den Markt bringen würde. Damit fiel gleichsam der Startschuss zum neuen großen Produktlebenszyklus, der als ESA-Zyklus den bisherigen mySAP.com-Zyklus ablöste.

Mit dem 2005 bereits fortgeschrittenen Umbau der existierenden Technologie- zu einer internetbasierten Plattform, dem breiten und ausgewogenen Kompetenzprofil bei Infrastruktur/Technologie und Anwendungen (einem ewigen Spannungsfeld in der SAP-Geschichte), seinem vertikal wie horizontal erweiterten Produktportfolio für Business User (SAP R/3 wurde zu diesem Zeitpunkt nach wie vor vertrieben, aber seit März 2001 begann der Übergang zu mySAP.com durch die neue Produktversion „SAP R/3 Enterprise"), Midmarket, Platform, Industrielösungen und der umfassenden Suite mySAP.com war geplant, den Marktanteil der SAP bis 2010 von circa 30 Milliarden auf 70 Milliarden Euro mehr als zu verdoppeln. Das bedeutete 10 Milliarden Euro Produktumsatz und eine Marge von über 30 Prozent.

Während SAP zur Jahrtausendwende noch wie gebannt auf den amerikanischen Softwarekonzern Oracle und dessen scheinbar unaufhaltsame Eroberung der Marktanteile gestarrt hatte, machte sich nun wieder eine deutlich selbstbewusstere Sichtweise breit. 2004 begann Oracle eine Aufholjagd gegenüber SAP und kaufte nach einer monatelangen Übernahmeschlacht für rund 10 Milliarden US-Dollar den Konkurrenten Peoplesoft – der Beginn einer beispiellosen Akquisitionsserie.

Auch organisatorisch hatte SAP eine Reihe von Umstrukturierungen vorgenommen. Henning Kagermann führte sich an der Wertschöpfungskette orientierende Strukturen ein. So gab es unter der Leitung von Peter Zencke einen eigenen Vorstandsbereich Research & Breakthrough Innovation, der noch nicht marktfähige Produkte entwickelte. Nachdem das Auftreten von Mitarbeitenden der SAP-Landesgesellschaften, der SAP Markets Inc. und der SAP Portals Inc. bei den Kunden erhebliche Konfusion ausgelöst hatte, wurden die beiden Tochtergesellschaften wieder in den Gesamtkonzern integriert. Damit trat SAP nach außen wieder als „One Voice" auf. Das Management der Landesgesellschaften wurde durch den „President Global Field Operations" neu geregelt, die Entwicklungsbereiche neu fokussiert, drei Business Solution Groups etabliert und eine zentrale „Application Platform & Architecture Group" eingerichtet.

„Embarking on SAP's Transformation" hatte Kagermann seine Präsentation dazu vor dem Aufsichtsrat überschrieben. Bereits im April 2002 war der vormalige CEO von TopTier, Shai Agassi, in den Vorstand von SAP berufen worden. Hasso Platter war im Mai 2003 vom Vorstand in den Aufsichtsrat gewechselt und symbolisierte inzwischen als letzter verbliebener Gründer die Verbindung

zu den Aufbruchsjahren. Plattner definierte seine Aufsichtsratsfunktion jedoch anders als Hopp. Obwohl er formal das operative Geschäft den angestellten Managern im Vorstand überließ, blieb er als Chief Software Advisor mehr denn je der technologische Vordenker und Visionär, der permanent auf die Zukunftsfähigkeit des Unternehmens drängte.

Die Vielfalt der Konzepte, Technologieansätze, Produktbezeichnungen, Entwicklungsprojekte und Neuankündigungen künftiger Softwarelösungen (wie ESA oder eSOA) war zu diesem Zeitpunkt nicht nur für die Kunden verwirrend, sondern stellte auch die interne Produktstrategie vor erhebliche Herausforderungen. Gleichzeitig fand Anfang 2007 mit SAP Business ByDesign nach fünf Jahren Entwicklungszeit der grundlegende Richtungswechsel zu einem cloudbasierten On-Demand-Betriebsmodell statt. Mit großem Tusch wurde am 19. September 2007 in New York SAP Business ByDesign als erste, bald zur Verfügung stehende „Cloudlösung" angekündigt: „A new game-changing category of software".

Zur Untermauerung und Beschleunigung der angestrebten Transformationsziele brach SAP mit der bis dahin verfolgten Politik, keine Großakquisitionen zu tätigen. Strategische Übernahmen und Firmenzukäufe von kleineren und mittelgroßen Firmen hatte es in den Jahren zuvor durchaus gegeben. Allein 2005/2006 hatte SAP acht Zukäufe getätigt. Mit der Übernahme von Business Objects im Oktober 2007 für 4,8 Milliarden Euro komplettierte SAP ihr auf Enterprise Applications ausgerichtetes Produktportfolio durch das Segment Business Intelligence (BI) Software und erwarb damit eine der besten damals erhältlichen Enterprise-Information-Management-Plattformen. Dies bedeutete in der SAP-Geschichte ein neues Kapitel externen Wachstums durch Akquisitionen.

Mit Blick auf die Konkurrenten sah sich SAP vor allem bezüglich Oracle in der komfortablen Lage eines circa zweijährigen Entwicklungsvorsprungs. Bei der erheblich härteren Gangart im Konkurrenzkampf der Softwarebranche versuchten Oracle und SAP mit Initiativen wie „Off SAP" und „Safe Passage", sich gegenseitig Kunden abzujagen. Zudem tauchten neue, für SAP gefährliche Wettbewerber wie Salesforce auf. Am 3. April 2008 kam es zu einem denkwürdigen Aufeinandertreffen von Hasso Plattner und dem Salesforce-Gründer Marc Benioff, bei dem Letzterer die Vision eines radikalen Plattform- und Architekturwechsels in der Softwarewelt von morgen vertrat. Analysten bewerteten die Risiken der weiteren Entwicklung sowie der starken Konzentration auf Business ByDesign und vor allem den damit verbundenen Umbruch des klassischen Geschäftsmodells mit künftig stark sinkenden Lizenzeinnahmen ebenso kritisch wie die als zu teuer erachtete Übernahme von Business Objects. SAP wurde schließlich einem grundlegenden Derating unterzogen, mit eher unterdurchschnittlichen Wachstumserwartungen und damit auch einer Abstufung der Kursziele der SAP-Aktie.

Monika Aichele:
Cloud Computing (2011)

Im Rückblick hatte SAP ungeachtet aller Probleme jedoch den schwierigen Übergang zum netzbasierten Computing letztlich erfolgreich angegangen. Zu den vielen schmerzhaften Rückschlägen zählte vor allem die 500 Millionen US-Dollar teure 20-prozentige Beteiligung an CommerceOne, die sich schon nach wenigen Jahren als Fehlinvestition herausgestellt hatte.

Mit dem Produkt mySAP.com verbuchte SAP innerhalb des circa sechsjährigen Lebenszyklus kumulierte Erlöse von 53,5 Milliarden Euro und damit dreimal so viel wie mit R/3. Der Softwareumsatz von umgerechnet 710 Millionen US-Dollar im dritten Quartal 2005 bedeutete zum ersten Mal einen höheren Lizenzumsatz als ihn Oracle einschließlich seiner Datenbanken auswies.

Die turbulenten Jahre gingen nicht spurlos an den Bilanzzahlen vorüber: 2003 und 2009 ergaben sich erstmals in der Unternehmensgeschichte schrumpfende Umsätze, und die Wirtschaftskrisenjahre 2001/2002 und 2008/2009 bescherten markante, allerdings keineswegs besorgniserregende Gewinnrückgänge. Dazwischen erreichte SAP wieder neue Rekordzahlen. So war das Geschäftsjahr 2007 mit einem erstmaligen Umsatz von 10 Milliarden Euro und einem Gewinn nach Steuern von knapp 2 Milliarden Euro das bislang beste in der Unternehmensgeschichte. Die Übernahme von Business Objects erwies sich in der Wirtschaftskrise schnell als erheblicher Vorteil.

Insgesamt gesehen, waren die „relativen Krisenjahre" zwischen 1999 und 2009 wohl die dynamischsten und auch kämpferischsten in der SAP-Geschichte. Sie waren geprägt von der hektischen Suche nach Neuorientierung, der Formierung einer „neuen SAP" und dem angestrengten „To Find the Next Big Thing", um damit den R/3-Erfolg fortzuführen. Das mit nach oben schnellenden F&E-Aufwendungen – im Jahr 2007 allein knapp 1,5 Milliarden Euro – befeuerte hohe Entwicklungstempo, die Suche nach Innovationen, die Präsentation neuer Konzepte, Produktoffensiven, Geschäftsmodellen und Architekturen verlangte den Mitarbeitenden wie Kunden erhebliche Anpassungsleistungen ab und überforderte sie dabei zeitweise. Der Druck von außen durch Konkurrenten wie Kapitalmarkt und Investoren war enorm angestiegen und korrelierte mit einem nicht minder großen selbstauferlegten Erwartungs- und Erfolgsdruck des Managements.

Auch personell wuchs SAP dynamisch weiter: Aus den circa 20.000 Beschäftigten des Jahres 1999 waren 2009 knapp 48.000 Mitarbeitende in F&E, Service und Beratung geworden. Allerdings hatte die weltweite Finanzkrise erstmals auch zu Entlassungen in größerem Stil geführt.

Noch im Sommer 2008 waren mit einem erneuten Konzernumbau die Organisationsstrukturen auf die zukünftigen Herausforderungen ausgerichtet worden. Léo Apotheker wurde 2008 als zweiter Vorstandssprecher neben Henning Kagermann berufen,

Etwa 2.500 Softwareentwickler arbeiteten an der Neuausrichtung von Business ByDesign auf der Basis des On-Demand-Konzepts (die Einführung von R/3 hatte gerade einmal ein Zehntel an Entwicklern benötigt). Im Frühjahr 2008 zeigte sich jedoch, dass die ehrgeizigen Zeitpläne zur großangelegten Markteinführung von Business ByDesign nicht einzuhalten waren. Dabei war SAP mit dem cloudbasierten Konzept und dem damit implizierten grundlegenden Umbruch des Geschäftsmodells ein großes Risiko eingegangen. Viele Alt- sowie potenzielle Neukunden waren zwar bereit, es zu testen, aber nicht, das Prinzip des Softwareeinsatzes und auf On-Demand-Lösungen zu wechseln, sodass die Nachfrage gering war. Zusätzlich machten mitten in diesem Disruptionsprozess die Finanzmarktkrise und die damit einhergehende Weltwirtschaftskrise 2008/2009 allen unternehmenspolitischen und strategischen Bemühungen einen Strich durch die Rechnung.

der nun acht-köpfige Vorstand um Bill McDermott, Ernie Gunst und Jim Hagemann Snabe erweitert und neue Kompetenzbereiche wie Chief Operations Officer (COO), Business Solutions & Technology (BST) und Business User (BU) geschaffen, die der frühere Vorstandsvorsitzende von Business Objects und nun in den SAP-Vorstand integrierte John Schwarz übernahm. Das Ziel war, unter Bewahrung und Fortentwicklung der bestehenden Unternehmenskultur, SAP wieder flexibler und effizienter zu machen.

Anfang 2009 war in Walldorf allen klar, dass das On-Demand-Modell Zukunft haben würde. Die Konzepte der Unternehmensführung wurden zunehmend durch konzerninterne wie -übergreifende Netzwerke geprägt. Der scharfe Wettbewerb mit Oracle im Großkundensegment würde andauern und das Cloud Computing über kurz oder lang trotz aller Vorbehalte bei vielen Kunden vorherrschen. Die konkrete Umsetzung und angemessene Reaktion auf alle Trends erwies sich aber als weit langwierigerer und steinigerer Weg. Am Ende dieser Phase litt SAP zunehmend unter Konfusion und Unsicherheit, und 2009 wurde eines der schwierigsten Jahre in der Geschichte der SAP.

4. Turnaround, Transformation und Neuerfindung: Der langwierige Marsch in die „Cloud" (2010 bis 2022)

Nach den von personellen Turbulenzen geprägten Monaten zuvor ging mit der Berufung von Bill McDermott und Jim Hagemann Snabe als gleichberechtigte Vorstandssprecher im Februar 2010 ein regelrechter Ruck durch SAP. Auch der übrige Vorstand erfuhr erhebliche Veränderungen. Das neue Führungsduo präsentierte eine umfassende strategische Neuausrichtung und sorgte damit für Aufbruchstimmung. Basis der neuen Botschaft war ein fast 100-seitiges Papier der Corporate Strategy Group, die schon Mitte 2009 unter dem bezeichnenden Titel „Sun Tsu" (in Anspielung auf einen chinesischen Meister der strategischen Kriegsführung) eine ebenso detaillierte wie schonungslose Analyse der Unternehmenslage verfasst und daraus eine umfassende „SAP's Midterm Strategy" entwickelt hatte. Im Mittelpunkt stand dabei, ergänzend zur Stärkung der Markführerschaft im Bereich „On Premise" in drei weitere Märkte einzusteigen und diese zu erobern: On Demand (Cloud Computing), On Device (Softwarelösungen für Mobilgeräte) sowie In-Memory-Computing (Übergang zu für Big Data geeigneten Datenbanksystemen). Das übergeordnete Ziel war, dies mit Verknüpfungen und Schnittstellen zu Netzwerken zu orchestrieren. Bis 2015 sollten damit der Marktwert von SAP verdoppelt und der Umsatz auf 20 Milliarden Euro gesteigert werden, verbunden mit einer Ertragsmarge von 35 Prozent. Hinter all dem stand die klare Mission „To Provide Business Solutions that Create Instant Value to People Everywhere", später ergänzt durch „Make Every Customer a Best-run Business". Der Nutzerkreis derjenigen, die mit SAP-Systemen arbeiteten und davon profitierten, so die Vision, sollte eine Milliarde Menschen umfassen.

Damit stellte sich SAP gleich einer zweifachen Disruption: der kompletten Neuausrichtung des Geschäftsmodells auf Cloud Computing und gleichzeitig der Neuerfindung von ERP-Software auf der Basis einer In-Memory-Datenbankarchitektur. Bei Ersterem bestard ein deutliches Aufholpotenzial gegenüber einer Reihe von Konkurrenten, allen voran Salesforce, beim Zweiten war jedoch SAP der Vorreiter und definierte die Spielregeln der Branche neu. Der Anspruch und gleichsam das strategische und unternehmenspolitische Versprechen des neuen Vorstands war: „SAP's Transformation into an Amazing Growth Company". Eine der größten Herausforderungen für die Doppelspitze bestand darin, den Mitarbeitenden die Pläne zur Neuerfindung der SAP und den damit verbundenen Paradigmenwechsel zu vermitteln.

Die fokussierte Unternehmensstrategie mit Schwerpunkt auf technologischen und entwicklungsbezogenen Innovationen anstelle früherer kräfteabsorbierender permanenter Restrukturierungen mit Rendite-, Spar- und Ertragsprioritäten sorgten dafür, dass die im Unternehmen ruhenden Kräfte neu mobilisiert wurden. Damit wurden die Konturen einer neuen SAP weit schneller als erwartet nach außen wie nach innen sichtbar.

In den folgenden Monaten betrieb man mit großer Dynamik die Umsetzung der strategischen Ziele. Die internen Entwicklungszeiten wurden massiv verkürzt, die Organisationsstrukturen neu und effizienter ausgerichtet. Im Mai 2010 begann mit dem Kauf von Sybase (Branchenführer im Bereich mobiler Unternehmenssoftware) für 5,8 Milliarden US-Dollar eine neue Akquisitionspolitik. In der Folge wurde Jahr für Jahr externes Know-how zur Beschleunigung und zur Verbreiterung der Kompetenzbasis in den neu avisierten Marktsegmenten wie Cloud oder Mobilität systematisch dazugekauft. Auf Sybase folgten im Dezember 2011 für 3,4 Milliarden US-Dollar Crossgate und SuccessFactors (Marktführer von cloudbasierten Human-Capital-Management-Lösungen), im Oktober 2012 für 4,3 Milliarden US-Dollar der bisherige große Konkurrent Ariba (ein weiteres Cloudunternehmen, mit dem auch das Segment Inter-Enterprise-Business-Network aufgebaut und gestärkt werden sollte), im Juni 2013 für 1,4 Milliarden US-Dollar hybris (Software- bzw. Plattformanbieter im Bereich CRM und E-Commerce) und schließlich im März sowie September 2014 Fieldglass (Softwarelösungen im Personalwesen) und Concur (integrierte Dienstleistungen und Lösungen für Reise- und Reisekostenmanagement).

Dazwischen gab es zudem weitere kleinere Akquisitionen. Mit einer Eigenkapitalquote von zeitweise über 50 Prozent stellten alle Übernahmen im Prinzip kein Problem dar. Zu den eigenen neuen Produkten zählte vor allem die seit 2008 in Zusammenarbeit mit dem Hasso-Plattner-Institut in Potsdam entwickelte und der Öffentlichkeit erstmals im Frühjahr 2010 vorgestellte Lösung SAP HANA. Mit dieser Hochleistungsanalyseanwendung auf der Basis einer In-Memory-Datenbank konnten riesige Datenmengen in Sekunden bzw. Minuten analysiert werden. „Hasso's New Architecture", wie das neue Produkt intern genannt wurde, revolutionierte das Datenmanagement in den Unternehmen und war nach R/3 die langersehnte nächste Disruptionsleistung. SAP HANA entwickelte sich schnell zu dem am stärksten wachsenden SAP-Produkt.

Daneben wurde die klassische Business Suite im On-Premise-Kerngeschäft weiterentwickelt (Business Suite 7) und den wachsenden Anforderungen angepasst. Sie erwirtschaftete nach wie vor einen Großteil des Umsatzes. Nur mit ihren Erlösen war die Vorfinanzierung der erheblichen Kosten für die neuen Technologien möglich, die erst in den kommenden Jahren Erträge abwerfen würden.

Keine drei Jahre nach dem Startschuss zur Neuerfindung und gleichzeitig zum 40-jährigen Gründungsjubiläum stand SAP besser da denn je. Im Applications-, Mobile- und Business-Analytics-Bereich war SAP bereits Marktführer. Im Bereich Cloud und Datenbanken bzw. Database & Technology würde man gemäß den Erwartungen in Kürze ebenfalls dieses Ziel erreichen. Das Ganze wurde durch eine Chinastrategie zur Marktpositionierung in diesem inzwischen drittgrößten Technologiemarkt gleichsam flankierend ergänzt.

HANA hatte auf dem Datenbankgebiet eine neue und von SAP angeführte Ära eingeläutet. Zusammen mit SuccessFactors und Ariba war inzwischen auch im Cloudbereich der Durchbruch erreicht und SAP zu einem ernstzunehmenden „Major Player" und Konkurrenten geworden. Beim Umsatz mit Clouddiensten waren die Walldorfer inzwischen die Nummer zwei nach dem amerikanischen Konkurrenten Salesforce, vor Oracle oder IBM. Die einst formulierte Losung, „Winning in 5 Markets including Cloud" schien zum Greifen nah. Die Umsatzzahlen sorgten nicht nur im Vorstand, sondern auch bei den Mitarbeitenden für Optimismus. Endlich verzeichnete SAP Quartal für Quartal wieder zweistellige Wachstumsraten und stellte Jahr für Jahr einen neuen Umsatzrekord auf. Die SAPPHIRE-Konferenzen in Orlando, Peking und Madrid verzeichneten mit mehr als 300.000 Besucherinnen und Besuchern eine Rekordbeteiligung.

2012 wurde mit 16,2 Milliarden Euro, einem Gewinn von knapp 3 Milliarden Euro und einer Marktkapitalisierung von 74,7 Milliarden Euro zum erfolgreichsten Jahr seit Bestehen der SAP. „40 Years of Innovation – with Suite on HANA and Cloud a New Era Begins",

überschrieb McDermott seinen Rückblick auf das Geschäftsjahr, und auch Wirtschaftspresse wie Analysten würdigten das eindrucksvolle Comeback der SAP. Im März 2012 kündigten McDermott und Snabe an, dass das Gewinnziel dem Ausbau des Cloudgeschäfts untergeordnet und in den kommenden Jahren das Umsatz- und Gewinnwachstum durch die Transformation des Geschäftsmodells gebremst werden würde. Anders als bei späteren ähnlichen Ankündigungen wurde dies vom Kapitalmarkt nicht mit einem deutlichen Kursabschlag bestraft. Ein kleiner Wermutstropfen blieb die Tatsache, dass Umsatz und Erlös die höchst ambitionierten und ehrgeizigen Ziele des Vorstands nicht erreicht hatten.

Monika Aichele: SAP HANA (2012)

Schon 2013 zeichnete sich ab, dass die Dynamik in der Neupositionierung nachließ und das Transformationstempo abnahm. Bis 2019 wurden einerseits weitere Erfolge gefeiert, andererseits hatte man mit einer wachsenden Zahl von Problemen zu kämpfen. Die Folge waren in immer kürzeren Abständen erforderliche Nachjustierungen der Strategie. So war McDermott, der seit 2014 nach dem Übertritt von Snabe in den SAP-Aufsichtsrat das Unternehmen allein führte, mit einer ganzen Reihe von Herausforderungen konfrontiert. Erstens erwies sich der weitere Weg in die Cloud nach den zuerst schnellen Erfolgen als weit schwieriger als erwartet. „The Cloud Game Is Heating up [and] the Competitive Landscape Is Changing Rapidly", musste der Vorstand schon Mitte 2013 konstatieren. Obwohl man die Auswirkungen auf Umsatz und Ertrag bei der Umstellung des klassischen Lizenz- auf das On-Demand-Geschäft kannte und McDermott nicht müde wurde, jedes Jahr wieder auf der SAP-Hauptversammlung den Aktionären die unterschiedlichen Dynamiken der Erlöse zu erläutern (hier hohe, aber stark saison- und konjunkturabhängig fluktuierende, dort niedrigere, aber dafür stetige und längerfristig berechenbare Erlöse), tat man sich mit dieser Disruption des Geschäftsmodells schwer. Spätestens seit 2012 standen intensive Debatten über die Cloudstrategie und die Suche nach Wegen, auf die Wachstumsdynamik des Marktes und vor allem den zunehmend heftiger werdenden Konkurrenzkampf in diesem Bereich zu reagieren, in Walldorf praktisch permanent auf der Tagesordnung.

Den Mittelpunkt der Cloudstrategie bildete zunächst nach wie vor das weiterentwickelte „Business ByDesign". Schon 2011 zeichnete sich ab, dass daraus kein wettbewerbsfähiges Produkt entstehen würde. Während der Cloudmarkt mit rasantem Tempo weiter wuchs, hatte SAP viel Zeit verloren. Mehr aus der Not und der Defensive heraus hatte man daher versucht, das Ruder durch weitere Akquisitionen herumzureißen, allen voran von SuccessFactors („Projekt Saturn"). „Accelerating Our Cloud Leadership without Disruption" lautete die Formel für den Strategiewechsel im Cloudbereich. 2012 war dafür ein eigener Geschäfts- und Vorstandsbereich eingerichtet worden. Er wurde von Lars Dalgaard geführt, dem vormaligen CEO von SuccessFactors und nun Mitglied des SAP-Vorstands. Später bekam er Unterstützung vom Vorstandsvorsitzenden von Ariba, Bob Calderoni, der nach der Übernahme in den Kreis der erweiterten SAP-Geschäftsführung eintrat.

Dem neuen Cloudvorstandsbereich waren ca. 5.000 Mitarbeitende zugeordnet, davon etwa 2.000 Entwickler. Sie hatten sich lange mit dem eigentlich als Vorreiterprodukt gedachten Business ByDesign und den letztlich erfolglosen Bemühungen um eine Neuarchitektur beschäftigt, ehe die einst hochfliegenden Pläne endgültig als gescheitert angesehen wurden. Danach wurde das Projekt mit reduzierter Mannschaft, neuem Fokus und anderen Zielsetzungen neu ausgerichtet. Über viele Jahre hatte Business ByDesign Tausende Entwickler gebunden, mit langfristigen Auswirkungen. Deren Kompetenzen und Kräfte hatten nämlich gefehlt, um SAP in anderen Bereichen entwicklungstechnisch in eine Führungsrolle zu bringen und sich stärker auf die Entwicklung anderer Lösungen wie „SAP Cloud Platform" zu konzentrieren, welche Aspekte von Software-as-a-Service- (Apps und Extensions) und Platform-as-a-Service-Angebote vereinte. Zudem zeigte sich eine ambivalente Entwicklung: Einerseits wuchs der Cloudmarkt mit großem Tempo weiter, andererseits zeigten die Kunden eine geringe oder nur langsam wachsende Bereitschaft zum Umstieg.

Aus diesem Grund hatte McDermott die neue Losung „Run Simple" ausgegeben und auf eine reduzierte Komplexität der Produkte und Lösungen gedrängt. Ins Zentrum der Cloudstrategie rückte nun die HANA-Technologie, auf deren Basis sämtliche ERP-Lösungen und die anderen Applikationen ausgerichtet wurden. Im Januar 2013 kam schon die „SAP Business Suite Powered by SAP HANA" als erneuerte Produktversion heraus. Im Lauf des Jahres 2014 wurde die inzwischen vierte Produktgeneration der ERP-Suite (das Kernprodukt im Bereich Softwarelösung) ganz auf die neue Technologiebasis abgestimmt und unter deutlicher Bezugnahme auf R/3 unter dem Namen S/4HANA auf den Markt gebracht. Der Vorstand feierte dies auf der Hauptversammlung 2015 als „Meilenstein und wichtigste Produktankündigung in der SAP-Geschichte".

Damit wurde auch ein neuer Produktzyklus ins Leben gerufen: Der „HANA-Zyklus" löste den seit 2007 vorherrschenden „ESA-Zyklus" mit dem Hauptprodukt Business Suite 7 ab. Der kumulative Erlös von ESA betrug in den vergangenen sieben Jahren etwa 92,2 Milliarden Euro und lag damit um ein Vielfaches über dem vorangegangenen Produktzyklus. Die Fixierung auf die neue Plattform und Softwarearchitektur HANA verstellte den Blick auf die Dynamiken des Cloudmarktes und führte dazu, dass man sich wie beim Erfolgsprodukt R/3 bei der Weiterentwicklung der Datenbankarchitektur verzettelte. Die Unternehmenspolitik folgte vor allem dem Prinzip „Rebuilding the Product Portfolio on HANA" anstatt sich auf das „Transitioning SAP to the Cloud" zu konzentrieren. Die Migration des gesamten Produktportfolios auf HANA, wodurch eine durchgängig abgestimmte und kompatible Technologieplattform entstehen sollte, war langwierig und aufwendig, zumal man dabei alle Delivery-Modelle (On Premise, On Demand oder Hybrid) anbot.

SAP hatte auf ihrem Marsch in die Cloud einen Umweg eingeschlagen. Der kumulative Erlös von HANA zwischen 2014 und 2020 von ca. 164,6 Milliarden Euro war durchaus ertragreich und stellte einen neuen Rekord in der Unternehmensgeschichte dar. Aber man hatte Zeit verloren und aufgrund des hohen Entwicklungstempos und Zeitdrucks zudem bei Produkten wie der „HANA Enterprise Cloud" mit Qualitätsproblemen zu kämpfen. Viel zu lange fixierte man sich auf Oracle als Hauptkonkurrenten und schenkte Wettbewerbern wie Salesforce oder Workday weniger Beachtung. Trotz einer Reihe von „Cloud Acceleration Plans" zog sich die Transformation zu einem Cloudunternehmen in die Länge. Als der Vorstand im Frühjahr 2014 ebenso wie im Januar 2015 die Gewinnprognosen aufgrund der hohen Investitionen in das Cloudgeschäft nach unten korrigierte, reagierte die Börse mit deutlichen Kursabschlägen bei der SAP-Aktie.

Weitere Herausforderungen und Probleme betrafen die Unternehmenskultur. McDermotts Führungsstil und die Tatsache, dass ein erheblicher Teil des oberen Managements die Geschicke inzwischen von den USA aus mitbestimmte, löste eine Debatte über die

„Amerikanisierung" des Unternehmens und seiner Identität aus. Vor allem steckte der Konzern nach der langen und teuren Akquisitionstour mitten im größten Integrationsprozess seiner Geschichte. Die organisatorische und personelle Eingliederung von Mitarbeitenden und Management der akquirierten Unternehmen verlief ebenso wie die Integration der dazugekauften Softwareprodukte und Wissensbestände nicht immer reibungslos. Die Bemühungen, die erwarteten Synergieeffekte aus den Übernahmen zu realisieren und die akquirierten Geschäftsbereiche und Technologien fortzuentwickeln und durch das damit vorangetriebene externe Wachstum einen neuen SAP-Konzern zu schmieden, kosteten weit mehr Zeit und Kraft als erwartet und waren nicht immer erfolgreich.

Die Unternehmensentwicklung bis 2019 zeigt daher ein widersprüchliches Bild: ein deutlich langsameres Umsatzwachstum, unterbrochen von Phasen höchst dynamischer Ertragssteigerungen bei stagnierenden und sogar schrumpfenden Gewinnen (in den Jahren 2014 und 2015 sowie 2018 und 2019), wenn auch jeweils auf hohem Niveau. Mit „SAP Leonardo" wurde versucht, eine neue „intelligente" Plattformtechnologie zu entwickeln. Unter anderem mit der Akquisition von Qualtrics im November 2018 für 8 Milliarden US-Dollar startete SAP einen Angriff auf Salesforce. Einige Monate zuvor wurde mit Callidus Software ein Cloudunternehmen für 2,4 Milliarden Dollar gekauft. SAP rief als neue unternehmenspolitische Vision den Umbau der Kundenfirmen zu „intelligenten Unternehmen" aus, startete daneben aber mehrere Restrukturierungsmaßnahmen. Diese implizierten zwar keine Entlassungen, aber teure Abfindungsprogramme, verbunden mit Änderungen bei Organisation und Geschäftsverteilungsplänen des Vorstands, dessen Zusammensetzung von hohen Fluktuationen geprägt war.

McDermott gab neue Visionen und Wachstumsziele aus, die im Gegensatz zu den eher verhaltenen tatsächlichen Zahlen zur Geschäftsentwicklung die Latte immer höher legten: Für 2023 prognostizierte er eine Verdreifachung der Clouderlöse auf 15 Milliarden Euro, die bis 2025 sogar auf 22 Milliarden Euro steigen würden. Bis 2026 sollte sich der Börsenwert ebenfalls verdreifachen und 300 Milliarden Euro erreichen.

„Nettogewinn und Profitabilität stagnierten 2018. SAP stößt an seine Grenzen", titelten derweil die Wirtschaftszeitungen. Die vielen Aktivitäten sollten den Prozess des Sich-neu-Erfindens vorantreiben, verstellten aber letztlich zunehmend den Weg. Das Jahr 2019, das von einem starken Rückenwind durch den Digitalisierungsschub in der Wirtschaft profitierte, endete mit neuen Rekorden bei Umsatz (27,5 Milliarden Euro) und Mitarbeitenden, deren Zahl erstmals über 100.000 sprang. Beim Gewinn musste mit 17,6 Prozent der bislang größte Rückgang verbucht werden. Wie weit SAP zwischen 2010 und 2019 beim Umbau zum Cloudunternehmen vorangekommen war, zeigt der vergleichende Blick auf die Umsatzstruktur. Am Anfang dieser Fast-Dekade machten Clouderlöse mit 14 Millionen Euro gerade einmal 0,1 Prozent des

Stephanie Wunderlich:
SAP Great Place to Work (2005)

Umsatzes aus, 27 Prozent wurden durch Softwarelizenzen und der Löwenanteil mit 78 Prozent durch Services erwirtschaftet. Neun Jahre später betrugen die Cloudumsätze 3,7 Milliarden Euro (25,2 Prozent) des Gesamtumsatzes, 16,5 Prozent entfielen auf Softwarelizenzen, 58,5 Prozent auf Services. 2018 überstiegen die Clouderlöse in absoluten Zahlen die der Softwarelizenzen und sollten sich allein innerhalb der zwei Jahre danach nahezu verdoppeln. Die jeweiligen Anteile für Wartung, Beratung und Schulung lassen sich dabei nicht mehr genau ermitteln, aber die Wartungserlöse spielten vor allem in den Wirtschaftskrisen als stabilisierende Einnahmen eine erhebliche Rolle. Mehr als einmal brach die Neugeschäftspipeline zusammen, aber die Wartung stieg.

Schätzungsweise 70 Milliarden Euro waren in dieser Zeit für Akquisitionen und F&E-Aufwendungen investiert worden, um die grundlegende Transformation zu erreichen. Dem großen Ziel war man mithin deutlich nähergekommen, und einige Prognosen zu Cloudumsätzen, die 2013/2014 noch nahezu utopisch erschienen, hatten sich tatsächlich erfüllt. Ganz erreicht war das Ziel aber immer noch nicht. Auch wenn SAP inzwischen umsatzmäßig nach IBM, Microsoft, Amazon und Salesforce an fünfter Stelle der größten Cloudunternehmen weltweit steht, befindet sie sich nach wie vor mitten in der Transformation ihres Kerngeschäfts.

2020 wurde bei SAP wieder einmal das Ruder herumgeworfen und das Unternehmen personell wie strategisch neu ausgerichtet, um nach den Fehlentwicklungen der vergangenen Jahre in eine neue Phase des Wachstums, der Innovations- und Wettbewerbsfähigkeit zu starten. Wie in all den Jahren zuvor hatte dabei Hasso Plattner als letzter der Gründer einen entscheidenden Anteil daran, dass dies rechtzeitig geschah und SAP aus einer Position der Stärke ihren neuen, in vielem bereits vorgezeichneten Weg einschlug: Vollendung der Transformation zum Cloudunternehmen und weiteres Vorantreiben des Cloudgeschäfts, zugleich aber auch die Ausrichtung auf neue technologische Herausforderungen und die nächsten Disruptionen sowohl im Geschäftsmodell, in der Softwarearchitektur und den Technologien.

Im April 2020 war Christian Klein – seit 2018 im Vorstand – zum neuen alleinigen CEO von SAP ernannt worden. Klein schockte die Börse gleich zweimal mit Gewinnwarnungen und reduzierten Umsatzprognosen, die jeweils zu einem regelrechten Crash der SAP-Aktie mit Kurseinbrüchen von 20 Prozent und mehr führten. Dabei hatte er unter dem Label einer „Cloud-First-Strategie" nur verkündet, was seine Vorgänger seit 2012 begonnen hatten. Der Unterschied war, dass der lange und mühsame Weg in die Cloud und die damit verbundenen Umbrüche im Geschäftsmodell und die hohen Investitionen nun sichtbar wurden. Was die Öffentlichkeit als neue Strategie wahrnahm, war jedoch eine Rückbesinnung auf die Wurzeln eines integrierten Unternehmens mit integrierten Produkten. Man leitete eine Refokussierung der Unternehmenspolitik auf die Kunden ein und verstärkte die Integration der inzwischen zahlreichen (Cloud-)Produkte und Akquisitionen, um nach den langen Jahren des externen Wachstums durch Zukäufe die Weichen für eine neue Phase des organischen Wachstums in einem neu strukturierten SAP-Konzern zu stellen. Dieser würde auch den über kurz oder lang bevorstehenden unvermeidlichen Shake-out-Prozess der „Cloud Player" gewinnen.

Aus der Unternehmensperspektive könnte 2020/2021 ein Déjà-vu darstellen. Wie zwanzig Jahre zuvor gilt SAP vielen Analysten und Beobachtern der (Fach-)Öffentlichkeit heute als schwerfälliger Tanker („Dinosaurier der IT-Industrie"), während sich die Aufmerksamkeit auf die Erfolgs- und Wachstumsaussichten neuer Cloudunternehmen wie Snowflake, Cloudflare oder ServiceNow richtet. Es wäre nicht das erste Mal, dass eine neu erfundene SAP die Kritiker Lügen straft und in den kommenden Jahren die Branche disruptiv auf den Kopf stellt. Die Anfang 2020 als Folge der Coronapandemie ausgebrochenen weltwirtschaftlichen Turbulenzen wirkten dabei – ähnlich wie die großen Wirtschaftskrisen zuvor – als Katalysator, der die Bereitschaft der Unternehmen zum Um-

stieg auf die Cloud erheblich vergrößerte und die entsprechenden Subskriptionserlöse bei SAP nach oben schnellen ließ. Mit weiterem Anstieg der Cloudumsätze unter anderem durch SAP HANA Cloud, einem deutlichen Wandel des Revenue Mix zugunsten stabiler, nicht zyklischer, von geringer Volatilität gekennzeichneter und damit auch vorhersehbarerer Erträge, einer starken Nachfrage nach SAP S/4HANA, einer gefüllten Produktpipeline, die durch Digitalisierung und Nachhaltigkeit auch zu erhöhter Profitabilität führt, geht die Wachstumsstory der SAP weiter.

Ausblick

Die SAP-Geschichte ist das Herzstück einer Digitalgeschichte nicht nur Deutschlands, sondern auch im globalen Maßstab. SAP hat wie kein anderes Unternehmen die digitalen Transformationen der Unternehmenswirtschaft des späten 20. und frühen 21. Jahrhunderts geprägt und tiefe Spuren in der Entwicklung einzelner Firmen wie auch gesamter Branchen hinterlassen. Die Unternehmensgeschichte ist – obwohl „erst" 50 Jahre alt – voller Aufbruchstimmung, aber auch bürokratischer Unbeweglichkeit, neu entwickelter Agilität, technologischer Überheblichkeit, branchen- und konkurrentenbezogener Selbstsicherheit sowie Innovations- und Disruptionsfähigkeit, Konfusion und Unsicherheit.

Vor allem ist die Geschichte aber geprägt von Stolz darauf, dass man letztlich immer aus der Position der Stärke heraus sich aus alten Pfadabhängigkeiten lösen konnte und rechtzeitig den Weg zu einer „neuen SAP" gefunden hat. In den vergangenen 50 Jahren mag es zeitweise Identitäts- und anderweitige Krisen gegeben haben. Trotz des höchst wechselhaften weltwirtschaftlichen und konjunkturellen Umfelds und der fundamentalen Umbrüche in der Softwarebranche gab es aber nie eine echte Existenzkrise. SAP hat erhebliche Erträge ebenso wie Wachstum generiert und den Börsenwert und Aktienkurs fast kontinuierlich in immer neue Höhen getrieben.

Die SAP-Geschichte ist ein Beispiel dafür, dass die viel beachtete und auch im Unternehmen selbst oft zitierte Theorie des „Innovator's Dilemma" nicht stimmt bzw. nur die eine Seite der Medaille beschreibt: SAP machte durchaus die schmerzliche Erfahrung disruptiver Innovationen neuer Konkurrenten, aber zugrunde ging sie nicht. Vielmehr gelang die Wiederbelebung einer „Innovator's Ambition", das heißt der mit dem ersten disruptiven Erfolg gleichsam in die Wiege gelegte beharrliche Ehrgeiz und das langfristige Ziel „To find the next big thing". In der SAP-Geschichte wechselten die Herausforderungen zwischen technologischem Umbruch und einem Wandel des Geschäftsmodells. Das Unternehmen war immer besser, wenn es um neue Technologien und/oder deren Umgestaltung sowie die Erfindung neuer Softwarearchitekturen ging. Bei grundlegenden Umgestaltungen des Geschäftsmodells wie der Cloud tat es sich weit schwerer.

Anne Rapp: Nachhaltiges Wirtschaften (2008)

So groß die Umbrüche auch waren, gab es über alle Jahre auch Kontinuitäten, die Orientierung und Halt in allen Phasen boten: Zum einen waren es Elemente der Unternehmenskultur wie dem aus den Gründerzeiten fortlebenden starken „Teamgedanken" im Sinne der Bündelung komplementärer Kompetenzen, die stärkere Fixierung auf technologische Visionen als Antrieb und Motivation denn auf Renditeziele und Rentabilitäten oder das Netzwerkdenken in der Tradition der Partner- und F&E-Netzwerke. In naher Zukunft wird die bislang die gesamte SAP-Geschichte in unterschiedlicher Ausprägung begleitende Gründerbeteiligung zu Ende gehen. SAP wird ohne die ordnende Hand im Hintergrund auskommen und gleichsam endgültig auf eigenen Füßen stehen müssen und damit die Strukturen eines normalen DAX-Unternehmens aufweisen. Dennoch wird der Bezug auf den Wagemut, die Vision und Antizipationsfähigkeit sowie die Innovationskraft der Gründer als „Gründergeist" und verpflichtendes Erbe und Vermächtnis innerhalb der Unternehmenskultur fortleben.

Zum anderen besteht eine große Kontinuität im Grundprinzip des Geschäftsmodells. Dieses zielt darauf ab, die Kunden bei der Beherrschung und Optimierung der Geschäftsprozesse zu unterstützen und damit die Abläufe der weltweiten Wirtschaft und das Leben der Menschen zu verbessern. SAP-Kunden produzieren rund 78 Prozent der Lebensmittel der Erde und 82 Prozent der medizinischen Geräte. Es geht um nicht korrupte, integre und sichtbare, wertebasierte Software wie das SAP-Programm „Climate 21", das Analyse- und Transaktionsfunktionen in die zentralen Unternehmensanwendungen integriert. Sie hilft den Kunden, den CO_2-Fußabdruck ihrer Produkte und ihres Geschäftsbetriebes zu verstehen und zu minimieren. Es geht um Software, die Verantwortlichkeit repräsentiert, einen Beitrag zur Bewältigung der immer größer werdenden Komplexität leistet und die beiden großen Herausforderungen der Gegenwart und Zukunft zu meistern hilft: die Digitalisierung und die Realisierung von Nachhaltigkeit.

Disruptionen waren in der SAP-Denkweise daher immer mit Technologiewechseln verbunden, Veränderungen im Geschäftsmodell dagegen passten nicht in ihre Gene. Je früher die Entscheidungen fielen, das Risiko des Sich-neu-Erfindens noch in einer Position der Stärke einzugehen, desto besser liefen die folgenden Entwicklungsphasen. Je länger man wartete, desto schwieriger und teurer wurde es, wieder Anschluss zu gewinnen. SAP verstand es letztlich, bei allen bisherigen Technologie- und Innovationswellen in der Softwarebranche rechtzeitig die „alten Welten" zu verlassen und auf der nächsten Welle nicht nur mitzuschwimmen, sondern diese auch maßgeblich mitzusteuern, neue Technologieschübe vorwegzudenken und dann mutig voranzugehen. Mit künstlicher Intelligenz, datenbasierter Analyse (Big Data), softwaregestützter Mobilität und dem bislang noch kaum erschlossenen chinesischen Markt sind einige Zukunftselemente bereits sichtbar, die nach der vollständigen Transformation der SAP zu einem Cloudunternehmen eine neue Disruptionsphase einleiten werden. Diese birgt das Potenzial in sich, die mögliche Kundenbasis in neue Dimensionen zu katapultieren.

SAP wird auch in Zukunft mit disruptiven Entwicklungen und vor dem Hintergrund der gerade im Softwarebereich sich höchst dynamisch vollziehenden technologischen Konvergenz mit neuen Konkurrenten aus allen Teilen der Welt konfrontiert sein. Sie wird sich zudem weiterhin mit hohen und der Entwicklung immer wieder weit vorauslaufenden Erwartungen des Kapitalmarkts und von Investoren gegenübersehen. Der Blick auf die wechselhafte, aber letztlich erfolgreiche Geschichte der vergangenen 50 Jahre kann dabei Orientierung und ein gewisses Maß an Gelassenheit bieten, auch das nächste halbe Jahrhundert erfolgreich zu bestehen. ∎

Paul Erker lehrt als apl. Professor an der LMU München Neuere und Neuste Geschichte mit dem Schwerpunkt Wirtschafts- und Unternehmensgeschichte und arbeitet als freiberuflicher Unternehmenshistoriker.
Timo Leimbach ist Associate Professor an der Universität in Aarhus, Dänemark.

„Eine Vertriebsorganisation wird man bei SAP auch zukünftig vergeblich suchen. Die SAP-Systeme werden weitgehend durch Empfehlung verbreitet."

SAP-Firmenporträt, 1981

STEIGENDE NACHFRAGE

Immer mehr Firmen entscheiden sich fürs System RF, darunter Burda, Schulze-Pharma, Hugo Mann, Reemtsma, Roth-Händle, Linde und Boehringer.

DAS LOGO

Längst hat sich die Abkürzung SAP eingebürgert und zum ersten Mal erscheint ein SAP-Logo auf einem Briefkopf der noch jungen Firma.

ERSTE SCHRITTE INS AUSLAND

Zum ersten Mal installiert die SAP ihr System auch bei Kunden außerhalb Deutschlands. In der Schweiz entscheiden sich Coop und Georg Fischer für den Einsatz der SAP-Software.

ÜBERTRAGUNG

1976 wird die SAP GmbH Systeme, Anwendungen und Produkte in der Datenverarbeitung als Assistenz- und Vertriebsunternehmen gegründet.

1974   1975   1976   1977

INTEGRATION

Von 1975 an können Unternehmen mit dem System RM (Materialwirtschaft) auch den Einkauf, die Lagerverwaltung und die Rechnungsprüfung abdecken. Damit hat die Firma ein zweites Standbein und kann weitere Kunden gewinnen. Das Einkaufssystem haben die SAP-Mitarbeiter Jürgen Hachenberger (links) und Paul Neugart vorwiegend bei den Thermal-Werken in Hockenheim programmiert.

TEAMBUILDING

Nicht nur die gemeinsame Arbeit bei den Kunden, auch das freitägliche Fußballspiel oder der Kick beim Betriebsausflug nach Kaiserslautern (Bild) schweißen das SAP-Team zusammen.

JETZT AUCH IN ÖSTERREICH

Mit der Nettingsdorfer Papierfabrik und der Oberösterreichischen Kraftwerke AG (OKA) installieren die ersten Firmen in Österreich SAP-Systeme.

GRÜNDUNG

Am 1. April 1972 gründen die fünf ehemaligen IBM-Mitarbeiter Dietmar Hopp, Hasso Plattner, Claus Wellenreuther, Klaus Tschira und Hans-Werner Hector das Unternehmen „Systemanalyse Programmentwicklung".

Ihre Vision ist es, Standardsoftware für Unternehmen zu entwickeln, die alle betrieblichen Abläufe integriert und es ermöglicht, Daten in Echtzeit am Bildschirm anstatt über Lochkarten im Stapelverfahren zu verarbeiten.

ERSTE ERFOLGE

Mit zwei Mitarbeitern stellen die Gründer bis Ende des Jahres bei ICI das sogenannte Material-, Informations- und Abrechnungssystem (MIAS) fertig.

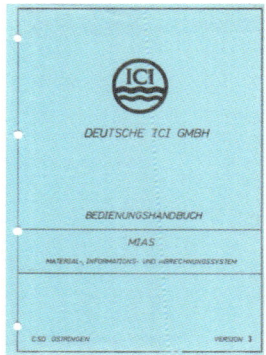

FINANZBUCHHALTUNG

1973 wird die erste Finanzbuchhaltung, das System RF, fertiggestellt. Dabei steht das „R" für Realtime. Das unter Führung von Hasso Plattner (im Bild sitzend) entwickelte System RF bildet den Grundstein für die kontinuierliche Entwicklung weiterer Softwaremodule des Systems, das erst später den Namen „SAP R/1" trägt.

1971   **1972**   **1973**

AUFTRÄGE AM MONITOR

Die beiden IBM-Systemberater Dietmar Hopp und Hasso Plattner entwickeln bei ihrem Kunden, dem Nylonfaserwerk der ICI (Europe) Fibres in Östringen, einer Tochter des britischen Chemiekonzerns Imperial Chemical Industries, die erste Realtime-Bildschirm-Anwendung in Deutschland. Fortan läuft im Werk die Auftragsabwicklung (Order Processing) über Monitore.

DER ERSTE KUNDE

Das Unternehmen hat seinen Sitz in Weinheim und eröffnet ein weiteres Büro in Mannheim. Vor allem aber sind die fünf Gründer im Rechenzentrum ihres ersten Kunden ICI in Östringen anzutreffen.

NACHTAKTIV

Die Entwicklung und das Testen der ersten Programme des jungen Unternehmens finden vor allem bei Nacht und am Wochenende statt, wenn die Kunden ihre Großrechner nicht benötigen.

19
71
_
19
79

DIE ANFANGSJAHRE

Der Traum von einer Verarbeitung geschäftlicher Daten in Echtzeit wird wahr: SAP entwickelt eine Software, die Informationen nicht mehr über Nacht, sondern dann verarbeitet, wenn sie benötigt werden.

UMZUG

1977 wird der Firmensitz von Weinheim nach Walldorf verlegt. SAP mietet bei der Sparkasse in Walldorf Büros an. Die Software-Entwicklung findet aber weiterhin vorwiegend in den Rechenzentren ihrer Kunden statt.

AUFSTIEG

Zum Ende des Jahres gehört die SAP mit rund 60 Mitarbeitenden zu den größten Softwarehäusern in Deutschland.

SAP SPRICHT FRANZÖSISCH

Der Landmaschinenhersteller John Deere beweist im gleichen Jahr, dass die SAP-Software auch international eingesetzt werden kann. In Eigenleistung übersetzt das Mannheimer Unternehmen die Bildschirmmasken ins Französische.

1978

1979

SCHULUNGEN

Erste Schulungen finden im Hotel Motodrom am Hockenheimring statt. Auf der Molkenkur in Heidelberg (Bild) präsentiert die SAP mit Vertretern von ICI, Burda und anderen Unternehmen die Anwendungen und erweitert so ihren Kundenstamm.

EIGENE HARDWARE

SAP nimmt ihren ersten eigenen Computer, einen Siemens-Großrechner, in angemieteten Räumen in Betrieb. Der Rechner wird ausschließlich für die Basis-Entwicklung genutzt. Anwendungen entwickeln die SAP-Mitarbeiter weiter in den Rechenzentren ihrer Kunden.

EIN EIGENES ZUHAUSE

Der Spatenstich für den ersten Bauabschnitt eines eigenen Gebäudes in Walldorf ist erfolgt.

FOKUS AUF R/2

Zusätzlich zur Betreuung der bestehenden und neuen R/1-Kunden konzentriert sich SAP nun auf die Entwicklung von R/2. Ein Merkmal der neuen Generation ist die Ausrichtung auf internationale Märkte.

Taktgeber der Globalisierung

Während die SAP zum Global Player wurde, trug sie maßgeblich dazu bei, dass sich Unternehmen vernetzen und Märkte in aller Welt erobern konnten.

Von Michael Zipf

Das Ziel versprach Sonne und Karibikfeeling. Aber zunächst mussten Bruno Tödtli und Bernd Axmann in der „Holzklasse" der Maschine der BWIA International Airways (der früheren British West Indian Airways) Platz nehmen. „Hinter uns saßen einige Frauen mit Kindern. An Schlaf war nicht zu denken", erinnerte sich der im Sommer 2021 gestorbene Tödtli an die Reise zu einem der ersten Kunden, bei denen die SAP International AG von 1984 an SAP-Software installierte. „Am nächsten Morgen um 7 Uhr wurden wir mit unseren Aluminiumkoffern, in denen wir die Magnetbänder transportierten, am Flughafen in Trinidad abgeholt. Dann ging's gleich an die Installation, anschließend gaben wir Kurse bis 22 Uhr. Wir merkten bald, dass unsere Kunden mehr mit dem Schlaf kämpften als wir. Aber das Hotel hatte einen schönen Swimmingpool. Auf der Rückreise flogen wir dann Business-Class."

„Das war ein strategisch sehr bedeutsamer Kunde", erzählt Hans Schlegel in bestem Schweizerdeutsch und lacht. Aber die Schwergewichte der globalen Wirtschaft ließen als SAP-Kunden nicht lange auf sich warten. In den nächsten zehn Jahren baute Schlegel das Auslandsgeschäft der SAP mit großem Einsatz und Ehrgeiz aus. Als er 1994 die SAP verließ, war die Firma mit 36 Prozent Anteil am Weltmarkt die unumstrittene Nummer eins bei geschäftlicher Standard-Anwendungssoftware. An 39 Standorten weltweit hatte SAP Niederlassungen oder Geschäftsstellen errichtet. Der Anteil des Auslandsgeschäfts am Gesamtumsatz von 1,83 Milliarden D-Mark (rund 936 Millionen Euro) lag nun bei mehr als 65 Prozent. „Hans Schlegel war für SAP Gold wert", sagt Dieter Matheis, der ebenfalls 1984 zur SAP kam und als kaufmännischer Leiter den Schweizer bei der Expansion ins Ausland tatkräftig unterstützte.

Netzwerke knüpfen

Die SAP wurde damit zu einem wichtigen Taktgeber der Globalisierung. Wie es die beiden Journalisten Ludwig Siegele und Joachim Zepelin in ihrem Buch „Matrix der Welt" erzählen, konnten Konzerne mit der SAP-Software „ihre Geschäfte über alle Landesgrenzen hinweg" steuern und „sich in nie gekanntem Ausmaß zu weltweiten Netzwerken" verknüpfen. Diese Entwicklung hält bis heute an, wie die 2021 formulierte Vision der SAP zeigt, mehr als 5,5 Millionen Unternehmen im größten Geschäftsnetzwerk der Welt zusammenzubringen.

Die frühzeitige Internationalisierung war zudem einer der wichtigsten Faktoren für den rasanten Aufstieg der SAP selbst von der „Wohnzimmerfirma" zum Global Player. Und wie so oft in der SAP-Geschichte gaben die Kunden ihrem Auftragnehmer die Richtung vor – auch Mitte der 1970er-Jahre bereits.

Der erste Kunde ICI machte die SAP-Gründer von Beginn an mit den Anforderungen und nicht immer einfachen Entscheidungsprozessen eines multinationalen Konzerns vertraut. Es dauerte allerdings eine ganze Weile, bis die SAP ihre Software auch den

> „Ich war schon damals vom internationalen Erfolg der SAP-Produkte überzeugt."
> **Hans Schlegel**

> „Du wirst nur Meister, wenn Du auch die Auswärtsspiele gewinnst."
> **Hasso Plattner**

> „Die Kunden sagten: Wir legen unsere gesamte IT in Eure Hände. Dafür erwarten wir, dass Ihr in unser Land kommt."
> **Dieter Matheis**

nicht deutschen Unternehmensteilen der ICI verkaufen konnte. Mehr aufs Gas drückte da der amerikanische Landmaschinenhersteller John Deere, mit dem die SAP-Gründer die ersten Kontakte in dessen etwa 30 Kilometer von Walldorf entfernten Mannheimer Werk knüpften. John Deere plante 1978, die SAP-Finanzbuchhaltung bei einigen Tochterfirmen in Europa und Afrika einzuführen. Die Übersetzung der Bildschirmmasken ins Französische übernahm John Deere selbst. „Dieser Kunde hat uns exportiert", sagt Hasso Plattner.

Erste Kunden im Ausland

Von 1975 an konnten in der Schweiz und zwei Jahre später in Österreich die ersten Kunden im Ausland gewonnen werden. Mit der Nettingsdorfer Papierfabrik und der Oberösterreichischen Kraftwerke AG (OKA, heute Energie AG Oberösterreich) gelang 1977 der Einstieg in den österreichischen Markt. Fünf Jahre später verwendeten 236 Unternehmen in Deutschland, Österreich und der Schweiz SAP-Software.

Das offizielle Startsignal für die Internationalisierung gab SAP dann im Herbst 1984 mit der Gründung der SAP International AG in Biel. Ein Mittagessen im Bieler Bahnhofsrestaurant markiert den eher inoffiziellen Beginn der SAP-Expansion.

Dietmar Hopp bat Hans Schlegel im September 1984 um dieses Treffen. Der gebürtige Schweizer hatte als EDV-Chef bei Hilti 1977 selbst noch die erste SAP-Softwaregeneration, das System R/1, eingeführt. Nun war er in der Liechtensteiner Zentrale des Werkzeugherstellers schon ein gutes Stück die Karriereleiter hinaufgeklettert und verantwortete inzwischen eine Vertriebsregion. Hans Schlegel: „Hopp präsentierte mir im Detail, wie SAP sich die Internationalisierung vorstellte. Eher beiläufig fragte er mich, ob ich mir vorstellen könnte, diese Aufgabe zu übernehmen." Nach zwei, drei Nächten schlechten Schlafes entschloss sich Schlegel, den Schritt vom Global Player Hilti zur international noch wenig bekannten deutschen Softwarefirma zu machen. „Der Aufbau des internationalen Geschäfts hat mich ungemein gereizt", erinnert sich Schlegel. „Ich war schon damals vom internationalen Erfolg der SAP-Produkte überzeugt." Wenige Wochen später trat Schlegel seinen Job bei SAP an. Die Walldorfer hatten in Biel bereits mit dem Bau eines Gebäudes für die Mitarbeiter der SAP International AG begonnen.

Weil die Uhrenindustrie rund um Biel damals schwer danieder lag, nahm SAP die Offerte der Schweizer Behörden von zwei Millionen Franken samt Steuererleichterungen an und verpflichtete sich, mindestens 20 Arbeitsplätze zu schaffen. Für Biel und die Schweiz sprachen zudem die Zweisprachigkeit und die Tatsache, dass hier, wie auch im benachbarten Österreich, einige Unternehmen bereits SAP-Software nutzten.

Ein anderes Softwarehaus aus Deutschland, die ADV/Orga, hatte 1977, als Hilti das R/1-System erwarb, die Softwarevertriebsrechte der SAP für die Schweiz. Der damalige Geschäftsstellenleiter Thomas Kohle verließ wenig später die ADV/Orga und gründete 1978 die „SAP Stäfa", an der SAP nicht beteiligt war.

tig als Entwickler, Verkäufer und Berater. Hans Schlegel hielt das für keine zukunftssichere Struktur und schlug eine Trennung der Bereiche vor. Seine Idee umsetzen sollte er aber zunächst in der Schweiz. Das tat er recht erfolgreich, denn nach und nach wurde die Trennung der Bereiche auch in Deutschland vorgenommen. „Da hat er für eine Revolution in der SAP gesorgt", sagt Dieter Matheis. Ein Jahr nach Gründung der SAP International gehörten Firmen in den Beneluxstaaten, Dänemark, Großbritannien, Italien, Kanada, Kuwait, Österreich, der Schweiz, Spanien, Südafrika und in den USA zu den SAP-Kunden – und in Trinidad und Tobago. Sie machten es unumgänglich, dass ihnen das Unternehmen näher zur Seite rückte.

„Viele Kunden erwarteten von SAP eine Zusicherung, dass wir ihnen die Software nicht nur verkaufen, sondern sie weiter mit Beratung und Wartung unterstützen würden", sagt Hans Schlegel. „Und das ging natürlich am besten, indem wir eine Präsenz vor Ort eröffneten und Leute einstellten." Dietmar Hopps Vorgabe, bei fünf „heißen Kandidaten" eine Landesgesellschaft zu gründen, sei „zum großen Teil" eingehalten worden, so Matheis.

Zudem waren Schlegel und Matheis von Anfang an überzeugt, dass die globale Expansion nur mit lokalen Kräften gelingen würde. „Natürlich haben wir auch Expats aus Deutschland und der Schweiz in die Länder zur Unterstützung geschickt, aber wir hätten die Märkte nicht so aufrollen können, wenn wir nicht Einheimische vor Ort gehabt hätten", sagt Matheis. Nicht immer gelang es allerdings sofort, „ein passendes lokales Gesicht an der Spitze der Landesgesellschaft zu haben".

Die Fluktuation bei den Geschäftsführern vor Ort war in den Anfangsjahren hoch. Matheis und Schlegel konnten sich aber stets auf die Rückendeckung durch Dietmar Hopp verlassen. Dieter Matheis: „Er hat uns freie Hand gegeben und so konnten wir immer schnell die nötigen Entscheidungen treffen." Zur Unterstützung der Kräfte vor Ort installierte SAP eine internationale Beratungstruppe, angeführt von Mario Uhl, Lutz Kettner und anderen. „Das waren echte Pioniere mit großem

SAP Stäfa verkaufte und installierte in der Schweiz bereits erfolgreich SAP R/2. 1984 entschied SAP, eine eigene Tochtergesellschaft zu etablieren. So wurde im Herbst 1984 in der Schweiz, gleichzeitig mit der SAP International AG, die erste Auslandsniederlassung der SAP gegründet. Schlegel startete mit einer Handvoll Mitarbeitern, und Kollegen wie Bruno Tödtli, Bernd Axmann und Heinz Roggenkemper machten sich auf den Weg zu ihren Kunden.

Überwiegend hatten die SAPler allerdings noch alle Hände voll zu tun, um die Kunden in Deutschland und im deutschsprachigen Ausland zu deren Zufriedenheit zu betreuen. Noch betätigten sich die Gründer und ihre nicht einmal 160 Mitarbeiter gleichzei-

↑ Von diesem Gebäude in Biel in der Schweiz aus steuerte die SAP International AG von 1984 an die Expansion ins Ausland.

↖ Hans Schlegel im neuen, noch provisorischen Büro in Biel.

↗ Der Chef packt mit an: Einzug in die Bieler Zentrale der SAP International AG.

↘ Gute Seele: Nadia Casagrande (im Bild mit Rudy van der Hoeven)

↑ Nahmen von 1984 an zunächst das europäische Ausland und dann die ganze Welt in den Blick: SAP-Gründer Dietmar Hopp (links) und der Kaufmännische Leiter Dieter Matheis.

↖ Seit den 1990er-Jahren der oberste Repräsentant der SAP auf dem so wichtigen US-Markt: Hasso Plattner.

↗ Halfen maßgeblich mit, Länder wie Indien und China auf die SAP-Entwicklungslandkarte zu setzen: die Vorstandsmitglieder Peter Zencke (links) und Gerhard Oswald. Im Hintergrund: Clas Neumann

↙ Australien, Frankreich, Trinidad: Bruno Tödtli baute in aller Welt Niederlassungen auf und installierte SAP-Software bei zahlreichen Kunden.

Fachwissen, viel Pragmatismus und Improvisationskunst", erinnert sich Matheis. „Die konnten ja nicht einfach mal ins nächste Büro laufen und sich einen Entwickler dazu holen."

Bei der Finanzierung war anfangs „viel Bauchgefühl" im Spiel, sagt der ehemalige kaufmännische Leiter. Deshalb legte Matheis großen Wert auf ein gut geordnetes Controlling. „Weil die Erfahrung zeigte, wo viel Geld ist, wird auch viel ausgegeben, hielten wir die Budgets zunächst eher klein und schauten genau auf die Zahlen", erzählt er. Aber das Auslandsgeschäft entwickelte sich so erfreulich, „dass wir nie Fremdkapital aufnehmen mussten und das ganze internationale Geschäft mit eigenen Mitteln finanzieren konnten." Hans Schlegel: „Dank Dieter Matheis schafften wir es, die rasante Expansion stets mit positivem Ergebnis zu betreiben und den Versuchungen eines noch schnelleren Wachstums zu widerstehen."

Nach der Schweiz (1984) und Österreich (1986) folgten im Jahre 1987 die Landesgesellschaften in Frankreich, Spanien, Großbritannien und in den Niederlanden, im Jahr darauf in Dänemark, Schweden und Italien. Für die SAP-Chefs stand fest, welches Terrain es als nächstes zu erobern galt. „Wir hatten ganz klar geplant, dass wir nach Amerika gehen müssen. Wer in Amerika nicht erfolgreich ist, der wird im Rest der Welt auch nicht erfolgreich sein", sagt Hasso Plattner in seiner Rückschau. Es waren vor allem Unternehmen der Chemie- und Ölindustrie, die „uns nach Amerika gebracht haben". Im Januar 1988 gründeten die Walldorfer die SAP America und bezogen in Philadelphia ein Büro in einem unscheinbaren Gebäude in der Nähe des Flughafens. Bis das USA-Geschäft so richtig Fahrt aufnahm, sollte es aber noch fünf Jahre dauern.

Aufbruch nach West und Ost

Das Jahr 1988 markiert einen weiteren entscheidenden Schritt auf dem Weg zum Global Player: Mit dem Gang an die deutschen Börsen in Frankfurt und Stuttgart im Oktober erhielt SAP die Finanzmittel für die weitere Expansion. Dietmar Hopp: „Um weiter wachsen zu können, mussten wir international werden. Das haben wir mit dem Börsengang finanziert." Nun richtete die SAP ihr Augenmerk verstärkt auch auf den Osten – nah und fern: Nach der politischen Wende in Deutschland und dem Ende des Kalten Krieges begann die SAP mit dem Aufbau von Geschäftsstellen und Landesgesellschaften in Mittel- und Osteuropa. Im Jahr 1991 wurde eine russische Version von R/2 fertiggestellt, seit Mitte des Jahres war die SAP in den GUS-Staaten vertrieblich aktiv. Den ersten Vertrag unterzeichnete im Januar 1992 ein Aluminiumwerk in der sibirischen Stadt Krasnojarsk.

Die Grenzen des „SAP-Reiches" wurden unterdessen immer weiter ausgedehnt. Von Oktober 1991 an kümmerten sich SAP-Entwickler in Walldorf zusammen mit 15 japanischen Kolleginnen und Kollegen um eine erste Japanisierung der Core-Komponenten des SAP R/3. Ende 1992 wurde die Landesgesellschaft Japan gegründet.

> „Als die wichtigsten Wettbewerber noch dachten, die Welt funktioniere wie Amerika, hatte sich SAP bereits einen Vorsprung erarbeitet."
> **Clas Neumann**

> „Wir hatten ganz klar geplant, dass wir nach Amerika gehen müssen."
> **Hasso Plattner**

Im Juni 1994 eröffnete SAP dann ein Repräsentationsbüro in Beijing zur Unterstützung des bald folgenden Verkaufs der Software in Mandarin. Die Landesgesellschaft in China wurde im November 1995 gegründet. Zum wichtigsten Markt avancierte aber nun der US-amerikanische. Wenige Wochen nach der SAPPHIRE in Orlando unterschrieb im Oktober 1992 der Computerhersteller Convex einen Vertrag als erster R/3-Kunde in den USA. In den Folgemonaten bis 1993 erhöhte die SAP in den USA den Umsatz von 92 auf 231 Millionen D-Mark.

Wachsende Konkurrenz

Mit dem Erfolg von SAP R/3 auf dem amerikanischen Markt im Rücken legte das SAP-Auslandsgeschäft nun weltweit gehörig an Tempo zu. Im ersten Halbjahr 1994 erzielte die SAP bereits fast 60 Prozent ihres Umsatzes außerhalb von Deutschland. Auch in Asien und Lateinamerika entschieden sich nun immer mehr Unternehmen für SAP-Software.

Entscheidend war, dass SAP nun konsequent die Lokalisierung ihrer Lösungen und deren Anpassung an die globalen Märkte mit ihren ganz unterschiedlichen Anforderungen vorantrieb. „Als die wichtigsten Wettbewerber der SAP noch dachten, die Welt funktioniere wie Amerika, hatte sich SAP mit ihrem wirklich globalen Produktangebot bereits einen Vorsprung erarbeitet", sagt Clas Neumann, der insbesondere bei der Expansion des Unternehmens nach Asien eine wichtige Rolle spielte.

Doch der Erfolg hatte auch seine Schattenseiten: Als sich der internationale Konkurrenzkampf 1994 verschärfte, verlor SAP einen prestigeträchtigen Auftrag des amerikanischen Luftfahrtkonzerns Boeing an die Konkurrenzfirma Baan aus Holland. Der Grund: Wegen des rasanten Wachstums der vorangegangenen Monate fehlten die Ressourcen. Der Mangel an Mitarbeitern verhinderte ein schnelleres Vordringen auch auf anderen ausländischen Märkten. „In Skandinavien kamen wir nicht hinterher", erinnert

↑ Bunte Belegschaft: SAP-Teams setzen sich meist aus Mitarbeitenden zahlreicher Nationen zusammen.

↖ „Mein Herz schlägt auch heute noch für SAP": Hans Schlegel.

↗ War am Aufbau von rund 50 SAP-Landesgesellschaften beteiligt: Dieter Matheis.

↙ Die Teilnehmerinnen und Teilnehmer an einem Social Sabbatical in Simbabwe 2019.

sich Hans Schlegel. „Ein gewisser Jim Hagemann Snabe hat uns dann geholfen, die Probleme in den Griff zu bekommen." Snabe wurde 2010 SAP-Vorstandssprecher. Derweil setzten Prozesse ein, die Wirtschaft und Gesellschaft in ihren Auswirkungen bis heute prägen: Neue Informations- und Kommunikationstechnologien wie das Internet wurden bald nicht mehr nur von den Eliten in Wissenschaft, Politik und Militär genutzt; sich öffnende Märkte und die sich verstärkende regionale Integration zwangen die Firmenchefs zu unternehmensübergreifendem Denken; die wachsende Mobilität der Menschen entzündete den internationalen Kampf um die besten Köpfe. Die Globalisierung nahm ihren Lauf – und die SAP war einer ihrer wichtigsten Antreiber.

Konsequente Expansion

Vor allem die Unternehmen aus der Investitions- und Konsumgüterbranche sowie der Hightechindustrie nutzten die Software made in Germany, um den Datenverkehr zwischen Zentrale, Zweigstellen und Zulieferern zu vereinheitlichen und so im globalen Wettbewerb bestehen zu können. Die Tatsache, dass SAP die Globalisierung maßgeblich beeinflusste, trug ebenso zum langfristigen Erfolg des Unternehmens bei wie die konsequente Strategie, sich selbst zu internationalisieren. Andere Firmen gaben Märkte beispielsweise während wirtschaftlicher Krisen in Lateinamerika oder Asien auf oder nahmen sie gar nicht erst in Angriff. Die SAP dagegen ließ sich auch durch manche Rückschläge nicht von dem Konzept abbringen, auf allen wichtigen Märkten präsent zu sein – und zu bleiben. Heute tragen die Märkte außerhalb Deutschlands mit rund 80 Prozent zum Umsatz der SAP bei. Das Unternehmen hat Büros in 130 Staaten und ist in insgesamt 180 Ländern aktiv.

Klar, dass sich die internationale Ausrichtung des Unternehmens auch auf das SAP-Innenleben auswirkte. Die Mitarbeitenden machten mit ihrem landesspezifischen Fachwissen, mit ihrem betriebswirtschaftlichen und juristischen Know-how und natürlich mit ihren Übersetzungskünsten die Erfolge auf den Auslandsmärkten erst möglich. Sie halfen zudem dabei, dass sich Menschen unterschiedlicher Herkunft und Kultur kennen- und schätzen lernten. „Auch wenn die Globalisierung ihre Schattenseiten hat, aber SAP hat dazu beigetragen, dass sich die Menschen in der ganzen Welt nähergekommen sind", findet Hans Schlegel. Heute sind bei SAP Mitarbeitende aus rund 150 Nationen beschäftigt, die täglich neue berufliche und persönliche Netzwerke knüpfen.

Dieter Matheis nutzte seine Kontakte bis vor Kurzem, um SAP-Kunden, Entwickler und Partner zusammenzubringen und sich als Aufsichtsrat bei Unternehmen in der Region zu engagieren. Letztlich war er am Aufbau von rund 50 Landesgesellschaften der SAP beteiligt; zwischendurch organisierte er erfolgreich die Börsengänge in Deutschland (1988) und in den USA (1998). „Ich gebe gern mein Wissen weiter. Das macht Spaß und hält mich auch geistig auf Trab", sagt der 79-Jährige. Hans Schlegel trieb die Internationalisierung der SAP so erfolgreich voran, dass

> „Ich glaube, das Entscheidende war ein unverwüstlicher Glaube an das Gelingen, ein pragmatischer Ansatz zu Beginn und das Erkennen von den wesentlichen, treibenden Faktoren, die zu diesem einmaligen Erfolg in der Softwareindustrie geführt haben."
> **Hans Schlegel**

> „Um weiter wachsen zu können, mussten wir international werden. Das haben wir mit dem Börsengang finanziert."
> **Dietmar Hopp**

> „Ohne Einheimische vor Ort hätten wir die Märkte so nicht aufrollen können."
> **Dieter Matheis**

Oral-History-Interview mit Hans Schlegel

er zum 1. Juli 1992 in den Vorstand nach Walldorf berufen wurde. Jetzt kümmerte er sich um die Rückführung der SAP International nach Walldorf und die Integration mit der SAP AG. Er erinnert sich: „Das schien anfänglich schwieriger als die ganze Internationalisierung", denn „eine homogene und eine heterogene Kultur prallten aufeinander". Aber auch diese Herausforderung meisterte Hans Schlegel. Zwei Jahre später schied er aus dem Vorstand aus. Hans Schlegel: „Der Grund war eine Frau, meine eigene, die zehn Jahre lang die Kinder fast alleine großziehen musste." Doch er fügt im selben Atemzug hinzu: „Ich habe meinen Job mit großer Freude und Befriedigung gemacht. Mein Herz schlägt auch heute noch für SAP." ∎

Hallo
ÖSTERREICH

Gipfel-stürmer mit Durch-halte-vermögen

Vor 36 Jahren wurde die Landesgesellschaft in Österreich gegründet. In den Anfangszeiten durchschritten die SAPler einige Täler und bauten einen Berg an Vertrauen auf.

Von Michael Zipf

SAP-Berater kennen sich aus auf Flughäfen und Autobahnen. Für Rolf Föll hießen die Ziele in den früher 1980er-Jahren unter anderem Linz, Salzburg, Klagenfurt und Wien. Oder auch Lenzing, Laakirchen und Nettingsdorf. Der Betriebswirt für Datenverarbeitung hatte am 1. Januar 1980 bei SAP im Team von Mitgründer Dietmar Hopp begonnen und sich schnell einen guten Ruf als Berater für Materialwirtschaft erarbeitet. Eher zufällig standen bald zahlreiche österreichische Firmen auf der von ihm betreuten Kundenliste. Weil das SAP-Geschäft mit der inzwischen erhältlichen Standardsoftware SAP R/2 in diesen Jahren so richtig Fahrt aufnahm, verbrachten Föll und seine Kollegen nun viel Zeit im Auto oder Flieger. „Manchmal wusste ich am Ende der Woche nicht mehr, an welchem Flughafen ich Anfang der Woche meinen Wagen geparkt hatte", erinnert er sich. Sechs Jahre nach seinem Einstieg, im Frühjahr 1986, führte der durchschlagende Erfolg des R/2-Programmpakets in Österreich zur Gründung der zweiten SAP-Landesgesellschaft (nach der Schweiz, die 1984 gegründet worden war). Rolf Föll wurde ihr erster Geschäftsführer.

Aber der Reihe nach. Als Dieter Blessing und Gerald Malter sich im September 1976 zum ersten Mal dem Gelände der Nettingsdorfer Papierfabrik näherten, drang ihnen der viele Papierwerke umgebende Gestank in die Nasen. „Es verschlug uns fast den Atem", erinnert sich Blessing. „Die Gebäude auf dem riesigen Werksgelände waren veraltet. Und der EDV-Raum sah von außen aus wie kurz nach dem Krieg."

Doch der erste Eindruck täuschte: 1976 gehörte die Nettingsdorfer Papierfabrik in der Nähe von Linz, wo die beiden jungen SAP-Experten eine Materialwirtschaft des Systems R (das Modul RM) installieren sollten, zu den Vorreitern der damaligen elektronischen Datenverarbeitung.

Wertvoller Referenzkunde

„Und das lag vor allem an Peter Burgholzer", erzählt Blessing. Der Leiter EDV/Organisation der Papierwerke war zuvor zu Gast gewesen beim SAP-Kunden ICI (Imperial Chemical Industries) im badischen Östringen. Dort lernte er MIAS, das Material-, Informations- und Abrechnungssystem, kennen, das die SAP-Gründer zusammen mit einigen SAP- und ICI-Mitarbeitern für den britischen Faserhersteller entwickelt und installiert hatten. Burgholzer war beeindruckt und beschloss, dass seine Papierwerke den Einkauf von Büromaterial, Ersatzteilen und Maschinen in Zukunft nicht mehr per Bleistift, sondern IT-gestützt erledigen sollten. Blessing: „Das war schon ein Quantensprung, dass man jetzt eine Bestellung, einen Wareneingang, eine Rechnungsprüfung, aber auch die Lagerhaltung mithilfe des Computers abarbeiten konnte." Und so gehört die Nettingsdorfer Papierfabrik zu den allerersten SAP-Kunden im Ausland.

Kurze Zeit später folgte die OKA, die Oberösterreichische Kraftwerke AG (heute Energie AG Oberösterreich). Nach und nach entschieden sich nicht nur Firmen in Oberösterreich, sondern bald auch rund um die Hauptstadt Wien für SAP. Und das meist, weil Peter Burgholzer mit seiner Papierfabrik als Referenzkunde diente und die SAP-Lösungen in höchsten Tönen lobte. „Burgholzer hat die Werbetrommel für uns in ganz Österreich gerührt. Ihm hat die SAP viel zu verdanken", sagt Blessing.

Dem Informatiker, der Anfang 1976 zur SAP gekommen war, wurden bald die Reisen nach Österreich, zur Wacker Chemie nach München und zu anderen Kunden in Deutschland zu viel. Ende 1980 ließ er SAP hinter sich, arbeitete zunächst als Freelancer und gründete 1989 die ABS Analyse Beratung Software GmbH, die er heute noch leitet.

Mit Wiener Wurzeln

Blessings Nachfolge bei der Nettingsdorfer Papierfabrik trat Rolf Föll an. „Es gab alle vier Wochen freitags ein Treffen in Walldorf mit Dietmar Hopp und seinem Team", erzählt Föll. „Da wurden Kundenanforderungen und Probleme besprochen und neue Kunden an die Berater verteilt. Ich hatte Hopp einmal erzählt, dass meine Mutter aus Wien stammte und ich noch entfernte Verwandtschaft in Österreich hatte. Und da ich ohnehin noch nicht so viele Kunden hatte, bekam ich die Papierfabrik zugewiesen." Im August 1980 präsentierte er Peter Burgholzer und dessen Team das neue R/2-System.

Bald gehörten auch die Vereinigten Österreichischen Eisen- und Stahlwerke (VÖEST) in Linz zu seinen Kunden. „Die waren mit ihren rund 30.000 Mitarbeitern eine ganz andere Nummer", erinnert sich Föll, der den Stahlkonzern in den kommenden Jahren als Hauptberater für Materialwirtschaft betreuen sollte. Chemiefaser Lenzing, Papierfabrik Laakirchen, die Biochemie GmbH in Kundl (später Sandoz), Steyr-Traktoren, der Zementhersteller Perlmooser oder der Schmuck- und Uhrenhersteller Swarovski waren weitere Firmen, bei denen Föll bis 1985 das System R/2 installierte.

NICHT VON PAPPE

Peter Burgholzer war Leiter EDV/Organisation bei der Nettingsdorfer Papierfabrik, einem der ersten SAP-Kunden außerhalb Deutschlands. Er erinnert sich an enge Kontakte, die beiden Seiten nutzten.

„Die Herren Blessing und Malter kamen im September 1976 mit mehr als 12.000 Lochkarten zur Installation des SAP-Materialsystems nach Nettingsdorf. Wir hatten damals eine IBM 370/135 mit 512 K. Gemeinsam schafften wir den Start des neuen Materialsystems (etwa 20.000 Materialien) plangemäß zum 1. Januar 1977.

Das löste beim Vorstand der Nettingsdorfer Erstaunen aus, galt doch, dass die Termine, die von der EDV, also von mir, genannt wurden, in der Vergangenheit meistens nicht gehalten werden konnten.

Die präzise Landung zum geplanten Termin lag vor allem daran, dass die Chemie zwischen Blessing/Malter und den Nettingsdorfern von Anfang an stimmte.

Besondere Kontakte gab es zu den Gründern Dietmar Hopp und Klaus Tschira sowie Mitarbeiter Paul Neugart. Dieser langjährige Kontakt führte im Herbst 1985 zu einem Besuch von Herrn Hopp in meinem Büro in Nettingsdorf. Er erzählte mir, dass seine Verhandlungen für ein Büro der SAP bei der VÖEST in Linz gescheitert seien.

Für das Image der SAP wäre es natürlich besser gewesen, die erste SAP-Niederlassung in Österreich beim größten Industriekonzern des Landes zu haben. Aber wir haben uns dann auf die Vermietung von Büroräumen im ersten Stock des damaligen EDV-Gebäudes in Nettingsdorf geeinigt."

Die österreichische Wirtschaft war durch einige Besonderheiten geprägt, erzählt er. „Es gab die verstaatlichten Unternehmen und die vielen kommunalen Energieversorger, die insbesondere an unseren Finanzlösungen interessiert waren, es gab die eher mittelständischen Produktionsbetriebe mit dem Schwerpunkt auf Materialwirtschaft und die umfangreiche öffentliche Verwaltung." Während bei den privaten und den verstaatlichten Unternehmen vor allem IBM-Rechner liefen, auf denen Software bereits installiert war, bauten Behörden und Verwaltungen eher auf Siemens. Der Münchner Elektrokonzern stattete als Lizenznehmer die schlüsselfertig gelieferten Rechenzentren mit SAP-Software unter dem Namen SAFIR (Siemens Anwendungs-Finanzbuchhaltung in Realtime) aus.

Schwerpunktregionen

So entwickelten sich zwei Schwerpunkte des Österreich-Geschäfts: In der Region zwischen Linz und Salzburg standen viele Chemie- und Papierfabriken auf der SAP-Kundenliste, im Großraum Wien waren die staatlich orientierten Branchen wie die Österreichische Mineralölverwaltung (OMV), die österreichische Nationalbank oder der Maschinen- und Motorenhersteller Simmering-Graz-Pauker angesiedelt. Die Zahl der Kunden stieg von Jahr zu Jahr. „R/2 war das richtige Produkt für den österreichischen Markt, den wir gar nicht aktiv erschließen mussten", sagt Rolf Föll.

Noch gab es keinen eigenständigen Vertrieb. Die SAP-Berater präsentierten ihre Lösungen, wenn sie dazu eingeladen wurden. „Und wir haben geliefert. Wir haben Vertrauen gewonnen, wir waren zuverlässig, mit uns konnte man reden und fachsimpeln, aber nicht über Preise verhandeln. Wir hatten es meist mit EDV-Leuten zu tun, weniger mit Einkäufern. Wenn die dazu geholt werden mussten, war das Meiste schon geregelt." Einen

↑ Langjährige Beziehung: Dietmar Hopp und Peter Burgholzer (von links) bei der Feier zum 10. Geburtstag der SAP Österreich.

↖ Hat maßgeblich zum Aufbau der SAP in Österreich beigetragen: der damalige Leiter der SAP International, Hans Schlegel (anlässlich des 10. Firmengeburtstags in Österreich).

→ Referenzkunde: Peter Burgholzer vom ersten Österreich-Kunden, der Nettingsdorfer Papierfabrik, bei seiner Rede 1996 anlässlich des 10. Geburtstags der SAP in Österreich.

↙ Viel Vertrauen: SAP-Mitgründer Dietmar Hopp ließ dem Team der SAP in Österreich freie Hand.

↑ Bei der SAPPHIRE in Wien im Jahre 1996 präsentierte Dietmar Hopp (links) die SAP-Strategie, bevor Hasso Plattner (rechts) über SAP R/3 referierte.

↖ Bei der europäischen SAPPHIRE präsentierten zahlreiche Partner ihre Lösungen und Services.

↙ Rund 4.500 Besucher kamen 1996 nach Wien ins Austria Center.

weiteren Schub gab es, als SAP R/2 auch auf die kostengünstigeren IBM-Großrechner der Serie 4341 portiert werden konnte.

Doch mit dem wachsenden Erfolg ging einher, dass die österreichischen Kunden immer lautstärker nach Betreuung und Beratung vor Ort riefen – auch weil sie die hohen Reisekosten der SAP-Berater nicht mehr bezahlen wollten.

Erster Benutzerkreis

Bei einem der monatlichen Treffen in Walldorf 1984 machte Föll Dietmar Hopp auf die Beschwerden der österreichischen Kunden aufmerksam. Gleichzeitig beschlossen Kunden in Österreich auf Initiative einiger Manager bei Simmering-Graz-Pauker, sich zu einem „Benutzerkreis" zusammenzuschließen. So kam es im März 1985 bei VÖEST in Linz zu einem Treffen der österreichischen Kunden, an dem auch Dietmar Hopp und Hasso Plattner teilnahmen. „Und am Abend kam Hopp im Hotel zu mir und fragte mich, ob ich mir vorstellen könnte, die Landesgesellschaft in Österreich aufzubauen. Ich sagte, vorbehaltlich der Zustimmung meiner Frau, bin ich dabei. Und am nächsten Tag hat er dann den Kunden verkündet, die SAP komme nach Österreich."

Für Rolf Föll begann nun eine spannende Zeit, in der er nicht nur viel über Aufbau, Organisation und Verwaltung einer Landesgesellschaft lernte, sondern auch über die Österreicher und die Schwierigkeiten, die einem Zoll und Bürokratie im noch nicht vereinigten Europa bereiten können. Dass an der Grenze bisweilen Schreibmaschinen, Wandkalender und Firmenwagen beschlagnahmt wurden und er als Ausländer einen amtlichen „Befähigungsnachweis" seiner beruflichen Qualifikation benötigte, entlockt Föll heute nur noch ein Schmunzeln.

Für höheren Puls sorgte da schon diese Begebenheit: „Um sich in Österreich aufzuhalten, brauchte man eine Arbeits-

WIENER KONGRESS

Im Juni 1996, zehn Jahre nach Gründung der SAP Österreich, lud SAP ihre europäischen Kunden zur SAPPHIRE nach Wien ein. Dietmar Hopp begrüßte die Firmenvertreter zum „Wiener Kongress".

Allerdings, so Hopp, werde der SAP-Kongress „ein klein wenig anders verlaufen als jener von 1814, auf dem bekanntlich sehr viel getanzt wurde, und der nahezu neun Monate gedauert hat".

Der Vorstandssprecher lobte, Wien sei „vor allem nach der Öffnung des Ostens zur bedeutendsten Drehscheibe in Europa geworden, zu einer Drehscheibe von Handels- und Finanzströmen, aber auch von Menschen und Kulturen".

Dieses Erbe Wiens, insbesondere die historischen Beziehungen zum europäischen Osten, gelte es „zu nutzen für internationale Zusammenarbeit und Arbeitsteilung".

Tatsächlich prägte die SAP Österreich den Aufbau des SAP-Geschäfts in Osteuropa. Von Wien aus wurden etwa bereits 1989 erste Projekte in Ungarn realisiert. 1997 wurde Wien zum Hauptquartier für ganz Osteuropa.

Bei der Planung der Veranstaltung ließ sich SAP auch von der Wiener Kaffeehaus-Kultur inspirieren. So riet Hopp den SAPPHIRE-Teilnehmern zum Abschluss seiner Rede, „vor lauter Arbeit nicht die leiblichen Genüsse, die diese Stadt in so reichem Maße zu bieten hat", zu vergessen.

„Aber Vorsicht, Essen und Trinken sind in Wien besonders reichhaltig und nahrhaft", lautete seine abschließende „Warnung".

bewilligung", erzählt Föll. „Um eine Arbeitsbewilligung zu bekommen, brauchte man einen Arbeitgeber, den wir aber nicht hatten. Der wurde ja erst gegründet. Und um eine Firma gründen zu können, brauchte der Geschäftsführer einen Wohnsitz in Österreich. Da Hopp mich zum Geschäftsführer auserkoren hatte, musste ich einen Wohnsitz haben, konnte aber keinen nehmen, weil ich keinen Arbeitgeber hatte. Es war die Quadratur des Kreises."

Kein Österreich im Namen

Da kam ihm ein guter Freund bei VÖEST zu Hilfe: Peter Ustupsky war die treibende Kraft für die Einführung der Materialwirtschaft bei VÖEST gewesen und verantwortete danach bis zu seiner Pensionierung zahlreiche weitere Projekte bis hin zur späteren Migration von SAP R/2 auf SAP R/3. Föll: „Er war in all den Jahren ein zuverlässiger Unterstützer der SAP in Österreich." Föll durfte die Adresse von Ustupskys Ferienhaus in der Nähe von Linz als Wohnsitz bei den Behörden angeben. Nachdem Ustupsky auch die Fremdenpolizei ein paar Mal mit dem Hinweis abgewimmelt hatte, Föll sei eben ständig in Österreich unterwegs, gelang es Föll, Anfang des Jahres 1986 die SAP, eine Gesellschaft mit beschränkter Haftung und Sitz in Wien, zu gründen. Noch fehlte der Namenszusatz „Österreich" oder „Austria". Föll: „Weil für die Verwendung des Nationenbegriffes ein besonders ausführliches, zeit- und kostenaufwändiges Genehmigungsverfahren notwendig gewesen wäre und wir diese Zeit nicht hatten, haben wir darauf erstmal verzichtet."

Am 12. Februar 1986 erfolgte der Eintrag ins Handelsregister, die Gewerbegenehmigung für die Standorte Wien und Linz wurde im März erteilt und zum 1. April nahm die Gesellschaft ihre Arbeit auf. Föll richtete – entsprechend den beiden regionalen Schwerpunkten – zwei Büros ein, Pate stand dabei erneut die Papierbranche:

Am Hauptsitz in Wien kam das kleine Team anfangs in Räumen des Papierlieferanten Bunzl & Biach unter; die Niederlassung in Linz bezog ein Büro beim ersten Kunden Nettingsdorfer Papierfabrik.

Um die Kosten im Griff zu behalten und ein Rechnungswesen rund um Gehälter, Spesen und Sozialabgaben einzurichten, arbeitete der Geschäftsführer eng mit dem Kaufmännischen Leiter Dieter Matheis und seinem Team in Walldorf zusammen. „Wir haben ja am Anfang ordentlich Geld verbraten, aber wir hatten jederzeit die Unterstützung und das Wohlwollen aus Walldorf. Dietmar Hopp hat uns vorbehaltlos vertraut, wir hatten völlig freie Hand."

Geplatzte, neue Partnerschaft

Föll berichtete zusammen mit seinem Team an die SAP International im schweizerischen Biel, die unter der Leitung von Hans Schlegel im September 1984 gegründet worden war. Schlegel flog ein, wenn neue Verträge zu unterzeichnen waren. So mancher österreichische Kollege, der bislang Kunden in der Schweiz betreut hatte, zog es nun vor, in der Heimat Firmen von SAP zu überzeugen und anschließend die Systeme zu installieren.

Im Oktober 1986 herrschte plötzlich helle Aufregung – bei SAP und bei den von Siemens in Österreich betreuten Kunden. Denn die Partnerschaft, die es dem Elektrokonzern ermöglichte, SAP-Software zu vertreiben und auf ihren Rechnern zu installieren, war geplatzt. Damit erhielten die Firmen, die SAP-Software auf ihren Siemens-Maschinen installiert hatten und von Siemens betreut wurden, vom einen auf den anderen Tag keine Wartung mehr, womit auch keine neuen Versionen mehr eingespielt werden konnten. „Da bangten nicht nur die Firmen um ihre Investitionen, da ging es auch um Existenzen und persönliche Schicksale", erinnert sich Föll. „Ich bin damals von einer Veranstaltung zur nächsten gehetzt, um den Leuten zu versichern, dass die SAP sie nicht im Regen stehen lassen wird und dass wir mit allen Beteiligten Mittel und Wege finden werden, um einen reibungslosen Vertragsübergang von Siemens Österreich auf die SAP zu gewährleisten."

Dies gelang – mit einer Ausnahme – und innerhalb eines Jahres hatte die SAP in Österreich mit Unterstützung von Hans Schlegel, der sich nach wie vor ums Vertragswesen kümmerte und die Gespräche mit dem Siemens-Management führte, weitere rund 40 Kunden hinzugewonnen. Und das, obwohl die Kunden nun für die Software bezahlen mussten, die sie bislang ja als kostenloses Add-on zur Siemens-Hardware erhalten hatten.

Weil aber SAP noch nicht über genügend Berater verfügte, ging Rolf Föll Partnerschaften mit mehreren Beratungsfirmen, darunter auch Siemens, ein. Beim Thema Kostenrechnung war die Firma des deutschen Kostenrechnungsexperten Hans-Georg Plaut, die auch österreichische Firmen auf diesem Gebiet unterstützte, der

Partner der Wahl. „Mit dieser Strategie konnten wir viel Vertrauen bei den Kunden aufbauen." Und in Österreich entwickelte sich allmählich ein Netzwerk an Partnern, wie es seit Anfang der 1980er-Jahre auch andernorts entstand. Der Grund: SAP musste einen Teil der Implementierung und Programmpflege Partnern überlassen, um das eigene Personalwachstum in überschaubaren Grenzen zu halten.

Föll legte von Beginn an großen Wert darauf, sein Team mit Österreichern zu verstärken. „Wir brauchten Leute, die den Markt kennen, die Kundenbeziehungen hatten, die die Sprache sprechen und die Befindlichkeiten ihrer Landsleute kennen", erzählt er. „So lernten wir, dass ein Österreicher nichts kauft, was er nicht billiger bekommen kann. Da wir aber eine Preisliste hatten, an die wir uns strikt halten mussten, haben wir den Preis manchmal im Voraus etwas angehoben, damit der Einkäufer des Kunden ihn dann wieder auf den Listenpreis senken konnte."

Auf dem Weg zum ERP-Gipfel

Unvermeidlich war, dass SAP manchen der ersten Mitarbeiter von Kunden abwarb. Heinz Hartinger und Otto Weiner kamen 1986 von Simmering-Graz-Pauker, Wolfgang Runge im selben Jahr von VÖEST und Franz Zipp von Chemiefaser Lenzing. Darüber waren die Kunden natürlich zunächst nicht glücklich, doch Föll fand auch hierfür eine Lösung: „Ich habe den Kunden zugesagt, dass wir ihnen bei der Ausbildung ihrer neuen Mitarbeiter helfen und sie den Mitarbeiter, den sie verloren haben, als Berater zu einem ermäßigten Stundensatz bekommen. Damit waren die meisten einverstanden."

So wuchs die SAP auch in Österreich kräftig, und nach zwei Jahren, in denen Rolf Föll nur eine Wochenendbeziehung mit seiner Familie führen konnte, bat er Dietmar Hopp um eine neue Aufgabe. Bevor er ab 1. Januar 1988 Leiter des neuen Internationalen Schulungszentrums in Walldorf wurde, stellte er sicher, dass er die SAP in Österreich in einheimische Hände übergeben konnte. Sein Nachfolger wurde Egon Greger, der 1987 als Leiter der Kostenrechnung von Adidas zur SAP gewechselt war, um RK-Kunden zu beraten. Und von 1991 an sollte dann Heinz Hartinger die Geschäftsführung übernehmen und die SAP in Österreich (und später auch in ganz Osteuropa) zum Gipfel der ERP-Anbieter führen.

Die Einbindung lokaler Kräfte gehört für Föll neben der Qualität und Funktionalität des Produkts R/2 zu den Gründen für den frühen Erfolg der SAP beim südlichen Nachbarn. „Und dass es uns gelungen ist, eine Vertrauensbasis zu den Kunden aufzubauen, weil wir sie niemals hängengelassen haben."

Heute hat die SAP Österreich GmbH mehr als 480 Mitarbeiter und 1.900 Kunden. Darunter ist auch weiterhin die jetzt als Smurfit Kappa Nettingsdorf firmierende Papierfabrik, in der 1976 alles begann. ▪

↑ Bei der Feier zum 20. Geburtstag der SAP in Österreich kamen
vier Country Manager und Geschäftsführer auf die Bühne.
Von links: Wolfgang Schuckert, Egon Greger, Rolf Föll. Ganz rechts:
Heinz Hartinger. 2. von rechts: der damalige EMEA-Central-Chef
Michael Kleinemeier.

↖ Schwerpunkte des Österreich-Geschäfts: die Region um Linz, wo
Papierfabriken wie die in Nettingsdorf SAP-Software nutzen,...

↗ ...und der Großraum Wien mit der österreichischen Nationalbank
und anderen staatlich orientierten Unternehmen.

↘ Die SAP-Österreich-Zentrale in Wien.

50 GESICHTER DER SAP

Die Welt positiv beeinflussen

05 | Tony Chang kam 1994 als Entwickler und Berater zu SAP America. Nachdem er an einer Premium-Engagement-Service-Initiative in der SAP-Firmenzentrale in Deutschland gearbeitet hatte, wechselte er in das Mission-Control-Center-Team für die Regionen Asien-Pazifik-Japan und Großchina in Japan. In Taiwan und Hongkong hatte er danach mehrere Führungsrollen im Bereich Service und Support inne. Heute ist Chang in Taipeh, Taiwan, ansässig und arbeitet im Chief Operations Office des Vorstandsbereichs Customer Success der SAP.

„Während meiner 28 Jahre bei der SAP haben sich mir an vielen Orten weltweit eine Vielzahl von Möglichkeiten geboten, um zu lernen und zu wachsen. Da ich in verschiedenen Rollen, Ländern und Geschäftsbereichen arbeiten konnte, habe ich nie in Betracht gezogen, die SAP zu verlassen. Unser Fokus auf Unternehmenssoftware hat es uns ermöglicht, unseren Erfolg über die Jahre hinweg aufrechtzuerhalten. Was uns als Mitarbeitende verbindet, ist die Art und Weise, wie wir offen miteinander kommunizieren und uns gegenseitig unterstützen. Ein weiterer ganz besonderer Aspekt der SAP ist, dass wir die Welt, in der wir leben und arbeiten, positiv und nachhaltig beeinflussen."

Die nächste Generation aufbauen

06 | Joanne Blake kam 1992 zur SAP, als es erst eine SAP-Niederlassung in Nordamerika gab. Heute ist sie VP für Solution Advisory bei SAP America.

„Ich bin stolz darauf, dass ich schon in der Anfangszeit zum Wachstum der SAP in Nordamerika beitragen konnte. Und ich bin sehr dankbar für all die Möglichkeiten, die mir SAP geboten hat: meine Reisen nach Südkorea, Singapur und Costa Rica, um dort Präsentationen zu halten; die Teilnahme an Winners' Circles mit Kolleginnen und Kollegen, die meine Freunde wurden und es bis heute geblieben sind; und das Privileg, Presales-Teams zu leiten. Das Schönste in meinen dreißig Jahren bei der SAP war es, die nächste Generation von Presales-Talenten aufzubauen und zu coachen. Und zu sehen, wie die, die ich eingestellt habe, im Unternehmen Karriere gemacht haben. Besonders dankbar bin ich aber für die vielen Freundschaften, die ich bei der SAP geschlossen habe."

Niemals Langeweile

07 | Ellen Vig Nelausen kam am 1. August 2002 zur SAP. Aktuell ist sie Senior Specialist im Team Nordic Integrated Communications.

„Was mich so lange bei SAP hält, ist die Mischung aus einem großartigen Team und flexiblem, selbstbestimmten Arbeiten, das Gefühl, dass nie Langeweile aufkommt, und die Gewissheit, immer um Hilfe bitten zu können, sei es beruflich oder privat. Es ist fantastisch, dass über 90 Prozent der Mitarbeitenden stolz darauf sind, für die SAP zu arbeiten. Das macht uns zu einem ganz besonderen Unternehmen. Jeder möchte einen Beitrag leisten und glaubt an die SAP. Wir kümmern uns umeinander und wissen, dass wir aufeinander zählen können. Alle wollen Teil eines erfolgreichen Teams sein und unsere Kunden zum Erfolg führen. Zu sehen, wie professionell unser Nachhaltigkeitskonzept umgesetzt wird, ist ermutigend. Wir haben beträchtliches Potenzial, als Vorbild zu agieren und unseren Kunden zu helfen, nachhaltige Geschäftsmodelle zu entwickeln. Die SAP ist immer in Bewegung. Es gibt stets Veränderungen. Deshalb ist es spannend, Teil dieser Reise zu sein."

Legeres Miteinander

08 | Dieter Schwab startete am 1. Oktober 1987, SAP hatte rund 400 Mitarbeitende. Seit April 2017 ist er im Ruhestand. Das Bild zeigt Dieter Schwab (stehend links mit Rainer Pfister) auf seiner Einstandsfeier im März 1988.

„Das Vorstellungsgespräch hatte ich bei Hartmut Engel, und die offene Kultur und das legere Miteinander bewogen mich, die Stelle anzunehmen. Der erste Eindruck: überfüllte Büroräume. Die Neuen wurden zuerst auf Schulungen geschickt, und wir hatten in der ersten Zeit unsere Schreibtische auf dem Flur. Meine erste Aufgabe in der Basisentwicklung bestand in der Entwicklung einer komplexeren Anwendung im R/2 4.3. Dies war das erste Release mit einer neu geschaffenen Entwicklungsumgebung mit ABAP/4 und Dictionary. So entstand R/MAIL. Die Einführung von R/MAIL als Kommunikationsplattform bei SAP war sicherlich ein Höhepunkt meiner Laufbahn. Es fühlte sich an, als wären wir eine große Familie. Allerdings wurde auch viel gefordert, so waren Überstunden und Arbeiten am Wochenende an der Tagesordnung. Auch wenn die Zusammenarbeit im Laufe der Jahre anonymer wurde und es weniger Freiheiten gab, möchte ich die Zeit nicht missen."

Die Stärke der SAP sind die Menschen

Sie ist der Herzschlag der Firma:
Die Unternehmenskultur schafft
Zugehörigkeit, Motivation
und stiftet Sinn.
Ein Blick auf Werte und Handeln
zeigt, was die SAP bis heute
auszeichnet und stark macht.

Von Andrea Diederichs

1975 bittet Dietmar Hopp seinen Bekannten, den Designer Peter Leyh, ihm einen Briefbogen zu gestalten. Leyh entwirft das bekannt gewordene Firmenlogo: weiß auf blauem Grund. Nach mehreren kleineren Anpassungen soll das Logo 2014 einen ganz neuen Anstrich bekommen und sich künftig in Orange ("SAP-Gold") präsentieren. Als die SAP-Mitarbeitenden davon erfahren, ist es beschlossene Sache und die Medien berichten bereits darüber. Die Belegschaft reagiert mit heftigen Protesten. Zu stark ist die

Symbolkraft des Logos und vielleicht auch der Unmut darüber, bei diesem emotionalen Thema vor vollendete Tatsachen gestellt zu werden.

Mit einem solchen Widerstand hat wohl keiner gerechnet. Der damalige Firmenchef Bill McDermott – selbst Verfechter der neuen Variante – nimmt die Rückmeldungen ernst und beendet die Diskussion: Das Logo bleibt blau.

„How We Run" – So werden die Dinge hier gemacht

Diese Episode zeigt: Die Menschen bei SAP wollen gehört werden und identifizieren sich stark mit ihrem Unternehmen. Die weltweiten Mitarbeiterbefragungen 2021 ergaben, dass im Schnitt 93 Prozent stolz darauf sind, bei SAP zu arbeiten. 92 Prozent würden SAP als Arbeitgeber weiterempfehlen.

Welche Geschichte erzählen diese Zahlen? Was macht das Unternehmen für viele so attraktiv? Welche Kultur hat dazu beigetragen, dass ein Start-up aus der deutschen Provinz zum Weltmarktführer für Unternehmenssoftware wurde? 2015 startete die Personalabteilung eine Initiative, um genau diese Kultur in konkrete Slogans zu fassen. Ziel war es, die Belegschaft intensiv in den Prozess einzubinden. Mitarbeitende aus verschiedensten Funktionen, Hierarchieebenen und Regionen erarbeiteten fünf Verhaltensweisen, die unter dem Schlagwort „How We Run" bekannt wurden:

- Tell it like it is (sich klar und ehrlich ausdrücken)
- Stay curious (wissbegierig bleiben)
- Embrace differences (Unterschiede respektieren)
- Keep the promise (Versprechen halten)
- Build bridges, not silos (Brücken bauen)

Lennart Keil leitet ein Team interner Organisationsentwickler und war seinerzeit dafür verantwortlich, die Mitarbeiterbeteiligung zu organisieren und zu gestalten. Er beobachtet, dass die How-We-Run-Prinzipien fester Bestandteil der Firmenkultur geworden und in die Firmensprache eingeflossen sind, besonders „Tell it like it is" oder „Build bridges, not silos" werden häufig zitiert. Auch die weltweite Mitarbeiterbefragung 2021 zeigte eine Zustimmung von 85 Prozent zu „How We Run".

Gleichzeitig stimmen Anspruch und Wirklichkeit nicht immer überein, wie Keil am Beispiel „Brücken bauen" – der Antithese zu Silodenken – erklärt: „Bei so einem großen Konzern mit hunderttausend Mitarbeitenden und viel Heterogenität, vielen Akquisitionen bleibt Silodenken nicht aus." Lassen sich die Werte immer leben? Lennart Keil: „Nein, aber als Appell, als gemeinsames Bestreben funktionieren sie."

2015 war SAP entschlossen, sich zur Cloud Company zu wandeln. „How We Run" sollte auch die Frage beantworten, welche Kultur das Unternehmen in die Zukunft führen würde. Bewusst wollte man damit auch an die traditionellen Werte der Gründer anknüpfen.

Schon damals hochmodern

Dietmar Hopp beschrieb die Werte in einer Rede im Jahr 1997 so:
- Hilfsbereitschaft und Offenheit.
- Hohes Maß an Verantwortung, nicht Warten auf Weisungen, sondern Eigeninitiative ist gefragt.

- Flache Hierarchien, kein enges Bereichsdenken.
- Sich zuständig fühlen, auch wenn es formal nicht so ist.
- Kritik- und Konfliktfähigkeit gilt es zu beweisen.
- Kundenorientierung und der Servicegedanke stehen im Mittelpunkt unseres Denkens und Handelns.
- Klima des Vertrauens und der Großzügigkeit, das eine Innovationskultur begünstigt.
- Permanente Lernbereitschaft aller in der SAP.
- Fehlertolerante Organisation, das heißt angstfreies und vertrauensvolles Umfeld.
- Fachkarriere hat gleichen Stellenwert wie die Managerkarriere.

Firmenkultur lässt sich aber nicht alleine in Verhaltensweisen und Werten ausdrücken. Sie beschreibt die tagtäglich gelebte Realität im Unternehmen –, und die ist naturgemäß heute eine andere als in den Anfängen.

Werner Sinzig, seit 1983 bei SAP, leitete als Prokurist viele Jahre einen Entwicklungsbereich für Financials-Produkte. Als einer der ersten hundertfünfzig Beschäftigten erinnert er sich gut an die Start-up-Atmosphäre der frühen Jahre: „Ich war im Bereich von Hasso Plattner tätig, und wir arbeiteten alle ganz normal kollegial zusammen, von Hierarchien war gar nichts zu spüren." Auch die Grenzen zwischen den Funktionen und Zuständigkeiten waren fließend. So war es nicht unüblich, dass Softwareentwickler neben ihrer eigentlichen Tätigkeit auch Kunden berieten, Schulungen hielten oder im Vertrieb mitarbeiteten. „Diese Durchlässigkeit der Rollen war aus meiner Sicht ein wichtiger Erfolgsfaktor für die Firma", erklärt Sinzig und wünscht sich auch im heutigen globalen Konzern wieder mehr bereichsübergreifenden Austausch. Sinzig erinnert sich, wie Microsoft-Gründer Bill Gates Anfang der 1990er-Jahre die SAP besuchte. Stolz berichtete Gates, dass es zwischen ihm und seinen Mitarbeitenden maximal sieben Hierarchiestufen gebe. Im SAP-Publikum brach Gelächter aus, sieben Hierarchiestufen waren zu jener Zeit undenkbar. „Jeder kannte jeden", berichtet auch Margret Klein-Magar, Mitglied des SAP-Aufsichtsrats und Leiterin des SAP-Alumni-Netzwerks. Sie kam 1991 zur SAP: „Die Menschen haben sehr unternehmerisch agiert und sich gleichzeitig unterstützt."

sondern man ist im Allgemeinen bereit, sein Wissen zu teilen und anderen weiterzuhelfen, um ein gemeinsames Ziel zu erreichen." Dieses Miteinander führt vielerorts dazu, dass sich Freundschaften bilden und die Mitarbeitenden nicht nur gemeinsam Zeit im Büro, sondern auch in ihrer Freizeit verbringen. Viele Gesprächspartner betonten, SAP sei für sie wie eine zweite Familie.

Obwohl wir eine Organisationsstruktur haben, würde ich sagen, dass wir alle als ein Netzwerk verbunden sind, und das gibt einem die Möglichkeit, auf der gleichen Ebene miteinander zu sprechen, nicht wie mit einem Chef, sondern wie mit einem Freund. Es ist eine Person, mit der man sich austauschen kann, der man vertrauen kann. Gleichzeitig wird diese Person irgendwann von dir erwarten, dass du etwas lieferst. Aber das gehört zum Ziel des Unternehmens, denn wie will man sonst den Erfolg erklären, den wir hier in den letzten fünfzig Jahren hatten? Die Menschen bei SAP machen also in allen Dimensionen den Unterschied aus.

Tonatiuh Barradas,
Leiter des Geschäftsbereichs
Intelligent Spend Management,
SAP Lateinamerika

Duzkultur und Kaffeeecken

Als Anfang der 1990er-Jahre SAP R/3 auf den Markt kam, wuchs das Unternehmen explosionsartig. Mit Wachstum und internationaler Expansion kamen Prozesse und Regularien. Das Unregulierte, die Nischen und die flachen Hierarchien verschwanden zunehmend. Was blieb, war die Kooperationskultur. „Die Kollegialität ist ein wahnsinnig wichtiger Wert, der uns als Firma immer noch auszeichnet", erklärt Christine Regitz, Arbeitnehmervertreterin im SAP-Aufsichtsrat. „Ich kann mich jederzeit an Kollegen wenden, egal auf welcher Hierarchiestufe, und ich habe es bisher noch nicht erlebt, dass mir nicht geholfen wurde." Mit der Internationalisierung verabschiedete sich auch etwas anderes für immer aus der SAP: das Siezen. In einer E-Mail-Nachricht Anfang der 1990er-Jahre kündigte der Vorstand an, dass sich künftig alle mit dem Vornamen anreden sollten, Vorstand eingeschlossen. „Es stand zwar nicht offiziell darin, dass wir uns duzen, das ergab sich dann von selbst. Aber allein durch den Gebrauch der Vornamen entstanden noch einmal mehr Vertrauen und Offenheit", berichtet Klein-Magar.

Zum Miteinander bei SAP gehört auch die Kaffeeeckenkultur, die sich schon früh entwickelte. Die SAP-Berater verbrachten den größten Teil der Arbeitswoche bei den Kunden. Sie kehrten freitags ins Büro zurück, um sich mit den Softwareentwicklern auszutauschen und offene Fragen zu klären. Jeder sprach mit jedem. Die Treffen in der Kaffeeecke werden bis heute intensiv genutzt und wurden während der Coronapandemie stark vermisst.

„Anfangs waren mir die Kaffeeeckenmeetings suspekt", erklärt Klaus Dagenbach, bis 2020 Teammanager im Produktmanagement und in der Softwareentwicklung. Er meint damit den informellen, nicht organisierten Charakter der Treffen. „Das Interessante ist, dass das Prinzip gut funktioniert. Es gibt keine Ellbogenmentalität,

Mein Projekt, mein „Baby"

Als Dagenbach 2004 über eine Akquisition zur SAP kam, erlebte er die Kolleginnen und Kollegen nicht als Befehlsempfänger oder Ausführende. Stattdessen agierten sie eher wie Selbstständige, denen es darum ging, zu gestalten und das Gesamtergebnis zu beeinflussen: „Es war sehr formlos. Wir haben viele Dinge ausprobiert, das richtete sich auch ein Stück weit nach der Aufgabe. Das gab vielen das Gefühl, Verantwortung zu haben, sich einbringen zu können und Gestaltungsmöglichkeiten zu haben. Dafür waren die meisten mit großem Einsatz bei der Arbeit und nahmen vieles in Kauf, auch Mehrarbeit."

Das Wirgefühl, die Identifikation mit dem Unternehmen entsteht dort, wo man Menschen Verantwortung überträgt, und sie das Gefühl haben, ihr Projekt ist ihr „Baby". Wer Freiheit hat zu gestalten, der engagiert sich auch. Wenn es nach Dagenbach geht, sollte das Prinzip der Eigenverantwortung speziell in der Softwareentwicklung auch in Zukunft Bestand haben: „Es darf nicht darum gehen zu kontrollieren, sondern stattdessen klare Gesamtziele zu formulieren, die die einzelnen Gruppen erreichen müssen, deren Zusammenspiel zu koordinieren und ihnen die nötigen Freiräume zu lassen."

Start-up-Kultur wieder freizusetzen", erläutert Harald Gabriel. Er kam 1990 zur SAP, war bis 2019 aktiv und davor zehn Jahre lang mitverantwortlich für Führungskräfteprogramme.

Laut Gabriel sind die Ansprüche bei SAP hoch. Auch wer noch nicht lange bei SAP ist, kann relativ schnell in die Situation kommen, ein Projekt in Eigenregie zu verantworten. Harald Gabriel: „Das Besondere ist, dass wir den Leuten etwas zutrauen und darauf vertrauen, dass sie diesen Freiraum auch ausfüllen können."

Auch bei der beruflichen Weiterentwicklung ist Eigeninitiative gefragt. Die Mitarbeitenden werden ermutigt, Verantwortung zu übernehmen und selbst Ideen für den nächsten Karriereschritt zu entwickeln. Viele nutzen dazu ein sogenanntes Fellowship. Für einen Zeitraum von bis zu sechs Monaten können Mitarbeitende in ein anderes SAP-Team wechseln und neue Arbeitsfelder kennenlernen. 2020 waren es 1400 Fellows.

Ich hatte immer das Gefühl, dass alles, was ich bei SAP mache, mir erlaubt, mich weiterzuentwickeln. Ich bin jetzt 63 Jahre alt und habe immer noch das Gefühl, dass ich viel lernen und neue Fähigkeiten erwerben kann. Bei SAP muss man selbst kreativ werden, um Wege zu finden, wie man zum Erfolg des Unternehmens und zu seinem eigenen Erfolg beitragen kann.

*Jorge Schiavo, Chief Expert,
Commercial Finance Operations,
SAP Lateinamerika*

Als ich zu SAP kam, war ich sehr beeindruckt von dieser Kultur des kollektiven Miteinanders, sich hinter einer gemeinsamen Sache zu vereinen und sein Bestes zu geben. Jeder war bereit, einem zu helfen, solange er über das angestrebte Ziel informiert war.

*Eileen Chua,
Geschäftsführerin SAP Singapur*

Eigeninitiative ist gefragt

Durch das Wachstum der Firma sind die Freiräume enger und die Organisation starrer geworden. „Wenn wir heute versuchen, wieder mehr Bewegung und mehr Agilität ins Unternehmen zu bringen, ist das eigentlich der Versuch, die Urkräfte der einstigen

Andersdenkende erwünscht

Bei den von Gabriel in den letzten Jahren begleiteten Programmen ging es darum, die Mitarbeitenden wieder stärker in den Vordergrund zu rücken. Dahinter steht der Gedanke, dass die Führungskräfte nicht die alleinigen Experte sein müssen, die alles steuern und kontrollieren. Sie schaffen vielmehr eine Kultur, in der die Einzelnen schneller mehr Verantwortung übernehmen und auch Freiräume und Vertrauen erhalten. Laut der Theorie der Gründer lässt ein Klima des Vertrauens Andersdenkende zu und begünstigt eine Innovationskultur. Harald Gabriel: „Das ganz Besondere an der SAP sind die herausragenden Menschen, die dort arbeiten. Es ist wichtig, dass die Firma nicht stromlinienförmig Leute einstellt, sondern ganz verschiedene Perspektiven hereinholt. Das gilt es zu bewahren."

„SAP ist für mich mehr als nur ein Job. Ich finde hier alles, was mir wichtig ist: Technologie, Wissen, Innovation und Gestaltungsmöglichkeiten. Ich kann alle Aspekte meiner Persönlichkeit einbringen. Ich habe hier in Peru gemeinsam mit einer Kollegin unseren eigenen Zweig des SAP Business Women's Network gegründet. Du kannst dich bei SAP an allen möglichen Initiativen beteiligen. Und wenn etwas noch nicht existiert, kannst du es gründen und hast den Freiraum dafür."

Annie Rojas
leitet ein Center of Excellence Team,
SAP Lateinamerika Süd

Faszination Innovation

Wenn Margret Klein-Magar die Ehemaligen im Alumni-Netzwerk fragt, was sie am meisten an SAP schätzen oder vermissen, hört sie oft: „Den Innovationsgeist und diese smarten, coolen Leute." Die eigene Kreativität auszuleben und neue Ideen entwickeln zu können, ist für viele Mitarbeitende ein wichtiger Zufriedenheitsfaktor. Das Innovationsrad dreht sich schnell bei SAP. Es gibt immer wieder Möglichkeiten, sich mit neuen Produkten, Themen oder strategischen Aspekten zu befassen.

Freiräume und Unterstützung seitens der Firma sind dabei unbedingt wichtig, denn Innovation entsteht nicht aus Routine. Ein Instrument, um Innovation zu fördern und gute Ideen im Unternehmen zu halten, ist der Hasso Plattner Founders' Award. Die Mitarbeitenden reichen selbst ihre Ideen und Projekte für den Wettbewerb ein. Zu den Entscheidungskriterien gehören Innovation, Unternehmergeist und Mut –, Eigenschaften, die den Geist der Gründer widerspiegeln. Im Jahr 2020 wurden über 220 Projekte eingereicht. Die Nominierten und die Gewinner erhalten Anerkennung und Unterstützung. Die Idee für die Auszeichnung stammt vom ehemaligen Vorstandssprecher Bill McDermott, der damit insbesondere den Visionär und Innovator Hasso Plattner ehren wollte.

Innovation ist jedoch kein Selbstzweck. 2011 definierte das Unternehmen die Vision, die Abläufe der weltweiten Wirtschaft und das Leben der Menschen zu verbessern („Help the world run better and improve people's lives"). Das erzeugt eine Resonanz bei den Menschen. 2021 gaben im Schnitt 94 Prozent der Mitarbeitenden an, hinter der Unternehmensvision der SAP zu stehen. Die praktische Bedeutung zeigt das Beispiel SAP Labs Indien. Im April 2021 traf die COVID-19-Pandemie das Land mit aller Wucht und legte das indische Gesundheitssystem lahm. Die Mitarbeitenden des

Forschungs- und Entwicklungsstandorts erlebten die Situation aus erster Hand. „Viele erkannten schnell, dass es als Innovationsteam unsere Aufgabe ist, in einer Krise dieses Ausmaßes zu helfen", erklärt Sindhu Gangadharan, Geschäftsführerin der SAP Labs India. Der Mangel an medizinischem Sauerstoff kristallisierte sich bald als eines der Hauptprobleme heraus. Schnell bildeten die Kolleginnen und Kollegen von SAP Labs India einen Krisenstab und entwickelten eine technische Lösung zur Unterstützung der indischen Regierung bei der gezielten Verteilung und Lieferung von Sauerstoff

Die Frage, wie man innovatives Denken nutzen kann, um Lösungen für Kunden zu entwickeln und Technologie für einen guten Zweck einzusetzen, motiviert die Menschen und spornt ihren Innovationsgeist an. Gangadharan erlebt das täglich:

„Ich bin unglaublich fasziniert davon, wie wir mit Technologie einige der größten Herausforderungen, denen die Welt heute gegenübersteht, wirklich lösen und das Leben der Menschen nachhaltig verändern können."

Sindhu Gangadharan,
Geschäftsführerin SAP Labs, India

Innovationsfaktor Vielfalt

„Vielfältige und integrative Kulturen verschaffen Unternehmen einen Wettbewerbsvorteil gegenüber ihren Konkurrenten", schrieb das Wall Street Journal im Jahr 2019 und fasst damit seine Recherche unter den 500 größten börsennotierten US-Unternehmen zusammen. Diese Erkenntnis reiht sich in zahlreiche Studien ein, die zu einem ähnlichen Ergebnis kommen. Auch bei SAP sind Vielfalt und Inklusion in der Firmenstrategie und -kultur fest verankert. „Wir sind als Firma sehr divers", sagt Christine Regitz. „Diese Mischung aus verschiedenen Menschen, die Diversität an Typen –, und alle sind spannend und interessant. Das ist so charakteristisch und einzigartig."

Als Regitz 1994 bei SAP in der Softwareentwicklung anfing, brachten viele Kolleginnen und Kollegen ein Physik- oder Mathematikstudium mit. In der heutigen Welt sieht sie neue Anforderungen: „Wir brauchen ganz viele Menschen, die nicht immer einen rein technischen Hintergrund haben müssen. Ganz im Gegenteil, ich glaube, dass Diversität der Hintergründe wichtig ist für die Innovationskraft." Heute leitet Regitz die Initiative SAP Women in Technology. Diese will dazu beitragen, den Frauenanteil bei SAP zu erhöhen. Etwa 35 Prozent der Beschäftigten weltweit sind Frauen, bis 2030 sollen es 50 Prozent sein.

Wir sind ein Arbeitgeber der Chancengleichheit, und das ist mir sehr wichtig. Es geht nicht darum, wer oder was man ist. Es geht um das Talent oder den Beitrag, den man für das Unternehmen leisten kann. Wir ermutigen weibliche Talente dazu, Führungspositionen zu übernehmen. Es geht nicht darum, uns ein Ziel zu setzen und dann Lippenbekenntnisse abzugeben, sondern wirklich offen dafür zu sein, was ein Mensch mitbringt. Ich habe wirklich das Gefühl, dass SAP ein sehr aufrichtiges Unternehmen ist, das hält, was es verspricht – nicht nur für unsere Kunden, sondern auch für unsere Mitarbeitenden.

Eileen Chua,
Geschäftsführerin
SAP Singapur

Auch aus Reibung entsteht Innovation

Henning Kagermann, ehemaliger Vorstandssprecher der SAP, soll einmal die Führungskräfte in seinem Stab gefragt haben, ob sie jederzeit zu ihm kommen und ihm alles sagen würden. Sie verneinten das. Diese Zurückhaltung ist auch bei SAP als Prinzip der „grünen Ampeln" bekannt: die Tendenz, den Vorgesetzten keine Probleme zu melden. Daraufhin schuf Kagermann erstmals die Stelle einer Ombudsperson. Ziel war es, eine neutrale, unabhängige Instanz zu schaffen, an die Mitarbeitende sich mit ihren Anliegen wenden konnten. „Es ist verständlich, dass man nicht immer zu seinem Chef geht. Das ist eine innere Hürde und das ist auch in Ordnung", erklärt Margret Ammann, von 2010 bis 2019 globale Ombudsperson der SAP. Ammann hat in dieser Rolle zahlreiche schwierige Situationen begleitet: „Keine Frage, die Anforderung an die Leistung und die Verantwortung der Mitarbeitenden ist groß. Aber wenn es darauf ankommt, dann zählt bei SAP der Mensch, das habe ich so oft erlebt."

Auch Carsten Pöschl, aktuell globale Ombudsperson, findet, Wertschätzung und ein respektvoller Umgang miteinander werden bei SAP groß geschrieben: „Im Umkehrschluss heißt das aber auch, dass wir uns mit offenem Feedback schwer tun oder Konflikte zuweilen vermieden werden." So ist der Grundsatz „Tell it like it is" sicher Anspruch und Wunsch zugleich. Carsten Pöschl: „Es ist wichtig, dass wir uns aneinander reiben, das Ziel ist aber nicht, den Konflikt zu gewinnen, sondern daraus Innovation zu schaffen. Wenn der Dialog einmal schwierig wird, ist das Ombudsoffice als Vermittler zur Stelle."

Grundwerte sind nicht verhandelbar

hybris in Chicago hatte auf seinem Firmengelände eine Rooftop Bar und ein festes Ritual: Jeden Freitagnachmittag trafen sich die Kolleginnen und Kollegen, tranken ein paar Bier und tauschten sich informell aus. Als hybris im Jahr 2013 zu „SAP Hybris" wurde, stand der wöchentliche „Beer Bash" kurz vor dem Aus. Alkohol auf dem Firmengelände war problematisch, und SAP befürchtete juristische Komplikationen. Gleichzeitig war klar: Das Freitagstreffen gehörte zur Firmenkultur. Statt die Tradition zu verbieten, fand das SAP-Übernahmeteam einen Weg, die rechtliche Situation zu klären. Das gemeinsame Treffen, der informelle Austausch und das kreative Ideenfinden konnten weitergehen.

Clemens Siegfanz, Programmdirektor für strategische HR-Projekte, begleitete bis 2021 zehn Jahre lang Transformationsprozesse bei Übernahmen. Er ist überzeugt: „Wir können von den Menschen nicht verlangen, dass sie eine neue Kultur übernehmen wie einen neuen Laptop. Das funktioniert nicht." Zumal SAP Interesse daran habe, die Kultur der übernommenen Firma zu bewahren. Schließlich wolle man sich vom coolen Start-up oder der erfolgreichen Cloud Company etwas abschauen.

„Für mich waren Dreh- und Angelpunkte die Toleranz und das gegenseitige Verständnis", erklärt Siegfanz das Selbstverständnis der Firma in puncto Übernahmen. Gleichzeitig gibt es kulturelle Vorgaben, die aus SAP-Sicht nicht verhandelbar sind. Dazu zählen zum Beispiel die Grundsätze zu Vielfalt und Inklusion, die How-We-Run-Werte, der respektvolle Umgang miteinander, Compliance-Regeln, oder im deutschen Sprachraum die Duzkultur. Clemens Siegfanz: „Wir haben eine sehr starke kulturelle Identität, die wir als Stärke anbieten, und dieser Aspekt hat immer positiven Anklang gefunden."

Ich bin 2015 über die Übernahme von Ariba zur SAP gekommen. Es ist toll. SAP ist ein globaler Konzern, und ich arbeite mit Menschen in Nord- und Südamerika und in Europa zusammen. Erst dachte ich, dass wir uns aufgrund der unterschiedlichen Länder und Sprachen nicht so ähnlich sind. Aber dann habe ich gemerkt, es funktioniert wie in einer Familie. Es gibt Unterschiede, aber wir teilen die gleichen Werte, und das ist die Magie.

Juan Valderrama,
Produktmanager für
die Gehaltsabrechnung,
SAP Chile

Die Stärke der SAP-Kultur

Die Recherche für diesen Beitrag hat gezeigt: Für die Mitarbeitenden ist die SAP ein außergewöhnliches Unternehmen, und zwar vor allem dank ihrer außergewöhnlichen Menschen. Sie arbeiten zusammen, um Innovation zu schaffen und damit etwas auf der Welt zu bewirken. Das sieht auch Vorstandssprecher Christian Klein so. Im November 2021 schrieb er in einer E-Mail an die gesamte Belegschaft: „Nach zwanzig Jahren bei der SAP bin ich immer wieder beeindruckt von eurem unermüdlichen Einsatz, eurer Bereitschaft, etwas zu bewegen und eurer Fähigkeit, großartige Ideen in die Tat umzusetzen."

Natürlich wirken auch äußere Einflüsse auf das Unternehmen und seine Kultur: die Entwicklung neuartiger Technologien, tektonische Verschiebungen in der globalen Wirtschaft, ein neues Werteset im ökologischen Handeln. Doch egal, was die Zukunft bringt, die große Stärke der SAP sind die Menschen und deren Miteinander. Alle Befragten sind sich einig: Diese Stärke gilt es zu erhalten. ■

Leisewirker, nicht Lautsprecher

Begegnungen mit Klaus Tschira: Ehemalige und aktive SAPler erinnern sich an den Mitgründer.

Von Michael Zipf

Als sich am Nachmittag des 31. März 2015 die Nachricht vom überraschenden Tode Klaus Tschiras verbreitete, schien die SAP-Welt für einen Moment stillzustehen. Sicher, die meisten der damals rund 75.000 Mitarbeitenden hatten den SAP-Mitgründer nicht gekannt, geschweige denn mit ihm zusammengearbeitet. Schon 1998 hatte sich Tschira gemeinsam mit Dietmar Hopp aus dem operativen Geschäft zurückgezogen und 2007 auch den SAP-Aufsichtsrat verlassen.

Doch die Beileidsbekundungen im Unternehmensportal auch vieler junger SAP-Mitarbeiter zeugten von großem Respekt und tiefer Dankbarkeit gegenüber einem „bescheidenen und anständigen Menschen", der die SAP-Kultur mitgeprägt und einen wichtigen Beitrag zum langfristigen Erfolg des Unternehmens geleistet hat.

Als „großer Freund der Menschen und der Wissenschaften" hatte ein Mitarbeiter den Physiker in Erinnerung, andere betonten, wie Tschira „ein Leben lang voll neuer Ideen gesprüht" habe und „stets neugierig und interessiert" geblieben sei. Vielen Kindern und Jugendlichen habe er einen Zugang zu den Naturwissenschaften eröffnet, er sei die ganzen Jahre über „eine Quelle der Inspiration" gewesen und „ein Beispiel für uns alle".

Bekannt war er für seinen trockenen Humor: „Dass das so ein Erfolg werden würde, konnten wir nicht ahnen", sagte er einst über SAP. „Wir haben gedacht, wir müssten das Dreifache schaffen und das Doppelte verdienen wie bei der IBM. Und wenn's umgekehrt kommt, dann nehmen wir das billigend in Kauf."

Der Hobby-Astronom und passionierte Koch, der Millionen Euro gestiftet und viele Start-ups unterstützt hat, sagte aber einmal in einem Interview auch: „Man soll nicht so viel über sich selbst reden." Nach seinem Tod sprachen andere über ihn. Ein Mitarbeiter formulierte es so: „Tschira war kein Lautsprecher, er war ein Leisewirker, der die Welt zu einem besseren Ort gemacht hat." ▶

↑ *Nicht so viel über sich selbst reden: Klaus Tschira 1995 im Gespräch mit SAP-Kollegen.*

↓ *Bescheiden und humorvoll: Bei der Feier zum 40. SAP-Geburtstag 2012.*

Quelle der Inspiration: 1995 bei einem Vortrag zum Thema Kundenservice.

Testen statt essen

Ich habe samstags oft mit Herrn Tschira zusammengearbeitet. Um die Mittagszeit rief immer seine Frau an und bat mich, ihm auszurichten, dass das Essen gleich fertig sei. Herr Tschira: „Schatz, noch ein Test." Frau Tschira: „Alla gut." Eine Viertelstunde später rief sie wieder an und meinte, das Essen sei jetzt wirklich fertig. Herr Tschira: „Schatz, noch ein Test." Eine Viertelstunde später erneut Frau Tschira: „Sagen Sie meinem Mann, das Essen ist angebrannt." Herr Tschira: „Gott sei Dank, jetzt kann ich weiter testen." In der Folge gab Frau Tschira dann ihrem Mann ab und zu Lunchpakete mit. Obenauf lag ein Zettel mit der Aufschrift „Real-Time". Das „Real" hatte sie durchgestrichen, es hieß jetzt „Meal-Time".

Menschliches Rechenwerk

Im alten Rechenzentrum in unserem ersten Gebäude in der Max-Planck-Straße sagte Herr Tschira eines Tages zu mir. „Jetzt kommen gleich Interessenten, da machen wir einen Gag." Er stellte einen Stuhl in einen leeren Schrank, bat mich Platz zu nehmen, gab mir einen Block und einen Bleistift und meinte, ich solle mich ganz ruhig verhalten. Er führte die Kunden herum und sagte: „So, das ist der Input vom Computer, das ist der Output, und hier ist das Rechenwerk" – und öffnete die Schranktür. So war ich für einen Moment das Rechenwerk der SAP. Klaus Tschira war immer gut für solche Gags.

Peter Seltenreich arbeitete von 1980 bis 2018 als Operator, Support-Ingenieur und IT-Manager bei SAP.

Verabschiedung: 1998 wechselte Klaus Tschira (zusammen mit Dietmar Hopp) vom Vorstandsposten in den Aufsichtsrat.

Nie die Vorstandskarte gespielt

Es ging bei SAP immer sehr familiär zu, wir waren ja ein ganz junges Unternehmen. Es gab die Vorstände und den Rest. Und insofern waren auch die Wege kurz. Wir konnten jederzeit bei Klaus Tschira ins Büro kommen, wenn wir ihn überhaupt finden konnten, und die Dinge klären, die zu klären waren. Oder wir haben uns in der Mittagspause auf die Terrasse gesetzt und das Thema besprochen.
Tschira war Gleicher unter Gleichen. Wir haben gemeinsam Tage und Nächte miteinander gearbeitet, waren kreativ, haben Ideen entwickelt und uns oft auch gerieben. Der Klaus hat niemals seine Vorstandskarte gespielt, sondern wir mussten uns einig und sicher sein, das ist der richtige Weg.

Rainer Kaiser kam 1982 von ICI zur SAP und brachte den Prototypen eines Personalwirtschaftssystems mit. In einem kleinen Team um Klaus Tschira baute er die HR-Softwareentwicklung bei SAP auf. Die daraus entstandenen Personalwirtschaftssysteme vertrieb er bis zu seinem Ausscheiden 2004 zusammen mit anderen Lösungen sehr erfolgreich.

Guter Gastgeber: Bill Gates besuchte 1996 die SAP in Walldorf.

Wie am Lagerfeuer

Es muss Mitte der 90er gewesen sein, da hatten wir in Asien eine Kundenveranstaltung. Wir saßen alle in Hongkong auf dem Flughafen und unser Flieger hatte Verspätung. Da kamen Klaus Tschira und seine Frau in die Lounge, in der alle Stühle besetzt waren. Wir siezten sie und boten beiden einen Sitzplatz an. Tschira ganz höflich: „Ich bin nicht ‚Sie', ich bin der Klaus und das ist die Gerda. Nö, nö, bleibt ihr mal sitzen." Und er fügte hinzu, dass es hier ja ziemlich trocken sei, und besorgte erstmal Wein für alle. Dann setzte er sich mit seiner Frau auf den Boden und sprach mit uns und den Leuten drum herum über Gott und die Welt, sehr, sehr freundlich und blitzgescheit. Wie an einem Lagerfeuer und ich dachte bei mir: Wow, das ist so richtig einer von uns. Diese Wärme, diese Nähe, die Verbundenheit der SAP-ler, die hat Klaus Tschira repräsentiert.

Christoph Behrendt ging im Jahre 2021 nach mehr als 30 Jahren bei SAP in Beratung und Entwicklung in den Vorruhestand.

Im „Vorstandstaxi"

Bei der SAP-Weihnachtsfeier 1994 stand ich als junger HR-Verkäufer so gegen 21.30 Uhr etwas hilflos im Foyer des WDF01 an der Kugel und wartete auf mein Taxi, das mich zum Bahnhof Wiesloch-Walldorf bringen sollte. Ich wollte noch auf die Promotionsfeier eines Freundes nach Freiburg. Aber es kam und kam kein Taxi.
SAP-Vorstand Klaus Tschira hielt sich ebenfalls im Foyer auf und wurde andauernd von SAP-Kollegen auf Deutsch oder Englisch begrüßt, was er selbstverständlich auch stets freundlich erwiderte. Als er mich sah, erinnerte er sich, dass er damals zusammen mit meinem Chef Rainer Kaiser meinen Arbeitsvertrag unterschrieben hatte. Nun „rettete" er sich gewissermaßen vor den vielen freundlichen Wünschen der Kollegen in ein kurzes Gespräch mit seinem neuen Kollegen, eben mit mir.
Als er erfuhr, dass ich zu besagter Feier nach Freiburg möchte, aber mangels Taxi nicht zum Bahnhof gelangte, erzählte er mir, dass er in Freiburg geboren sei, und dass ich so etwas Wichtiges wie die Promotionsfeier eines Freundes keinesfalls verpassen dürfte. Er lud mich kurzerhand in sein Auto ein und fuhr mich zum Bahnhof Wiesloch-Walldorf. Ich dachte bei mir: Hol a, was für ein unkomplizierter Vorstand, und bedankte mich artig für diese Taxifahrt.

Peter Bonin arbeitete von 1994 bis 2008 bei SAP.

Hello
GROSSBRITANNIEN

Durch die Decke

Kunden der chemischen Industrie brachten SAP Ende der 1980er-Jahre nach Großbritannien. Den Durchbruch ermöglichte wenig später SAP R/3 – und eine in der IT-Branche noch ungewöhnliche Konstellation an der Firmenspitze.

Von Dorit Beric

Als Petra Frenzel 1987 zur SAP stieß, war sie nicht nur eine der wenigen Frauen in der IT-Beratung, sondern auch eine der Ersten, die SAP in dieser Funktion von extern einstellte. „Bis dahin wurden die Berater vorrangig aus den Reihen der SAP-Entwickler rekrutiert", erzählt Frenzel. Einige Jahre später würde sie erneut zu einer Gruppe von Wegbereitern bei SAP – und in der gesamten IT-Branche – gehören: als weibliche Führungskraft und in ihrer Rolle als Geschäftsführerin der SAP UK.

Petra Frenzel arbeitete beim SAP-Partner Plaut als Beratungsleiterin für das R/2-Modul Kostenrechnung (RK). Als SAP eine eigene Beratungsgruppe aufbaute, berief Firmen-Mitgründer Hasso Plattner sie in die Leitung der RK-Beratung und betraute sie mit dem Aufbau der Münchener Geschäftsstelle. Ab 1990 wurde sie Patin für Beratungsprojekte in England und schlug damit ihren Weg in Richtung Großbritannien ein.

Doch zunächst zurück ins Jahr 1987: Als die SAP gerade 15 Jahre alt geworden war, beauftragte Hans Schlegel, der Leiter der SAP International, Reinhardt Eitner, eine britische Landesgesellschaft auf den Weg zu bringen. Die schließlich im Juli 1987 gegründete SAP UK Limited war zunächst nur eine Postadresse in London, doch im Mai 1988 bezogen die zwölf Mitarbeiter Büros in Eton: Der Rafts Court, ein rotes Backsteingebäude unweit von Themse-Ufer und Schloss Windsor, wurde zum ersten Quartier der SAP UK Limited.

Das britische SAP-Büro war zu dieser Zeit nicht mehr als ein Projektoffice, um die lokalen R/2-Implementierungen bei bereits bekannten SAP-Kunden, vorrangig aus der Chemieindustrie, wie ICI, BASF und Hoechst, zu unterstützen.

Mittagessen in Eton

„Durch das Eton College setzte sich der allmorgendliche Stau, um zur Arbeit zu kommen, vorrangig aus Rolls-Royces, Bentleys und Jaguars zusammen. Eton war im Grunde genommen die eine Hauptstraße mit Weinlokalen, Bistros und Pubs am Flussufer, wo wir unser Mittagessen einnahmen", erinnert sich John Bannister, der als Mitarbeiter Nr. 10 zu SAP kam. Reinhardt Eitner hatte ihn in der Schweiz rekrutiert, weil er bereits mit SAP gearbeitet hatte und fließend Schweizerdeutsch sprach, was für den ersten Kontakt aus London heraus sehr nützlich sein würde. „In England wurde die Situation nach den wirtschaftlichen Schwierigkeiten der frühen Achtziger gerade etwas besser und für SAP ging ich mit meiner Familie zurück nach England", so Bannister. „Die Zusammenarbeit mit den Kollegen war unglaublich kameradschaftlich und wirklich jeder schien jeden Tag aufs Neue mit viel Freude zur Arbeit zu gehen."

Auch wenn das Büro in Eton sehr idyllisch gelegen war und Dienstreisende aus Deutschland in Steinwurfnähe auf einem Boot auf der Themse übernachten konnten, so war es doch bald zu klein. Die Zahl der Kunden stieg bis 1990 auf 18 Firmen, der

Bedarf an Beratung wuchs entsprechend. Im Juni 1989 zog man in den Weybridge Business Park, in die Kleinstadt Weybridge in der Grafschaft Surrey, etwa 30 Meilen südwestlich von London. „Freitags nahmen wir unser Mittagessen gemeinsam im Pub The Pelican am Ufer der Wey ein", erinnert sich Sarah Wilson, die 2022 genau 30 Jahre bei SAP sein wird und heute als Senior Business Consultant im SAP Concur Centre of Excellence EMEA North arbeitet.

Noch war SAP im Vereinigten Königreich weitgehend unbekannt. „Wenn ich nach Hause kam und mit Freunden und Familie oder ehemaligen Kollegen sprach, fragten sie mich immer, was das für eine Firma sei und wofür SAP stehe, und dann musste ich immer weit ausholen, um alles zu erklären – es war etwas, auf das ich damals sehr stolz war und noch immer bin", so Ray Barratt, Mitarbeiter Nr. 18 und heute Leiter des Centre of Excellence und des Blackbelt-Teams für S/4HANA in EMEA North.

Ein Jahr Schulung in Walldorf

Barratt gehörte zu einer Gruppe von 32 internationalen Trainees, die zum Hauptsitz Walldorf ausgesandt wurden, um die DNA des Unternehmens kennen und verstehen zu lernen: „Mit unseren eigenen sehr unterschiedlichen Erfahrungen tauchten wir ein in Erfahrungswelt, Projekte und Aktivitäten der SAP und konnten ein Netzwerk etablieren, das bis zum heutigen Tag Bestand hat. Wir waren in unserem Element! Mein Kollege Martin Cairns fragte mich: ‚Also wo ist hier der Haken?' SAP war noch eine Unbekannte, doch letztlich entschieden wir: ‚Wer nicht wagt, der nicht gewinnt."

Martin Cairns war erst 22, als er 1990 den Vertrag mit SAP unterschrieb. Er war in Zimbabwe aufgewachsen und mit einem Freiticket für das Tennisfinale der Männer in Wimbledon im Juli nach London geflogen und zum Arbeiten geblieben. Eine Agentur hatte ihm ein Vorstellungsgespräch mit einer Firma namens SAP verschafft. SAP hatte für ihn bis dahin immer nur „South African Police" bedeutet.

„Es war eine wahre Feuertaufe, als wir 1991 zurück kamen", so Cairns, der heute für SAP Australia arbeitet. Ray Barratt nennt es „die Definition der Chaostheorie". „Unser Auftrag in den 90ern war es, gleichzeitig Trainingsaktivitäten, Presales, Vertrieb und Marketing zu unterstützen und den Namen SAP zu dem Markenzeichen zu machen, das es heute ist." Oftmals saß man in einem Trainingskurs, den man wenige Tage später selbst unterrichten musste. John Bannister, der „Mister R/2" dieser Jahre, kann ein Lied davon singen: „Reinhardt Eitner fragte mich, ob ich wüsste, was RM20 sei. Ich antwortete, dass es der Kurs Einkaufslogistik sei und er erwiderte, ich solle den Kurs in der kommenden Woche halten. Einwände waren zwecklos. Es würde einfacher werden, wenn ich den Kurs drei, vier Mal gehalten hätte, tröstete mich Reinhardt."

Der Bedarf an Personal wuchs weiter, so dass sich viele Geschichten um sehr kurzfristige und unkonventionelle Vorstellungsgespräche ranken. Legendär ist die Geschwindigkeit, mit der man Nägel mit Köpfen machte: „Als ich nach dem Vorstellungsgespräch mit meinem Auto zu Hause ankam, stand da ein Kurier, der meinen Arbeitsvertrag brachte und der darauf warten sollte, dass ich ihm den Vertrag unterschrieben zurückgab", erinnert sich Jeremy White, der ebenfalls 1990 zu SAP kam und Direktor des Bereichs Kundenservice werden würde. „Ein wichtiger Teil meiner Arbeit der nächsten Jahre würde auch darin bestehen, weitere Mitarbeiterinnen und Mitarbeiter einzustellen." In den kommenden zehn Jahren wuchs deren Zahl in London auf fast 700 Beschäftigte.

„Im Jahr 1991 ging es noch vorrangig darum, Stabilität in R/2-Mainframeprojekte zu bringen", erinnert sich Ray Barratt. „Aber 1992 sah den Anbruch der R/3-Ära und alles drehte sich nun um die Frage, was es mit diesem dreistufigen Client-Server-Konzept auf sich hatte, wenn wir doch gerade zunehmend erfolgreich mit den großen internationalen R/2-Kunden unterwegs waren."

Zu dieser technologischen Fortentwicklung kam das Ende der Rezession, die England in den 1980er Jahren bestimmt hatte. Und: „Die Erfolgsgeschichte der SAP UK beginnt tatsächlich dann mit R/3 – das war die Zeit, zu der Petra Frenzel das Steuer als Managing Director übernahm", erinnert sich Martin Metcalf, der 1994 zu SAP kam und 2002 selbst Geschäftsführer der SAP in Großbritannien werden würde.

Als Petra Frenzel 1993 in die Leitung der SAP UK bestellt wurde, löste sie den lokalen MD Graham Collier ab, den Reinhardt Eitner zwei Jahre zuvor eingestellt hatte. Petra Frenzel: „Graham startete unter schwierigen Bedingungen, da er die SAP vor Amtsantritt nur aus Kundensicht kannte. Hinzu kam, dass man anfänglich auch bei der SAP eine falsche Vorstellung vom Vertrieb in Großbritannien hatte. Es gab zwar erstklassige Berater, aber ein gleichwertiger, auf UK-Bedürfnisse abgestimmter Vertrieb fehlte noch."

Mit Rückenwind zum Durchbruch

Darauf legte Petra Frenzel in den kommenden fünf Jahren als Geschäftsführerin großen Wert. Und sie nahm den Rückenwind, den ihr SAP R/3 verschaffte, entschlossen mit. „Noch bevor sich dieser Trend in Deutschland in aller Deutlichkeit abzeichnete, war das Client-Server-Produkt in England sehr nachgefragt – so w e es Hasso Plattner vorausgesehen hatte", erinnert sich Frenzel. „Und dafür gab es in Großbritannien keine Anbieter. Zwar war man grundsätzlich skeptisch, mit Deutschland zusammenzuarbeiten, aber es gab kaum Alternativen", erinnert sie sich.

Glynn Lowth war einige Jahre Chairman der SAP UK & Ireland User Group, die sich bereits 1988 als eine der ersten Anwendergruppen weltweit formiert hatte. Er erinnert sich: „SAP R/3 war vor allem deshalb das bessere Produkt, weil es weit mehr Integrationsmöglichkeiten zu bieten hatte als die Produkte der Kon-

↑ Internationales Trainee-Programm in Walldorf 1990 mit Ray Barratt (letzte Reihe, 6. von links) und Martin Cairns (letzte Reihe, 2. von rechts) – im Hintergrund die Baukräne, die das heutige Gebäude WDF01 errichten.

↖ Geschäftsführerin Petra Frenzel gratuliert 1994 dem 100. Mitarbeiter David Smiley.

↗ Champagner zum Einstand: Petra Frenzel begrüßt 1996 Arthur Grund als 200. Mitarbeiter der SAP UK.

↙ Grund zum Jubeln: 1993 feierte das Team der SAP UK eine Überbietung des Umsatzbudgets um 319 Prozent. Links stehend am Plakat: Geschäftsführerin Petra Frenzel.

↑ Führungsrolle: 1996 brachte eine Marketingkampagne SAP R/3 auch ins Londoner Straßenbild.

← Nicola Coleman empfängt 1999 im SAP-Büro Feltham die Gäste.

↗ Firmengebäude Feltham.

↘ Kevin Richardsons Zutrittskarte.

kurrenz." Petra Frenzel lag die Verbindung zur Anwendergruppe sehr am Herzen: „Die User Group war anfangs voller Vorwürfe, die SAP nähme die besonderen Anforderungen des englischen Marktes nicht ernst genug. Das wollten wir ändern und nahmen fortan regelmäßig an den User-Group-Konferenzen teil – mit der festen Absicht, uns den Problemen unserer Kunden zu stellen."

Seither hat sich die User Group als ein von der SAP unabhängiges, aber der SAP sehr verbundenes Gremium entwickelt. 1994 gab es schon fast 100 Kunden, die Anwenderkonferenzen wurden zu großen Ereignissen und die SAP UK User Group hatte im Oktober 1995 bereits über 150 Mitglieder, die fast 80 Prozent der SAP-UK-Kunden repräsentierten.

SAP UK verbuchte nun ein jährliches Wachstum von 200 Prozent „und wir schafften es auf der Liste der SAP-Niederlassungen von ganz unten nach ganz oben", erinnert sich Petra Frenzel. „In der Anfangszeit ging es darum, zu lernen, was Niederlassungen in anderen Ländern besser gemacht hatten, aber bald waren wir auf Platz drei oder vier und konnten als eine der führenden SAP-Töchter unsere Erfahrungen an andere weiter geben." Dabei lieferte sich UK immer ein enges Kopf-an-Kopf-Rennen mit dem historischen Rivalen Frankreich. „Wir plänkelten: Egal wie unsere Umsatzzahlen ausfielen – Hauptsache sie waren besser als die der SAP France", erinnert sich Jeremy White schmunzelnd.

In die richtigen Bahnen gelenkt

Petra Frenzel war in dieser Zeit die einzige weibliche Führungskraft der SAP UK und aller SAP-Landesgesellschaften überhaupt. Es gelang ihr, das enorme Wachstum in die richtigen Bahnen zu lenken. „Ich flog montags nach London, war unter der Woche natürlich auch, in England viel unterwegs und freitags ging es wieder nach Deutschland, wo ich auch verantwortlich war für die Außenstelle in München," so Frenzel. In den Londoner Tagen war sie fast durchgängig im Büro anzutreffen, wenn sie nicht bei Kunden war, und ihre Tür stand immer offen, erinnern sich ihre Mitarbeiter einhellig.

Die Erfolgskurve der SAP UK kannte nur eine Richtung: nach oben.

Kevin Richardson kam 1994 zu SAP, als er gerade 24 Jahre alt war, und wurde der 46. Mitarbeiter der SAP UK, nachdem er als junger Programmierer an einer SAP-R/2-Implementierung bei ICI mitgewirkt hatte. „Man rannte uns förmlich die Türen ein. Im Scherz sagten wir, dass wir die Türen verrammeln sollten, weil wir einfach den enormen Bedarf nicht mehr decken konnten. Wir waren nicht in der Lage, schnell genug neue Mitarbeiter einzustellen, obwohl schon jeder eingestellt wurde, der SAP nur buchstabieren konnte", lacht Kevin, der heute als Chief Architect für SAP Australia arbeitet. „Und wir, die wir schon da waren, arbeiteten rund um die Uhr und an den Wochenenden." Dass die SAP UK eine solche Entwicklung nehmen würde, hatte man nicht erwartet. „Wer hätte gedacht, dass ein deutsches Softwareunternehmen in

Großbritannien in dieser Weise förmlich durch die Decke gehen würde," sagt Ray Barratt. Martin Metcalf ergänzt: „Man dachte damals: ‚Kann mich mal einer kneifen', damit ich sicher bin, dass ich nicht träume."

Auch Andrew Lack, heute noch bei SAP und für den Bereich CI Consumer Industries in London tätig, beteuert: „Wir waren überzeugt, dass wir das beste Produkt hatten für unsere Kunden. Wir waren sehr stolz darauf, für eine so technisch-innovative Firma zu arbeiten und Lösungen anbieten zu können, denen die Kunden wirklich vertrauen konnten."

Doch der Erfolg stellte Frenzel und ihr Team auch vor Herausforderungen: „Zunächst waren wir gegen den Vorwurf angetreten, uns nicht ausreichend auf dem englischen Markt zu engagieren. Das schlug dann um in den Vorwurf, wir hätten nicht genügend Ressourcen für all die Implementierungen, die anstanden", erklärt Frenzel mit Blick auf die steile Entwicklung. Die Antwort auf diesen Vorwurf war Zuwachs bei Mitarbeiterzahlen und Büroflächen, aber auch der Ausbau von Partnerschaften. Die gut ausgebildeten SAP-Berater sollten sich zukünftig vorrangig um Erstprojekte (z. B. mit neuen Modulen) kümmern, steuernd und helfend zur Seite stehen, während die Partner das restliche Geschäft abwickeln sollten. Die Strategie ging auf.

Für immer Teil des SAP-Netzwerks

Frenzel bekleidete das Amt der Geschäftsführerin über fünf Jahre und kann damit in der Geschichte der Geschäftsführer von SAP UK die längste Amtszeit vorweisen. Ihre Nachfolger konnten auf einem stabilen Fundament aufbauen und SAP in Großbritannien und Irland zu einer der wichtigsten Säulen des Konzerns aufbauen. Nach Abstechern zu anderen Software-Größen kehrte Frenzel 2007 wieder zu SAP zurück, wo sie weitere sieben Jahre verbrachte.

Wie sie haben viele Akteure der ersten Jahre zwischenzeitlich die SAP UKI verlassen, um zu anderen SAP-Gesellschaften zu wechseln, eigene Firmen zu gründen oder ihre IT-Karriere mit anderen Unternehmen fortzusetzen. Auffällig aber ist, wie viele von ihnen immer noch im SAP-Ökosystem oder sogar erneut bei SAP anzutreffen sind. Und viele verbindet noch immer ein enges Alumni-Netzwerk. Mit Dankbarkeit blicken die Ehemaligen auf den positiven Einfluss, den die Arbeit bei SAP auf ihre persönlichen Lebensgeschichten hatte, und sie erinnern sich mit Stolz an die steile Entwicklung vom absoluten Marktneuling zum Marktführer. ■

Zur weiteren Entwicklung der SAP auf der Insel und der Expansion nach Irland

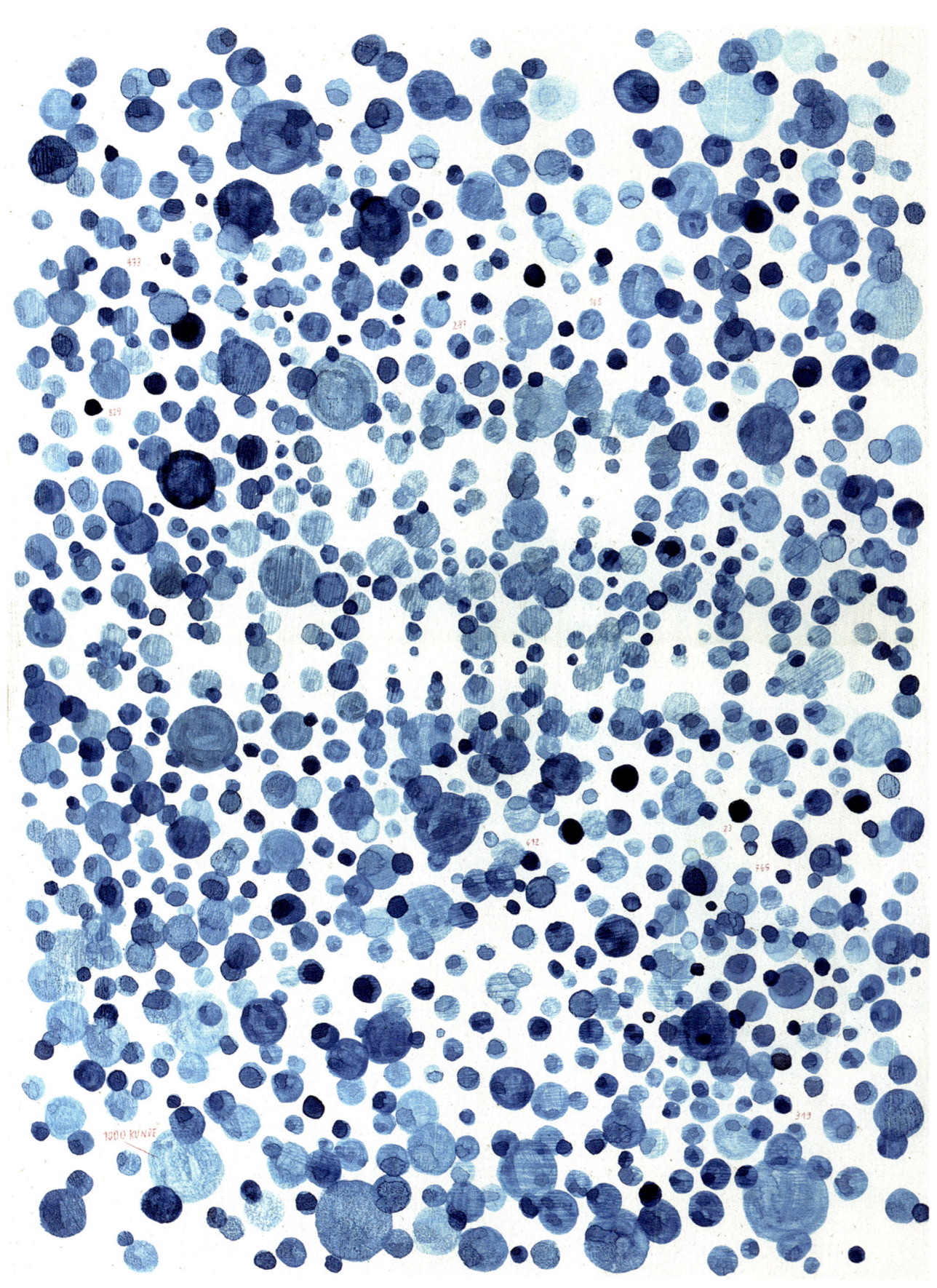

Paola Troxler: Der 1000. SAP-Kunde Dow Chemicals, Aquarell auf Holz, 2012

Mehr als die Summe seiner Teile

Wie hat es SAP als einzige europäische Softwarefirma geschafft, sich in dem von US-Firmen dominierten Markt durchzusetzen? Eine wirtschaftshistorische Analyse.

Von Timo Leimbach.

Mit Illustrationen von Paola Troxler, Anne Rapp und Stephanie Wunderlich.

In den unter anderem von der Zeitschrift „Forbes" erstellten Listen über die größten Softwarefirmen der Welt findet sich zwischen amerikanischen Unternehmen wie Microsoft, Oracle oder IBM ein einziger europäischer Anbieter: die SAP SE. Dies wirft die Frage auf, wie es SAP gelingen konnte, im amerikanisch dominierten Markt erfolgreich zu sein. Die vielfältigen Antworten spiegeln die große Bandbreite von Erklärungen unternehmerischen Erfolgs sowohl in populären Publikationen als auch in der wissenschaftlichen Diskussion wider. Sie reichen von individueller unternehmerischer Genialität – oft verbunden mit bestimmten „Erfolgsrezepten" –, über strukturelle Gegebenheiten wie passender Zeitpunkt, Ort oder Produkt bis hin zu eher komplexen Faktoren wie Branchendynamik oder organisatorische Eigenschaften (beispielsweise Wissenstei-lung), die eine solche Entwicklung ermöglichten. In der Realität macht jedoch oftmals ein Zusammenspiel verschiedener Faktoren den Erfolg aus (Mitchelmore & Rowley, 2010). Auch in der Entwicklung der SAP gibt es eine Reihe von Zeitpunkten, Ereignissen oder Beschlüssen, die rückblickend oft als entscheidend angesehen werden. Hierzu zählt beispielsweise die Entwicklung von SAP R/3, welche einen Bruch mit den damals existierenden Architekturen und Systemen bedeutete. Zur Erklärung tragen jedoch nicht die punktuellen Situationen, sondern eine Kombination von unterneh-merischen Entscheidungen, organisatorischen Strukturen sowie Faktoren außerhalb des Unternehmens bei. Dies soll im Folgen-den an drei wesentlichen Punkten verdeutlicht werden: erstens Kundenorientierung, zweitens Internationalisierung und drittens Netzwerkbildung/Partnering. Sie sind zwar nicht die einzigen oder ausschließlichen Gründe für den Erfolg der SAP, stellen jedoch wichtige Entscheidungen und Entwicklungen in einen Zusammen-hang und betten die Unternehmensentwicklung im Zeitverlauf ein.

Kundenorientierung

Sie spielt in den verschiedenen Erklärungen über den Erfolg von Unternehmen oftmals eine zentrale Rolle. Offensichtlich sind das Erkennen und Verstehen von Kundenanforderungen sowie die Fähigkeit, entsprechende Lösungen zu entwickeln und anzubieten, zentrale Aspekte eines erfolgreichen Geschäftsmodells (Osterwalder & Pigneur, 2010). Die möglichen Erklärungen des Begriffs umfassen beispielsweise die sprichwörtliche Nähe zum Kunden, das genieartige Erahnen von Bedürfnissen – wie es auch Steve Jobs oftmals zugeschrieben wurde – sowie die Kunden-/Nutzereinbeziehung in Innovationsprozesse, wie sie im Zuge von Open Innovation empfohlen werden. Aspekte hiervon lassen sich durchgehend in der Entwicklung der SAP finden, die sich aber im Laufe der Zeit auch verändert haben.

Am Anfang war es wohl die schon während ihrer Zeit bei IBM aufgebaute Kundennähe seitens der Gründer. Dies belegt beispielsweise der Schriftverkehr mit dem Leiter der IT des Chemieunternehmens ICI in Östringen, dem ersten Kunden der SAP. Hier saßen die Gründer und ersten Entwickler der SAP tatsächlich neben ihren Kunden, da dort ein Computer für die Programmierung zur Verfügung stand. Doch schon hier zeigte sich, dass Kundenorientierung nicht nur Kundennähe umfasst, sondern eben auch die Umsetzung von generellen technologischen und ökonomischen Kundenanforderungen.

So war die Idee eines standardisierten und modularen Informationssystems zwar nichts Neues, aber die Umsetzung in ein funktionierendes Produkt und dessen kontinuierliche Entwicklung, die letztendlich in das mündete, was heute als R/1-System bezeichnet wird, war ein Alleinstellungsmerkmal der SAP. Dabei blieb es jedoch nicht: Diese ersten Produkte wurden kontinuierlich weiterentwickelt und weitere Merkmale und Funktionalitäten hinzugefügt. Dabei spielten sowohl die Kundennähe als auch die Fähigkeit, Kundenanforderungen aufzunehmen eine zentrale Rolle. Ein Beispiel sind unter anderem die „DynPros" (Dynamische Programme), die eine Interaktion durch die seit Ende der 1970er-Jahre genutzten Bildschirmterminals ermöglichten und zu einem wichtigen Bestandteil von R/2 wurden.

Mit dem kontinuierlichen Wachstum der SAP in den 1970er- und 1980er-Jahren gestaltete sich die tatsächliche Nähe zu den Kunden aufgrund ihrer Anzahl, der verschiedenen Module und Varianten als auch der Firmengröße zunehmend schwieriger. Dies ging mit einer Trennung von Kunden und Entwicklern einher. Zugleich machten die Fortschritte in der Computerhardware (immer bessere und kleinere Computer) sowie der Softwaretechnologie (neue Datenbankarchitekturen) eine kontinuierliche Weiterentwicklung erforderlich. Trotz der sich verändernden Rahmenbedingungen gelang es der SAP, die sich aus diesem technologischen Fortschritt ergebenden, veränderten Kundenanforderungen zu erfassen und in ein funktionierendes Produkt wie R/3 umzusetzen. Die Entscheidung war nicht unumstritten, da R/3 durch die Verwendung relationaler Datenbanken und einer Client-Server-Architektur einen Bruch mit den bisherigen Systemen bedeutete. Die SAP hielt aber die Balance zwischen den existierenden Kunden von R/2 und den alten und neuen Kunden von R/3. Dies war in einer Phase starken Wachstums, wie sie die SAP in den 1990er-Jahren erlebte, durchaus ein kluger Schachzug im Hinblick auf Kundenanforderungen, weil es einen geordneten Übergang ermöglichte.

Das Wachstum hatte auf längere Sicht auch Schattenseiten, die sich insbesondere in den 2000er-Jahren zeigten. Mit dem Boom der New Economy und der damit verstärkten Digitalisierung mussten auch die SAP-Produkte an die Entwicklung einer internetbasierten Wirtschaft angepasst werden. Dabei gelang es nicht immer, die Anforderungen der Kunden zu treffen. Lösungen wie mySAP.com waren unter den Kunden nicht unumstritten und galten oft als weniger von deren Wünschen als mehr technologisch getrieben.

Obwohl das Wachstum nicht mehr an das der 1990er-Jahre heranreichte, war SAP wirtschaftlich immer noch erfolgreich. Diese Herausforderungen wurden noch durch die internationale Finanzkrise 2008 und die darauf folgenden Verwerfungen vieler Firmen wie auch durch die zunehmende digitale Transformation aufgrund der Entwicklungen wie Cloud Computing und Big Data verstärkt, welche insbesondere Unternehmenssoftware betrafen. Erst die Einführung von SAP HANA und eine offensive Cloudstrategie, welche ebenso wie die Entscheidung für R/3 Anfang der 1990er-Jahre einen klaren Einschnitt darstellten, konnten diese Herausforderungen adressieren. Zentral war dabei wieder die Fähigkeit, Kundenanforderungen zu erkennen und in attraktive Produkte umzusetzen. Im Unterschied zu früher entstanden sie jedoch nun ebenfalls in einem größeren Netzwerk aus Kunden, Forschungseinrichtungen und anderen externen Partnern. Auch wenn diese Entwicklung bald Erfolg zeigte, war der Übergang von existierenden in neue Systeme sowohl für die Kunden als auch für SAP herausfordernd. Hier galt es wieder, eine Balance zwischen Pflege und Wartung auf der einen und Innovation auf der anderen Seite zu finden, um keine Kunden zurückzulassen.

Insgesamt stellt die Kundenorientierung einen wesentlichen Aspekt in der Erfolgsgeschichte der SAP dar. Bei genauerem Hinsehen hat sich die Kundenorientierung im Lauf der Zeit aber verändert und war von Höhen und Tiefen geprägt. Dies betraf sowohl interne Faktoren wie Wachstum und Organisationsstrukturen als auch externe Faktoren wie technologische Dynamik und sich ändernde Märkte. Kundenorientierung ist immer ein zentraler Wert der SAP geblieben, auch wenn sie in ihrer Form heute über die sprichwörtliche physische Nähe zum Kunden hinausgeht.

Internationalisierung

Auch bei der Internationalisierung spielte die Kundennähe in der frühen Entwicklung der SAP sowohl in geografischer Hinsicht als auch bei der Frage der Zusammenarbeit eine wesentliche Rolle. Erste Schritte zur Internationalisierung machte SAP von 1975 an mit Kunden in den Nachbarländern Schweiz und Österreich. Dies ist aus verschiedenen Gründen nicht sehr überraschend. Generell fällt kleinen Unternehmen wie der SAP von 1975 die Internationalisierung schwer, da der Zugang zu neuen Märkten oftmals ein größeres Maß an Verständnis und Wissen sowohl juristischer, geschäftlicher als auch kultureller Natur des jeweiligen Landes erfordert. Daher expandierten kleinere Unternehmen vor allem zuerst in geografisch und kulturell nahe Länder. Eine Expansion in weiter entfernte Länder findet bei solchen Unternehmen deutlich später statt (Johanson & Vahlne, 1977).

In der Softwareindustrie, wo schnelles Wachstum oftmals ein entscheidender Faktor ist, sind daher die Größe des Heimatmarktes und die Möglichkeiten zur Internationalisierung wesentliche Faktoren für den Erfolg eines Unternehmens (Winkler, 2010). Deshalb stellt unter anderem die Fragmentierung des europäischen Marktes bis heute auch eine der wesentlichen Wachstumsbarrieren dar. Natürlich bestätigten auch in dieser Zeit Ausnahmen die Regel. So war die im benachbarten Darmstadt beheimatete Software AG in den 1970er-Jahren in den USA wesentlich erfolgreicher als in Europa und zählte dort zeitweise zu den größten unabhängigen Softwarefirmen.

Für die SAP wurde die Internationalisierung dadurch erschwert, dass es sich bei ihren Produkten nicht um Systemsoftware wie Datenbanken, sondern Anwendungssoftware für Materialwirtschaft oder Rechnungslegung handelte. Diese erforderten nicht nur eine sprachliche Übersetzung, sondern vor allem auch eine Anpassung an die rechtlichen Vorschriften und kulturellen Gepflogenheiten des jeweiligen Landes. Zwar ähneln sich die Grundsätze wie doppelte Buchführung in vielen Ländern, die rechtlichen Bestimmungen zu einzelnen Aspekten wie Abschreibungen oder die Benennung verschiedener Aktivitäten können jedoch sehr unterschiedlich sein. Diese detaillierten Kenntnisse waren in kleinen Unternehmen nicht unbedingt verfügbar.

Aus diesem Grund fand die erste Expansion über den deutschsprachigen Raum hinaus gemeinsam mit einem Kunden statt, nämlich John Deere. Nachdem die SAP-Software erfolgreich in deren deutschem Hauptwerk in Mannheim implementiert war, wollte sie das Unternehmen auch in seinen anderen europäischen Werken, beispielsweise in Frankreich, nutzen.

Tatsächlich waren diese ersten internationalen Schritte eher zufällig und von einzelnen Kunden oder Mitarbeitenden geprägt. Die Professionalisierung begann 1984 mit dem Schritt in die Schweiz. Neben dem Zugang zum lukrativen schweizerischen Markt durch

Anne Rapp:
Internationalisierung der SAP,
C-Print, 2012

Stephanie Wunderlich:
SAP NetWeaver,
Scherenschnitt, 2012

eine Tochtergesellschaft wurde hier mit der SAP International eine Gesellschaft für das weitere Auslandsgeschäft gegründet. Vom schweizerischen Biel aus wurden dann weitere Tochtergesellschaften im europäischen Ausland etabliert, darunter Österreich, Niederlande und Frankreich. Ab Ende der 1980er-Jahre folgte das außereuropäische Ausland mit beispielsweise den USA, Australien und Singapur. Auffallend oft wurde erst eine Niederlassung gegründet, wenn zuvor größere internationale oder deutsche Kunden in ihren jeweiligen Niederlassungen SAP-Software nutzten, wie beispielsweise in Südafrika oder Singapur. Hierbei waren in der Regel zwei Aspekte wichtig: aktives Engagement und die Einbindung lokaler Kompetenz.

Vor allem in den frühen Jahren der Internationalisierung war Engagement ein wichtiges Thema. Viele lokale Firmen hatten die Befürchtung, dass sich ein ausländisches Softwareunternehmen ebenso schnell wieder zurückziehen könnte. Daher forderten sie vor dem Kauf einer komplexen, zentralen und nicht leicht zu ersetzenden Software häufig Sicherheiten wie eine entsprechende Repräsentanz der Muttergesellschaft.

Die Einbeziehung von lokaler Kompetenz spielte vor allem bei den schon erwähnten juristischen, ökonomischen und kulturellen Aspekten eine wichtige Rolle. Entscheidende Punkte waren hier die notwendigen, oft enormen rechtlichen und sprachlichen Anpassungen, wie beispielsweise in Japan mit seinem vollkommen anderen Schriftsystem, sowie die Einbindung lokaler Kompetenz in die Führung der Tochtergesellschaften.

Dies unterstreicht, dass die Internationalisierung der SAP ein Prozess war, dessen langfristiger Erfolg abhängig war von der Zusammenarbeit mit alten und neuen Kunden. Dadurch wurde es möglich, das notwendige Wissen zu erlangen, um neue Märkte dauerhaft zu erschließen. Insbesondere die Einbindung lokaler und internationaler Kompetenzen findet sich auch heute in der Unternehmenskultur der SAP wieder, die von Führungskräften aus der ganzen Welt geleitet wird.

Netzwerkbildung/Partnering

Netzwerkbildung oder Partnering stehen in enger Verbindung mit den beiden zuvor genannten Faktoren. Sowohl für die Kundenorientierung als auch die Internationalisierung ist der Aufbau langfristiger Beziehungen zum gegenseitigen Vorteil von Bedeutung. Dies gilt nicht nur für Kunden, sondern auch für Zulieferer und Partner. Es wird oftmals auch als Software-Ökosystem oder je nach Definition auch als Plattform beschrieben (Cusumano et al., 2013) und unterliegt einem ständigen Wandel.

Bei der Entwicklung von Netzwerken in der Früh- und später in der Wachstumsphase der SAP spielten neben vielen anderen insbesondere Kunden wie ICI oder John Deere eine wichtige Rolle. Sie vermittelten industrie- und länderspezifisches Know-how, über das die

SAP selbst nicht unbedingt verfügte. Somit war es möglich, sowohl neue Industrien als auch neue Länder als Märkte zu erschließen. Im Gegenzug konnten die Kunden ihre Abläufe, Best Practices und Ideen in die Softwaresysteme einbringen, um sie optimal zu nutzen. Hierfür stehen unter anderen Begriffe wie „User-driven Innovation" oder „Lead User" (von Hippel, 2006), heute wesentliche Kennzeichen für die Innovationsstrategien vieler Unternehmen. SAP gelang es, dies sehr früh und vor allem nachhaltig umzusetzen.

Mit der erfolgreichen Einführung von R/3 wurde diese Netzwerk- und Partnerstrategie massiv ausgebaut. Für den Erfolg von R/3 war die Fähigkeit zentral, den schnell wachsenden Kundenstamm zu beraten und in Implementierungsprozessen unter anderem mit Anpassungen (Customization) zu betreuen.

Obwohl die Zahl der Mitarbeitenden der SAP sprunghaft anstieg, reichte sie bei weitem nicht aus, um dem Bedarf zu entsprechen. Während andere Unternehmen oftmals versuchten, dies selbst zu stemmen, erkannte die SAP den Nutzen einer Partnerstrategie. Auf diese Weise ließ sich eine Skalierung des Wachstums wesentlich einfacher bewältigen und die Kundenbasis in kurzer Zeit massiv vergrößern. Der dafür erforderliche Ausbau der Schulungsaktivitäten mündete Ende der 1980er-Jahre unter anderem im Bau eines Schulungszentrums in Walldorf. Die mehrfach diskutierte Zusammenarbeit mit großen Beratungsgesellschaften wie KPMG, Andersen, McKinsey, EY und anderen zeigte, dass diese Strategie durchaus auch Ambivalenzen hatte.

Durch die Entwicklung eines Netzwerkes, das eben nicht nur die großen Beratungsunternehmen, sondern eine Vielzahl kleiner und großer Firmen umfasste, umging man das Wachstumsproblem, das insbesondere für andere deutsche und europäische Unternehmen zum Problem wurde. Somit entwickelte sich ein Softwareökosystem rund um die R/3-Plattform. Es beinhaltete sowohl technologische Aspekte wie die gemeinsame Entwicklung von komplementären Softwarelösungen als auch ökonomische Aspekte wie einen gemeinsamen Markt für die Plattform betreffende Dienstleistungen und Produkte (Cusumano et al., 2013). Darauf aufbauend konnte die SAP ihre Stellung im Markt für Unternehmenssoftware ausbauen und festigen. Das Ökosystem musste jedoch auch kontinuierlich gepflegt und technologisch weiterentwickelt werden. Dies umfasste sowohl die Anpassungen aus der zunehmenden Vernetzung, die sich in der Entwicklung von mySAP.com und der SAP-NetWeaver-Plattform spiegelten, als auch die späteren Entwicklungen wie Cloud Computing und Big Data. Beispiele hierfür sind die Lösung SAP Business ByDesign, die als cloudbasierte Lösung im Zuge der digitalen Transformation neue Kundengruppen unter den kleineren und mittelständischen Unternehmen adressieren sollte, als auch SAP HANA, die zum zentralen Kern einer neuen Plattform wurde.

Die Entwicklung hin zu einer eigenen In-Memory-Datenbank mit Analyselösungen unterstreicht, dass die kontinuierliche Entwicklung von Plattformen und Ökosystemen notwendig ist, um die Marktposition beizubehalten. Gerade die Entwicklung von SAP HANA verdeutlicht die zentralen Herausforderungen einer solchen Strategie, da sie nicht nur die Einbeziehung von Kunden und Partnern, sondern auch von Zulieferern sowie Forschungseinrichtungen und Universitäten erfordert. Die Entwicklung im letzten Jahrzehnt unterstreicht, dass SAP ihr Ökosystem sowohl technologisch als auch ökonomisch erfolgreich pflegt und entwickelt.

Ein Fazit

Alle drei aufgeführten Punkte sind zentral für die Beantwortung der Frage, warum es gerade SAP gelungen ist, sich im amerikanisch dominierten Softwaremarkt durchzusetzen und zu behaupten. Sie spiegeln sich auch als wesentliche Werte der Unternehmenskultur der SAP wider. Erfolg besteht nicht nur darin, einzelne Chancen oder Umstände zu nutzen, sondern auch permanent auf Veränderungen zu reagieren und die Unternehmensstrategien entsprechend anzupassen. Dies wird als dynamische Fähigkeiten (Dynamic Capabilities) bezeichnet und beschreibt, ob ein Unternehmen in der Lage ist, neue Entwicklungen zu erfassen, aufzunehmen und als Vorteil zusammen mit den existierenden Stärken zu integrieren (Teece et al., 1997).

Gerade die oben angeführten drei Punkte sind gute Beispiele in der Erfolgsgeschichte der SAP. Einzelne Ereignisse wie der Wechsel zu SAP R/3 Anfang der 1990er-Jahre oder die Veröffentlichung von SAP HANA finden zwar hohe Beachtung, sie stehen jedoch in einem größeren Kontext. Oftmals verdeckt der Fokus auf einzelne Technologien und Produkte, dass dies mit umfassenderen Veränderungen im Geschäftsmodell, der Organisationsstruktur und der Unternehmenskultur einhergeht und somit technologisches, betriebswirtschaftliches und kulturell-soziales Wissen integriert. Wie wesentlich dies für den Erfolg ist, zeigt sich insbesondere im Zuge der Internationalisierung. Hier gelang es SAP immer wieder, auf die unterschiedlichen neuen Märkte zu reagieren und durch die Integration von lokalem Wissen Vorteile zu erlangen und in eine entsprechende Marktstellung umzusetzen. Aufgrund dieser Fähigkeiten konnte SAP weltweit zu einem führenden Softwareunternehmen werden, indem sie aus Menschen, Technologie und Märkten mehr machte als die Summe des Einzelnen. ∎

Timo Leimbach ist Associate Professor an der Universität in Aarhus, Dänemark.

Kollegialität
und
Risikobereitschaft

Von Michael Zipf

Thomas Arend kennt SAP und viele andere IT-Schwergewichte.

Thomas, warum hast Du SAP 2006 nach elf Jahren verlassen?

Thomas Arend: Ich bin ein extrem neugieriger Mensch. Nach den Erfahrungen in Walldorf hat mich das Start-up-Leben sehr interessiert. Damals gab es bei SAP ein großes Produktrelease etwa alle zwei Jahre. Ich wusste das zu der Zeit noch nicht, aber bei Google hatten wir später sieben Releases an einem einzigen Tag. Ich wollte einfach neue Erfahrungen sammeln.

Was unterscheidet SAP von anderen Arbeitgebern?

Arend: Bei SAP herrscht ein extrem lockerer und kollegialer Umgang. Man hilft sich gegenseitig: Wann immer ich eine Frage oder ein Anliegen hatte, hat die angesprochene Kollegin oder der Kollege sofort alles stehen und liegen gelassen, um mir zu helfen. Diese Art von Teamwork ist wirklich rar. Bei vielen Unternehmen steht vor allem die Karriere des Einzelnen im Vordergrund. Da geht es weniger um Teamwork oder darum, sich auch teamüber-

greifend zu unterstützen und gemeinsam zum Firmenerfolg beizutragen. Und: Viele Kollegen wurden Freunde. Ich bin auch nach vielen Jahren immer noch mit einigen aktiven und ehemaligen SAP-Kolleginnen und -Kollegen eng verbunden.

Wie steht's um den Austausch von Wissen?

Arend: SAP macht den Wissensaustausch besonders einfach und ermutigt Mitarbeiter dazu, aktiv zu werden und ihr Wissen auf vielfältige Art und Weise zu teilen. Es gibt so viele Experten bei SAP und so viele Möglichkeiten, voneinander zu lernen. Dazu kommt die globale Ausrichtung: In meiner Zeit bei SAP war ich auf fast allen Kontinenten und in vielen Ländern dieser Welt. Ich konnte besonders eng mit Kolleginnen und Kollegen in Indien und in den USA zusammenarbeiten und hatte Gelegenheit, viel von deren Arbeitsweise, Kultur und ihrem Ideenreichtum in die Produkte einfließen zu lassen.

Sein Lebenslauf liest sich wie eine Tour durchs Silicon Valley vorbei an einigen Ikonen der IT-Industrie: Google, Mozilla, Twitter, Airbnb und Facebook zählen zu Thomas Arends früheren Arbeitgebern. Der Deutsche gründete 2014 die Lernplattform Savvy, die er 2018 verkaufte, und leitet seit 2020 als Global Head of Product das Team Digital Health Technology beim US-Pharmakonzern Johnson & Johnson. Seine IT-Karriere begann Arend während des Studiums bei IBM, wo er sich bereits seit 1990 mit künstlicher Intelligenz und maschineller Spracherkennung beschäftigte. Von 1995 bis 2006 arbeitete Arend auch für SAP, zunächst als Entwickler. Sein Weg führte übers Produktmanagement und Produktdesign bis hin zur strategischen Beratung des SAP-Vorstands, ehe er 2006 nach Kalifornien übersiedelte. „Ein solcher, eher unkonventioneller Karrierepfad wäre bei den meisten Firmen kaum möglich", sagt Arend.

Und geht man im Silicon Valley eher Risiken ein?

Arend: Ausprobieren, experimentieren, etwas versuchen, scheitern, neu beginnen – ich habe diesen Prozess bei SAP oft durchlaufen. Die Risikobereitschaft war in meiner Erinnerung stets besonders hoch. Ich hatte immer das Gefühl, jede Unterstützung zu bekommen, um einfach mal etwas Neues zu wagen, mich auf einen neuen und ungewissen Pfad zu begeben und ein kalkuliertes Risiko einzugehen. Aber Techfirmen im Silicon Valley funktionieren anders als die SAP in Walldorf. Man kann nicht alles miteinander vergleichen.

Gibt es weitere Unterschiede?

Arend: Ein wichtiger Erfolgsfaktor der SAP ist ihr großes Partnernetz. Ich kenne kein anderes Unternehmen, das ein so starkes Ökosystem von Partnerfirmen hat. Ich selbst habe eng mit einigen Partnern zusammengearbeitet und sehr davon profitiert. Oft sind die Kunden der SAP ja auch selbst Partner und helfen aktiv mit, das Produkt weiter zu entwickeln. So etwas gibt's nur bei wenigen anderen Firmen.

Im November 2002 stellte SAP die allererste Unternehmensanwendung auf einem Tablet-PC vor. Thomas Arend war dabei und erinnert sich an aufregende Wochen.

Hi'l
NORDAMERIKA

Türen öffnen auf dem Schlüssel- markt

Menschen mit großem Unternehmergeist haben den Aufbau der SAP in den USA und Kanada geprägt.

Von Michael Zipf

Im Frühjahr 1988 beschloss Heinz Roggenkemper, sich ein paar Kilometer außerhalb von Philadelphia ein Häuschen zu kaufen. Im Januar desselben Jahres war SAP America Inc. gegründet und Roggenkemper zum ersten Geschäftsführer der amerikanischen Landesgesellschaft ernannt worden. „Genau 118.000 Dollar hat das Haus gekostet", erinnert er sich. „Ich habe 110.000 Dollar überwiesen und dann Dieter Matheis, dem kaufmännischen Leiter, gesagt, dass mein persönliches Investment in den USA höher liege als das Startkapital der SAP mit 100.000 Dollar", erzählt Roggenkemper und schmunzelt. Das sollte freilich nicht lange so bleiben. Denn schon bald nahm das Geschäft der SAP in Nordamerika Fahrt auf und mit der steigenden Zahl an Kunden wuchs auch die Zahl der Berater und Vertriebler. „Es war bald kein Problem mehr, das notwendige Budget fürs Wachstum zu bekommen", sagt Roggenkemper, der mit einigen anderen die Grundlagen für den nachhaltigen Erfolg der SAP in den USA gelegt hat. Im Dezember 2018 ging „Roggi", wie er von den Kolleginnen und Kollegen genannt wird, nach insgesamt 36 Jahren und elf Monaten bei SAP in den verdienten Ruhestand. Die Geschichte des Unternehmens in Nordamerika ist untrennbar mit seinem Namen verbunden.

Der erste „Big Bang"

Schon Mitte 1983 – eineinhalb Jahre nach seinem Firmeneintritt im Januar 1982 – schickt die SAP den Experten für Materialwirtschaft zum ersten Mal „über den Teich". Bei Canadian Industries Limited (CIL) in Toronto, einer Tochter des Faserherstellers und ersten Kunden in Deutschland, Imperial Chemical Industries (ICI), sollen Rolf Peter Westhues, der erst im Jahr davor von ICI zur SAP gewechselt ist, und Roggenkemper einige Module des Systems R/2 installieren. Zu diesem Job kommt er aber eher zufällig, denn der ursprünglich vorgesehene Kollege hat von seiner Ehefrau „die rote Karte gezeigt bekommen, weil sie ihr erstes Kind erwarten", erinnert sich Roggenkemper. „Also fragten sie mich." Es folgt die erste Implementierung von R/2 in den USA bei Mannesmann Pipe & Steel, doch dann zieht es Roggenkemper erstmal nach Biel in die Schweiz, von wo aus seit 1984 unter Hans Schlegel die Internationalisierung vorangetrieben wird. Ende 1986 hört er von einem großen Projekt bei der ICI-Tochter in Kanada. Dort plant man, mit allen Modulen gleichzeitig live zu gehen, erzählt Roggenkemper. „Ich war sehr skeptisch." Auch ein CIL-Mitarbeiter warnt, dass dies zu einem „Big Bang" führen, sprich: dass das ganze Projekt CIL und SAP „um die Ohren fliegen könnte". Aber nachdem ihn Hans Schlegel nach Kanada geschickt und er sich ein Bild vor Ort gemacht hat, kommt auch Roggenkemper zu dem Schluss, „dass dies die erfolgversprechendste Option war". Dabei fragt man ihn, ob er die Projektleitung übernehmen will. Er will, und gemeinsam mit Kollegen wie Michael Pehl und Georg Hage-Hülsmann implementiert er R/2 erfolgreich bei der ICI-Tochter. Seitdem ist bei SAP der Begriff „Big Bang" untrennbar mit der gleichzeitigen Einführung mehrerer Softwareprogramme verbunden.

Während sich weitere Unternehmen – insbesondere aus der Chemie- und Ölindustrie – für SAP entscheiden, macht sich Roggenkemper 1987 auf die Suche nach einem geeigneten Standort für die zu gründende Landesgesellschaft. Die Wahl fällt schließlich auf die Region um Philadelphia, wo die Stammsitze mehrerer Kunden sind. „Für die Ostküste sprachen auch die guten Verkehrsverbindungen sowie die Zeitdifferenz zu Walldorf von ‚nur' sechs Stunden", sagt Roggenkemper. Mit einem kleinen Team von Expats (Karl Dette, Georg Hage-Hülsmann, Michael Pehl und Thomas Schüssler) steuert Roggenkemper als erster President von SAP America Inc. das Wachstum der SAP in den USA. „Eine der herausforderndsten Aufgaben war in der ersten Zeit, die Steuerabwicklung in den USA und Kanada in unser System einzubauen", erzählt Hage-Hülsmann. Zunächst kommt SAP in einem kleinen Büro in Westmont/New Jersey, das mit IKEA-Möbeln ausgestattet wird, unter. Vermieter ist die Firma Systems Innovation Dynamics, SID, die Software zur Frachtabwicklung verkauft. Schon bald aber zieht man nach Essington, einen Vorort Philadelphias, um, weil die Räume zu klein werden. Das SAP-Team rekrutiert die benötigten neuen Kräfte direkt von den Colleges und schickt sie für ein paar Monate nach Walldorf, wo sie die SAP-DNA aufnehmen sollen. „Einige von ihnen sind immer noch bei SAP", sagt Roggenkemper nicht ohne Stolz.

Von Philadelphia aus betreuen er und seine Leute nun immer mehr Kunden wie Schindler Elevators, Mobil Chemical und Dow Chemical. Doch in Gesprächen mit Interessenten stellt Roggenkemper auch immer wieder fest, dass die US-Firmen dem noch kleinen Softwareanbieter aus Deutschland nicht so recht trauen. „Sie meinten, wir hielten jetzt mal nur die Fußspitzen ins Wasser und wenn es uns zu kalt würde, nähmen wir schnell wieder Reißaus", erinnert er sich. Um diesem „Glaubwürdigkeitsproblem" zu begegnen, schlägt er der Zentrale in Walldorf vor, in Philadelphia ein Rechenzentrum mit IBM-Mainframe-Rechnern zu installieren und so zu dokumentieren, „dass wir es ernst meinen". Der Vorschlag wird ohne Diskussion angenommen und SAP America bleibt in der Erfolgsspur. „Im zweiten Halbjahr 1989 konnte man sehen, dass wir Fuß fassen", so Roggenkemper. Das Wachstum weiter beschleunigen soll eine erste Anwenderkonferenz: Am 8. und 9. November 1989 findet in Princeton/New Jersey mit rund 200 Kunden und Interessenten aus den USA und Kanada die erste nordamerikanische „SAPPHIRE" statt, die Abkürzung für „SAP's Productive Highly Interactive R/2 Exchange". Der zweite Tag der erfolgreichen Konferenz ist nicht nur für SAP ein bedeutendes Datum: „Ich weiß noch, wie Hasso (Plattner) am Nachmittag des 9. November aus seinem Hotelzimmer in die Lobby kam und die Nachricht vom Fall der Berliner Mauer überbrachte – und wie ungläubig wir alle reagiert haben." In diesen Tagen weiß der Geschäftsführer bereits, dass er sein Amt abgeben wird. „Die Landesgesellschaft stand auf einem soliden Fundament, aber nun ging es darum, eine leistungsfähige nordamerikanische Vertriebsmannschaft aufzubauen. Das war nicht so sehr mein Ding." So entscheidet sich Roggenkemper Ende 1989 zur Rückkehr nach Walldorf. Jim Bensman wird sein Nachfolger.

VON DER BASIS BIS ZUR BETRIEBSWIRTSCHAFT

Als President der SAP America war Heinz Roggenkemper auch ihr oberster Vertriebler. Thomas Schüssler, der zu Roggenkempers US-Team gehörte, erzählt diese Geschichte:

„Roggi kam zu einem Interessenten und führte einigen Mitarbeitern unser R/2-System vor. Sie fragten, ob die Software auch eine bestimmte Funktionalität habe. Als Roggi dies verneinte, waren sie erstmal geschockt, weil sie noch nie einen Vertriebsmann erlebt hatten, der auf eine Frage mit Nein antwortete.

Als sie nach einer Kaffeepause wiederkamen, sagte Roggi: Übrigens, jetzt kann die Software das. Er hatte die Funktionalität mal schnell programmiert. Sie waren so beeindruckt, dass sie nur noch gefragt haben, wo sie unterschreiben sollen. Roggi war einer dieser Universalgenies bei SAP, die von der Basisentwicklung bis zur Betriebswirtschaft alles konnten."

SAP Canada am Start

Derweil nimmt am 11. April 1989 die kanadische Landesgesellschaft im Stadtzentrum Torontos ihren Betrieb auf. Nach der erfolgreichen R/2-Implementierung bei CIL spricht sich die Software aus Deutschland unter kanadischen Unternehmen nach und nach herum und die SAP kann einige neue Kunden gewinnen. Damit ist der Grundstein für SAP Canada unter Führung von Dick Dahlke gelegt, dem ersten President der Landesgesellschaft. Zu den ersten Mitarbeitern gehört Simon Langford. „Wir waren anfangs zu fünft, uns kannte noch kaum jemand", erinnert er sich. Der Arbeitsalltag ist von einem starken Unternehmergeist geprägt. Das kleine Team muss eng zusammenarbeiten, um stets aufs Neue für Innovationen auf dem Markt zu sorgen. Wenn Kundenbesuche anstehen, werden Fahrgemeinschaften gebildet. „Die Mitarbeiter aus der Unix-Abteilung fuhren im Lieferwagen von Simon Langford von Stadt zu Stadt, um Demos vorzuführen", erinnert sich Director John Guiler, der 1993 seine Laufbahn bei der SAP beginnt. Bryan Plug löst Dahlke 1991 als Präsident ab und erzählt, dass SAP Canada einen Beitrag dazu leisten wollte, Kanada als einen starken Mitbewerber auf dem weltweiten Markt zu etablieren – und zwar mithilfe von Software, die es Unternehmen ermöglichen würde, ihre betrieblichen Prozesse auf nie zuvor dagewesene Weise zu integrieren. Zu den ersten Kunden von SAP Canada zählen neben CIL die Mineralölfirmen Imperial Oil,

↑ Sorgte für enorme Umsatzsprünge: Klaus P. Besier,
President der SAP America von 1993 bis Anfang 1996
(rechts) zusammen mit Hasso Plattner bei der
SAPPHIRE 1994.

↖ Am 30. April 1993 vereinbarten Bill Gates (links) und
Hasso Plattner in München eine weitreichende Kooperation
zwischen Microsoft und SAP.

↗ Ein neues Entwicklungszentrum entstand 1993 in Foster City im
Silicon Valley. In den Metro Tower zogen im Mai 1993 die Mitarbeiter
aus dem 1991 eröffneten Büro in Redwood City um.

↘ Steuerte den Aufbau der SAP in den USA in den ersten
beiden Jahren: Heinz Roggenkemper.

↖ SAP Canada President Dick Dahlke (3. von links) bei der Weihnachtsfeier 1989.

↗ Einer der „Aufbauhelfer" für das SAP-Geschäft in den USA und Kanada: Georg Hage-Hülsmann.

← Das kanadische Team 1989 bei der Weihnachtsfeier.

↘ Open House für Kunden, Mitarbeiter und Partner: Bryan Plug (links) wurde 1991 President von SAP Canada.

Esso Resources und Shell Canada, das Elektronikunternehmen General Electric Canada sowie die Immobiliengruppe Royal LePage, die bald zum ersten R/3-Kunden in Kanada wird.

Erfolgreicher Frühstart für SAP R/3

Aber noch ist die Client-Server-Software nur in Deutschland zu haben. Im Herbst 1992 sitzen die Gründer Dietmar Hopp und Hasso Plattner zusammen und überlegen, wie sie mit den sinkenden Umsätzen bei Mainframes umgehen sollen. Vom Ziel, bis Ende des Jahres 200 R/3-Systeme zu verkaufen, ist die Firma noch rund 70 Kunden entfernt. Das ist zu schaffen, doch laut Plattner bringen die bisherigen Verkäufe nicht genügend Umsatz. „Ich plädierte dafür, den R/3-Umsatz zu stärken. Hopp warf ein, dass wir mit der Umsatzsteigerung im R/3-Bereich in Deutschland den Umsatz mit R/2 zum Erliegen bringen würden. Darauf einigten wir uns, dass er in Deutschland weiter das R/2-System propagiert und akzeptiert, dass der R/3-Umsatz dadurch in Deutschland schlechter ausfiel. Und im Gegenzug wollten wir darum R/3 in Amerika ankündigen." Die offizielle Produktfreigabe in den USA soll zum 1. Januar 1993 erfolgen. Doch zuvor findet im September 1992 in Orlando die SAPPHIRE statt. Hier verkündet Plattner, dass jeder Kunde, der an Ort und Stelle einen R/3-Vertrag unterzeichne, das System in sechs Wochen geliefert bekomme.

Damit ist der Grundstein für den baldigen Durchbruch gelegt. Unter der Führung von Klaus Besier, der Anfang 1993 den Geschäftsführerposten der SAP America von Mitgründer Hans-Werner Hector übernommen hat, startet SAP nun eine wirkungsvolle Marketing- und Medienkampagne. Der Tenor: SAP R/3 ist technologisch weit voraus, integriert Geschäftsprozesse nahtlos und verbindet internationale Einsatzfähigkeit mit deutschem Branchen-Know-how. Als neue R/3-Kunden versucht SAP in den USA zum einen, die bestehende R/2-Klientel zu gewinnen. Zum anderen konzentriert man sich auf die wichtigsten Unternehmen der IT-Branche, um diese als Kunden oder auch Partner ins SAP-Lager hinüberzuziehen. Wenn Amerikas Hightechfirmen, so das Kalkül, auf SAP setzten, würden sich schnell auch andere Unternehmen von den Vorzügen der Walldorfer Software überzeugen lassen. Der Computerhersteller Convex wird im Oktober 1992 der erste R/3-Kunde. Als kurz darauf auch der amerikanische Energieriese Chevron Interesse an R/3 zeigt, wird klar, dass nicht nur Mittelständler, für die R/3 zunächst gedacht war, die Software als Lösung für ihre IT-Probleme sehen.

Im Jahr darauf gelingt es SAP, in Kanada und den USA 66 neue R/3-Kunden zu gewinnen. Die beiden Länder können den Umsatz 1993 um 150,4 Prozent steigern und den Auftragseingang mehr als verdreifachen. Dabei gehen jetzt 80 Prozent auf das Konto von R/3. Dazu trägt nicht zuletzt bei, dass Besier eine Vertriebsmannschaft aufbauen kann, deren Provisionen nicht mehr begrenzt sind. Der spätere Vorstandssprecher Henning Kagermann (seit 1982 bei SAP) hält den Erfolg in den USA für einen der bedeutendsten Meilensteine der SAP-Historie: Wichtig sei gewesen, SAP R/3 als amerikanisches Ereignis zu verkaufen und rasch „Leuchtturm-Kunden" zu gewinnen. Ein weiterer Faktor: Hasso Plattner verbringt fortan die Hälfte des Jahres in den USA und unterstreicht so die Bedeutung des amerikanischen Marktes auch mit physischer Präsenz.

Hasso Plattner beurteilt das Engagement der SAP in Amerika als den „wesentlichen Beitrag der SAP" zur europäischen Wirtschaftsgeschichte. Die SAP habe deutlich gemacht, „dass man in Europa nur dann langfristig erfolgreich sein kann als Softwarehaus, wenn man nach Amerika geht." Dabei steht für die SAP-Führung schnell fest, dass Nordamerika keinesfalls nur als Absatzmarkt dienen soll. 1993 gründet SAP in Foster City inmitten des Silicon Valley ein Entwicklungszentrum. „Die USA sind der Schlüsselmarkt der SAP und Silicon Valley ist der Kern der technologischen Innovation. Unser Entwicklungszentrum ermöglicht uns die enge Zusammenarbeit mit einigen unserer wichtigsten Gesprächspartner", sagt Plattner damals. Dazu gehört nun auch Microsoft. Im April 1993 vereinbaren die beiden Unternehmen unter anderem die Portierung von SAP R/3 auf Windows NT. Die Portierung und Weiterentwicklung von Datenbanksystemen gehört neben der Integration neuer Technologien zu den wichtigsten Aufgaben der bald 30 Mitarbeiter des Entwicklungszentrums.

Wichtiges Entwicklungszentrum

Dass Nordamerika nun auf der Entwicklungslandkarte der SAP steht, bringt bald auch Heinz Roggenkemper zurück auf den Kontinent: Die SAP-Führung fragt ihn im Laufe des Jahres 1997, ob er sich vorstellen könne, das Entwicklungszentrum in Foster City an einem neuen Standort auszubauen und zu leiten. Auch diesmal sagt Roggenkemper nicht nein. Am 21. Oktober 1997, eine Woche bevor sein Sohn auf die Welt kommt, ziehen die SAP Labs auf den Stanford Research Park nach Palo Alto um. Unter seiner Leitung wachsen die SAP Labs bis 2003 von rund 120 auf mehr als 1.000 Mitarbeiter. 1998 gründet SAP auch im kanadischen Montreal ein Lab. Laure Le Bars, seit 1995 bei SAP, baut das Lab erfolgreich auf. 1998 geht SAP auch an die New Yorker Börse und stoppt so den personellen Aderlass, der das Unternehmen erfasst hat, weil die wie Pilze aus dem amerikanischen Boden schießenden Dotcomfirmen die Mitarbeiter mit Aktienoptionen locken.

Heinz Roggenkemper bleibt fortan im Silicon Valley. Er gründet 2004 ein globales Team, das sich mit Business Process Renovation befasst, und leitet es bis 2009. Zwischen 2010 und 2013 ist er im Büro des Chief Technology Officers unter anderem für Technologiestrategie und Akquisitionen verantwortlich. Und anschließend leitet er in Palo Alto ein Architekturteam für Suite on HANA, später SAP S/4HANA. Der SAP ist er dankbar für die vielen Entwicklungsmöglichkeiten, die ihm das Unternehmen geboten hat. Von seiner Zeit in den USA bleiben unzählige Erinnerungen und viele enge Freunde. Und ein sehr erfolgreich eroberter Markt. ∎

AUSBAU IN ALLEN BEREICHEN
Die Mitarbeiterzahl überschreitet die 100er-Marke. Ein dritter Bauabschnitt des Gebäudes in der Max-Planck-Straße ist daher notwendig.

GRÜEZI
In Biel (Schweiz) werden die erste Landesgesellschaft und die SAP (International) AG unter der Leitung von Hans Schlegel (Bild) gegründet. Von der Schweiz aus erobert SAP fortan die Auslandsmärkte.

ERWEITERUNG
Mit neuen Servergenerationen von IBM steht v SAP-Software nun auch mittelständischen Kunden mit einem Jahresumsatz von 30 bis 200 Millionen DM zur Verfügung. Zur Betreuung des neuen Kundenkreises gründet SAP zusammen mit der Arthur Andersen Unternehmensberatung die SAP Consulting.

| 1983 | 1984 | 1985 | 1986 | 1987 |

INTERNATIONALE GESCHÄFTE
Zur Jahresmitte wird das Bieler Büro bezogen; fünf SAP-Mitarbeiter aus Walldorf unterstützen den Start des internationalen Geschäfts in der Schweiz. Zum Jahresende arbeiten mehr als 250 Mitarbeiter bei der SAP. Sie erzielen für das Geschäftsjahr einen Umsatz von 61 Millionen DM.

EXPANSION
SAP gründet in Österreich die zweite Landesgesellschaft. Auch im Rhein-Ruhr-Gebiet stärkt das Unternehmen die Kundennähe. In Ratingen bei Düsseldorf öffnet die erste SAP-Geschäftsstelle.

DER ZEHNTE GEBURTSTAG
1982 feiert die SAP ihren zehnten Geburtstag. Mehr als 250 Unternehmen in Deutschland, Österreich und der Schweiz arbeiten mit der SAP-Software. Die eigenen Räume sind bereits wieder zu klein; ein erster Erweiterungsbau wird in Rekordzeit errichtet.

NEUE COMPUTER

Für Entwicklungs-, Test- und Schulungszwecke,
für den Auslieferbetrieb und die Wartung sind
im neuen Gebäude anfangs drei Rechner installiert. Die beiden Siemens-Maschinen sowie ein
IBM-Großrechner verfügen über Arbeitsspeicher
mit insgesamt 14 MB.

ABSCHIED

Ein Gründungsmitglied der
SAP, Claus Wellenreuther
(Bildmitte, 5. von rechts), scheidet
aus gesundheitlichen Gründen aus
dem Unternehmen aus.

MESSEAUFTRITT

1981 erfolgt auf der
IT-Messe Systems in
München der
erste Messeauftritt
der SAP.

1980

1981

1982

VEREINIGUNG

SAP bezieht das erste eigene Gebäude in der Max-Planck-Straße
im Walldorfer Gewerbegebiet. Der Entwicklungsbereich mit
50 Bildschirmen ist jetzt endgültig unter einem Dach vereint.

STABIL

Das System R/2 kommt Mitte
des Jahres auf den Markt und
erreicht schnell die hohe Stabilität
der vorhergehenden Softwaregeneration.

DIE ÄRA SAP R/2

Echtzeit in weiteren Geschäftsbereichen: SAP R/2 – die gebündelte Mainframe-Software führt die Datenverarbeitung in Echtzeit aus und integriert alle betriebswirtschaftlichen Funktionen eines Unternehmens.

DIE NÄCHSTE GENERATION

Normierungsansätze in der Softwareherstellung und die Ankündigung der IBM Systems Application Architecture (SAA) sind ein entscheidender Impuls für die SAP, mit der Entwicklung einer neuen multiplattformfähigen Softwaregeneration zu beginnen: SAP R/3.

UMWANDLUNG UND NOTIERUNG

Die SAP GmbH wird in eine Aktiengesellschaft, die SAP AG, umgewandelt. Gleichzeitig wird das Grundkapital der Gesellschaft in zwei Schritten von 5 Millionen DM auf 60 Millionen DM erhöht. Im Oktober folgt der Gang an die Börse: Die 1,2 Millionen auf den Inhaber lautenden Aktien werden an den Wertpapierbörsen in Frankfurt und Stuttgart notiert. Der Emissionspreis beträgt 750 DM je Aktie.

SCHULUNGSZENTRUM

In Walldorf wird das Internationale Schulungszentrum eröffnet. Angegliedert ist ein Sportpark für die mittlerweile 940 Mitarbeiter der SAP. Diese erwirtschaften einen Umsatz von 245 Millionen DM.

1988   1989

IM BAU

1987 erfolgt der Spatenstich für das Schulungszentrum der SAP im Walldorfer Gewerbegebiet. Aber auch am Hauptstandort in der Max-Planck-Straße im Walldorfer Gewerbegebiet wird weiter gebaut – die mittlerweile fünfte Erweiterungsstufe.

KONTINUIERLICHE ERWEITERUNG

Der Aufbau des internationalen Geschäfts wird durch die Gründung von Landesgesellschaften in Dänemark, Schweden, Italien und den USA weiter gestärkt. Vor allem der Schritt nach USA soll sich als ein entscheidender Faktor für den langfristigen Erfolg der SAP erweisen.

JUBILÄUM

Dow Chemicals ist der 1000. Kunde der SAP-Software. Um die Anforderungen ausgewählter Branchen abzudecken, beginnt ein SAP-Team (Bild) mit der Entwicklung von RIVA, einem Abrechnungs- und Verwaltungssystem für Versorgungsunternehmen.

INTERNATIONALE GESCHÄFTE

Die SAP (International) AG in Biel steuert nun zwölf Landesgesellschaften, darunter auch Kanada, Singapur und Australien. 1.400 Mitarbeiter erwirtschaften in 15 Ländern einen Umsatz von nahezu 370 Millionen DM.

Ciao
ITALIEN

Das Sieger-Gen einge-pflanzt

Um die SAP in Italien an die Spitze der Technologieanbieter zu führen, waren nicht nur Expertise und neue Ideen gefragt, sondern auch ein Team, das niemals aufgab.

Von Ozan Yilmaz

Enrico Negroni hat ein Faible für den Motorsport. Er sammelt Porsche- und Ferrari-Modelle – wenn auch nur als Miniaturausgaben. Er ist leidenschaftlicher Motorradfahrer und zu seinem 50. Geburtstag schenkte er sich ein Fahrtraining auf einer Formel-1-Strecke. „Ich war neben den 14- bis 16-Jährigen der Älteste", erzählt Negroni und lacht. „Diese Mistkerle waren mir einfach zu schnell."

Auch wenn die junge Generation ihn auf der Rennstrecke abgehängt hat, in Sachen Softwarevertrieb und Management macht ihm so schnell keiner etwas vor. „Ich bin ein absoluter Wettkampftyp. Für mich sind Konkurrenten auf dem Markt keine Freunde, sie sind Feinde", sagt Negroni. Dies stellte er unter Beweis als er 1993 die Leitung der SAP Italien übernahm und die Landesgesellschaft fortan so richtig an Tempo zulegte. Ein Jahr zuvor war Negroni zu SAP gekommen. Sein Chef damals: Werner Sommer.

SAP-Mitgründer und Vorstandschef Dietmar Hopp hatte Sommer Anfang 1990 nach Italien geschickt, um die 1988 in der Nähe von Mailand gegründete Landesgesellschaft auf Spur zu bringen. Der erfahrene Logistik-Berater, der bereits 1986 zur SAP gekommen war, brachte unter anderem umfangreiche Produktkenntnisse mit. „Es reichte eben auch damals nicht, nur zu behaupten, die SAP könne alle Probleme lösen", sagt Sommer, „man musste das auch beweisen können."

SAP-Expertise aufbauen

Sommer legte nun großen Wert darauf, die Mitarbeiter der SAP Italien zu schulen und zu Experten der SAP-Lösungen auszubilden. Er schickte mehrere von ihnen zu einem halbjährigen Traineeprogramm nach Walldorf. „Als sie zurückkamen, konnten sie zum Aufbau des Geschäfts in Italien einen echten Beitrag liefern. Einige sind immer noch bei SAP."

Mit dem Aufbau einer „Wissenskompetenzkaskade", so Sommer, gelang es ihm, eine Brücke zwischen der Zentrale in Walldorf und der Geschäftsstelle in Mailand zu errichten. Die Mitarbeiter der Kunden in Italien wussten, an wen sie sich bei Problemen wenden konnten, die SAP-Geschäftsleitung konnte darauf vertrauen, dass kompetente Leute in Italien dafür sorgten, die PS der Landesgesellschaft auf die Straße zu bringen.

Sommer machte sich 1993 auf Bitten von Dietmar Hopp in Richtung Frankreich auf, um in der Geschäftsstelle in Paris nach dem Rechten zu sehen. Sommer setzte nun großes Vertrauen in Enrico Negroni, der den Posten als Geschäftsführer übernahm und sich mit SAP schon bald an die Spitze des Feldes der ERP-Anbieter in Italien setzte. Dabei leitete Negroni eine Maxime: „Wenn man an der Spitze ist, wird man schnell überheblich und denkt, niemand könne einen überholen. Aber ohne harte Arbeit funktioniert das nicht."

Und es waren einige Hindernisse zu umkurven, wie Carla Masperi, heute Chief Operating Officer für SAP Italien und Griechenland, berichtet. Mit einer kleinen Unterbrechung arbeitet Masperi schon seit 1996 für die italienische Tochterfirma. „Ich habe damals die Leute angerufen und begrüßt mit ‚Hallo hier ist Carla Masperi von SAP' und musste oft erst einmal erklären, wer oder was SAP überhaupt ist. Manche verwechselten uns mit der Automarke SAAB."

Den Mittelstand erobern

Doch SAP machte sich schon bald einen Namen – bei den großen Unternehmen, aber insbesondere im Mittelstand. Der italienische Markt ist von kleinen und mittelständischen Firmen geprägt. Hier mussten sich Enrico Negroni und sein Team etwas einfallen lassen, um mit der „großen ERP-Software SAP" auch ins Blickfeld dieser Betriebe zu rücken. „Bei mittelständischen Unternehmen kam oft das Argument, dass SAP der Ferrari der ERPs sei und man das doch nicht brauche. Hier mussten wir den Leuten erklären, dass dieser Ferrari sich den Umständen anpassen konnte. Wenn es dann zu einem Wachstum kam, konnte man mit diesem auch Gas geben, ohne wieder Geld in die Hand nehmen zu müssen", sagt Masperi.

Ein weiteres Problem: IBM gehörten in den frühen 1990ern an die 20 Prozent dieses Marktes. Roberto Pasetti, damals zuständig fürs Partnergeschäft in Italien und Nachfolger von Negroni als Managing Director: „IBM hatte in Italien Tausende von Kunden, die ihre AS/400-Plattform mit ihrem integrierten System aus Hard- und Software einsetzten. Dieses System wurde zudem von einem großen Partnernetzwerk unterstützt und auch Konkurrenten wie JD Edwards hatten bereits Software für die AS/400 auf dem Markt."

Negroni ergänzt: „SAP R/3 lief zunächst nicht auf dieser Plattform. Mit dem Engagement von SAP Italien konnten wir aber die Software erfolgreich auf die AS/400 portieren. Das entkräftete das Argument der IBM, dass unsere Software nicht mit ihrer Hardware kompatibel sei."

Um sich von Konkurrenten abzuheben, entschied das Team in Italien zudem, auf vorgefertigte Lösungen für verschiedene Märkte zu setzen. „Noch vor Deutschland nutzten wir in Italien vorkonfigurierte Lösungen", erinnert sich Negroni. Mit diesen Lösungen konnte SAP die Implementierungsdauer und -kosten bei neuen Projekten erheblich senken und so schnell und flexibel neue Kunden anwerben. Negroni: „Wir schlossen manche Jahre mit 300 neuen Kunden ab, und ich rede hier nur von SAP R/3, nicht von zusätzlichen anderen Produkten."

> „Wir waren eine Einheit, hatten ein gemeinsames Ziel, nämlich SAP in Italien an die Spitze zu bringen."
>
> Enrico Negroni

Und: SAP Italien überließ den Partnern ein großes Stück des Kuchens im Servicegeschäft. Das sollte sich auszahlen.

Eine Firma wie eine Familie

Negroni ist stolz auf diese Ergebnisse. Doch am liebsten denkt er an das Team der SAP Italien zurück. „Wir waren eine Einheit, hatten ein gemeinsames Ziel, nämlich SAP in Italien an die Spitze zu bringen. Wir hatten den Slogan ‚Proud to be SAP', aber ich erinnere mich daran, dass die Leute auch ohne Slogan genau dieses Gefühl hatten. Es war ehrlich und echt."

Roberto Pasetti sieht das genauso: „Die Kombination aus einem guten Produkt und der Art und Weise, wie in die Mitarbeiter investiert wurde, führten unweigerlich zum Erfolg." Carla Masperi ergänzt: „Dazu kamen ein toller Teamgeist und eine Kultur, die die Mitarbeiter und ihre Meinungen wertschätzte. Diese Werte sollten wir unbedingt beibehalten."

Enrico Negroni freut sich, dass er der SAP Italien „das Sieger-Gen" einpflanzen konnte. „Wir haben uns Ziele gesetzt und diese immer erreicht", sagt er. Doch bei allem Ehrgeiz und dem Willen zu gewinnen, denkt auch Negroni vor allem an die Freundschaften zurück, die sich während seiner SAP-Zeit entwickelten. Er stellte sein Wissen nach dem Weggang von SAP auch anderen IT-Unternehmen zur Verfügung. „Aber die SAP Italien war meine Herausforderung, mein Team, meine Firma." ∎

↑ Gruppenbild mit Damen: das Team der SAP Italien Mitte der 1990er-Jahre. Sitzend von links: Enrico Negroni, Carla Masperi.

↖ Steuerte SAP Italien auf die Überholspur: Werner Sommer

↗ „Mein Team, meine Firma": Enrico Negroni im Mailänder Büro in den 90ern.

↙ Sieht den Erfolg der SAP Italien in einer Kombination aus Produkt und Mitarbeiterförderung: Roberto Pasetti.

50 GESICHTER DER SAP

Mit dem Unternehmen wachsen

09 | Alix Poletto kam im Oktober 1999 als Executive Assistant des Geschäftsführers für die Niederlassung SAP Brasilien zur SAP. Seitdem hat sie sechs Geschäftsführer unterstützt und arbeitet heute für den President von SAP Brasilien im Office für die Regionen Lateinamerika und Karibik.

„Als ich bei der SAP angefangen habe, war ich verblüfft über das Arbeitsvolumen und die Überstunden, die nötig waren, um alles zu erledigen. Für meine Kolleginnen lohnte es sich am Ende des Tages kaum, nach Hause zu gehen. Ich mochte meine Rolle nicht und nahm mir vor, zwei Jahre bei der SAP zu bleiben und meine berufliche Laufbahn dann woanders weiterzuführen.

Doch dann kam alles anders: Der damalige Geschäftsführer ging und José Antunes übernahm den Posten. Es folgten Jahre des Booms, in denen viele Unternehmen in Brasilien SAP R/3 implementierten, um ihre Geschäftsprozesse zu gestalten. So begann eine spannende Zeit des Wachstums. Es hat mir gefallen, mit anderen zusammenzuarbeiten und aus den Aufgaben und Herausforderungen zu lernen, die wir jeden Tag zu bewältigen hatten. Die Anerkennung, die ich von Führungskräften und Kollegen für meine Arbeit erhalten habe, hat mir sehr viel bedeutet. Ich habe in den letzten 23 Jahren sehr viel gelernt und hatte die Gelegenheit, mit tollen Menschen (viele davon sind Freunde fürs Leben geworden!) zusammenzuarbeiten. Genau das macht die SAP so besonders. Ich bin sehr dankbar für meine lange Karriere bei der SAP!"

Vorreiter bei Vielfalt

10 | Luis Colmenares (rechts mit seinen Kindern) begann seine SAP-Karriere 1996 in Venezuela, zunächst als SAP-Basis-Berater. Heute ist er Customer Success Executive im Bereich Lifetime Customer Experience (LCX) sowie Gründer und Leiter des Netzwerks „Latinos at SAP" in den USA, das über 600 Mitglieder zählt.

„Damals kannten wir uns alle. Ich denke, vielen, die zu SAP Andina y del Caribe in Venezuela kamen, gefiel es, dass wir sie alle wie bedeutende Gäste behandelten. Wir waren ein kleines Büro, und es fehlte uns noch an Kenntnissen. Deshalb mussten wir Experten aus Deutschland, den USA und anderen Ländern zu uns holen. Wir taten unser Bestes, damit sie sich wohlfühlten. Wir arbeiteten in einem kleinen Unternehmen, aber wir hatten das Gefühl, großartige Dinge zu tun.
Wenn ich auf meine Karriere bei der SAP zurückblicke, denke ich: Es sind die vielen Möglichkeiten. Man kann in unterschiedlichen Rollen arbeiten, viele verschiedene Dinge tun und so viele interessante Leute treffen. Ich habe viele gute Freunde, mit denen ich auch heute noch zusammenarbeite. All das macht die SAP zu einem so attraktiven Arbeitgeber. Langeweile kommt da gar nicht erst auf. Die Firma hat mir ermöglicht, ein Mitarbeiternetzwerk zu gründen. Die Gruppe heißt „Latinos at SAP". Die Tatsache, dass wir uns für Vielfalt einsetzen und dies auch außerhalb der SAP wertgeschätzt wird, macht mich stolz. Die Leute sehen, was wir als eines der Vorreiterunternehmen in Sachen Vielfalt tun."

Gemeinsam arbeiten, gemeinsam feiern

11 | Carmen Fernandez (rechts) trat 1992 in die Vertragsabteilung bei SAP Spanien in Madrid ein. In ihrer derzeitigen Rolle leitet sie den Bereich Sales Learning für die Region EMEA South.

„Im SAP-Büro in Madrid waren wir eine kleine Familie von rund 25 Mitarbeitenden. Unsere Aufgabe bestand darin, SAP-Verträge in Lateinamerika und in der Karibik zu verwalten. Unsere Arbeitstage waren lang, denn wir mussten die verschiedenen Zeitzonen abdecken. Aber die Arbeit hat uns Spaß gemacht. Und wir haben alles gemeinsam gefeiert: neue Verträge, neue Kunden, die Geburtstage der Kolleginnen und Kollegen, Weihnachtsfeiern ... und wir haben jede Minute genossen. Meine SAP-Kolleginnen und -Kollegen zählen auch heute noch zu meinen besten Freunden. Die schönsten Momente meines Lebens habe ich mit diesen Menschen geteilt.

Ich hätte vielleicht zu einer anderen Firma wechseln können, aber ich hatte keinen Grund dazu. Die SAP bietet uns die Möglichkeit, die Rolle zu wechseln, in einem internationalen Umfeld zu arbeiten und jeden Tag von verschiedenen Kulturen zu lernen. Zudem profitieren wir von flexiblen Arbeitszeiten und großzügigen Arbeitgeberleistungen. Die SAP sorgt für ihre Angestellten und ist eine der wertvollsten Marken der Welt. Und die SAP versteht es, sich an Marktveränderungen anzupassen. Die Anforderungen und die Zufriedenheit der Kunden stehen immer an erster Stelle. Ich bin sehr stolz, hier zu arbeiten."

Immer spannend

12 | Ekaterina Osorina fing 2001 bei der SAP als Financial Presales Expert an. Sie nahm anschließend verschiedene Funktionen wahr, bei denen sie sich auf die Weiterentwicklung des ERP-Kerngeschäfts konzentrierte, bevor sie Business Operations Manager und Leiterin des SAP-Schulungszentrums in Moskau wurde. Sie ist nun Partner Solution Center Lead und für die Unterstützung und Betreuung von Partnern verantwortlich.

„Die SAP verändert sich ständig, sodass einem nie langweilig wird! Jedes Jahr gibt es neue Produkte, neue Organisationsstrukturen und neue Prozesse, die zu beachten sind. Und die Karrierechancen sind riesig.
Die Arbeit bei der SAP ist immer spannend. Wenn man im Presales tätig ist, weiß man nie, wo man als Nächstes sein wird und wen man treffen wird. Heute ist man in einem Kraftwerk in einem kleinen sibirischen Dorf, morgen auf einer Konferenz in Griechenland.
Die Mitarbeitenden der SAP sind sehr klug, inspirierend und zeichnen sich durch eine große Vielfalt aus. Unsere Persönlichkeiten verbinden uns. Und wir sind stets bemüht, Neues zu schaffen. Durch den Kampfgeist der SAP sind wir schon so lange so erfolgreich."

Von Mut, Freundschaften und gemeinsamen Erfolgen

Die Employee Network Groups sind ein Beleg dafür, dass SAP-Mitarbeitende nicht nur auf fachlicher Ebene an einem Strang ziehen.

Von Corinna Machmeier

Dieses Bild wurde bei einer der ersten Zusammenkünfte des Business Women's Network im Jahr 2006 in einem privaten Rahmen aufgenommen. Vordere Reihe von links: Annette Faehrmann, Christine Regitz, Dr. Verena Baldinger, Thea Rees.
Hintere Reihe von links: Trainerin (Name unbekannt), Carolin Dieter, Dr. Natalie Lotzmann, Ina Schlie, Annegret Sonnenberg. Auf dem Foto fehlt Margret Klein-Magar, eine der Hauptautorinnen des ersten Business Case.

Die Geschichte der Employee Network Groups bei SAP zeigt, dass der Innovationsgeist bei SAP nicht nur in Softwarelösungen mündet, sondern auch das menschliche Miteinander stärkt. Kolleginnen und Kollegen bilden aus eigener Initiative freiwillige Foren des Austauschs und der Zusammenarbeit, die über rein berufliche Gemeinsamkeiten hinausgehen. Die Mitarbeiternetzwerkgruppen sind darauf ausgerichtet, dass sich die Menschen bei SAP willkommen fühlen und machen die Firma intern und extern zu einem Vorbild für Vielfalt und Inklusion.

Die Employee Network Groups sind in den vergangenen gut 20 Jahren entstanden und lassen sich den verschiedenen Facetten von Vielfalt zuordnen: Geschlecht, Kultur und Identität, LGBTQIA+ (Lesbian, Gay, Bisexual, Transsexual/Transgender, Queer, Intersexual und Asexual), generationenübergreifendes Wissen und Menschen mit besonderen Voraussetzungen. Für die integrative Unternehmenskultur spricht, dass es inzwischen weltweit 14 solcher Gruppen mit derzeit mehr als 30.000 Mitgliedern bei SAP gibt . Alle Mitarbeitenden sind willkommen, sich den Employee Network Groups anzuschließen. Es gibt keine Einschränkungen hinsichtlich Fähigkeiten, Erfahrung, Geschlecht, Alter, Kultur usw., um sich zu engagieren und an den Initiativen und Aktivitäten der Gruppen mitzuwirken.

Supriya Jha, Chief Diversity & Inclusion Officer bei SAP, beschreibt die Employee Network Groups folgendermaßen: „Die Mitarbeiternetzwerkgruppen spielen eine zentrale Rolle bei der Umsetzung von Vielfalt und Inklusion bei SAP. Sie sind die Kanäle, über die unsere Kolleginnen und Kollegen ihre Interessen, Identitäten und Perspektiven zum Ausdruck bringen können und machen SAP zu einem einladenden Umfeld, in dem jeder sein wahres Ich feiern kann. Die Stärke der Employee Network Groups liegt in den Händen ihrer Schöpfer. Diese Katalysatoren des Wandels werden von einer intrinsischen Motivation angetrieben, etwas zu bewirken – nicht nur für sich selbst, sondern für das Gemeinwohl. Das macht die Employee Network Groups so kraftvoll. Sie bieten uns allen die Möglichkeit, selbst mutige Führungspersönlichkeiten zu sein und etwas für eine bessere Zukunft für alle zu bewirken."

Employee Network Groups verbinden die Interessen der Mitarbeitenden mit den organisatorischen und geschäftlichen Zielen der SAP sowie ihrem gesellschaftlichen Umfeld. Sie sind ein offizielles und zentrales Element des Engagements des Unternehmens für Vielfalt und Inklusion.

Alle Employee Network Groups tragen dazu bei, die Vielfalt und Inklusion in der Belegschaft zu fördern, Fachkräftemangel entgegenzuwirken, die besten Talente zu gewinnen und die SAP als beliebten Arbeitgeber für potenzielle Bewerber zu positionieren. Verschiedene Perspektiven erweisen sich als wichtig, um die Anforderungen und Besonderheiten der Kunden in den unterschiedlichen Märkten zu erkennen. Obwohl Mitarbeiternetzwerke heute fester Bestandteil der Unternehmensphilosophie sind, waren ihre Anfänge holprig.

Pride@SAP ist das älteste Mitarbeiternetzwerk und besteht offiziell seit 2001. Für den Gründer Hartmut Bohn galt es, viel Neuland zu erschließen. Als er im Jahr 2000 zu SAP kam, gab es dort – wie in den meisten anderen Großfirmen – kaum Sichtbarkeit von LGBTQIA+. Zusammen mit einer Handvoll Kollegen setzte er sich zum Ziel, das zu ändern. Schließlich gab es im Rhein-Neckar-Kreis bereits einige Sportvereine, Chöre, Buchläden sowie Bars und Clubs für die LGBTQIA+-Community.

Mit der Hilfe vieler Mitarbeitenden erstellte Bohn zunächst in einem gemeinsamen Ordner eine HTML-Datei mit allen Informationen über Veranstaltungen aus der Region und verteilte den Link an Kollegen, die er in Walldorf kannte. In diesem Zuge wurde eine Mailingliste eingerichtet. Am nächsten Tag erhielt Bohn eine Mail von einem Kollegen im benachbarten Ort St. Leon-Rot. Dieser beschwerte sich darüber, dass er von dort aus nicht auf Bohns Rechner zugreifen konnte. Kurzerhand hostete Bohn die Infos auf einem Webserver, den er eigentlich für ein anderes Projekt auf seinem Rechner installiert hatte.

Die Nachricht muss sich wie ein Lauffeuer verbreitet haben, denn bereits ein paar Tage später erreichte Bohn eine E-Mail aus Palo Alto in den USA: Dortige Mitarbeiter wollten in das Projekt einsteigen.

Doch eine interne Firewall verhinderte zunächst den Zugriff. Kurzerhand wandte sich Bohn an die SAPNet-Verwaltung. Das SAPNet war das damalige Intranet der SAP und der Vorgänger des heutigen Mitarbeiterportals. Ob Bohn seine Infosammlung auch dort anlegen durfte? Er erinnert sich an die freundliche Auskunft des SAPNet-Kollegen: „Klar! Komm einfach vorbei und ich zeige dir, wie's geht." Eine Woche später war die Seite live und ein erster Name gefunden: gaySAP – in Anlehnung an die damals aktuelle Unternehmenskampagne „mySAP".

Mehr Offenheit

Leider nahm die rasante Fahrt nach kurzer Zeit ein vorläufiges Ende. Eine Beschwerde wurde auf Managementebene eingereicht. Ein Netzwerk für die LGBTQIA+-Community offiziell im Intranet des Arbeitgebers? Das war Anfang der 2000er-Jahre für manche eine Zumutung. Die Gruppe gab jedoch nicht auf. Die Mitglieder erstellten einen Business Case und präsentierten diesen erfolgreich auf der SAP-Führungsebene. Nicht nur durfte die Seite bestehen bleiben (unter neuem Namen: HomoSAPiens), sie wurde zugleich als erstes offizielles Mitarbeiternetzwerk der SAP ausgerufen. Mitarbeitergruppen sollten Gemeinschaft, Verbundenheit mit dem Unternehmen und ein Gefühl der Zugehörigkeit bieten.
Im Lauf der Jahre sollten noch viele weitere Vorteile für Employee Network Groups ausdefiniert werden.

Für Hartmut Bohn war es rückblickend die Mühe auf jeden Fall wert. Er findet, die Unternehmenskultur habe sich stark zugunsten von mehr Offenheit verändert. Die Auszeichnung als Deutschlands LGBTQIA+-freundlichster Arbeitgeber 2019 komme nicht von ungefähr und gehe weit über die Erfüllung formaler Kriterien hinaus.

← Multikulturelle Veranstaltung zum zehnten Jahrestag von Cultures@SAP 2016 mit SAP-Finanzvorstand Luka Mucic, der auch Schirmherr der Mitarbeiternetzwerke ist.

↑ Pride@SAP-Mitglieder bei der Mannheimer Christopher-Street-Day-Demonstration 2018. Mitglieder der Employee Network Group von SAP nehmen regelmäßig an Christopher-Street-Demonstrationen in aller Welt teil – erstmals 2007 in Mannheim.

Auch das **Business Women's Network** wurde zu einer Zeit gegründet, als das Thema Inklusion noch alles andere als selbstverständlich war. Die gleichberechtigte Förderung von Frauen im Beruf und der kritische Blick auf die Geschlechterverteilung in verschiedenen Branchen und Hierarchieebenen bildete eher die Ausnahme als die Regel. Die Frage „Wozu ein Frauennetzwerk?" war damals keine Seltenheit.

Chancengleichheit für Frauen

„Das Business Women's Network geht auf Frauen zurück, die es gewagt haben, das Thema sichtbar zu machen und die Ansichten derjenigen im höheren Management infrage zu stellen, die den geringen Anteil von Frauen in Führungspositionen nicht als Problem ansahen", erklärt die damalige Leiterin SAP Health & Diversity Deutschland, Dr. Natalie Lotzmann, heute SAP Global Health & Well-Being. „Ich erkannte, dass viele talentierte Frauen in ihren Teams mit ähnlichen Schwierigkeiten zu kämpfen hatten. Und das begann mich zu interessieren", sagt Lotzmann. Einige wissenschaftliche Erkenntnisse brachten sie zu der Annahme, dass kulturelle Unterschiede hier die Ursache seien, von denen SAP profitieren könnte.

Im Jahr 2003 plante Lotzmann daher eine groß angelegte Veranstaltung, zu deren Vorbereitung sie die damals zehn einflussreichsten Frauen in Führungspositionen der SAP in Deutschland einlud. Die Treffen hatten nicht die erwartete Wirkung. Die Frauen seien eher besorgt gewesen, dass die Verbindung mit „Frauenthemen" die Beziehung zu ihren männlichen Kollegen beeinträchtigen könnte. Sie disponierte um und organisierte eine Serie zweitägiger, privat gekennzeichneter Workshops mit dem Titel „Frauen in Führungspositionen". Diese Strategie hatte mehr Erfolg. Die teilnehmenden Frauen informierten und nominierten jeweils andere Frauen für die Teilnahme an weiteren „privaten" Veranstaltungen.

So wurde der Grundstein für das erste Frauennetzwerk bei SAP gelegt. Gemeinsam wurde der Business Case für mehr Frauen in Führungspositionen erarbeitet und dem Vorstand vorgestellt. Damit war der Boden bereitet, an die Öffentlichkeit zu gehen. Seminare zum Thema „Geschlechterunterschiede in der Wirtschaft" wurden parallel für männliche Führungskräfte angeboten und erhielten den MUWIT-Weiterbildungspreis. Sogar der damalige SAP-Finanzvorstand Dr. Werner Brandt und sein Team nahmen an einem der Workshops teil.

Christine Regitz war unter den Teilnehmerinnen der ersten Seminare: „Wir lernten, wie wir auf andere wirkten, behandelten Stereotypen und prüften, wo wir uns eventuell selbst in solchen stereotypen Denkmustern bewegten. Außerdem war das Feedback der anderen Teilnehmerinnen unglaublich wertvoll für mich." Gemeinsam mit Carolin Dieter öffnete sie im Jahr 2007 schließlich das Business Women's Network für alle Frauen bei SAP. Jede Frau (und jeder Mann) kann sich bis heute registrieren. 2021 umfasste das BWN 90 lokale Gruppen (Chapters), zählte mehr als 15.000 Mitglieder und ist damit zur größten Employee Network Group bei SAP herangewachsen.

Mehrwert für Mitarbeitende

Während die ersten Mitarbeiternetzwerke noch nahe am Firmensitz in Deutschland ihren Ursprung fanden, änderte sich das seit den 2010er-Jahren. Die Gruppe Black Employee Network wurde 2012 in den USA gegründet, die Gruppe Latinos@SAP besteht seit 2008, und die jüngste Gruppe ist die Pan-Asians@SAP mit Gründung im Jahr 2020. Daneben gibt es noch viele weitere Gruppen, zum Beispiel SAP HEAR and Friends, Differently-Abled People, Generations@SAP, Caregivers und das Autism Inclusion Network.

„Indem wir eine integrative Unternehmenskultur und Vielfalt fördern, möchten wir allen Mitarbeitenden dieselben Möglichkeiten und Chancen für nachhaltigen Erfolg und inklusive Karrierewege bieten."

Sabine Bendiek, Chief People & Operating Officer,
Arbeitsdirektorin und Mitglied des Vorstands bei SAP

Aus den Interessensgemeinschaften wurden mit den Jahren wichtige Organe innerhalb der Firma mit den gleichen Zielen: Mehrwert zu schaffen für Mitarbeitende, die SAP und lokale Gemeinschaften. Zahlreiche Studien belegen, dass die Förderung von Vielfalt und Inklusion sich auch positiv auf den finanziellen Erfolg von Unternehmen auswirkt. Laut einer Untersuchung von Harvard Business Review erzielten Unternehmen mit einer relativ hohen Diversität der Belegschaft durchschnittlich um 19 Prozentpunkte höhere Innovationsumsätze sowie um 9 Prozentpunkte höhere EBIT-Margen (Earnings before interest and taxes – Ergebnis vor Zinsen und Steuern).

„Indem wir eine integrative Unternehmenskultur und Vielfalt fördern, möchten wir allen Mitarbeitenden dieselben Möglichkeiten und Chancen für nachhaltigen Erfolg und inklusive Karrierewege bieten", sagt Sabine Bendiek, Chief People & Operating Officer, Arbeitsdirektorin und Mitglied des Vorstands bei SAP.

Durch den Austausch von beruflichen Erkenntnissen, Best Practices und Erfahrung helfen sich die Mitglieder gegenseitig, neue Kompetenzen zu entwickeln und Karrieremöglichkeiten zu erschließen. Patricia Perry gehört zu den Gründungsmitgliedern des Black Employee Network und erinnert sich gerne an prägende Momente aus den vergangenen Jahren, zum Beispiel an einen Design-Thinking-Workshop der Gruppe an der Tuskegee University, Alabama, USA. Nicht nur die Begegnung mit den schnell Ver-

trauen fassenden Studierenden, sondern auch die unterstützenden Worte ihrer Kolleginnen und Kollegen, die als Mentoren ihre eigene Entwicklung förderten, beflügeln sie bis heute bei ihrer Arbeit für die Gruppe.

Minderheiten fördern

Die verschiedenen Employee Network Groups arbeiten an Strategien, wie sie gezielt Menschen aus unterrepräsentierten Gruppen anwerben und im Beruf speziell fördern und sichtbar machen können. Darüber hinaus unterstützen sie das Geschäft und stärken die Reputation des Unternehmens.

Im Jahr 2008 veröffentlichte die SAP beispielsweise die erste Version des in enger Zusammenarbeit mit dem Netzwerk Pride@SAP erarbeiteten Leitfadens zur Geschlechtstransition. Dies stellte nicht nur für das Netzwerk einen großen Erfolg dar, um Transgendern auf der ganzen Welt, ihren Führungskräften und ihren Teams zu helfen. Auch für die Mission der Employee Network Groups bei SAP war dies ein wichtiger Meilenstein. Pride@SAP stellte damit unter Beweis, dass Netzwerke von Mitarbeitenden durch ihren Reichtum an Perspektiven – alle gebündelt unter einem Thema – den Geschäftserfolg der SAP unterstützen können. Der Leitfaden resultierte in externer Anerkennung, als SAP im Jahr 2008 den Max-Spohr-Preis des Deutschen Schwulenverbandes erhielt.

Melissa Best, ehemalige Vorsitzende des Business Women's Network. Sie durfte selbst 2019 erstmals nach Kenia reisen und ihre Mentee kennenlernen. „Dies zeigt die Stärke und die Vorteile des Netzwerks von Talenten, das wir bei SAP haben", so Best.

Kulturen würdigen

Neben allen diesen Aktivitäten geht es auch um die Förderung des Austauschs und des Kennenlernens. Das 2006 gegründete Mitarbeiternetzwerk **Cultures@SAP** hat sich als eigenständige Grassroot-Initiative mit dem Motto „Von Mitarbeitern für Mitarbeiter" der Inkusion der vielfältigen Kulturen bei SAP angenommen. Die Gruppe veranstaltet regelmäßig lokale und internationale Treffen, bei denen die zahlreichen Kulturen bei SAP gefeiert und ihre Besonderheiten in den Fokus gerückt werden. 2021 zählte das Netzwerk mehr als 40 Communitys, die Länder oder Regionen repräsentieren. Cultures@SAP hat es sogar schon ins Museum geschafft: Mit ihren Exponaten ist die Gruppe bei der Ausstellung „Arbeit & Migration" im Technoseum Mannheim ausgestellt.

Höhepunkt der vielen von Cultures@SAP organisierten Aktivitäten ist die jährliche multikulturelle Abendveranstaltung, die bis 2019 in Walldorf stattfand und zu der SAP-Mitarbeitende und ihre Familien eingeladen sind. „Unser ‚Multicultural Event' ist wie eine Weltausstellung in kleinem Format", erklärt die Sprecherin des Netzwerks Masoumeh Moghaddam. Der Zuspruch der Mitarbeitenden sei enorm. Mehrere Tausend SAP-Mitarbeitende und ihre Kinder kamen zuletzt zusammen. Seit 2020 werden die Cultures@SAP-Veranstaltungen im virtuellen oder hybriden Format angeboten.

Derartige von den Mitgliedern der Employee Network Groups ehrenamtlich auf die Beine gestellten Veranstaltungen verbinden die SAP-Familie auf der ganzen Welt. ■

Darüber hinaus spielen die Leitlinien eine wichtige Rolle bei den LGBTQIA+-Benchmark-Indizes, an denen SAP weltweit teilnimmt. Beispiele hierfür sind der HRC Corporate Equality Index in den USA, die Stonewall Top Global Employer for LGBT Inclusion Recognition und der Workplace Pride Global LGBT Inclusion Benchmark. Eine kürzlich erfolgte Überarbeitung der Richtlinien stellt sicher, dass SAP-Systemänderungen das Geschlecht widerspiegeln, mit dem sich der oder die jeweilige Mitarbeitende identifiziert.

Die bereits erwähnten **Mentorenprogramme** veranschaulichen schließlich, wie Mitarbeiternetzwerke unterrepräsentierte Minderheiten fördern. Die Mitglieder können sich auf freiwilliger Basis als Mentoren für Kolleginnen und Kollegen oder auch außerhalb der SAP engagieren. So schließen Employee Network Groups zum Beispiel oft strategische Partnerschaften mit gemeinnützigen Organisationen, um sich in lokalen Gemeinschaften gesellschaftlich einzubringen.

Das Business Women's Network sponsert in Zusammenarbeit mit dem Corporate-Social-Responsibility-Team der SAP und Global Give Back Circle beispielsweise ein Mentorenprogramm für Mädchen in Kenia. „Wir bieten Mentoring und finanzielle Unterstützung für insgesamt 15 junge Frauen in der Highschool und an der Universität, die nicht nur zukünftige Talente für SAP sind, sondern auch etwas an ihre Gemeinden zurückgeben", berichtet

Cultures@SAP: Weitere Informationen sind unter diesem QR-Code zu finden.

Über diese Mitarbeitergruppen hinaus gibt es bei SAP eine Vielzahl privater Gruppen, die sich aufgrund von persönlichen Interessen wie Musik, Sport oder anderen Hobbys zusammengeschlossen haben. Ein Beispiel: das SAP Sinfonieorchester

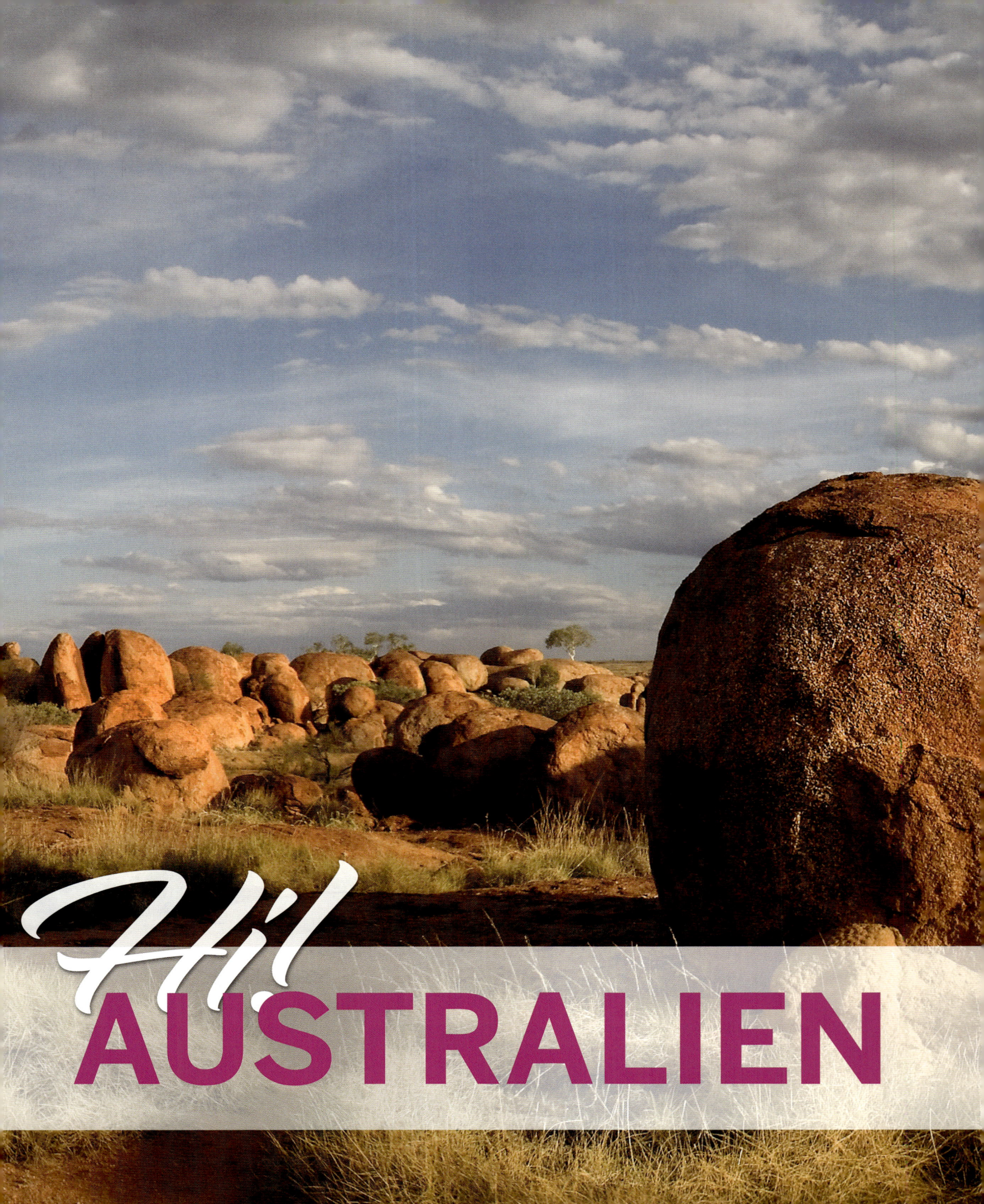

Hi'l
AUSTRALIEN

Cowboys im Wilden Osten

Globale Kunden, die SAP-Software auch bei ihren Töchtern einsetzen wollten, brachten SAP nach Australien und später Neuseeland – gemeinsam mit Männern mit reichlich Abenteuerlust.

Von David McMahon und Michael Zipf

Die Geschichte der SAP in Australien beginnt – in den Niederlanden.

1987 fing der Niederländer Rudy van der Hoeven an, für SAP International im schweizerischen Biel zu arbeiten. Die Gesellschaft in Biel war 1984 unter der Leitung von Hans Schlegel gegründet worden, um SAP-Software außerhalb Deutschlands zu vermarkten. Van der Hoeven wurde zunächst zur Schulung nach Walldorf geschickt und sollte sich unter anderem um die Kunden Philip Morris und DuPont kümmern. Lachend erinnert er sich daran, wie er bei einem Besuch bei Philip Morris in den Niederlanden einige Mitarbeiter kennenlernte, die offenbar Englisch redeten, deren Aussprache ihm aber völlig fremd war. „Es stellte sich natürlich heraus, dass sie Australier waren", berichtet er. „Sie waren von Philip Morris aus Moorabbin, einem Vorort von Melbourne, zu einer Schulung gekommen."

Eines Abends lud van der Hoeven sie ein, die Zentrale von SAP International in Biel und die Schweizer Niederlassung von Philip Morris in Lausanne zu besuchen, die ebenfalls zu den Kunden der SAP zählte. Um ihnen den Besuch schmackhaft zu machen, schlug er vor, dies doch gleich mit einem kurzen Skiurlaub zu verbinden. In einem kleinen Schweizer Skidorf überzeugte er sie, „dass die Logistiksoftware von SAP ein absolutes Muss für ein Fertigungsunternehmen auch in Australien sei", erzählt er. Da weitere multinationale Konzerne wie Esso in Down Under bereits Interesse an SAP zeigten, erlaubte Hans Schlegel seinem Mitarbeiter, „Australien vorzubereiten". Van der Hoeven: „Hans ernannte mich zum Geschäftsführer von SAP Australia und trug mir auf, das Projekt zum Erfolg zu führen."

Unbekanntes Terrain

Mutig machte sich van der Hoeven 1988 gemeinsam mit Bruno Tödtli, dem damaligen Chef des Basis-Teams von SAP International, auf in unbekanntes Terrain und flog nach Sydney, um SAP R/2 in der IT-Zentrale von Philip Morris zu installieren.

Doch damit das Projekt wirklich ein Erfolg werden konnte, benötigte van der Hoeven Hilfe. Seine neuen Kunden verlangten von SAP „eine klare Zusage", erinnert sich der damalige Kaufmännische Leiter Dieter Matheis. „Sie wollten den Vertrag nur unterzeichnen, wenn wir die Gründung einer australischen Niederlassung und die Einrichtung eines SAP-Büros im Land nachweisen konnten." So kam es, dass Matheis im Januar 1989 – mitten in der Vorbereitung des Jahresabschlusses – nach Sydney flog. Innerhalb einer Woche schaffte er es, sich eine Gründungsurkunde ausstellen zu lassen und geeignete Büroräume in Chatswood, einem Vorort von Sydney, anzumieten.

Danach ging alles relativ schnell. Die neu gegründete SAP-Niederlassung ließ das gesamte Mobiliar aus Deutschland und eine Gruppe erfahrener Berater aus der Schweiz einfliegen, bevor die ersten australischen Mitarbeiter eingestellt und zur Schulung ein Jahr nach Deutschland geschickt wurden.

1989 schloss das Gründungsteam mit zehn Kunden Verträge für SAP R/2 ab – ein Rekord, der erst vier Jahre später gebrochen wurde. „Wir hatten einen sehr guten Lauf", sagt Hans Schlegel. Aber alle Vertriebserfolge wären ohne die tatkräftige Unterstützung durch Presales-Kollegen, das Finance-und-Administration-Team sowie Berater, die die Software anschließend installierten, nicht möglich gewesen oder verpufft, ergänzt Schlegel.

Selbst der damalige Vorstandssprecher Dietmar Hopp machte der neuen Niederlassung seine Aufwartung. Van der Hoeven, der Australien 1989 verließ und mit der Gründung der SAP-Niederlassung in Singapur sein nächstes Abenteuer in Angriff nahm, erinnert sich: „Dietmar Hopp besuchte uns eines Tages und wollte sich auch mit einem Kunden treffen. Wir nahmen ihn mit zur Aluminiumfabrik Comalco. Ich werde nie die Gesichter der Entwickler dort vergessen, als Dietmar Hopp ihnen persönlich zwei Stunden lang ABAP-Tricks beibrachte. Ich war allerdings selbst überrascht. Später habe ich diese Geschichte immer wieder in Verkaufsgesprächen erzählt."

Van der Hoeven hatte außerdem eine ganz eigene Taktik, wenn er von Kunden zu hören bekam, dass SAP so teuer sei: „Ich erklärte ihnen mit starkem deutschen Akzent, dass man sich schließlich auch einen teuren deutschen Mercedes kauft, wenn man ein solides Auto möchte, und nicht einen billigen australischen Holden. Es funktionierte immer sehr gut, wenn ich in die Rolle des Feldwebels Schultz aus der alten TV-Serie ‚Ein Käfig voller Helden' schlüpfte – was für mich als Holländer kein Problem war."

Weiterentwicklung zu SAP R/3

Als die SAP 1992 ihre Client-Server-Software SAP R/3 einführte, ging die Umstellung von R/2 auf R/3 in Australien nicht ganz reibungslos vonstatten. 1993 verzeichnete SAP Australia, seit 1990 unter der Leitung von Graham Young, einen Umsatzrückgang bei R/2, da immer mehr Unternehmen auf die Client-Server-Technologie setzten. SAP R/3 wurde in Australien jedoch erst im Lauf des Jahres 1993 auf den Markt gebracht, einige Module sogar erst gegen Ende 1993. Während Unternehmen in den USA und Europa das ganze Jahr 1993 Zeit hatten, mit der Implementierung von R/3 zu beginnen, verkaufte die SAP das erste Client-Server-System in Australien erst um Weihnachten herum. Das wirkte sich natürlich auf die Umsatzzahlen aus, sodass SAP Australia und seine 40 Mitarbeiter 1993 Verlust machten.

Als 1994 dann auch australische und neuseeländische Unternehmen mit der Implementierung der Lösung begannen, war die SAP wieder erfolgreich im Geschäft.

Im Mai 1994 wurde Les Hayman zum Geschäftsführer ernannt. Die SAP setzte ihren Wachstumskurs fort. Zum traditionellen Kundenstamm in der Fertigungsindustrie kamen Kunden aus dem Einzelhandel, der Telekommunikationsbranche und der Versorgungswirtschaft hinzu. Um mit diesem Wachstum Schritt zu halten, eröffnete SAP Australia eine weitere Niederlassung in Brisbane und verdoppelte seine Bürofläche in Melbourne.

Im April 1995 wurde die Zentrale in das Geschäftsviertel North Sydney verlegt. Das riesige, weithin sichtbare SAP-Firmenlogo in der Skyline von North Sydney war ein klares Zeichen für das Wachstum und die Präsenz der SAP in Australien.

Am 1. Januar 1995 weitete SAP Australia ihre Geschäftstätigkeit offiziell auf Neuseeland aus und eröffnete Büros in Auckland und Wellington.

1996 wurde Les Hayman zum President für die Region Südostasien-Pazifik ernannt. In diesem Jahr wechselten Australien und Neuseeland außerdem von der Region Amerika in die Region Asien-Pazifik. Laut Les Hayman war es zu Beginn durchaus vernünftig, Australien und Neuseeland in der Region Amerika zu führen, „da die Marketing- und Vertriebsmethoden der Amerikaner und Australier recht ähnlich sind. Angesichts des Wachstums und der zunehmenden Reife der Unternehmen war es jedoch nicht länger sinnvoll, Australien und Neuseeland vom Rest der Region Asien zu trennen."

Partnerschaften mit Universitäten

Am 16. April 1997 wurde das Ausbildungs- und Schulungszentrum Sapient College offiziell in Sydney eröffnet. Ziel des Sapient College war es, SAP-Kunden und -Partnern, Studierenden an Hochschulen und Business Schools sowie anderen Interessierten Fachwissen und IT-Kenntnisse zu vermitteln. Es war das erste SAP-spezifische College weltweit. „Für uns ist das Sapient College eine Möglichkeit, etwas zurückzugeben", erklärte Les Hayman 2002 in einem Interview für das SAP-Mitarbeitermagazin. „Indem wir Schulungen für die Gemeinschaft und für Hochschulen anbieten, tragen wir zu einem besseren technischen Verständnis und einer stärkeren Nutzung von Technologien in unserer Gesellschaft bei."

„Die Anfangsjahre waren sehr hektisch und turbulent", berichtete Les Hayman, der im September 2017 verstorben ist. „Aber es waren aufregende Zeiten, und ich bin stolz darauf, dass ich in diesen Anfangsjahren mit dabei sein durfte. Es war sehr spannend, ein Stück Geschichte zu schreiben."

Van der Hoeven, der heute in Bangkok lebt, sieht es genauso: „Eines können Sie mir glauben: Die SAP war das beste Unternehmen, für das ich je gearbeitet habe. Und das habe ich vor allem meinem Chef Hans Schlegel zu verdanken. Solange ich neue Kunden an Land zog, ließ er mich Cowboy im Wilden Osten sein." ■

↑ SAP-Mitarbeitende im Büro in Sydney 1990 – hintere Reihe von links: D. Bell, C. Mueller, J. Rönnberg, H. Verkou (President Asien-Pazifik), B. Davies. Mittlere Reihe von links: T. Thompson, S. Adams, E. Hemming, A. Hladky, D.Hladky. Vordere Reihe von links: R. Teh, P. Dent, C. Marti. Es fehlten: der Geschäftsführer G. Young, L. Jones (Finance Manager), H. Hemming, J.Chin, D. Thompson.

↗ Sackhüpfen beim Weihnachts-BBQ auf Clark Island 1989.

→ Unter dem Motto „Freedom to think" fand die SAPPHIRE 1996 in Brisbane, Australien statt.

↙ Erst Kunden „fangen", dann Fische: Rudy van der Hoeven (links) mit dem Kollegen Bernie Lindeman von SAP International.

Klar und unverwechselbar

Eine kurze Geschichte des SAP-Logos

Von Michael Zipf

Zunächst konnte Peter Leyh mit dem Begriff „Software" nichts anfangen. „Softeis ja, aber Software?", erzählte der 2013 verstorbene Designer in einem Interview anlässlich des 25. Geburtstags der SAP im Jahre 1997. „Herr Hopp kam eines Tages zu mir und fragte, ob ich ihm einen Briefbogen gestalten könnte", erinnerte sich Leyh. Die beiden kannten sich seit der Zeit, als sie in Walldorf in derselben Straße ihre Reihenhäuser bauten. Leyh: „Er hat mir dann erklärt, dass sie integrierte Standardsoftware entwickeln, mit der man betriebswirtschaftliche Prozesse abbilden, transparent machen und am Bildschirm zeigen kann. Das habe ich dann ein bisschen verstanden und habe mich an die Arbeit gemacht." Wahrscheinlich zeichnete Leyh das Logo für den Briefbogen erstmals im Laufe des Jahres 1975. „Nach drei, vier Stunden und ohne Marketingtechniken zu bemühen, war es jedenfalls fertig", erzählte er. Noch firmierte das Unternehmen unter „Systemanalyse Programmentwicklung", doch die Abkürzung SAP hatte sich bereits eingebürgert.

Der Kick mit dem Flügel

Leyhs Überlegungen waren: „Bildschirme, Monitore: Das bedeutete für mich damals, dass Linien über den Bildschirm laufen. Und ich dachte mir, die nimmst du einfach und setzt die drei Buchstaben SAP negativ dort rein." Er gestaltete zunächst ein Quadrat, „denn das impliziert Klarheit, Ordnung, Vertrauenswürdigkeit. Um dem Ganzen einen Kick zu geben, haben wir einen Flügel angeflanscht mit der Erfolgskurve von links unten nach rechts oben".

Blieb noch die Farbwahl. Peter Leyh: „Wir haben schwarz genommen und blau, die billigste Farbe, die es gab, eine Standardfarbe, die jeder Drucker im Kasten hat. Es war wichtig, es billig zu produzieren, ohne viele Farben und ohne schwierige Drucktechniken." Und letztlich, so der Designer: „Einfach und klar musste es sein – und unverwechselbar."

Zum ersten Mal tauchte das Logo Ende 1975 auf einem Briefbogen auf, berichtet Paul Neugart, der erste im Laufe des Jahres 1972 eingestellte Mitarbeiter des Unternehmens. Erst im November 1976 wurde die Firma „SAP – Systeme, Anwendungen, Produkte in der Datenverarbeitung" ins Handelsregister eingetragen.

Das lächelnde „A"

Mit diesem Design hatte das SAP-Logo fast 25 Jahre Bestand. Erst 1998 verschwanden die Streifen, und ein neues Logo mit blauer Fläche erschien auf dem Geschäftsbericht. Noch aber war das Dreieck durch eine schmale Linie vom Quadrat getrennt. Das änderte sich erst zur Jahrtausendwende, als die heutige geschlossene Ambossform als Bestandteil der Produktlinie „mySAP.com" auftauchte. Die Firma Frog Design entwarf dieses Produktlogo in dunklem Blau und mit einem deutlich größeren Schriftzug. Zudem begann das „A" mit dem geschwungenen Querstrich zu „lächeln".

Vom dunklen Blau verabschiedete sich SAP Ende 2010. Von nun an erschien das Logo in unveränderter Form, aber mit einem bläulichen und helleren Farbverlauf. Den Versuch, das Logo im Oktober 2014 komplett neu, nämlich als gelbes Quadrat („SAP-Gold") mit weißer Schrift zu gestalten, gab das Unternehmen schon wenige Wochen nach deutlicher Kritik aus der Belegschaft auf – und blieb damit sich und dem Entwurf von Peter Leyh aus den 1970ern treu. ■

Hallo!
NEUE BUNDESLÄNDER

Mit vereinten Kräften

Nach der deutschen Wiedervereinigung mussten die neuen Bundesländer nicht nur den Wandel von einer Plan- zur Marktwirtschaft meistern. SAP spielte dabei eine wichtige Rolle und bewies echten Pioniergeist.

Von Dorit Beric

Als in Berlin am 9. November 1989 die Mauer fällt, sitzen Hasso Plattner und seine Mitgründer Klaus Tschira und Hans-Werner Hector gerade in den USA in einem Konferenzraum in Princeton/New Jersey. Zusammen tauschen sie sich bei der ersten SAPPHIRE mit zahlreichen Kunden über deren Anforderungen an SAP-Software aus. Im heimischen Walldorf hält der vierte SAP-Gründer Dietmar Hopp die Stellung.

Die Wende kommt ohne jegliche Vorwarnung. „Es war für die meisten von uns völlig außerhalb jeder Vorstellungskraft, dass die Mauer fällt", sagt Dr. Alfred Wenzel, der die Ausdehnung der SAP gen Osten in den folgenden Monaten und Jahren maßgeblich mit vorantreiben wird. Aber so überraschend sich für die Softwarefirma mit rund 1.400 Mitarbeitern neue Horizonte eröffnen, so energisch ergreifen die Verantwortlichen die Chance, diese Absatzmärkte zu erschließen. Sie leisten damit auch einen wichtigen Beitrag zur Vereinigung der beiden deutschen Staaten mit ihren unterschiedlichen Wirtschaftssystemen. Und sie geben zahlreichen DDR-Bürgern eine attraktive und gut entlohnte Arbeit sowie die Hoffnung, dass nicht alle West-Unternehmen nach dem Zusammenbruch des „real existierenden Sozialismus" darauf aus sind, auf ihre Kosten „die schnelle Mark" zu machen.

Die Expansion der SAP in dem am 3. Oktober 1990 wiedervereinigten Osten des Landes ist ein spannendes Kapitel in der Geschichte des Unternehmens. Es erzählt von bislang völlig unbekannten Herausforderungen und von Menschen mit großem Pioniergeist, die überhaupt nicht einsehen wollten, warum sie die bewährten und seit Gründung der SAP gelebten Werte diesmal über Bord werfen sollten. Klar, dass die Geschichte in Berlin beginnt.

Die Stadt sollte Anfang 1990, also nur wenige Wochen nach dem Mauerfall, ein wichtiger Standort im neuen Ostgeschäft werden, doch die Wohn- und Büroraumsituation war schwierig – SAP war nicht die einzige Firma, die in dieser Zeit nach Berlin kam. Die Mietpreise waren horrend, und so quartierte man sich zunächst im Ostberliner Grand Hotel – ehemals Interhotel, heute Westin Grand – ein. „Da konnte man zum einen in das DDR-Netz reintelefonieren, was man ja machen musste, und gleichzeitig aber mit dem Westen Kontakt halten", so Alfred Wenzel, damals Regional Manager für den osteuropäischen Wirtschaftsraum. Die Situation verlangte nach Technik, wie sie zu dieser Zeit keineswegs Standard war. Wenzel beschaffte sich ein mobiles Büro mit tragbarem Fax- und Telefongerät. Das Fax war wichtig, um Infos mit Walldorf auszutauschen und den potenziellen Kunden konkrete Vertragsangebote vorlegen zu können.

↑ Begrüßten die Kongress-Besucher: Links Gerhard Oswald, späteres Vorstandsmitglied, und Rudi Möcklinghoff vom SAP-Marketing.

↖ Paukenschlag: Der Software-Kongress 1990 in Berlin erhöhte den Bekanntheitsgrad der SAP deutlich.

↗ Fanden beim Software-Kongress in Berlin aufmerksame Zuhörer (von links): Hasso Plattner, Gerhard Oswald, Jürgen Hachenberger.

↘ Aufbau Ost: Alfred Wenzel organisierte die Expansion. Hier stellt er SAP auf dem Software-Kongress in Berlin vor.

NEUE BUNDESLÄNDER

Walter Bachmann, Beratungsleiter der Berliner Geschäftsstelle, erinnert sich: „Wenn aber ein Kunde einen Vertrag abschließen wollte, dann war eine Zusage per Fax juristisch nicht sicher. Es musste ein rechtlich verbindliches Telex nach Walldorf geschickt werden." Das DDR-Grand-Hotel war zwar in gewisser Weise ein Magnet, da es die Neugier der Ostbürger weckte, die ohne Devisen vor der Wende keinen Zutritt hatten, es konnte aber natürlich nur eine vorübergehende Lösung sein. Bachmann: „Es war für unsere IT-Kunden einfach eine Nummer zu groß. Die Nacht im Hotel kostete damals 400 DM und das Monatsgehalt unserer Ost-Kunden lag vielleicht bei 1.000 DM. Der Wohlfühlfaktor fehlte bei den Gesprächen. Wenn man fragte, ob der Kunde einen Kaffee oder Tee wünschte, wurde meistens abgelehnt."

Auf der Suche nach geeigneten Mitarbeitern

Als Kernteam für die DDR hatte Alfred Wenzel im Frühjahr 1990 drei Führungskräfte ausgewählt: Walter Bachmann als Beratungsleiter Rechnungswesen, Peter Philipps als Beratungsleiter Logistik und Wolf-Dietrich Seidel als Vertriebsleiter. Damit verbunden war nicht nur eine Beförderung, sondern auch die Notwendigkeit, von Walldorf nach Berlin umzuziehen. „Kein kleiner Schritt", erinnert sich Wenzel. „Seidel zog damals mit drei Kindern in die Hauptstadt. Alle drei Manager waren sehr motiviert und haben ihre Beförderung zweifelsfrei und überzeugend gerechtfertigt."

Eine erste wichtige Aufgabe in Berlin war, so Walter Bachmann, Personal für die neue Geschäftsstelle einzustellen, was sich als echte Herausforderung erwies. Der junge Beratungsleiter hatte zwar bereits Erfahrung als Führungskraft, aber mit der Art der Bewerbungen der Ostdeutschen war er weder inhaltlich noch von ihrem äußeren Erscheinungsbild vertraut. Er wusste nicht genau, was hinter den Zeugnissen und Abschlüssen aus DDR-Zeiten steckte.

Thomas Harnisch und zwei seiner Kollegen des VEB Kombinat Elektro-Apparate-Werke Berlin waren unter den ersten Bewerbern. Sie waren durch Broschüren aufmerksam geworden, die ihr Chef von der Leipziger Frühjahrsmesse 1990 mitgebracht hatte. Anfänglich wurde das Personal für die Berliner Geschäftsstelle über die Dr. Horn Software GmbH eingestellt. Man wollte die neuen Ost-Kollegen nicht direkt in die SAP einstellen und auch nicht sofort ein SAP-Gehalt bezahlen. „Das war erstmal viel Geld, was wir da bekamen. Die Ost-Gehälter waren viel niedriger und dazu noch in der anderen Währung", so Thomas Harnisch. Und Hans-Günther Heinel, der mit der zweiten Einstellungswelle im September 1990 zu SAP kam und ebenfalls im Januar 1991 einen SAP-Vertrag erhielt, erinnert sich: „Matthias Horn war einer der ersten Berliner SAP-Mitarbeiter, der einen

Gewerbeschein hatte. Die Abwicklung über diese GmbH war unkomplizierter, denn der Staatsvertrag mit Währungs- und Wirtschaftsunion zwischen BRD und DDR trat erst am 1. Juli in Kraft. Die SAP war schneller als die Politik", sagt Heinel anerkennend.

Für die zweite Einstellungsphase hatte man eine große Annonce in den DDR-Zeitungen Neues Deutschland und Berliner Zeitung geschaltet und der Zulauf war beträchtlich. Eine der rund 2.000 Bewerbungen kam von Heidelore Castro, die heute Business Senior Manager Financial Services EMEA ist. Wesentliche Kriterien, sich auf die Stelle des SAP-Beraters zu bewerben, waren für sie „die internationale Ausrichtung der Firma und die an Software gekoppelten Themen Rechnungswesen und Unternehmenssteuerung". Bei SAP hatte man nun „Waschkörbe voller Bewerbungen" zu sichten, um schließlich 100 Kandidaten für Vorstellungsgespräche auszuwählen. Walter Bachmann: „Es war eine fantastische Aufbruchsstimmung, aber man spürte deutlich, dass hinter jeder Bewerbung Schicksale steckten."

Daraus ergab sich natürlich auch eine bis dato nicht dagewesene Zahl an Bewerbungsgesprächen. Alfred Wenzel: „Und das hieß, wir haben an den Wochenenden von Freitagmittag bis Sonntag die Leute interviewt. Und da hat jeder mitgemacht, auch der Vorstand. Das war sehr anstrengend, aber da Herr Hopp auch dabei war, war allen klar, wie wichtig das jetzt für uns ist."

Die Bewerbungsgespräche fanden im SAP-Gebäude in der Walldorfer Max-Planck-Straße (MPS, heute WDF08) statt. Thomas Harnisch: „Wir fanden uns im Empfangsbereich des MPS ein. Als Dietmar Hopp die Bewerber begrüßte, scherzte er angesichts unserer förmlichen Business-Kleidung, dass die SAP doch eher eine ‚hemdsärmelige Firma' sei." Heidelore Castro: „Es war ein sehr kollegialer, bodenständiger Umgang. Niemand war überheblich. Du konntest jeden fragen, wenn Du etwas nicht wusstest." Auch Ralf Michel gehörte zu den „Neuen" und erinnert sich gerne an diese Zeit: „Uns wurde sehr viel Vertrauen entgegengebracht. Es war ein toller Zusammenhalt, fast wie eine Familie. Und wir konnten tatsächlich das erleben, was Dietmar Hopp als Anspruch formuliert hatte: Die Mitarbeiter sollten am Erfolg der Firma teilhaben."

Ab April 1990 wurden in der Nonnendammallee 101 in Berlin ein Sekretariatsraum und ein Demo-Raum bei der Firma SIETEC, einer Siemens-Tochterfirma, angemietet. Diese Geschäftsstelle war aber zunächst nicht viel mehr als eine formale Adresse, denn die frisch eingestellten Kolleginnen und Kollegen aus dem Osten waren im ersten halben Jahr durchgehend auf Schulungen in Walldorf. „Wir waren noch nicht gleich einsatzfähig.

SAP investierte sehr in die Mitarbeiter, um die Kunden danach in höchster Qualität betreuen zu können", so Heidelore Castro, die eine von nur sechs Frauen unter den siebzig Neueinstellungen war.

In den ersten Monaten hatte SAP den ostdeutschen Mitarbeitern Pool-Wagen zur Verfügung gestellt, um zu Schulungen zur SAP-Zentrale zu fahren. „Einer der Kollegen war mit dem Trabi nach Walldorf gekommen und den wollte Dietmar Hopp dann in der Mittagspause anschauen, weil er noch nie einen aus der Nähe gesehen hatte", erzählt Thomas Harnisch. Ab der zweiten Einstellungswelle gab es dann Busse, die die neuen Mitarbeiter zu Schulungen nach Walldorf brachten.

Die Investition in das Auswahlverfahren machte sich dann bei den Schulungen bereits bemerkbar. „Nach vier Monaten waren die alle absolut top", so Alfred Wenzel über die neuen Mitarbeiter. Er hatte ein Traineeprogramm als Schulungskonzept entwickelt, das auf die neuen Anforderungen zugeschnitten war. Ein Teil der späteren Arbeit der „Neuen" war dann, selbst Schulungen in Berlin zu halten. „Weil wir wirklich die besten Leute gefunden und sie intensiv trainiert hatten, haben sie anschließend selbst hervorragende Schulungen gehalten. Die Berliner waren zudem auch bei den ersten Projekten bei DDR-Firmen dabei. Diese Betriebserfahrungen haben sie in die Schulungen mit eingebracht."

Der Bekanntheitsgrad steigt

Ein „richtiger Paukenschlag", so Wenzel, war der SAP-Kongress im Internationalen Congress Centrum Berlin im September 1990. Der Kongress zum Thema „Integrierte Standardsoftware zur Unternehmensführung in der DDR" erhöhte den Bekanntheitsgrad der SAP im Osten enorm. „Bei diesem dreitägigen Kongress wurde das ganze Spektrum der Betriebswirtschaft und auch der SAP-Anwendungen behandelt und gezielt Werbung dafür gemacht."

Dietmar Hopp, Gerd Oswald, Paul Neugart und viele andere stellten die SAP und ihre Programme vor. „Alle Referenten hatten Rang und Namen und vor allen Dingen auch Kompetenz", so Wenzel. Vor allem der damalige Vorstandsvorsitzende Dietmar Hopp machte Eindruck. Beratungsleiter Walter Bachmann: „Hopps Besuche waren sensationell – er hatte eine Ausstrahlung, die auf die ostdeutschen Führungskräfte eine große Wirkung zeigte. Das war sehr wichtig, denn während viele westdeutsche Firmen gegenüber den Ostdeutschen ,nur das Beste' wollten, nämlich ihr Geld, konnte Herr Hopp vermitteln: ,Wir helfen Euch!'." Es hatte sich herumgesprochen, dass die SAP etwas zu bieten hatte, was die ostdeutschen Firmen jetzt ganz dringend benötigten: eine Software, mit der sie die

Umstellung von Plan- auf Marktwirtschaft und vor allem der neuen Gesetzgebung auf Ebene der Personalwirtschaft umsetzen konnten und die dabei helfen sollte, ihr Unternehmen auf dem neuen Markt konkurrenzfähig zu machen. Bachmann: „Das Motto war: Ihr kauft Euch auch Betriebswirtschaft."

Nachdem etwa 70 neue Mitarbeiter eingestellt worden waren, hatten die SAP-Führungskräfte von einem auf den anderen Tag ein großes Team zu leiten. Dabei ging es bei den ostdeutschen Mitarbeitern nicht nur um SAP-Belange, erinnert sich Bachmann. „Man musste die Leute ausbilden, aber ihnen auch Unterstützung bei allgemeinen Fragen geben, die sich durch das neue Leben im ,rauen Westen' ergaben – etwa Probleme mit einer unnötig abgeschlossenen Versicherung, mit dem Mietvertrag und so weiter." Die Neuzugänge hatten aber auch viel zu bieten. Thomas Harnisch: „Viele der Kollegen, die eingestellt wurden, hatten in der Sowjetunion studiert oder sprachen zumindest sehr gut Russisch. Da konnte man sehen, wohin die Reise gehen sollte: Weitere Märkte, etwa die damalige UdSSR und andere Ostblockstaaten, sollten mit Hilfe der ostdeutschen Mitarbeiter und über die DDR erschlossen werden."

Bei der Personalauswahl hatte Alfred Wenzel gezielt auf die Befähigung für Einsätze in anderen osteuropäischen Ländern, insbesondere der UdSSR, geachtet. „Die Fachkräfte wurden lange vor ihrem jeweiligen Auslandseinsatz und sehr schnell in den Projekten zur Entwicklung landesspezifischer Versionen der SAP-Software eingesetzt. Hier bewährten sie sich und erarbeiteten sich die Fähigkeiten, die sie brauchten, um später die Kerntruppe des jeweiligen osteuropäischen Landes zu bilden." Die neuen Kolleginnen und Kollegen waren ihrerseits froh, in den unruhigen Wende-Zeiten eine Anstellung zu erhalten. Und besonders freuten sie sich über die Eröffnung der Geschäftsstelle in der Waldstraße Anfang 1991, erinnert sich Hans-Günther Heinel.

In den neuen Räumen – etwa 4000 Quadratmeter in der 2. Etage über einem Baumarkt – war dann auch Platz für ein eigenes Schulungszentrum. Die Lage in Reinickendorf in der Nähe zum Flughafen Tegel war sehr günstig für die Anreise. Diese Räumlichkeiten sollten für über zehn Jahre – bis zum Umzug in das neue SAP-Büro in der Rosenthaler Straße 30 im Jahr 2003 – ein Zuhause für die Berliner Geschäftsstelle im vereinigten Deutschland sein. ∎

Wie sich Dresden zum zweiten SAP-Standort im Osten Deutschlands entwickelte

↑ *Hahn im Korb: Walter Bachmann bedankt sich bei den fleißigen Helferinnen der Geschäftsstellen-Eröffnung.*

↖ *Brachten die moderne Betriebswirtschaft in die ehemalige DDR (von rechts): Alfred Wenzel, Walter Bachmann (Finanzbuchhaltung, Kostenrechnung), Peter Philipps (Logistik, Materialwirtschaft), Wolf-Dietrich Seidel (Vertrieb).*

↗ *Die Geschäftsstelle in der Waldstraße bot Platz für Büros und Schulungsräume. Corinna Naumann begrüßte die Gäste.*

↙ *Neues Zuhause: Dietmar Hopp (links) und Alfred Wenzel eröffnen 1993 die neue Geschäftsstelle in Berlin.*

50 GESICHTER DER SAP

Stets bereit zu helfen

13 | Ross J. Barbagallo begann seine Karriere bei SAP als R/2-Berater und hatte seitdem mehrere führende Positionen in der Beratung für Supply Chain Management inne.

„Mein beruflicher Werdegang bei der SAP hat im Oktober 1990 begonnen, als ich mich auf eine Anzeige in einer Lokalzeitung beworben habe. Damals gab es etwa 90 Mitarbeitende bei der SAP in Lester, Pennsylvania. Zuvor hatte ich für große Fortune-500-Unternehmen und ein führendes Beratungsunternehmen gearbeitet – alle im Bereich Supply Chain Management (SCM).

In keinem anderen Unternehmen habe ich ein so starkes kollegiales Miteinander erlebt, bei dem man stets bereit ist, gemeinsam mit anderen den Kunden zu helfen. Alle lassen andere gerne an ihrem Wissen teilhaben und beweisen Teamgeist. Zwei Dinge, die sich seit meinen Anfängen im Unternehmen nicht verändert haben, sind der Erfahrungsschatz und der Kameradschaftsgeist unserer Belegschaft. Genau wie vor mehr als 30 Jahren streben die Mitarbeitenden bei der SAP auch heute danach, einander zu unterstützen und Kunden zum Erfolg zu verhelfen."

Stürmische Entwicklung

14 | Gerhard Bellof (rechts) begann 1984 seine 25 Jahre währende Laufbahn bei SAP.

„Bei SAP durfte ich eine stürmische Entwicklung miterleben, wie man sie in nur einem Berufsleben normalerweise nicht erlebt. Bei meinem Eintritt beschäftigte SAP 150 Mitarbeitende, bei meinem Austritt, 25 Jahre später, waren es 60.000. Aus einer ‚Softwareklitsche‘ war das größte europäische IT- und kapitalstärkste DAX-Unternehmen geworden. Natürlich hatte das rasante Wachstum seinen Preis, ständiges Umziehen in neue Büroräume, ständig sich ändernde Organisationsformen. Auf meinen Gehaltsabrechnungen firmieren die unterschiedlichsten Gebilde: SAP GmbH, SAP C, SAP M, SAP AG, SAP SI GmbH, SAP SI AG. Aus den anfänglich viel gepriesenen ‚flachen Hierarchien‘ hat sich mittlerweile, wie mir scheint, eine ‚Spanische Treppe‘ entwickelt.

Im Gedächtnis geblieben sind mir besonders die Jahre, in denen die SAP die Börsen gestürmt hat. Auf den Bildschirmen der Kollegen sah man plötzlich Aktiencharts statt Assembler- oder ABAP-Kauderwelsch.

Die SAP-Gruppe war nach anfänglichen, beruflichen Wanderjahren mein dritter und letzter Arbeitgeber, ein Glücksfall!"

Technologiegeschichte schreiben

15 | Sumanth Hegde fing 2004 als Entwickler bei SAP Labs India an. Er arbeitet nun als Berater in Walldorf und verfügt über umfangreiches Wissen über SAP Information Lifecycle Management und Data Aging für SAP HANA.

„Der wunderschöne SAP-Labs-Campus, freundliche Kolleginnen und Kollegen und der ausgezeichnete Ruf des Unternehmens bildeten eine äußerst einladende Atmosphäre. Aber nach meiner Einführung betrachtete ich das bereits mit gemischten Gefühlen. Ich war einerseits stolz, für ein Unternehmen zu arbeiten, das so viel erreicht hatte, andererseits war ich enttäuscht, dass bei der SAP ‚alles Machbare bereits gemacht worden war‘. Ich konnte ja nicht ahnen, dass ich in den nächsten 18 Jahren mithelfen würde, Technologiegeschichte zu schreiben.
Zwei Ereignisse sind mir im Gedächtnis geblieben. Zu Beginn meiner Karriere war ich an der Entwicklung der Lösungen für CRM und Analysen beteiligt. Als ich zehn Jahre später Lautsprecher kaufen wollte, stellte ich fest, dass der Händler immer noch die Anwendung nutzte, die ich entwickelt hatte. Dieselbe Anwendung informierte den Händler auch darüber, dass ich die dazugehörigen Kabel extra kaufen müsste (was ich vergessen hatte). Man bedenke: Die Anwendung wurde entwickelt, lange bevor maschinelles Lernen und das intelligente Unternehmen in aller Munde waren!
Ich erinnere mich auch an eine weitere Begebenheit. Ich brauchte einmal dringend ein Visum, um für ein wichtiges Meeting nach Walldorf reisen zu können. Im Reisebüro sagte man mir, dass das normalerweise fast unmöglich wäre. Aber da ich für die SAP arbeitete, könnte es vielleicht doch klappen. Zu meiner Überraschung wurde das Visum im Handumdrehen ausgestellt! Das hatte ich dem guten Ruf der SAP zu verdanken!"

Fünf Generationen

16 | Rita Feio fing 1996 als Finance Consultant bei der SAP in Portugal an. Heute leitet sie die europäischen Delivery Center der SAP.

„Als ich zur SAP in Portugal gekommen bin, waren wir ein 15-köpfiges Team. Heute arbeiten dort mehr als 400 Mitarbeitende.
Bei der SAP bieten sich uns zahlreiche Möglichkeiten. Wir können uns neuen Herausforderungen stellen, uns weiterentwickeln und wachsen und dieses großartige Unternehmen mitlenken und seine Werte repräsentieren. Als Teil eines globalen Unternehmens gehören wir einem Team an, das Menschen respektvoll behandelt und Wert auf Vielfalt, Kreativität, Flexibilität und unterschiedliche Sichtweisen legt. Unsere Belegschaft besteht aus fünf Generationen, sodass erfahrene Mitarbeitende junge Talente coachen können. Mithilfe dieser Kombination aus Fachwissen und Innovationskraft lösen wir das Versprechen an unsere Kunden ein, Mehrwert für sie zu schaffen und ihnen Wettbewerbsvorteile zu ermöglichen. Die SAP wird 50, und ich bin sehr stolz darauf, bereits seit mehr als 25 Jahren zum Unternehmen zu gehören. Diese Jahre waren geprägt von Entschlossenheit, Leidenschaft, Inspiration, Können und Erfolgen!"

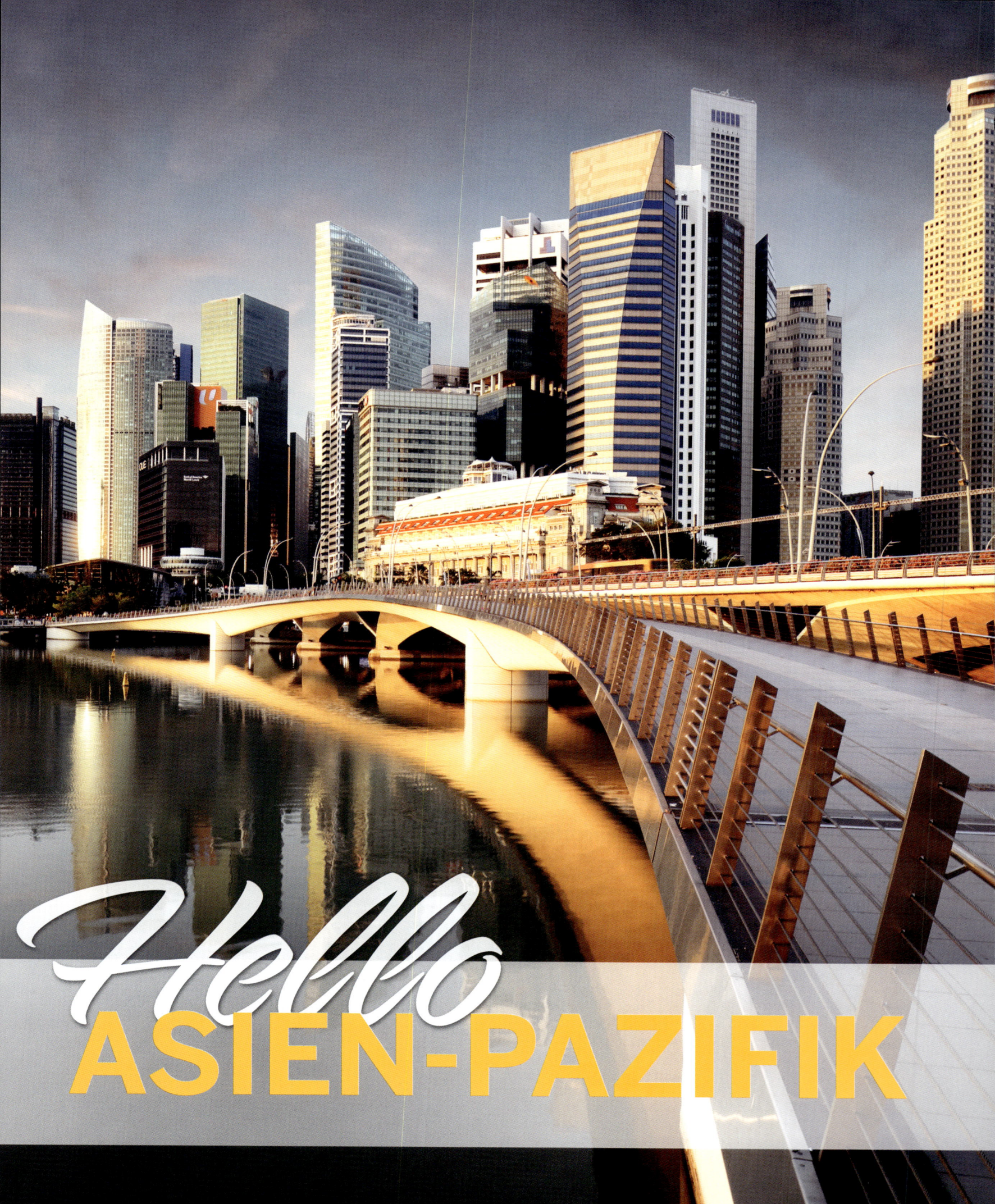

Hello
ASIEN-PAZIFIK

Kreative Anarchie

Mit dem Blick auf kulturelle, wirtschaftliche und politische Unterschiede, mit gemeinsamen Werten und viel Freiraum fürs Management gelang es SAP, die Region Asien-Pazifik rasch zu einem schnell wachsenden Markt aufzubauen.

Von Michael Zipf

Die Geschäftsaktivitäten der SAP in der heute als Asien-Pazifik-Japan (APJ) bezeichneten Region reichen offiziell bis Juli 1989 zurück. Damals wurde die Zentrale der SAP Asia in Singapur im Bürokomplex „The Gateway East" gegründet. Doch eigentlich begann die Geschichte der SAP in der Region in Australien.

Rudy van der Hoeven kam 1987 zu SAP International im schweizerischen Biel. Er war es, der 1988 und 1989 im Auftrag des Chefs von SAP International, Hans Schlegel, die ersten SAP-Kunden in Australien gewann.

Auf seinen Zwischenstopps von und nach Europa machte van der Hoeven stets in Singapur Station, wo viele amerikanische und europäische Firmen ihre Asien-Zentralen angesiedelt hatten. Hans Schlegel erinnert sich: „Rudy konnte es nicht lassen, auch mal schnell bei Unternehmen in Singapur vorbeizuschauen, und plötzlich hatten wir Kunden wie Singapore Telecom, Military Defense of Singapore und andere."

1989 siedelte van der Hoeven nach Singapur über und wurde der erste Geschäftsführer von SAP Asien. Drei Jahre später konnte SAP Asien, unter dessen Dach Hongkong, Malaysia (beide 1992 eröffnet) und Singapur vereint waren, bereits auf eine bemerkenswerte Erfolgsbilanz verweisen. Die Zahl der Installationen erhöhte sich von zwei im Jahr 1990 auf mehr als 30 zwei Jahre später. Rund 50 Mitarbeiter betreuten die Kunden. Das Australien-Geschäft startete mit einem zwölfköpfigen Team und drei Installationen. 1992 hatte sich der Mitarbeiterstab bereits verdreifacht, und die Zahl der Installationen war auf 24 gewachsen.

Globale und lokale Kunden

Die Liste der SAP-Kunden im Raum Asien-Pazifik liest sich mit weltbekannten Namen wie DuPont, Mobil, Esso, Philip Morris und Shell wie ein „Who's Who" der Fortune-Global-500-Unternehmen. Zu den lokalen Kunden in Asien zählten renommierte Großunternehmen wie die Zivilluftfahrtbehörde von Singapur, Singapore Telecom, Central Provident Fund Board, die National University of Singapore, Jabatan Perkhidmatan Pos Malaysia, Permodalan Nasional Berhad, Petronas, Bank Bali, The Union Bank of Bangkok und der chinesische Werkzeugmaschinenbauer Shanghai Machine Tool Works.

Alle Mitarbeiter aus der Region absolvierten ein Schulungsjahr im Walldorfer Schulungszentrum. 1992 hatten bereits über 20 Berater an diesem anspruchsvollen Ausbildungsprogramm teilgenommen. Mit diesem Pool von qualifizierten Mitarbeitern ging man daran, die Geschäfte in der Region unter lokales Management zu stellen. Besonders wichtig war dies für Japan, wo SAP im Oktober 1992 eine Niederlassung eröffnete.

„Nach drei Jahren in der Region Asien-Pazifik, einschließlich Japan, sind wir heute stolz auf 100 Mitarbeiter und 60 Kunden in 10 Ländern", erklärte Geschäftsführer Henk Verkou Ende 1992.

„Wir haben in allen wichtigen Märkten Fuß gefasst, sowohl bei internationalen als auch bei lokalen Unternehmen. Damit haben wir ein stabiles Fundament geschaffen, um unsere zweite Wachstumsphase anzupacken."

Die Gründung der Landesgesellschaften erleichterte dabei vielen Unternehmen die Entscheidung für SAP. „Die Kunden wollten ein Bekenntnis der SAP haben, wollten sichergehen, dass wir immer Leute vor Ort haben, die sie bei Problemen unterstützen können", sagt der damalige Kaufmännische Leiter Dieter Matheis.

Als Lutz Kettner 1994 Geschäftsführer von SAP Asien wurde, setzte sich das Wachstum fort, und die Region hatte ihre Umsatzerlöse bis Jahresende um 60 Prozent gesteigert. Damals resümierte Kettner: „Rund 50 Prozent unserer Kunden sind lokale Unternehmen, etwa Telecom Asia in Thailand, Singapore Telecom und Singapore Airport, der Kuala Lumpur Airport in Malaysia und die indonesische Bank Bali. Somit haben wir eine sehr differenzierte Referenzkundenliste von lokalen und globalen Unternehmen. Von 84 Kunden im asiatischen Raum setzen 18 R/2 ein, und vier haben konkrete Absichten, auf R/3 umzusteigen. Für 1995 haben wir uns zum Ziel gesetzt, die 100-Kunden-Marke zu knacken."

Wachsender Marktanteil

Von 1994 an boomten die Märkte Japan und Australien. In diesem Jahr wurde Les Hayman ins Boot geholt, um das Geschäft in Australien und Neuseeland zu lenken, und schon bald entwickelte sich Australien zum drittstärksten Markt für SAP nach Deutschland und den USA.

Derweil vergrößerte sich der Marktanteil der SAP in Japan ab 1993 jährlich um zehn Prozent, sodass 1997 bereits die 50-Prozent-Marke überschritten wurde. Und nachdem das Geschäft in China und Indien ab 1995 kräftig angezogen hatte, war Asien-Pazifik endgültig eine tragende Säule des weltweiten Erfolgs der SAP geworden. Wie Les Hayman es ausdrückte: „Der Erfolg, den wir Mitte bis Ende der 1990er-Jahre in Asien-Pazifik erlebten, war teilweise ein Ergebnis der unglaublichen Unterstützung der Unternehmenszentrale und des Vertrauens, das von dieser Seite in uns gesetzt wurde. Peter (Zencke) und Henning (Kagermann) waren immer da, wenn ich sie brauchte, und sie waren immer entschlossene Fürsprecher für erhebliche Investitionen in unsere Schlüsselmärkte. Dieter Matheis (Kaufmännischer Leiter bis 2002) hatte eine optimistische Perspektive auf Asien, und Gerd Oswald schuf Supportzentren hier in der Region, die unser Engagement in Asien entscheidend voranbrachten. Wir erhielten also von allen Seiten Unterstützung."

SAP Korea reihte sich Mitte Oktober 1995 in die wachsende Zahl der SAP-Niederlassungen in der Region APJ ein. Unterdessen machte SAP Fortschritte bei der weiteren Eroberung von Marktanteilen in Indonesien, Brunei und den Philippinen durch gemeinsame Events, Verkaufszyklen und Entwicklungen mit bestehen-den Partnern. Die neue SAP-Tochtergesellschaft in Taiwan öffnete Ende Juli 1996 ihre Pforten.

Neuausrichtung der Region

1996 schnellten die Umsatzerlöse in Asien-Pazifik um 65 Prozent in die Höhe. Im gleichen Jahr wurde Les Hayman zum President für die Region Südostasien-Pazifik ernannt. Damit unterstanden Peter Zencke, dem für Asien-Pazifik verantwortlichen Vorstandsmitglied, drei Führungskräfte als Managing Director bzw. President: Klaus Zimmer (Großchina), Sam Nakane (Japan/Korea) und Les Hayman (alle anderen Länder im Raum Asien-Pazifik). Asien-Pazifik entwickelte sich nun zu einem der am schnellsten wachsenden SAP-Märkte, sowohl in Bezug auf den Umsatz als auch hinsichtlich der Mitarbeiterzahl. 1997 waren hier bereits rund ein Drittel der Landesgesellschaften der SAP ansässig, die etwa zehn Prozent der Gesamtbelegschaft des SAP-Konzerns beschäftigten.

1997 ließen sich rund 13 Prozent des weltweiten Gesamtumsatzes der SAP der Region Asien zuschreiben, und SAP war mit einem Marktanteil von über 42 Prozent der marktbeherrschende ERP-Anbieter in den ASEAN-Nationen (Association of Southeast Asian Nations).

Gegen Ende der 1990er-Jahre jedoch gerieten mehrere asiatische Volkswirtschaften in Turbulenzen. Währungseinbrüche, hohe Staatsverschuldung, Leistungsbilanzdefizite und schwache Wachstumsprognosen hatten selbst einst florierende Volkswirtschaften wie Korea ins Taumeln gebracht. Doch im Gegensatz zu anderen Unternehmen, die ihr Personal kürzten, alternative Vertriebskanäle schufen oder sich gänzlich aus dem Markt verabschiedeten, suchte SAP unbeirrt weiter neue Chancen und hielt ihre Kundenunterstützung unvermindert aufrecht.

Aus dem Krisenjahr 1998 ging SAP Asien-Pazifik erneut mit starken Ergebnissen hervor: Man verzeichnete über 50 Prozent Gesamtwachstum für die Region, einschließlich Indonesien, das von der Wirtschaftskrise besonders hart getroffen worden war.

Neben der technischen Überlegenheit dürfte ein weiterer Aspekt den Erfolg der SAP in Asien erst möglich gemacht haben: Vertrauen. Les Hayman, von 1996 an President South Asia Pacific, drückte es so aus: „Zu dieser Zeit leiteten wir die Länder auf eine Art, die ich kreative Anarchie nennen würde. Wir hatten komplett freie Hand und solange die SAP-Führung von unserem starken Bekenntnis zur SAP überzeugt war und die Zahlen stimmten, gab es keinerlei Einmischung von oben." ■

Die Geschichte der SAP in Südostasien

↑ Vertragsunterzeichnung im April 1990: Drei Vertreter der malaysischen Post und der Investmentfirma Permodalan Nasional Berhad (links) mit den SAPlern Henk Verkou (SAP Asia), Hans Schlegel (SAP International), Raymond Teh (SAP Asia) und Rudy van der Hoeven (SAP Asia, von links).

↖ Mitarbeitende der SAP Asia beim „Staff Meeting" 1995 am Strand von Sentosa/Singapur.

↗ Rudy van der Hoeven und Henk Verkou (von links) bei der Vertragsunterzeichnung mit Mobil in Singapur.

↙ Steuerten die Wachstumsregion Asien-Pazifik (von links): Klaus Zimmer, Les Hayman und Sam Nakane.

908 der 1000
**GRÖSSTEN
UNTERNEHMEN**
*weltweit sind
SAP-Kunden.*

SAP-Kunden erwirtschaften

87%

*des gesamten globalen Handels-
volumens, was rund 46 Billionen
US-Dollar entspricht.*

SAP-KUNDEN

*erzielen 95 Prozent der Gesamt-
umsätze in der Bankenbranche und
97 Prozent der Gesamtumsätze der
Telekommunikationsdienstleister.*

*SAP hat mehr
als 23.000 Partner
in mehr als*

140 **LÄNDERN**

*Über 430.000 Beraterinnen und
Berater arbeiten bei SAP und in
ihrem weltweiten Partnernetz.*

SAP-Kunden erwirtschaften

92%

*der Gesamtumsätze in der
Pharmazie-, Biotechnologie-
und Life-Sciences-Branche.*

*Die zehn größten
Unternehmen in der*

ENERGIE-
BRANCHE

*sind SAP-Kunden. Und SAP-
Kunden generieren 91 Prozent der
Gesamtumsätze dieser Branche.*

WIRKUNG ERZIELEN ⏐2

VON DER STEINZEIT IN DIE MODERNE

Die frühen Anwender haben SAP und ihre Produkte aktiv mitgestaltet und geprägt. Sie waren weniger Kunden und Konsumenten im herkömmlichen Sinn als vielmehr Wegbereiter und Wegbegleiter.

Von Heidi Schweickert

Feierabend und Wochenende sind für die meisten Menschen gleichbedeutend mit Freizeit und Erholung. Unternehmen wechseln dann in einen anderen Modus. In den Fluren herrscht gedämpfte Stille, in Büros gähnende Leere. Während die meisten gehen, kommen andere in schlichtem Auftrag: Putzkolonnen saugen, wischen und leeren Eimer, Wach- und Sicherheitsposten kontrollieren Gebäude und Maschinen. Dieser „Schichtwechsel" gehört heute wie vor 50 Jahren zum Alltag jeder Firma.

In den Unternehmen, um die es im Folgenden geht, kamen in den frühen 1970er-Jahren um diese Zeit aber noch andere: Gründer und Mitarbeitende der jungen SAP. Sie kamen zu Kunden, die ihnen ihre Mainframe-Rechner zur Verfügung stellten. Das waren kompakte, metallisch ratternde, surrende und laute Maschinen. Ihr bloßer Anblick zeigte, dass es sich um große, schwere Industrieanlagen handelte, Kolosse, Lichtjahre von den handlichen Devices späterer Jahre entfernt, die dennoch nicht einmal die Leistung eines modernen Laptops erreichten. Maschinen, die für ein „Start-up" in unsicherem Fahrwasser ganz einfach unerschwinglich waren. Das Unternehmen Freudenberg – einer der frühen SAP-Kunden – zahlte zum Beispiel 1971 für die monatliche Miete eines IBM Systems /370 knapp 312.000 D-Mark, während die zeitlich unbegrenzte Nutzung der SAP-Entwicklung für ihre Systembasis IMS gerade einmal 122.000 D-Mark kostete. Die jungen SAPler entwickelten Software für Geräte, die sie sich selbst nicht leisten konnten.

Wer die frühen Anwender mit offenen Ohren und Türen waren, wie ihre Situation damals war und wie sie zum Erfolg von SAP beigetragen haben, davon berichtet dieses Kapitel.

Zwischen Innovationsdruck und „Software Bottleneck"

In den Unternehmen bildeten Hard- und Software bislang meist ein technologisches und kommerzielles Bündel. Software stand auf keiner Preisliste, sondern war als Dienstleistung diskret eingepreist. „Software als Produkt war zu der Zeit eigentlich kein Thema", sagt Karl Sinz, ehemaliger IT-Chef von Freudenberg. Software wurde entweder mitgeliefert oder in aufwendigen Individualentwicklungen von den Firmen selbst programmiert, war und blieb ein hochspezialisiertes Randgebiet, umgeben von Skepsis und Lochkartenanlagen. Von Entscheidern unterschätzt, galt die elektronische Datenverarbeitung (EDV) als nützliche Serviceeinheit, aber kaum als Managementdomäne mit Einfluss auf die Strategie eines Unternehmens.

Die Situation änderte sich im Laufe der 1960er-Jahre durch eine Neubewertung von Software. Aus der datenverarbeitenden Maschine für „dumme" Automatisierungsanwendungen wurde eine intelligente Lösungstechnologie für geschäftsrelevante Entscheidungen, die zukunftsträchtige Gestaltungsräume eröffnen konnte und sollte. Softwareentwicklung mauserte sich in den 1970er-Jahren zu einem elementaren Wirtschaftsfaktor, wurde zunehmend als solcher begriffen und erfuhr spätestens mit dem Entstehen neuer Wertschöpfungsketten eine höhere Akzeptanz. Das kam einem Paradigmenwechsel gleich mit Rückwirkungen auf den Markt. Aus dem „Hardware Constraint" wurde der „Software Bottleneck". Eine Softwarekrise entstand und zeigte sich unter anderem im Mangel an qualifizierten Programmierenden und explodierenden Projektpreisen, während der Druck zur Innovation wuchs. Obwohl viele Firmen Großrechneranlagen wie das mächtige Hardwaresystem IBM/370 installiert hatten, gab es dafür weder effiziente Anwendungen noch brauchbare Standardsoftware – ein Dilemma.

Nach dem „Unbundling Act" 1970 und der kommerziellen Trennung von Hard- und Software veränderte sich sukzessive die Angebots- und Nachfragestruktur. Immer öfter wurde auf die Einpreisung von Software verzichtet. Die Folge war, dass kleinere Firmen Services für Unternehmen anboten, die keine eigene Datenverarbeitungsabteilung aufbauen wollten oder konnten. Zwischen 1969 und 1973 kam es zu einem Boom an Neugründungen, und für Unternehmen wurde es zunehmend interessant, sich der aufkeimenden Softwarebranche zu öffnen.

Vor diesem Hintergrund erfolgten die ersten Einführungen von SAP-Software. Damit sie erfolgreich verlaufen konnten, brauchte es Unterstützer, Pioniere und Piloten mit Mut zum Risiko und der Bereitschaft, sich auf einen externen Softwareanbieter und eine noch unfertige Technologie einzulassen, denn die Entwicklung war offen und weder für Anbieter noch für Anwender vorhersehbar.

Woher kamen die frühen Kunden?

Bis 1980 wurden rund fünfzig R/1-Systeme verkauft, im Jahr der Firmengründung war es gerade einmal ein System bei ICI. Es stellt sich die Frage, woher die Kunden einer anfangs unbekannten Firma kamen, die weder Marketing noch Vertrieb, lange Zeit nicht einmal werbewirksame Namen hatte. Eine erste Antwort führt zurück in die Zeit der späteren SAP-Gründer bei IBM in Mannheim. Dort gab es seit 1967 ein eigenes Team für die Betreuung wichtiger Großkunden, dem die späteren Gründer angehörten. Als Systemberater waren sie einzelnen Kunden zugeordnet: Dietmar Hopp und Hasso Flattner beispielsweise ICI, Klaus Tschira dem Traktorenhersteller John Deere und zusammen mit Hans-Werner Hector Freudenberg. Man kannte und vertraute sich. Beim Ausscheiden von IBM brachte man diese Kontakte in die neue Firma mit.

Eine zweite Antwort liefern die SAP-Veranstaltungen und Seminare. Erste Veranstaltungen fanden etwa im Konferenzraum des Europäischen Hofs in Heidelberg statt oder ausnahmsweise in der „Heidelberger Akademie der Wissenschaften" im großherzoglichen Palais. Dauerhafter Veranstaltungsort der kommenden Jahre wurde schließlich die „Molkenkur" in Heidelberg. Malerisch an der Stelle des alten Heidelberger Schlosses oberhalb der Altstadt gelegen und ab 1981 als Tagungszentrum renoviert, bot das

Institut „Neue Betriebswirtschaft" unter Leitung von Dr. Kurt Bruch einen angemessenen Rahmen und Räumlichkeiten, die es bei SAP (noch) nicht gab. Für zwei bis drei Tage fanden sich dort regelmäßig interessierte Teilnehmer – selten Teilnehmerinnen – zu SAP-Veranstaltungen meist im noch unrenovierten, eher schmucklosen Spiegelsaal ein. Mit nicht viel mehr als einem Satz Folien, einem Overheadprojektor und Flipchart ausgestattet, referierten im eingespielten Team Dietmar Hopp den Systemaufbau, Walter Rothermel von ICI den Einkauf und Klaus-Peter Stoffel vom Burda Verlag die Materialwirtschaft.

Genauso wichtig wie die Veranstaltungen selbst waren die Aktivitäten in ihrem Nachgang. Viele namhafte, aber auch kleinere Firmen fragten, „ob sie sich das mal vor Ort anschauen können," wie Klaus-Peter Stoffel, damaliger Leiter der Materialwirtschaft bei Burda, zu berichten weiß. Denen habe man dann SAP im Livebetrieb gezeigt. Klaus-Peter Stoffel: „Da sind die Kontakte hergekommen." Und bei Kontakten ist es nicht geblieben, Aufträge folgten. Besucherführungen bei ICI, Demos am Bildschirm durch SAP-Mitarbeiter sowie Referenzbesuche bei anderen Kunden waren ein Schlüssel zur Gewinnung neuer Kunden; denn wer, wenn nicht die Anwender, konnten von den Vorzügen der Software überzeugend berichten? Die Kurse auf der Molkenkur waren ausgebucht, mussten laufend nachgeschoben werden und waren nach Dieter Matheis, damaliger Leiter des Rechnungswesens bei Thermal, „jahrelang ein Fundus für die Leadgenerierung und mitentscheidend für die schnelle Marktdurchdringung".

Neue Kunden lieferte drittens die Mund-zu-Mund-Propaganda in Nutzerforen und Gremien wie dem Wettolsheimer Kreis. Das war ein zweimal jährlich von IBM im Elsass organisierter Großkundentag bedeutender Unternehmen der Rhein-Main-Region wie Höchst, BASF, AEG, Hertie oder Deutsche Bank. 1978 referierte Karl Sinz dort über die erfolgreiche Einführung von SAP bei Freudenberg, stieß jedoch auf einhellige Ablehnung bei den anwesenden IT-Chefs: Standardsoftware käme für Großunternehmen nicht infrage. Die zu geringe Funktionalität und der Wegfall des Wettbewerbsvorteils sprächen klar dagegen! Zehn Jahre später setzten alle Unternehmen aus diesem Kreis SAP-Software ein – zumindest in gewissen Funktionen.

Piloten, Pioniere, Meilensteine

Die erste SAP-Lösung bei ICI war zwar eine kundenspezifische Entwicklung, die SAP-Gründer hatten aber von Anfang an vor, eine Standardsoftware zu entwickeln. Hierzu arbeiteten sie eng mit weiteren Kunden zusammen.

1973 – Knoll AG und Start der Standardsoftware

Ausgangspunkt für die Standardsoftware bildete der Finanzbuchhaltungsteil des Material-, Informations- und Abrechnungssystems (MIAS) bei ICI. Die Finanzbuchhaltung ist für jedes Unternehmen essenziell, und ihre Regeln sind durch jahrhundertealte Gepflogenheiten und gesetzliche Vorgaben so einheitlich wie bei keiner anderen Anwendung. Der erfolgreiche Einsatz des MIAS-Systems führte nur ein Jahr nach der Firmengründung, 1973, zum Vertrag mit der Knoll AG (heute AbbVie) und zum Entwicklungsstart der ersten Finanzbuchhaltungslösung RF/1.

Dazu wurde zwischen März und Dezember 1973 maßgeblich von Hasso Plattner und Paul Neugart, dem ersten SAP-Mitarbeiter, der Finanzbuchhaltungsteil – und zwar die Kreditoren- und Sachkonten – aus dem MIAS-System herausgelöst und um die Debitorenbuchhaltung mit Zahlungseingang und Umsatzsteuerfunktionen sowie die Onlinepflege der Sachkonten und Debitorenstammsätze erweitert. Nach einer symbolträchtigen Dauer von neun Monaten und einer vom individuellen Arbeitsstil und den Eigenarten der Protagonisten geprägten Zusammenarbeit auf allerengstem Raum lief bei Knoll in Ludwigshafen ab 7. Januar 1974 das erste vollständige Realtime-Finanzbuchhaltungssystem (Kreditoren, Debitoren, Sachkonten), später RF/1 genannt – reibungslos.

Die Knoll AG, damals einer der renommiertesten Arzneimittelhersteller der Welt, führte damit nach eigener Darstellung eines der „modernsten Buchhaltungssysteme der Welt" ein. In der Folge, so berichtete die Knoll-Mitarbeiterzeitung weiter, „interessierten sich eine ganze Reihe namhafter Firmen für diese Art der Buchführung", und es wurden „monatlich etwa drei bis vier Vorführungen am Bildschirm durchgeführt". Diese und weitere Vorführungen bei anderen Anwendern brachten bis Jahresende zwölf neue Kunden für SAP. Im gleichen Zeitraum gelang die Anpassung auf ein weiteres Betriebssystem. Während das SAP-System bei Knoll und ICI auf dem Betriebssystem DOS lief, konnte es im Februar 1974 bei Hugo Mann in Karlsruhe erstmals auf dem Betriebssystem OS lauffähig gemacht und anschließend bei weiteren OS-Anwendern in Hamburg installiert werden. Diese Flexibilität setzte in einem sich diversifizierenden Markt ein wichtiges Signal und markierte einen weiteren Meilenstein.

1974 – Thermalwerke und Beginn der Einkaufslösung

Im gleichen Jahr, 1974, kamen die Thermalwerke in Hockenheim dazu, ein 1922 in Walldorf gegründeter, jahrzehntelanger Marktführer der Lüftungs-, Klima- und Kältetechnik mit Kunden in Österreich, Frankreich und Irland. Während Thermal seit Anfang der 1970er-Jahre vergeblich auf ein bei IBM bestelltes Buchhaltungssystem wartete, kam die Firma in Kontakt mit Dr. Claus Wellenreuther.

Bei einem Treffen im Oktober 1971 in der Wirtschaft „Sonnenhof" in Hockenheim erfuhr Dieter Matheis von einer geplanten Firmengründung für integrierte Lösungen. Wellenreuther fragte ihn, ob sich die Thermalwerke vorstellen könnten, ihren Mainframerechner dafür zur Verfügung zu stellen. Sie konnten und wollten. So begannen die SAPler bei Thermal ab Juli 1974, auf Basis des

↖ *Das SAP-Team bei John Deere in Mannheim 1982: Gisela Neumann (unten links), Eberhard Schmitt (oben, dritter von links).*

↗ *Knoll-Mitarbeiterin am Bildschirmgerät.*

↘ *Elementarer Wirtschaftsfaktor: Ein Computerraum bei Böhringer Mannheim 1973 (im Bild Gisela Neumann).*

MIAS-Systems die Einkaufslösung, das spätere RM/1 zu entwickeln. Die Arbeit erfolgte wie üblich sonntags oder in der Nacht – wann auch sonst? Die SAP-Mitarbeiter Paul Neugart, Ulrich (Uli) Daub und Jürgen Hachenberger „kamen aber auch mal am Tag, um etwas zu zeigen", erzählt Matheis. Die SAP-Mitarbeiter machten keinen Dienst nach Vorschrift, sondern richteten sich nach den Erfordernissen ihrer Kunden. Dieter Matheis: „Wir hatten ein sehr kollegiales, offenes Verhältnis mit den SAP-Leuten."

Am 1. Januar 1975 ging Thermal mit der Finanzbuchhaltung produktiv. Skeptisch wie man noch war, lief sie anfangs mit Magnetcomputern doppelgleisig weiter. „Aber nur für kurze Zeit", es lief hervorragend, ganz ohne Probleme", so Matheis. Das gute Miteinander zeigte sich auch später. Als SAP 1977 erste interne Schulungen für die SAP-Basis im Hotel Motodrom in Hockenheim veranstaltete, wurde eine Standleitung zu Thermal eingerichtet.

1974 – Schott AG: Erstinstallation der Einkaufslösung RM/1

Die erste Installation der Einkaufsabwicklung fand schließlich im Dezember 1974 bei der Schott AG in Mainz statt. Der international führende Technologiekonzern auf den Gebieten Spezialglas und Glaskeramik stand zu diesem Zeitpunkt bereits auf der SAP-Referenzliste, weil RF/1 im Einsatz war. Die Einkaufslösung hatte noch einen minimalistischen Funktionsumfang mit dem Einkauf von Nichtlagermaterial und einer schlanken Bestellabwicklung für Hilfs- und Betriebsstoffe. Bis die Lösung durch Erweiterungen wie die Lagerabwicklung und Rechnungsprüfung mit direkten Buchungen in der Finanzbuchhaltung einigermaßen abgerundet und betriebsfertig war, vergingen weitere Monate. Laut Schott-Mitarbeiterzeitung arbeitete der „Kollege Computer" seit dem 1.2.1976 im Einkauf, im Magazin und in der Warenannahme.

SAP brachte eine „große Entlastung", insbesondere bei der „unvermeidlichen Kleinarbeit", wie ein Schott-Mitarbeiter in dem Artikel berichtet: „Früher hätte ich in ein anderes Büro gehen, mir den Bestellvorgang heraussuchen und mühsam die Einzelheiten nachschlagen müssen. Und wehe dem, dem die Lochkarten heruntergefallen sind." Mit der Einführung von SAP hatten die Lochkarten in den Fachabteilungen ausgedient. Die Dateneingabe erfolgte für die Endanwender per Tastatur und am Bildschirm, die Programmierung der Anwendungen allerdings weiterhin mit Lochkarten. Bis SAP über eigene Rechner verfügte, kamen bei Schott und allen anderen Kunden die System-Updates als Lochkarten mit der Post ins Haus. Die Einkaufslösung bildete ein zweites Standbein, die prozessübergreifende Integration der Module das Rückgrat der Standardsoftware. Dem erfolgreichen Einsatz bei Schott folgten weitere Verträge für RM/1, zum Beispiel mit Böhringer Mannheim und dem Burda Verlag in Offenburg.

1976 – Burda Verlag: Wenn Welten aufeinander prallen

Das Verlagshaus Hubert Burda war als mittelständisches Unternehmen mit rund 3.000 Mitarbeitenden an den Standorten Offenburg, Darmstadt und München mit Printprodukten wie „Die Bunte" oder dem Bambi-Medienpreis damals so populär wie heute und unter den frühen Kunden eine wertgeschätzte Referenz.

Initialzündung für die enge Zusammenarbeit mit SAP war eine Präsentation von Dietmar Hopp und Hasso Plattner höchstpersönlich. Ein schlüssiges Gesamtkonzept auf ein paar Folien reichte, um die anwesenden Herren bis auf Vorstandsebene zu überzeugen. Gediegene Männer in Anzug und Krawatte trafen auf unkonventionelle, junge Unternehmer und erlebten „ein Feuerwerk", wie sich Klaus-Peter Stoffel, verantwortlich für die Einführung von RM/1 und eine feste Größe für SAP in dieser Zeit, erinnert. „Da prallten Welten aufeinander." Die Vorstellung der beiden SAP-Gründer machte Eindruck: 1974 wurde bei Burda die dialogbasierte Buchhaltung eingeführt, ein Jahr später RM/1. Was für die Finanzbuchhaltung funktionierte, konnte nämlich auch in der Materialwirtschaft nur von Vorteil sein, sofern man funktionale Anforderungen realisierte, wie das Beispiel des Jahreswechsels im RM zeigt:

Laut Stoffel hatte Burda von 1976 auf 1977 das Problem, „dass der Jahreswechsel vorne und hinten" nicht funktionierte: Kamen Waren am 3. Januar an, musste der Wareneingang je nachdem, was auf dem Lieferschein stand, ins alte Wirtschaftsjahr zurückgebucht werden. Etwas, das SAP zu dieser Zeit noch nicht konnte: „Die SAP dachte von Januar bis Dezember absolut richtig, aber von Dezember bis Januar fehlte ihr das Wissen."

Aus diesem Anlass berief Klaus-Peter Stoffel am 6. Januar 1977 – einem Feiertag – bei ICI ein Krisentreffen ein und erklärte den eilends angetretenen Herren Hopp, Plattner, Tschira, Neugart und

Hachenberger, wie eine Materialwirtschaft am 31.12. eines Jahres zu funktionieren habe. Mit telefonischer Rückendeckung seines Finanzchefs konzipierte er sodann die Lösung auf einem Flipchart. Währenddessen änderten die aufmerksamen Teilnehmer – „die Jungs", so Stoffel – sofort die Programme, bis der Jahreswechsel in der Folge schlussendlich so lief, wie man sich das vorgestellt hatte. Es war eine Lösung, die den Know-how-Transfer von Praxiswissen beförderte, sich für andere Kunden verwenden ließ und dadurch die Standardsoftware ergänzte.

Prozesseinsparungen und Effizienz machten sich bei Burda bald positiv bemerkbar, ohne dass es zu negativen Folgen für die Betroffenen gekommen wäre: „Kündigungen und Vorbehalte gab es keine." Die Einführung von SAP-Software war für Klaus-Peter Stoffel zusammenfassend „ein Quantensprung von der Steinzeit in die Moderne".

1976 – Freudenberg und die erste Großkundenversion

Als Karl Sinz 1976 bei Freudenberg in Weinheim IT-Chef wurde, kannte er die Gründer der SAP weit besser als manch anderer in der Wirtschaftsregion Rhein-Neckar. Zehn Jahre zuvor war er Kollege der späteren SAP-Gründer im Großkundenteam bei IBM gewesen. Per Los fiel ihm die Betreuung des expandierenden Technologieunternehmens Carl Freudenberg in Weinheim zu. Dort waren Anfang der 1970er-Jahre Großrechneranlagen wie das mächtige Hardwaresystem IBM/370-158 sowie das Datenbank- und Kommunikationssystem IMS installiert. Effiziente Anwendungen oder brauchbare Standardsoftware gab es dafür nicht, stattdessen wurden aufwendige, ineffiziente Individuallösungen im Batchbetrieb entwickelt. Von beiden wollte man weg, wollte mehr Standard und onlinebasierte Lösungen sowieso – Lösungen, wie sie SAP anbot.

Deren Anwendungen für das Rechnungswesen funktionierten zu dieser Zeit bereits außerhalb von ICI in mittelständischen Betrieben wie 3K-Möbel und der Knoll AG, aber auch beim Großkonzern John Deere. Sie funktionierten aber nicht auf der Systembasis IMS, die Freudenberg und viele andere Großunternehmer in Einsatz hatten, was ein großes Problem darstellte. Die Umstellung war alles andere als trivial – laut damaligem Freudenberg-Mitarbeiter Günter Fichtner ein „Spagat": Sollte man diesen riskanten Schritt gehen oder lieber nicht? Karl Sinz versuchte seine früheren Kollegen davon zu überzeugen, dass eine IMS-Lösung – also eine für Freudenberg brauchbare Lösung – auch für SAP von großem Vorteil sei, denn viele der potenziellen großen Kunden betrieben ihre Rechenzentren ebenfalls damit. „Ihr wollt ja wohl nicht nur an mittlere oder kleinere, sondern auch an große Firmen ran", sagte Sinz und versuchte so, ihnen die Umstellung schmackhaft zu machen.

Dietmar Hopp und Klaus Tschira waren direkt interessiert, aber Hasso Plattner war wegen des Performancebedarfs des IMS

	Stundenerfassung				
Kunde..*Knoll*			Woche vom.*10.9.*		
Mitarbeiter.*Daub*			bis.*16.9.*		

Tag	Datum	Tätigkeit	Uhrzeit von/bis	STD	davon fakt.
Mo.	10.9	Cobol-Interface	14°°-17³⁰	3,5	3,5
Di.	11.9	Neue Jahr Interface	21°°-6²⁵	12,5	
Mi.	12.9	"	16°°-20°°	4,0	—
Do.	13.9	DO²-°GS (800V) Tabellen	10°°-20°°	7,5	
Fr.	14.9	"	9°°-19³⁰	9,5	
Sa.					
So.					3,5

	Stundenerfassung				
Kunde...*Knoll*			Woche vom.*26.7*		
Mitarbeiter...*Plattner*			bis.*10.8.*		

Tag	Datum	Tätigkeit	Uhrzeit von/bis	STD	davon fakt.
Mo.	26.7	Buchhaltung	11-17³⁰		
Di.	30.7	Buchhaltung	13³⁰-19°°		
Mi.	8.8	Technik	10³⁰-17°°		6
Do.	9.8	Technik	9°°-18°°		8,5
Fr.	10.8.	Buchhaltung	12°°-14³⁰		—
Sa.					
So.					14,5

↖ *Sonntagabend 1974 bei Thermal: die SAP-Mitarbeiter Jürgen Hachenberger (links) und Paul Neugart.*

↙ *Die Veranstaltungsstätte Schlosshotel Molkenkur im Oktober 1979.*

↗ *Stundenzettel: SAP-Mitarbeiter Ulrich Daub und Hasso Plattner dokumentierten 1974 ihre Arbeitszeiten beim Kunden Knoll in Ludwigshafen.*

skeptisch und lehnte ab. Das Blatt wendete sich erst nach einem Referenzbesuch von Freudenberg bei ICI und einem zweiten Anlauf. Im Juni 1976 wurde schließlich ein Lizenzvertrag über 122.000 D-Mark geschlossen, mit dem die Entwicklung der SAP-Standardsoftware auf IMS-Basis besiegelt wurde.

Die Realisierung erfolgte als kundenspezifisches Projekt in zwei Teilen: Klaus Tschira verantwortete die Umstellung der Systembasis, Hasso Plattner die Anwendungen. Mit ihren Teams arbeiteten die Freudenberg-Mitarbeitenden bis zum Einsatz der Debitorenbuchhaltung 1978 gut zusammen und lernten nebenbei, dass sich ganz unterschiedliche Temperamente wie die von Hasso Plattner und Klaus Tschira zum Wohle des Projekts ergänzen konnten. Die Anpassung auf IMS stand für SAP bereits im Zeichen des Wechsels von R/1 auf die nachfolgende Softwaregeneration R/2, wo die mit Freudenberg entwickelte IMS-Großkundenversion schließlich

Berücksichtigung fand. Freudenberg hatte in der Folge große Rationalisierungseffekte und brauchte weniger Eigenentwicklungen. SAP konnte mit der Lösung seinen Kundenstamm im Großkundenbereich ausbauen und die IMS-Version unter R/2 zügig bei anderen Unternehmen wie Grundig, Philips und etwas später Jacobs einsetzen. Das gute Verhältnis mit SAP blieb nach Projektende erhalten. Karl Sinz betont rückblickend die vertrauensvolle Unterstützung in Situationen, „in denen es darauf ankam".

1978 – John Deere und erste Schritte in Richtung Internationalisierung

John Deere, internationaler Hersteller von Landmaschinen und Traktoren, war offiziell der 21. Kunde der SAP. Inoffiziell bestand die Verbindung schon deutlich länger und war über das Großkundenteam bei IBM angelegt, in dem Klaus Tschira für John Deere zuständig war. 1976 wurden im Werk Mannheim RF/1 und RM/1 installiert. Eine Weichenstellung im John-Deere-Konzern für SAP war damit jedoch nicht verbunden, denn die Regionen waren weitgehend autark. Laut Eberhard Schmitt, seit 1979 bei John Deere und später für die Region II (Europa) verantwortlich, „konnte man in dieser Zeit nichts von Deutschland nach USA bringen". Erst später ebnete der erfolgreiche Einsatz von SAP-Software in der deutschen Niederlassung den Weg für einen Einsatz in den USA. Wichtige Voraussetzung dafür war das Vorhandensein einer Fremdsprachenversion.

1978 realisierte John Deere mit einem kleinen Team in Eigenleistung die Bildschirmmasken der dialogbasierten Buchhaltung auf Französisch und rollte sie in Frankreich aus. Obwohl die Lösung keine vollumfängliche Sprachversion darstellte und Bereiche wie die Kommunikation und Belegpapiere fehlten, war sie ein wichtiger erster Schritt in Richtung Internationalisierung. Mit im Team war Gisela Neumann, damals noch Fräulein Buttle. Sie durfte schon bei Boehringer Mannheim die Installation von SAP durch Hopp, Plattner, Tschira und Hektor begleiten und war 1976 zu John Deere gewechselt. Neumann erinnert sich, wie für die Mehrsprachigkeit die Basisprogramme geändert wurden, um die zum Benutzer passende Sprachversion der Dialogprozesse aufzurufen. Alle zwei bis drei Monate war sie später in den Fabriken und Verkaufshäusern – zum Beispiel in Orléans –, stellte Rollout und Qualität sicher, bis sie 1986 ganz zu SAP wechselte.

Eberhard Schmitt erzählt, dass die Anwendungen anfangs natürlich nicht komplett waren und verweist zum Beispiel auf die gemeinsame Entwicklung der Lieferpläne im Einkauf. Dabei habe man „meist etwas vorausentwickelt" und immer auf Standardisierung gesetzt. „Wir können uns nicht mehr leisten, alles selbst zu machen", argumentierte er. Für jedes neue Modul gab es laut Schmitt eine Aussage zur Effizienz, „aber richtig nachgerechnet hat das bei uns nie jemand. Kam John Deere in eine Talfahrt, was immer wieder geschah, wurden die SAP-Einführungen zuerst kritisch hinterfragt. Die teuersten Projekte wurden zuerst gestoppt – und das war dann SAP."

Arbeitskultur und Arbeitspraktiken

SAP-Gründer und -Mitarbeitende zeichneten eine hohe Motivation, großes Engagement, Euphorie und Begeisterung im Dienst der Sache aus. Unkonventionelle Arbeitsweisen und Arbeitszeiten, der offene, vertrauensvolle Umgang auch mit Fehlern, fehlende Hierarchien und eine unbürokratische Zusammenarbeit waren in dieser Form neu und ungewohnt. Meetings und Gespräche in Gaststätten oder am Rand von Sportgeländen waren nicht selten ein Grund mehr, irgendwann die Seite zur SAP zu wechseln.

Ein starkes Gemeinschaftsgefühl und eine hohe Identifikation mit den Kunden waren von Anfang an Teil der SAP-DNA. Diese Grundhaltung galt auch in umgekehrter Weise für die frühen Kunden

in Richtung SAP: Dezidierte Unterstützer fungierten als Mittler zwischen Softwarehaus und Firmenleitung und waren für die Weiterentwicklung der Technologie von zentraler Bedeutung. Ihr Verhältnis zu SAP und untereinander war geprägt von Offenheit und Kollegialität. Für Klaus Stoffel „war die SAP wie eine Familie". Unter den Kunden und Anwendern habe jeder jeden gekannt. Man tauschte sich aus und besprach Lösungswege, wenn es irgendwo hakte. „Das war eine richtige Community, die toll zusammengearbeitet hat."

Für die Anwender ging die Einführung von SAP-Software mit einer kompletten Veränderung der Arbeitspraktiken einher. Bei Burda etwa arbeiteten die Mitarbeitenden der Fachabteilungen vorher manuell und auf Papier, waren mit dem Suchen, Sortieren und Korrigieren von Blättern, Belegen und Listen in kilometerlangen Ordnerreihen beschäftigt, erzählt Klaus-Peter Stoffel. Der rund 28.000 Artikelpositionen umfassende Burda-Materialkatalog war gedruckt ein Stapel Papier von 30 Zentimeter Höhe. Manche Information war gar nicht auf Papier, sondern nur im Kopf einer Kollegin oder eines Kollegen vorhanden; doch was tun, wenn diejenigen krank oder im Urlaub waren? Drei bis vier Mitarbeitende waren nur damit beschäftigt, Belege zu prüfen und zu korrigieren.

Klaus-Peter Stoffel: „Mittwochs war Materialwirtschaftstag, donnerstags waren die Listen aktuell, dienstags darauf schon wieder Schutt und Asche. Die Arbeit war kurz gesagt eine Würgerei." Das änderte sich mit SAP radikal: Statt laufen, blättern, suchen wurde nun getippt und einfach auf den Knopf gedrückt: „Die Bestände waren abends tagfertig, Rückstände gab es keine mehr", erzählt Stoffel. Dieter Matheis schildert, wie die Arbeit bei Thermal mit SAP wesentlich leichter, schneller und komfortabler wurde, wie aktuelle, konsistente Daten auf Knopfdruck entstanden.

Die Besucher erfasste „unglaubliches Staunen", Betriebsprüfer hätten „es gar nicht glauben können". Matheis erinnert sich an Besucher, die die Software mit „eigenen Augen" und „live" erleben wollten, „richtig hungrig auf das Neue" waren. Das Bewusstsein, an etwas völlig Neuem mitzuarbeiten, habe die Beteiligten stolz und glücklich gemacht.

Die Beschäftigten mussten sich die neuen Arbeitspraktiken, Konzepte und Terminologien gleichwohl aneignen und erlernen, wie Mitarbeiter-Zeitungen jener Zeit berichten. Dort wird SAP in einfacher Sprache und anschlussfähigen Analogien zur Erfahrungswelt der Belegschaften wie dem Fernseher oder der Schreibmaschine erklärt. Der Bildschirm, das Datensichtgerät, wird zum Synonym für SAP und die Technologie insgesamt. So beschreibt eine Schott-Mitarbeiterzeitung von 1977 die Anfänge von SAP in einem fiktiven Dialog mit dem „Elektronengehirn": Die Arbeit vollziehe sich „in einer Art Dialog von Mensch und Maschine", lautlos und durch „leichtes Antippen von ein paar Tasten". Neue Konzepte wie der Umgang mit dem

↖ Bei Burda: Paul Neugart (links), Dietmar Hopp (Mitte) mit Klaus-Peter Stoffel (rechts).

↙ Klaus-Peter Stoffel, Leiter Materialwirtschaft Hubert Burda-Verlag.

↗ Karl Sinz (links), Klaus Tschira 1998 bei der Veranstaltung „20 Jahre SAP bei Freudenberg".

↘ Umstieg auf IMS: Freudenberg-Mitarbeiter Günter Fichtner begleitete die Entwicklung der Großkundenversion.

Berechtigungscode – heute selbstverständlich – waren erklärungsbedürftig: „Das ist gewissermaßen der Schlüssel, der mir den Zugang zum Computer öffnet. Damit ist sichergestellt, dass kein Außenstehender den Computer anzapfen kann." Gelegentlich berichten die Zeitungen von Bedenken und der Angst um Arbeitsplätze, etwa im Bereich der Administration. Solche Befürchtungen waren – zumindest bei den frühen Kunden – von vorübergehender Natur, wie eine Knoll-Mitarbeitendenzeitung belegt. Sie schildert „die Mitarbeiter trotz anfänglicher Bedenken" als „sehr zufrieden" mit der Umstellung auf SAP und der Aussicht, dass weitere Anwendungen „angehängt" werden.

Fazit

Die Unternehmen unterschiedlicher Branchen und Größen, mit Offenheit für Innovation und oft internationaler Ausrichtung

bildeten das ideale Umfeld zur Vereinheitlichung und Integration betriebswirtschaftlicher Geschäftsprozesse in einer Standardsoftware. SAP wurde nicht nur zur rechten Zeit und am richtigen Ort gegründet, sondern auch mit den richtigen Kunden. Befreundete Unternehmen haben jahrelang Infrastruktur samt Personal für die Entwicklung bereitgestellt, Praxiswissen geteilt und Vertrieb und Marketing zum Beispiel als Referenzkunden unterstützt. SAP hat im Gegenzug die technischen Innovationen der Zeit in die Unternehmen gebracht, Betreuung und Support geleistet und ihre Kunden an der Entwicklung eines künftigen Industriestandards beteiligt. Gemeinsam hat man den Übergang von der Lochkarten- zur Onlinetechnologie gestaltet, war damit Teil und Treiber der Digitalisierung. Die ersten SAP-Kunden waren vom technologischen Wandel in der Kontinuität deutscher Ingenieurskunst überzeugt. Viele von ihnen sind bis heute SAP-Kunden geblieben. ▪

50
GESICHTER DER SAP

Jede Menge Freiraum

17 | Annika von Redwitz kam im März 1990 zur SAP, um R/2 ins Schwedische zu übersetzen. Davor war nur ins Englische, Französische, Spanische und Italienische übersetzt worden. Sie arbeitet heute als freiberufliche Diversity-Beraterin.

„Schwedisch und Dänisch waren damals die ‚exotischen' Sprachen. Richtige Übersetzungstools gab es nicht, es wurden die Entwicklungstools so hingebogen, dass wir auch die Übersetzung eintragen konnten. Das war damals richtige Handarbeit, nichts lief automatisch. Es gab keine Möglichkeit zur Recherche im Internet, wir kauften in Schweden Fachbücher und hatten zu Terminologiefragen regen Austausch mit technischen Universitäten, Kunden und SAP-Beratern in Schweden. Es war eine superspannende und arbeitsreiche Zeit – alles war neu, und wir hatten jede Menge Freiraum, um unsere Aufgaben zu erfüllen.

Wenn die Übersetzung eines Release fertig war, riefen wir Erwin Pacher an, der dann ein Sprachenband erzeugte und den Kunden zuschickte – das war eine sehr personalisierte Belieferung.

Stolz bin ich darauf, dass ich Damenfußball beim jährlichen SAP-Fußballturnier eingeführt habe. Gleich 1990 spielte ich in einem gemischten internationalen Team der Trainees mit. 1994 konnten Anja Gerstmair und ich genug Frauen zusammentrommeln, um zwei Mannschaften zu bilden. Wir haben vor dem Turnier trainiert und dann ein Einlagespiel vor dem Finale gespielt.

Ich denke, wir Mitarbeitende aus aller Welt haben in den frühen Jahren der SAP dazu beigetragen, dass sich die vielfältige Kultur im Sinne der Gründer, die uns immer freie Hand gelassen haben, so toll entwickelt hat. Als Schwedin in Deutschland hätte ich gerade in den frühen Jahren so wohl in keinem anderen Unternehmen arbeiten können."

Wenn sich der Kreis schließt

18 | Ute Karbowiak hat von 1983 bis heute ihr berufliches und privates Glück mit und bei SAP gefunden. Seit 2019 ist sie im Vorruhestand.

„Meine erste Berührung mit SAP habe ich 1983 als Studentin bei einem Pharmazie-Unternehmen, wo das SAP-R/2-Modul RV (Vertrieb) eingeführt wird. Die IT beginnt, mich in ihren Bann zu ziehen, und wenig später kann ich eine Ausbildung zur Datenverarbeitungskauffrau beginnen. So erfüllt sich mein Wunsch, mich intensiver mit dem SAP-Produkt zu beschäftigen.

Tatsächlich wechsele ich noch Ende der 80er-Jahre das Unternehmen, verbringe ein Intermezzo bei einem kleinen Beratungshaus und werde schließlich direkt bei unserem Kunden SAP in Walldorf eingesetzt. Sechs Monate unterstütze ich ein Projekt für Dow Chemical, erst in Walldorf und schließlich vor Ort in Michigan/USA – ein absolutes Highlight in meinem bis dahin noch jungen Berufs- und SAP-Leben.

Noch vor dem USA-Aufenthalt kann ich meinen ‚ersten' SAP-Arbeitsvertrag unterschreiben, denn unmittelbar nach der Rückkehr aus den USA erfolgt mein privater Umzug aus dem Rheinland nach Sandhausen und am 1. August 1990 mein Start im SAP SNI Competence Center.

1991 finde ich bei der SAP auch mein privates Glück. Daher wechsele ich 1993 als Consultant in die Geschäftsstelle Düsseldorf. Mein zukünftiger Ehemann Horst und Vater unserer beiden echten SAPler, die im Laufe der nächsten vier Jahre geboren werden, ist dort ebenfalls als Berater tätig. Ich habe immer für diese Firma gebrannt. Vom ersten Tag an im August 1990 bis heute. Inzwischen hat sich die Mitarbeiterzahl verhundertfacht, und das Unternehmen hat sich zu einem Welt-Konzern entwickelt. Immer unter den Top-Arbeitgebern Deutschlands – das hast du verdient, liebe SAP! Danke an eine tolle Firma, die MEIN Leben geprägt hat."

Influencer und Katalyst

20 | Thomas Hanser baute von 1993 an in Lateinamerika die IT-Infrastruktur für SAP auf, zunächst als Student, später in vielen leitenden Funktionen. Heute ist er bei SAP fürs globale Outsourcing von IT-Services zuständig.

„Ich bin schon so lange dabei, weil wir am Anfang das Beste vom Besten hatten, wir hatten immer die besten Laptops, die besten Telefone, es war immer spannend, dass ich das lernen und die neueste Technologie implementieren konnte. Bei neuen Projekten sieht man neben noch unbekannten Leuten auch Kollegen, die schon 20 Jahre dabei sind. Dieser Mix ist etwas sehr Schönes. Und sorgt auch dafür, dass ich weiter bei SAP bleibe. Freundschaften, Technologie und ein gutes Unternehmen – das sind die

Verrückte Zeiten

19 | Francisco Fernandez (rechts) startete 1996 seine Laufbahn bei der SAP. Nachdem er verschiedene Rollen in den Bereichen Presales, Beratung und Services innehatte, ist er nun Enterprise-Support-Berater und Global Focus Advisor für die SAP S/4HANA Value Map.

„Das SAP-Büro in Venezuela wurde im Oktober 1996 offiziell eröffnet – in einem sehr schönen Bürogebäude in Caracas. Die ersten Wochen waren sehr interessant, vollgepackt mit Schulungen und Reisen, denn unsere Niederlassung war auch für die angrenzenden Länder zuständig. Als ich Regional Presales Manager wurde, musste mein Team fast täglich ins Flugzeug steigen. Wir flogen von Land zu Land und hielten Demos. Ich erinnere mich, dass wir am Vormittag Demos in Kolumbien hielten und am Nachmittag in Peru – es war verrückt. An einem Tag landeten wir sogar in drei verschiedenen Ländern. Und in manchen Ländern wie Kolumbien mussten wir den Bus nehmen, um abgelegene Orte zu erreichen.

Wir mussten unseren potenziellen Kunden erklären, dass SAP R/3 eine deutsche Software ist. Sie konnten es nicht glauben. Die Software war hervorragend. Von Anfang an war ich fest von dem Mehrwert der Software überzeugt. Es war klasse, dass sie auch in spanischer Sprache zur Verfügung stand. Und sie deckte die meisten Geschäftsfunktionen ab, die von den Kunden benötigt wurden. Was nicht nur die Kunden, sondern auch mich beeindruckte, waren die Farben, die grafische Benutzeroberfläche und die Verwendung einer Maus.

Alle arbeiteten sehr gerne für die SAP. Wir hatten eine sehr optimistische und engagierte Belegschaft. Es war ein tolles Umfeld, und wir hatten viel zu feiern."

Gründe, dass ich noch hier bin. 1993 kannte niemand in Brasilien die SAP. Heute ist SAP eine Referenz, nicht nur in Brasilien, sondern weltweit. Auch Freunde, die nicht in der IT sind, kennen SAP, viele nutzen unsere Lösungen jeden Tag. SAP ist inzwischen eine Marke, die gut bekannt ist. Man wird beglückwünscht, wenn man sagt, dass man bei SAP arbeitet. SAP hat einen sehr guten Ruf hier in Brasilien. Ich sage immer zu meinen Freunden, ich bin so happy hier, weil ich jeden Tag vier Sprachen sprechen kann: Deutsch, Englisch, Portugiesisch, Spanisch.

Die größten Unternehmen in Brasilien nutzen SAP. Ich würde sagen, wir sind ein Influencer und ein Katalyst, damit sich die Dinge und Prozesse im Land verbessern."

Wo Vertrauen zählt

Die Stimme eines Einzelnen kann im Lärm der Interessen untergehen.
Die weltweit 46 SAP-Anwendervereinigungen verschaffen den Kunden Gehör.

Von Stephan Magura

Mittendrin statt nur dabei: Wer die Redensart für abgedroschen hält, sollte sich an die SAP User Groups wenden. Dort wird er eines Besseren belehrt. Sie vermitteln Wissen, geben Orientierung, eröffnen Perspektiven, stärken das Gemeinschaftsgefühl, sind Plattformen für das Netzwerken – und sie üben Einfluss aus. Ob man die Beziehung der Anwenderorganisationen zu „ihrer" SAP nun als enge Partnerschaft oder als Zweckgemeinschaft betrachtet, fruchtbar ist die Liaison allemal – und zwar für beide Seiten. Das war zu Beginn der SAP-Geschichte noch nicht abzusehen. Die SAP-Kunden haben sich früh zusammengetan, um ihre Interessen zu orchestrieren.

Erfahrungsaustausch hat Tradition

Schon als die Walldorfer zu R/2-Zeiten ihre Internationalisierung forcierten (1984 wurde im schweizerischen Biel eine erste Niederlassung gegründet) und die Kundeninstallationen zunahmen, organisierten sich in Ländern wie den Niederlanden (1987).

Großbritannien/Irland (1988) und Frankreich (1989) die ersten Interessengruppen. Die USA (1990) und Australien (1992) folgten kurze Zeit später. In Deutschland fanden schon in den 1970er-Jahren erste Anwendertreffen statt. Neben dem Erfahrungsaustausch standen Diskussionen über Software-Neuentwicklungen und neue Anforderungen ebenso auf der Agenda wie Gespräche mit der SAP über ihre Entwicklungsplanung. Das ist heute nicht viel anders. Die unabhängigen Anwendervereinigungen vertreten die Masse der SAP-Kunden und verstehen sich als Sparringspartner, konstruktiv-kritische Begleiter sowie Multiplikatoren für SAP-Themen. Viele Neuentwicklungen gehen auf Anregungen der User Groups zurück. Die Deutschsprachige SAP-Anwendergruppe (DSAG, zirka 60.000 Mitglieder aus rund 3.700 Unternehmen) und die 1991 gegründete Americas' SAP Users' Group (ASUG, mehr als 100.000 Mitglieder) sind die beiden größten Organisationen innerhalb der SAP-Anwendergruppen. Ihre Vertreter besuchen sich regelmäßig – zum Beispiel anlässlich ihrer Jahresversammlungen.

Auch im Rahmen des SAP User Group Executive Networks (SUGEN) steht die internationale Kooperation der SAP-Anwendergruppen im Vordergrund. SUGEN wurde 2007 mit dem Ziel ins Leben gerufen, den Austausch der User Groups untereinander zu fördern. Das „Netzwerk der Netzwerke" bündelt die Kundenstimmen aus den Regionen und soll die Kooperation mit SAP hinsichtlich strategischer Themen koordinieren. Derzeit arbeiten 23 User Groups aus sechs Kontinenten in dem Gremium zusammen. Gemeinsam bilden sie das Fundament der SAP-Kundenbeziehungen.

„Wenn sich die SAP um ihre Kunden kümmert, kümmern sich die Kunden um die SAP."

Geoff Scott, CEO der ASUG

Die SAP fühle sich dem Kunden verpflichtet, sagt Geoff Scott, CEO der Americas' SAP Users' Group.

Es liegt in der Natur der Sache, dass die Interessen der User Groups und der SAP mitunter voneinander abweichen. Aber die Parteien raufen sich selbst in schwierigen Situationen zusammen: etwa als 2008 die Wartung vom Standardsupport auf das umfangreichere und teurere Modell SAP Enterprise Support umgestellt werden sollte. Im Zuge dessen kündigte die SAP Wartungsverträge in Deutschland und Österreich, was auf wenig Gegenliebe bei der dortigen Kundschaft und der DSAG stieß. Nach intensiven Konsultationen mit den SAP User Groups weltweit nahm SAP die Erhöhung der Wartungsgebühr zurück und setzte auf Wahlfreiheit. Inzwischen haben viele Kunden ihren Standardsupport durch den höherwertigen SAP Enterprise Support ersetzt.

Auch wenn die Rückmeldungen der Kunden gelegentlich kritisch ausfallen: Man haut nicht auf die Pauke. Probleme werden gemeinsam gelöst. SAP braucht das Feedback ihrer Benutzer, um deren Anforderungen noch besser zu verstehen und in Form von Optimierungen umzusetzen.

Die aktuelle Beziehung der SAP zu den User Groups ist von Anerkennung, Vertrauen und gegenseitigem Respekt geprägt. „Die Kunden benötigen von der SAP Software, die Geschäftsprobleme löst. Und die hat sie in den vergangenen 50 Jahren geliefert", sagt Geoff Scott, aktueller Chief Executive Officer (CEO) der ASUG. Geliefert habe die SAP „eine einheitliche Lösung, die sämtliche wertschöpfenden Unternehmensprozesse abbilden kann", bestätigt der derzeitige DSAG-Vorsitzende Jens Hungershausen. Mit der Auslieferung des integrierten SAP-Softwarepakets SAP R/3 konnte die SAP einen neuen IT-Standard setzen und hat die Messlatte für Unternehmenssoftware hoch gelegt. Hungershausen: „An dieser Integrationsleistung wird die SAP immer gemessen werden."

Die Kompetenz der Vielen

Integration wird wichtig bleiben. Hinzu kommt die digitale Transformation als das Schlüsselthema für die Branche in den nächsten Jahren – und folglich eines der Topthemen für die SAP-Anwenderorganisationen. Viele ihrer (virtuellen) Veranstaltungen und Informationsangebote handeln von Initiativen, Methoden, Programmen und Werkzeugen, wie ihre Mitglieder die Digitalisierung am besten bewältigen können. „Von anderen Mitgliedern profitieren", ist dabei ein bewährter Ansatz: So bietet beispielsweise die ASUG auf ihrer Webseite („Insights") neben Materialien zu Produktkomponenten und Konfigurationshinweisen ebenfalls eine Reihe von Erfahrungsberichten über Unternehmen an, die ihre Transformation bereits auf den Weg gebracht haben.

Die DSAG hat für das Thema Transformation ein eigenes Vorstandsressort gebildet, berichtet Hungershausen: „Unsere Mitglieder müssen etwas tun." Der digitale Wandel sei allgemein spürbar, der Weg in die Cloud folgerichtig. Allerdings bringe eine technische Migration nur wenig. Die SAP müsse deshalb immer wieder Überzeugungsarbeit leisten und den Mehrwert darlegen, den eine Transformation für ihre Kunden hat.

Geht es nach dem DSAG-Vorstandsvorsitzenden, kann die SAP an dieser Stelle gerne noch intensiver als in der Vergangenheit auf die Erfahrung und das Know-how der Anwendergruppen setzen; zum Beispiel, um strategische Initiativen im Vorfeld zu diskutieren, wie sie es bei dem Programm „RISE with SAP" gemacht habe.

Generell hat sich der Umgang miteinander stetig verbessert. Das Engagement vieler SAP-Vorstände im Sinne der User Groups hat hier sicherlich seine Spuren hinterlassen. Im Gespräch mit den beiden „Chefs" der größten SAP-Anwendergruppen fallen immer wieder die Namen Gerd Oswald, Michael Kleinemeier und Christian Klein. Der einstige Pionier für Enterprise Resource Planning (ERP) habe sich das Vertrauen der Kunden erarbeitet, meint Geoff Scott. Die SAP fühle sich dem Kunden verpflichtet und strahle selbst in so unsicheren Zeiten wie der Coronapandemie Kontinuität und Stabilität aus. Das werde honoriert. Geoff Scott: „Wenn sich die SAP um ihre Kunden kümmert, kümmern sich die Kunden um die SAP." Nun sei die SAP als Technologiepartner gefordert, die Kunden bei der Bewältigung neuer Herausforderungen zu unterstützen. Scott: „Eine vernetzte Welt, fragile Lieferketten, politische Instabilität – wir müssen diese neue Realität in unseren Systemen berücksichtigen können." Sofern die SAP ihrer Führungsrolle gerecht werde und ihre Kunden bei diesem Veränderungsprozess begleite, werde sie langfristig relevant bleiben, glaubt der ASUG-CEO.

Der menschliche Faktor

Was die ferne Zukunft bringt? Geoff Scott wirkt nachdenklich. Es werde weiterhin Computer und Software geben, keine Frage, aber die Coronapandemie „hat die Welt in einem seismischen Ausmaß erschüttert", so Scott. Hinzu komme die Klimakrise. Die Frage bleibe, inwieweit Computer und Software der Spezies Mensch helfen können, die ernsten Probleme in den Griff zu bekommen. Es kann durchaus sein, dass die Krisen die SAP und ihre Kunden noch enger zusammenschweißen. Man ist aufeinander angewiesen. In diesen Zeiten hilft der persönliche Kontakt mit vertrauten Menschen über vieles hinweg. Scott war im Oktober 2021 zum ersten Mal seit zwei Jahren wieder in der SAP-Zentrale in Walldorf und hat einige „alte Bekannte" wie Jens Hungershausen getroffen – mit Abstand, aber immerhin „live". Geoff Scott: „Das Lächeln auf den Gesichtern – das war einfach wunderbar." ■

Der Weg in die Cloud ist folgerichtig, findet Jens Hungershausen, Vorsitzender der Deutschsprachigen SAP-Anwendergruppe.

„An ihrer Integrationsleistung wird die SAP immer gemessen werden."

Jens Hungershausen, Vorsitzender der DSAG

ERGÄNZENDE KUNDENPFLEGE

Die SAP-Anwenderorganisationen nehmen als unabhängige Kundenvertreter eine besondere Rolle ein. Darüber hinaus hält die SAP auf verschiedenen Ebenen Kontakt zu ihrer Klientel, beispielsweise über Branchengremien, internationale Industriekonsortien oder in Form gemeinsamer Initiativen. So führt das Automotive-Netzwerk „Catena X" die SAP mit einigen ihrer Kunden aus der Automobilbranche zusammen. SAP-eigene Events dienen nicht nur zu Vertriebs- und Marketingzwecken. Auf Einladung diskutieren beispielsweise Führungskräfte von SAP-Kunden fachspezifische Themen mit zuständigen SAP-Managern in Customer Advisory Boards oder ähnlichen Gesprächszirkeln.

Langjährige Kunden und große Anwenderunternehmen haben oft einen direkten Draht zur SAP. Sie veranstalten regelmäßig interne Treffen, auf denen sich die SAP-Anwender des Unternehmens austauschen und mit Expertinnen und Experten der SAP aktuelle Produktentwicklungen erörtern. IT-Vorhaben großer SAP-Anwenderunternehmen dienen wegen ihrer richtungsweisenden Bedeutung häufig als „Leuchtturmprojekte", an denen sich ganze Industrien orientieren. Nicht selten entspringen daraus Koinnovationsprojekte, in denen ein Kunde seine Expertise als Branchenführer einbringt, um mit der SAP ein neues Produkt oder neue Services zu gestalten. Ziel ist dabei immer, der breiten SAP-Kundenbasis ein Angebot zu machen und keine Nischenlösung zu entwickeln.

Unter Freunden

Partner haben die SAP groß gemacht. Geht es nach den Protagonisten, lässt sich die Zusammenarbeit künftig noch vertiefen.

Von Stephan Magura

Langjährige Verbundenheit schafft Vertrauen: Neerja Aurora, Managing Director bei Accenture.

Mit ihrer Standardsoftware brachte die SAP der Datenverarbeitung neue Töne bei. Als Solistin würde sie jedoch sang- und klanglos untergehen.

SAP-Kenner wissen: Wird irgendwo auf der Welt ein Programm aus Walldorf verkauft, sind externe Partnerunternehmen nicht weit; sei es, um die Kunden bei der Ausrichtung der Geschäftsprozesse zu beraten, die Lösungen zu implementieren beziehungsweise zu betreiben oder kundenspezifische Ergänzungen zu entwickeln. In der Regel reichern sie das SAP-Produkt für den Kunden mit eigenen Services an. So profitieren alle Beteiligten. Das Repertoire der Partner ist inzwischen enorm. Sie erobern für die SAP Märkte und helfen dem Walldorfer Konzern, Branchen und Regionen mit seinen Lösungen zu durchdringen. Die SAP hat die strategische Partnerschaft nicht erfunden, aber in der Informationstechnik zur Blüte gebracht. Mittlerweile zählt das Partnernetz der SAP mehr als 22.500 Unternehmen. Aktuell führen Partner über 80 Prozent aller SAP-Kundenprojekte durch – Tendenz steigend. Das US-Analystenhaus IDC geht in seiner Studie „Partner opportunities in a changing world" davon aus, dass der von SAP-Partnern generierte Gesamterlös von aktuell 124 Milliarden US-Dollar im Jahr 2024 auf 260 Milliarden US-Dollar wachsen wird.

Die SAP-Suites:
Vom Großrechner zum integrierten Softwarepaket

Die Anfänge dieser Win-win-Kooperation reichen bis zum Großrechnersystem SAP R/2 zurück, als spezialisierte Beratungshäuser wie das EDV Studio Ploenzke oder die Plaut AG die Softwaremodule bei den Kunden einrichteten. Als der weltweite Erfolg des integrierten Standardsoftwarepakets SAP R/3 zu Beginn der 1990er-Jahre die Nachfrage nach R/3-Projekten und somit nach SAP-Experten geradezu explodieren ließ, zeigte sich

besonders deutlich, dass diese frühe Arbeitsteilung ein gelungener Schachzug war. Die SAP konzentrierte sich auf Entwicklung und Vermarktung und musste keine Heerscharen von Consultants einstellen, weil sie die Implementierung anderen überließ: zum Beispiel den „Big Six". Die Big Six waren die US-Beratungshäuser Coopers & Lybrand, Andersen Consulting (später Accenture), Ernst & Young, Deloitte & Touche, KPMG sowie Price Waterhouse, von denen einige wie Andersen Consulting schon früh Geschäftsverbindungen zur SAP unterhielten.

Für Neerja Aurora, Managing Director bei Accenture, ist diese Zeit immer noch sehr präsent. Sie wechselte damals als Beschäftigte bei Andersen Consulting je nach Bedarf ständig zwischen SAP-Entwicklung und -Beratung hin und her, immer mit Kolleginnen und Kollegen der SAP in gemeinsamen Teams, um Projektarbeit zu leisten. Vor 30 Jahren entstanden Bekanntschaften und Freundschaften, die bis heute halten. Neerja Aurora: „Diese langjährige und gewachsene Verbundenheit schafft nicht nur die Basis für eine gute Zusammenarbeit, sie schafft Vertrauen, und dies wirkt sich auf alles aus, was wir gemeinsam anpacken."

Weil die amerikanischen Beratungsfirmen häufig in umfangreiche Reorganisationsprojekte mit großem IT-Anteil eingebunden waren, bekamen sie Zugang zu Entscheidungsträgern über den Chief Information Officer (CIO) hinaus, was der SAP zugutekam. Auf diese Weise konnten die Big Six die neue Idee der integrierten Software als Geschäftslösung weltweit – aber vor allem im wichtigen US-Markt – verbreiten. Die Idee kam an. Für die „überzeugende ingenieursmäßige Integration vom Buchungsvorgang hin zur Rechnungsstellung mit der Finalisierung in die Materialstammsätze" findet Aurora nur lobende Worte. In ihren Augen ist die durchgängige Abarbeitung der Geschäftsprozesse innerhalb eines Systems die Grundlage für den Erfolg der SAP.

Weitere Dienstleister reihten sich in die Riege der Einführungspartner ein. 1993 wurde die erste formale, internationale R/3-Logo-Partnerschaft mit 21 Beratungsunternehmen und Hardwareherstellern geschlossen, was die Installationszahlen nach oben trieb.

Die SAP hat es später immer wieder verstanden, ihre Partner mit strategischen Initiativen an sich zu binden und neue Mitspieler über die Implementierungspartnerschaft hinaus zu gewinnen, zum Beispiel zur Entwicklung branchenspezifischer Applikationen oder für den indirekten Vertrieb von SAP-Software. Eine besondere Betreuung, spezielle Ausbildungskurse oder auch gemeinsame Marketingmaßnahmen kennzeichneten solche Programme. „SAP PartnerEdge" mit seinen Kategorien Vertrieb, Service, Entwicklung und Betrieb wurde 2005 aufgelegt und hat bis heute Gültigkeit. Damit konnte die SAP viele neue Partner in einem Markt rekrutieren, der aufgrund seiner Größe erfolgskritisch für sie ist: der Mittelstand. Inzwischen steuern Partner mehr als 70 Prozent der Abschlüsse im Segment für mittelgroße und kleine Firmen bei.

Andere Vorzeichen:
Was die SAP für ihre Partner tun kann

Partner werden für die SAP immer bedeutender. Sie will sich zu einer stärker am Partnererfolg orientierten Organisation entwickeln, weil sie sich für die Anforderungen der Cloudwelt wieder einmal neu erfinden muss und dafür Mitstreiter braucht: Zum ersten, um die vielen Kundensysteme zu digitalisieren und zum zweiten, um von jenen Partnern zu lernen, welche die „Cloud-Denke" bereits vorleben – damit die SAP auch im Cloudgeschäft künftig die erste Geige spielen kann.

Karl Fahrbach, Leiter des SAP-Bereichs „Partner Ecosystem Success", weiß nur zu gut, dass die neuen Rahmenbedingungen einen Perspektivwechsel erfordern, wenn der Plan aufgehen soll: „Wir müssen als SAP heute anders denken. Anstatt zu fragen: Was können die Partner für die SAP tun?, muss es heißen: Was kann die SAP für ihre Partner tun?" Unter anderem hat die SAP bereits die Einstiegskosten in ihr Partnernetz gesenkt und die Kooperationsprozesse mit der SAP für die Partner vereinfacht. Zudem wurde unter Fahrbachs Führung damit begonnen, alle SAP-Partnerbereiche in eine Organisation zu überführen, mit dem Ziel, als Einheit aufzutreten und gegenüber den Partnern mit einer Stimme zu sprechen.

Klare Botschaften sind nötig. Weil immer mehr Kunden mit dem Cloudwelt – also raus aus teuren eigenen Rechenzentren und rein in kommerzielle Datencenter (Clouds) – von einem langfristigen SAP-Lizenzvertrag zu einem kurzfristig kündbaren Subskriptionsmodell wechseln, ist die permanente Kundenzufriedenheit entlang der „Customer Lifetime" zu einem K.-o.-Kriterium für die SAP und ihre Partner geworden.

Will gemeinsam mit SAP die Personalarbeit vieler Firmen modernisieren: Oliver Maurath vom Partner Metafinanz.

Wie lässt sich diese Kundenzufriedenheit im Abonnementverfahren ständig auf einem hohen Niveau halten? Welche Services sind dazu in welchen Intervallen nötig? Welchen Part übernimmt hier SAP, welche Rolle spielt der Partner? Wie sehen die Margen und Erlösmodelle zwischen SAP und ihren Partnern aus? „Die Cloud hat alles verändert und neue Fragen aufgeworfen", sagt Fahrbach. Die gesamte Branche müsse sich wandeln, um die richtigen Antworten zu finden.

Vielstimmig:
Der Chor der Spezialisten

Die Metafinanz ist seit 2015 einer der „neueren" Partner der SAP und mit der Cloudwelt schon seit geraumer Zeit vertraut. Ein Augenmerk des Münchner Unternehmens liegt auf der digitalen Erneuerung der personalwirtschaftlichen Prozesse (Human Resources, HR) ihrer Kunden mithilfe der Software SAP SuccessFactors.

Oliver Maurath ist Principal Project Lead für diesen Bereich: „Der Fußabdruck, den SAP in der Industrie hinterlassen hat, ist sehr groß". Deshalb sieht er für die Metafinanz als Partner viele Anknüpfungspunkte, mittels Software-as-a-Service-Angeboten einen Modernisierungsschub in der HR-Arbeit vieler Firmen zu initiieren: etwa beim Bewerbungsverfahren oder bei der Weiterbildung der Beschäftigten. Beim mittelständischen IT-Dienstleister Sulzer konnte Metafinanz unter anderem mehr Transparenz in dessen Personalstrukturen bringen, den Einstellungsprozess beschleunigen sowie das Engagement der Mitarbeitenden entscheidend verbessern. Die operativen HR-Kosten sind um 25 Prozent gesunken.

Beim Blick in die Kristallkugel sieht Maurath „Conversational HR" als einen der Trends im Personalwesen von morgen. Sprachroboter (Bots) werden dialogbasierte HR-Services anbieten. Der Einsatz künstlicher Intelligenz werde zunehmend interessanter. Darüber hinaus „könne sich HR noch auf der Analytics-Schiene ausprägen".

Gemeinsamer Auftritt: Orchestersound überzeugt

Nur wer sich weiterentwickelt, bleibt im Takt. Langjährige Kunden haben große Transformationsprojekte aufgesetzt, um die On-Premise-Welt hinter sich zu lassen, Neukunden gehen gleich in die Cloud. Währenddessen will die SAP ihrem eigenen Anspruch zufolge zu einer führenden Cloud Company werden.

Partner wie Metafinanz und Accenture stehen stellvertretend für die Firmen im SAP-Partner-Netzwerk, die mit passenden Instrumenten und kreativen Arrangements dafür sorgen, dass Kunden ihre SAP-Playlist qualitativ erweitern: Metafinanz realisiert mit dem Konzept „New Work" schon jetzt den digitalen Arbeitsplatz der Zukunft. Accenture unterstützt die SAP-Initiative „RISE with SAP", die Kunden mit dem Angebot „SOAR with Accenture" durch Prozessanalysen auf Basis von SAP S/4HANA zu sogenannten intelligenten Unternehmen transformieren kann. Das aktuelle Paket, das neue SAP-Technologien und -Lösungen mit dem Branchenwissen des US-Dienstleisters verknüpft, heißt „Accenture myConcerto".

Der Dreiklang in Dur wird seit der Renaissance als „Repräsentant naturgegebener Harmonie" betrachtet. So gesehen ist die Beziehung auf Augenhöhe, wie sie Kunden, Partner und die SAP seit Jahrzehnten pflegen, eine harmonische Angelegenheit. Da sorgen auch die leisen Molltöne, die es immer mal wieder geben kann, kaum für Dissonanzen. ∎

DER INDIENVERSTEHER

Ganz genau kann Harald Martin nicht sagen, wie oft er schon in Indien war. Er schätzt die Zahl seiner Reisen in dieses Land auf etwa 70. Wann immer ein SAP-Vorstand die großen Systemintegratoren dort besucht, heißt es: „Der Harald muss mit." Dank seiner guten Kontakte trug Martin entscheidend dazu bei, wichtige indische Player erfolgreich in die SAP-Partnergemeinde einzubinden. Firmen (und SAP-Kunden) wie Tata Consultancy Services, Wipro, Infosys oder HCL haben SAP-Lösungen bei bestehenden und neuen Kunden positioniert.

Das phasenweise enorme Wachstum der indischen Offshorepartner in der jüngeren Vergangenheit hat mit dem gut ausgebildeten und motivierten IT-Nachwuchs zu tun, der jedes Jahr zu Tausenden die indischen Universitäten verlässt. IT-Spezialisten in Bangalore, Mumbai, Hyderabad oder Chennai konnten Entwicklungsarbeiten und Softwaretests lange Zeit zu einem Bruchteil der Kosten ihrer globalen Konkurrenz in anderen Regionen anbieten. Dies hatte zur Folge, dass etablierte IT-Dienstleister eigene Offshorecenter in Indien, aber auch in Malaysia und auf den Philippinen eröffneten. So hat sich das Preisniveau angeglichen.

Wenn Martin nicht in Indien ist, betreut der erfahrene SAP-Manager mit seinem Team innerhalb der SAP-Services-Organisation derzeit die strategischen Systemintegratoren, darunter die Big Six. Er beobachtet, wie sich langjährige SAP-Partner zunehmend neuen

Der Veränderungsdruck durch die Kunden nimmt zu, sagt SAP-Manager Harald Martin.

Themen wie Cloud, Robotics, Nachhaltigkeit und künstliche Intelligenz zuwenden, weil der Veränderungsdruck durch die Kunden zunimmt. Für ihn ist es normal und Zeichen eines fairen Wettbewerbs, dass „seine" Partner in manchen Projekten in Konkurrenz zur SAP-eigenen Beratertruppe treten: „That's Coopetition."

TECHNOLOGIE
Den japanischen Markt kann die SAP mit einer Version von SAP R/3 in Kanji-Schriftzeichen beliefern.

INTERNATIONALE EXPANSION
Mit dem Aufbau eines Entwicklungszentrums in Foster City/Kalifornien (USA) ist die SAP nun auch nahe dem Silicon Valley präsent.

KUNDEN SETZEN AUF SAP
Die amerikanische Burger King, Inc. ist der 1.000. Kunde im Bereich Personalwirtschaft. Mit Microsoft setzt ein weiteres Hightechunternehmen auf das System R/3. Auch die Deutsche Telekom AG entscheidet sich für das System R/3; mit 30.000 SAP-R/3-Arbeitsplätzen handelt es sich um den bisher größten Vertrag in der Firmengeschichte der SAP.

SAP GEHT ONLINE
Gemeinsam mit Microsoft stellt die SAP ihre Internetstrategie vor. Über offene Schnittstellen können Internet-Anwendungen mit dem System R/3 gekoppelt werden. Als neue Plattform steht den Kunden auch AS/400 von IBM zur Verfügung.

1994   1995   1996

PARTNERSCHAFT
Mit dem Ziel, das System R/3 auf Windows NT zu portieren, beginnt die SAP im Jahr 1993 die Zusammenarbeit mit Microsoft, dem größten Softwarehersteller der Welt.

IN FERNEN LÄNDERN
Mit Präsentationen in Peking, Shanghai und Tianjin beginnt die SAP ihre Marktaktivitäten im chinesischen Markt. Die erste Landesgesellschaft in Lateinamerika wird in Mexiko-Stadt eröffnet.

HOHE PRÄSENZ
Zahlreiche Kundenveranstaltungen der SAP setzen neue Höchstmarken: Auf der europäischen SAPPHIRE '96 in Wien informieren sich 4.300 Vertreter von Kunden und Interessenten über Produkte und Strategie der SAP. Auf der amerikanischen SAPPHIRE zählt die SAP über 8.000 Teilnehmer. Die erste SAPPHIRE in Japan verzeichnet mehr als 5.000 Besucher.

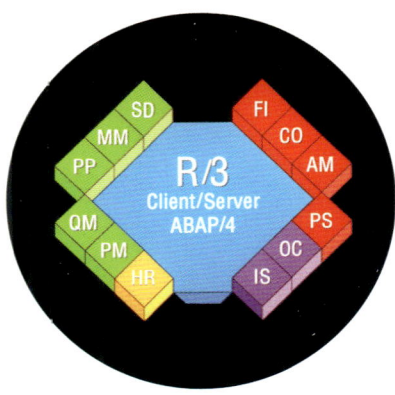

NEUBAU UND LAUFENDE BAUUNTERNEHMUNGEN

SAP beginnt mit dem Bau eines Entwicklungs- und Verwaltungs-zentrums in Walldorf. Das Unternehmen investiert 135 Millionen DM in dieses neue Bauprojekt.

DIE NÄCHSTE GENERATION

1992 erfolgt nach der erfolgreichen Installation bei ausgewählten Pilotkunden die allgemeine Marktfreigabe für das System R/3. Damit beginnt für die SAP eine neue Stufe ihres Wachstums.

FORSCHUNG UND ENTWICKLUNG

SAP investiert 110 Millionen DM in die Forschung und Entwicklung, die in die Programmierung des Systems R/2 sowie in die Neuentwicklung von SAP R/3 fließen. Erste Prototypen der Anwendungen Finanzbuchhaltung und Materialwirtschaft im R/3 sind bereits realisiert.

1990   **1991**   **1992**   **1993**

SNEAKPREVIEW

1991 präsentiert die SAP erste Anwendungen des Systems R/3 auf der CeBIT in Hannover. Mit ihrem Client/Server-Konzept, der einheitlichen Gestaltung grafischer Oberflächen, der konsequenten Nutzung relationaler Datenbanken und dem Betrieb auf Rechnern unterschiedlicher Hersteller eröffnet die SAP neues Marktpotenzial im Bereich der Niederlassungen und Tochtergesellschaften von Konzernen sowie bei mittelständischen Unternehmen.

ZWEI MAL ZEHN

Anlässlich einer Festveranstaltung zum 20. SAP-Geburtstag mit dem Ministerpräsidenten von Baden-Württemberg, Erwin Teufel, wird das Entwicklungs- und Vertriebszentrum der SAP eingeweiht. Um die vorhandene Infrastruktur besser zu nutzen, werden die mittlerweile 15 SAP-Landesgesellschaften nicht mehr von Biel/Schweiz, sondern von Walldorf aus gesteuert.

VEREINIGUNG UND ERWEITERUNG

Dank der Wirtschafts- und Währungsunion und der Einheit Deutschlands ist die SAP auch im Osten Deutschlands präsent. Gemeinsam mit Siemens Nixdorf und Robotron gründet die SAP die SRS in Dresden. Auch in Berlin ist das Unternehmen jetzt mit einer eigenen Geschäftsstelle vertreten.

DIE ÄRA SAP R/3

Echtzeit am Arbeitsplatz: Mit der Client-Server-Version der Standard-Anwendungssoftware können Unternehmen ihre Geschäftsprozesse weltweit effizienter abwickeln. SAP wird damit zu einem Motor der Globalisierung.

GEBURTSTAG

Im Jahr 1997 feiert die SAP ihren 25. Geburtstag. Ein Höhepunkt ist das große Mitarbeiterfest.

ENJOYSAP

Mehr als 15.000 Kunden, Partner und Interessenten kommen zur 10. SAPPHIRE USA in Los Angeles – so viele wie niemals zuvor. Die Messe steht ganz im Zeichen von „EnjoySAP", der neuen strategischen Ausrichtung des Unternehmens, die gezielt den Anwender in den Mittelpunkt stellt.

SAP EROBERT NEW YORK

Am 3. August 1998 erscheinen die Buchstaben SAP erstmals am „Big Board" der New York Stock Exchange, der größten Börse der Welt. Vorstandssprecher Hasso Plattner bezeichnet die Börseneinführung an der Wallstreet als einen „notwendigen und konsequenten Meilenstein in der Geschichte der SAP".

1997   **1998**   **1999**

ERFOLGSJAHR

Erstmals übersteigt das Geschäftsergebnis vor Steuern mit 1,6 Milliarden DM die Milliarden-Grenze. Der Umsatz steigt um 62 Prozent auf 6,02 Milliarden DM; der Auslandsanteil beträgt 81 Prozent. Die Beschäftigtenzahl erhöht sich um 40 Prozent auf fast 13.000 Mitarbeiter.

FÜHRUNGSWECHSEL

Dietmar Hopp und Klaus Tschira, zwei der Gründer der SAP, scheiden aus dem Vorstand aus und wechseln in den Aufsichtsrat, dessen Vorsitz Dietmar Hopp übernimmt. Zum zweiten Vorstandssprecher neben SAP-Gründer Hasso Plattner beruft der Aufsichtsrat Henning Kagermann.

REVOLUTION MYSAP.COM

Im Mai kündigt Vorstandssprecher Hasso Plattner die neue Strategie mySAP.com an und läutet damit eine komplette Neuausrichtung des Unternehmens sowie seines Produktangebots ein. mySAP.com verbindet E-Commerce-Lösungen mit den bestehenden ERP-Anwendungen auf der Grundlage modernster Webtechnologie.

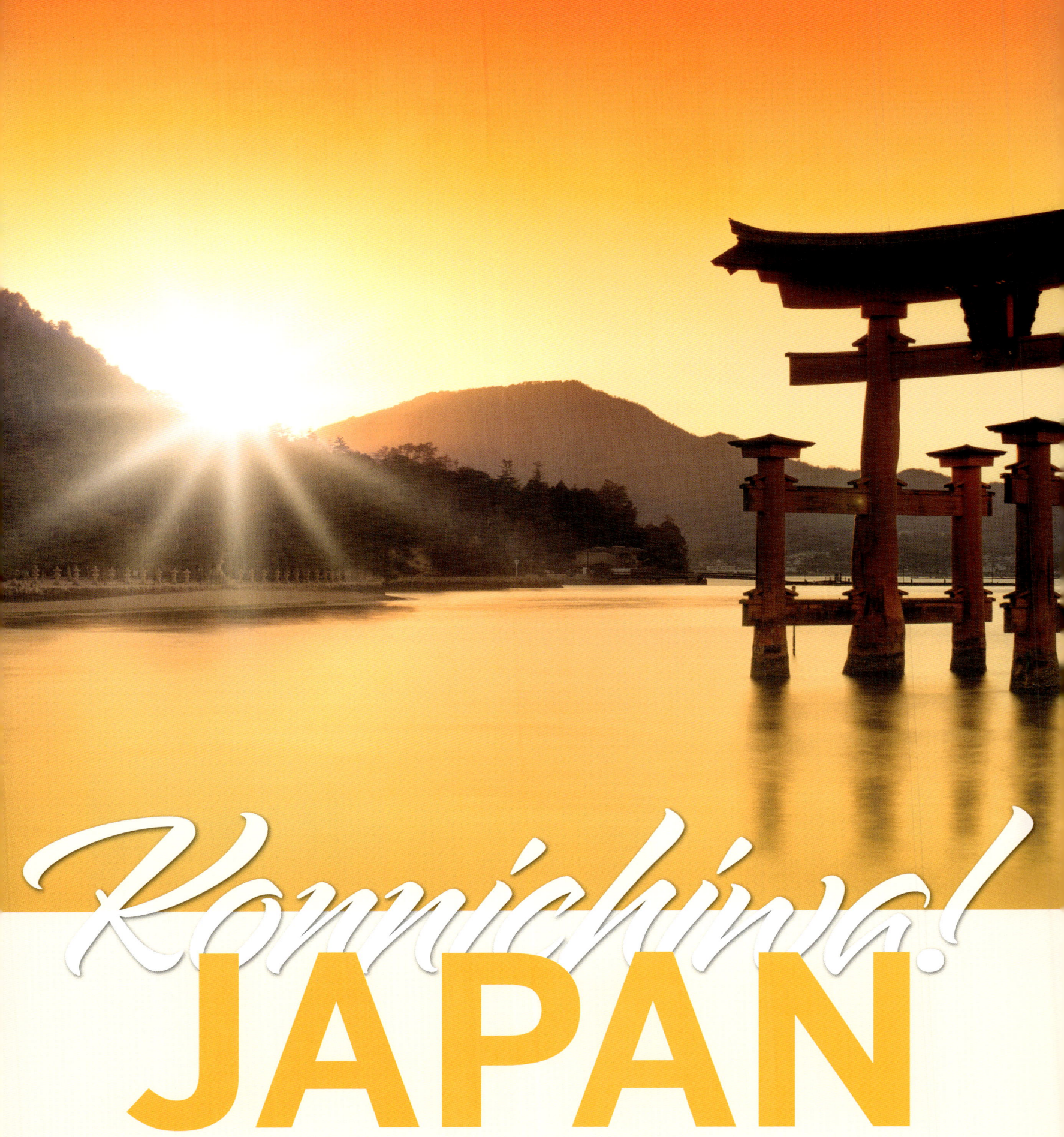

Konnichiwa!
JAPAN

Vom Projekt zum Platzhirsch

Die SAP setzte in Japan von Beginn an auf eine Mischung aus deutscher Ingenieurskunst und weitreichender Lokalisierung.

Von Michael Zipf

Anfang 1993 waren die Ziele von Sam Nakane, Präsident der SAP Japan, noch bescheiden: „Der Deckungsbeitrag sollte auf jeden Fall über null liegen, auf keinen Fall darunter", sagte Nakane im Interview mit der damaligen Mitarbeiterzeitung „SAP Inside". Seit Januar leitete er die im Oktober 1992 gegründete Landesgesellschaft. Als weitere Ziele für die SAP-Tochter, die zunächst in den Räumen der Beratungsfirma Price Waterhouse in Tokio untergebracht war, nannte Nakane, japanische Referenzkunden aufzubauen und erstklassige Fachkräfte zu gewinnen.

Aber der Reihe nach.

Anfang der 90er-Jahre hatte der SAP-Vorstand erkannt, dass Japan zum wichtigsten Markt in der Region Asien-Pazifik heranwachsen würde und dass man dem Land folglich mehr Aufmerksamkeit schenken müsste. Hans Schlegel war seit Ende 1984 als Geschäftsführer von SAP International in Biel/Schweiz für die Vermarktung der SAP-Software außerhalb Deutschlands zuständig. Er erinnert sich, dass zudem einige SAP-Kunden einen gewissen Druck auf ihren Lieferanten ausübten, eine japanische Version auf den Markt zu bringen. Ende 1990 reiste Schlegel nach Japan und besuchte einige große Kunden wie Hoechst und DuPont, Hardwarepartner wie IBM und Hitachi, Beratungspartner wie Price Waterhouse und Andersen, aber auch japanische Unternehmen wie Fuji, in deren Niederlassungen außerhalb Japans schon SAP-Software lief.

Die japanische Business-Kultur war den europäischen SAP-Managern noch fremd, so dass man schnell zu der Einsicht gelangte, dass die SAP in Japan nur erfolgreich sein würde, wenn alles – von der Unternehmensbroschüre über die Software bis hin zum Management – lokalisiert würde. Da aber die Entwicklung von R/3 längst im vollem Gange war, würde man keine Energie mehr auf ein japanisches R/2 verwenden, sondern sich ganz auf die neue Client-Server-Software konzentrieren.

Am 1. Oktober 1991 hob man das Projekt „Japan" aus der Taufe. In erster Stelle ging es darum, einige klassische Komponenten des Systems R/3 zu „japanisieren". Schon ein Jahr zuvor hatte man in der Basis-Entwicklung in Walldorf mit der Vorbereitung für die notwendige Zwei-Byte-Fähigkeit des R/3 begonnen. Leiter des Japan-Projekts war Martin Hirtle.

„Ich hatte schon bei meiner Einstellung 1986 Hans Schlegel gesagt, dass ich Software nach Japan bringen wollte", erinnert sich Hirtle. Dafür war es aber noch zu früh gewesen. Jetzt, fünf Jahre später, bat Schlegel den Japan-Freund, der inzwischen Beratungsleiter International war, wieder zu sich. Hirtle erzählt: „Dein Weg nach Japan führt über Walldorf, sagte mir Hans Schlegel. Also bauten wir in Deutschland – zunächst auf Basis einer englischsprachigen SAPPHIRE-Demoversion – parallel mit der R/3-Entwicklung eine japanische Lösung, die dann auch Grundlage für andere Multi-Byte-Sprachversionen war."

Keine Übersetzungstools

Von Januar 1992 an nahmen die ersten sechs Übersetzer ihre Arbeit auf, später übersetzten 15 Muttersprachler (die meisten von ihnen kamen von Price Waterhouse) in Walldorf das neue SAP-Produkt in die japanische Kanji-Schrift. Darunter war auch

> Seit zwei Jahren bereiten wir uns intensiv auf den japanischen Markt vor und haben mittlerweile aus R/3 ein japanisches Produkt gemacht. Noch nie haben wir in einem Land so hohe Anlaufinvestitionen getätigt. Der Erfolg ist, dass es in Japan die ersten R/3-Kunden gibt, die nicht Töchter von multinationalen Unternehmen sind.

Der stellvertretende Vorstandsvorsitzende Hasso Plattner im Oktober 1993

Etsuko Sadamori. Ursprünglich als Anwendungsentwicklerin eingestellt, bat man sie, zunächst bei der Übersetzung ins Japanische mitzuhelfen. „Es gab keine Übersetzungstools – die haben wir gleich mitentwickelt – und unsere Rechner waren sehr langsam", erinnert sie sich an „vergangene Qualen". Im Keller des heutigen Schulungszentrums übersetzten die Muttersprachler unter hohem Zeitdruck meist zunächst ins Englische, dann ins Japanische, erzählt Sadamori, die nach einiger Zeit in die Entwicklung wechseln konnte und 2015 ihre Altersteilzeit begann.

Interesse an Echtzeitverarbeitung geweckt

Im Frühjahr 1992 weckte eine erste Demonstration in Japan Interesse an SAP-Software und im Oktober dieses Jahres gründete die SAP mit der SAP Japan Co. Ltd. ihre 18. Auslandstochter. Hans

Schlegel und SAP-Asien-Chef Henk Verkou konnten in den Monaten zuvor bereits auf die Unterstützung von Sam Nakane bauen, der sein Netzwerk und seine ganze Erfahrung aus 22 Jahren IBM-Zugehörigkeit einbrachte.

Wenig später, am 4. November 1992, fand in Tokio die „2. User Conference" vor rund 100 Repräsentanten aus 37 Firmen statt. Vertreten waren einige multinationale Unternehmen wie BASF, ICI, DuPont, Kodak, aber auch japanische Konzerne wie Fuji, Toyota, Kawasaki und Nissan. Die Veranstaltung war ein voller Erfolg, das Interesse an SAP-Standardsoftware und der Echtzeitverarbeitung endgültig geweckt. Anfang 1993 wurden folglich die ersten Verträge geschlossen, und zwar mit Hoechst und Unilever.

Kulturelle Herausforderungen

Martin Hirtle konnte im Frühjahr 1993 zum Markteintritt der japanischen R/3-Version endlich mit seiner Familie nach Japan umziehen, um dort das Beratungsgeschäft aufzubauen und auch japanische Unternehmen für SAP zu gewinnen. Was zunächst durchaus eine Herausforderung darstellte: „Wir waren erstmal ein ausländischer Anbieter mit Standardsoftware, das war so unanständig wie getragene Unterwäsche", erzählt Martin. „Denn jede große Firma hatte ihre eigenen Mitarbeiter, die ihr Leben lang bei dieser Firma gearbeitet und die gesamte Betriebswirtschaft selbst erfunden haben." Es habe keinen Austausch zwischen den Unternehmen gegeben und alle hätten sich von Entwicklungsfirmen, die jeweils Haus- und Hoflieferanten waren, ihre Software maßschneidern lassen.

Oder von Entwicklern, die IBM den Firmen kostenlos zur Verfügung stellte im Austausch dafür, dass sie die amerikanische Hardware kauften, wie Thomas Schüssler erzählt. Schüssler bekam von SAP-Mitgründer Hasso Plattner in den 1980ern immer wieder unterschiedliche Aufgaben zugewiesen, etablierte beispielsweise eine Basis-Beratung mit tiefem technischen Wissen und gehörte zur Führungsriege, die das SAP-Geschäft in den USA aufbaute. Aus Interesse an Japan befasste sich Thomas auch mit der Wirtschaft des Landes, und seine Analysen legten mit den Grundstein für die Expansion der SAP nach Asien. „Die SAP fand in Japan einen Markt ohne die sonst übliche, meist US-amerikanische Konkurrenz vor, den mussten wir erobern, bevor andere auf die Idee kamen", so Schüssler.

Entwicklungsstandort als Signal

Zugleich mussten die SAPler lernen, dass für japanische Kunden weniger das Produkt entscheidend war, „sondern wie sich der Lieferant verhält, ob er arrogant reagiert oder schnell und freundlich alle Anfragen bearbeitet", so Hirtle. Und damit nicht genug: „Die Japaner erwarten, dass Service kostenlos ist. Und wir kamen mit einer Serviceeinheit, die Tagesraten verlangte." Da war es wichtig, dass die Software funktionierte, dass man schnell

↑ *Etsuko Sadamori und Nobuyoshi Mori bei der Pressekonferenz zum Markteintritt von SAP R/3.*

↖ *Martin Hirtle, Leiter des „Japan-Projekts", stellt japanischen Medienvertretern die in SAP R/3 abgebildeten Geschäftsprozesse vor.*

↗ *Hans Schlegel, Chef von SAP International, bei einer Pressekonferenz zu SAP R/3 in Tokio.*

↑ Sam Nakane, Dietmar Hopp und Vorstand Peter Zencke begrüßen Kunden bei der SAPPHIRE in Tokio 1996.

↖ Die SAP-Vorstandsmitglieder Claus Heinrich, Peter Zencke, Henning Kagermann, Dietmar Hopp und Klaus Tschira (von links) machen dem Land 1996 bei der ersten SAPPHIRE in Japan ihre Aufwartung.

↗ Mehr als 5.000 Besucher kommen 1996 nach Tokio zur SAPPHIRE.

↘ Seit seinem Amtsantritt 1993 erhöhte die SAP ihren Marktanteil in Japan jedes Jahr um zehn Prozent: Sam Nakane

Mitarbeiter einstellte, die mit der japanischen Kultur vertraut waren, und dass man dem Markt neben der Gründung der Landesgesellschaft ein weiteres Signal gab: Im März 1994 eröffnete SAP in Tokio in unmittelbarer Nähe zu den wichtigsten Kunden einen Entwicklungsstandort. In den SAP Labs Japan (offiziell erst 1996 so benannt) entwickelten bald etwa 50 Programmierer unter der Leitung des US-Amerikaners Tom Shirk die japanische Version von R/3 weiter. Sie integrierten aber auch japanische Geschäftsprozesse und Funktionalität in die Software und programmierten die nun von den Kunden gewünschten individuellen Lösungen. Für Nakane waren die Labs „ein Beweis dafür, dass es die SAP mit Japan ernst meint". Und dass SAP „Japan als einen komplexen, expandierenden Markt betrachtet, der gleichzeitig noch neue Ideen für die Entwicklung bereithält". Auch die Weiterentwicklung der Doppelbyte-Systemarchitektur gehörte zu den Aufgaben der Entwickler in Tokio, um sicherzustellen, dass die SAP-Software nicht nur im Frontend, sondern auch auf der Datenbankebene mit japanischen Schriftzeichen funktionieren würde.

Das war Anfang der 90er-Jahre keineswegs trivial. Denn bislang war man davon ausgegangen, dass man auf dem PC alle Sprachen der Welt mit 256 Schriftzeichen würde abdecken können. Bei mehr als 30.000 Schriftzeichen im Japanischen oder Chinesischen war das eine nicht unerhebliche Fehleinschätzung. So leisteten die Software-Architekten im Walldorfer „Japan Liaison Office" und später in Tokio echte Pionierarbeit, was der SAP dann auch den Markteintritt in China, Korea und Thailand erheblich erleichterte.

Pionierarbeit für weitere Markteintritte

Eine entscheidende Rolle spielte dabei Nobuyoshi Mori in Walldorf. „Nobu hat in unzähligen Nachtschichten mehr oder weniger alleine dafür gesorgt, dass unsere Programmiersprache ABAP – gegen manchen Widerstand – Zwei-Byte-fähig wurde, und damit die japanische Version erst möglich gemacht", sagt Thomas Schüssler. Die SAP-Strategie, schon früh auf Lokalisierung zu setzen, ging auf. Von 1993 an wuchs der Marktanteil der SAP in Japan jedes Jahr um zehn Prozent. Nach dem Ausschei-

ABAP, BIN UND UNICODE

In Japan lernte Nobuyoshi Mori eine junge Deutsche kennen, der er nach Deutschland folgte (und die er später heiratete). Nach Stationen bei Bosch und Honeywell stieg er 1991 bei SAP als Basisentwickler ein.
Eine seiner ersten Aufgaben war es, ein sogenanntes Basis-Informationssystem (BIN) für die Entwicklung der japanischen R/3-Version zu programmieren.

„Dabei unterlief mir ein Fehler und ich löschte das gesamte BIN", erzählt er heute und lacht. „Damals aber, als Hasso wütend über die Gänge im Gebäude in der Max-Planck-Straße lief und den Schuldigen suchte, war mir nicht nach Lachen zumute."

Mori wurde nicht gefeuert, trug vielmehr später entscheidend zur erfolgreichen Umstellung auf Unicode, zur Erweiterung der SAP-Software auf Sprachen wie Arabisch und Hebräisch sowie zur Weiterentwicklung der SAP-Programmiersprache ABAP bei.

den von Hans Schlegel 1994 übernahm Vorstandsmitglied Peter Zencke die volle Verantwortung für die Region Asien-Pazifik und sorgte mit dafür, dass Japan schnell zum drittgrößten Markt für SAP heranwuchs. 1995 stiegen die Umsätze um 156 Prozent auf 122 Millionen Deutsche Mark. Waren die Kunden anfangs meist Töchter von multinationalen Unternehmen, waren nun mehr als 90 Prozent der Anwender japanische Firmen. Drei Jahre nach Gründung war Japan die nach Umsätzen am schnellsten wachsende Landesgesellschaft der SAP-Gruppe. Und viele Japaner glaubten, SAP sei eine japanische Firma.

Der Konkurrenz weit voraus

Damit war auch Sam Nakanes Plan erfolgreich umgesetzt: Zu Beginn hatte er die zehn größten Branchen und ihre zehn größten Unternehmen identifiziert. Würde es SAP gelingen, diese Meinungsführer zu gewinnen, würden die anderen Firmen folgen, so sein Kalkül. Er behielt Recht: 1997 gehörte SAP rund die Hälfte des japanischen ERP-Marktes. Eine lokale Konkurrenz gab es im Grunde nicht und bis die Konkurrenz aus den USA in Japan so richtig am Start war, war die SAP schon davongezogen.

Mit der einzigartigen Kombination aus deutscher Ingenieurskunst und einem komplett lokalisierten Erscheinungsbild gelang es der SAP, fortwährend Marktanteile zu gewinnen und die Profitabilität zu erhöhen. Im Interview zu Beginn seiner Amtszeit hatte sich Sam Nakane bis zum Jahr 2000 einen 50-prozentigen Marktanteil bei den internationalen Gesellschaften in Japan zum Ziel gesetzt. Dies gelang und 2004 hatte die SAP ihren Anteil am japanischen ERP-Markt sogar auf 75 Prozent gesteigert. Mehr als 1.300 Unternehmen standen auf der SAP-Kundenliste. ■

50 GESICHTER DER SAP

Kreatives Klima

21 | Bodo Hesse arbeitete 1975 als Systemanalytiker bei der Wacker Chemie in München, als seine Firma beschloss, das Materialwirtschaftssystem der SAP (RM) zu installieren. Über die Zwischenstation Siemens kam Hesse 1989 zur SAP, wo er in der Beratung anheuerte. Seit 2003 ist er im Ruhestand.

„Nachdem wir uns bei der Wacker Chemie entschieden hatten, SAP RM einzukaufen, begann für mich die profitabelste Lernzeit meiner bisherigen Laufbahn. Dietmar Hopp und Paul Neugart waren unsere Lehrmeister und zogen mit unserem Team das Projekt durch.

Wir lernten, dass der Feierabend nicht um 17 Uhr beginnt, sondern erst gegen 1 Uhr nachts und später. Wenn gegen 20 Uhr im gegenüberliegenden Gebäude, wo sich auch das Rechenzentrum befand, die Tore geschlossen wurden, stiegen Herr Hopp und Herr Neugart mit uns über den Maschendrahtzaun mitsamt den Stahlkisten, in denen sich die Lochkarten der Programme befanden, und wir arbeiteten weiter. Es war eine harte, aber fantastische Zeit.

Irgendwann jedoch lockte SAP. Nach vielen Jahren Beratung übertrug man mir die Aufgabe, ein Beraterhandbuch zu schreiben, das bald danach zu einem Grundstein für die Zertifizierung der SAP-Beratung wurde. Für die Beratung von Konzernen entwickelte ich danach eine Vorgehensmethode, niedergelegt im sogenannten Support-Manager-Handbuch. Das alles war möglich, weil es bei der SAP ein unvergleichlich kreatives Klima gab und Kollegen, die einen nach Kräften unterstützten. Dies habe ich so in keiner Firma vorher erlebt.

Zwar mangelte es manchmal etwas an Organisation, aber die weiteren Unterschiede zu anderen Arbeitgebern damals waren: Eigeninitiative war gewollt, man durfte Fehler machen, der Sachverstand des Vorstands war enorm, ebenso die Menschlichkeit des Herrn Hopp."

Zielstrebig und weitsichtig

23 | Angel Lafchiew kam im Jahr 2000 zur SAP. Er arbeitete damals bei Prosyst, einem kleinen bulgarischen Start-up, das von SAP übernommen und Teil der SAP Labs Bulgaria wurde. Heute ist er User Assistance Development Manager der Geschäftseinheit BTP Core Experience, die zur Organisation Technology & Innovation Cross Architecture gehört.

Werte wirklich leben

22 | Julio Insa (hinten, 2. von links) kam 1989 im Rahmen des internationalen SAP-Trainee-Programms zur SAP. Nachdem er verschiedene Rollen innehatte, arbeitet er jetzt als Business Architect für die Konsumgüterindustrie bei SAP in Spanien.

„Ich liebe das Arbeitsklima bei SAP und die Art und Weise, wie wir arbeiten. Ich habe tolle Teammitglieder, die einander respektieren, egal wer sie sind oder woher sie kommen. Viele davon sind auch meine Freunde. In diesem Unternehmen werden Vielfalt und Inklusion wirklich gelebt und sind mehr als nur schöner Schein.

Wir können eigenverantwortlich arbeiten und haben zahlreiche Möglichkeiten, unsere Rolle oder den Standort zu wechseln. Ich habe mich vom Unternehmen immer wertgeschätzt gefühlt. Dank der Entwicklung, die die SAP durchlaufen hat, bin ich Teil eines führenden Unternehmens und kann technologische Veränderungen aus erster Hand miterleben.

Für mich gibt es bei der SAP zwei zentrale Führungsstile: den rationalen, präzisen und strukturierten deutschen Stil, bei dem die Produktqualität im Vordergrund steht; und den kreativen amerikanischen Stil, der auf Verkauf und Wachstum ausgerichtet ist. Zusammen ergeben sie eine unschlagbare Kombination, die eine zentrale Rolle beim Aufstieg der SAP von einem Unternehmen mit europäischen Wurzeln zum globalen IT-Konzern gespielt hat. Was uns verbindet, ist das Ziel, eine bessere Welt zu schaffen, und die Entschlossenheit, zu zeigen, dass unsere Lösungen und Technologien wirklich dazu beitragen, das Leben der Menschen zu verbessern."

„Die Zeit vergeht wie im Flug. Ich kann nicht glauben, dass es schon über 20 Jahre sind! Die Labs in Bulgarien sind seit dem Jahr 2000 enorm gewachsen: von rund 60 auf fast 1.300 Mitarbeitende. Und heute sind wir für viele Produkte und Serviceleistungen im SAP-Portfolio verantwortlich. Wenn ich so zurückblicke, war jedes Jahr anders – im Hinblick auf die anspruchsvollen Projekte und die angestrebten Ziele. Es gab so viele Teamerfolge zu feiern. Alles war wirklich herausfordernd und hat gleichzeitig so viel Spaß gemacht. Es gibt ganz einfach keinen besseren Arbeitgeber! Was die SAP so besonders macht, ist – in erster Linie – unsere Zielstrebigkeit und Weitsicht. Aber es ist auch das Gefühl, einem höheren Ziel zu dienen und einen Beitrag zu leisten, um das Leben von Menschen zu verbessern. Es ist unglaublich spannend, zu wissen, dass der größte Teil des weltweiten Bruttoinlandsprodukts über ein SAP-System läuft. Mit unseren Nachhaltigkeitszielen und -lösungen werden wir dazu beitragen, eine bessere Welt zu schaffen. Und wenn wir uns auf den Erfolg unserer Kunden konzentrieren, sind auch wir erfolgreich.

Was uns als Mitarbeitende verbindet, ist unsere Kultur. Ich bin sehr froh, dass es uns in den letzten Jahren gelungen ist, die wichtigsten Elemente dieser Kultur zu formulieren und sie in unseren ‚How We Run'-Verhaltensgrundsätzen schriftlich festzuhalten. Gerade in schwierigen Zeiten wie diesen sind wir uns bewusst, wie die SAP uns als Mitarbeitende unterstützt und für uns sorgt. Das spornt uns mehr denn je an, uns stärker zu vernetzen – mit dem festen Willen, gemeinsam Erfolge zu erzielen!

Das Geheimnis der 50-jährigen Erfolgsgeschichte der SAP ist die einzigartige Kombination aus fundiertem Geschäftsprozess-Know-how, Entwicklungskompetenz und Mitarbeitenden, die – tagein tagaus – im direkten Kontakt mit unseren Kunden stehen, um die Ergebnisse zu erzielen, die unsere Kunden wünschen."

Den Kunden genau zuhören

24 | Annegret Sonnenberg kam 1982 von Siemens zur SAP. Die Diplom-Informatikerin leitete unter anderem Entwicklungs- und Branchenteams, half mit, akquirierte Firmen zu integrieren, gehörte zum Senior Executive Team, vertrat die Mitarbeiter im ersten mitbestimmten Aufsichtsrat der SAP AG und brachte die globale Diversity-Initiative auf den Weg, ehe 2006 ihre Altersteilzeit begann.

„Ich fing am 1. Juli 1982 bei SAP an. Wir waren damals rund 100 Mitarbeiter. Die Firma wuchs, und es wurde ständig gebaut. Immer wenn wieder mal Schreibtische in den aktuellen Tischtennisraum gestellt werden mussten, ließ der nächste Bauabschnitt nicht lange auf sich warten.

Lange waren wir stolz auf unsere viel beschworene flache Hierarchie. Das Sagen hatten die vier verbliebenen Gründer, und der Rest der Truppe berichtete direkt an einen solchen. Sekretariate gab es nicht, kein Telefonbuch, keinen Kalender, der sagte, wer gerade wo bei welchem Kunden war. Wir waren alle super fit im Analysieren von 20 Zentimeter hohen Papierstapeln, den Dumps, die den Systemstatus beim Systemabbruch wiedergaben. Unverzichtbar waren die Faltkarten mit den Transaktions- und Funktionscodes, denn Menüs gab es nicht.

Für mich ist einer der Erfolgsfaktoren der SAP, dass wir unseren Kunden genau zuhören, um zu verstehen, wie sie ihr Business betreiben wollen, was für sie kritische Erfolgsfaktoren sind, und das dann in Software umsetzen. Das Vertrauen der Kunden und ihre Bereitschaft, uns hinter die Kulissen schauen zu lassen, sind für mich das wichtigste Kapital der SAP. Die Zeit bei SAP war sehr arbeitsintensiv und hochspannend. Besonders schön war die wunderbare Zusammenarbeit mit den Kollegen und Kolleginnen aus aller Welt."

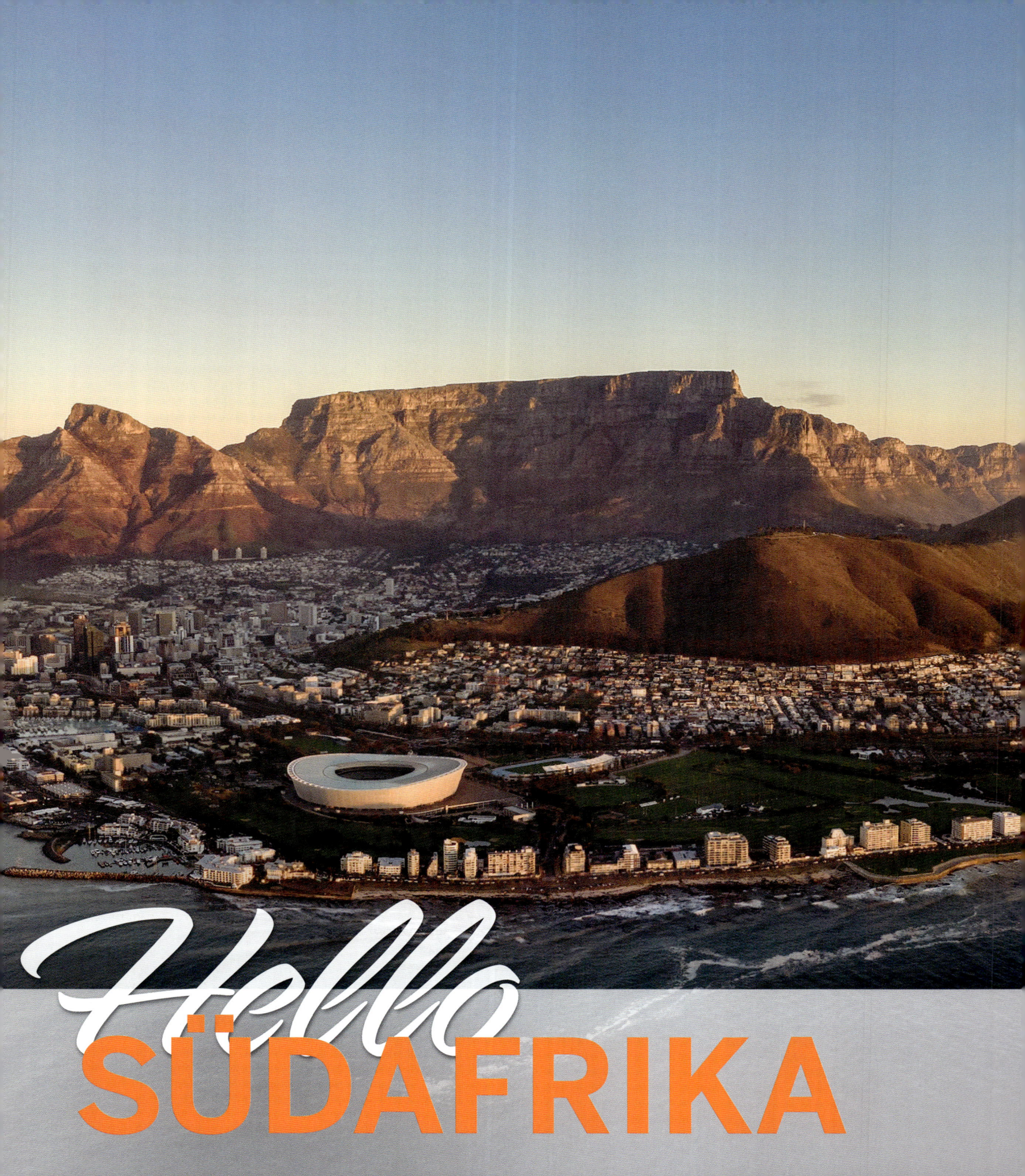

Hello
SÜDAFRIKA

Kunden-versteher am Kap

Wie SAP nach dem Ende der Apartheid mithalf, die südafrikanische Wirtschaft für den globalen Wettbewerb fit zu machen. Wolfgang Kemna und Claas Kühnemann erinnern sich.

Von Michael Zipf

Für Claas Kühnemann war es „einer der emotionalsten Momente" seiner beruflichen Karriere: Im September 2003 stand er als Geschäftsführer von SAP Africa auf der Bühne der Kundenkonferenz SAPHILA und kündigte Nelson Mandela an. Der ehemalige Präsident Südafrikas (von 1994-1999) war nach Sun City gekommen, um sich bei SAP zu bedanken: für die finanzielle Unterstützung seiner Stiftung, für das Sponsoring des „Nelson Mandela Fellowships" und der neuen „Nelson Mandela Annual Lecture Series".

„Die Zukunft einer Nation ist nur so vielversprechend wie die nächste Generation ihrer Bürger", sagte Mandela. „Die großzügige Unterstützung meiner Stiftung durch SAP hilft uns, gute Führungspersönlichkeiten hervorzubringen und zu fördern – nicht nur in Südafrika, sondern auf dem gesamten afrikanischen Kontinent."

Kühnemann, der heute die Beziehung der SAP zu ihrem Platin-Kunden Nestlé managt, war schwer beeindruckt von Mandela, ohne den die moderne Geschichte des Landes wohl kaum denkbar wäre.

Aber auch die Geschichte der SAP in Südafrika wäre ohne Kühnemann, der das Land Mitte der 1980er-Jahre erstmals bereiste und hier seitdem immer wieder Führungsaufgaben für SAP übernahm, schwer vorstellbar.

Gründung der SAP Southern Africa

Während seines Studiums zum Wirtschaftsingenieur an der TU Darmstadt absolvierte er ein Praktikum in Johannesburg „und dabei verliebte ich mich in dieses Land", sagt Kühnemann. Er reiste nun immer wieder nach Südafrika, lernte Freunde und andere Länder des Kontinents kennen und nahm sich zusammen mit seiner damaligen Freundin und heutigen Ehefrau vor, „irgendwann mal für längere Zeit hierher zu kommen". 1991 ergab sich diese Chance für Kühnemann, der inzwischen als SAP-Experte bei Andersen Consulting (heute Accenture) arbeitete. „Ich war mal wieder in Südafrika im Urlaub, hatte meinen Lebenslauf dabei, stellte mich da und dort vor und hatte schnell mehrere Angebote" – darunter auch das von Sapient Systems, dem Distributionspartner, der seit 1989 SAP-Software im Lande exklusiv verkaufte.

Kühnemann sagte Sapient Systems zu – und sah sich bei Dienstantritt 1992 plötzlich und unerwartet als SAP-Mitarbeiter. Denn die SAP-Zentrale in Walldorf hatte im Laufe des Jahres 1991, auch aufgrund des sich abzeichnenden Endes der Apartheid-Politik, entschieden, Sapient Systems zu kaufen und zum 1. Januar 1992 eine eigene Landesgesellschaft, die SAP Southern Africa (Pty.) Ltd., zu gründen. Für die bereits bestehenden Kunden der Automobil- oder der Chemie- und Pharmabranche wie BASF, Hoechst und Bayer ein überfälliger Schritt. „Für sie war Südafrika ein wichtiges Land und sie machten der SAP-Führung klar, dass sie gerne die SAP selbst vor Ort hätten", erinnert sich Kühnemann. Nachdem Kunden in Südafrika bereits 1982 erste Module des SAP R/2-Systems installiert hatten, war SAP nun, zehn Jahre später, erstmals auch mit einer eigenen Landesgesellschaft auf dem afrikanischen Kontinent vertreten. SAP übernahm bis auf den Chef das komplette, knapp 20-köpfige Sapient-Systems-Team und ernannte Wolfgang Kemna (seit 1987 bei SAP) zum ersten Geschäftsführer der SAP Southern Africa. Der Deutsche baute in den nächsten knapp drei Jahren die Landesgesellschaft auf und aus.

Das Ende der Apartheid – und SAP R/3

Noch aber standen überwiegend Tochtergesellschaften westeuropäischer Konzerne mit ihren R/2-Installationen auf der SAP-Kundenliste. „Kaum jemand kannte uns in Südafrika", stellte Kühnemann nach seiner Ankunft fest. „Und mancher zuckte zusammen, wenn man von SAP sprach, weil er meinte, die South African Police sei gemeint."

Das sollte sich erst ändern, als zwei Entwicklungen einsetzten, die in ihren Auswirkungen auf Wirtschaft und Gesellschaft auch das Geschäft der SAP beeinflussten: Nach der Freilassung Mandelas aus der Haft Anfang 1990 und der Vereinbarung über freie Wahlen drei Jahre später wurde der Freiheitskämpfer im Mai 1994 zum ersten schwarzen Präsidenten des Landes gewählt. Mandela leitete mit der Beseitigung der Apartheid die Umgestaltung von Staat, Wirtschaft und Gesellschaft und damit auch ein Ende der weitgehenden Isolation Südafrikas ein.

> Ich glaube, dass unsere Firmenkultur noch immer eine unserer größten Stärken ist. Unsere Mitarbeiter haben Spaß, sie unterstützen sich gegenseitig. Sie treffen hier ihre Freunde, mit denen sie gerne zusammenarbeiten. Bei SAP zu sein, bedeutet viel mehr, als für ein IT-Unternehmen zu arbeiten.

Claas Kühnemann, Global Alliance Managing Partner SAP-Nestlé. Kühnemann war Geschäftsführer der SAP Africa von 2003 bis 2008 und von 2017 bis 2018.

Denn traditionell hatte sich Südafrika nur in wenigen Sektoren in die Weltwirtschaft integriert, und aufgrund der exponierten Lage am Kap war man überzeugt gewesen, gerade in Krisenzeiten autark sein zu müssen. Die seit dem Beginn der Apartheid immer wieder gegen das Land verhängten Wirtschafts- und Finanzsanktionen verschärften nach Einschätzung der Experten des Hamburgischen Welt-Wirtschafts-Instituts zudem „die weltwirtschaftliche Abschottung Südafrikas" und zögerten damit „den Prozess der Integration in die Weltwirtschaft" noch hinaus. Jetzt, nach Mandelas Wahl, machte sich Aufbruchstimmung breit und auch bei SAP hegten die Verantwortlichen die berechtigte Hoffnung, dass sie von der Öffnung Südafrikas und dem Drängen der Unternehmen nach Außen profitieren könnten.

Das Geschäft so richtig in Schwung brachte von 1993 an aber erst eine zweite, technologische Entwicklung: die globale Freigabe der Client-Server-Software SAP R/3.

„Viele westeuropäische Konzerne entdeckten Südafrika jetzt als Pilotland für ihre R/3-Projekte", erinnert sich Wolfgang Kemna. „Sie wollten erstmal testen, ob dieses R/3 überhaupt stabil läuft und die Funktionalität bietet, die sie brauchten." Und Claas Kühnemann ergänzt: „Die Tochtergesellschaften der westeuropäischen Konzerne boten ideale Konditionen für Pilotprojekte. Sie waren nicht zu groß, sollte etwas schiefgehen, aber groß genug, um relevant zu sein; sie deckten meist die gesamte Wertschöpfungskette ab, alles konnte auf Englisch laufen und passierte in derselben Zeitzone. Und viele Mitarbeiter fanden es wohl auch attraktiv, mal eine gewisse Zeit in Südafrika zu verbringen."

Aufbruch in die globale Wirtschaft

Kühnemann erlebte nun hautnah mit, wie sich die Wirtschaft der Regenbogennation anschickte, Farbe zu bekennen und zu einem wichtigen Teil der globalisierten Wirtschaft zu werden – mit maßgeblicher Unterstützung der SAP.

Etwa ein Jahr nach seinem Einstieg bei SAP hatte Kühnemann den Auftrag erhalten, das Servicegeschäft mit Beratung, Training und Support aufzubauen. Ein Hauptaugenmerk legte er mit seinem Team auf Branchen wie den Bergbau, den Einzelhandel, die Automobilindustrie und das Finanzwesen. „In vielen Branchen waren wir die Ersten und haben wirklich bahnbrechende Lösungen bieten können", sagt er.

So auch im Personalwesen. Mitgründer Klaus Tschira trug Mitte der 1990er-Jahre maßgeblich dazu bei, dass SAP eine der ersten für Südafrika lokalisierten HR-Lösungen inklusive Gehaltsabrechnung auf den Markt bringen konnte. Bis 1999 hatten sich bereits mehr als 100 Kunden in Afrika für die HR-Lösung der SAP entschieden.

Geschäftsführer Wolfgang Kemna nutzte sein eng geknüpftes persönliches Netzwerk und holte sich bei Bedarf immer wieder Hilfe aus Walldorf. Er hatte zum Beispiel einen guten Draht zu Paul Neugart, einem der allerersten SAP-Mitarbeiter, der inzwischen Vertriebschef für Deutschland war. „Paul habe ich immer mal wieder gebeten, mir jemanden für eine Präsentation oder zur Lösung eines Presales-Problems zu schicken, weil manche Kunden das gute Gefühl haben wollten, dass wir eng an die Zentrale angebunden waren", erinnert sich Kemna. „Das hat immer richtig gut geklappt. Aber auch die Zusammenarbeit mit den Kollegen etwa in der Basis-Entwicklung war sehr intensiv. Und ein Abstecher nach Südafrika war natürlich auch eine nette Belohnung für die Kollegen."

So entschieden sich Woche für Woche neue Unternehmen für SAP – darunter auch immer mehr Staatsbetriebe. Neben der Stadtverwaltung von Johannesburg, die schon zu den R/2-Kunden zählte, wurden etwa das South African Post Office oder das

↑ Führungspersönlichkeiten: Südafrikas früherer Präsident Nelson Mandela (2. von rechts) bedankte sich bei der Kundenmesse SAPHILA im Jahre 2003 bei SAP-Geschäftsführer Claas Kühnemann (2. von links), George Oertel, Global Head of SAP Education und Kühnemanns Vorgänger (links), sowie Dean Griffin, Marketing Director SAP Africa, für die finanzielle Unterstützung seiner Stiftung.

↖ „Mehr als ein IT-Unternehmen": Claas Kühnemann vor der SAP-Zentrale in Johannesburg.

↘ Baute das Geschäft in Südafrika als erster Managing Director auf: Wolfgang Kemna.

↑ Scheckübergabe (von links): Maphum Nxumalo, Chief Operations Officer SAP Africa, Nelson Mandela, Claas Kuehnemann, Geschäftsführer SAP Africa, und Sunil Geness, Director Government Affairs & CSR SAP Africa.

↗ Die SAP-Südafrika-Zentrale in Johannesburg im Jahre 2005.

↙ Geschäftsführer George Oertel im Jahre 1996.

Unternehmen Transnet, das Häfen, Eisenbahnen und Pipelines betreibt, neue SAP-Kunden.

Bei vielen Deals war Kühnemann mit dabei. Und als alles in trockenen Tüchern war, fragte er die Entscheidungsträger der Kunden stets, warum sie sich für SAP entschieden hatten: „Die Antwort war in unterschiedlichen Schattierungen immer die gleiche", so Kühnemann: „Weil sie gerne mit uns zusammenarbeiten, weil die Chemie stimmt, weil sie gesehen haben, dass wir nicht nur eine gute Lösung, sondern auch gute Leute haben, die offen und mit viel Spaß dabei sind."

Und doch konnten die SAP-Teams die Welle nicht alleine reiten. Zum Erfolg in Südafrika trug auch ein sich ständig erweiterndes Netz von Partnern bei. Kühnemann: „Wir haben ganz früh erkannt, wie wichtig dieses Ökosystem ist und haben aktiv lokale Firmen aufgebaut, die eng mit uns zusammengearbeitet und ein Riesengeschäft mit SAP gemacht haben."

So wuchs auch SAP selbst. Von anfangs etwa 20 stieg die Zahl der Mitarbeiter bis 1995 auf rund 100, die allermeisten von ihnen waren Einheimische. „Wir haben von Anfang an großen Wert darauf gelegt, ein lokales Team aufzubauen", sagt Wolfgang Kemna. „Das hat uns auch von der Konkurrenz unterschieden." Und Kühnemann fügt hinzu: „Wir haben den Markt verstanden, wir haben die Kunden verstanden und konnten so sehr schnell agieren." Beispiel Bergbau-Industrie. „Wir haben Leute eingestellt, die aus dem Bergbau kamen und wussten, worauf es ankommt und wie man mit den ‚Miners' redet."

Von keinem Projekt ließ sich das wachsende Team abschrecken. „Manchmal dachte ich, das würden wir in Europa jetzt nicht angehen, aber mit der hier üblichen Einstellung, die Ärmel hochzukrempeln und die Dinge einfach mal zu machen, haben wir die Projekte gewuppt", sagt Kühnemann. Weil die Landesgesellschaft immer sehr gute Zahlen aufweisen konnte, ließ die Zentrale in Walldorf dem Team in Südafrika freie Hand.

Ein Problem beschäftigte die Führung am Kap jedoch viele Jahre: Die Fluktuation der Mitarbeiter war hoch. „Für viele Südafrikaner war SAP das Ticket nach Übersee", erzählt Kühnemann. „Gerade während des sozialen Umbruchs und angesichts ausufernder Kriminalitätsraten in den 90ern haben viele Südafrikaner das Land verlassen."

Den Kontinent im Blick

George Oertel blieb. Wolfgang Kemna selbst schlug seinen Vertriebschef bei Vorstandssprecher Hasso Plattner 1995 als seinen Nachfolger vor. „Ich habe Hasso gesagt, das ist der Richtige. George hat Hasso dann gleich mal bei einer Sache widersprochen und das fand Hasso gut. So wurde er der nächste Geschäftsführer." Kemna blieb der Region verbunden, entwickelte von 1995 an aber zunächst vorrangig das SAP-Geschäft in den Mittelmeerländern weiter und half mit, Landesversionen etwa für Griechenland, die Türkei und Israel auf den Markt zu bringen.

Unter Oertels Führung und mit dem Rückenwind aus Südafrika nahm SAP nun auch weitere afrikanische Länder in den Blick. 1998 eröffnete SAP eine Tochtergesellschaft in Kenia, zwei Jahre später in Nigeria. Weitere Büros und Landesgesellschaften in Namibia und Zimbabwe, Ruanda, Elfenbeinküste und auf Mauritius folgten.

Bis zur Jahrtausendwende waren die meisten R/2-Kunden auf R/3 umgestiegen. Der ERP-Markt war jetzt fest in SAP-Hand – und, so Kühnemann, „inzwischen kannte jeder die Marke SAP".

Kaum ein Unternehmen, das auf den globalen Märkten mitspielen wollte, kam an SAP vorbei. „Da konnten wir unsere Technologie, unser Verständnis für andere Kulturen, die Mehrsprachigkeit und vieles mehr so richtig zur Geltung bringen", erinnert sich Kühnemann. Mithilfe von SAP konnten die Unternehmen mit ihren Töchtern und Geschäftspartnern quasi eine gemeinsame Sprache sprechen. So war es Unternehmen wie den South African Breweries (SAB) möglich, sich zu einer globalen Marke zu entwickeln.

Die Wettbewerbsfähigkeit gesteigert

„Die Expansion der SAB nach Europa erfolgte hauptsächlich durch Übernahmen", sagte 1999 Pierre Le Roux von SAB International. „So haben wir eine Mischung aus selbstgestrickten Anwendungen und vor Ort entwickelten Softwarepaketen geerbt. Letztlich werden wir den enormen Vorteil eines Standardsystems über alle Standorte hinweg haben", so Le Roux. „Ich denke, SAP hat nach der jahrelangen wirtschaftlichen Isolation der südafrikanischen Firmen einen riesengroßen Beitrag dazu geleistet, dass sie international wettbewerbsfähig wurden", sagt Kühnemann.

> *Ich habe den Kunden immer gesagt, mit SAP sprecht ihr eine einheitliche Sprache und habt ein gemeinsames Repository, auf das ihr zurückgreifen könnt, und zwar weltweit, in allen möglichen Sprachen und über alle Zeitzonen hinweg.*

Wolfgang Kemna arbeitete von 1987 bis 2007 bei SAP. Er war unter anderem Geschäftsführer der SAP in Südafrika, Deutschland und in den USA.

Er selbst folgte 2003 als Geschäftsführer auf George Oertel, der eine globale Rolle übernahm. Kühnemann war es dann, der mit Maphum Nxumalo den ersten schwarzen Südafrikaner ins Managementteam der SAP Africa holte. Er wollte so ein Zeichen setzen und dazu beitragen, dass sich nicht nur Nelson Mandelas Traum einer bunten Nation gleichberechtigter Bürger erfüllt, sondern auch der von ihm im selben Jahr bei der Kundenmesse SAPHILA geäußerte Wunsch, Führungspersönlichkeiten im Land hervorzubringen. ∎

Mit Standard-Software zum De-facto-Standard

Vor 35 Jahren baten Kunden die SAP erstmals um Lösungen für ihre branchenspezifischen Kernprozesse. Mit der Industry Cloud will sich SAP auch in Zukunft vom Wettbewerb abheben.

Von Michael Zipf

„Die diesjährige CeBIT war für SAP ein großer Erfolg. Ein optisch sehr wirkungsvoller Stand sowie eine attraktive Diashow sorgten für eine hervorragende Atmosphäre. Viele neue Kontakte zu Interessenten konnten geknüpft werden."

Der kurze Text in der Kundenbroschüre „SAP Information" vom Mai 1987 erwähnte die Gespräche nicht, die SAP-Mitgründer Hasso Plattner während der Messe in Hannover mit Vertretern einiger deutscher Energieversorger führte. Doch die CeBIT 1987 kann getrost als Ausgangspunkt für ein Kapitel der SAP-Geschichte herhalten, ohne das der langfristige globale Erfolg des Unternehmens kaum denkbar erscheint. Es geht um den Beginn der Entwicklung von Software für die unterschiedlichen Branchen der Wirtschaft: Branchen wie die Energieversorger, die Öl- und Gasindustrie, die Gesundheitsbranche, die Chemie- oder Fertigungsindustrie, in denen SAP über die Jahre zum Standard wurde und deren Vertreter damals wie heute auf Lösungen setzen, mit denen sie ihr eigentliches Kerngeschäft effizienter gestalten können. Und es geht um den Beginn einer Welle, die SAP vor allem seit den frühen 1990er-Jahren erfolgreich zu reiten verstand. Bei der zweiten Auflage der 1986 eingeführten CeBIT (Centrum der Büro- und Informationstechnik) kamen also „vier oder fünf Energieversorger auf Herrn Plattner zu und baten ihn um die Realisierung einer SAP-gesteuerten Software für ihre Abrechnung und ihr Vertriebssystem, das die Integration zu den sonstigen SAP-Core-Komponenten natürlich beinhalten sollte." So erinnert sich Manfred Dobiasch, der einige Monate später zum Projektleiter von „RIVA" ernannt wurde. Dobiasch war 1976 zur SAP gekommen, nachdem er 1974 bei einem der ersten SAP-Kunden, dem Büromöbel-Hersteller 3K in Bensheim, eine SAP-Finanzbuchhaltung eingeführt hatte – damals noch auf Kundenseite. RIVA, das „Realtime-, Informations- und Verbrauchs-Abrechnungssystem" für Versorgungsunternehmen sollte Dobiasch und sein junges Team in den kommenden fünf Jahren kräftig unter Strom setzen.

Partner mit Branchenexpertise

Große Energieversorger wie die Main-Kraftwerke und die Ruhrgas AG, zahlreiche Stadt- und Überlandwerke, Kleinkraftwerke wie Mühlen, aber auch Unternehmen wie BASF und Preussag, die selbst Energie erzeugten, gehörten zur Branche, die schon früh auf SAP-Software setzte. Mit dem R/2-System konnten die SAP-Kunden Mitte der 1980er-Jahre unter anderem ihre Finanz- und Anlagenbuchhaltung, die Kostenrechnung, Materialwirtschaft, Instandhaltung und die Kundenauftragsabwicklung abdecken. Für ihre branchenspezifischen Kernprozesse, also beispielsweise das Ablesen der Zähler, die Fakturierung und Abrechnung, die Verwaltung der Geräte und vieles mehr, gab es jedoch noch keine Standardsoftware. Und innerhalb der SAP auch wenig Kenntnisse darüber. Deshalb holte sich SAP mit der Unternehmensberatung Arthur Andersen (heute Accenture) einen Partner ins Boot, der Branchenexpertise und Kontakte zu

Entscheidern bei den Unternehmen mitbrachte. Zunächst aber war zu klären, wer für die Entwicklungskosten aufkommen sollte, denn laut Manfred Dobiasch „wies Hasso Plattner darauf hin, dass die Versorger ein begrenzter Markt waren" und SAP deshalb für sie auf eigene Kosten keine Standardsoftware entwickeln könne. Die zunächst 13 Versorgungsunternehmen, zwölf aus Deutschland sowie die Elektrizitätswerke des Kantons Zürich aus der Schweiz, beauftragten SAP und Arthur Andersen im Juli 1987, zunächst eine Projektdefinition und -planung vorzulegen.Dies erledigte das Projektteam mit Manfred Dobiasch (SAP) und Rolf Schulz (Arthur Andersen) an der Spitze bis November 1987.

So konnten die Versorger anschließend den Auftrag erteilen, für 20 Millionen D-Mark, „bis Ende der 80er-Jahre ein Kundeninformations- und Abrechnungssystem für die Versorgungswirtschaft" zu entwickeln. Diese Kosten wurden von den Unternehmen getragen. SAP würde anschließend die Wartung übernehmen,

Das RIVA-Team im September 1992. ↑

Titelblatt der RIVA-Projektdefinition aus dem Jahre 1987. ↙

Einstandsfeier: Von 1988 an arbeitete das RIVA-Team ↘
voller Energie an der ersten SAP-Branchenlösung.
Im Bild: Roland Wolff, Peter Schönfuss

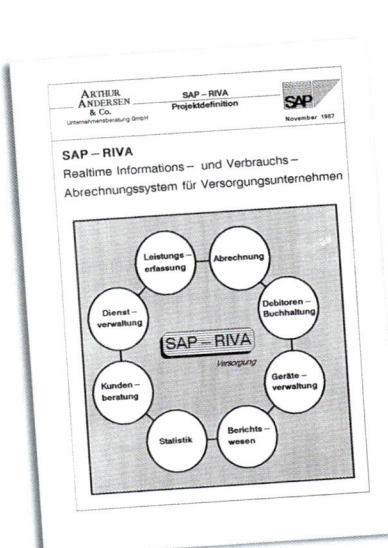

deren Kosten auf weitere rund 2 Millionen D-Mark pro Jahr geschätzt wurden. Das RIVA-Projekt gehörte zweifellos zu den komplexesten SAP-Projekten dieser Jahre, dessen Umfang zum Start noch gar nicht in allen Details absehbar war. So mussten nicht nur die unterschiedlichen Energiearten Strom, Gas und Fernwärme, sondern auch Themen wie Wasser, Verkehrsbetriebe, Heizkostenabrechnung und Baukostenverwaltung abgebildet werden. Die Lösung sollte die Anforderungen von Tarif- und Sonderkunden abdecken. „Wir stellten fest, dass wir Teile der Standardsoftware wie das Debitorensystem gar nicht nutzen

setzt werden kann. Da kamen irgendwann Länder wie Australien und Neuseeland dazu und wir mussten ganz neue Dinge lernen, erneut die Tabellen ändern und die Programme anpassen." Wolff: „Die Einarbeitung in eine Industrie ist so umfangreich wie ein Studium." Und das lässt sich nicht in ein paar Monaten abschließen, stellten Wolff und seine Kolleginnen und Kollegen bald fest. „In den ersten zwei Jahren haben wir von 52 Wochenenden 26 gearbeitet und zwar immer Samstag und Sonntag. Das taten wir aber mehr oder weniger freiwillig", sagt Wolff. Manfred Dobiasch habe viel verlangt, aber seinen Leuten auch

SPORTLICHER TEAMGEIST

„Für mich besteht die Kultur der SAP darin, den Mitarbeitenden Freiraum zu lassen, um sich zu entwickeln und hervorragende Leistungen zu erzielen, sich immer wieder neu zu erfinden und unablässig nach den besten Lösungen zu streben sowie einen gewissen Ehrgeiz und Stolz im Sinne eines sportlichen Teamgeistes zu praktizieren."

Peter Kirschbauer (von 1982 bis 2009 bei SAP)

konnten", erzählt Dobiasch. „Die Unterschiede waren einfach zu groß." Oder: Der größte Versorger hatte rund 1,5 Millionen Kunden und verwaltete zwei Millionen Verträge. Dobiasch: „Auf diese Datenmengen war das R/2-System noch gar nicht ausgelegt." Der damalige Projektleiter schätzt, dass RIVA ungefähr so komplex war wie drei R/2-Module zusammen. Eine Herkulesaufgabe lag also vor dem anfänglich rund 20-köpfigen RIVA-Projektteam, das zunächst fast durchweg aus Uni-Absolventen bestand. Zusammen mit den jetzt 18 teilnehmenden Versorgern aus Deutschland, Österreich, der Schweiz und den Niederlanden betraten die „Frischlinge" (Manfred Dobiasch) völliges Neuland.

Das bedeutete für Mitarbeiter wie Roland Wolff, der am 1. Januar 1988 ins RIVA-Team kam: „Wir haben jeden Kunden besucht, haben eine Bestandsaufnahme gemacht, welche Tarife gibt es, wie sehen die Abrechnungsregeln im Detail aus, wie die Rundungsregeln. Dann wurden Protokolle erstellt und an die Kunden geschickt. Danach haben wir angefangen zu entwickeln." Und zwar mit der SAP-eigenen Programmiersprache ABAP. „RIVA war damals die umfangreichste ABAP-Entwicklung im R/2-System", so Wolff. Aber er räumt ein, dass „man erst nach zwei, drei Jahren wirklich verstanden hat, wie das beim Kunden läuft, wie zum Beispiel ein Sachbearbeiter die Transaktionen bedient, wie er ohne Zeitverlust und Brüche im System arbeitet", erinnert sich Wolff. „Und wir mussten ja gleich mitdenken, wie die Lösung international einge-

viel Freiraum gegeben. „Er war immer ruhig, besonnen, hat den Überblick behalten. Und er war immer großzügig, hat viel laufen lassen, wenn er gesehen hat, dass es in die richtige Richtung geht." Ende 1989 war ein erstes Programm fertiggestellt und der Pilotkunde Überlandwerk Unterfranken konnte live gehen, gefolgt von den Stadtwerken Heidelberg und Augsburg, wie sich Manfred Dobiasch erinnert. Das Budget von 20 Millionen D-Mark sei „fast pfenniggenau" eingehalten worden, so der damalige Projektleiter.

Neue Kunden, neue Anforderungen

Doch noch hatte die Lösung Lücken und die Integration mit den SAP-Kernkomponenten ließ an manchen Stellen zu wünschen übrig. Dennoch zeigten immer mehr Versorgungsunternehmen Interesse an der neuen Standardlösung – und sie brachten weitere Anforderungen mit. Das führte dazu, dass die Projektpartner RIVA einer erneuten eingehenden Prüfung unterzogen. „Da blieb kaum ein Stein auf dem anderen", erinnert sich Roland Wolff. Noch einmal kam das Team 1990 in Heidelberg für rund drei Monate zusammen, diskutierte Details, was fehlte, was nicht wirklich benötigt wurde. Wolff: „Natürlich haben wir vieles weiter genutzt, aber wir haben auch viele Funktionen neu entwickelt, Dinge rausgestrichen und die Lösung noch flexibler gemacht." So war nun unter der Leitung von Manfred Dobiasch eine komplett neue Standardlösung entstanden, die von der Kundenverwaltung über das Vertragswesen und den Ein- und Ausbau von Geräten, die Organisation der Ablesung bis hin zur Rechnungsstellung alle Kernprozesse eines Versorgers abdeckte. Weiterhin genügend Arbeit gab es für die Berater, die die Lösung nun nach und nach bei den Versorgern in immer mehr Ländern installierten. RIVA legte insbesondere auch die Basis für den Umgang mit massenhaften Daten in anderen Branchen, etwa der Versicherungswirtschaft, der Finanzwirtschaft und im Gesundheitswesen.

Manfred Dobiasch beschloss 1992, die SAP zu verlassen und sich mit dem RIVA-Kollegen Peter Schönfuss selbstständig zu machen. Seit 1993 unterstützt ihre DSC GmbH nun insbesondere Versorgungsunternehmen mit Software und Services. Die DSC ist mit ihren heute rund 150 Mitarbeitern zudem ein langjähriger SAP-Partner.

Auf der Kippe

Dobiaschs Nachfolge übernahm Ende 1992 Peter Kirschbauer. „Ich hatte bei Dietmar Hopp nach einer neuen Herausforderung gefragt", erinnert sich Kirschbauer, der schon Anfang 1982 zur SAP gekommen war. Nach den ersten zwei Jahren Kundenberatung und Implementierungsprojekten im Bereich R/2-Materialwirtschaft wechselte Kirschbauer für acht Jahre in die Logistikentwicklung. Zuletzt entwickelte er die Komponente „Erzeugniskalkulation" fürs R/2-System und brachte sie bei Kunden erfolgreich zum Einsatz. Hopp bot ihm nun die Gesamtverantwortung über RIVA an. „Mich hat fasziniert, dass Hopp mir diese Aufgabe anvertraute, denn Teamgröße, Produktanforderungen, Projektstatus sowie Kunden- und Partnerkonstellation waren durchaus eine Herausforderung. Aber die hatte ich ja auch gesucht", sagt Kirschbauer heute. Nur ein paar Wochen später stand gar das gesamte Projekt auf der Kippe, wie sich Kirschbauer erinnert.

Die ersten Infotage in Berlin waren geplant und vorbereitet. Doch es gab Probleme. Die Komplexität der Softwarelösung sowie die umfangreichen und vielschichtigen Anforderungen an die Gesamtlösung hatten dazu geführt, dass die Pilotkunden RIVA nicht wie geplant nutzen konnten. Kirschbauer: „Hasso Plattner fragte angesichts der Unruhe im Markt und unzufriedener Kunden, ob es denn sinnvoll sei, das Projekt überhaupt fortzuführen und noch einmal 100.000 DM für das Event auszugeben? Sollte man das Industrieprojekt nicht besser stoppen? Das Team stemmte sich dagegen und versprach, die Kunden mit der Vorstellung der neuen Entwicklungen und Zeitpläne zu überzeugen. Also winkte Hasso das durch und genehmigte das Geld. Wer weiß, wie das mit den Branchen weitergegangen wäre, wenn wir die Veranstaltung abgeblasen hätten." Die Infotage wurden ein Erfolg, doch die nächste Herausforderung war bereits am Horizont zu erkennen.

1992 hatte SAP ihre neue Softwaregeneration, das Client-Server-System SAP R/3, auf den Markt gebracht. Die Tage des Großrechners waren gezählt. „Unvergesslich war ein Gespräch

↑ *Peter Maier präsentiert bei einem Workshop für R/2-Kunden im Jahre 1996.*

↓ *Peter Kirschbauer bei einer Mitarbeiterversammlung 2003 in Walldorf.*

mit Hasso Plattner Ende 1994, als es darum ging, wer denn nun der größte Wettbewerber für RIVA sei", erzählt Kirschbauer. Plattners Antwort lautete: Euer größter Wettbewerber ist R/3! „Und er hatte Recht", so Kirschbauer. „Es galt, so schnell wie möglich, die immer populärer werdende RIVA-Lösung ins R/3 zu bringen."

Gefragte Branchenexperten

Und das taten Kirschbauer und sein Mitstreiter Klaus Heimann, der die Energiewirtschaftsexpertise der SAP bis zu seinem Ausscheiden 2011 wie kaum ein anderer verkörperte und zu einem gefragten Gesprächspartner auch der Politik wurde. Die Branchenlösung IS-U/CCS (Industry Solution Utilities/Customer Care & Service) entwickelte sich bis 1996 zur marktführenden Lösung für Versorgungsunternehmen. „Eine klasse Mannschaft, die ausgezeichnete Zusammenarbeit mit anderen SAP-Teams sowie die

der 80er-Jahre zum SAP-Kundenstamm. Wie bei den Energieversorgern mangelte es aber auch hier am SAP-internen Branchenwissen, so dass sich die Walldorfer erneut Partner wie Arthur Andersen an die Seite holten, wie sich Peter Maier erinnert. Maier kam 1991 zur SAP, implementierte R/2 zunächst in der chemischen Industrie und dann rasch auch bei Öl- und Gasproduzenten. „Wir merkten aber, dass uns das branchenspezifische Know-how fehlt. Da haben uns die Partner geholfen, Spezifikationen zu schreiben und Prozesse zu konfigurieren. Und sie haben uns Zugang zu Firmen verschafft, Marketingmaterialien erstellt und Events geplant." Während ein Team von Arthur Andersen bei der Programmierung der Lösung für die Öl- und Gasbranche involviert war, gab es später bei den Beratungsprojekten keine Exklusivität. Maier: „Wir wollten den Wettbewerb und haben die Implementierung für alle Partner geöffnet." Weil sich mit der Lösung SAP Oil & Gas, die sowohl die Standardsoftware R/3 als auch die Branchenkomponente IS-Oil

GENIALER ARBEITGEBER

„Ich bin 1997 zur SAP gekommen, weil SAP damals der genialste Arbeitgeber in Deutschland war, da wollte jeder hin. Und SAP ist für mich heute noch der genialste Arbeitgeber, den ich in Deutschland finden kann. Das Faszinierende an der SAP ist, dass man jeden Tag etwas dazulernen muss und kann und dass man mit unendlich vielen sehr, sehr intelligenten Leuten umgeben ist, die einen fordern, aber auch fördern."

Nils Herzberg (von 1997 bis 2022 bei SAP)

nachhaltige Unterstützung der beiden abwechselnd zuständigen Vorstände Hasso Plattner und Henning Kagermann machten diesen Erfolg erst möglich", sagt Kirschbauer. Heute sind SAP for Utilities und andere SAP-Lösungen bei 45 der Top-50-Versorger weltweit im Einsatz. Und RIVA legte den Grundstein dafür, dass inzwischen Unternehmen in 25 Branchen ihre Kernprozesse mit SAP-Software abbilden können.

Dabei waren die Versorgungsunternehmen nicht die einzigen Kunden, die mit der Bitte auf SAP zukamen, Standardsoftware für ihre spezifischen Branchenanforderungen zu entwickeln. Die Mineralöl- und Gasindustrie sowie die Gesundheitsbranche formulierten Anfang der 1990er-Jahre ebenfalls diesen Wunsch. So begann SAP 1991 mit der Entwicklung der „Industry Solution Healthcare" (IS-H), die drei Jahre später auf den Markt kam. Innerhalb weniger Jahre wurde SAP im deutschsprachigen Raum zum Marktführer auch bei den Patientenmanagement- und Abrechnungssystemen. Große Produzenten von Öl und Gas wie BP, Mobil Oil, Shell oder Wintershall gehörten schon Ende

umfasste, schnell auch in dieser Industrie der Erfolg einstellte, sah sich die SAP-Führung ab Mitte der 90er-Jahre ermutigt, weitere Branchen anzugehen. So kündigte SAP im Januar 1995 beispielsweise eine Lösung für die Prozessindustrie (Chemie, Pharmazie, Nahrungs- und Getränkeindustrie sowie Halbleiterhersteller) an. Die Lösung „SAP Consumer Products" ging an den Start, mit der Deutschen Telekom wurde eine Lösung für die Telekommunikationsbranche entwickelt und auch die öffentliche Verwaltung (Public Sector) rückte in den Blick der Walldorfer. Bei der CeBIT im Frühjahr 1997 stellte SAP unter anderem ihre Lösung für den Handel vor.

Organisatorische Veränderungen

Auch bei der SAPPHIRE im gleichen Jahr in Amsterdam standen die Branchenlösungen im Mittelpunkt des Interesses der Besucher. Vorstandsmitglied Henning Kagermann erläuterte das gesteigerte Engagement der SAP bei den Branchen. Die Kunden erwarteten nicht nur globales Know-how in allen Industrien, gefragt seien gleichfalls „vorgefertigte, auf die jeweilige Branche zugeschnittene Lösungen auf Basis eines für sämtliche Industrien geltenden Rahmens". Da heiße es für die SAP, „kräftig mitzumischen". Für den Vertrieb bedeutete das: Statt mit allen Kunden über das gleiche Portfolio an Standardkomponenten zu sprechen, wählte man den für die Branche des Kunden relevanten Ausschnitt und passte sich an die Terminologie der jeweiligen Industrie an. „Wir signalisierten den Kunden, dass wir ihre Branche mit ihren Kernprozessen verstehen und Lösungen speziell für ihre Anforderungen bieten", sagt Stefanie Glenk, die 1995 im Marketing für Verbrauchsgüter bei SAP einstieg. „Das schaffte Vertrauen und einen vielversprechenden Ansatz zu einem Gespräch auf Augenhöhe."

Der verstärkte Fokus auf die Branchen schlug sich jetzt auch organisatorisch nieder. Vorstandssprecher Dietmar Hopp sagte bei seiner Rede zu den Mitarbeitern anlässlich der Weihnachtsfeier 1997: „Um für SAP weitere Wachstumspotenziale zu erschließen und um unsere führende Marktstellung auszubauen, haben wir in diesem Jahr beharrlich unsere Fokussierung auf Branchen fortgesetzt. Zum 1. Januar 1998 werden 13 global agierende Industry Business Units (IBUs) ihre Arbeit aufnehmen. Von dieser Reorganisation im Entwicklungsbereich versprechen wir uns eine noch größere Kunden- und Marktorientierung. Dies sollte die Wettbewerbsfähigkeit der SAP nachhaltig stärken." Querschnittsthemen wurden fortan in den Generic Business Units (GBU) bearbeitet, die Kernentwicklung kümmerte sich um Gesamtdesign, Integration und Technologie.

Mit R/3 heben die Branchen ab

Im April 1997 kam Nils Herzberg zur SAP und wenige Monate später wurde er IBU-Direktor für Aerospace & Defense/ Engineering & Construction. „Wir haben ein paar Funktionen programmiert, die für die Flugzeugbauer entscheidend waren, und innerhalb weniger Monate hatten wir die meisten Kunden mit dem Versprechen überzeugt, dass wir uns um die Fertigung und ihre Kernprozesse kümmern würden", beschreibt Herzberg den Ansatz des „Trust-based Selling". „Dass wir noch drei, vier Jahre brauchten, bis wir alles liefern konnten, stand auf einem anderen Blatt." Mit dem globalen Erfolg von SAP R/3 ging die Ausbreitung des Geschäfts in bald 20 Branchen einher. „Die Entscheidung, auch vertikale Lösungen anzubieten, ermöglichte SAP, den Share of Wallet (also den Anteil am gesamten Software-Einkaufsvolumen eines Kunden) bei den Bestandskunden deutlich auszubauen und auch neue Kunden zu gewinnen, für die die Branchenlösungen von großer Bedeutung waren", sagt Peter Kirschbauer. „In vielen Branchen haben wir uns so tief in die Kernprozesse eingegraben, dass wir zum De-facto-Standard wurden", ergänzt Nils Herzberg. Industriespezifische Anwendungen, etwa Abrechnungen bei den Versorgern oder Just-in-time-Lieferung in der Automobilbranche, sind heute in die Standardsoftware integriert. Kirschbauer: „Mit dieser integrierten Industrieexpertise waren

↑ Bei der SAPPHIRE 2002 in Lissabon hält Nils Herzberg einen Vortrag über die SAP-Branchenlösungen.

↓ Zuschauer beim SAP-Cup. Von links: Paul Neugart, Manfred Dobiasch, Dietmar Hopp.

wir nicht mehr so einfach auszutauschen. Wir konnten diese Funktionen dann aus einer Plattform heraus anbieten." Die Branchen hatten sich zu einem wichtigen Standbein des SAP-Geschäfts entwickelt, doch sie mussten sich bisweilen auch hinten anstellen, wenn der Vorstand neue Prioritäten setzte und Gelder und Entwicklungsressourcen umschichtete. Zum Beispiel als SAP im September 1998 die „New-Dimension-Produkte" ankündigte, um die Angriffe der sogenannten Best-of-Breed-Anbieter im Kundenbeziehungs- oder Lieferkettenmanagement abzuwehren. Oder Mitte der 2000er-Jahre, als die Firma viel Entwicklungsexpertise benötigte, um eine neue Softwarearchitektur und die erste On-Demand-Lösung zu programmieren.

Anwendergruppen als Kompass

Über strukturelle und organisatorische Veränderungen versuchte SAP über die Jahre, bei den Branchen am Ball zu bleiben. Dabei halfen von Beginn an die Anwendergruppen mit, mit denen sich SAP auch heute noch regelmäßig und intensiv austauscht. „Da sind eine richtige Community und viele Freundschaften entstan-

dass die Industrien bei SAP zunächst wieder in den Hintergrund rückten. „Es war ähnlich wie damals mit den New-Dimension-Produkten", sagt Kirschbauer, der die SAP im Dezember 2009 nach fast 28 Jahren verließ und Firmen heute bei digitalen Transformationsprojekten unterstützt. „Es ging darum, sich zunächst aufs Thema Cloud zu fokussieren, um wettbewerbsfähig zu sein, und dann die Industrien nachzuziehen und die nächste Generation der Lösungen zu entwickeln." Nils Herzberg pflichtet dem bei: „Das Thema Industrie kommt und geht. Immer wenn sich ein Markt halbwegs stabilisiert hat und verstanden wird, dann muss er nach Industrien durchdekliniert und industrierelevant entwickelt werden." Peter Maier und sein Industry-Cloud-Team sind da gerade mittendrin. Auch Maier hat die Entwicklung der Branchenlösungen über die vergangenen 30 Jahre verfolgt. Heute ist er als President, SAP Industries and Customer Advisory, für den Erfolg der Industrien – jetzt in der Cloud – verantwortlich. Für ihn sind die Industrien auch heute noch „einer der wichtigsten Differenzierungsfaktoren für unsere Kunden". Nicht nur SAP, die halbe IT-Branche, hat sich vorgenommen, die „Industry Cloud" zu erobern. Branchenlösungen

DIE SILOS EINREISSEN

„Wenn SAP in die Unternehmen kam, fanden wir die Geschäftsbereiche oft als Silos vor, die gar nicht wussten, wie sehr sie voneinander abhängig waren. Wir haben dann maßgeblich dazu beigetragen, Wertschöpfungsketten innerhalb der Firma zu bilden. Ich denke, SAP hatte und wird auch in Zukunft einen sehr, sehr großen Einfluss auf die Wertschöpfungsketten innerhalb der unterschiedlichen Industrien, aber auch innerhalb der Geschäftsbereiche, haben."

Peter Maier (seit 1991 bei SAP)

den", sagt Kirschbauer und Herzberg ergänzt: „Die User Groups waren und sind für uns ein Kompass, der uns die Richtung weist." Nicht immer konnte SAP alle Wünsche der Unternehmen erfüllen. Andererseits waren Kunden bisweilen noch nicht bereit oder in der Lage, das umzusetzen, was SAP zu bieten hatte. Manche Branche, sagt Kirschbauer, „brauchte lange, bis sie erkannte, dass die Digitalisierung auch an ihnen nicht vorbeigeht".

Auch nach 35 Jahren „ist die Branchenorientierung der SAP am Markt mindestens respektiert, wenn nicht sogar gefürchtet, weil wir uns inzwischen so viel Wissen erarbeitet haben und die Herausforderungen der Kunden in ihrer jeweiligen Branche bis ins Detail verstehen", sagt Herzberg, der sich im Frühjahr 2022 nach 25 Jahren bei SAP in ein Sabbatjahr verabschiedet hat. Aber wie immer schläft die Konkurrenz nicht und der alles überragende Run in die Cloud hat in den vergangenen Jahren dazu beigetragen,

seien „zweifellos das nächste große Ding in der Cloud", kommentierte Techanalyst Bob Evans („industry-specific solutions have unquestionably become the cloud's Next Big Thing") bereits Anfang 2021.

Für Peter Maier geht es darum, die Kernprozesse der Kunden wieder stärker abzubilden, sprich dahin zu gehen, „wo die Unternehmen heute und in Zukunft ihr Geld verdienen". Den früheren Gegensatz von Branchen- und Geschäftsbereichslösung hält er für überholt. „Im Handel, bei den Konsumgütern, bei den Versorgern, überall musst Du eine anständige Customer Experience bieten. Und die Konsumgüter oder die Gesundheitsbranche sind ohne funktionierende Lieferkette nicht denkbar, wie wir während der Coronapandemie gesehen haben. Wir brauchen also auch in der Line of Business industriespezifische Lösungen und müssen die Schlüsselbranchen entsprechend besetzen."

Dabei spielen in der Industry Cloud der SAP die Partner wie schon vor 35 Jahren wieder eine herausragende Rolle. Viel stärker als früher sind Partner heute aber auch beim Programmieren von Lösungen gefragt. Immer mehr Partner erweitern die durchgängigen Prozesse der intelligenten Suite mit zusätzlichen Branchenfunktionen, die sie auf der Business Technology Platform (BTP) der SAP entwickeln. „Die Industry Cloud verbindet also die intelligente Suite mit neuen Lösungen der SAP und ihrer Partner auf Basis der BTP", erläutert Maier. So schöpfen die für Industry Cloud entwickelten Apps die Fülle der Funktionen aus, die SAP S/4HANA und andere Anwendungen bieten. Maier: „Aber die Partner entwickeln auch völlig eigenständige Apps für die Industry Cloud."

Die Partner entwickeln wieder mit

SAP habe in der Vergangenheit die „Best Practices" für die Branchen programmiert. Jetzt würden gemeinsam mit Partnern die „Next Practices" entwickelt. Maier: „Wir haben in den ersten 35 Jahren den Kunden geholfen, ihre End-to-End-Prozesse effizient zu steuern. Jetzt mit der Industry Cloud müssen wir den Kern sauber halten und können nicht alle Anwendungen zu unserer Suite hinzufügen. Sonst hätten wir die Upgradekosten bei den Kunden nicht mehr im Griff. Deshalb bauen wir das jetzt mit den Partnern integriert in die intelligente Suite und integriert auf der BTP."

Mehr als 1.000 SAP-Entwickler programmieren heute wieder Lösungen für die Industry Cloud – zusammen mit einer täglich steigenden Zahl an Partnern. Wenn die Geschichte der Branchenlösungen bei SAP eine Folge von Wellenbewegungen ist, dann sind sie jetzt wieder dabei, eine ganz große und aufsteigende Welle zu reiten. ∎

Oral-History-Interview mit
Peter Kirschbauer und Nils Herzberg.

↑ *Pioniere der Branchenlösungen (von links): Manfred Dobiasch, Werner Stoll (ehemals Vertreter der EnBW), Peter Kirschbauer im Jahre 2018.*

↓ *2016 feierte Roland Wolff seinen Ausstand und verabschiedete sich in den Vorruhestand. Von links: Peter Kirschbauer, Klaus Heimann, Manfred Dobiasch, Peter Schönfuss und die früheren RIVA-Teammitglieder Angela Adelhardt und Peter Marek.*

Eine verschworene Gemeinschaft

Es ist eine in der IT-Branche vielleicht einzigartige Runde: Seit mehr als 45 Jahren treffen sich einige SAP-Urgesteine regelmäßig zum „RM-Stammtisch".

Von Michael Zipf

Der RM-Stammtisch 2013 in Südtirol (von links):
Rainer Krugmann, Clive Day, Philipp Becker,
Norbert Heenes, Jochen Ewald, Paul Neugart,
Manfred Walter.

„Geht ihr mit raus?" Norbert Heenes und Philipp Becker wussten nicht sofort, was sie damals an einem Freitag im November 1977, einem ihrer ersten Arbeitstage für SAP, antworten sollten. Jeden Freitag trafen sich viele ihrer neuen Kolleginnen und Kollegen beim ersten SAP-Kunden ICI in Östringen, um zusammenzuführen, was sie die Woche über bei ihren anderen Kunden entwickelt hatten. „Rausgehen" hieß, die ICI-Kantine den ICIlern zu überlassen und die Mittagspause in einer der umliegenden Gaststätten zu verbringen. Also gingen Heenes und Becker mit zum „Severino", ins „Lamm" oder in den „Ochsen". Dort wurde gefachsimpelt, man besprach Kundenanforderungen, suchte nach Ideen oder Lösungswegen, wenn es bei einer Installation oder Modifikation mal hakte. Man half und unterstützte sich „ohne Einschränkung", wie Heenes betont. So wurde der Grundstein für den jahrzehntelangen Zusammenhalt des „RM-Stammtischs" gelegt – einer in der IT-Branche vielleicht einzigartigen Runde.

Im Mittelpunkt der damaligen Gespräche stand RM – das Modul Materialwirtschaft der ersten SAP-Realtime-Lösung, des Systems R, das erst später den Namen SAP R/1 erhielt. Die SAPler entwickelten die Software und betreuten parallel ihre Kunden. Es war noch die Zeit, als man die Programme erst auf Codierblätter schrieb und dann am Stanzer auf Lochkarten übertrug. Auch Dietmar Hopp – zuständig für den RM-Bereich – programmierte damals noch fleißig mit, wie Philipp Becker erzählt: „Akribisch spitzte er zunächst den Faber-Castell-Bleistift, bevor er sich den DIN-A4-Block mit den vorgedruckten IBM-Assembler-Formularen zurechtlegte, um dann Zeile für Zeile seine Assembler-Instruktionen niederzuschreiben. Programmabbrüche wurden in Listenform auf Endlospapier in Kartongröße analysiert. Man arbeitete mit Bandstationen und Wechselplattenspeicher. Eine Programmgenerierung dauerte Stunden, vorausgesetzt man war an der Reihe. Begriffe wie Giga- und Terabyte waren Fremdwörter."

Auch Privates blieb bei den Treffen nicht außen vor. Fast immer ging es auch um Sport: einige der Teilnehmer bereiteten sich schon mal gedanklich auf das am Abend folgende gemeinsame Fußballspiel vor.

Die Nutzung der heimischen Gastronomie hatte einen weiteren positiven Nebeneffekt, wie sich Philipp Becker erinnert: „Oft war auch Dietmar Hopp mit Kunden in den Gaststätten anzutreffen, denn die Interessenten, die damals noch durch Mund-zu-Mund-Propaganda auf das Produkt aufmerksam gemacht wurden, bekamen bei ICI ihre Demos gezeigt, und zu den Abschlussgesprächen ging es dann zum Beispiel zum Italiener. Dies hatte auch Vorteile für uns, denn wenn's ans Zahlen ging, hatte Herr Hopp unsere Rechnung meist schon beglichen."

Waren die freitäglichen Treffen anfangs noch einfach zu organisieren, mussten die Teilnehmer später darum kämpfen, als die Firma größer wurde. Dann wurden auch mal Meetings verschoben. Seit 45 Jahren treffen sich die Mitglieder des RM-Stammtischs regelmäßig. Hier reden sie über Gott und die Welt, lassen die guten alten Zeiten und Kolleginnen und Kollegen wieder aufleben. „Der RM-Stammtisch ist legendär", sagt Norbert Heenes.

Auch wenn alle nun schon lange nicht mehr aktiv dabei sind, zeigen sie weiterhin Interesse an der SAP. Sie kommentieren und diskutieren die neuesten Entwicklungen, Entscheidungen und Firmenzukäufe. Oft ein Thema: Wie entwickelt sich der Aktienkurs? Selbstverständlich nimmt man an den Veranstaltungen und Aktivitäten teil, die das Unternehmen, SAP Alumni oder die „Schöne alte SAP" organisieren.

In Feierlaune: Paul Neugart bei der Weihnachtsfeier 1991.

Analysen und Anekdoten

Heute fast immer dabei: Der erste SAP-Mitarbeiter Paul Neugart. Er kam im Sommer 1972 zum Unternehmen, das damals Systemanalyse Programmentwicklung hieß. Damals wie heute ist er eine Instanz, wenn es um SAP geht. „Paul war der Gruppenleiter, was er aber nicht herauskehrte", erzählt Heenes. „Seine Meinung hatte Gewicht, wie sich bei Meetings und bei Entscheidungen zeigte."

Zwar gilt es heute nicht mehr darüber zu befinden, ob eine Kundenanforderung in den Standard einfließen oder eine Funktionalität überhaupt weiterentwickelt werden soll. Wenn aber rückblickend zur Debatte steht, ob eine Entwicklung bei SAP zu diesem oder jenem Zeitpunkt startete, oder wenn es darum geht, ob ein Gründer eher diesen oder jenen Lösungsweg präferierte, dann ist Neugarts Erinnerungsvermögen gefragt.

Neugarts Gedächtnis ist fast so legendär wie der Stammtisch. Der heute 85-Jährige kann auch 50 Jahre nach Gründung des Unternehmens sagen, welcher der fünf Gründer bei den ersten Kunden genau welche Aufgabe übernahm oder warum man sich als Programmiersprache für den Assembler entschied. Diese Erinnerungen beschränken sich aber nicht nur auf die fachliche Ebene. Viele private Dinge, wie zum Beispiel Geburtstage von Mitarbeitern und selbst die ihrer Frauen kann er noch heute aus dem Ärmel schütteln.

Neugart kann Fakten referieren und gleichermaßen Zusammenhänge erläutern. Nebenbei hat er wie kaum ein anderer zum Aufbau des Unternehmensarchivs der SAP beigetragen, da er seine Erinnerungen aufzeichnete und Dokumente, Verträge, Stundenzettel und Bilder sammelte und später an die Archivarin übergab. Auch verfügt er über einen reichen Schatz an Anekdoten, etwa wie er bei einem Projekt beim Pharmaunternehmen Knoll zusammen mit Hasso Plattner den Leiter der Knoll-Buchhaltung bitten musste, die am 1. Januar 1974 fällige Restzahlung auf den 1. Dezember 1973 vorzuziehen. Den Grund lieferte Hasso Plattner: „Wir brauchen das Geld, damit wir unsere Mitarbeiter bezahlen können."

Schnitzelschlachten und hitzige Duelle

Zeigt diese Episode aus den SAP-Anfangszeiten, dass die Gründer in den 1970er-Jahren ohne Wagniskapital auskommen mussten, sorgen andere Anekdoten bei den freitäglichen Stammtischen noch heute für allgemeine Heiterkeit: zum Beispiel die von den „Schnitzelschlachten" im Östringer „Ochsen". Norbert Heenes: „Wochenendarbeit war nicht selten, und als Herr Hopp an einem Sonntag nach dem Rechten sah, um sich über die aktuellen Programmstände zu informieren, lud er sechs Unentwegte zum Essen in den Ochsen ein. Telefonische Vorbestellung, um nicht zu viel Zeit zu verlieren: Zehn doppelte Schnitzel, bitte! Okay, doppelte mit Brot! – Was unbekannt war: Im Ochsen bestand eine Portion schon aus zwei nicht zu kleinen Schnitzeln. So mühten sich dann – sogar mit Erfolg – sieben Mann mit einem Berg von 40 Schnitzelportionen ab."

Ebenfalls gerne genommen: die Berichte von den jeweiligen Einstellungsgesprächen mit den Gründern. Clive Day – seit 1976 bei SAP und Gründungsmitglied des RM-Stammtischs – erinnert sich, dass Dietmar Hopp ihn zum Abschluss des Gesprächs im damaligen SAP-Büro in Mannheim fragte, wie er sich denn entscheide? „Ich sagte, ich würd' mir's überlegen. Doch Hopp meinte, das müsse ich jetzt gleich entscheiden. Er habe keine Lust, sich immer wieder im Kreis zu drehen. Immerhin gab er mir eine Viertelstunde und nachdem klar war, dass ich in seinem Team arbeiten würde, habe ich zugesagt", erzählt der Engländer, der seit 1968 in Deutschland lebt. „Es stand auf Messers Schneide, ob ich unterschreibe, aber ich habe es nicht bereut."

Auf Hassos Spuren: die RM-Stammtischler 2017 in Potsdam vor dem Hasso-Plattner-Institut (von links): Manfred Walter, Olaf Babel, Paul Neugart, Richard Knierim, Rainer Krugmann, Norbert Heenes, Martin Boll, Philipp Becker, Walter Maier.

Zur Stammtischüberlieferung zählen auch die zahlreichen Episoden vom freitäglichen Teamkick. Philipp Becker: „Am späten Nachmittag ging's auf den Hartplatz zum Bolzen; mal zu viert, mal zu sechst und auch mal RF gegen RM (also die Kollegen aus Hasso Plattners Team Realtime-Finanzwirtschaft gegen die der Realtime-Materialwirtschaft, geleitet von Dietmar Hopp) und manchmal auch mit Unterstützung durch Kundenmitarbeiter. Oft nicht ohne Blessuren, und als ein RF-Kollege sich einen Meniskusschaden zuzog, ohne überhaupt den Ball getroffen zu haben, gab es eine vorübergehende Fußballsperre, und die Kämpfe RF gegen RM waren auf Eis gelegt."

Städtetrips und Wanderungen

Darüber (und über andere Ereignisse, über die sie süffisant lächelnd lieber den Mantel des Schweigens breiten) amüsieren sich die Stammtischler auch heute noch, wenn sie sich treffen oder wieder einmal eine längere Tour planen. Je zweimal bereits bereiste die Gruppe England und Italien. Auch Städtetrips nach Berlin, Prag, ins Ruhrgebiet oder Radtouren und Wanderungen in Südtirol und in deutschen Landen standen auf dem Programm. Die Coronapandemie ging natürlich auch am RM-Stammtisch nicht spurlos vorbei: auf das eine oder andere Treffen musste die Gruppe verzichten. Doch die „verschworene Gemeinschaft", so Heenes, war keineswegs ganz davon abzuhalten, sich von Angesicht zu Angesicht auf dem Laufenden zu halten. Hatte kein Restaurant in der Umgebung geöffnet, wich man eben auf eine private Terrasse aus – immer unter Einhaltung der pandemischen Regeln, versteht sich.

Möglicherweise finden die großen Touren ins Ausland nun nur noch auf Film- und Diaabenden statt, doch auch im 50. Jahr der SAP-Geschichte gibt es keinerlei Anzeichen, dass die RM-Stammtischler die Tradition der freitäglichen Treffen beenden. Den 50. Geburtstag des RM-Stammtischs im Jahre 2027 zu feiern, haben sie sich jedenfalls alle vorgenommen. ∎

¡Hola!
LATEINAMERIKA

Aufbruch in eine neue Welt

Im April 1994 begann mit der Gründung von SAP Mexiko offiziell die Erfolgsstory der SAP in Süd- und Mittelamerika. Einige Kapitel schrieben engagierte SAPler schon vorher.

Von Michael Zipf

Für Georgette Antelo war es ein Sonntagmorgen-Ritual: Die Stellenanzeigen in der Sonntagszeitung zu durchstöbern und zu schauen, was sich so auf dem amerikanischen Arbeitsmarkt tut. „Und da sehe ich eines Tages – es muss Anfang 1994 gewesen sein – eine halbseitige Anzeige einer deutschen Firma", erzählt Antelo. „Sie suchten jemanden fürs Business Development, ein finanzwirtschaftlicher Hintergrund und spanische, englische und deutsche Sprachkenntnisse seien von Vorteil." Dass es um den Aufbau des Geschäfts in Lateinamerika ging, stand nicht in der Anzeige, erinnert sich Antelo, die heute Teil des globalen Teams „Strategic Pricing and Commercialization" bei SAP ist.

Aber damals lebte die Bolivianerin nach einem sechsjährigen Aufenthalt in Deutschland mit ihrem Mann, einem Neurologen und Psychiater, in Philadelphia/USA, wo sie als Auditor bei KPMG arbeitete. „Die Stelle schien wie für mich gemacht", erzählt sie und beschloss kurzerhand, am nächsten Tag bei der Firma mit den drei Buchstaben anzurufen. Cynthia Aigeltinger, wie Antelo noch immer bei SAP, nahm ab und lud sie nach kurzer Zeit zum Interview ein. Also fuhr Antelo ins noch kleine SAP-Büro in der Nähe des Flughafens, führte mehrere Vorstellungsgespräche – das letzte mit dem SAP-Mitgründer Hans-Werner Hector – und wurde prompt eingestellt. „So fing meine Geschichte mit SAP an."

Und die Geschichte der SAP in Lateinamerika ist seitdem untrennbar mit Georgette Antelo und vielen anderen verbunden, die sich heute noch mit voller Kraft für ihre SAP einsetzen.

Anfänge in Mexiko

Die ersten Schritte auf dem Kontinent unternahm SAP freilich noch vor Antelos Einstieg in die Firma, und zwar in Mexiko – wie so oft vorangetrieben von multinationalen Unternehmen wie Volkswagen, die Tochtergesellschaften und Produktionsanlagen vor Ort unterhielten und diese über SAP-Software an die Zentrale anbinden wollten. Eine maßgebliche Rolle spielte dabei der Mexikaner Raúl Véjar, der schon im Oktober 1990 zur SAP kam und zunächst im internationalen Beratungsteam in Walldorf arbeitete. Mit dem Auftrag, den Markt in Mexiko für SAP zu erschließen, ging Véjar ein Jahr später nach Kalifornien, wo er im Büro der Western Region in Foster City ein internationales Beraterteam zusammenstellte und intensive Kontakte zu Hardware- und anderen Partnern knüpfte. Aufgrund der Zugehörigkeit Mexikos zum nordamerikanischen Handelsabkommen NAFTA war Mexiko zunächst der SAP America zugeordnet.

Während etwa Volkswagen und der global agierende Hersteller von Weinbrand, Casa Pedro Domecq, noch R/2-Lösungen einsetzten, begann auch in Mexiko schon bald der Siegeszug der Client-Server-Software SAP R/3. Gemeinsam mit den SAP-Partnern Informix und Hewlett-Packard stellten Véjar und sein Team im November 1993 rund 120 Vertretern aus 40 mexikanischen Unternehmen R/3 vor. Mit großem Erfolg. Im April 1994 wurde die Landesgesellschaft SAP Mexiko in Mexiko-Stadt vom damaligen

Kaufmännischen Leiter Dieter Matheis gegründet. Raúl Véjar wurde zum ersten Geschäftsführer ernannt. Zunächst betreute das Team von Mexiko aus auch Kunden in der Dominikanischen Republik, Costa Rica, Guatemala, Honduras, Nicaragua und Panama.

Den ersten R/3-Vertrag mit SAP Mexiko unterzeichnete der damals größte mexikanische Stahlhersteller Hylsa, wie sich Maricarmen Ortiz erinnert. Die junge Mexikanerin wechselte im September 1994 von IBM zur SAP, „weil ich mich mehr für Software interessierte und wusste, dass SAP der Marktführer ist. Zudem nahm man in der großen IBM nur wenig Notiz von mir und ich wollte lieber in einer kleinen Firma arbeiten, die sich wie ein Start-up-Unternehmen anfühlte", erzählt Ortiz.

Sie zog in die Büros im Stadtteil Santa Fé in der mexikanischen Hauptstadt ein, in denen heute noch die Landesgesellschaft residiert (wenn auch auf deutlich mehr Stockwerken als damals) und wo sie heute Managerin in Global Customer Operations ist.

Von Spanien nach Argentinien

Derweil richtete SAP den Blick auch auf Argentinien und Brasilien – vom spanischen Madrid aus. Schon 1987 war die spanische Landesgesellschaft der SAP gegründet worden, zunächst in Barcelona. Zwei Jahre später folgte der Umzug nach Madrid. 1993, nach der Eröffnung eines Regionalbüros im portugiesischen Lissabon, ging die SAP España y Portugal S.A. an den Start. Aufgrund der kulturellen und sprachlichen Gemeinsamkeiten mit Südamerika beschloss der SAP-Vorstand, die iberische Halbinsel mit den südamerikanischen Töchtern in der SAP Iberoamérica unter der Leitung des Mitgründers Hans-Werner Hector zusammenzufassen.

> *Wir alle wussten, dass wir ein Juwel gefunden hatten.*
>
> Georgette Antelo

In Buenos Aires/Argentinien unterhielt SAP bereits seit 1993 ein kleines Büro, um die Außenposten einiger spanischer Kunden zu betreuen, wie sich Georgette Antelo erinnert. Hector bat Raúl Véjar um Unterstützung beim Aufbau der Führungsteams für Argentinien und andere Länder. „Zusammen mit Raúl haben wir die nächsten zwei Jahre jeden Tag Kunden, Manager und Mitarbeiter akquiriert und rekrutiert", so Antelo. Dabei half Jürgen Nitschke, Geschäftsführer der SAP Iberoamérica, mit, ein schlagkräftiges Beratungsteam für Argentinien aufzubauen, denn auch hier wuchs das Interesse der Unternehmen an SAP R/3 nun deutlich. Berater der Partnerfirmen Ibersis und KPMG wurden in Madrid ausgebildet, um etwa Mercedes-Benz Argentinien und die Deutsche Bank Argentina bei ihren R/3-Projekten zu unterstützen. Im Oktober 1995 erfolgte die Gründung der SAP Argentina. Von Buenos Aires aus entwickelte das SAP-Team unter der Leitung von Iñaki Domaica anfangs auch die Märkte in Uruguay, Chile und Paraguay.

Mit einem Partner nach Brasilien

In Brasilien schlug SAP dagegen einen anderen Weg ein. Anfang November 1993 unterzeichnete SAP Spanien und Portugal einen Vertrag mit dem niederländischen Partner Origin. Origin verpflichtete sich, SAP R/3 zu lokalisieren und über ihre im März 1994 gegründete Tochterfirma SAP Brasilia zu vertreiben. „Wir wussten, dass wir nur eine Chance in Brasilien hatten, wenn R/3 an die umfangreichen finanztechnischen und rechtlichen Anforderungen angepasst würde", erzählt Antelo. Origin verfügte mit rund 1.300 Mitarbeitern in Brasilien über umfangreiches Know-how. Das wollte man nutzen; für Änderungen am Kern der Software war aber das Internationale Lokalisierungsteam der SAP um Georg Hage-Hülsmann, Gert Bizer und Heinz Lüken zuständig.

In Brasilien entwickelten die Finanzbehörden enorme Kreativität beim Erlass neuer Steuern, sagt Gert Bizer. „Da fallen dann auch mal Steuern an, wenn man mit einem Laster von einem Lager zum nächsten über eine öffentliche Straße fährt." All dies musste in der Software abgebildet werden. „Brasilien war wahrscheinlich in Sachen Lokalisierung das anspruchsvollste Land, das wir hatten", sagt Bizer, der 2019 seinen Vorruhestand angetreten hat.

Die Partnerschaft mit Origin hielt derweil nicht lange. Im Spätjahr 1995 übernahm die SAP AG die Anteile, kaufte damit die geistigen Eigentumsrechte zurück und gründete die SAP Brazil als eigene Tochtergesellschaft. In den neuen Büros in São Paulos Geschäftsviertel Brooklyn arbeiteten nun etwa 30 Mitarbeiter. Zu den Kunden gehörten Pirelli, Henkel, Bayer, Ciminas, Hoechst, Solvay und Mannesmann.

Zu diesem Zeitpunkt war klar, dass SAP ihre Töchter in der Region in der SAP Lateinamerika zusammenfassen und deren Zentrale in Miami/USA ansiedeln würde. Diese wurde im Dezember 1996 eröffnet. „Es war jetzt einfach sinnvoll, ganz Lateinamerika zusammenzubringen und die Kräfte in der Region zu bündeln", sagt Georgette Antelo. Südamerika wurde fortan nicht mehr von der SAP Iberoamérica, sondern von SAP America unter der Leitung von Paul Wahl betreut.

Das Team wuchs von Monat zu Monat und Antelo hatte keinerlei Gründe mehr, Stellenanzeigen zu studieren. „Wir alle wussten, dass wir ein Juwel gefunden hatten, dass SAP an die Region glaubte – und vor allem an ihre Mitarbeiter. Das war eine Erfahrung, die alle noch aktiven und ehemaligen SAP-Mitarbeiter verbindet." ◾

↑ Das ursprüngliche Team von SAP Mexiko mit Familienangehörigen bei der Feier des 10. Geburtstags 1995. Obere Reihe links: Raúl Véjar, der erste Geschäftsführer.

↖ Hat die Entwicklung der SAP in Lateinamerika mitgeprägt: Georgette Antelo.

↗ Baute schlagkräftige Teams in Lateinamerika auf: Geschäftsführer Jürgen Nitschke.

↙ Zwei ehemalige SAF-Mitarbeiterinnen (Paula Vazquez, links, und Marcela Anez) hängen im Juni 1999 im SAP-Büro in Miami Uhren für die unterschiedlichen Zeitzonen auf.

Treibende Kraft oder Getriebene?

SAP und die digitale Revolution – Innovation und Unternehmensentwicklung zwischen Wandel und Kontinuität.

Von Timo Leimbach
Illustration: Stephanie Wunderlich

Digitale Transformation und digitale Revolution sind Begriffe, die heute täglich in der Presse und in Fachdiskussionen auftauchen. Gerade die Coronapandemie und der darauf erfolgte Fokus auf neue Arbeitsformen unterstreichen zusätzlich die ohnehin schon große Bedeutung von IT-Systemen. Gleichzeitig sehen wir, wie sehr Informationstechnologie in allen möglichen Formen und Ausprägungen von der klassischen Desktopanwendung bis hin zur App auf dem Smartphone unser Arbeits- und häusliches Leben durchdringt. Nicht zu vergessen jene Hard- und Software, welche die Infrastrukturen dafür schaffen.

Umso erstaunlicher ist, dass die Bedeutung von IT in Organisationen noch Anfang der 1990er-Jahre höchst umstritten war. So provozierte der renommierte Wirtschaftsnobelpreisträger Robert M. Solow mit dem Zitat „Ich kann die Computer überall sehen, nur nicht in der Produktivitätsstatistik" eine Diskussion über den Beitrag von IT zur Performance von Firmen. Heute gilt diese Frage als eindeutig beantwortet. Zudem wurde belegt, dass Firmen mit intensiver IT-Nutzung produktiver sind (Brynjolfsson & McAffee 2008). Dabei spielt wie von der SAP entwickelte und angebotene Unternehmenssoftware eine zentrale Rolle. Gleichzeitig zeigt die hier angerissene Entwicklung, dass diese in den letzten 50 Jahren viele Veränderungen und Innovationen erlebt hat, sowohl auf technologischer als auch sozioökonomischer Ebene. Im Folgenden wird dargestellt, wie die SAP in diese Entwicklung der Digitalisierung eingebettet war und inwieweit sie Treibende oder manchmal auch Getriebene war.

Was ist eine Innovation?

Eine wesentliche Schwierigkeit bereitet das Verständnis, was eine Innovation ist und woraus sie besteht. Tatsächlich wird kaum ein Begriff im wahrsten Sinne so inflationär in den vielfältigsten Zusammenhängen gebraucht und konsequenterweise sehr unterschiedlich definiert. Ein zentraler Aspekt ist die Frage nach dem Typ der Innovation. In der klassischen Literatur liegt der Fokus auf technologischen Innovationen, die entweder neue Produkte oder auch Dienstleistungen hervorbringen. Im Lauf der Zeit erlebte der Begriff eine Ausweitung und umfasst heute beispielsweise auch Prozessinnovationen oder Innovationen in Bereichen jenseits der Technologie wie Geschäftsmodelle oder Marketing. Schließlich ist die Frage oftmals ebenso wichtig, wie welche Innovation angeboten wird. Folglich gehen technologische und ökonomische Gesichtspunkte bei der Entscheidung miteinander einher. Darüber hinaus beeinflusste eine Reihe von soziokulturellen Faktoren wie Risikobereitschaft oder Loyalitätsverhalten, inwieweit neue Entwicklungen oder Innovationen eher offen oder zurückhaltend aufgenommen wurden. Bei der Diskussion der Art der Innovation haben sich teilweise überlagernde oder widersprechende Bezeichnungen eingebürgert. Dazu zählen vor allem radikale, inkrementelle, disruptive oder systemische Innovation. Oftmals finden diese Zuschreibungen ohne Rückkoppelung an die zugrunde liegenden theoretischen Konzepte statt und führen somit ein Eigenleben.

Auch beim Verständnis des Innovationsprozesses existieren unterschiedliche Vorstellungen, die sich in den frühesten Varianten vor allem auf die zwei wesentlichen Punkte der Idee/Entdeckung sowie der Produktion/Vertrieb fokussierten. Dies wurde von Modellen abgelöst, ergänzt beispielsweise durch andere Phasen wie die Entwicklung und Produktionsreife oder die Implementierung durch Nutzer. Je nach Autor und Fokus variieren heute diese Stufen, werden jedoch generell in Invention, Innovation, Diffusion und Adoption unterteilt (Godin 2017).

Daneben hat die Vorstellung vom Prozess selbst einen weitgehenden Wandel erlebt, von einem in distinkte Phasen unterteilten, geplanten Vorgehen hin zu einem linearen, ineinander übergehenden Prozess. Heute geht man sogar eher von iterativen, rekursiven Prozessen aus, die auch Scheitern als Teil eines übergeordneten Lernprozesses einschließen. Zunehmend wird die Bedeutung von Rahmenbedingungen sowohl in der Organisation selbst als auch in ihrem Umfeld erkannt. Diese reichen von Kultur oder Lernfähigkeit einer Organisation bis zu institutionellen Faktoren wie Finanzierung von Innovationen oder Regulierung von neuen Technologien (Garud et al. 2013).

Vor dem Hintergrund eines solchen breiten Innovationsbegriffs soll hier das Wechselspiel beleuchtet werden, inwieweit SAP von den Innovationen im IT-Bereich beeinflusst war und/oder diese selbst gestaltet hat. Dazu soll dieses Spannungsfeld in der Geschichte der SAP in den Kontext der Entwicklung der IT-Industrie gesetzt werden. Die Periodisierung ist wie so oft bei solchen Fragen Gegenstand zahlloser Diskussionen (Aspray et al. 2018).

Der Einfachheit halber stützt sich die Analyse auf die großen Entwicklungszyklen. Der erste Zyklus erstreckte sich von der Mitte der 1960er- bis Anfang der 1980er-Jahre und deckte die Entwicklung der Mainframesysteme hin zu expliziten Softwareprodukten ab. Gegen Ende der 1970er-Jahre setzte die nächste Phase ein, die vor allem von Miniaturisierung der Computer und Dezentralisierung der IT geprägt war. Diese reichte bis weit in die 1990er-Jahre und wurde von der einsetzenden Konvergenz zwischen Kommunikations- und Informationstechnologie durch das Internet abgelöst. Durch Entwicklungen wie Cloud Computing dauert sie bis heute an, wird aber in den letzten Jahren durch den Fokus auf Big Data und künstliche Intelligenz langsam ersetzt.

Produktivisierung, Standardisierung und Modularisierung – SAP in der Mainframe-Ära

Für uns heute vielleicht ungewöhnlich, sprach man in den 1960er-Jahren von Computersystemen, nicht von separater Hard- und Software. Grund dafür war die Dominanz großer und sehr aufwendiger Computer in der kommerziellen Datenverarbeitung, wie es damals hieß. In den Anfangsjahren gelang es IBM, diese mit dem S/360-System nachhaltig zu verändern. Grundlegend war eine Familie von Computern, die untereinander kompatibel waren.

Damit konnte IBM die führende Stellung im Markt ausbauen und zum dominanten Hersteller für Computersysteme werden. Normalerweise wurden auf die Bedürfnisse der Kunden zugeschnittene Systeme ausgeliefert. Diese Aufgabe übernahmen sogenannte Systemingenieure, zu denen unter anderem auch die meisten der SAP-Gründer zählten. Sie passten existierende Software wie den bekannten „BoMP" (Bill of Material Processor) an die Anforderungen der Kunden an und entwickelten – falls nötig und gewünscht – weitere kundenspezifische Software als Teil der Gesamtleistung.

Darüber hinaus entwickelten Anwender weitere Software selbst, tauschten sie in Nutzergruppen wie SHARE oder engagierten Software Contractors (in Deutschland sogenannte Softwarebüros), die seit Mitte der 1950er-Jahre entstanden. Deren Leistungen reichten von der Bereitstellung qualifizierter Programmierer (Body Leasing) bis hin zu komplexen Beratungs- und Entwicklungsaufgaben. Erst Ende der 1960er-Jahre gründeten sich in den USA erste Firmen wie Informatics, die eigenständige Software als Produkt anboten. Das Unbundling von Hard- und Software bei IBM forcierte diese Entwicklung, womit Softwareentwicklungen den Kunden nun separat in Rechnung gestellt wurden. Als eine Reaktion auf das Kartellverfahren schuf IBM somit einen Markt für Software, der sich schnell entwickeln sollte.

In Deutschland hingegen hatte sich 1969 noch fast kein Unternehmen mit der Entwicklung eines Softwareprodukts beschäftigt. Vielleicht ist es daher auch nicht überraschend, dass mit den fünf Gründern ehemalige Mitarbeiter von IBM Deutschland diese Idee aufgriffen und ab April 1972 in Eigenverantwortung anfingen umzusetzen. Ihr Softwareprodukt sollte es ermöglichen, alle wesentlichen administrativen Prozesse eines Unternehmens wie Materialwirtschaft, Rechnungswesen oder Finanzbuchhaltung abzubilden. Dafür mussten die Prozesse standardisiert werden und gleichzeitig die verschiedenen Bereiche in separaten Modulen stattfinden. Diese sollten so integriert sein, dass die Daten zwischen den verschiedenen Modulen ohne Problem ausgetauscht und möglichst zeitnah (nach damaligen Verhältnissen in Echtzeit) verarbeitet werden konnten.

Zwar war die Idee nicht neu und kursierte unter anderem bei IBM und anderen Herstellern. Doch setzte sie eine kleine Firma aufbauend auf eine gemeinsame Entwicklung mit ihrem ersten Kunden, dem ICI-Werk in Östringen um. Dies mündete in das System R. Natürlich war der Weg recht steinig, und zu Beginn bestand das System vor allem aus einzelnen Modulen wie RF für die Finanzbuchhaltung oder RM für die Materialwirtschaft, die ab 1973 beziehungsweise 1974 verfügbar waren und bald erste Kunden fanden. Das System umfasste jedoch nicht nur Anwendungen, sondern baute auf einer Reihe weiterer technischer Neuerungen oder Besonderheiten wie dynamischen Programmen (DynPro) oder einer sehr effizienten Makro-Assembler-Programmierung auf. Daraus ging später die Programmiersprache ABAP hervor.

Sie schufen die Grundlage für die Idee eines standardisierten, modularisierten, aber dennoch integrierten Softwareprodukts. Zugleich ermöglichten sie im Laufe der 1970er-Jahre den Übergang von der lochkartenbasierten Stapelverarbeitung zur bildschirmbasierten Dialogverarbeitung (Leimbach 2011).

Waren während der Entstehung von System R immer wieder Kompromisse notwendig, so wurden mit der ab 1979 begonnenen Entwicklung von R/2 die grundsätzlichen Ideen der Standardisierung, Modularisierung und Integration immer konsequenter umgesetzt. Somit stellt R/2 kein vollkommen neues, aber ein deutlich überarbeitetes und erweitertes Produkt dar, das neben vielen alten Inhalten auch eine ganze Reihe eigenständiger Neuerungen mit sich brachte. Darüber hinaus wurde es mit Bereichen der Produktionsplanung und -steuerung erweitert. Alles zusammen bildete ein überzeugendes Produkt, mit dem die SAP in Deutschland und im europäischen Ausland viele Kunden fand.

Neben Firmen wie ADV/Orga zählte SAP Mitte/Ende der 1980er-Jahre zu den führenden Softwareproduktunternehmen in Deutschland und leistete einen wesentlichen Beitrag zur Entwicklung des Softwareproduktmarktes. Dieser bestand weniger in der ursprünglichen Idee einer standardisierten, modularen Unternehmenssoftware, sondern darin, sowohl technisch durch viele Aspekte als auch ökonomisch durch das neue Geschäftsmodell mit Softwareprodukten und Lizenzen ein nachhaltiges Angebot zu entwickeln. Mit der zunehmenden Verbreitung von Hard- und Software auch jenseits der Großunternehmen stellten standardisierte Softwareprodukte einen riesigen neuen Markt dar. Dies wurde durch die technologischen Fortschritte in der Computerhardware vor allem in den USA befördert. Gleichzeitig entstanden damit vielfältige neue Herausforderungen für SAP.

Miniaturisierung und Dezentralisierung – SAP und die R/3-Revolution

Die fortschreitende Miniaturisierung von Chips bei gleichzeitiger Leistungssteigerung und niedrigeren Preisen (Moores Law) führte dazu, dass neben den großen Mainframesystemen von IBM zunehmend kleinere Computer entwickelt wurden. Vorreiter war DEC mit der Program-Data-Processor-Serie (PDP-8 bis PDP-11), viele andere Firmen wie Data General und Prime folgten. Die sogenannten Minicomputer wurden von Universitäten und Forschungseinrichtungen genutzt, hielten aber auch in Unternehmen Einzug: entweder als erster Computer für mittlere und kleinere Unternehmen oder in größeren Unternehmen, um Unabhängigkeit von der zentralen Datenverarbeitung zu schaffen. Dadurch entstand ein schnell wachsender Markt, den auch IBM nicht ignorieren konnte und deshalb das System/3 als Serie kleiner Computer einführte.

In Deutschland gab es mit der sogenannten mittleren Datentechnik (MDT) eine eigene Entwicklung. Startete diese noch mit teilmechanischen Serien, wurde im Laufe der 1970er-Jahre die

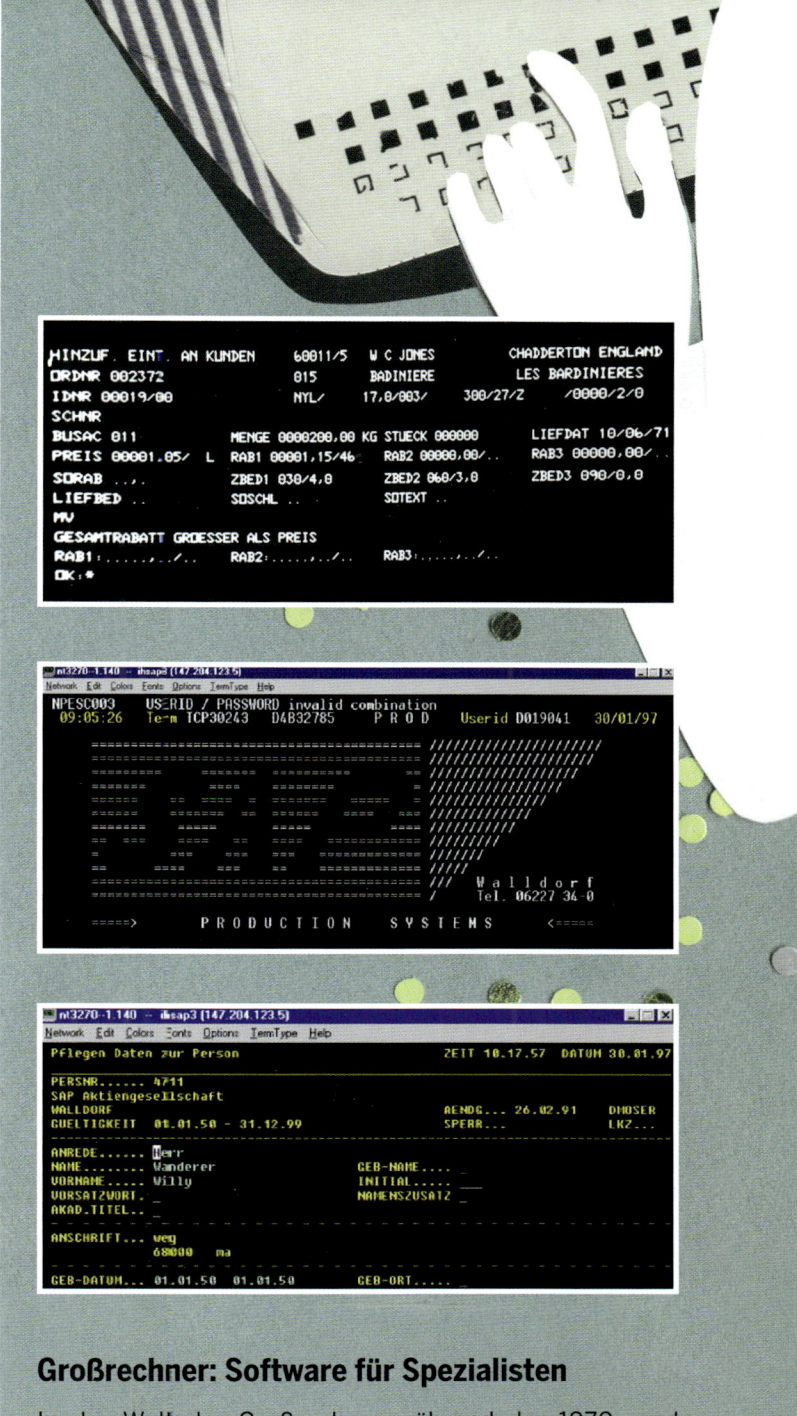

Großrechner: Software für Spezialisten

In der Welt der Großrechner während der 1970- und 1980er-Jahre waren die Programme auf die professionellen Anwender:innen in den Fachabteilungen zugeschnitten. Von nutzerzentrierter Software konnte auch aufgrund der hohen Kosten der Mainframes noch keine Rede sein. Die Anwender:innen mussten lernen, mit dem teuren (und langsamen) System und den textorientierten Bildschirmmasken zurechtzukommen.

Technologie den Minicomputern immer ähnlicher. Vorreiter war insbesondere die Firma Nixdorf, die anders als viele amerikanische Konkurrenten fertige Kombinationen aus Hard- und Software anbot. Noch in den 1970er-Jahren ging diese Entwicklung weiter, und es entstanden mit den Microcomputern die heutigen Personal Computer (PC). Anfänglich weniger eine kommerzielle Entwicklung, wurde sie vor allem von in Clubs organisierten Gruppen vorangetrieben. Einer der bekanntesten war der Homebrew Computer Club im Silicon Valley, aus dessen Umfeld auch Firmen wie Apple und Microsoft hervorgingen.

Mit zunehmender Reife hielten Microcomputer auch Einzug in Firmen. Vor allem Apple forcierte dies Anfang der 1980er-Jahre und nutzte dabei die Popularität von Anwendungen wie Tabellenkalkulationen. Sie versprachen die Unabhängigkeit der Manager von der zentralen Datenverarbeitung. Letztlich war IBM wiederum gezwungen zu reagieren und entwickelte den PC, der ab 1984 verkauft und dessen Architektur zum Industriestandard wurde. Im Gegensatz zur bisherigen Vorgehensweise entwickelte IBM größere Teile nicht mehr selbst, sondern kaufte sie extern bei Firmen wie Intel (Chips) oder Microsoft (Betriebssystem). Dieser als „vertikale Desintegration" bezeichnete Schritt löste in vielerlei Hinsicht eine grundlegende Veränderung der Hard- und Softwareindustrie aus, die unter anderem die bis dahin alles dominierende IBM bis Anfang der 1990er-Jahre an den Rand des Ruins brachte.

Da Hersteller von PCs und Minicomputern keine eigenen geschlossenen Systeme anboten, entstand eine Nachfrage nach Softwareprodukten und somit ein wirklicher Massenmarkt in diesem Bereich. Gleichzeitig veränderte sich die IT-Landschaft in Unternehmen weg von zentralen Rechenzentren zu Computern auf allen Ebenen hin zu einzelnen Arbeitsplätzen. Auch andere Bereiche der IT-Infrastruktur veränderten sich. So fingen beispielsweise von Oracle angebotene relationale Datenbanken an, die klassischen hierarchischen Datenbanken zu ersetzen. Mit der immer diverseren IT-Landschaft setzte die kabelgebundene Vernetzung (LAN) innerhalb der Unternehmen ein. Damit war eine Vielzahl „neuer Bausteine" vorhanden, die jedoch bisher niemand richtig zusammengesetzt hatte (Aspray et al. 2018).

SAP war von den Veränderungen in der Branche in vielerlei Hinsicht ebenfalls betroffen. Einerseits eröffneten sich mit der zunehmenden Verbreitung von Computern insbesondere in kleineren und mittleren Unternehmen neue Märkte, auf der anderen Seite war SAP eng mit der weiter unter Druck stehenden IBM verbunden. Diese hatte insbesondere im deutschen Markt eine absolut dominierende Stellung, sodass die Kompatibilität zu deren Systemen ein wesentliches Verkaufsargument war. Gleichzeitig drängten mit SAP-ähnlichen Produkten auf ihrem amerikanischen Heimatmarkt erfolgreiche Firmen wie Computer Associates (CA) auf den europäischen Markt.

In dieser Situation schien die Ankündigung von IBM, mit dem neuen AS/400 einen Ersatz für die veralteten S/3-Systeme einzuführen, neue Möglichkeiten zu schaffen: Letzteres vor allem, da IBM damit eine tiefgreifende Veränderung der zugrunde liegenden Systemarchitektur plante, die SAP adaptieren musste, um kompatibel zu bleiben. Eine Möglichkeit bestand vor allem in der Ausweitung des Kundenkreises auf mittlere und kleinere Unternehmen als Zielgruppe des neuen Systems.

Da das AS/400-System nicht einsatzbereit war, begann man auf Betreiben Hasso Plattners mit der Entwicklung einer neuen Standardsoftware auf UNIX-basierten Workstations (andere Bezeichnung für Minicomputer). Ein Grund war, dass diese Systeme über viele Komponenten verfügten, die für die neue System Application Architecture (SAA) von IBM angekündigt waren: neben den gleichen Leistungsspezifikationen unter anderem grafische Bedienbarkeit oder Konnektivität und Interoperabilität mit anderen Systemen vom Mainframe bis zum PC. Entgegen vieler Spekulationen war geplant, das neue R/3-System zunächst auf der AS/400 und erst später auch auf UNIX zu veröffentlichen.

Dieser Plan ging nicht auf, denn IBM hatte immer wieder Probleme mit der Umsetzung seiner Ziele für die AS/400 und die neue Architektur SAA, sodass die Entwicklung stagnierte. Gleichzeitig rutschte das Unternehmen in eine tiefe Krise, da es in vielen Bereichen wie dem PC-Markt an Marktanteilen verlor, das Mainframegeschäft erlahmte und die früheren Gewinne zu großen Verlusten wurden. Dies wiederum brachte die SAP in eine ungewollte Zwangslage: Für die damals so wichtige Cebit 1991 hatte sie eine lauffähige Version der neuen Software mit einer Reihe von Funktionalitäten angekündigt, konnte diese aber Wochen vor dem Messestart auf den bis dahin verfügbaren AS/400-Systemen nicht ausführen. Da das Nichteinlösen von Versprechungen in der schnelllebigen IT-Branche ernste Konsequenzen haben konnte und einige Konkurrenten nur auf eine solche Gelegenheit warteten, musste man eine Lösung finden.

In dieser Situation wurde entschieden, R/3 auf dem bisher zur Entwicklung benutzten UNIX-System zu präsentieren. Da UNIX-Systeme viele der versprochenen Funktionalitäten unterstützten, konnten so die Ankündigungen eingelöst werden. Statt eines geschlossenen IBM-Systems stützte man sich nun auf ein offen erhältliches Betriebssystem, welches interaktive Benutzerdialoge ermöglichte. Zudem bot die Integration des TCP/IP-Protokolls mit der Client-Server-Architektur Konnektivität und Ressourcenteilung über verschiedene Systeme vom PC zum Mainframe. Gleichzeitig konnten mit SQL und den dazugehörigen relationalen Datenbanken unterschiedliche Hersteller angebunden werden. Insgesamt fanden viele Kunden das System ansprechend, und SAP erzielte auf der Cebit eine große Nachfrage. So entwickelte man ab diesem Zeitpunkt zwar die AS/400-Version weiter, priorisierte aber die UNIX-Version, die ab 1992 ausgeliefert werden konnte. Damit begann die in vielen Versionen erzählte R/3-Erfolgsgeschichte der SAP.

Ob man bei der Entscheidung für die Präsentation auf dem UNIX-System sprichwörtlich „aus der Not eine Tugend machte" oder ob es eine geniale unternehmerische Entscheidung war, lässt sich retrospektiv kaum beantworten. Die Wahrheit liegt wohl irgendwo dazwischen und hängt stark von der Perspektive ab. Auf jeden Fall stellte dieser Wechsel einen Bruch dar, mit dem SAP vom Mitläu-

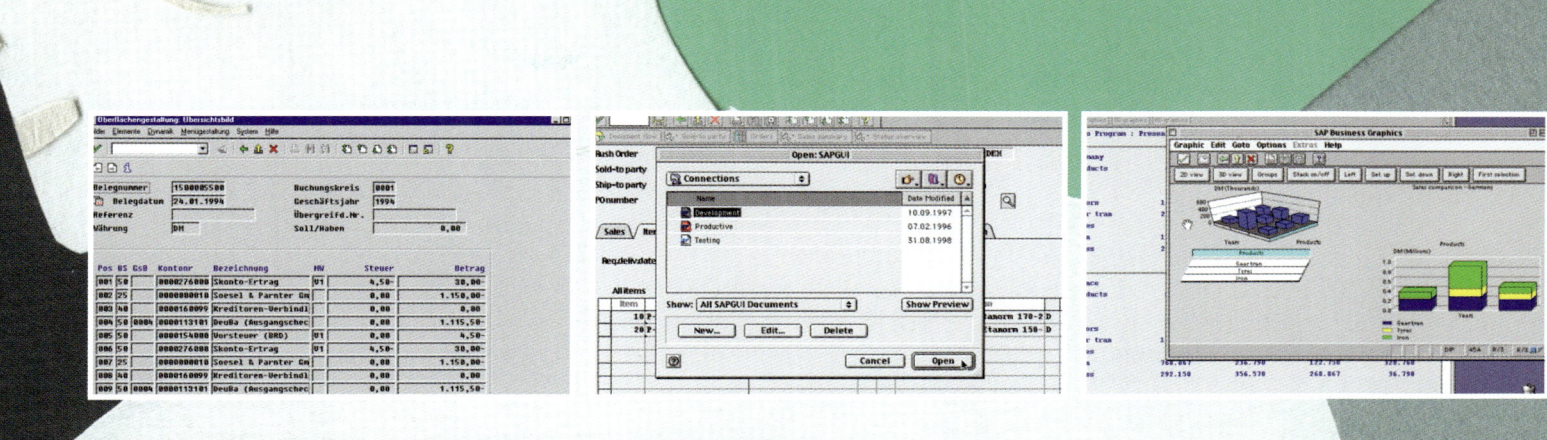

Client-Server: Gelegenheitsnutzer rücken in den Blick

Mit der Einführung der dreistufigen Client-Server-Architektur und bei stark sinkenden Hardwarekosten rückten in den 1990er-Jahren die Nutzer:innen stärker in den Fokus der Entwickler. Hasso Plattner initiierte Anfang der 1990er-Jahre eine „Ergonomie-Gruppe", und es setzte sich die Erkenntnis durch, dass die Systeme nicht nur den Spezialisten, sondern auch den gelegentlichen Anwender:innen das Leben vereinfachen sollten. Mit SAP R/3 bot ihnen SAP als erster Anbieter eine zeitgemäße und optisch ansprechende grafische Benutzeroberfläche (graphical user interface, GUI), mit deren Hilfe sich das System per Mausklick bedienen ließ.

fer (mit IBM) zum Vorreiter wurde. Technologisch gesehen, vollzog SAP nur den in der Branche stattfindenden Wandel zu desintegrierten Systemen, die Komponenten aus unterschiedlichsten Quellen zusammensetzen und sinnvoll nutzen konnten. Genau dies weckte vor allem das Interesse von Großunternehmen an R/3, denn deren IT-Landschaft hatte sich im Laufe der Zeit stark differenziert. Die auf TCP/IP-basierende Client-Server-Architektur verband über die bestehenden lokalen Netzwerke die IT-Infrastruktur vom PC über Workstations bis zu Mainframes miteinander und setzte so die Ressourcen besser ein. Dies wurde durch relationale Datenbanken und deren Skalierbarkeit unterstützt. Deshalb ist es auch nicht überraschend, dass zu Beginn vor allem größere Unternehmen am Einsatz von R/3 interessiert waren. Letztlich handelte es sich um eine Disruption der existierenden IT-Strukturen, die SAP vor allen Konkurrenten in den Bereich der Unternehmenssoftware übersetzt hatte.

Herausforderung Internet – und der lange Weg in die Cloud

Während SAP in den 1990er-Jahren darauf fokussiert war, das enorme Wachstum durch R/3 zu stemmen, begann sich die IT-Welt wiederum nachhaltig zu verändern. Die Konvergenz von Informations- und Kommunikationstechnologie war dabei nicht außergewöhnlich, schließlich hatte es seit den 1960er-Jahren unterschiedliche Ansätze gegeben, Computer miteinander zu verbinden. Am bekanntesten ist heute das ARPANet, das als Vorläufer des Internets gilt und seit 1969 sukzessive in Betrieb genommen wurde. Im Lauf der Zeit gab es eine Vielzahl von anderen, überwiegend kommerziellen Netzwerken wie Tymnet. Ziel war hier oft der Zugang zu den damals noch begrenzten Ressourcen von Mainframecomputern über längere Distanzen.

Viele weitere Anwendungen, zum Beispiel in der Industrie der Datenaustausch zu Produktion und Logistik durch den EDI-

(Electronic Data Interchange) Standard, folgten, was Just-in-time-Konzepte ermöglichte. Das TCP/IP-Protokoll, das aus dem ARPA-Net-Umfeld hervorging und sich gegen das konkurrierende vor allem europäisch gestützte OSI-Modell durchsetzte, fügte alle verschiedenen Netze zu einem Netz der Netze zusammen, dem Internet. Die ebenso in den 1980er-Jahren entstandenen ersten Netzwerke wie BTX oder Minitel richteten sich an private Anwender. Damit waren alle Voraussetzungen für den kommenden Internetboom Ende der 1990er-Jahre vorhanden (O'Mara 2020). Anfang der 1990er-Jahre gewann dieser Fortschritt durch die Entwicklung des World Wide Web (WWW) am CERN (Conseil Européen pour la Recherche Nucléaire, Europäische Organisation für Kernforschung) in Genf an Fahrt. Dies vereinfachte die Nutzung des Internets wesentlich und bot eine Alternative zu den bisherigen Onlinediensten wie AOL, die für ihre Kunden eher „Walled Gardens" waren. Gleichzeitig verbreitete sich die Zugangstechnologie weiter, beispielsweise in Form von Modems. Damit verwandelte sich das Internet von Forscher- und Firmennetzwerken in ein allgemein zugängliches Netzwerk.

Die neuen Möglichkeiten schufen eine Vielzahl von Angeboten, die immer mehr Nutzer und auch Anbieter anlockte. Ähnlich wie beim PC waren es anfänglich einzelne Hobbyinteressen wie Linkkataloge, aus denen erste kommerzielle Angebote mit Werbung hervorgingen. Die rasant steigenden Nutzerzahlen führten zu einem heute rückblickend als Dotcom-Hype oder Dotcom-Bubble bezeichneten Hype. Ursache war vor allem die Entstehung vieler neuer Firmen mit internetbasierten Geschäftsmodellen, von denen man annahm, sie würden bisherige Unternehmen ersetzen und ablösen. Tatsächlich war diese Annahme in vielen Fällen vollkommen falsch und kaum nachhaltig, wie viele Anleger lernen mussten. Allerdings gab es auch einzelne Unternehmen, die unsere Welt sichtbar verändert haben, wie Amazon, das als simples Buchgeschäft begann und heute ein Onlineversandhändler mit einer breit gefächerten Produktpalette ist.

Internet: Endanwender als Kunden

Mit dem Internet erhielten die Nutzer:innen personalisierten Zugang zu Daten aus dem gesamten Unternehmen und über dessen Grenzen hinweg. Während SAP eine Suite von Lösungen entwickelte, Firmen übernahm und zum Mehrproduktunternehmen wurde, erhöhte sich die Zahl der Nutzeroberflächen und UI-Technologien. Mit dem Slogan „The Software Works the Way I Do" startete SAP 1998 die Enjoy-Initiative für ein gemeinsames Produktdesign. Fortan orientierte sich die SAP-Software an den Anforderungen der Kunden und ihrer Endanwender.

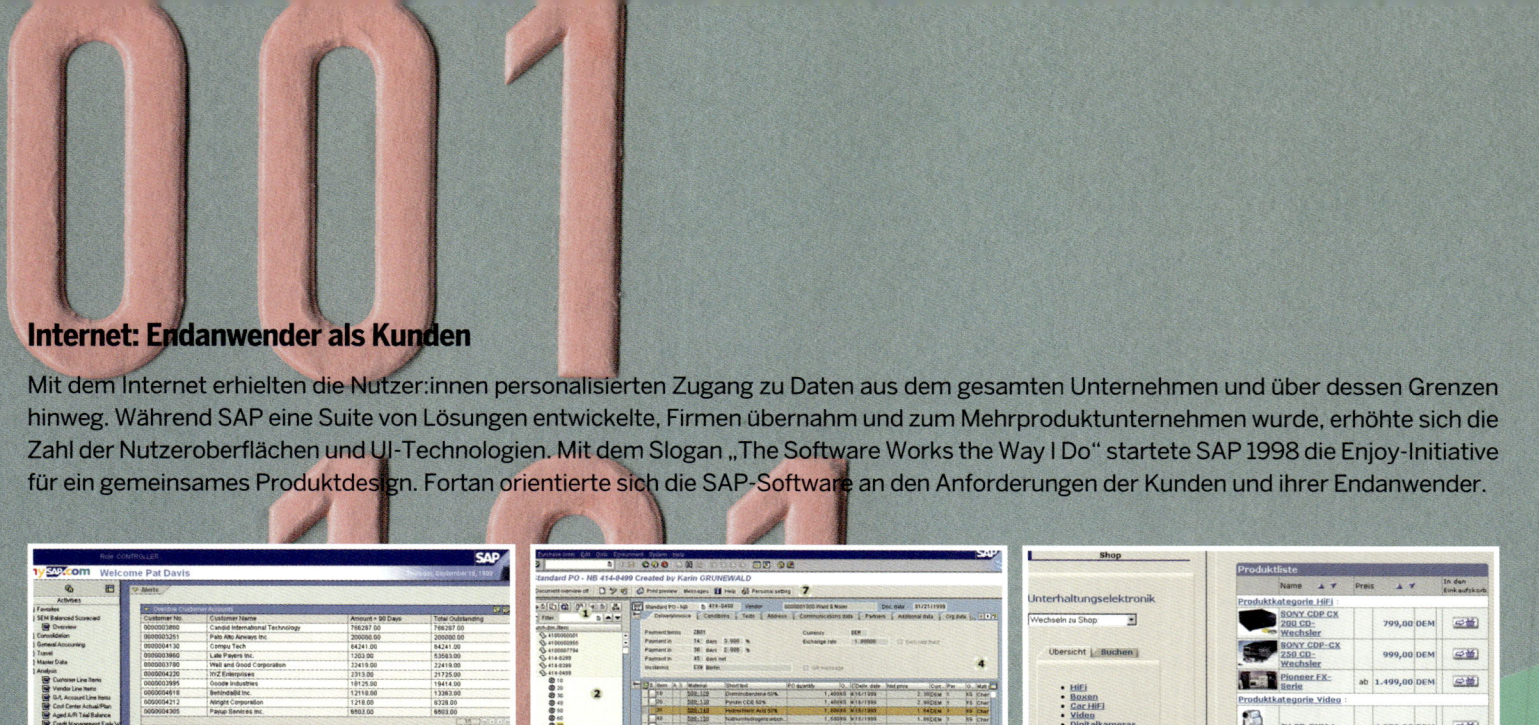

SAP wurde in diesem Zusammenhang oft vorgeworfen, das Internet „verschlafen" zu haben. Dies ist aus vielen Gründen falsch. Der Einsatz der Client-Server-Architektur verdeutlicht, dass sich SAP der Möglichkeiten von Netzwerken durchaus bewusst war. Ebenso hatte SAP schon früh Kommunikationslösungen integriert, um Just-in-Time-Prozesse zu unterstützen. Bereits Mitte der 1990er-Jahre begann sich SAP mit den Veränderungen durch das Internet und insbesondere das WWW auseinanderzusetzen. Letztlich mündeten diese Bemühungen in der Fortentwicklung von R/3 in mySAP.com, welches 1999 vorgestellt wurde. Diese konsequente Weiterentwicklung der bisherigen Technologien verkannte jedoch das Potenzial des Internets. Somit hatte es SAP nicht verschlafen, sondern vor allem dessen Konsequenzen falsch bewertet. SAP war damit in bester Gesellschaft. Auch viele andere IT-Firmen – allen voran Microsoft als Marktführer zu dieser Zeit – ebenso wie Unternehmen aus allen Branchen erkannten dies nicht. Genauso lagen viele Kritiker der SAP damals falsch, denn wie die Entwicklung zeigte, war der Weg zu internetbasierten Angeboten für Unternehmen wesentlich schwieriger und sah ganz anders aus als um das Jahr 2000 herum gedacht.

Als erste Reaktion auf den Dotcom-Boom führte SAP neben mySAP.com eine Reihe von Initiativen ein, die mit ihren bisherigen Vorgehensweisen brachen. Dazu zählte einerseits die Entwicklung unabhängiger Softwarepakete beispielsweise für Supply Chain- oder Customer Relationship-Management. Letzteres Anwendungsfeld sollte in der Zukunft noch eine besondere Rolle spielen, da hier neue internetbasierte Anwendungen entstanden. Ehemalige Oracle-Mitarbeiter gründeten 1999 Salesforce, einen der Vorreiter des heutigen Software-as-a-Service in der Cloud. Auch dieser Weg war recht steinig und viele Firmen gingen Konkurs, die dies erst unter dem Namen Application Service Provision (ASP) und später SaaS einführten.

Zudem begann SAP nun, durch Akquisitionen und Beteiligungen sowohl Technologie als auch Marktanteile aus externen Quellen in das Unternehmen zu bringen. Die Ergebnisse waren jedoch sehr unterschiedlich. Die Beteiligung an CommerceOne, welche auf den im Hype sehr gefragten Markt für Internetmarktplätze abzielte, brachte SAP wie vielen anderen Unternehmen schlechte Erfahrungen. Dagegen hatte beispielsweise der Kauf von TopTier nachhaltig Einfluss auf die technologische Basis von SAP.

Mit dem Platzen der Dotcom-Blase 2001 und der einsetzenden Wirtschaftskrise, verstärkt durch 9/11, schienen viele Skeptiker bestätigt. Die Entwicklungen waren jedoch nicht mehr umkehrbar. Immer mehr Menschen nutzten das Internet zur Kommunikation, zum Einkauf und vielem mehr. Zudem entstanden mit Social-Media-Diensten neue, interaktivere Anwendungen, die wiederum mehr Nutzer fanden. Dies führte auch zu einem massiven Ausbau der zugrunde liegenden Infrastrukturen, welche langfristig ebenfalls neue Angebote wie Streamingdienste ermöglichte. Die Entwicklung des Smartphones durch Apple und das daraus entstehende Ökosystem mit Apps und Stores löste einen Boom der mobilen Verbindungen aus, die neue Anwenderkreise in allen Regionen der Welt erschlossen. Der damit einhergehende Wandel hinterließ vielfältige Spuren mit positiven und negativen Konsequenzen auch im wirtschaftlichen Leben und in Unternehmen. Diese gingen nicht spurlos an den Anbietern von Unternehmenssoftware vorbei (O'Mara 2020).

Auch SAP musste auf die verschiedenen Entwicklungen reagieren, und zwar mit sehr unterschiedlichen Initiativen. So führte sie nun das Konzept der erweiterten Service-Oriented Architecture (SOA) in Form von Enterprise Services Architecture (ESA) ein. Damit ließen sich bisher komplexe Anwendungen wie ERP- oder CRM-Systeme in kleinere Einheiten (Services) aufteilen, die nach Bedarf immer wieder neu zusammengestellt werden konnten, um sich ständig ändernde Prozesse abzubilden. Zentral dabei war SAP NetWeaver als Plattform für diese Verzahnung von Services.

Zur gleichen Zeit startete SAP einen erneuten Anlauf auf den Markt für kleinere und mittlere Unternehmen. In diesem Segment hatte SAP 2002 mit TopManage eine klassische ERP-Software auf Client-Server-Basis erworben, welche später als SAP Business One verkauft wurde. Ziel war jedoch, auch in diesem Bereich eine ebenfalls auf SOA und NetWeaver basierende Lösung zu entwickeln. Dies mündete in SAP Business ByDesign, allerdings nach einer Vielzahl von Projektänderungen. Am bedeutendsten war wahrscheinlich die Umstellung auf das neue Erlösmodell Software-as-a-Service (SaaS). Damit hatte SAP nun auch die ersten Schritte in Richtung Cloud Computing unternommen und so zu Konkurrenten wie Salesforce aufgeschlossen, die solche Lösungen schon anboten. Jedoch führten die vielen Veränderungen im Projekt ganz klassisch zu Verzögerungen und Mehrkosten. Selbst nach der Präsentation Ende 2007 dauerte es noch eine ganze Weile, bis Business ByDesign vollständig verfügbar war.

In ähnlicher Weise erlebten auch NetWeaver und ESA eine ganze Reihe von Änderungen, sowohl in Bezug auf den Namen (eSOA) als auch die Funktionalitäten. So wurde beispielsweise ein offener AppStore nach dem Vorbild der Smartphone-Plattformen entwickelt, aber wieder aufgegeben.

Diese Phase stellt eine Zäsur für SAP insgesamt, insbesondere aber für ihre Innovationen und ihr Wachstum dar. Zum ersten Mal entwickelte SAP Lösungen nicht mehr selbst, sondern erwarb zentrale neue Entwicklungen durch Akquisitionen und Kooperationen, teilweise auch deren Kundenstamm wie im Fall von TopManage. Dies ist ein klares Indiz dafür, dass SAP in dieser Zeit kein Vorreiter der technischen Entwicklung war. Zwar gelang es anfänglich, recht schnell aufzuholen, wie das Beispiel mySAP.com zeigt. Man hatte zwar das Ausmaß der Veränderungen teilweise falsch eingeschätzt, war jedoch intern schon vorbereitet und konnte die entstandenen Lücken relativ schnell und einfach schließen. Obwohl viele dachten, mit dem Platzen der Dotcom-Bubble würde erstmal wieder Ruhe einkehren, nahm die Entwicklung in der nun konvergenten IKT-Branche zunehmend Fahrt auf, und technologische Innovationen wurden in kurzer Folge eingeführt.

Im Markt für Unternehmenssoftware waren dies insbesondere der Wechsel zu SOA-Architekturen sowie der Weg hin zur Cloud mit neuen Bereitstellungs-, Service- und Erlösmodellen. Die Herausforderung in diesem Zusammenhang bestand darin, dass es sich sowohl um technologische Innovationen als auch Geschäftsmodellinnovationen handelte. Neben der Cloud erlangten auch SOA und die zugrunde liegenden offenen Plattformen Bedeutung für existierende Modelle, da Kunden nun mehr Freiheiten in der Zusammenstellung hatten. Zudem griffen beide Entwicklungen ineinander und die Cloud konnte ein Zusammenstellen individueller Lösungen vereinfachen.

All dies zeigt die enormen Herausforderungen an SAP, die es zu steuern galt, ohne sich zu verzetteln. Dementsprechend war SAP in dieser Zeit definitiv mehr Getriebene als Treibende von Innovationen, was durch weitere Übernahmen wie Business Objects unterstrichen wurde. Es mag trösten, dass der größte Konkurrent Oracle ähnliche Strategien verfolgte (Übernahme von Siebel und PeopleSoft) und auch ähnliche Probleme hatte wie die technische und vor allem auch kulturelle Integration (Not-invented-here-Syndrom) dieser Akquisen. Anders ist dies bei Unternehmen mit einem klaren Fokus und ohne „Altlasten" in Form existierender Systeme und Kunden wie Salesforce.

Von Datenverarbeitung zu Datenanalyse – SAP und Big Data

Um SAP dauerhaft auf den Weg in die Cloud zu bringen, war eine Vielzahl von organisatorischen und personellen Veränderungen auf allen Ebenen nötig. So konnte sie zwar erfolgreich aufholen, blieb aber dennoch eher ein Nachzügler. Der sich mit unvermindertem Tempo fortsetzende Wandel in der Branche erlebte bald eine erneute Wendung in Richtung Big Data. Dabei war der Fokus auf Daten nichts Neues, und insbesondere in der Wissenschaft – beispielsweise in der Astronomie – spielten sogenannte datenintensive Aufgaben und Anwendungen schon lange eine Rolle. Die heutige Definition von Big Data mit den 3 Vs (Volume, Variety, Velocity) geht auf einen Artikel der späteren Gartner Group aus 2003 zurück. Jedoch hatten sich die Art und Qualität der Daten verändert: Das Internet schuf durch Apps und Social Media große Mengen an kundenbezogenen Daten, durch die Verbreitung von Sensoren oder Aktuatoren auch im industriellen Bereich. Der damit verbundene Wandel von der reinen Datenverarbeitung zur Datenanalyse eröffnete viele Möglichkeiten, barg aber auch eine ganze Reihe von Herausforderungen. Die Verfügbarkeit von Daten war nur ein Aspekt. Im Hinblick auf den zunehmenden Wettbewerb wurde die Frage der Verarbeitungsgeschwindigkeit bei Datenspeicherung und Datenzugriff zentral. Hier dominierten immer noch relationale Datenbanksysteme, die jedoch zumeist auf Festplatten gespeicherte aggregierte Daten erforderten. Dies verlangsamte die Analyseprozesse im Vergleich zu anderen Systemen. Neuere Big-Data-Anwendungen nutzten andere Datenbanksysteme. Viele SAP-Kunden setzten in ihren existierenden Datenverarbeitungs- (Online Transaction Processing, OLTP) und Datenanalysesystemen (Online Analytical Processing, OLAP) auf strukturierte Daten. Aus diesem Grund war ein Wechsel nur schwer möglich und vielleicht auch gar nicht gewünscht.

Das seit 2008 von SAP gemeinsam mit dem Hasso-Plattner-Institut (HPI) und der Stanford University entwickelte System setzte auf eine hybride Architektur mit relationaler Datenbank auf Festplatte und einer In-Memory-basierten Datenbank mit NoSQL-Arbeitsweise. Die gleichzeitige Verarbeitung und Analyse in einer solchen Datenbank verbesserte die Performance enorm und bot somit das Beste aus beiden Welten. Zugleich vereinte es die bisher getrennten Schritte von Datenverarbeitung und Datenanalyse und integrierte unter anderem auch die Software von Business Objects. Handelte es sich anfänglich vor allem um ein aufeinander aufbauendes System aus Hard- und darauf abgestimmter Software, wurde diese später zu einer ein ganzes Spektrum von SAP-Anwendungen umfassenden Integrationsplattform weiterentwickelt. Diese ließ sich auch auf verschiedenen Hardwareplattformen in unterschiedlichen Konfigurationen installieren. Im Zuge der gleichzeitig weitergeführten Cloudstrategie wurde das System letztlich virtualisiert und diente als Clouddienst.

Mit der Kombination dieser Technologien kehrte SAP zu einer wesentlichen Eigenschaft zurück, die schon den Übergang von R/2 zu R/3 geprägt hatte: die Orientierung an den Kunden und ihren Anforderungen und nicht nur an technologischen Möglichkeiten und Fähigkeiten. Obwohl die Lösung technisch komplex war, verband sie für viele Kunden die Möglichkeit, Vorteile der neuen Technologien rund um Big Data und gleichzeitig existierende Systeme weiter zu nutzen. Der Ausbau in Richtung Plattform schaffte darüber hinaus einen Übergang, welcher Kunden auf lange Sicht Investitionssicherheit versprach.

Letztlich zeigte SAP wieder ihre Fähigkeit, Technologie und Leistungen zu einem am Markt überzeugenden Angebot zu kombinieren. Auf diese Weise konnte sie den Markt für Unternehmenssoftware immer wieder mitprägen und wichtige Impulse setzen. Angesichts der derzeit hohen Dichte an Entwicklungen bleibt die Frage offen, wie dauerhaft und nachhaltig ein solcher Erfolg ist. Mit Künstlicher-Intelligenz-Systemen (KI), die Entscheidungen vereinfachen oder gar automatisieren sollen, sowie der Verbindung zwischen Prozessdaten des wachsenden Internet der Dinge (IoT) und den betrieblichen Daten sind weitere Herausforderungen absehbar. Dies gilt nicht nur auf technologischer, sondern vielmehr auch auf ökonomisch-wirtschaftlicher, sozialer, gesellschaftlicher und politischer Ebene.

Spannungsfeld Innovation – SAP als Treibende und Getriebene

Für die Entwicklung der Technologie und des Marktes von Unternehmenssoftware hatte SAP durchaus eine prägende Bedeutung und hat sie noch immer. Diese Rolle hat sich im Lauf der Zeit aber immer wieder verändert. Ein ausschlaggebender Faktor war die Größe und damit die Bedeutung des Unternehmens. In vielerlei Hinsicht stellte die Entwicklung und Einführung von R/3 mit allen Wendungen und Mythen einen zentralen Punkt dar, da sie den Aufstieg zum globalen Softwarehersteller ermöglichte.

Zu Beginn spielte SAP vor allem eine Vorreiterrolle in der Entwicklung der Softwarebranche in Deutschland, da sie technologische und ökonomische Neuheiten in Form eines veränderten Erlösmodells miteinander kombinierte: ein standardisiertes Softwareprodukt in Modulen, das nicht nur für ein einzelnes Unternehmen maßgeschneidert, sondern möglichst in vielen einsetzbar war. Dabei war es weniger wichtig, als Erster die Idee zu haben, sondern sie zuverlässig auf den Markt zu bringen. Dies erreichte SAP in den folgenden Jahren immer wieder. Gleichzeitig waren in dieser Phase die Kunden von zentraler Bedeutung für die Innovationen und Entwicklungen. Alles zusammen ermöglichte den Übergang von System R zu R/2.

SAP konnte aber auch die bekannten Wege verlassen, was sie während der kumulierenden Veränderungen in der IT-Branche Ende der 1980er-Jahre zeigte. Dies geschah nicht immer ganz freiwillig und ohne jeden inneren oder äußeren Widerstand. Dementsprechend lässt sich schwer ein dafür maßgeblicher eindeutiger Punkt oder eine Person benennen. Vielmehr verdeutlichte gerade R/3, dass solche Innovationen eben kein linearer, geplanter Prozess sind, sondern sich aus einer sehr dynamischen Entwicklung in einer Organisation im Wechselspiel mit einem sich schnell verändernden Umfeld ergeben. Bei diesem Lernprozess gehörten Fehlschläge ebenso dazu wie Erfolge. Natürlich spielten hier auch immer Begabungen und Glück eine nicht unwesentliche Rolle.

Im Hinblick auf R/3 wird oft betont, dass es SAP gelang, verschiedene technologische Erfindungen wie beispielsweise Client-Server-Architektur und relationale Datenbanken in einer überzeugenden Form und Kombination auf den Markt zu bringen. Dies gilt vollkommen zu Recht und betont eine entscheidende Kompetenz der SAP. Dabei wird aber der bestehende ökonomisch-wirtschaftliche Aspekt übersehen. Parallel zur Desintegration in der Computerhardwarebranche hatte SAP erkannt oder erkennen müssen, dass es unmöglich ist, das Wachstum und die damit einhergehende Diversität alleine zu bewältigen. Dementsprechend mussten Aufgaben an Partner ausgelagert werden. Mit viel Aufwand gelang es in dieser Zeit, ein Netzwerk aus IT-Dienstleistern und Beratungsgesellschaften aufzubauen. Sie konnten die vielfältigen, teilweise widersprüchlichen und sehr individuellen Wünsche einzelner Kunde sowie den damit verbundenen Beratungsbedarf bedienen und ermöglichten damit das Wachstum der SAP. Im Gegenzug etablierte SAP ein System von Schulungen und Zertifizierungen zur Qualitätssicherung und zur Generierung von Erlösen (Cusumano et al. 2013). Durch die Schaffung eines solchen Ökosystems zog SAP mit anderen Softwareproduktunternehmen wie Microsoft gleich und etablierte sich dauerhaft unter den großen Playern der Branche.

SAP wuchs auch selbst enorm bei Umsatz und Personal. Dies hatte Konsequenzen für die weitere Entwicklung des Unternehmens. Zunächst band diese Integrationsaufgabe aber viele Kräfte und Aufmerksamkeit. SAP hat das Internet nicht verschlafen, sondern durchaus erkannt, dass sich durch die zunehmende

Vernetzung und neue Dienste wie das WWW weitere Möglichkeiten ergaben. Basierend auf den schon existierenden Vernetzungen von R/3 und der Einrichtung von neuen Front-Ends konte SAP recht schnell auf die ersten technologischen Herausforderungen reagieren und schon 1999 mySAP.com vorstellen.

Dies deckte jedoch nur die Spitze des Eisbergs an Veränderungen ab, die durch die zunehmende Vernetzung ausgelöst wurden. Vor allem die langfristigen ökonomisch-wirtschaftlichen Auswirkungen wurden lange unterschätzt. Dazu zählten neue Erlös- und Bereitstellungsmodelle, welche als Cloud Computing die Softwarebranche nachhaltig veränderten. Hier befand sich SAP in bester Gesellschaft, da sich viele Unternehmen im Markt mit dieser Entwicklung schwertaten. Dabei hatten besonders große Unternehmen ein ebenso großes Beharrungsvermögen und reagierten nur langsam auf Veränderungen. Diese sogenannte Pfadabhängigkeit (Garud et al. 2013) ist einer der Gründe, warum selbst erfolgreiche Unternehmen wieder vom Markt verschwinden können.

Typischerweise zögerte SAP lange die Erprobung dieser neuen Modelle hinaus. Sie erledigte dies im ersten Schritt mit einer Neuentwicklung wie Business ByDesign und nicht im Kerngeschäft, da sie das selbst mitentwickelte bekannte und gut funktionierende Modell mit Lizenzen nicht einfach aufgeben wollte. Aufgrund des Marktzwangs erfolgte noch rechtzeitig die Anpassung an diese Entwicklung. Damit war offensichtlich, dass SAP mehr getrieben wurde. Dies sollte sich erst mit der wachsenden Bedeutung von Daten wieder ändern.

Noch während der schwierigen Umstellung auf die Cloud stellte die Entwicklung von HANA den nächsten Schritt dar. HANA war in erster Linie eine technologische Entwicklung hin zu datengetriebener Analyse (Big Data). Diese Hybridlösung sollte die existierenden Kunden eher mitnehmen, anstatt sie durch Revolution zu überfordern. Die Weiterentwicklung der Technologie ermöglichte sowohl eine Transition für alte Kunden mit existierenden Systemen als auch den Einstieg für neue Kunden in die Cloud. Dieser Mittelweg unterstrich die für SAP von Beginn an typische Fähigkeit, technologische Neuerungen zur Marktreife zu bringen und spannte auch den Bogen von System R zu S/4HANA. Mithilfe dieser Fähigkeit, verbunden mit einer langfristigen Strategie im Hinblick auf wirtschaftlich-ökonomische Aspekte konnte SAP den Markt für Unternehmenssoftware immer wieder mitgestalten und so von der Getriebenen zur Treibenden werden. Die Zukunft wird zeigen, wie lange diese Entwicklung anhält. ∎

Timo Leimbach ist Associate Professor an der Universität in Aarhus, Dänemark.

Cloud und Big Data: Nutzer-Feedback von Anfang an

Mit der wachsenden Konkurrenz wurde die Verbesserung der Benutzerfreundlichkeit der SAP-Software zum allgegenwärtigen Thema. SAP begann, das Feedback der Nutzer:innen regelmäßig einzuholen. Von 2005 an breitete sich die Design-Thinking-Methode immer weiter bei SAP aus. Die Entwicklung der ersten Software-as-a-Service-Lösung SAP Business ByDesign sollte auch in Sachen einfacher Bedienung Maßstäbe setzen.

2013 präsentierte SAP erstmals SAP Fiori, die Design-Sprache für alle SAP-Produkte. Ein Ziel von SAP Fiori war es, für Konsistenz über alle Produkte hinweg zu sorgen und dutzende Technologien und hunderttausende verschiedener Screens zu integrieren.

Seither wird Fiori ständig weiterentwickelt; die nächste Stufe des Design-Systems wird 2022 schrittweise in allen Cloud-Lösungen umgesetzt. Das Ziel bleibt: Allen Anwender:innen zu helfen, intuitiv schnellere und bessere Entscheidungen zu treffen. Dazu gehört auch, die Barrierefreiheit der Software immer weiter zu verbessern.

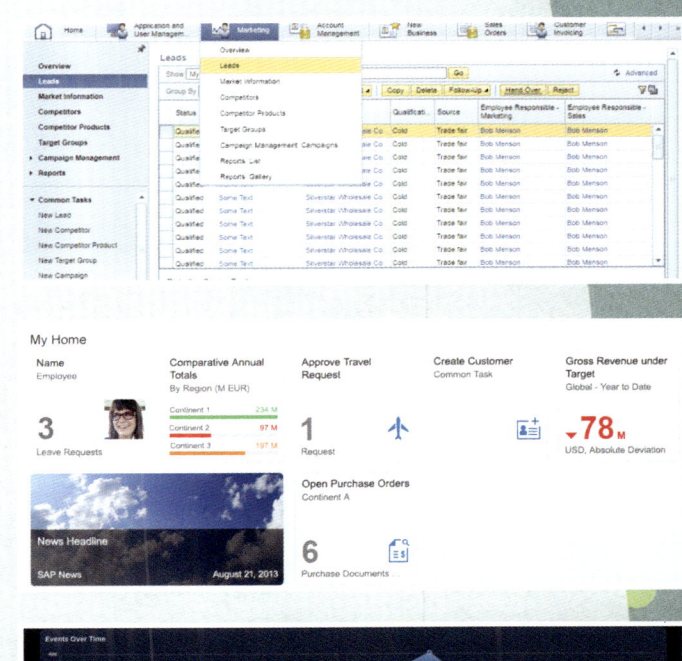

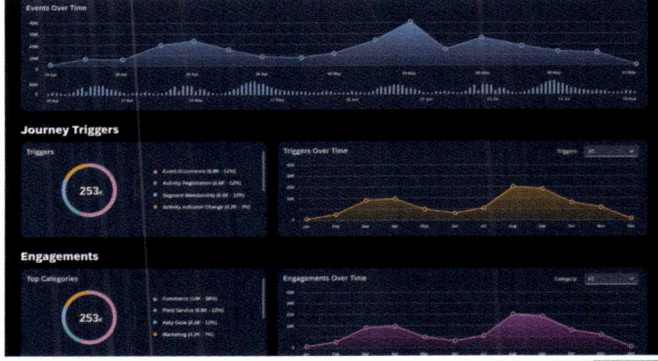

Huan Qing
GROSS-CHINA

Neuland im Reich der Mitte

Im November 1995 ging SAP in China offiziell an den Start. Der Aufstieg des Landes zur zweitgrößten Volkswirtschaft der Erde hatte erst begonnen. So benötigten die Protagonisten großen Pioniergeist und Pragmatismus, um eine schlagkräftige Landesgesellschaft aufzubauen.

Von Michael Zipf

Am ersten Tag kam David Burger auf Rollerblades ins SAP-Büro. In Beijing. In Freizeitkleidung. Im Jahre 1994.

„Rollerblades gehörten Anfang der 90er-Jahre nicht gerade zu den angesagten Transportmitteln auf chinesischen Straßen", sagt Yazhao Liu und lacht. Er ist der erste von zehn Mitarbeitern, die SAP damals einstellte – noch bevor die SAP (Beijing) Software System Co. Ltd. im November 1995 offiziell gegründet wurde. Und David Burger war der erste Geschäftsführer der SAP in China. So locker er sich den Mitarbeitern präsentierte, so hemdsärmelig und pragmatisch ging der Australier die Aufgabe an, den Boden für SAP zu bereiten – in einem Land, das in den kommenden Jahren einen unvergleichlichen wirtschaftlichen Aufschwung erleben und sich als Weltmacht etablieren würde. Burger: „Es war faszinierend und völliges Neuland – eine einmalige Chance."

Die SAP zu nutzen wusste, denn heute arbeiten mehr als 6.000 Mitarbeiter an 14 Standorten in 12 chinesischen Städten, und rund 16.000 Unternehmen in Greater China sind SAP-Kunden. „Wir hatten eine Ahnung, dass sich hier etwas Großes entwickeln könnte", sagt Burger im Rückblick, „aber keiner konnte vorhersehen, wie schnell es passieren und wie groß es werden würde."

Denn noch steckte die 1978 begonnene Reform- und Öffnungspolitik der chinesischen Führung in den Kinderschuhen, ebenso der Ausbau der technischen Infrastruktur. „Als wir 1994 das erste Büro einrichteten, konnten wir nur schwer eine Firma finden, die uns die notwendigen Kabel für unsere IT liefern konnte", erinnert sich Yazhao Liu. „Und leistungsstarke Server aufzutreiben, war genauso schwierig."

Ähnlich rudimentär waren die EDV-Kenntnisse, und von einem breiten Verständnis betriebswirtschaftlicher Software konnte in den chinesischen Firmen noch keine Rede sein. Doch auch David Burger und sein Team hatten noch viel Arbeit vor sich, um eine schlagkräftige SAP-Organisation aufzubauen. Wirklich viel Arbeit.

Die Anfänge in Hongkong

Ein Blick zurück: David Burger hatte bereits 1987 erstmals mit SAP zu tun gehabt, und zwar als Mitarbeiter der Beratungsfirma Arthur Andersen. „Damals gab es ein gemeinsames Projekt und zehn Andersen-Leute kamen nach Walldorf, um gemeinsam die Internationalisierung der SAP voranzutreiben", erzählt Burger. „Die SAP-Gründer und Vorstände schulten uns, und ich wurde schnell von Andersen an SAP ausgeliehen." Burger ging nach Australien und Asien und implementierte dort SAP R/2 bei den ersten Kunden, vorne weg die Malaysische Post, die ihren Vertrag im April 1990 unterzeichnet hatte. 1991 zog es Burger zurück nach Europa, er kündigte bei Andersen, und SAP sicherte sich schon im August des Jahres die Dienste des Australiers.

Über größere Projekte mit Procter & Gamble und Telecom Australia (später Telstra) landete Burger in Hongkong, einer Stadt, die ihn rasch in ihren Bann zog. SAP gründete 1992 eine Niederlassung in der britischen Kronkolonie. „SAP hatte ein tolles Team vor Ort, aber den Mitarbeitern fehlte ein bisschen die Führung", erinnert sich Burger. Also sprach er mit Lutz Kettner, dem damaligen Leiter der Internationalen Beratung und späteren Asien-Chef, und der gab ihm grünes Licht, nach Hongkong umzusiedeln und den Markt etwas offensiver anzugehen.

Der Erfolg ließ nicht lange auf sich warten: Die Kowloon-Canton Railway Corporation (KCRC), die Reederei Orient Overseas Container Line (OOCL) und mehrere andere Firmen vor Ort standen neben den Niederlassungen internationaler Konzerne bald auf der SAP-Kundenliste. Um die Software zu implementieren, benötigte das Team Unterstützung aus Deutschland. Burger: „So viele Leute mit R/2-Erfahrung gab es damals in ganz Asien nicht."

Erste Schritte in China

Derweil erschien SAP auch auf dem chinesischen Festland auf der Bildfläche – wenn auch nur sehr allmählich und nur mit Unterstützung des Partners Siemens, der eine globale Vertriebslizenz für SAP-Software hatte. 1985 vereinbarte das deutsche Elektrotechnik-Unternehmen mit der Volksrepublik einen intensiven Technologie- und Know-how-Transfer, der auch gemeinsame Joint Ventures vorsah. Wegen einer solchen Joint-Venture-Studie mit der chinesischen Planungsbehörde in Beijing kam im Frühjahr 1985 auch ein junger deutscher Siemens-Mitarbeiter nach China und Hongkong. Ende 1989 war er erneut in der Region, diesmal in Shanghai: Klaus Zimmer.

„Siemens entsandte mich 1989 nach Shanghai, um die Telekommunikationssparte in Ost- und Südchina aufzubauen. Es gab ein Projekt der Weltbank bei Shanghai Machine Tool Works, um deren Logistik und Produktionssteuerung zu verbessern", erzählt Klaus Zimmer. Er suchte nach einer geeigneten Software und stieß auf SAP R/2. Wenige Wochen später traf er sich als Projektverantwortlicher im Peninsula Hotel in Hongkong mit Hans Schlegel, dem Geschäftsführer der SAP International. Siemens gewann den Weltbank-Deal im Wert von mehreren Millionen US-Dollar. Zimmer: „Über einen Unterauftrag ging davon eine Million Deutsche Mark an SAP." So wurde Shanghai Machine Tool Works der erste SAP-Kunde in China.

Im Zuge der Zusammenarbeit mit der chinesischen Regierung stattete Siemens-Nixdorf (Siemens hatte die deutsche Nixdorf Computer AG im Oktober 1990 übernommen) zu dieser Zeit 18 Universitäten im Lande mit Großrechnern aus. „Ich ging 1992 zur Tongji-Universität in Shanghai, mietete deren Siemens-Computer und installierte R/2 darauf", erzählt Zimmer. Es folgten das erste R/2-Training und weitere Herausforderungen. „Wir mussten das englischsprachige Training und die SAP-Begriffe irgendwie für die chinesischen Operator verdaulich machen. Also gaben wir den englischen Transaction Codes eine chinesische Bedeutung und erstellten ein einfaches Handbuch

für die Operator. Sie wussten nun, was der englische Begriff im Chinesischen bedeutete und konnten das System so bedienen."

Das Feedback auf die SAP-Software war sehr positiv, erinnert sich Zimmer. „Wie groß musste da erst das Potenzial sein, wenn das System auf Chinesisch verfügbar sein würde", dachte er sich. In einem weiteren Gespräch mit Henk Verkou, dem damaligen Asien-Chef der SAP, vereinbarte er, dass „ich auf ihrer Liste ganz oben stehe, wenn SAP nach China kommt."

Es sollte bis 1997 dauern, ehe Klaus Zimmer die SAP in China verstärkte.

Erste Erfolge in Taiwan

Während die ersten Firmen in China auf SAP aufmerksam wurden, richteten David Burger und sein Team von Hongkong aus auch ihren Blick auf Taiwan, „wo die Unternehmen ebenfalls früher als in China die Bedeutung von Software erkannten". Hier gab es zahlreiche Manager, die Zeit in den USA verbracht hatten, die englische Sprache war weit verbreitet, die Firmen waren auf westliche Märkte ausgerichtet. Burger: „SAP war noch ziemlich unbekannt, aber als zum Beispiel die ersten Chiphersteller SAP installierten, folgten die Mitbewerber in der Branche schnell." Es habe ein bisschen „Wildwest-Stimmung" geherrscht, sagt Burger. „Die ersten Softwareverträge wurden schnell verfasst und unterschrieben. Es ging sehr pragmatisch und hemdsärmelig zu. Und es gab viel Vertrauen und wenig Formalität."

Einmal im Monat flog Burger allerdings nach Walldorf, um an der einen oder anderen Vorstandssitzung teilzunehmen und mit dem Kaufmännischen Leiter Dieter Matheis die Finanzen zu planen. „Das Geschäft in Greater China war Anfang der 90er-Jahre aber noch nicht wirklich der Rede wert und im Vergleich zu Japan oder den USA irrelevant."

SAP startet das „China-Projekt"

Und doch machte sich im Vorstand ganz allmählich die Überzeugung breit, dass dies nicht so bleiben würde. Peter Zencke war nach seiner Berufung in den SAP-Vorstand 1993 unter anderem für den Ausbau des Geschäfts in der Region Asien-Pazifik zuständig und gründete Anfang 1994 mit Unterstützung von SAP-Mitgründer Klaus Tschira das „China-Projekt", in dem die Aktivitäten zur Eroberung der Region gebündelt wurden.

Rund 1.000 Interessenten aus Wirtschaft, Politik und Verwaltung lockte die SAP an, als sie im Oktober 1994 auf einer Präsentationstour in den drei chinesischen Städten Beijing, Shanghai und Tianjin sich und ihre Lösungen vorstellte. Peter Zencke leitete die Tour und sagte damals: „Die SAP muss jetzt präsent sein, um den Grundstein zu legen für ein langfristiges Vertrauen der chinesischen Unternehmen, Behörden und Wirtschaftsfunktionäre in die SAP." Zencke wusste aber auch: „Wir müssen als SAP im

↑ Rollerbladen auf dem Platz des Himmlischen Friedens: David Burger sorgte Anfang der 1990er-Jahre in Beijing für Aufsehen.

↖ Die Teilnehmer am ersten SAP-Training in China in den 1990ern. Rechts vor der Mitte Klaus Zimmer.

↗ Die Mitarbeiter im Jahre 1996. Rechts Yazhao Liu, heute IT Director für Greater China und Vietnam.

↙ Vertrauen aufbauen:
SAP-Vorstand Peter Zencke bei der Präsentation der SAP 1994 in China.

↑ Die ersten Mitarbeiter der SAP (Beijing) Software System Co. Ltd. im Jahre 1995. In der Mitte der Deutsche Siegfried Englert, der die SAP beim Aufbau der Landesgesellschaft beriet.

↖ SAP-Mitarbeiter im Büro in Shanghai feiern 1997 ihren ersten „Geburtstag": Cicy Hu in der Mitte mit Kappe.

↗ Finanzexperten im SAP-Büro 1998 (von rechts): Cicy Hu, Michelle Chen, Zhang Caiyao (Finance Manager).

↙ Jubiläumstorte: Die Mitarbeiter feiern den fünften offiziellen SAP-Geburtstag in China.

chinesischen Markt sehr viel Geduld haben, sonst sind wir schnell wieder draußen."

SAP nutzte die Kompetenz zweier externer Berater, um die richtigen Personen und Institutionen anzusprechen und kulturelle Fettnäpfchen zu vermeiden: Der Chinese Xinxiang Chen und der deutsche Sinologie-Professor Siegfried Englert verfügten über Kontakte und halfen mit, den täglichen Betrieb zu organisieren, Büroräume zu finden oder Personalfragen zu klären.

Umzug an die Tsinghua-Universität

Nachdem David Burger 1994 die ersten Mitarbeiter eingestellt hatte, eröffnete SAP im Oktober 1994 im „Beijing Lufthansa Center" ein Büro alleine für repräsentative Zwecke und um Telefonanrufe entgegenzunehmen. Die Mitarbeiter zogen in zwei Räume des Beijing Institute of Economic Management ein. Aber hier reichte bald der Platz nicht mehr und Burgers Team fand wenige Monate später besser geeignete Räume am Rande des Campus der Tsinghua-Universität.

Das Leben in Beijing? „Nennen wir es authentisch", sagt Burger. „Noch waren nur sehr wenige Menschen aus dem Westen in der Stadt zu sehen. Westliche Lebensmittel gab es kaum. Man hatte gerade die Straße zum Flughafen geteert, aber es war alles noch sehr staubig und dreckig." Burger lebte in Beijing anfangs im Holiday Inn. „Ich war aber sowieso die meiste Zeit im Flugzeug unterwegs", so der Australier. Auf seiner Visitenkarte stand nicht mehr nur „Geschäftsführer SAP Hongkong", sondern auch „Geschäftsführer SAP China", später „Geschäftsführer SAP Greater China". „Das brauchtest du, um Geschäfte zu machen."

Die nächsten Verträge konnten Burger und sein Team mit den chinesischen Tochtergesellschaften multinationaler Konzerne und Joint Ventures abschließen, darunter Volkswagen, BASF, Metro, Siemens, Henkel, Samsung, Mitsubishi Electric und Powerchip Semiconductor. Der erste Kunde, den das Team eigenständig von SAP überzeugte, war Shanghai Mitsubishi Elevator, erinnert sich Burger. „Das war der erste große Schritt, ein Unternehmen mit einer vollen R/3-Lizenz zu gewinnen." Der erste lokale Kunde nach Shanghai Machine Tool Works wurde später der Instantnudelhersteller Kang Shi Fu (Master Kong).

Die erste chinesische Sprachversion

SAP brachte ihre neue Client-Server-Software R/3 seit 1993 in immer mehr Länder- und Sprachversionen auf den Markt. Jetzt musste auch eine chinesische Variante folgen. Yazhao Liu und seine Kolleginnen und Kollegen übersetzten in ihrem ersten Jahr das R/3-Finanzmodul vom Englischen in Mandarin, erzählt er. Sie arbeiteten dabei eng mit dem „China-Projekt" und Lokalisierungsteams in Walldorf und in Japan zusammen. „Als großer Vorteil erwiesen sich unsere Erfahrungen aus der japanischen R/3-Version, schließlich baut auch das chinesi-

sche R/3 auf der Double-Byte-Architektur auf", so Vorstand Peter Zencke. Im Frühjahr 1995 waren die ersten R/3-Module in Mandarin übersetzt, im Laufe des Jahres stand eine vollständig lokalisierte Version zur Verfügung – wenn auch noch mit manchen Mängeln.

Jetzt trat ein weiterer deutscher China-Fan auf den Plan: Clas Neumann. Der Betriebswirtschaftsstudent der Fachhochschule Ludwigshafen (und Student von Prof. Siegfried Englert) kehrte 1995 nach eineinhalb Jahren in China nach Deutschland zurück und bewarb sich bei SAP um eine Praktikantenstelle. „Sie dachten, ich könnte etwas beitragen und gaben mir die Möglichkeit, beim China-Projekt anzuheuern."

Schon bald stellte ihn SAP im damaligen Team „International Development" ein und übertrug ihm die Verantwortung für die Weiterentwicklung der chinesischen R/3-Version. „Die Idee war: Es ist einfacher, jemandem wie mir, der chinesisch spricht, ABAP beizubringen, als den ABAP-Entwicklern Chinesisch", erinnert sich Neumann. „Damit war ich dafür verantwortlich, dass die Lösung rechtlich in China funktioniert. Da ging es zum Beispiel um Cashflow-Statements und vor allem um die neue Mehrwertsteuer, die gerade in dem Jahr in China eingeführt wurde."

Im Sommer 1995 war er schon wieder zurück in Beijing und wuchs fortan immer mehr in seine Rolle als Verbindungsmann zwischen China und Deutschland hinein. Bei den Entwicklungskollegen in Walldorf hatte Neumann allerdings noch einen schweren Stand. „SAP hatte zu dem Zeitpunkt weltweit schon rund 6.000 Kunden. Wenn ich mit meinen Anforderungen bei den Entwicklern ankam, haben die mich angeschaut und gefragt: Wie viele Kunden habt ihr jetzt in China, drei oder vier? Dann habe ich angefangen, ihnen neben der Anforderungsliste auch noch Seidenschals aus China mitzubringen, um ihnen das Land etwas ans Herz zu legen", erzählt Neumann schmunzelnd. Die erste Zeile Code im R/3-System, die mit der gesetzlichen Lokalisierung des Produkts für China zu tun hatte, stammte dann auch von ihm selbst. Seine Verbindungen zur SAP-Entwicklung sind seitdem sehr eng: Neumann sollte später eine maßgebliche Rolle beim Aufbau eines Entwicklungszentrums in Shanghai spielen.

Die Grundlagen für den Aufstieg

Am 2. November 1995 wurde schließlich die SAP (Beijing) Software System Co. Ltd. gegründet.

Allmählich hatte SAP, was man benötigte, um ein erfolgreiches Geschäft aufzubauen: Mitarbeiter, ein Büro, erste Kunden. Doch nun kannte kaum jemand die SAP.

Und es gab eine weitere Herausforderung, wie Clas Neumann erklärt, der heute unter anderem Chef des globalen Netzwerks der SAP Labs ist: „Software und das Konzept, dafür eine Lizenzgebühr zu verlangen, war noch nicht weit verbreitet. Viele chinesische Firmen fanden es widersinnig, für geistiges Eigentum zu zahlen, wenn der Wert einer CD nur ein paar Cent betrug."

Den damaligen Einfluss der SAP auf die chinesische Wirtschaft schätzt David Burger deshalb gering ein. „Wir haben uns noch ziemlich viel mit uns selbst, mit unserer Produktentwicklung und dem Aufbau des Teams beschäftigt, aber ich wollte sicherstellen, dass wir eine Basis haben, von der aus wir auch nachhaltig Erfolg haben können."

Die Früchte seiner Arbeit hat er dann nicht mehr selbst geerntet: David Burger verließ die SAP im Sommer 1996. „Ich hatte schon früh Verantwortung für eine Region gehabt, hatte aber das Gefühl, noch viel lernen zu müssen. Um eine bessere Führungskraft zu werden, wollte ich mit Leuten arbeiten, die besser waren als ich, die mehr Erfahrung hatten." So entschied er sich, zu IBM zu wechseln und die Verantwortung für deren ERP-Geschäft in Asien zu übernehmen.

Die Grundlage für den Aufstieg der SAP in China aber hatte Burger mit seinem kleinen Team gelegt.

Softwaremarkt? Nie gesehen

Wenige Monate nach Burgers Weggang kam Klaus Zimmer als neuer Geschäftsführer an Bord. Unter ihm trug die SAP maßgeblich dazu bei, in China einen Softwaremarkt zu etablieren und Software den Stellenwert zu geben, den sie schon lange im Westen hatte. So legte auch das SAP-Geschäft in China deutlich zu. Und Shanghai entwickelte sich zu einem wichtigen Entwicklungsstandort der SAP.

Als Klaus Zimmer seine erste Pressekonferenz eröffnete, hatten sich allerdings gerade mal sieben Journalisten in einem Hotelzimmer in Beijing eingefunden. Wenige Tage zuvor war der Deutsche von Siemens zu SAP gewechselt und nun im Januar 1997 stellte SAP den neuen Geschäftsführer der Region Greater China der Öffentlichkeit vor. „Ich wollte den Journalisten von ERP-Software erzählen, aber die hatten den Begriff noch nie gehört", erinnert sich Zimmer.

Unternehmen, die lieber Geld für neue Maschinen als für Software ausgaben; globale Beratungsfirmen, die noch nicht bereit waren, in China zu investieren: Als Klaus Zimmer sein Amt antrat, fand er einen Softwaremarkt vor, der keiner war. „Software und Services hatten damals noch keinen Wert in China", erzählt Zimmer. „Und es gab noch ein paar andere Herausforderungen", fügt er hinzu.

Universitäten als Multiplikatoren

Rückblick: Im Mai 1996 hatten SAP und Siemens in Shanghai auf Betreiben von Klaus Zimmer und SAP-Vorstand Peter Zencke im Beisein von SAP-Mitgründer Klaus Tschira, der ein großer China-Fan war, die „Stiftung für Soziale Marktwirtschaft" gegründet. Die beiden Partner investierten zehn Millionen DM, um gemein-

Die Anfänge einer Entwicklungsorganisation in China reichen zurück bis ins Jahr 1995, als SAP-Mitarbeiter das R/3-System lokalisierten und an chinesische Anforderungen anpassten.

Im „SAP Development Center China" an den Standorten Beijing und Shanghai entwickelten SAPler von 1997 an spezifische Funktionalität für den chinesischen Markt, etwa im Bereich Personalwirtschaft.

Klaus Zimmer: „Ich hatte Ende 1998 mit Peter Zencke während eines seiner Besuche in China eine Unterhaltung über Softwareanpassungen für unsere ersten lokalen Kunden, die sehr unruhig waren, da Anforderungen im R/3-Produktportfolio nicht abgedeckt waren. Er gab mir dann 13 Headcounts für das nächste Jahresbudget und wir haben 1999 vom Markt 13 Leute frisch eingestellt, zusätzlich zu den seit 1995 bei uns arbeitenden Lokalisierungsentwicklern."

Nach und nach kamen weitere Themen hinzu, und das Team in China steuerte Funktionalitäten zu Lösungen wie SAP Strategic Enterprise Management und SAP Campus Management bei.

Auf der Suche nach Talenten hatte SAP Ende der 1990er-Jahre zunächst vor allem auf Indien gesetzt. Doch mit einer stark wachsenden Zahl an gut ausgebildeten IT-Experten rückte ab Anfang des neuen Jahrtausends auch China in den Fokus der SAP-Führung.

In Beijing gründete Vorstand Peter Zencke im Jahr 2000 das Collaborative Business Solutions Center, aus dem schließlich 2003 die SAP Labs China hervorgingen.

Am 20. November 2003 wurden die SAP Labs China als 9. Entwicklungsstandort außerhalb von Walldorf unter der Leitung von Shang-Ling Jui offiziell von Peter Zencke eröffnet. Von anfänglich 47 Entwicklern wuchs das Lab im „Shanghai Royal Court" schnell auf rund 120 Entwickler.

Am 25. November 2004 unterzeichnete SAP einen Vertrag zum Bau eines neuen Standorts im Shanghai Zhangjiang Software Park, den die Labs-Mitarbeiter 2006 bezogen.

Heute beschäftigen die SAP Labs China mehr als 3.000 Mitarbeiter an fünf Standorten in China, der größte davon ist immer noch das SAP-Labs-Gebäude im Shanghai Zhangjiang Software Park.

sam zehn Rechenzentren in China mit R/3-Software von SAP und Hardware von Siemens auszustatten. Ziel war es auch, die Wirtschaftswissenschaften zu stärken, SAP-Know-how an die Universitäten im Land zu bringen und SAP-Schulungen im Lehrplan zu etablieren, erinnert sich Clas Neumann, der dann als Assistent von Peter Zencke zum Bevollmächtigten der Stiftung ernannt wurde. Fortan reisten regelmäßig Lehrkräfte aus China auf Einladung der Stiftung nach Walldorf, um im Internationalen Schulungszentrum zu SAP-Experten ausgebildet zu werden. Anlässlich des Staatsbesuchs des deutschen Bundespräsidenten Roman Herzog im November 1996 wurde ein Trainingszentrum an der Zhejiang Universität in Hangzhou eröffnet. „Während des Besuchs habe ich mit Klaus Tschira und Peter Zencke vereinbart, dass ich zu SAP komme", erinnert sich Zimmer.

Und noch etwas vereinbarten die Gesprächspartner: „Ich habe Wert darauf gelegt, dass ich mindestens drei Jahre Zeit bekomme, den Markt aufzubauen und profitabel zu werden", sagt Zimmer. Eine Anschubfinanzierung, wie sie der Kaufmännische Leiter Dieter Matheis in anderen Regionen gab, die dann nach einigen Monaten auf eigenen Füßen stehen konnten, würde hier nicht reichen. Zumal die ersten internationalen Kunden wie Metro und BASF ihre in China implementierte Software über globale Verträge abrechneten und auch so kein Geld aufs chinesische SAP-Konto floss.

Zahlen mit Potenzial und starke Konkurrenz

Während SAP in Japan 1997 bereits 380 Millionen Deutsche Mark umsetzte, kam Hongkong laut Zimmer auf rund vier Millionen DM. Und China? Verpasste das vorgegebene Budget von einer Million DM.

Zimmer: „Es lag eine titanische Aufgabe vor uns in einem riesigen Land, das nur in Hardware denkt und sich aufs Kopieren spezialisiert hat. Dazu kam gerade, als wir loslegten, noch ein starker Gegner."

Der US-Konkurrent Oracle hatte nach Zimmers Schätzung rund 90 Prozent des Datenbankmarkts in China für sich vereinnahmt. Und fing nun ebenfalls an, Anwendungssoftware zu vertreiben.

In Ermangelung eines Werbebudgets setzte Zimmer auf persönliche Kontakte. „Ich hatte einen guten Bekannten bei Microsoft, der hat mich bei seinen Kunden mit ins Spiel gebracht. Und wenn sie Geld für Microsoft ausgegeben haben, war der Weg nicht mehr weit zu betriebswirtschaftlichen Anwendungen."

Für Zimmer stand fest: „Seeing is Believing." Referenzkunden mussten her, und zwar im Land selbst. So entwickelte er seine „Leuchtturm-Strategie", die ihm in Singapur und Walldorf bald den Spitznamen des „Leuchtturm-Wächters" einbrachte. Er richtete sein Augenmerk zum Beispiel auf Hightechfirmen wie Legend (ab 2004 Lenovo), die sich bei der Konkurrenz umschauten und sahen, dass etwa Hewlett-Packard die Logistik mit SAP betreibt – und sich dann Ende 1998 auch für SAP entschieden. Als sich

immer mehr Staatskonzerne international aufstellten, blickten die wiederum auf Legend und folgten deren Beispiel.

Auf ähnliche Weise eroberte SAP in China über den „Leuchtturm" Sinopec die Petrochemie und viele andere Unternehmen der Öl- und Gasbranche. Auch die Stahl- und Metallurgieindustrie nahm für Zimmer eine strategische Rolle ein. Zunächst vereinbarte er eine Kooperation mit einem Institut in Beijing, brachte dessen Mitarbeiter auf SAP-Kosten nach Deutschland zu den Stahlkonzernen Krupp und Thyssen und implementierte dann eine erste R/3-Anwendung bei Henan Steel in Zhengzhou. „Innerhalb von 18 Monaten hatten wir 20 Kunden aus der Metallbranche", erinnert sich Zimmer.

Die Lokalisierung der Software schritt voran und die Leuchttürme waren zufrieden. Auch in diesem Fall zeigte sich die Überlegenheit der SAP-Systemarchitektur. Clas Neumann: „Unsere Software war den Lösungen der US-Wettbewerber voraus und besser zu lokalisieren. Die Anpassung an lokale Gesetze und Sprachen war bei SAP aufgrund unserer Wurzeln im Herzen Europas schon immer ein Teil der DNA. Und hier konnten wir zudem von den Erfahrungen der japanischen Kollegen profitieren, deren R/3-Version ebenfalls auf einem Double-Byte-basierten UI aufbaute."

So konnte sich SAP gegenüber Oracle behaupten, obwohl die Amerikaner besser bekannt und finanziell besser aufgestellt waren. „Aber ihre Software war nicht so ausgereift wie die von SAP", stellt auch Klaus Zimmer rückblickend fest. „So haben deren Kunden nicht so enthusiastisch über die Software gesprochen wie die SAP-Kunden über R/3."

Erstmals in der Gewinnzone

Zusammen mit seinem Team tingelte Zimmer von Unternehmen zu Unternehmen, von Behörde zu Behörde. Unterstützung erhielt er von Vorstand Peter Zencke und Clas Neumann, der Zencke in allen China-Angelegenheiten beiseitestand. Neumann: „Ich bin oft mit Peter durch China gereist und wir sind stundenlang bei irgendwelchen Funktionären und Bürgermeistern gesessen, um das Geschäft anzustoßen." Er half Klaus Zimmer, ein Netzwerk nach Deutschland zu knüpfen, und bereitete seine Besuche in Walldorf vor. Dort trafen sie sich etwa mit Partnermanagern von IBM, HP, Siemens-Nixdorf und anderen Hardwareherstellern, um gemeinsame Initiativen zu entwickeln.

Während Hard- und Softwarefirmen sich allmählich auf dem chinesischen Markt breit machten, hielten sich die Beratungs- und Servicepartner noch merklich zurück. „Die meisten wollten noch nicht in China investieren", erzählt Zimmer. „So mussten wir unseren eigenen Service aufbauen und haben lange Zeit rund 80 Prozent der Implementierungen selbst umgesetzt."

1999 zählte SAP in Greater China mehr als 110 Kunden, darunter auch zunehmend chinesische Firmen wie die Fastfoodkette Mr. Kon oder die Reederei Cosco.

Mit dem Beitritt Chinas in die Welthandelsorganisation 2001 legte das Softwaregeschäft weiter zu. Das war auch das Jahr, in dem SAP in China erstmals Gewinn machte. „Und SAP entwickelte sich zum Goldstandard", sagt Zimmer. Laut der Marktforscher von IDC lag der Anteil der SAP am chinesischen ERP-Markt im Mai 2003 bei 28,7 Prozent gegenüber 10 Prozent für Oracle. Jetzt installierte SAP auch einen Channel-Vertrieb mit zunächst zwölf Partnern und drei Distributoren für die neue Mittelstandslösung SAP Business One. Leuchtturm-Kunden in anderen Branchen – etwa der Energiewirtschaft – folgten. Zimmer: „Das war ein Schneeballeffekt, der sich langsam aufbaute und ab 2002, 2003 dann so richtig ins Rollen kam."

Auf dem Weg zum Mainstream

Und Klaus Zimmer ritt diese Welle. Bei den Kunden präsentierte er auf Chinesisch, den Journalisten erklärte er respektvoll und geduldig, warum ERP-Software für die chinesische Wirtschaft so wichtig sei. „ERP wurde zum Mainstream, und SAP gleich mit", sagt Zimmer. „Und ich wurde quasi zum Mister ERP." Er trat im chinesischen Fernsehen auf, und als das Magazin Metropol über SAP berichtete, erschien Zimmer auf dem Titelbild und sein Konterfei war auf allen U-Bahn-Stationen in Shanghai zu sehen.

Das blieb auch der chinesischen Staatsführung nicht verborgen. Über Kontakte in der deutschen Botschaft in Beijing vertiefte Zimmer die Beziehungen zwischen SAP und der deutschen und chinesischen Regierung. Er selbst setzte sich in vielen Gesprächen mit der chinesischen Regierung dafür ein, Software einen höheren Stellenwert einzuräumen. Mit Erfolg: Die Regierung förderte nun die Informationstechnik (worunter man vor allem ERP verstand), investierte in die universitäre Ausbildung von IT-Experten und vergab etwa Kredite an Unternehmen, die Geschäftssoftware einführen wollten, um ihre Effizienz zu erhöhen.

Doch es blieb weiterhin aufwändig, die Unternehmen dazu zu bewegen, mehr Geld für Software auszugeben. Zimmer: „Chinesische Kunden sind sehr anspruchsvoll. Viele erachteten Services als selbstverständlich und es war schwierig, sie von der Notwendigkeit der Wartung zu überzeugen."

Besonderer Teamgeist

Die Mitarbeitenden aber blieben geduldig, gewannen Kunde für Kunde und das Unternehmen wuchs. Die SAP zählte in China im Jahr 2004 rund 500 Mitarbeiter, darunter seit 2003 auch die ersten etwa 50 Entwickler. Fast alle stammten aus dem Land. Zimmer baute von Beginn an auf chinesische Mitarbeiter, während die Konkurrenz ihre Führungspositionen vorwiegend mit ausländischem Personal besetzte. „Wir waren ein eingefleischtes Team und hatten einen ganz besonderen Spirit", erinnert sich Zimmer. „Und wir hatten alle das gemeinsame Ziel, die chinesischen Unternehmen mit ERP-Software und modernen

Geschäftsprozessen effizienter und stärker zu machen", ergänzt Yi Sha, der noch immer für SAP als Berater, jetzt im Presales, arbeitet.

Das sei ihnen ja auch gelungen, sagt Yi Sha: „Mit ihren modernen betriebswirtschaftlichen Konzepten und bewährten Geschäftspraktiken hat die SAP den Wert der IT in der chinesischen Wirtschaft enorm gesteigert."

Respekt und viel Freiraum

Es war wohl auch die Einstellung, auf die sich Klaus Zimmer bei seinen Leuten immer verlassen konnte. „Entscheidend war, dass wir das bessere Team hatten", sagt er. „Ich war hier mit einer guten Kernmannschaft über zehn Jahre zugange, während andere ihre Managementteams vier- oder fünfmal komplett austauschten. Diese Stabilität und Standhaftigkeit führte auch zu Stabilität im Markt."

Zimmer, der inzwischen als President für SAP Nordasien neben Festlandchina, Hongkong und Taiwan auch Südkorea verantwortete, schätzte den Freiraum, den ihm die SAP-Zentrale in Walldorf gewährte – auch wenn er sich gerade in den Anfangszeiten etwas mehr Unterstützung gewünscht hätte. „Ich kam ja von Siemens und war überrascht, dass man mir im Grunde die Firma hier komplett anvertraut hat. Natürlich musste ich meine Zahlen berichten, aber ich hatte in allem freie Hand."

Das änderte sich in seiner Wahrnehmung Mitte der 2000er-Jahre, als die SAP-Zentrale in der Anbindung der Landesgesellschaften ihrem Namen eher gerecht werden wollte. Bevor er 2008 die SAP verließ, riet er Vorstandssprecher Henning Kagermann, in chinesische Unternehmen zu investieren, um einfacher Zugang zur öffentlichen Verwaltung in China zu bekommen. 2011 wechselte Zimmer zum IT-Entwickler und -Dienstleister Neusoft, wo er noch heute als Direktor tätig ist.

In seinem letzten SAP-Jahr 2007 verbuchte Klaus Zimmer mit dem Chinageschäft immerhin einen niedrigen zweistelligen Millionen-Euro-Gewinn. Es gab nun einen Markt für ERP-Lösungen, die chinesische Wirtschaft legte auch dank SAP-Software die Basis für den folgenden Aufstieg zur Weltmacht.

Als Klaus Zimmer seine letzte Pressekonferenz eröffnete, war SAP in China eine angesehene Marke geworden. Statt sieben Journalisten wie zehn Jahre zuvor kamen diesmal 200. ◼

↑ Grund zum Feiern: 10 Jahre SAP in China.

↖ Verabschiedung 1999 (von links): Klaus Zimmer, Peter Zencke, Clas Neumann.

↗ Die Welle reiten. Klaus Zimmer avancierte in China zum „Mister ERP".

↙ Vertiefte Beziehungen: Klaus Zimmer 2004 bei einer von SAP organisierten Veranstaltung in Changchun.

EINE ÄRA GEHT ZU ENDE
Hasso Plattner (Mitte) zieht sich aus dem Vorstand zurück und wird zum Vorsitzenden des Aufsichtsrats gewählt.

GROSSER ERFOLG
Die SAP bringt die erste Version von SAP NetWeaver auf den Markt. Damit ist die SAP in der Lage, offene, flexible Unternehmensanwendungen anzubieten, die durchgängige Geschäftsprozesse ermöglichen – egal, ob sie auf Systemen von SAP oder anderen Anbietern beruhen.

HARMONISCHER ZWEIKLANG
SAP und Microsoft stellen „Duet" vor. Es ist das erste Produkt, das von SAP und Microsoft gemeinsam entwickelt, unterstützt, vermarktet und verkauft wird. Diese Software ermöglicht eine schnelle und einfache Integration von Microsoft Office mit SAP-gestützten Geschäftsprozessen.

2004   **2005**   **2006**

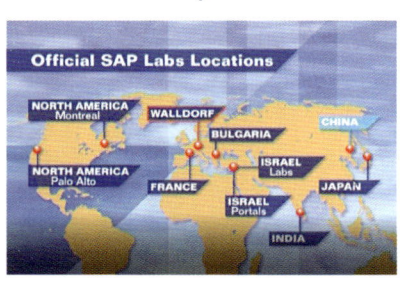

WELTWEITE ENTWICKLUNG
Mit den SAP Labs China eröffnet die SAP den neunten Entwicklungsstandort außerhalb Walldorfs. Weitere Forschungszentren gibt es in Indien, Japan, Israel, Frankreich, Bulgarien, Kanada und den USA.

EINE KLARE VISION
Die SAP baut ihre Zukunft auf dem Konzept der „Enterprise Service-Oriented Architecture (Enterprise SOA)" auf. Mittelfristig, so verspricht Vorstandssprecher Henning Kagermann, werden alle Unternehmensanwendungen der SAP servicebasiert sein. Damit gibt SAP einmal mehr eine Richtung für den gesamten Markt vor.

WEITER AUF ERFOLGSKURS
Bei der ersten SAPPHIRE-Veranstaltung des Jahres in Orlando, Florida, kündigt die SAP die generelle Verfügbarkeit ihrer Flaggschiff-Software SAP ERP an.

RÜCKZUG
Mitgründer Dietmar Hopp zieht sich aus dem Aufsichtsrat zurück.

GLOBAL COMPACT

Im Juli unterzeichnet SAP (rechts im Bild Unternehmenssprecher Herbert Heitmann) als eines der ersten deutschen Unternehmen den Global Compact der Vereinten Nationen, den UN-Generalsekretär Kofi Annan (links) ins Leben rief.

SAP COMMUNITY GEHT LIVE

Im Oktober geht die SAP Community an den Start. Die Idee ist die Bildung eines globalen Kommunikations- und Interaktionsforums, das rund um die Uhr „geöffnet" ist.

NEUER FINANZCHEF

Werner Brandt übernimmt im SAP-Vorstand das Finanzressort von Henning Kagermann und folgt auf den langjährigen Kaufmännischen Leiter Dieter Matheis.

NEUES ERP-ANGEBOT

Auf der CeBIT kündigt SAP die Verfügbarkeit von mySAP ERP als Bestandteil der mySAP Business Suite an. Mit mySAP ERP bringt SAP die bis dato umfangreichste, flexibelste und am besten erweiterbare ERP-Lösung auf den Markt.

2000   **2001**   **2002**   **2003**

INTERNETMARKTPLÄTZE UND PORTALE

Die Auslagerung des Bereichs Marktplatzlösungen in die Tochtergesellschaft SAP Markets und die Partnerschaft mit Commerce One ermöglicht der SAP den Einstieg in die Welt der elektronischen Marktplätze.

EIN NEUER MARKT

Mit der Übernahme des israelischen Marktführers Top-Tier erweitert die SAP das Lösungsangebot um Unternehmensportale. Der Gründer von TopTier, Shai Agassi, übernimmt die Leitung dieses Geschäftsfelds und wird ein Jahr später zum Vorstandsmitglied der SAP berufen.

EIN STERN GEHT AUF

Nicht nur das Lösungsangebot der SAP wächst dreißig Jahre nach ihrer Gründung kontinuierlich. Auch die Zahl der Mitarbeiter steigt zum Jahresende 2002 auf rund 29.000. Etwa 1.300 von ihnen finden im neuen „Stern"-Gebäude Platz, das direkt neben der Konzernzentrale der SAP in Walldorf eröffnet wird.

20
00
—
20
09

DIE E-BUSINESS-ÄRA

Echtzeit geht ins Web: Offene und flexible E-Business-Lösungen auf der Grundlage modernster Webtechnologien ermöglichen unternehmensübergreifende Zusammenarbeit. SAP wird zum Mehr-Produkte-Unternehmen.

INTERNATIONALE ANERKENNUNG

Auch in diesem Jahr kann SAP als Arbeitgeber überzeugen und zahlreiche Preise gewinnen. Neben SAP Deutschland erhalten SAP Österreich, SAP Chile, SAP Andina y del Caribe, SAP Mexiko und die SAP-Region Sur die Auszeichnung „Great Place To Work" von dem gleichnamigen Institut.

SCHWIERIGE ZEITEN

Infolge der globalen Finanzkrise, die sich 2008 in der Wirtschaft niederschlägt, hat die gesamte Geschäftswelt mit Problemen zu kämpfen. Zum ersten Mal in der Geschichte sieht sich der SAP-Vorstand gezwungen, weltweit Stellen abzubauen.

NACHHALTIGES WIRTSCHAFTEN

SAP verpflichtet sich zu nachhaltigem Handeln – dies stellt das Unternehmen mit der Veröffentlichung des ersten Nachhaltigkeitsberichts unter Beweis.

EIN WEITERER MEILENSTEIN

Bei einer Einführungsveranstaltung in ihrer Niederlassung in New York stellt die SAP die Software SAP Business Suite 7 vor, die Unternehmen bei der Optimierung ihrer Performance und der Senkung ihrer IT-Kosten unterstützt.

2007   2008   2009

UNTER DACH UND FACH

SAP schließt die Integration von Business Objects erfolgreich ab. Mit dem Kauf des französischen Anbieters für Business-Intelligence-Lösungen erweitert die SAP ihr Softwareangebot und wird Marktführer in den Bereichen Unternehmenssoftware, Enterprise Performance Management und Business Intelligence.

VORSPRUNG IM MITTELSTAND

Im Rahmen einer Sonderveranstaltung in New York wird „SAP Business ByDesign" vorgestellt – die erste On-Demand-Lösung der SAP, die speziell auf die Anforderungen von kleinen und mittelgroßen Unternehmen zugeschnitten ist.

GLOBAL ORIENTIERT

Der SAP-Aufsichtsrat beruft Léo Apotheker (links) zum Vorstands-sprecher neben Henning Kagermann. Mit Peter Zencke und Claus Heinrich scheiden zwei verdiente Mitglieder des Vorstands aus. Mit Ernie Gunst, Bill McDermott und Jim Hagemann Snabe kommen drei neue Mitglieder hinzu, deren internationaler Hintergrund das Führungsgremium der SAP bereichert.

ÜBERGABE DES STABS

Nach 27 Jahren im Unternehmen und 18 Jahren als Vorstandsmitglied verlässt Henning Kagermann die SAP. Léo Apotheker wird alleiniger Vorstandssprecher der SAP.

50
GESICHTER
DER
SAP

Global arbeiten
und denken

25 | Chikara Sasamoto kommt aus dem Softwarevertrieb und hat als Senior Account Executive bei SAP angefangen. Heute verantwortet er alle Corporate-Social-Responsibility-Programme der SAP in Japan.

„SAP ist der neunte Arbeitgeber für mich, und noch nie habe ich länger für eine Firma gearbeitet. Ich bin jetzt in meinem 14. Jahr bei SAP. Ich denke, was SAP so wertvoll macht, ist, dass wir global mit vielen verschiedenen Menschen arbeiten und auch global denken können.

Meine derzeitige Rolle als CSR-Leiter für Japan war offensichtlich nicht meine erste Aufgabe, die ich hier übernommen habe. Ich habe für ein anderes globales Unternehmen gearbeitet, aber SAP begnügt sich nicht damit, einen Wert und eine starke Marke zu haben. Wir gehen darüber hinaus und verbessern das Leben der Menschen.

Noch nie habe ich in einem Unternehmen mehr talentierte Mitarbeiter erlebt als bei SAP. Wie in jeder anderen Firma gibt es auch hier Herausforderungen, aber Herausforderungen sind gut. Du musst daran wachsen und lernst ständig dazu. Für mich ist SAP eines der wirklich großen Unternehmen, weil man hier diese Erfahrungen sammeln kann."

Ehrenplatz für SAP

26 | Rosa Chamorro (2. von links) war 21 Jahre alt, als sie zur SAP in Spanien kam. 2022 wird sie ihren 53. Geburtstag feiern.

„Seit fast der Hälfte meines Lebens habe ich eine enge Bindung zur SAP. Es wäre für mich unmöglich, meine Lebensgeschichte zu erzählen, ohne dabei der SAP einen Ehrenplatz einzuräumen. Ich habe als Rezeptionistin im SAP-Büro in Madrid angefangen, wo ich zu einer Gruppe junger Menschen gehörte, die vom Unternehmen und den Möglichkeiten, die es uns bot begeistert waren. Bald darauf wurde mir angeboten, die Schulungsabteilung zu leiten. Später habe ich ins Marketing gewechselt und arbeite jetzt im SAP Global Events Team. Während die SAP weltweit gewachsen ist, sind auch wir gewachsen – beruflich wie persönlich. Ich habe meine besten Freunde bei der SAP gefunden. Einige von ihnen weilen leider nicht mehr unter uns, aber sie sind alle Teil der Geschichte des Unternehmens. Mein Ehemann Adolfo Ibarra ist ebenfalls Teil dieser ereignisreichen Geschichte, genau wie seine unvergesslichen Business-Foren."

Starkes Wir-Gefühl

28 | Harry Tondorf (rechts, mit Manfred Nuhn) begann am 1. Januar 1989 bei SAP und entwickelte sich zum begehrten Berater insbesondere in Sachen Qualitätsmanagement und Einkauf. Zum Ende seiner aktiven Zeit bei SAP (bis 2009) war er Teil eines langjährigen Projekts bei der Bundeswehr.

„Das gute Gefühl, das ich schon beim Einstellungsgespräch mit Dietmar Hopp hatte, setzte sich bei der Einarbeitung bei den Kolleginnen und Kollegen in Ratingen, aber auch in Walldorf fort. Ich hatte niemals den Eindruck, ein ‚Neuer' zu sein.
In den Anfangsjahren fehlte noch das Personal. So kam es häufiger vor, dass man nach einem Tagesauftrag noch zu einem anderen Kunden geschickt wurde, weil es dort lichterloh brannte und man bis mitten in der Nacht weiterarbeitete.
Große Pluspunkte jedoch waren das selbstständige Arbeiten und eine enorm gute Kollegialität. Es herrschte ein sehr starkes Wir-Gefühl, das einem vermittelte, dass alle an einem Strang zogen. Auch im internationalen Bereich war dieses Gefühl sehr präsent. Es ging immer sehr freundschaftlich und kollegial zu, und man hatte große Achtung vor der Firmenleitung. Zum Ende meiner Berufszeit war zu sehen, dass wir früher mehr Freiheiten und mehr Freiräume hatten.
Die entscheidenden Erfolgsfaktoren sind für mich die Mitarbeiter, die innovativ und wissbegierig sind und eigenverantwortlich arbeiten, sowie die Entlohnung und ein gutes Miteinander auf allen Ebenen."

Ohne Arroganz, mit Visionen

27 | Jochen Brügmann (2. von rechts) kam 1975 als einer der ersten 20 Mitarbeiter zur SAP. Nach seiner SAP-Zeit gründete er in Papenburg die Firma „Brügmann Software" und entwickelte die „PatOrg"-Software, eine Branchenlösung für Patentanwälte und Industrie-Patentabteilungen.

„Bevor ich zur SAP kam, hatte ich nach einem Elektrotechnik-Studium in zwei großen Elektrokonzernen gearbeitet. Ich automatisierte Stahlwerke mit Hilfe von Prozessrechnern – eigentlich ein Traumjob, aber unerträglich in der Umgebung maroder Firmen: Vetternwirtschaft, uralte Hierarchien, alltägliches Intrigieren, Aktennotizen, die hin und her gingen. Und dann die Begegnung mit den großartigen Persönlichkeiten Hopp, Plattner und Tschira, wie sie ohne eine Spur von Arroganz inmitten der anderen arbeiteten und man sie von denen nur unterscheiden konnte, weil sie Visionen hatten und mit mehr Übersicht, Geschwindigkeit und Ausdauer arbeiteten. Alle Mitarbeiter waren wie selbstverständlich eingeladen, sich in die Fortentwicklung der zukunftsweisenden SAP-Softwarekonzepte einzubringen. Und freitagnachmittags wurde Fußball gespielt – zusammen mit Dietmar Hopp und Hasso Plattner. Mehr Solidarität mit einer Firma und so agierenden Geschäftsführern kann man sich gar nicht vorstellen."

Eigenes Universum: Seit vielen Jahren trifft sich (in Nicht-Pandemie-Zeiten) das Who's who der IT-Branche bei der SAP Sapphire in Orlando/Florida zum Lernen, Netzwerken und Über-den-Tellerrand-Blicken.

Das „Woodstock der IT"

Vor 33 Jahren veranstaltete die SAP in Princeton, USA, die erste Sapphire – und wurde so zum Vorreiter einer neuen Form der Kundeninteraktion.

„Wer war der Mörder?" Tom Pfister weiß es nicht mehr genau. Aber dass die SAP-Kunden und -Partner an runden Zehnertischen saßen, unterschiedliche Rollen spielten und beim gemeinsamen „Murder Mystery Quiz" versuchten, den Bösewicht zu ermitteln, ist dem ehemaligen SAP-Kollegen noch so präsent, als sei es gerade erst passiert.

Wir schreiben den 9. November 1989. Im Hotel Scanticon in Princeton, New Jersey, haben sich rund 250 SAP-Kundenvertreter zur ersten nordamerikanischen Anwenderkonferenz versammelt. Fast alle Kunden und Partner aus Nordamerika sind vertreten, die Liste reicht von Andersen Consulting über Dow Chemical, DuPont, Esso, GE und ICI bis hin zu Mannesmann Pipe & Steel, Marriott, Price Waterhouse und der Westinghouse Elevator Company. Der Titel der Konferenz: SAPPHIRE.

Von Beginn an international

Tom Pfister gehörte zu den Organisatoren der Konferenz und erinnert sich auch daran, wie der damalige stellvertretende Vorstandsvorsitzende Hasso Plattner am ersten Konferenztag einen Vortrag unterbricht und die Gäste auf ein weltbewegendes Ereignis aufmerksam macht: In Berlin ist am späten Abend die Mauer gefallen und Tausende Menschen strömen über die geöffneten Grenzübergänge nach Westberlin. Auf die Frage eines Teilnehmers, was er denn nun in seiner Heimatstadt zu tun gedenke, antwortet Plattner laut Pfister mit dem ihm eigenen Weitblick: „Land kaufen!"

„Es waren wahrlich spannende Zeiten", sagt Pfister heute im Rückblick. „Und wer hätte gedacht, dass sich aus diesem Event ein globales Kundentreffen mit mehr als 20.000 Teilnehmern vor Ort entwickeln würde." Zu Nicht-Pandemie-Zeiten natürlich. Zuletzt also 2019 – damals kamen noch einmal mehrere hunderttausend Nutzer vor ihren Bildschirmen hinzu.

Seit 33 Jahren lädt die SAP nun Kunden und Partner zur Sapphire ein, die seit 2010 SAPPHIRE NOW hieß, heute wieder unter SAP Sapphire firmiert und 2006 erstmals gemeinsam mit der amerikanischen Anwendergruppe ASUG veranstaltet wurde. Mit dabei ist das „Who's who" der globalen IT-Branche. Über die drei Jahrzehnte hinweg fungierten allerdings keineswegs nur die USA als Gastgeber: Bei der SAPPHIRE Australasia im Jahre 1993 in Hobart/Australien beispielsweise informierten sich 150 Vertreter von Kunden, Analystenhäusern, Hardware- und Beratungspartnern unter dem Motto „Doing SAPcessful Business Down Under" über die im Jahr davor veröffentlichte Client-Server-Lösung SAP R/3. 1996 fand eine SAPPHIRE zum ersten Mal in Japan statt – mit 5.000 Teilnehmern.

Und nicht immer liefen SAP-Kundenkonferenzen unter dem Namen „SAPPHIRE". Die allererste internationale Kundenmesse der SAP nämlich fand im Juni 1989, also fünf Monate vor der ersten nordamerikanischen SAPPHIRE, mit fast 500 Teilnehmern aus mehr als 20 Ländern im schweizerischen Lausanne statt und hieß „International R/2 User Conference" oder „R2USER89". SAP ist damit „die Erfinderin der globalen Anwenderkonferenzen in der IT-Branche", sagt Tom Pfister.

Zwei Jahre später kamen bereits mehr als 1.000 IT-Experten aus 26 Ländern zur zweiten Konferenz „SAP USER91" nach Nizza in

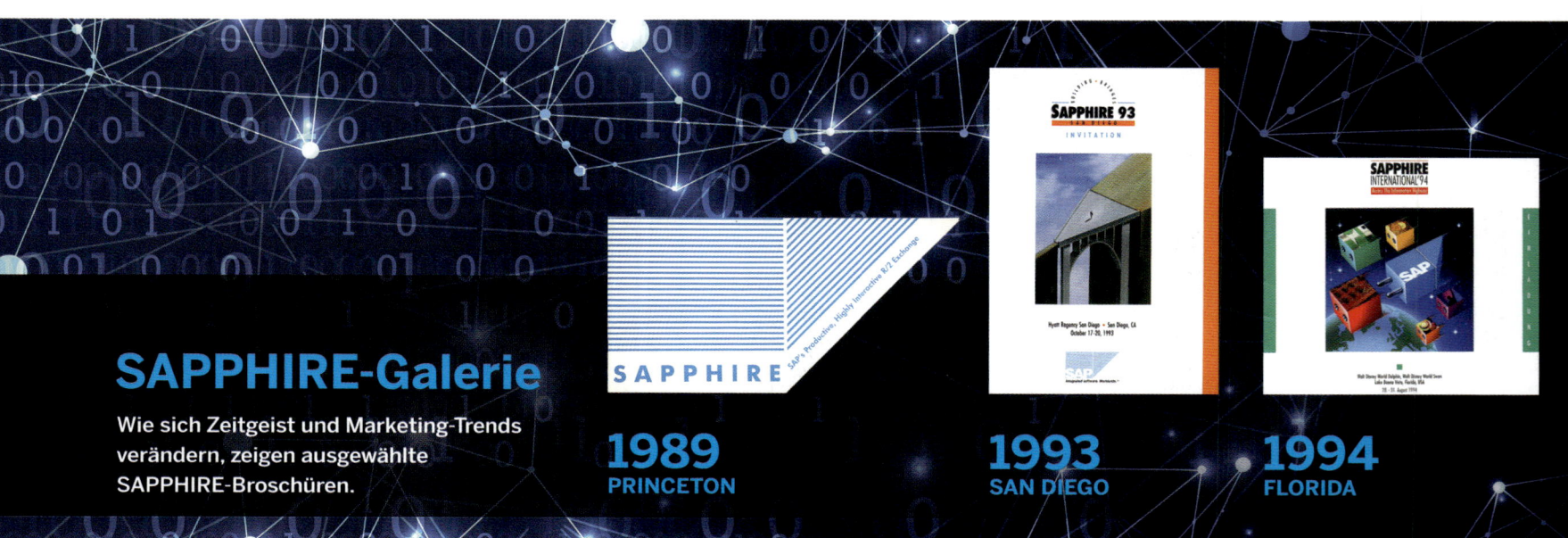

SAPPHIRE-Galerie

Wie sich Zeitgeist und Marketing-Trends verändern, zeigen ausgewählte SAPPHIRE-Broschüren.

1989 PRINCETON

1993 SAN DIEGO

1994 FLORIDA

↑ Machte auch als „Zeitungsbote" eine gute Figur:
Marketingexperte Tom Pfister.

↙ Tom Pfister (2. von rechts) gehörte zu den Organisatoren der
ersten internationalen Kundenkonferenz in Lausanne im Juni 1989.

↘ Vorgänger der Sapphire:
Die erste Kundenkonferenz 1989 in Lausanne/Schweiz.

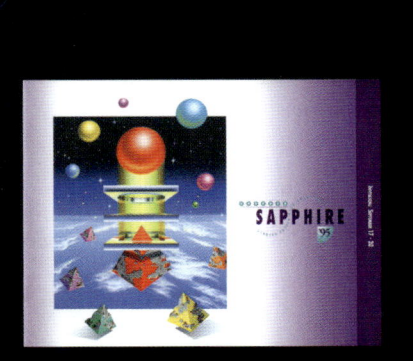

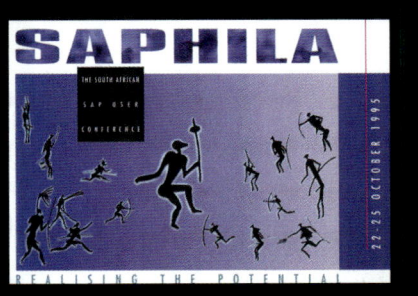

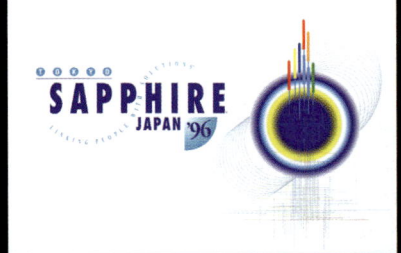

1995

PHOENIX

1995
SÜDAFRIKA

1996
WIEN

1996

JAPAN

Frankreich. Das Motto: Making Waves. Dort sprach unter anderen der amerikanische Zukunftsforscher Alvin Toffler über eine große Welle namens Internet, die auf die Menschen zurolle – und war seinen Zuhörern damit gedanklich noch weit voraus. 1994 wurden die Anwendermessen in Europa und die SAPPHIRE zur SAPPHIRE International zusammengeführt. In Südafrika heißen die Kundenveranstaltungen SAPHILA.

Überall gleich sind im Grunde die Ziele, die schon Heinz Roggenkemper, damals der erste President der SAP America, in seiner Einladung zur ersten SAPPHIRE 1989 formulierte: „SAPPHIRE ist eine Gelegenheit, Informationen auszutauschen – zu den Produkten und Geschäftsstrategien der SAP und den Erfahrungen der Anwender. Das Ziel der SAPPHIRE ist es, Dialog zu ermöglichen."

Von Beginn an sei es darum gegangen, Netzwerke zu knüpfen und voneinander zu lernen, sagt Pfister. „Und SAP wollte hören, welche Anforderungen die Kunden hatten – Anwendergruppen gab es ja bis dahin nur sehr vereinzelt." Pfister erinnert sich: „Während einer Breakout Session in Nizza 1991 fragte ein Kunde den Mitgründer Klaus Tschira, ob man

eine Funktionalität nicht ins System integrieren könne und Tschira antwortete: „Okay, wir fangen nächste Woche an, sie zu programmieren." Natürlich nutzte die SAP ihre Kundenmessen, um den eigenen Anhängern ihre Innovationen von SAP R/3 über mySAP.com bis hin zu SAP HANA und Rise with SAP näherzubringen.

Doch immer wieder öffneten die Events auch den Blick über den Tellerrand der IT: der Energieexperte Daniel Yergin, der Verleger Malcom Forbes, Apollo-13-Kommandant James Lovell, Ex-US-Außenministerin Condoleezza Rice oder Ex-US-Präsident Barack Obama – die Liste der Gastredner ist lang und bunt. Genauso wie die der musikalischen Gäste. So lange die Messe vor Ort stattfand, freuten sich die SAPPHIRE-Besucher über einen Show-Act der Extraklasse aus mehr als 30 Jahren Musikgeschichte. So standen schon Bon Jovi, Duran Duran, Sting, Jennifer Lopez, Coldplay, Justin Timberlake, Van Halen und viele mehr auf der SAPPHIRE-Bühne. Zuletzt 2022 präsentierte Pitbull seine Hits.

Bisweilen sorgte die SAP-Führung selbst für hohen Unterhaltungswert: 1994 etwa waberte Nebel und zuckten grelle

WIE DER NAME SAPPHIRE ENTSTAND

Vor der ersten SAP-Anwenderkonferenz in Nordamerika 1989 dachte Marketingmanagerin Bonnie Ravina über Namen nach. Thomas G. Schüssler, ein Mitglied des ersten Managementteams von SAP America, schlug vor, ein Wort zu benutzen, das mit „SAP" anfängt.

Ein kurzer Blick ins Wörterbuch und es war entschieden: SAPPHIRE. Ravina fragte, wofür das stehe, und Schüssler improvisierte „SAP's Perennial Highly Interactive R/2 Exhibit".

Ravina verbesserte das später zu „SAP's Productive Highly Interactive R/2 Exchange".

1996
SÜDAFRIKA

1996
BRISBANE

1996
HONGKONG

1997
ORLANDO

↖ *Gemeinsames Interesse an IT: Die SAPPHIRE bringt seit jeher Anwender, Analysten, Entwickler und Journalisten zusammen.*

↗ *Viele Jahre lang fand die SAPPHIRE auch in Ländern wie Japan statt.*

↘ *Hoch hinaus: Werbung für die Veranstaltung 1998 in Los Angeles/USA.*

↙ *Im Jahre 2010 fand die europäische SAPPHIRE NOW in Frankfurt/Main, rund 80 Kilometer vom SAP-Stammsitz entfernt, statt.*

1997
BRISBANE

1998
LOS ANGELES

1999
PHILADELPHIA

2000
BERLIN

Lichtblitze durchs Kongresszentrum von Disney World, als Plattner mit krachender E-Gitarre auf die Bühne schritt und „Oh Carol" von Chuck Berry anstimmte, bevor er ein „R/3 Technology Update" gab.

Veranstaltung mit Geschichte

Mehr als 50 Jahre nach dem legendären Happening und Urahn der Open-Air-Konzerte ist die SAPPHIRE für Tom Pfister „das Woodstock der IT". Klar, sagt er, die Analogie habe ihre Grenzen und die SAPPHIRE sei nicht mehr die größte Kundenmesse der Branche. Aber vor allem eine Sache mache die SAP-Anwenderkonferenz so besonders: „Die SAPPHIRE hat Geschichte", sagt Tom. „Und für viele ist sie so relevant wegen ihrer Vielfalt und der Mischung der Teilnehmer."

Die SAPPHIRE war von Anfang an eine internationale Konferenz, hier teilen Anwender aus Nord- und Südamerika ihre Erkenntnisse mit Kolleginnen und Kollegen aus Asien und Europa, hier treffen SAP-Veteranen auf junge „Neueinsteiger", hier können Start-up-Gründerinnen von etablierten Konzernen und Mittelständlern lernen. Nicht zuletzt, sagt Pfister, tauschen sich auch Alumni und ehemalige SAPler, die nun in anderen Firmen oder als Investoren tätig sind, mit aktuellen SAP-Mitarbeitern aus. Dazu eine Heerschar von Journalisten, Analysten und Bloggern, die noch wochenlang nach der SAPPHIRE über das Event berichten. Pfister: „Und alle eint das Interesse an IT und wie Unternehmen von ihren Errungenschaften profitieren können."

Netzwerken, voneinander lernen, Neues entdecken – allesamt Aspekte, die die Teilnehmer genossen, als es 2022 nach zwei Onlineevents wieder eine Präsenzveranstaltung in Orlando gab (gefolgt von acht weiteren Städten in aller Welt).

„Und wer war beim Murder Mystery Quiz bei der ersten SAPPHIRE nun eigentlich das Opfer?" Das weiß Tom Pfister noch einigermaßen genau: „Jedenfalls keiner der Kunden!" ∎

TOM PFISTER
arbeitete von 1987 bis 2000
für die SAP als Marketer, baute
Marketingorganisationen in den
USA, Lateinamerika, Europa und
Asien auf. 2000 verließ er das
Unternehmen, um die Kunstgalerie
Pentimenti sowie die Marketing-
firmen Matchcode und Nytro
zu gründen. Er ist der SAP als
Alumnus weiter eng verbunden.

Oral-History-Interview mit Tom Pfister

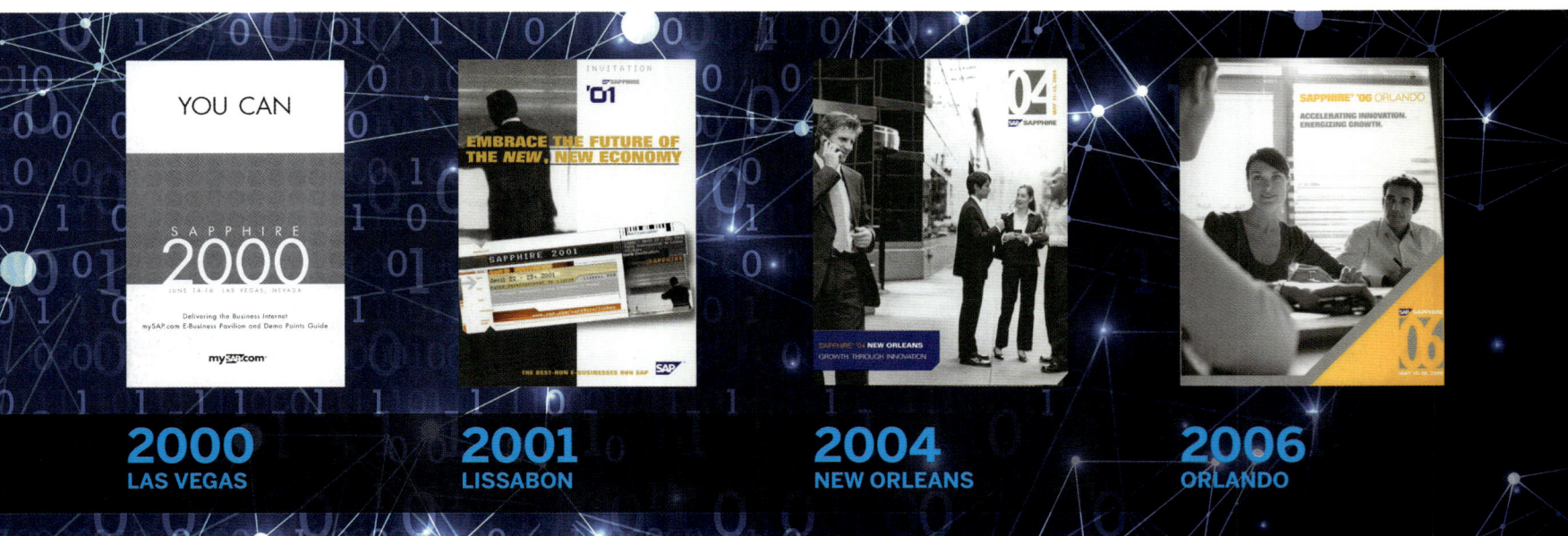

2000 LAS VEGAS

2001 LISSABON

2004 NEW ORLEANS

2006 ORLANDO

↖ *Hasso Plattner bei einem seiner legendären SAPPHIRE-Auftritte 1995 in Lake Buena Vista, Florida.*

↗ *Vorstandssprecher Christian Klein bei der SAP Sapphire 2022 in Orlando/Florida.*

↙ *Zu jeder SAP-Kundenmesse gehört die Ausstellung der Partner und ihrer Lösungen.*

2007
WIEN

2008
BERLIN

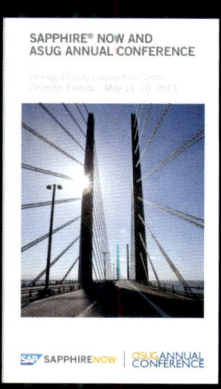

2013
ORLANDO

2017
ORLANDO

Lange Leine, kurzer Draht

Als die SAP in den 1990ern Standardsoftware nach Korea brachte, war vor allem Samsung schnell elektrisiert. Nicht nur für die Beratung brachen spannende Zeiten an.

Von Michael Zipf

Für Christoph Behrendt begann ein frühes Kapitel seiner Karriere bei SAP mit einem Fauxpas: Sein Chef Lutz Kettner hatte den jungen Berater Ende 1994 nach Seoul geschickt, damit er bei einem Projekt nach dem Rechten sieht. Behrendt kam nach einer langen Flugreise müde im Hotel Westin Chosun an und erfuhr, dass der Kollege, mit dem er sein Zimmer teilen würde, schon da sei: „Kollege? Zimmer teilen? Ich sagte, dass da wohl etwas schief gelaufen sein müsse. Zum einen war ich alleine vor Ort, zum anderen wacht man mit sieben Stunden Zeitunterschied halt oft nachts auf", erzählt Behrendt, der heute im Vorruhestand ist.

Also suchte sich die zwei Meter große „Langnase" ein paar Straßen weiter ein anderes Hotel. Was Behrendt da noch nicht wusste: Es war in Korea üblich, auf Geschäftsreisen sein Zimmer mit einem Kollegen zu teilen. „Ich habe die Koreaner und ihre Gastfreundschaft verletzt", sagt Behrendt und räumt ein, dass durchaus noch weitere kulturelle Herausforderungen auf ihn und seine Kolleginnen und Kollegen warteten, die in den kommenden Monaten das erwähnte Projekt zum Laufen und die Voraussetzungen für die Landesgesellschaft Korea schaffen würden.

Was Behrendt auch nicht wusste: Das Projekt beim Kunden Samsung Electronics würde die Grundlage für eine bis heute reichende, sehr erfolgreiche Partnerschaft zwischen der SAP und dem Mischkonzern Samsung bilden. Während die SAP mit ihrer Standardsoftware Samsungs globale Expansion erst möglich machte, sorgten die Koreaner dafür, dass die SAP ein globales Betreuungskonzept für ihre Kunden entwickelte, das zur Blaupause für viele weitere Global Player wurde.

Konzept der Standardsoftware eingeführt

Denn in der erst 1989 in Singapur gegründeten Region SAP Asien passierte es noch häufig, dass die Vertriebler von Singapur aus den Unternehmen ihre Software verkauften, ihnen dann aber aus Ressourcengründen nicht erklären konnten, wie sie sie zum Laufen bringen würden. Auf der anderen Seite wussten viele IT-Experten in Korea und anderen asiatischen Ländern mit dem Konzept der Standardsoftware noch nichts anzufangen. Behrendt: „Bei Samsung arbeiteten tausende Entwickler, die alle exzellent programmieren konnten. Als ich dort ankam, codierten sie gerade einen Vertriebsauftrag – bis ich ihnen zeigte, dass es das in SAP R/3 längst gab. Sie machten erstmal große Augen, als sie sahen, wie umfassend unsere Funktionalität bereits war. Klar, dass sie dann alle Module erlernen wollten."

Innerhalb weniger Tage lotste Behrendt nun mithilfe seines Chefs mehrere Berater nach Korea, die Schulung um Schulung, Kurs um Kurs hielten. Einer von ihnen war Stefan Eichinger, der das erste Mal nach Asien reiste. Der Applikationsberater für Anlagenbuchhaltung sollte in einem Workshop herausfinden, ob das R/3-Modul die Anforderungen der Koreaner abdeckte. „Das war angesichts der Tatsache, dass keiner von uns koreanisch sprach, nicht so einfach. Aber mit Dolmetschern und Englisch konnten wir

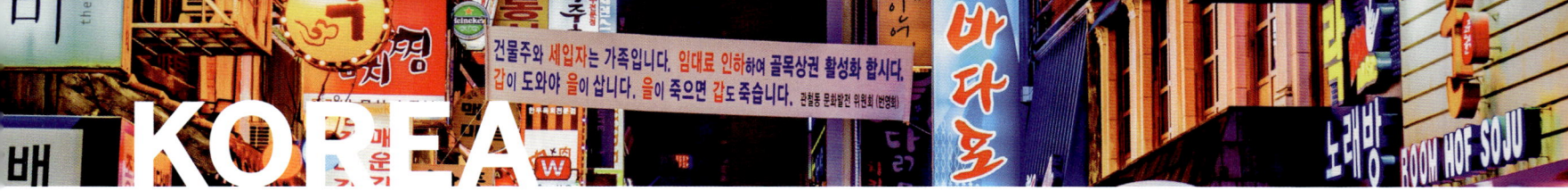

uns so gut verständigen, dass ich nach 14 Tagen mit einer großen Liste an Kundenwünschen zur Standardentwicklung nach Walldorf zurückkehrte."

Immer mehr Einheiten des koreanischen Mischkonzerns meldeten sich nun und wollten die deutsche Software nutzen. „Innerhalb der ersten sechs, sieben Monate hatten wir bestimmt weit über 30 Projekte alleine bei Samsung laufen", erinnert sich Behrendt. Und weil sich die Vorzüge von R/3 in der eng vernetzten koreanischen Wirtschaft schnell herumsprachen, klopften bald andere Unternehmen, von Hyundai bis LG, bei Behrendt und seinem Team an. „Jetzt konnten wir nicht mehr so hemdsärmelig agieren, jetzt mussten wir das Ganze strukturiert angehen."

Das sah auch die SAP-Führung in Deutschland so. Der für Asien zuständige Vorstand Peter Zencke räumte ein, dass die SAP hier anfangs nicht genügend in die R/3-Schulung der Mitarbeiter und Kunden investiert hätte. Fortan stellte SAP in mehreren asiatischen Ländern zahlreiche zusätzliche Berater ein und baute in Singapur ein Supportteam mit Verfügbarkeit rund um die Uhr auf.

Eröffnung der Landesgesellschaft

Im Oktober 1995 eröffnete die neue Landesgesellschaft SAP Korea offiziell ihr Büro – noch immer im Westin Chosun Hotel. Lutz Kettner baute gemeinsam mit Behrendt und anderen das Geschäft weiter aus, sie holten Partner an Bord und stellten koreanische Mitarbeiter ein. Eine von ihnen war Alice Hee Jeong Hong, die Samsung Electronics zwei Jahre lang als Technical Quality Manager betreute. „Wir haben damals Tag und Nacht für den Kunden gearbeitet. Aber ich habe so viel gelernt und eine Menge Erfahrung gesammelt."

Auch die Samsung-Chefs lernten schnell, dass ihr bisheriger Ansatz, die eigenen Leute alles programmieren zu lassen, angesichts der bereits entwickelten Standardmodule wenig sinnvoll und zudem mit ihren Expansionsplänen nicht kompatibel war. Schon im September 1994 hatten Samsung und SAP vereinbart, dass die Koreaner fünf Jahre lang als neutraler Entwicklungspartner agieren würden. Samsung hoffte, bis Juni 1995 zunächst eine koreanische R/3-Version auf den Markt bringen zu können. „Aber sie hatten angesichts der Fülle an Funktionalität und eines nicht abreißenden Stroms an Innovation keine Chance", sagt Behrendt. Das SAP-Globalisierungsteam von Georg Hage-Hülsmann lieferte nun innerhalb weniger Monate eine koreanische Version, die nicht nur in die Landessprache übersetzt war, sondern auch die Steuergesetzgebung und andere rechtliche Anforderungen abdeckte.

Samsung auf Expansionskurs

So konnte auch Samsung Ressourcen umschichten und SAP-Expertise aufbauen. Denn die Koreaner waren längst auf globalem Expansionskurs und profitierten davon, dass die SAP ihre Internationalisierung schon einige Jahre zuvor vorangetrieben hatte. „Egal, wo auf der Welt Samsung neue Niederlassungen eröffnete,

die SAP war meist schon da und konnte helfen", sagt Behrendt. „Und ich kann mir nicht vorstellen, wie diese Expansion hätte gelingen sollen, wenn sie alles selbst programmiert hätten."

Gleichzeitig stiegen die Anforderungen der Koreaner. „Wir mussten komplexeste Prozesse abbilden, alles, was die verschiedenen Branchen brauchten, wollte Samsung haben", erzählt Behrendt, der seine Zelte nie ganz in Asien aufschlug. „Es war unbedingt notwendig, immer wieder in die Zentrale nach Walldorf zurückzukommen, die Anforderungsliste mit der Entwicklung und dem Support zu besprechen und Leute für Asien und für den Kunden zu begeistern." So erfand SAP auch die Rolle des Customer Support Managers (CSM), der sich strukturiert um einen Großkunden kümmerte, und entwickelte ein globales Konzept der Betreuung von Kunden der Größenordnung Samsungs. Dazu gehörte, das Partnernetz enger zu knüpfen und verstärkt auf Entwicklerressourcen in den jeweiligen Ländern zurückzugreifen, anstatt Programmierer aus Deutschland zu den Kunden zu schicken. „So ließ sich die langfristige Betreuung sicherstellen", sagt Behrendt. Samsung wurde damit zum Vorreiter eines übergreifenden Konzepts, das später auch bei Kunden wie Procter & Gamble oder Nestlé umgesetzt wurde.

Schnelle Entscheidungsprozesse

Zusammen mit seinen Kolleginnen und Kollegen aus der Beratung implementierte Behrendt SAP-Software in vielen anderen asiatischen Ländern von Indien über Japan bis Thailand. Sie gaben ihr Wissen weiter und lernten selbst immer wieder dazu. So würde er – wenn er noch einmal eine Schulung vor koreanischen ITlern hielte – wohl nicht mehr mit der flachen Hand auf den Tisch schlagen, um die vor sich hin dösende Gruppe vor dem kompletten Wegdämmern zu bewahren. Die Koreaner hatten schließlich jeden Tag zwölf Stunden zu arbeiten und noch jeweils zwei Stunden Fahrt nach Hause hinter sich zu bringen.

Die Aufbauarbeit in Korea hat ihn geprägt – und prägte seinen Umgang mit Mitarbeitern: „Such Dir die Richtigen aus, gib ihnen maximales Vertrauen, entwickle sie weiter und halt ihnen den Rücken frei, falls mal etwas schiefgeht!" Die SAP sei „super gut darin gewesen, ihre Leute an der langen Leine zu führen. Und die Bereitschaft, sich gegenseitig auszuhelfen, egal wo und wie, war sehr, sehr hoch." Dazu waren die Wege kurz. Behrendt: „Wenn Samsung eine Lösung für ihre Schiffsbausparte brauchte, haben wir geschaut, wer bei uns hierzu Erfahrung hat und wie wir die Expertise nach Korea bringen. Wir waren sehr schnell und flexibel. Und wenn wir eine Entscheidung brauchten, haben wir sie bekommen – auf beiden Seiten."

So wuchsen die Teams zusammen. Wozu beitrug, dass SAPler, Kunden und Partner viel Zeit miteinander verbrachten – auch nach Feierabend und am Wochenende. Wenn Behrendt und seine Kollegen in Seoul arbeiteten, übernachteten sie zwar weiterhin bevorzugt in Einzelzimmern. Behrendt: „Aber als Team sind wir gemeinsam durch dick und dünn gegangen." ∎

↑ Nach der Eröffnung der Geschäftsstelle in Seoul trafen SAP-Führungskräfte 1996 in Korea Mitarbeitende, Kunden und Partner. Dietmar Hopp
(vorne, 6. von links), rechts daneben Peter Zencke und Lutz Kettner.
4. von links: Finanzchef Dieter Matheis.

↖ Vertragsunterzeichnung: Dietmar Hopp (links) und Y. T. Lee von Sambo
Computer.

↗ Pioniere im SAP-Büro im Westin Chosun Hotel: der damalige
Vertriebschef Gery Messer mit Assistentin.

↙ Christoph Behrendt 1993 in Singapur. Einige Monate später begann er
seine Beratertätigkeit in Korea.

Von Walldorf an die Wallstreet

Die SAP-Aktie im Zeichen von Kapitalmarkterwartungen und tatsächlicher Unternehmensentwicklung.

Von Prof. Dr. Paul Erker
Illustration: Stephanie Wunderlich

1. Der Börsengang 1988 und seine unternehmenskulturellen Implikationen

Am 4. November 1988 startete der Börsenhandel mit der SAP-Aktie. 1,2 Millionen Aktien wurden zu einem Ausgabepreis von 750 D-Mark platziert. Das Grundkapital der SAP, welches noch wenige Monate zuvor erst 27 Millionen D-Mark betrug, wurde damit auf 60 Millionen D-Mark aufgestockt. Die fünf Gründer hielten einen gemeinsamen Anteil von 80 Prozent der ausgegebenen Aktien. Nur 20 Prozent gingen in den amtlichen Börsenhandel.

Obwohl der große, aber kurze Börsencrash vom Oktober 1987 erst ein Jahr zurücklag, waren die Bedingungen und das Börsenklima günstig. Die Nachfrage der Investoren war groß und die Aktie mehrfach überzeichnet. SAP bot den Anlegern die Möglichkeit, sich an einem aufstrebenden Unternehmen auf dem boomenden Softwaresektor und damit einem vielversprechenden Wachstumswert zu beteiligen. „Die Aktie ist so wachstumsorientiert wie

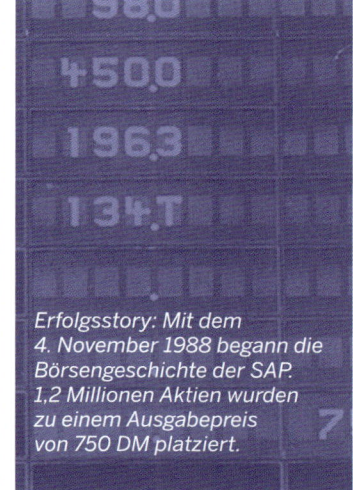

Erfolgsstory: Mit dem
4. November 1988 begann die
Börsengeschichte der SAP.
1,2 Millionen Aktien wurden
zu einem Ausgabepreis
von 750 DM platziert.

das dahinterstehende Unternehmen", lautete auch das Motto, unter dem der Börsengang vollzogen wurde. Mit einem Kurs-Gewinn-Verhältnis (KGV) von 19,4 erschien die Aktie angemessen bewertet, und alle Analystenkommentare empfahlen uneingeschränkt den Kauf der Aktie. Allerdings rutschte der Kurs im November zunächst leicht unter den Ausgabepreis, ehe Anfang Dezember eine Kursrallye einsetzte. Diese ließ den Preis der Aktie bis Ende März 1989 auf 1.940 D-Mark hochschießen und bescherte den Aktionären im Juli 1990 mit 2.185 D-Mark ein Allzeithoch. Innerhalb von 19 Monaten hatte sich der Kurs der SAP-Aktie fast verdreifacht.

Die Motivation für den Börsengang war vor allem davon geprägt, dass der Zugang zum Kapitalmarkt die Finanzierung des weiteren Wachstums sichern sollte. Zusätzlich erwartete man eine langfristige Unabhängigkeit, die Steigerung des Bekanntheitsgrades der SAP und vor allem auch eine angemessene Mitarbeiterbeteiligung. Von Anfang an wurden die SAP-Aktien daher nicht nur an der Heimatbörse in Stuttgart, sondern auch an der Frankfurter Leitbörse gehandelt, an der auch internationale Anleger ihre Orders aufgaben.

> Es ist fast lächerlich, mit wie wenig Kapital es die Gründer damals geschafft haben, ein Unternehmen auf eine Größe zu bringen, mit der man 16 Jahre später einen Börsengang realisieren konnte. Sie haben ja ihre Produkte bei den Kunden direkt mit minimalem Kapitaleinsatz entwickelt und letztlich alles durch den Cash-Flow aus dem Kundengeschäft finanziert. Heutzutage würden ihnen Venture-Capital-Investoren zwei Jahre nach der Gründung dreistellige Millionenbeträge zuschieben, um dann skalieren zu können."

Luka Mucic,
Finanzvorstand der SAP SE

Der Börsengang bedeutete eine Zäsur in der immerhin schon 16 Jahre währenden SAP-Geschichte. Er war der Startschuss für nachhaltige Veränderungen und Prägungen des Unternehmens, allen voran die Kapitalmarktorientierung, die nun maßgeblicher Bestandteil der Unternehmenskultur wurde. Das galt erst recht, als zehn Jahre später im August 1998 mit der Emission der SAP-Aktie an der New York Stock Exchange (NYSE) der zweite Börsengang erfolgte. Spätestens jetzt erfolgte in jeder Aufsichtsratssitzung an erster Stelle der Bericht des Vorstands über die Bewertung der SAP-Aktie am Kapitalmarkt, die Kursentwicklung im Vergleich zu den wichtigsten Indizes und vor allem im Vergleich mit den größten Wettbewerbern. Dabei standen vor allem Informationen über die Wachstumserwartungen der Anteilseigner und Bewertungsurteile der Analysten im Fokus. Dieser Börsengang setzte eine unauflösliche, in ihren Ausprägungen und Erscheinungsformen höchst unterschiedliche Interdependenz zwischen Markterwartungen, eigenen Ergebnisprognosen und tatsächlichen Rendite- und Wachstumszahlen in Gang, die Quartal für Quartal erhebliche Bewegungen beim Kurs der SAP-Aktie auslösten.

Der noch junge Markt für Technologieaktien war aus Sicht der Anleger mit sehr vielen Unsicherheiten behaftet. Heftige Kursbewegungen waren nichts Ungewöhnliches, denn die Nachrichtenlage änderte sich mit jedem Quartal, und viele Investoren beobachteten vorsichtig die Dynamik technischer Entwicklungen und der Marktdurchdringung. Dennoch bestand ein Hang sowohl zu Übertreibungen als auch zu stark negativen Einschätzungen, die die Kurse auf eine Achterbahnfahrt schickten.

Bei SAP übertrafen die Umsatz- und Ergebniszahlen meistens die Analystenschätzungen, und in der Regel stimmten vielfach Erwartungen und berichtete Zahlen überein. Nicht selten liefen die Erwartungen und Kursfantasien der Investoren und Analysten ungeachtet der Versuche des SAP-Vorstands, diese zu dämpfen, den tatsächlichen Entwicklungen des Unternehmens weit voraus.

Plattner

Kagermann

Matheis

Erwartungsmanagement:
Die SAP-Führung war von
Anfang an im ständigen
Austausch mit Analysten
und Investoren.
Eine Aufnahme von einer
Analystenkonferenz 1999.

Als Folge der überhöhten Erwartungshaltung wurden oft selbst solide Unternehmenszahlen negativ interpretiert, und die Aktie reagierte unmittelbar mit einem Kurseinbruch. Aktienkurs- und Unternehmensentwicklung verliefen daher keineswegs parallel, sondern häufig entkoppelt. So befand sich SAP beispielsweise zwischen 2002 und 2007 inmitten eines immer intensiveren Konkurrenzkampfs, der eine interne Neuausrichtung erforderte, doch der Kurs der Aktie stieg scheinbar unaufhaltsam.

Das Wechselspiel von hohen, selbst gestellten und dem Kapitalmarkt kommunizierten Ambitionen sowie die entsprechenden Erwartungen und -reaktionen der Marktteilnehmer ziehen sich wie ein roter Faden durch die gesamte SAP-Geschichte. Die bereits erwähnte, im Tech-Sektor nicht ungewöhnliche hohe Volatilität sorgte im Unternehmen immer wieder für Anspannung und verlangte Mitarbeitenden und Vorstand Nervenstärke ab. Durch die zweifache Börsennotierung in Frankfurt und New York war SAP wie kaum ein anderes deutsches Unternehmen dem Diktat der Märkte und damit einem Spannungsfeld von zwei höchst unterschiedlichen Aktienkulturen ausgesetzt. SAP war dabei einerseits vielfach Getriebene des Kapitalmarktes, agierte aber auch selbst als Markttreibende und zog mit deutlichen Kurszuwächsen den DAX mit in die Höhe oder ließ ihn gelegentlich nach unten abgleiten.

Der Aktienkurs stellte nicht nur in der Öffentlichkeit, sondern auch SAP-intern bei den Mitarbeitenden und im oberen Management das sichtbare Zeichen für Erfolg oder Misserfolg des Unternehmens am Kapitalmarkt dar. Der ständige Blick auf den Aktienkurs hatte für den Vorstand auch deshalb Bedeutung, da daran zahlreiche anteilsbasierte Vergütungsbestandteile der Mitarbeitenden

und obersten Führungskräfte hingen. Nicht zuletzt war der Aktienkurs sehr früh schon Teil des Markenimages und Indikator des Kundenvertrauens. Kaum ein anderes deutsches Unternehmen erhob so detailliert ein ganzes Bündel kapitalmarktorientierter Kennzahlen und publizierte diese in seinen Geschäftsberichten. Besonders für ein Technologieunternehmen wie SAP war auch die Dividendenpolitik. Anders als die US-amerikanischen Technologiekonzerne, die aus ihren Gewinnen jahrelang niedrige oder gar keine Dividenden an die Aktionäre ausschütteten, pflegten die Gründer eine Kultur der großzügigen und vor allem beständigen Gewinnausschüttung und -beteiligung. Vom ersten dividendenfähigen Bilanzgewinn von 14,4 Millionen D-Mark im Jahr 1988 wurden 10,8 Millionen D-Mark ausgeschüttet. Bezogen auf den zu diesem Zeitpunkt bereits verdoppelten Kurs betrug die Dividendenrendite allerdings nur etwa 0,6 Prozent.

Über die Jahrzehnte hinweg vollzog sich ein markanter Wandel der Aktionärsbasis. Die in den Anfangsjahren noch dominierenden Gründeraktionäre machten nach und nach institutionellen Investoren mit zunächst US-amerikanisch dominierter und später starker internationaler Prägung Platz.

2. Kurzer Überblick über die gesamte Kursentwicklung

Erste Phase: 1988–1998
Die Geschichte der Notierungen der SAP-Aktie lässt sich in vier größere Phasen einteilen. Den Anfang machen die zehn Jahre zwischen den beiden Börsengängen von 1988 bis 1998. Die damaligen

SAP-Aktionäre erlebten vom Börsengang bis Ende 1989 eine Kursverdoppelung von 758 auf 1.560 D-Mark. Im folgenden Jahr erlebten sie aufgrund des Golfkriegs erstmals einen Kurseinbruch von 26 Prozent, aber schon wenig später folgten neue Allzeithochs. Damit hatte sich die Marktkapitalisierung von 900 Millionen D-Mark beim Börsengang auf nun 9,8 Milliarden D-Mark verzehnfacht.

Die Hausse wurde zusätzlich durch die Nachfrage von privaten und institutionellen Investoren in den USA befeuert. Mit einer Börsenkapitalisierung von 58,6 Milliarden D-Mark im Jahr 1997 war der „Deutsche Aktienmeister" zu einem Schwergewicht am deutschen Aktienmarkt geworden, hinter Allianz und Deutsche Telekom auf Platz 3. Das Unternehmen galt zudem als Paradebeispiel und Ikone für die zu diesem Zeitpunkt geltende Shareholder-Value-Ideologie, deren Ziele man auch in Walldorf lebte: Wer 1988 eine SAP-Aktie erworben hatte, konnte bis Ende der 1990er-Jahre einen Gewinn von 14.000 Prozent verbuchen. Anders formuliert: Die eine SAP-Aktie war inzwischen durch Splits und Kurszuwächse zu einem kleinen Aktienpaket im Wert von etwas über 100.000 D-Mark geworden.

Zweite Phase: 1999–2009

In diesen Jahren des Aktienhypes und der Dotcom-Blase kletterte die SAP-Aktie im Umfeld der allgemeinen Euphorie im Februar 2000 auf ein neues Allzeithoch. Zusätzlich begünstigt durch einen erneuten Aktiensplit und Kapitalerhöhungen erreichte sie umgerechnet 286,33 Euro. Im Zuge der sich anschließenden massiven Korrektur auf den Kapitalmärkten und dem Zusammenbruch des „Neuen Marktes" folgte eine Wirtschafts- und Finanzmarktkrise mit weiteren starken Kurseinbrüchen. Im Oktober 2002 notierte die SAP-Aktie mit 41,65 Euro auf ihrem bisherigen Tiefstkurs; an der NYSE wurden gleichzeitig gerade noch 40 US-Dollar für die Aktie bezahlt.

> **Die SAP hatte ja in ihrer gesamten Historie nur drei Finanzchefs: Dieter Matheis, der damals nicht im Vorstand war und an Henning Kagermann berichtet hat; Werner Brandt von 2001 bis 2014 und mich seitdem. Es ist normalerweise kein schlechtes Zeichen für ein Unternehmen, wenn es nur ganz wenige Finanzchefs gehabt hat."**

Luka Mucic

Nach einer kurzen Erholungsphase bewegte sich der SAP-Aktienkurs zwischen 2003 und 2008 vorwiegend seitwärts. Die nach dem Platzen der Dotcom-Blase bis 2002 auf 23,8 Milliarden Euro geschrumpfte Marktkapitalisierung verdoppelte sich in den folgenden Jahren wieder auf 51 Milliarden Euro. Der Ausbruch der Lehman-Krise im September 2008 und die dadurch ausgelöste Rezession der Weltwirtschaft bereitete jedoch allen Höhenflügen ein abruptes Ende. Die SAP-Aktie stürzte 2008 im Sog des allgemeinen Kursdebakels an den Kapitalmärkten von knapp 40 Euro innerhalb von nur 14 Handelstagen um mehr als ein Drittel auf 24,97 Euro und am 28. Oktober 2008 auf ihren Jahrestiefstkurs von 23,45 Euro ab.

Dritte Phase: 2010–2019

In dieser Dekade zeigte die SAP-Aktie wieder eine ganz andere Performance als in der vergangenen. Trotz einiger markanter, nur kurzzeitiger Kursrückgänge war sie von einer stetigen Aufwärtsentwicklung geprägt. Ausgehend von einem Aktienkurs von 31 Euro zu Beginn dieser Periode bis zum Allzeithoch von 120 Euro an deren Ende vervierfachte sich der Aktienwert. Die „Neuerfindung der SAP" und die von der neuen Doppelspitze McDermott/Snabe angestoßene große Transformation des Unternehmens fanden den lange erhofften Widerhall bei den Märkten. Der große Aufbruch in die Cloud und die technologische Disruption durch die HANA-Technologie wurden nun gleichsam von den Investoren belohnt und beflügelten neue Wachstumsfantasien. Jahr für Jahr folgten wieder Allzeithochs. 2017 wurde zum ersten Mal eine Marktkapitalisierung von 100 Milliarden Euro übersprungen, und SAP stieg zum wertvollsten Unternehmen im DAX auf. Inzwischen betrug der Anteil der Gründer nur noch 11 Prozent des Grundkapitals, d.h. der Streubesitz hatte sich weiter auf 86 Prozent erhöht. Institutionelle Investoren – vorrangig aus dem US-amerikanischen und angelsächsischen Raum – stellten mittlerweile 63 Prozent der Aktionärsbasis. Der Anteil der Privataktionäre und nicht identifizierbarer Anleger lag bei 24 Prozent, 3 Prozent der Aktien waren nach wie vor in firmeneigener Hand.

Vierte Phase: 2020 bis heute

Auf diese vorerst letzte und erst ganz am Anfang stehende Phase seit 2020 wird weiter unten noch kurz eingegangen. Sie ist eher das Feld der Analysten und Research-Abteilungen der Investmenthäuser und Banken als das der Historiker. Dennoch ist auch die „Equity Story" der SAP-Aktie historisierbar und einer Kontextualisierung vor dem Hintergrund der inzwischen nun 33-jährigen Vorgeschichte unterworfen.

3. Statt einer „Equity-Chronologie"

Einige markante Börsenereignisse aus der langen Börsengeschichte oder: Von „SAP-Crash" über Re-Ratings und das „Projekt Sierra" bis zur Global Investor Roadshow und warum es bei SAP keine turbulenten Hauptversammlungen gab.

In den oben kurz beschriebenen Phasen entwickelte sich die SAP-Aktie kontinuierlich. Allerdings unterbrach eine Reihe von Ereignissen die langfristige Entwicklung des SAP-Aktienkurses immer wieder zum Teil deutlich, wenn auch nur kurzzeitig. Mehr stichwort- und schlaglichtartig als systematisch-analytisch werden einige im Folgenden benannt.

Das kurze Leben der SAP-Vorzugsaktie zwischen 1990 und 2001

Beim Börsengang hatte man noch damit geworben, Stammaktien und nicht von um ihr Stimmrecht gebrachte Vorzugsaktien zu platzieren. Aber schon 1990 wurden nach einem Aktiensplitt von 1:4 insgesamt 500.000 Vorzugsaktien ausgegeben, die zum Bezug einer Mehrdividende von 4 Prozent gegenüber der Stammaktie berechtigten. In der Folgezeit stand daher die Vorzugsaktie im Fokus des Kapitalmarktes. Sie wurde zur Jahreswende 1993/94 in den FAZ-Aktienindex aufgenommen, war zunächst nur unwesentlich billiger als die Stammaktie und folgte im Wesentlichen der Kursentwicklung der Stammaktien. Später koppelten sich die Kursentwicklungen voneinander ab und die Vorzugsaktie wurde erheblich teurer als die Stammaktie. Das war mit ein Grund dafür, dass im Februar 2001 unter dem Codenamen „Projekt Sierra" die Vorbereitungen dafür getroffen wurden, die zu diesem Zeitpunkt kursierenden 125 Millionen Vorzugsaktien in Stammaktien umzuwandeln. Dies schaffte eine einheitliche Aktiengattung mit höherer Liquidität. Zudem erwartete man, mittelfristig mehr Kurssteigerungspotenzial zu erreichen. Schließlich sollte sich der echte Marktwert der SAP wieder im Kurs der Stammaktie widerspiegeln. Die damit erzeugte Transparenz der Kapitalstruktur war auch Zeichen einer modernen Unternehmensführung (Corporate Governance) und folgte letztendlich den inzwischen geforderten internationalen Standards.

Den Aktionären bescherte die Umwandlung im Juni 2001 gleiche Stimm- wie Dividendenbezugsrechte und vor allem weitere Kursgewinne. Die Gründeraktionäre leiteten einen stückweisen Rückzug ein und akzeptierten eine Verwässerung ihrer bisherigen Stimmrechte. Mit der Aufgabe der absoluten Kontrolle und bisherigen Sperrminorität machten sie den Weg für die SAP frei, von einem gründerdominierten zu einem modernen managergeführten Unternehmen, das sich den Spielregeln des Kapitalmarktes unterwarf.

Der Kurssturz von 1993

Dieses Geschäfts- und Börsenjahr begann für SAP mit einem plötzlichen Kurseinbruch. Innerhalb weniger Tage im Januar verlor die Aktie rund 40 Prozent ihres Werts. Gründe waren eine allgemeine Verunsicherung, begleitet von Spekulationen zur wirtschaftlichen Lage des Unternehmens und vor allem das verfehlte, für 1992 gesteckte Umsatz- und Ergebnisziel. Durch eine unmittelbar angesetzte Analystenkonferenz versuchte der Vorstand, das verlorengegangene Vertrauen so weit wie möglich wiederherzustellen. Obwohl der Kurs im Juni erneut stärker nachgab, kehrte mit guten Geschäftszahlen und aktiver Kommunikation des Vorstands das Vertrauen des Marktes zum Ende des Jahres wieder zurück. Schon 1994 setzte ein wahrer Höhenflug ein. Während der DAX-Index um 10 Prozent fiel, verdreifachte sich der Wert der SAP-Aktie bis zum Jahresende, angefeuert unter anderem durch die Nachricht, der Computerriese IBM setze das neue SAP R/3-Programm ein. Dazu vermeldete der SAP-Vorstand einen rasanten Umsatzanstieg, verbunden mit einer Verdreifachung seines Gewinns.

„Die erste Schockwelle liegt hinter uns – bleibt zu spekulieren, ob es dabei bleibt oder ein langfristiger Abstieg für unsere Aktie begonnen hat." – Die Kursstürze von 1996.

Im April 1996 sorgte ein Artikel der Wirtschaftswoche für erheblichen Wirbel, der massive Zweifel an der Zukunftsfähigkeit des Vorzeige- und Erfolgsprodukts SAP R/3 äußerte. „Kurseinbruch möglich", lautete eine der Schlussfolgerungen und dieser trat tatsächlich ein: Vom einstigen Höchstkurs von knapp 270 D-Mark im Herbst 1995 sank der Wert der SAP-Aktie bis April 1996 um knapp 40 Prozent auf 175 D-Mark. Zusätzlich sorgte die Ankündigung des Mitgründers Hans-Werner Hector, seinen Anteil von rund 16 Prozent an der Börse zu verkaufen und das Unternehmen zu verlassen, für neuen Wirbel. Es folgten negative Kommentare in einer Analystenstudie aus den USA, die trotz aller gegenteiligen Beteuerungen des SAP-Vorstandes nach der zwischenzeitlichen deutlichen Erholung der Aktie für einen neuerlichen Kursrutsch von fast 30 Prozent sorgten. Die Einbrüche waren zwar nur kurzzeitig, dennoch glich das Frühjahr 1996 einer Achterbahnfahrt – nichts für Aktionäre mit schwachen Nerven. Bereits im Mai 1996 stand SAP wieder auf den Kauflisten der Investoren – die Korrektur wurde als günstige Einstiegsmöglichkeit genutzt.

Die Kursschwankungen der vergangenen Wochen und Monate hatten gezeigt, dass für das deutsche Vorzeigeunternehmen inzwischen vielfach andere Regeln galten als bisher. SAP war hohen Gewinn- und Wachstumserwartungen ausgesetzt und vor allem stärker mit Kursschwankungen amerikanischer Hightechwerte konfrontiert als mit Trends am deutschen Aktienmarkt. Am 23. Oktober 1996 kam für die Anleger der nächste Schock, als unbedachte Äußerungen seitens des Vorstands über die Wachstumsprognosen von der Börse als Gewinnwarnung interpretiert und am nächsten Tag mit einem Kurseinbruch der Aktie um circa 30 Prozent quittiert wurden. „Ausverkauf der SAP-Aktie" und „Frankfurt unter SAP-Schock" lauteten die Überschriften der Wirtschaftspresse. Sie sorgten bei den Gründern für erhebliche Verunsicherung darüber, inwieweit der Einbruch des Kurses mit einem längerfristigen Imageverlust einhergehen könnte.

Der Börsengang an der NYSE im August 1998 und die Folgen

Als die SAP-Aktie am 3. August 1998 erstmals an der New Yorker Börse gehandelt wurde, war ein bereits mehr als drei Jahre zuvor erstmals in Angriff genommener Plan zu einem zweiten Börsengang und einer Verbreiterung der US-Aktionärsbasis erfolgreich umgesetzt worden. Die USA hatten sich längst zu einem der wichtigsten Absatzmärkte für SAP entwickelt, allerdings ohne uneingeschränkten Zugang der SAP zum dortigen Kapitalmarkt. Vor allem konnte das Unternehmen bis dahin im Wettbewerb um hochqualifizierte amerikanische Softwareentwickler kein adäquates Aktienoptionsprogramm anbieten. Außerdem bewertete die Börse dort mit SAP vergleichbare Unternehmen mit einem deutlich höheren Kurs-Gewinn-Verhältnis.

Da alle großen Konkurrenten der SAP US-ansässige Unternehmen waren, entschied der Vorstand, ein zusätzliches Listing an der

New Yorker Börse zu verfolgen. Man musste in den USA stärker Flagge zeigen und sich auch einen gewissen „amerikanischen Anstrich" geben, um den eingefleischten und von den Konkurrenten gepflegten Vorurteilen der US-Finanz- und Wirtschaftswelt gegenüber deutschen Unternehmen etwas entgegenzusetzen. Daher war eine Notierung der SAP-Aktie an der NYSE schon aus Prestige- und Imagegründen unabdingbar.

Auch wenn der erste Börsentag in den USA eher mäßig verlief und die Aktie am Tagesende leicht unter dem Ausgabepreis von 60 US-Dollar schloss, erwies sich das Listing insgesamt als großer Erfolg und dem endgültigen Durchbruch in den USA. Mit 73 Milliarden US-Dollar Börsenwert war SAP die bis dahin größte Emission in der Geschichte der NYSE. Kurz darauf wurde SAP zum umsatzstärksten deutschen Wertpapier an der Wallstreet.

Während die meisten deutschen Unternehmen in den späteren Jahren ihre amerikanische Börsennotierung wieder aufgaben, blieb SAP trotz der inzwischen massiv verschärften Regulierung der amerikanischen Kapitalmarktgesetzgebung (Sarbanes-Oxley Act) weiterhin notiert. Auch die Umstellung der Rechnungslegung entsprechend den Vorschriften des US-GAAP (Generally Accepted Accounting Principles) war dem amerikanischen Kapitalmarkt geschuldet.

Als größter und nachhaltigster Effekt des US-amerikanischen Listings stellte sich die Beobachtung der amerikanischen Finanzpresse und der einflussreichen, großen Analystenhäuser dar. Fortan musste SAP bei ihrer Investor-Relations-Arbeit den schwierigen Spagat zwischen deutscher und amerikanischer Aktienkultur schaffen. Der hohe Erfolgsdruck auf das Management wurde noch einmal deutlich erhöht, und die übergroßen Erwartungen sollten SAP schon wenige Wochen nach dem Börsengang in New York

einholen. Von dem zum Jahresende 1998 insgesamt schwachen Börsenumfeld war die Softwarebranche besonders betroffen. Zudem präsentierte SAP in den Augen der Analysten unerwartet schlechte Quartalszahlen. Dies führte dazu, dass die SAP-Aktie von ihrem damaligen Hoch von 1.300 D-Mark auf 630 D-Mark einbrach, was einer Halbierung des Kursniveaus entsprach. „Börsenliebling SAP verliert für Analysten an Glanz", lautete ein Pressekommentar.

Die Macht der (un)bedachten Worte: Hasso Plattner und die Analystenkonferenz vom März 2000

Vorstände von Kapitalgesellschaften werden fortwährend von den Märkten beobachtet. Äußerungen können auch dann massiv die Kurse bewegen, wenn sie mit bewusster Offenheit und unbefangener Ehrlichkeit in der Öffentlichkeit sprechen. So ergänzte Hasso Plattner auf einer Analystenkonferenz im März 2000 in San Francisco seine Präsentation zu SAP mit ungeschminkten Bemerkungen über die übertriebenen Kursbewegungen der Dotcom-Firmen. Plattner sagte, dass er die allgemeine Euphorie für Business-to-Business-Software für E-Commerce keineswegs teile, sondern deren Potenzial eher zurückhaltend einstufe. Die Märkte fassten dies als Zeichen der Rückwärtsgewandtheit und des technologischen Rückstandes der SAP auf und ließen am folgenden Tag den Kurs der SAP-Aktie um bis zu 20 Prozent einbrechen. „SAP-Management verunsichert Analysten" oder „Plattners Auftritt bringt Kurs ins Trudeln", lauteten die Presseschlagzeilen. Auch SAP-Aufsichtsratschef Dietmar Hopp hatte bereits vor drastischen Kurseinbrüchen im Hightechmarkt gewarnt. Es sollte auch nicht lange dauern, bis sich Plattners und Hopps kritische Worte bewahrheiteten und die renommierten Analystenhäuser wie Goldman Sachs und Lehman Brothers die SAP-Aktie mit deutlich angehobenen Kurszielen wieder auf ihre „Recommended List" setzten.

Nicht auf Sand gebaut: Am 3. August 1998 war die Wallstreet mit Beach-Volleyball und Kool and the Gang fest in SAP-Hand.

Keine turbulenten Hauptversammlungen; Dividendenpolitik, Belegschaftsaktionäre und ein kurzzeitig aktivistischer Aktionär.
Die jährlichen Hauptversammlungen von SAP erfreuten sich besonders bei Privatanlegern einer wachsenden Beliebtheit und verzeichneten immer neue Teilnehmerrekorde. Turbulente Abläufe mit Redebeiträgen kritischer Aktionäre und massiven Angriffen auf den Vorstand wie bei vielen anderen Unternehmen gab es bei SAP nicht. Das lag nicht zuletzt an der von Anfang an verfolgten Dividendenpolitik, die den Aktionären eine angemessene Beteiligung an den erzielten Ergebnissteigerungen versprach. Ausgehend von den erstmals 1989 ausgeschütteten 15 D-Mark je Aktie steigerte die SAP seitdem Jahr für Jahr ihre Ausschüttungen: aus heutiger Sicht 0,01 Cent im Jahr 1989 auf 1,85 Euro im Jahr 2020. Wurden anfangs umgerechnet 9,2 Millionen Euro ausgeschüttet, waren es 31 Jahre später 2,27 Milliarden Euro. Bezogen auf das Konzernergebnis nach Steuern betrug die Dividendensumme zunächst etwa 25 Prozent und kletterte schnell auf 30 Prozent und darüber. Ab dem Jahr 2017 legte der Vorstand fest, regelmäßig 40 Prozent oder mehr des Nettogewinns nach Steuern als Dividende auszuschütten.

Zufriedene Aktionäre fanden sich auch unter den Mitarbeitenden. Die Erfolgsbeteiligung aller SAP-Beschäftigten vom Angestellten bis zum obersten Management war von Anfang an Teil der Unternehmenskultur der Gründer. Im Laufe der Jahre wurden zahllose Aktienoptionspläne, Wandelschuldverschreibungsprogramme und anteilsbasierte Vergütungsmaßnahmen (Employee Participation Plan) aufgelegt mit der Möglichkeit zum verbilligten Bezug von Aktien bzw. Bonusaktien. Ziel war der Aufbau einer möglichst breiten Schicht von Belegschaftsaktionären.

Wie bei anderen Unternehmen gab es gelegentlich Anfechtungsklagen gegen Hauptversammlungsbeschlüsse, wie etwa 1996 durch die Schutzgemeinschaft der Kleinaktionäre (SdK). Alle blieben jedoch ohne Erfolg.

Für kurzzeitige Aufregung sorgte der Einstieg des US-Investors Paul Singer im April 2019, der mit seinem Hedgefonds Elliott nach eigenem Bekunden für 1,2 Milliarden Euro SAP-Aktien gekauft hatte. Der als aktivistisch und für seinen harschen Umgang mit den Vorstandsetagen bekannte Investor lobte allerdings das damals bereits in Gang gesetzte unternehmenspolitische Umbauprogramm bei SAP und trat in der Folgezeit nicht weiter auf.

Wachsende Beliebtheit: Nur selten hatte die stetig steigende Zahl der Anteilseigner bei den Hauptversammlungen Grund zur Klage. Ein Bild von der ersten HV im Jahre 1989.

Wechselspiel der Analysteneinschätzungen: Die Investor-Roadshow vom 16. März 2006

Seit den Börsengängen ließ sich die SAP von Analysten und institutionellen Investoren bereitwillig den Spiegel vorhalten und über das Bild sowie die Einschätzungen des Unternehmens in der Finanzöffentlichkeit informieren. Gelegentlich berichteten Analysten großer Bankhäuser auf Einladung auch im Aufsichtsrat über den externen Blick auf SAP und die Sichtweise der unternehmenspolitischen wie -strategischen Ausrichtung. Vor allem Dietmar Hopp und später Hasso Plattner suchten regelmäßig das Gespräch mit den Kapitalmarktexperten, nicht zuletzt da sie sich der großen Bedeutung positiver Researchstudien zu SAP bewusst waren. Manche Analysten begleiteten SAP in der Folge praktisch ihr ganzes Berufsleben lang. Der intensive Informationsaustausch und Kommunikationsprozess beförderte ein enges Zusammenspiel, ohne dass SAP sich jedoch der Macht der Analysten vollständig unterwarf.

Transparenz der Unternehmensentwicklung gehörte zu einem der Grundprinzipien der Walldorfer Firmenlenker, auch wenn im Laufe der Jahre vieles nicht mehr durch Eigeninitiative, sondern durch rigide Vorschriften der immer dichteren Kapitalmarktgesetzgebung in Deutschland, Europa und in den USA bestimmt wurde.

Dieses Wechselverhältnis zwischen Unternehmen und Analysten wurde einige Male auf die Probe gestellt. Ein Beispiel: SAP hatte völlig überraschend im Januar 1999 eine Gewinnwarnung herausgegeben. Im Sommer warnten vor allem in den USA mehrfach Stimmen vor der SAP-Aktie wegen eines zu hohen Preises und wiesen auf eine potenzielle Wachstumsschwäche des Unternehmens hin („R/3 hat seine goldenen Zeiten hinter sich"). Bei den Ergebnisschätzungen für das 3. Quartal waren sich die großen Analystenhäuser ziemlich uneinig. Mit einer gezielten Informationskampagne und zahllosen Investorengesprächen gelang es dem SAP-Vorstand jedoch, das Meinungsbild zu drehen. Anstatt die Aktie herabzustufen, nahmen die Analysten unter anderem die Gründung von „SAP Markets" und die damit signalisierte Transformation zu einem Internetunternehmen positiv auf. Ein Analyst kommentierte: „Angeschlagen, aber nicht verwirrt. Ein enttäuschendes 3. Quartal, aber eine neue Strategie."

Spätestens im Frühjahr 2002, als sich die Turbulenzen der vorangegangenen Weltwirtschaftskrise gelegt hatten, war es SAP gelungen, Investoren und Analysten von einer neuen Wachstumsstory zu überzeugen. Anfang Januar 2002 hatte SAP Zahlen kommuniziert, die deutlich machten, dass das Unternehmen das Krisenjahr mit durchweg positiven Aussichten auf weiteres Wachstum überraschend gut überstanden hatte. „Investoren haben Vertrauen in die SAP-Strategie", überschrieb das Wall Street Journal seinen Bericht. Die interne Investor-Relations-Abteilung konstatierte in ihrer Zusammenstellung der Reaktionen, die Wahrnehmung der SAP unter den Analysten könne kaum positiver sein.

Spätestens im Herbst 2004 wurde die Lage schwieriger. Die Analysten bescheinigten SAP nach wie vor eine starke Equity-Story, aber erachteten das Papier inzwischen als zu teuer. Vor allem schürten die Analysten kaum noch zu erfüllende Erwartungen und Annahmen bei Wachstum und Marge. Der Vorstand beriet intensiv darüber, wie die hohen Erwartungen gezielt zu dämpfen seien. Im Februar 2005 hatte er mit den bekanntgegebenen Zahlen für das Gesamtvorjahr die allgemeinen Prognosen zwar noch genau getroffen, aber der Kapitalmarkt honorierte ihre guten Zahlen nicht. Die SAP-Aktie reagierte mit einem Kurseinbruch von 6 Prozent.

Viele deutsche Analysten hielten jedoch anders als ihre amerikanischen Kollegen SAP die Treue. Ein Researchreport der HypoVereinsbank vom Oktober 2004 stufte das bei knapp 133 Euro stehende Papier weiterhin als „Outperform" mit einem Kursziel von 160 Euro ein. In den USA dagegen begannen die Investmenthäuser mit deutlichen Herabstufungen von Overweight (Kursziel: 225 Euro) auf Underweight (Kursziel: 120 Euro). Ende Februar/Anfang März 2006 sah sich der SAP-Vorstand schließlich zu einer globalen Investoren-Roadshow veranlasst: Jeweils zwei Teams besuchten in den USA, in Europa und in der Region Asien-Pazifik in insgesamt 14 Städte (neun allein in den USA). Die Teams trafen annähernd 100 institutionelle Investoren, darunter vor allem auch die 20 weltweit größten SAP-Anteilseigner, um mit ihnen die Wettbewerbslage, die neue Produktoffensive sowie die künftigen strategischen Maßnahmen zu diskutieren.

Der Erfolg dieser konzentrierten Anstrengung blieb zunächst nicht aus. Das Urteil eines US-Investors lautete: „Wir glauben, dass die BPP (Business Process Platform) das nächste große Ding für SAP sein wird. Die BPP könnte 2007/2008 vergleichbar sein zu R/3 in den Jahren 1993/1994. Nach unserem Meeting am Freitag hat SAP einen neuen Aktionär, da wir begonnen haben, Aktien zu erwerben." Im Verlauf des Jahres 2006 und bis Anfang 2007 lag der Kurs der SAP-Aktie jedoch wieder deutlich unter der DAX-Entwicklung. In den folgenden Wochen und Monaten zeigte die Kursentwicklung erneut hohe Schwankungen, die für die SAP-Aktionäre ein Wechselbad der Gefühle mit sich brachten. Am Ende stand eine aus mehreren Gründen deutliche und fundamentale Neubewertung der Aktie: Zuerst zweifelte der Markt, ob sich der Erfolg bei der Erschließung neuer Geschäftsfelder durch die On-Demand-Lösung SAP Business ByDesign einstellen würde. Die damit einhergehende grundlegende Veränderung des Geschäftsmodells und die hohen Investitionen in die Weiterentwicklung dieses Produkts verunsicherten die Anleger zusätzlich. Darüber hinaus wurde der sich abschwächende und zunehmend volatil werdende Lizenzabsatz kritisch gesehen, und mit dem als zu teuer bewerteten Zukauf von Business Objects hatte SAP mit der bisherigen Tradition des internen, organischen Wachstums gebrochen. Zwischen September und Dezember 2007 verlor die Aktie damit fast 30 Prozent ihres Wertes. Erst ab etwa 2012 fand eine erneute sukzessive und deutlich positivere Neubewertung statt.

Überraschungen bei Quartalszahlen. Das Ritual der Bekanntgaben von Umsatz und Marge sowie die Herausforderungen des Erwartungsmanagements.

Im Vorfeld der Bekanntgabe der Quartalszahlen und erst recht danach zeigte die SAP-Aktie schon immer besonders ausgeprägte Kursbewegungen. Abhängig von getroffenen oder verfehlten Erwartungen und Prognosen, schoss die Aktie nach oben oder in die entgegengesetzte Richtung. Zum Beispiel gab das Unternehmen im Oktober 1995 eine Gewinnsteigerung um nahezu 50 Prozent bekannt, der Aktienkurs fiel aber dennoch um fast 10 Prozent. Die bis dahin hohen Kursgewinne der Vorzugsaktie um 150 Prozent allein im noch laufenden Jahr hatten ungezügelte Erwartungen geweckt, die nun enttäuscht wurden.

Extreme Kursbewegungen wie diese riefen mitunter auch die Behörden auf den Plan, die in solchen Fällen dem Verdacht von Insiderhandel nachgehen müssen. SAP sah sich Ende der 1990er-Jahre gleich zwei Mal mit Ermittlungen der Börsenüberwachung konfrontiert, die aber letztlich kein Fehlverhalten nachweisen konnte.

Manchmal trafen auch Bekanntgabe der Quartalszahlen- und externe Konjunktur- und Wirtschaftsentwicklungen wenig glücklich aufeinander, wie im Juli 2008, als der Vorstand im 2. Quartal noch die Umsatz- und Margenziele deutlich angehoben hatte. Wenig später musste er im 3. Quartal infolge der ausgebrochenen Wirtschaftskrise und der damit verbundenen Einbrüche beim Auftragseingang die Ziele deutlich nach unten revidieren, was einen regelrechten Kurssturz der Aktie nach sich zog. Alle daraufhin erstellten internen Szenarien über die künftigen Lizenzumsätze waren Makulatur, und selbst das schlimmste damalig angenommene Szenario wurde von der Realität noch übertroffen. In der Folgezeit verlangte die Aktie Investoren wie Aktionären ein erhebliches Maß an Geduld ab, denn auch in den Jahren 2008 und 2009 hinkte der Kurs der durchschnittlichen DAX-Entwicklung deutlich hinterher.

Erst seit 2012 änderte sich langsam das Bild, aber auch dann gab es nach wie vor ein Auf und Ab der Aktienkurse. Diese reagierten nicht nur auf die Quartalszahlen, sondern verstärkt auch auf Großakquisitionen und personelle Änderungen im Vorstand. Am 18. Juli 2013 hatte der Vorstand die Bekanntgabe der Zahlen für das 2. Quartal mit einem deutlich reduzierten Umsatzausblick aufgrund des Umstiegs in die Cloud verbunden, was – allerdings mit Verzögerung – im September die SAP-Aktie um ca. 16 Prozent auf das Jahrestief von 53 Euro sinken ließ.

Am 21. Januar 2014 und im Oktober 2014 wiederholte sich das Spiel: Bei der Präsentation der Zahlen für das abgelaufene Geschäftsjahr 2013 beziehungsweise das 3. Quartal 2014 verkündete der Vorstand ein deutlich schwächeres als das erwartete Betriebsergebnis. Grund sei das schnell wachsende, aber im Vergleich zum Lizenzgeschäft margenschwächere Cloudgeschäft. In der Folge

verlor die SAP-Aktie jeweils fast 20 Prozent und fiel im Herbst 2014 auf ein Jahrestief von 50 Euro. Nicht alle teilten die Einschätzung der meisten Analysten. Einige Stimmen prangerten diese negative Kursreaktion als übertrieben und die Gründe dafür als Missdeutung und Fehlinterpretation des Marktes an. Mit Verweis auf das langfristig stabile Ergebnis- und Wachstumsprofil des neuen Geschäftsmodells empfahlen sie die SAP-Aktie mit einem deutlich nach oben revidierten Kursziel von 70 Euro zum Kauf. Ihre Begründung war, dass die fortwährende Transformation der SAP im Vergleich zu ihren US-Konkurrenten mit einer höheren betrieblichen Stabilität einhergehe.

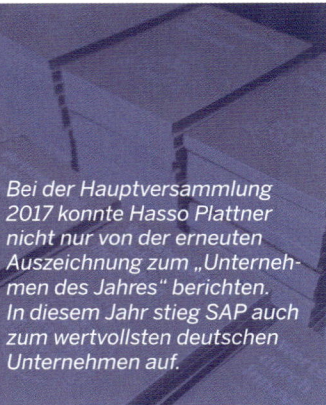

Bei der Hauptversammlung 2017 konnte Hasso Plattner nicht nur von der erneuten Auszeichnung zum „Unternehmen des Jahres" berichten. In diesem Jahr stieg SAP auch zum wertvollsten deutschen Unternehmen auf.

Die hohe Volatilität im Aktienkurs und die anhaltende Unsicherheit der Investoren und Analysten über die Folgen und Bewertung der Umstellung des Produktangebots von SAP auf die Cloud prägte auch in der Folgezeit das Bild: Mitte Januar 2016 hatte der Vorstandsvorsitzende Bill McDermott noch mit der Bekanntgabe eines Rekordgewinns die Börsenwelt begeistert und die Erwartungen nach oben geschraubt. „SAP-Aktie springt um mehr als drei Prozent. SAP-Chef lässt die Zweifler verstummen", lautete eine der Überschriften in der Wirtschaftspresse. Schon wenige Monate später reagierten die Anleger wegen eines schwächer als erwartet ausgefallenen 1. Quartals verstimmt und schickten den Kurs der SAP-Aktie in den Keller.

Ungeachtet dessen schürte der Vorstand damals weitere Wachstumserwartungen. Im Jahr 2018 und zu Beginn des Jahres 2019 wurden dreimal alle Prognosen übertroffen und die Ergebniserwartungen angehoben. Die Kursziele der Analysten für die SAP-Aktie betrugen inzwischen 112 Euro und darüber. Umso mehr stürzte das Papier jedoch nach Bekanntgabe der Zahlen für das 2. Quartal im Juli 2019 um über 10 Prozent ab, obwohl SAP die Konsensschätzungen nur marginal verfehlt hatte. „SAP-Chef Bill McDermott muss nun unter Beweis stellen, dass sich die milliardenschweren Zukäufe der vergangenen Jahre auszahlen und das Cloudgeschäft die versprochenen Gewinne auch liefern kann", waren die Kommentare in der Wirtschaftspresse. Die meisten Analysten empfahlen die SAP-Aktie in den Reports dennoch zum Kauf.

4. Die gegenwärtige und zukünftige Investmentstory der SAP-Aktie: Ein kurzer Ausblick

Die jüngste, in die Gegenwart reichende Phase in der Geschichte der SAP-Aktie ist ebenfalls von ambivalenten Entwicklungen geprägt: Es gab Gewinnwarnungen, Kurseinbrüche, weitere Veränderungen im Geschäftsmodell, kritische Analystenmeinungen, aber auch hochfliegende Börsenfantasien. Vor allem stellten die Coronapandemie und die dadurch ausgelösten weltwirtschaftlichen und konjunkturellen Verwerfungen eine massive externe Disruption dar, die auch die SAP traf. Der SAP-Aktienkurs brach zwischen Januar 2020 und Dezember 2021 mindestens dreimal massiv ein: Zuerst im März 2020, als der Ausbruch der Coronakrise weltweit die Märkte nach unten zog. Die Aktie fiel binnen eines Monats um über 30 Prozent auf ein Jahrestief von 87,60 Euro. Sie erholte sich aber bald wieder, da der Markt SAP eher als einen Profiteur der Krise ansah.

Die größte Tageskorrektur des Aktienkurses seit 20 Jahren fand im Oktober 2020 statt. Zu diesem Zeitpunkt kündigte der Vorstand mit der Bekanntgabe der Zahlen zum 3. Quartal aufgrund der stark gestiegenen Nachfrage nach Cloudlösungen eine beschleunigte Transformationsgeschwindigkeit und verstärkte Investitionen an. Der damit einhergehende verhaltene Ausblick auf die Jahre 2021 und 2022 ließ den Kurs um 20 Prozent einbrechen. Die Wirtschaftspresse titelte: „Umstieg in die Cloud kostet Gewinne. Minus 30 Milliarden Euro: SAP-Chef Klein schockt die Anleger." Die Kritik der Deutschen Schutzvereinigung für Wertpapierbesitz (DSW) lautete: „2020 markierte mit der größten Kurskorrektur seit zwei Jahrzehnten einen Tiefpunkt für die SAP-Aktionäre."
Und schließlich kam es im November/Dezember 2021 zu einem erneuten Rücksetzer, als die Entdeckung der hochansteckenden Coronavariante Omikron die Kapitalmärkte verunsicherte. Aufgrund dieser, nicht immer von SAP zu verantwortenden Entwicklungen, mussten die Aktionäre zumindest im Jahr 2020 mit minus 12,11 Prozent eine enttäuschende Kursperformance hinnehmen. Im darauffolgenden Jahr war aber eine deutliche Erholung zu verzeichnen und die Aktie schloss mit 16,5 Prozent im Plus.

Wie schon 20 Jahre zuvor mehrten sich zudem kritische Presseberichte. Sie stellten fest, SAP habe den Trend zur Datenspeicherung via Internet und das Cloud Computing verschlafen und verliere gegenüber den zahlreichen neuen Wettbewerbern und Cloud-Start-up-Firmen den Anschluss. „SAP, als bald fünfzigjähriges Unternehmen in der IT-Industrie ein Dinosaurier, will noch als Wachstumsunternehmen bewertet werden", lautete das Urteil. Wie damals zeigte SAP jedoch mit sehr positiven Geschäftszahlen über mehrere Quartale, dass die Fähigkeit des Unternehmens, sich den dynamischen Veränderungen des Marktes und der Technologien anzupassen, oft unterschätzt wurde.

Die Meinung der Analysten ist unter dem Strich daher langfristig positiv. Die überwiegende Mehrheit der Analysten empfiehlt die Aktie im Mai 2022 mit einem Kursziel von rund 130 Euro zum Kauf. Die im Laufe des Jahres 2021 präsentierten Quartalszahlen stützten das positive Bild, das nicht zuletzt im April 2021 durch den prestige- wie erlösträchtigen Gewinn eines neuen Großkunden bestärkt wurde: Google setzt künftig auf die Buchhaltungssoftware aus Walldorf. SAP stach damit Oracle aus, die bisher Googles Finanzsoftware lieferten. Der Blick auf die Marktkapitalisierung zeigte, dass SAP – obwohl inzwischen rund 120 Milliarden Euro wert – im Vergleich zu ihren Konkurrenten günstig eingeschätzt wird.

> **Der Kapitalmarkt ist nicht homogen und wir erleben derzeit einen großen Dualismus. Wir haben einerseits eine steigende Anzahl institutioneller Investoren, die ihre Strategie und Investmentpolitik verstärkt auf ESG-Kriterien (Environmental, Social, Governance) ausrichtet. Auf der anderen Seite gibt es die Gruppe der kurzfristig orientierten Hedgefonds und Private-Equity-Investoren, die ganz andere Ziele verfolgen. Hier auszutarieren und den eigenen Weg zu finden und die Equity-Story auch konsistent zu vertreten, ist keine einfache, aber eine sehr wichtige Aufgabe."**

Luka Mucic

Ungeachtet aller Herausforderungen und Turbulenzen der jüngsten Zeit kristallisiert sich längst eine neue „Equity Story" hinter der SAP-Aktie heraus. Mit der umfassenden und beschleunigten Transformation zum Cloudunternehmen und vor dem Hintergrund der weltweit steigenden Investitionen in die Digitalisierung von Wirtschaft, Unternehmen und Gesellschaft werde SAP in eine neue Wachstumsphase eintreten, so das Versprechen. Die Basis dafür bilden die führende Marktposition und eine klare Vision: „Vom intelligenten Unternehmen zum Netzwerk intelligenter Unternehmen hin zu einer nachhaltigen Welt." Längst ist das reine Shareholder-Value-Mantra durch den umfassenderen Stakeholder-Value-Ansatz ersetzt worden. Dabei werden nicht nur die Interessen der Anteilseigner vom Unternehmen berücksichtigt, sondern die aller Anspruchsgruppen. Das sind beispielsweise Arbeitnehmer, Kunden, Lieferanten, der Staat und die breite Gesellschaft und Umwelt.

SAP sieht sich als Gestalter und Profiteur der Digitalisierung der globalen Wirtschaft, mit einer großen und loyalen Kundenbasis und breiter Diversifikation beim Produkt- und Leistungsangebot. Die unangefochtene Marktführerschaft im Bereich der Unternehmenssoftware spiegelt die globale Relevanz und auch 33 Jahre nach ihrem Börsengang repräsentiert SAP in der deutschen Unternehmenslandschaft eine bemerkenswerte „Equity Story". ∎

Druckluft
im Abo

Der deutsche Kompressorenhersteller und Druck-
luftsystemanbieter Kaeser Kompressoren SE erkannte
frühzeitig, dass viele Kunden nicht ausschließlich am
Erwerb von Maschinen interessiert sind, sondern mehr
und mehr „nur" an einer effizienten Druckluftversorgung. Deshalb entstand „Druckluft as a Service"
(DaaS) – ein spannendes Beispiel, wie Digitalisierung
Märkte verändert und neue erschafft.

Von Christoph Lixenfeld

Netflix, Spotify, Hello Fresh, Volvos Auto-Abo: Die „Subscription Economy" ist Teil unseres Lebens. Wir bezahlen, um einen Service zu nutzen, nicht um Dinge zu besitzen. Auch bei Unternehmenssoftware hat sich das Abonnement längst durchgesetzt. Microsoft oder Adobe sind dabei – und natürlich SAP, die spätestens seit der Einführung von SAP S/4HANA im Jahre 2015 konsequent auf webbasierte Services setzt.

Allerdings eignen sich Abo-Modelle längst nicht nur für Produkte und Leistungen, die durch die Leitung passen. Auch Anbieter von Komplettlösungen, die Geräte, Software, Services – und die für den Betrieb benötigten Daten – enthalten, setzen auf solche Geschäftsmodelle. Einer von ihnen ist der Coburger Druckluftspezialist Kaeser Kompressoren. Das Unternehmen – 1919 gegründet – ist noch immer zu 100 Prozent in Familienhand, Vorstandsvorsitzender ist Thomas Kaeser, Enkel des Firmengründers Carl Kaeser senior. Mit Druckluft befasst sich Kaeser seit 1948, stellte zunächst Kolben- und seit Mitte der 1970er-Jahre Schraubenkompressoren her – Technologien, die bis heute Herzstück der Kaeser-Produktpalette sind.

Als Energiequelle kommt Druckluft in nahezu allen Industriebranchen zum Einsatz – sichtbar für uns alle vor allem auf Baustellen. Neben Strom gehört Druckluft zu den wichtigsten industriellen Energieformen. Druckluft treibt Werkzeuge und Systeme an, steuert in der Automatisierung und bewegt industrielle Anlagen. Kaeser Kompressoren liefert die dafür notwendigen Maschinen, Anlagen und Steuerungen. Wobei das Unternehmen frühzeitig erkannte, dass seine Kunden im Grunde weniger an Maschinen interessiert sind, sondern an einer effizienten und sicheren Druckluftversorgung.

Variable statt fixe Kosten

Deshalb schuf Kaeser „Druckluft as a Service" (DaaS) – wie das Unternehmen diesen Produktbereich nennt. Grundsätzlich sind solche Abo-Modelle dann besonders erfolgreich, wenn beide Seiten davon gleichermaßen profitieren, was bei diesem Modell eindeutig der Fall ist. Beim Kunden entstehen statt fixer Kosten variable; liquide Mittel können also in andere Bereiche wie Forschung und Entwicklung oder Digitalisierung fließen. Dem

Hersteller wiederum bringt eine verkaufte Druckluftanlage nur einmal Umsatz, das Abo dagegen erzeugt verbrauchsorientiert einen kontinuierlichen Umsatz und intensiviert die gegenseitige Bindung und Partnerschaft. Ein solcher Service erfordert, dass der Anbieter online mit der Anlage des Kunden verbunden ist und bleibt, wodurch ihm permanent wertvolle Verbrauchs- und sonstige Nutzerdaten zufließen. Diese Daten lassen sich nicht nur für die Optimierung des Service nutzen, sondern ermöglichen auch das Auffinden von hybriden Leistungsbündeln wie die Steigerung der Effizienz oder das Erkennen von zusätzlichen Druckluftbedarfen.

All-inclusive-Paket für den Kunden

Im Falle von Druckluft as a Service (DaaS) stellt Kaeser Kompressoren Equipment in den Räumen des Kunden auf und betreibt es sicher und dauerhaft über den gesamten Produktlebenszyklus hinweg. Bezahlt wird inklusiv Wartung und Service genau für die Menge an Druckluft, die der Kunde tatsächlich verbraucht. Interessant ist das vor allem für Unternehmen, deren Geschäft immer wieder branchenspezifischen Konjunkturschwankungen ausgesetzt ist. Während der Krise 2009 zum Beispiel zeigten sich viele Kunden aus der Automobilzulieferung gegenüber Kaeser sehr zufrieden mit dem gewählten (Abo-)Modell, weil sie damit ihre Druckluftkosten aufgrund ihres geringeren Verbrauches in umsatzschwachen Zeiten deutlich senken konnten. Abgesehen

davon sorgt das All-inclusive-Paket für maximalen Nutzerkomfort und minimale Downtime der Anlage. Der Kunde bekommt Druckluft mit genau der Qualität und Menge, die er benötigt, und muss sich ansonsten um nichts kümmern.

Solange es sich um Kaeser-Produkte handelt, können auch bereits vorhandene Kompressoren in den Vertrag eingebunden werden. Allerdings weist das Unternehmen darauf hin, dass bei Verwendung einiger älterer Kompressoren das Modell Druckluft as a Service weniger Vorteile bietet. Weil zwar die Kapitalkosten niedriger sind als beim Einsatz neuer Kompressoren, dafür aber die Vorteile von effizienteren neuen Modellen nicht ausreichend genutzt werden, um Strom- und Servicekosten weiter zu reduzieren.

Der Aufwand, um das Abo-Modell zu etablieren, war erheblich. Neben beachtlichen IT-Investitionen an Hard- und Software musste das Servicenetz noch enger geknüpft werden, um flächendeckend schnelle Service-Verfügbarkeit bieten zu können.

Notwendig ist auch, Planung und Errichtung jeder Druckluftstation voll zu digitalisieren, weil sich nur so die Vorteile eines permanenten Monitorings nutzen lassen. Konkret bindet Kaeser die Kompressoren seiner Kunden an die Industrie-4.0-Lösungen SAP Asset Intelligence Network und SAP Predictive Maintenance and Service an. Darunter liegt – sozusagen als technische Basis – SAP S/4HANA, das es dem

Druckluftspezialisten erlaubt, alle beteiligten Prozesse und Daten systemübergreifend zu integrieren und Informationen nicht nur mit Kunden, sondern auch mit Zulieferern und Serviceteams über die Cloud auszutauschen. So wird ein schneller, effizienter Service möglich. Das System sorgt für einen perfekt orchestrierten Datenzugriff, mit dem Kaeser jede einzelne Maschine vorausschauend überwachen und bei Bedarf Servicetechnikern über die SAP Cloud Wartungsaufträge auf mobile Endgeräte senden kann.

Das Risiko des Datenmissbrauchs ist dabei relativ gering, weil sämtliche Informationen nur in eine Richtung fließen, also von der Maschinensteuerung zum Server – und nicht entgegengesetzt. Ein Eingriff von außen ist konstruktiv nicht vorgesehen – und damit auch nicht möglich. „Die Daten des Kunden, die von uns gesammelt werden, sind erstens keine personenbezogenen Daten und zweitens in dem unwahrscheinlichen Fall, dass doch jemand die Daten abfangen sollte, für den Hacker vollkommen wertlos. Weil sie ohne den digitalen Zwilling, über den nur wir verfügen, nicht interpretierbar sind", wie der Vorstandsvorsitzende Thomas Kaeser einmal in einem Interview mit dem „Industrieanzeiger" erläuterte.

Industrieunternehmen bedienen sich immer häufiger eines solchen digitalen Zwillings, um ihre Prozesse zu optimieren, Qualität zu steigern und die Kundenbindung zu erhöhen – auch dafür ist Kaesers Druckluft as a Service ein gutes Beispiel. „Digital Twins"

sind digitale Abbilder eines Objekts – etwa einer Maschine oder eines Prozesses – aus der realen Welt, mit dem sie permanent Daten austauschen. Dabei wird durch die Analyse eines breiten, durch Sensoren erzeugten Datenstroms nicht nur die Performance einer Maschine kontrolliert und in Echtzeit nachjustiert, sondern es lassen sich mithilfe von Prognosemodellen auch Programme zur vorausschauenden Wartung entwickeln, um so Ausfallzeiten zu vermeiden.

Maschinenbauer und andere Ausrüster motivieren ihre Kunden regelmäßig dazu, IT-Systeme auf der einen und physikalische Prozesse und Geräte auf der anderen Seite stärker miteinander zu vernetzen. Genau diese Vernetzung kann das Konzept des digitalen Zwillings leisten.

Kaesers Modell Druckluft as a Service (DaaS) ist geradezu ein Musterbeispiel für die perfekte Umsetzung des Industrie-4.0-Gedankens: Es vernetzt Maschinen, IT-Lösungen und Menschen über das Internet der Dinge, sorgt mithilfe von Daten für eine noch vor wenigen Jahren unvorstellbare Transparenz von Prozessen und erschafft damit zugleich ein virtuelles Abbild der realen Welt.

Außerdem gibt es dem Menschen äußerst leistungsfähige Assistenzsysteme an die Hand, die ihn unterstützen, schnell und kompetent richtige Entscheidungen zu treffen. ∎

Heiler, Pfleger, Wertschöpfer

Das Service-und Supportspektrum der SAP begleitet ein ganzes Kundenleben. Sein Markenkern: ein ergebnisorientiertes Angebot, proaktive Unterstützung sowie individuelle Nutzung.

Von Stephan Magura

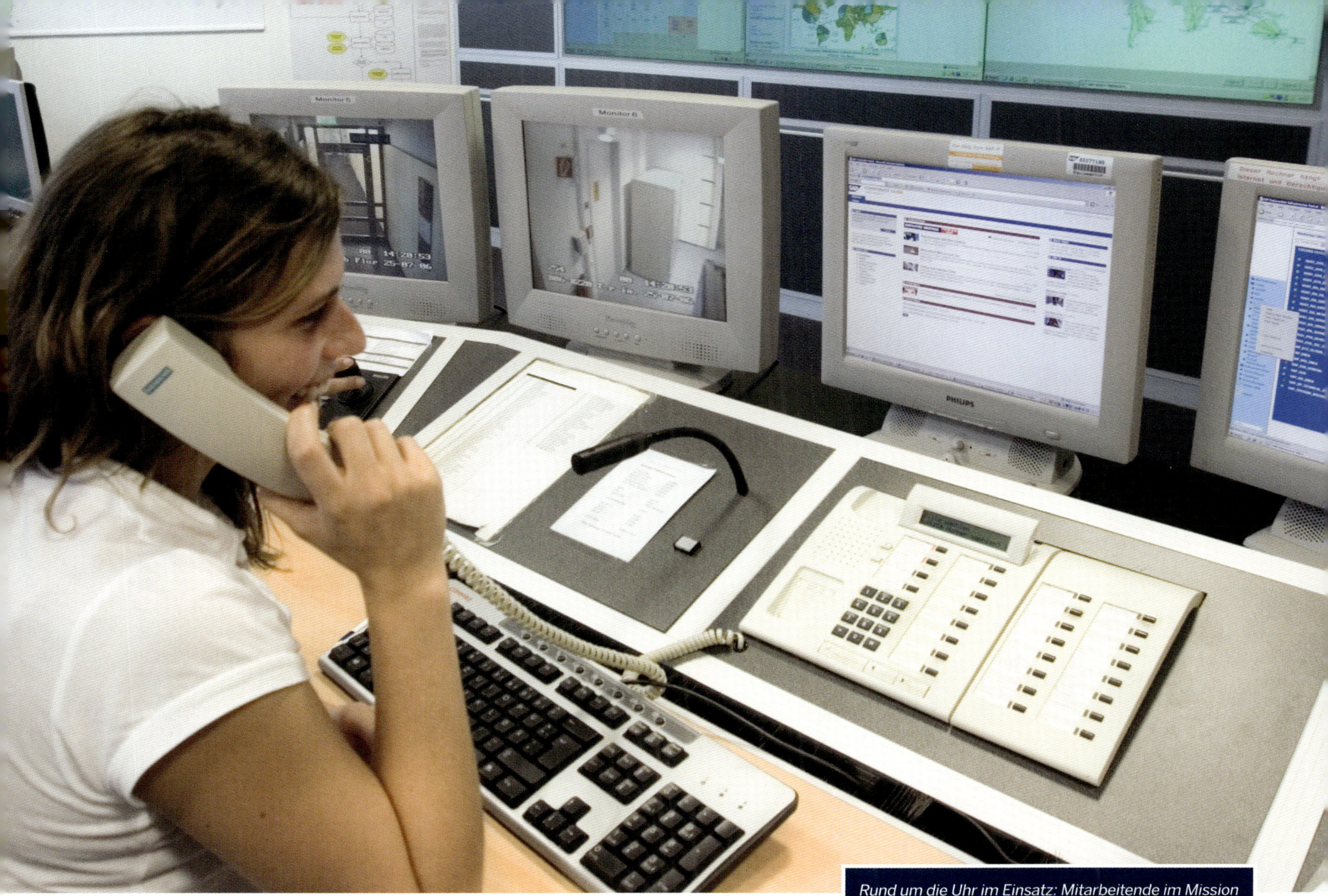

Rund um die Uhr im Einsatz: Mitarbeitende im Mission Control Center in St. Leon-Rot im Jahre 2006.

„Wir möchten, dass die Anwender die Lösung vor dem Problem bekommen." Welcher Softwarenutzer würde diesem frommen Wunsch nicht zustimmen wollen? Wobei: So seltsam, wie sie klingt, ist diese Aussage schon lange nicht mehr.

Das Zitat stammt noch aus der Mainframe-Ära. Es kommt von Kin-Wai Chow. Mitte der 1990er-Jahre kündigte der damalige Leiter der neuen Gruppe „R/2-Präventiv-Service" in der Zeitschrift „SAP INFO" an, Kunden des Großrechnersystems SAP R/2 monatlich mit „Hot News" zu versorgen. Dabei handelte es sich um Informationen zu bekannt gewordenen Problemen, die potenziell viele Nutzerinnen und Nutzer hätten betreffen können. Um die Korrekturen einzuspielen, wurden die „brandheißen Nachrichten" zusammen mit einem PC-Tool per Diskette an die cirka 1.000 R/2-Kunden verschickt. Parallel dazu informierte die SAP ihre Anwenderinnen und Anwender via R/2-OSS (Online Software Service). Über den Vorläufer des heutigen SAP Support Portal wurden Hinweise zum Verhalten des Programms SAP R/2 gesammelt und dort eingestellt.

Aus heutiger Sicht gleicht der Vorgang einem Griff in die EDV-Mottenkiste. Doch er macht eines deutlich: Die SAP hatte die Idee eines Service inklusive Supports, der über die reaktive Bearbeitung von Fehlermeldungen („Tickets") – was damals üblich war – hinausgeht, schon sehr früh im Blick gehabt.

Vertrauen als Schlüssel für langfristigen Erfolg: Gerhard Oswald baute den Service & Support bei SAP mit viel Weitblick auf.

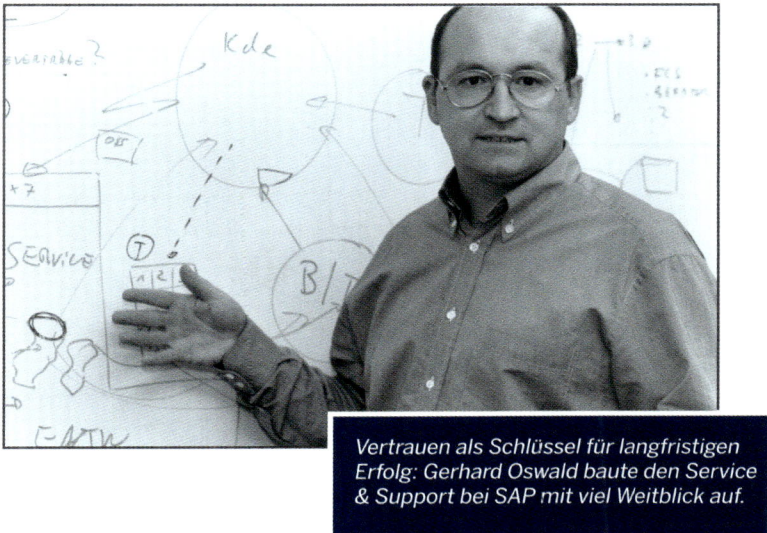

Umgesetzt und veredelt wurde die Vision mit dem Client-Server-System SAP R/3. „Als 1987 mit der Entwicklung von R/3 begonnen wurde, haben wir uns überlegt, wie der Service im Jahr 2000 aussehen müsste", sagt Ex-SAP-Vorstandsmitglied Gerhard Oswald, ehemals zuständig für die Organisation Service & Support (siehe Interview). Die Grundsätze des Projekts „Service 2000" basierten auf der angenommenen Zielmarke von 10.000 produktiven R/3-Kunden im Jahr 2000. Eine Maßnahme der SAP: Sie holte Partner an Bord, die das System einführten, den Betrieb unterstützten und im Mittelstand als Reseller auftraten. Auf diese Weise ließen sich Skaleneffekte erzielen. Außerdem steckte sie viele Ressourcen in die Gestaltung von Supportbausteinen und zusätzlichen Services, die Kunden helfen sollten, SAP R/3 einfacher zu implementieren und erfolgreich zu betreiben.

„Service und Support sind Teil der Wertschöpfungskette": Andreas Heckmann, Leiter von Customer Solution Support and Innovation bei SAP.

SAP Early Watch Alert, SAP Going Live Check, Continuous Quality Checks, Computer Center Management System (CCMS) etc. – viele dieser frühen technischen Check- und Monitoring-Services, die zu SAP-Klassikern wurden, sind eng mit dem Namen des ehemaligen SAP-Topmanagers Uwe Hommel und seiner Abteilung Active Global Support (AGS) verbunden. „Uwe hat dem SAP Service & Support seinen Stempel aufgedrückt", meint Andreas Heckmann. Der Leiter von Customer Solution Support and Innovation bei SAP hat viele Jahre mit Hommel zusammengearbeitet. Gerhard Oswald habe Hommel den Freiraum und die Mittel gegeben, damit dieser seine Vorstellungen von einem präventiven Service mit seinen Leuten in die Tat umsetzen konnte, so Heckmann.

Die Werkzeuge sollten dafür sorgen, die Leistungsfähigkeit der SAP-Kundensysteme in den Phasen Installation, Implementie-

rung, Go-live und Produktivbetrieb sicherzustellen. Potenzielle Gefahren erkennen, mögliche Folgen im Vorfeld eliminieren, die Systeme pflegen und kontinuierlich verbessern sowie Vorsorgemaßnahmen zur „Systemgesundheit" treffen– so lautete der Auftrag.

Solution Management ermöglicht Kontrolle

Geprüft und überwacht wurden nicht nur Systemkonfiguration, Anwendungsserver und die Systembelastung; man schaute sich ebenfalls die Datenbanken, die Applikationen (sind sie richtig aufgesetzt? Genügen sie den Volumenansprüchen?), die Schnittstellen und sogar angedockte Drittanwendungen näher an. „Wir haben in die Systeme des Kunden geschaut und konnten ihm fundierte Empfehlungen geben: wie er Software einführen soll, wie er seine Prozesse, wie er seine Informationstechnik gestalten soll", sagt der langjährige SAP-Supportmanager Marc Thier. Insofern habe SAP Verantwortung für die Gesamtlösung der Kunden übernommen – obwohl sie vertraglich nur für die SAP-Produkte zuständig gewesen sei, meinen Heckmann und Thier übereinstimmend.

Das war keine triviale Aufgabe, da die IT-Landschaften der Kunden immer heterogener wurden. Mehr Funktionalität, neue Technologien, offene Standards, aber auch alte proprietäre Programme, zahlreiche Schnittstellen zu kundeneigenen Anwendungen sowie Third-Party-Lösungen: All das führte zu mehr Komplexität. Vor diesem Hintergrund lancierte die SAP ihr Konzept eines ganzheitlichen Solution Managements unter der Verantwortung von Thier. Es sah vor, die Geschäftsziele der Kunden mit der Informationstechnik in Einklang zu bringen. Herzstück war – und ist – der SAP Solution Manager: eine zentrale Instanz zur Einführung und zum Betrieb von SAP-Lösungen. Bei den Kunden installiert, erhalten sie die Kontrolle über Projekte, Systeme und Verfahren. Marc Thier: „Wir haben Konzerne, die die Einführung neuer, mächtiger SAP-Lösungen fast ausschließlich über den SAP Solution Manager steuern – er ist das Cockpit für SAP-Piloten."

Hat den SAP Service & Support mitgeprägt: Uwe Hommel.

„Die Lösung zum Leben erwecken und den Mehrwert realisieren"

Ein Beitrag von Mike Crowe, Chief Information Officer, Colgate Palmolive Company

SAP Services sind seit jeher von entscheidender Bedeutung für den Erfolg, den Colgate und SAP während der fast 30-jährigen Partnerschaft gemeinsam erzielt haben. In absehbarer Zukunft wird das so bleiben. Ein Grundstein unseres Erfolgs mit SAP ist unsere enge Beziehung zur SAP-Entwicklungsorganisation. SAP Services bieten eine Reihe von Elementen, die uns die Zusammenarbeit mit dem Entwicklungsteam erleichtern.

Da wäre zunächst der erfahrene SAP Architect, der uns tagtäglich begleitet. Wir nutzen eine breite Palette von SAP-Software und -Services, sowohl in der Cloud als auch On-Premise. Der Architect unterstützt uns mit Fachwissen und ist gleichzeitig unsere Anlaufstelle für Entwicklungsfragen. Durch seinen Input können wir die Software optimal anpassen, sodass alle Funktionen der Software jederzeit gut ineinander greifen.

Ein weiterer Grundstein ist die SAP-Beratung, auf die wir uns verlassen können, und die uns dabei unterstützt, unserer Organisation neue Funktionen hinzuzufügen. Wir sind oft führend bei SAP-Softwareimplementierungen. In diesen Fällen liegt das Fachwissen bei SAP – bei den Mitarbeitenden der Beratung, die für die neue Technologie geschult wurden, und bei den Entwicklungsfachleuten, mit denen wir zusammenarbeiten.

Letztendlich stellen die SAP Services eine von drei Säulen dar, auf denen wir gemeinsam Innovationen entwickeln. Im Rahmen der fortlaufenden Zusammenarbeit mit SAP bringen wir das Fach- und IT-Know-how ein, wobei das SAP-Entwicklungsteam dieses Wissen bei der Softwareentwicklung umsetzt. Und die SAP-Berater helfen uns, die Lösung zum Leben zu erwecken und den Mehrwert zu realisieren.

Gemeinsam Innovationen entwickeln: Mike Crowe.

Grundlage jeder erfolgreichen Software-Implementierung – ob mit oder ohne SAP Solution Manager – sind funktionierende Geschäftsprozesse. Die Consultants der SAP haben in der Vergangenheit oft genug an der Renovierung dieser Prozesse (Business Reengineering) und der anschließenden Einführung von unterstützender Software mitgewirkt. Je nach Aufgabenstellung halfen die Managementberater bei Situationsanalyse, Strategieentwicklung und beim Aufbau einer geeigneten Supportstruktur. Die Prozessberater warfen ihr umfangreiches Prozesswissen in die Waagschale, während die Applikationsspezialisten ihr Augenmerk auf die Anwendungen richteten. Betriebssysteme, Datenbanken, Netzwerke und R/3-Basis waren Betätigungsfelder der Technischen Consultants.

Beratung im Wandel der Zeit

Diese vier wesentlichen Beratertypen hat die SAP noch 1996 unterschieden. Zusammen bildeten sie das gesamte Consultingspektrum ab und konnten die Kunden umfassend begleiten. „Rundumkompetenz ist gefragt", hieß eine Schlagzeile in einem Beitrag des Kundenmagazins „SAP INFO" aus dem gleichen Jahr, der die Anforderungen der Kunden gegenüber den Consultants thematisierte. Rundumkompetenz ist weiterhin angesagt, allerdings in differenzierter Form: Ein tiefes Verständnis von Technologie und Funktionen geht heute einher mit spezifischem Knowhow zu Business-Beratung, Projektmanagement sowie dem Vermögen, zentrale Consulting-Bausteine wiederzuverwenden und den Kunden in automatisierter Form zur Verfügung zu stellen.

Neue Technologien, die es gestatten, aus integrierter Standardsoftware individualisierte Lösungen zu formen, fordern von den Beratenden ein neues Denken. Früher kauften die Kunden Softwarelizenzen und sicherten damit der SAP gute Geschäfte mit Einführungs- und Anschlussprojekten. Die in der Informationstechnik inzwischen üblichen Cloud-Abonnements müssen dagegen ständig erneuert werden („Renewals"). Kundenorientierung allein reicht nicht mehr aus. Im Mittelpunkt der Arbeit von Beratenden und Kundenbetreuern steht nun die permanente Kundenzufriedenheit, die sich über die komplette „Customer Lifetime" erstreckt – also alle Phasen der Kooperation einbezieht, die die Kunden mit der SAP durchleben.

Augusta Spinelli bleibt angesichts dieses Paradigmenwechsels zuversichtlich. „Wir haben klasse Leute, die sich leidenschaftlich für unsere Kunden und die SAP einsetzen", sagt die erfahrene Services-Managerin. Spinelli begann ihre SAP-Karriere vor mehr als 20 Jahren als Beraterin in der Produktionsplanung. Inzwischen hat sie verschiedene Spitzenämter bei SAP Services bekleidet. Wer bei Services arbeitet – der Heimat der SAP-eigenen Berater –, vertritt die Vision der SAP sowie ihre Werte nach außen und positioniert ihr Portfolio am Markt. Primäre Aufgabe der Consultants ist es heute, die Kundensysteme mit Unterstützung kompetenter

Muss den Kunden Tempo und Agilität bieten: Augusta Spinelli, erfahrene Services-Managerin bei SAP.

Partner zu digitalisieren. Dazu kooperiert die Organisation eng mit den anderen SAP-Abteilungen wie der Entwicklung. Kundenfeedback fließt in die SAP zurück und ist eine wertvolle Quelle, um Produkte zu verbessern sowie Technologien weiterzuentwickeln.

Der Services-Bereich war schon immer ein integraler Bestandteil der SAP und steht nach wie vor in der Verantwortung, Mehrwert für die SAP-Kunden zu realisieren. Weil die SAP ihren künftigen Weg als Cloudunternehmen beschreiten will, fällt der Rolle von Services eine noch größere Bedeutung zu, da das Cloudgeschäft ein Services-getriebenes Business ist. Hinzu kommt, dass Berater sich fast täglich mit ihren Kunden beschäftigen und ein vertrauensvolles Verhältnis zu ihnen aufbauen. Ihre Kompetenz entscheidet maßgeblich darüber, ob und in welcher Form Unternehmen SAP-Lösungen wählen und konsumieren.

Im aktuellen „Services and Support Catalog" der SAP sind von den „Advisory Services" bis zum „Value Prototyping" fast 90 Consulting Services hinterlegt. Diese werden derzeit fast ausschließlich remote erbracht. Die Onlinequote zur Durchführung von Kundenprojekten war bereits vor Ausbruch der Coronapandemie sehr hoch, ist nun aber auf mehr als 95 Prozent gestiegen. Augusta Spinelli: „Die Welt verändert sich. Corona wirkt wie ein Katalysator. Unsere Kunden dachten, sie hätten mehr Zeit für ihre Transformation, umso mehr brauchen sie von uns jetzt Tempo und Agilität." Dies sei möglich, da man mehr und mehr Services automatisiere. Das schaffe Freiraum für die Beratenden und erhöhe ihre Effizienz.

Kunden schätzen langfristige Beziehungen

Mit entsprechenden Programmen sorgt SAP Services darüber hinaus dafür, dass seine Mitarbeitenden sich permanent weiterbilden und neue Technologieentwicklungen aufnehmen. Mit den

Im Dialog bleiben

Der ehemalige SAP-Vorstand Gerhard Oswald kam 1981 von Siemens und schied 2016 aus dem Unternehmen aus. Seit 2019 ist er im Aufsichtsrat der SAP SE tätig.

Herr Oswald, was sind die größten Verdienste des SAP Service & Support?

Oswald: Wir konnten mit unseren proaktiven Angeboten die SAP-Kunden davon überzeugen, dass ihnen der Einsatz von Service- und Supportlösungen Vorteile bringt. Als Organisation haben wir Vertrauen zu ihnen aufgebaut, was immer noch der Schlüssel zu langfristigem Erfolg ist. Und wir konnten sie rund um die Uhr betreuen, da wir bei SAP die ersten waren, die global agierten. Ich bin auch etwas stolz darauf, dass der Bereich Service & Support zu meiner Zeit SAP-intern die höchste Zufriedenheitsrate unter den Mitarbeitenden hatte.

Was hätte man im Rückblick besser machen können?

Oswald: Die Kunden honorieren es, wenn man ihnen zuhört und ihre Anregungen aufnimmt. Es gab vielleicht Situationen, in denen wir nicht konsequent genug umgesetzt haben, was wir besprochen hatten. Wir selbst mussten uns immer wieder fragen, wie wir den Kunden auf unserem gemeinsamen Weg am besten mitnehmen können: Bekommt er alle Informationen, die er braucht? Passt der Wissenstransfer? Geben wir ihm die richtigen Werkzeuge an die Hand, damit er seine Kosten im Griff behalten kann? Tun wir genug, um den Mehrwert neuer Releases zu belegen? Diesbezüglich hatten wir manchmal Schwächen in der Kommunikation.

Welche Erfahrungen würden Sie gerne an die nächsten Generationen weitergeben?

Oswald: Wir müssen den Kunden abholen und ihm ein maßgeschneidertes Programm anbieten – egal, in welcher Phase des Kundenlebenszyklus er sich gerade befindet. Es wird in Zukunft sicherlich mehr automatisierte und durch künstliche Intelligenz gestützte, proaktive Services geben. Aber der Kunde muss jederzeit spüren, dass Menschen dahinter stehen. Der Dialog bleibt ein erfolgskritischer Faktor.

„Integration ist ein harter Job. Aber Integration schafft den größten Mehrwert": Ed Toben, früherer CIO von Colgate.

wachsenden Anforderungen entstehen neue Berufsbilder und Karrierepfade, etwa ein erweitertes Aufgabenfeld für Softwarearchitekten. Spinelli: „Sich immer wieder neues Wissen anzueignen ist für uns Berater normal." Auf diese Weise bleiben SAP Services und seine Mitarbeitenden konkurrenzfähig.

Wettbewerber, die in der Topliga die gesamte Bandbreite an Unternehmenssoftware abdecken wollen, haben es schwer, das Modell SAP zu kopieren. In allen SAP-Lösungen, -Werkzeugen und -Services stecken Jahrzehnte an Businessexpertise, IT-Know-how und Kundenwissen. Was Kritikerinnen und Kritiker oft als Altlasten bezeichnen, ist in Wahrheit ein Erbe, das immer wertvoller wird. Die SAP kennt die Historie ihrer Klienten und kann deshalb passende Lösungen anbieten. So war beispielsweise Andreas Heckmann über zwei Jahre bei einem der größten SAP-Projekte tätig, das der Schweizer Konsumgüterhersteller Nestlé im Rahmen eines großen Reengineerings („Globe") durchführte. Heckmann schwärmt noch heute davon, wieviel er dort gelernt hat.

Die Wertschätzung ist keine Einbahnstraße. Ed Toben kann man ohne Umschweife als SAP-Fan bezeichnen. Der langjährige Chief Information Officer (CIO) des US-Unternehmens Colgate Palmolive und sein Team haben 1994 damit begonnen, SAP R/3 – ausgehend vom ersten Logistikprojekt in den USA – weltweit auszurollen. Ein „Big Statement", wie Toben heute sagt. Mit den Jahren ist eine enge Partnerschaft zwischen Colgate und der SAP entstanden, die sich beispielsweise in zahlreichen gemeinsamen Innovationsprojekten niederschlug. „Ich habe viel Zeit damit verbracht, SAP bei Colgate zu verkaufen", scherzt der Rentner.

Laut Toben war immer klar, für alle betriebswirtschaftlichen Kernprozesse zunächst einmal eine Lösung aus der integrierten

Geschäftssuite der SAP zu evaluieren. Toben: „Integration ist ein harter Job. Aber Integration schafft den größten Mehrwert." Er folgte konsequent der Releasepolitik der SAP. „Wir hätten niemals die Möglichkeit gehabt, so viel Geld in IT-Forschung und Entwicklung zu investieren wie die SAP. Deshalb wollten wir die Verbesserungspotenziale immer heben", sagt Toben. Es sei nie die Frage gewesen, ob Colgate eine neue Produktversion nutze, sondern wann. Der Lohn: Effiziente Geschäftsprozesse und ein guter Return on Investment.

Als das Servicepaket SAP MaxAttention für Kunden mit besonders hohen Ansprüchen auf den Markt kam, sah Toben die Vorteile: „Wir haben es sicherlich nicht ausgereizt. Aber wenn wir darauf zurückgegriffen haben, hat es sich gelohnt. Die SAP-Experten haben Optimierungsmöglichkeiten identifiziert, die wir nicht gesehen haben." Das ist immer noch aktuell: So konnte Colgate 2021 sein Finanzwesen dank MaxAttention-Unterstützung mit einem flexibleren Reporting ausstatten.

Schon heute die Zukunft bauen

In seiner aktiven Zeit schätzte Toben an der SAP vor allem ihre Kontinuität („Ich habe immer wieder dieselben Leute gesprochen") und die Kompetenz ihrer Mitarbeitenden: „Die verstehen etwas von Technologie und Business."

Marc Thier: „Der SAP Solution Manager ist das Cockpit für SAP-Piloten."

Business und IT waren schon immer die Erfolgsformel der SAP. „Die Kunden haben wahrgenommen, dass Service und Support Teil der Wertschöpfungskette sind", resümiert Heckmann. Was sich in deren gestiegener Erwartungshaltung widerspiegelt. Supportseitig wird deshalb wie bei Services kräftig an Zukunftsmodellen gebastelt. So hat der SAP Solution Manager inzwischen eine

Grundlagen und Begriffe

Thematisch gehören Services und Support zusammen; es sind zwei Seiten einer Medaille. Das Begriffspaar beschreibt sämtliche Leistungen zur Einführung (Services) und zum Betrieb (Support) von Software. Entsprechend der SAP-Strategie unterstützen zahlreiche Partnerunternehmen die Kundenarbeit auf beiden Feldern.

Der Begriff „Services" ist mehrdeutig; er steht inzwischen für Dienstleistungen verschiedenster Art. Man findet Services im Support und in der Produktwartung; und sie gehören zum Handwerkszeug von Beratenden der SAP-Services-Abteilung, die im Laufe ihrer Geschichte verschiedene Namen trug. Die begriffliche Trennung in Service und Support wurde bei SAP erstmalig in den 1990er-Jahren vorgenommen. Als die Walldorfer immer mehr unterstützende Services auf den Markt brachten, forderten die Kunden Klarheit: Was ist in unserem Wartungsvertrag enthalten? Welche Leistungen können wir zusätzlich beziehen?

Der in den Wartungsgebühren enthaltene SAP-Standardsupport umfasste ursprünglich die Weiterentwicklung der Software und Informationen zum System, den Zugang zum Online-Service-Kanal OSS sowie Unterstützung bei Störungen. Die Services reichten zunächst von Check- und Monitoringleistungen über Schulungen bis hin zu Beratungsangeboten und lehnten sich an den Phasen des Softwarelebenszyklus an. Ihr Einsatz sollte unter anderem die Einführungszeit reduzieren, für mehr Effizienz während der Softwarenutzung sorgen und damit zu einer Verringerung der Gesamtkosten beitragen. Im Laufe der Jahre wurde das Portfolio immer wieder verändert, erweitert und an die jeweilige SAP-Strategie angepasst.

Organisatorisch waren Services und Support lange Zeit unter dem Dach des Vorstandsbereichs Global Service & Support als weitgehend eigenständige Einheiten erfolgreich unterwegs. Nach diversen Reorganisationen sind Cloud Success Services (Schwerpunkte: Beratung, Transformations-/Innovationsprojekte, Customer Engagement inklusive Cloud Renewals) und Customer Solution Support and Innovation (Wartung, Produktsupport, Supportinnovation) nun verschiedenen SAP-Vorstandsressorts zugeordnet.

Derzeit vereinfacht die SAP ihr Service- und Supportportfolio und legt den Schwerpunkt auf Kundenakzeptanz und -nutzung, wobei das Hauptaugenmerk auf die Einführung und Nutzung der Anwendungen gerichtet ist. Das Angebot ist für die Cloud konzipiert und soll Kunden dabei helfen, eine schnelle Wertschöpfung zu realisieren und dauerhaften Erfolg zu erzielen (alle Informationen Stand Frühjahr 2022).

Schwester für die Cloudwelt bekommen: SAP Cloud ALM (Application Lifecycle Management). Vieles, was 2015 unter dem Schlagwort „Next Generation Support" als visionäre Reise begonnen wurde, ist inzwischen im Alltagsgeschäft angekommen: Expertenhilfe in Realtime, roboter(Bot)-basierte Benutzerführung, selbstlernende Support-Features. Geht es nach Heckmann und Thier, können die Kunden bald im selbstfahrenden Auto – um im Bild zu bleiben – auf der Rückbank Platz nehmen. Dann wird der Support komplett in die SAP-Anwendungen integriert sein. Erste Lösungen wie SAP S/4HANA Cloud oder SAP Ariba sind damit bereits ausgestattet. Die Benutzer müssen ihren Rücksitz nicht mehr verlassen. Individuell notwendige Anpassungen und Optimierungen werden in ihrem Cloudsystem automatisch vollzogen, die Anwender unmittelbar darüber informiert. Algorithmen erkennen Fehler, die das System selbstständig behebt. „Self-healing" nennt die Informationstechnik diesen weitergehenden Automatisierungs-

ansatz. Der SAP-Support arbeitet bereits daran. Parallel dazu werden weitere Pläne vorangetrieben. So lassen sich aus dem Datenpool eines Kunden schon heute Muster erkennen und daraus Empfehlungen generieren – beides maschinengetrieben, ohne dass der Kunde aktiv werden muss. „Wir verstehen den Kunden aufgrund seines realen Nutzerverhaltens und nicht auf Basis theoretischer Annahmen", sagt Marc Thier. „Wir arbeiten daran, anonymisierte Kundendaten aus der Cloud abzuziehen, in einem kundenübergreifenden ‚Data Lake' zu speichern und die daraus gewonnenen Erkenntnisse anschließend allen Kunden zur Verfügung zu stellen. Das ist natürlich nur mit dem Einverständnis der Kunden umsetzbar."

Ein Datenschatz im Kundensee, sich selbstheilende Systeme? Das ist in der Tat viel mehr, als sich Kin-Wai Chow wohl jemals hätte ausmalen können. ■

Olá
LATEINAMERIKA

Freiräume zwischen Karibik und Anden

Von Anfang an setzte die SAP große Stücke auf ihre lateinamerikanischen Mitarbeiter. So wuchs das Vertrauen – und der Umsatz.

Von Michael Zipf

Seinen ersten Millionen-Deal machte Thomas Hanser als Student. Der Brasilianer mit deutschen Wurzeln kannte sich aus mit Computern, wusste, wie man Software und Netzwerke installiert. Als Auftragnehmer richtete Hanser die IT-Infrastruktur, Büros und Schulungsräume ein und stattete sie mit Computern und Telefonen aus – von Ende 1993 an zunächst für den SAP-Partner Origin, der das Brasilien-Geschäft für SAP aufbaute, seit 1995 für SAP selbst. Und in diesem Jahr sollte nun jeder der inzwischen rund 100 Mitarbeiter im Feld einen Laptop bekommen. „Ich habe bei IBM in São Paulo angerufen und gefragt, wann sie 100 Laptops liefern könnten. Die kosteten damals noch etwa 10.000 Dollar pro Stück. Ich unterschrieb als Student die Bestellung über rund eine Million Dollar und ein paar Monate später hatten wir die Geräte", erinnert sich Hanser.

Dass ein Kunde 100 Laptops auf einen Schlag bestellen würde, war auch für die IBM in Brasilien ein Novum. Und Ausdruck des schnellen Wachstums, das die SAP in Brasilien und in den anderen lateinamerikanischen Ländern seit etwa Mitte der 1990er Jahre an den Tag legte. Die Episode zeigt zudem, wie SAP ihre Expansion nach Mittel- und Südamerika anging: im vollen Vertrauen auf die jungen tatkräftigen und ehrgeizigen Mitarbeiter vor Ort.

„Das hat die SAP unheimlich ausgezeichnet", sagt Christoph Behrendt, den sein erstes Beraterprojekt 1991 zu ABB nach São Paulo führte. „Ich war 26 Jahre alt, hatte gerade bei SAP als Berater angefangen und durfte alleine mit ABB ein SAP-System zur Herstellung von Wasserturbinen schulen und einrichten. Die komplette Einkaufs-, Lager und Produktionslogistik, in einer Mischung aus Portugiesisch – mit einem Übersetzer – und Englisch. Nur ab und zu telefonierte ich mit Walldorf und spürte dieses uneingeschränkte Vertrauen, das mir die Firma entgegenbrachte. Wir haben aber auch die Nächte und Wochenenden durchgearbeitet, um es zu schaffen", so Behrendt, der 2021 seinen Vorruhestand angetreten hat.

Keine Stopp-Schilder

Behrendt gehörte zur internationalen Beratertruppe, die von Deutschland und der Schweiz aus seit Mitte der 1980er Jahre die SAP-Software bei Kunden in immer mehr Ländern dieser Erde installierte. Weil die Expansion nach Lateinamerika anfangs von Spanien aus geleitet wurde, gehörten auch viele spanische

SAPler zu den Mitarbeitern der ersten Stunde. Das rasche Wachstum – insbesondere nach Einführung von SAP R/3 Anfang der 90er – ermöglichten jedoch erst die zahlreichen einheimischen IT-Experten, die direkt nach der Uni oder von Partnern und Kunden zur SAP stießen. Auch sie waren sich schnell der Freiräume und der Rückendeckung der SAP-Führung bewusst. „Wir hier in Argentinien hatten jede Möglichkeit, uns zu entwickeln und Entscheidungen schnell zu treffen", sagt Lorena Dames, die 1994 als Beraterin anfing. Natürlich mussten auch die jungen Tochtergesellschaften ihre prognostizierten Zahlen liefern und sich an Budgets halten. „Und wir hatten mit den Entwicklern in Deutschland durchaus die eine oder andere Meinungsverschiedenheit", räumt Dames mit einem milden Lächeln ein. „Aber es gab keine Stopp-Schilder für uns."

> *Wir hatten jede Möglichkeit, uns zu entwickeln und Entscheidungen schnell zu treffen.*
>
> Lorena Dames

Dass die Latinos mit spanischen, portugiesischen oder italienischen Wurzeln „etwas heißblütiger" diskutieren als die „kühlen Deutschen" habe die intensive und vertrauensvolle Zusammenarbeit nie beeinträchtigt, sagt Dames. Ohnehin gebe es angesichts der gemeinsamen Kolonial- und Immigrationsgeschichte eine große Affinität der Lateinamerikaner zu Europa, sagt Georgette Antelo, die seit 1994 bei SAP arbeitet und die Expansion des Unternehmens nach Lateinamerika entscheidend mitprägte. „Viele von uns sind auch auf deutsche Schulen gegangen und wir wussten, wenn wir in einem deutschen Unternehmen erfolgreich sein wollten, mussten wir uns auf ihre direkte, ehrliche Art einstellen", so Antelo. „Das taten wir mit Humor und indem wir nicht jedes Wort auf die Goldwaage legten."

Interkulturelle Erfahrungen

Andererseits konnte es auch vorkommen, dass ein eher aufs Äußere bedachter Lateinamerikaner einem deutschen Vorstandssprecher vor einem Auftritt kurzerhand mit einem Kamm die Haarpracht bändigte. Oder dass man einem anderen präsentierenden Manager den eigenen Gürtel umlegte, weil dessen Hose zu rutschen drohte. „Wir amüsieren uns heute noch, wenn wir auf die Anfangsjahre zurückblicken", sagt Antelo über manch denkwürdige interkulturelle Erfahrung.

Dass SAP ein Unternehmen mit deutschen Wurzeln ist, schadete jedenfalls nicht, als es darum ging, Firmen von den Vorzügen der Software „made in Germany" zu überzeugen. Antelo:

„Dieses Gütesiegel hat hier einen guten Ruf und hat zusammen mit bekannten deutschen und europäischen Kunden den Boden für den Erfolg der SAP in Lateinamerika bereitet."

In Mexiko, Argentinien und Brasilien, wo SAP zuerst Büros und Landesgesellschaften etablierte, wuchsen Kunden- und Mitarbeiterzahlen von 1994 an rasch in die Höhe. In Mexiko etwa erhöhte sich die Mitarbeiterzahl von 40 im Jahr 1994 auf 140 drei Jahre später. In Brasilien stieg diese Zahl von 30 im Jahr 1994 auf 210 Ende 1997. Umfasste die Kundenliste 1994 noch acht internationale Unternehmen, betreute SAP Brasilien Ende 1997 mehr als 100 Kunden, darunter 40 lokale Firmen. Von 1995 auf 1996 explodierte der Umsatz in Brasilien um 850 Prozent auf 28,2 Millionen US-Dollar.

Jeden Freitag Feierstunde

Auch in Venezuela zeigte die Kurve steil nach oben. Das Büro in der Hauptstadt Caracas wurde im April 1996 eröffnet – auf Druck der staatlichen Ölgesellschaft PDVSA, die in ihrem Vertrag über mehrere Millionen Dollar verlangt hatte, dass sie jederzeit auf lokale Kräfte zurückgreifen könne. Es folgten Büros in Bogota/Kolumbien, Lima/Peru und San Juan/Puerto Rico.

Andere Märkte – auch in der Karibik – wurden zunächst von Caracas aus erobert. „Wir schlossen so viele Verträge ab, dass wir praktisch jeden Freitag im Büro gefeiert haben", erzählt Francisco Fernández, der im Juni 1996 von Siemens-Nixdorf zu SAP wechselte und zum ersten Presales-Manager in Venezuela ernannt wurde. „Ich habe unsere Software wie ein Verrückter installiert, in Venezuela, Peru, Kolumbien. Wir wuchsen unglaublich schnell, ständig wurden neue Leute eingestellt", ergänzt Luis Colmenares. Er fing als einer der ersten Berater bei SAP Venezuela an, ehe die Landesgesellschaft Ende 1996 in SAP Andina y del Caribe umbenannt wurde.

Viele Freiheiten

Thomas Hanser ist noch immer bei SAP. Er hat unzählige Büros in ganz Lateinamerika mit der neuesten Technologie ausgestattet, er hat zwischenzeitlich in den USA gearbeitet, die gesamte IT-Mannschaft in der Region geleitet, am Aufbau einer globalen IT-Organisation mitgewirkt und verantwortet heute das globale Outsourcing von IT-Services. „Man hat mir auch andere Jobs, etwa in der Beratung, angeboten, aber ich liebe die IT. Und es gibt bei SAP immer etwas zu lernen und neue Herausforderungen zu meistern", sagt Hanser. „Nicht zuletzt hatte ich immer viele Freiheiten in meinen verschiedenen Jobs."

Letzteres ist auch für Georgette Antelo entscheidend: „Das Beste, was SAP am Anfang der Expansion nach Lateinamerika tun konnte, war, den Mitarbeitern große Entscheidungsbefugnis zu geben. Und man schenkte uns das Vertrauen, am besten zu wissen, wie die Region langfristig wachsen würde." ■

↑ In den 1990ern eröffnete SAP zahlreiche Büros in Lateinamerika und der Karibik. Kolleginnen und Kollegen von SAP Peru 1998 bei einem Team-Event in Lima.

↖ Brasilien-Kenner: das Management-Team der SAP Brasilien mit dem Präsidenten für SAP Lateinamerika und Karibik, Raúl Véjar (hintere Reihe, 3. von links). Hinten von links: Geschäftsführer José Antunes (mit Ball), Meva Duran, Raúl Véjar, Cida Soares, Silmar El-Beck, Monica Panelli, Alix Poletto, Luís César Verdi. Vorne von links: Marcelo Gloria, Danillo Alves, Roberto Pinheiro, Sidney Davanso.

↗ Vier der ersten SAP-Mitarbeiter in Venezuela bei einer Schulung der SAP Partner Academy in Dallas/Texas (von links): Iñaki Leizaola, Orlando Ledezma, Paquita Parés und Francisco Fernández.

↘ Christoph Behrendt in Caracas/Venezuela im Jahre 1993.

50 GESICHTER DER SAP

Inspirierende Umgebung

29 | Peter Song verfügt über 36 Jahre Erfahrung im Bereich Technologie und Datenbanken. Er hat über 18 Jahre für Sybase gearbeitet und war Presales Director bei Sybase in China. Mit der Akquisition von Sybase im Jahr 2010 kam er zu SAP China und ist nun Senior Presales Executive.

„Die SAP hat mir eine Tür geöffnet, und das hat mir die Augen geöffnet. So wurde mir gezeigt, dass es noch eine andere Welt gibt, die über Datenbanken und Datenmanagement hinausgeht – die Welt der ERP-Anwendungssoftware, in der Technologie den Unternehmen hilft, ihre Kosten zu senken, effizienter zu werden und ihren digitalen Wandel zu vollziehen. Best Practices für Unternehmen zu entwickeln ist die ständige Aufgabe der SAP und das Fundament ihres Erfolgs.

Das Besondere an der SAP ist, dass sie seit jeher einer der führenden Technologieanbieter ist. Sie treibt Innovationen voran, liefert Jahr für Jahr eine Fülle neuer Ideen, Lösungen und Produkte und führt stets die betriebswirtschaftliche und technologische Entwicklung in 25 Branchen an.

Für mich ist die SAP eine große, von Vielfalt und Inklusion geprägte Familie mit einer ‚Can do'-Einstellung – innovativ, offen und hilfsbereit. Die Mitarbeitenden können ihre Ideen und Meinungen frei äußern und wissen, wie sie in ihrer jeweiligen Rolle zu den Jahreszielen beitragen. Es ist eine Umgebung, die mich inspiriert und mir hilft, meinen Ideenreichtum einzusetzen."

Wie Götter verehrt

30 | Lorena Dames kam 1994 als Beraterin zur SAP in Argentinien. Als sie ihre Stelle antrat, befand sie sich noch im letzten Jahr ihres BWL-Studiums. Lorena wurde schnell Projektmanagerin und später Consulting Manager und Director. Sie hatte mehrere Führungsrollen im Bereich Services inne und ist heute COO von Customer Experience (CX) in Lateinamerika.

„Mein erster offizieller Tag war der 1. Juli 1994. Einen Monat zuvor erhielten wir bereits eine Schulung, die an der Universität abgehalten wurde. Wir wurden für eine besondere Weiterbildung nach Spanien geschickt, die wir jedoch nicht beenden konnten. Anfangs war es schwierig, für sechs Wochen zu verreisen, da wir bereits Kunden und Interessenten hatten. Wir wuchsen sehr schnell und stellten viele Leute ein. Wir mussten viele Dinge gleichzeitig tun. Die neuen Mitarbeiter wurden zur Einarbeitung nach Deutschland geschickt. Wir begannen von Grund auf. Das war großartig. Als wir bei der SAP anfingen, wussten wir bei all den Akronymen nie, was gemeint war. Wir mussten immer raten. Und wir lagen immer falsch. Zum Beispiel ECC: Wir dachten, es hätte etwas mit der Europäischen Gemeinschaft zu tun, es steht aber für ERP Central Component. Die Kunden hatten Verständnis dafür, dass wir nicht alle Abkürzungen kannten. Sie wussten, dass wir gerade erst angefangen hatten, und jemanden aus Deutschland zu holen, hätte sie sehr viel Geld gekostet. Und da sie selbst nicht viel über SAP-Software wussten, verehrten sie uns wie Götter. Ich denke, wir waren so erfolgreich, weil wir unseren Kunden, die aus der Mainframe- und AS/400-Welt kamen, eine offene Plattform anboten. All die Integrationsmöglichkeiten mit verschiedenen Modulen, die Online-Funktionen und die Referenzen aus dem Ausland waren für sie sehr beeindruckend.
Wir hatten immer viel Spaß. Wir waren alle sehr jung und verstanden uns gut. Durch die intensive Zusammenarbeit konnten wir starke Beziehungen aufbauen."

Ein offenes Unternehmen

31 | Hugh Huynh (3. von links) war Kriegsgefangener während des Vietnamkriegs. Nachdem er das Kriegsgefangenenlager überlebt hatte, verließ er Vietnam und floh nach Australien. Huynh kam 2000 zur SAP, und seine Tochter Elsa wurde 2015 SAP-Mitarbeiterin.

„Nach unserer gefahrvollen Reise und unserer Ankunft in Sydney nur mit der Kleidung, die wir am Leib trugen, schufteten wir jahrelang – reinigten Toiletten, spülten Geschirr und trugen Zeitungen aus –, bis wir endlich genug Geld zusammengekratzt hatten, um studieren zu können und unser erstes Haus zu kaufen.
2000 sah ich eine SAP-Stellenanzeige im Sydney Morning Herald für eine IT-Stelle in der Finanzbuchhaltung. Nach einem erfolgreichen Bewerbungsgespräch war ich überglücklich, die Stelle bekommen zu haben und für so ein angesehenes Unternehmen arbeiten zu dürfen.
Nach allem, was wir durchgemacht hatten, hatte ich endlich eine Firma gefunden, die es mir trotz meiner Vergangenheit ermöglichte, Erfolg zu haben und beruflich weiterzukommen. Ich habe miterlebt, wie das Unternehmen gewachsen ist und sich über die Jahre verändert hat. Und ich hatte das Glück, verschiedene Positionen im Finanzteam wahrnehmen zu dürfen.
Ich bin dankbar, für ein so vielfältiges und offenes Unternehmen arbeiten zu dürfen. Ein Unternehmen, in dem jeder seinen beruflichen Weg selbst gestalten kann und das die Vergangenheit und die persönliche Geschichte jedes Mitarbeitenden anerkennt.
Meine Geschichte soll zeigen, dass es sich lohnt, standhaft zu bleiben, sich anzustrengen und nichts als selbstverständlich zu betrachten – alles Werte, die bei der SAP tagtäglich gelebt werden."

Eine zuverlässige Einheit

32 | Alexey Gaponenko kam Ende 2001 als Junior Consultant zur SAP. Jetzt leitet er als Principal Consultant ein Team von SAP-CIS-Beratern in Moskau.

„Ich bin seit über 20 Jahren bei SAP und hatte immer Freude an meiner Arbeit. Der Austausch mit ganz unterschiedlichen Kunden, die Zusammenarbeit mit interessanten Kolleginnen und Kollegen und meine Reisen durch verschiedene Regionen in der GUS (von Ussinsk im Norden bis nach Taschkent im Süden) motivieren mich immer wieder, für die SAP zu arbeiten! Als ich nach meinem Hochschulabschluss zur SAP kam, erinnerte mich die Atmosphäre hier an meine Studienzeit: Man konnte jeden um Hilfe bitten und sich darauf verlassen, dass man die bestmögliche Unterstützung erhielt. Das gilt auch für den umgekehrten Fall. Durch diese Art von Beziehung arbeitet man zusammen mit seinem Team als zuverlässige, geschlossene Einheit.
Ich halte die Mitarbeitenden für das wertvollste Kapital der SAP. Da sie seit jeher im Mittelpunkt stehen, ist das Unternehmen seit fast 50 Jahren so erfolgreich."

EINFACH GUT

FÜR DEN MITTELSTAND **SAP**

Im Mittelpunkt: Auf der IT-Messe CeBIT 2003 in Hannover warb SAP vor allem für ihre Mittelstandslösungen.

Rund 80 Prozent der SAP-Kunden sind heute kleine und mittelständische Firmen. Zum ernstzunehmenden Player auf dem Mittelstandsmarkt wurde SAP aber erst, als eine israelische IT-Firma in den Blick rückte – und man die Rolle der Partner überdachte.

Von Michael Zipf

Hasso Plattner wollte es genau wissen: „Kann ich dieselbe Rechnung bar, mit Scheck oder Kreditkarte bezahlen?", fragte er seinen Gesprächspartner Gadi Shamia, Mitgründer der israelischen Firma TopManage. Zusammen mit TopManage-CEO Reuven Agassi stellte Shamia im Januar 2002 dem SAP-Vorstandssprecher ihre integrierte Mittelstandslösung vor. Plattners Frage musste Shamia mit nein beantworten und er fürchtete, dass der SAP-Gründer die Lösung für zu einfach gestrickt halten würde. Doch das Gegenteil war der Fall, erzählt Ilan Tal, damals Vertriebs- und Partnermanager bei TopManage und seit 2017 im Vorruhestand: „Hasso respektierte die Tatsache, dass wir uns für Einfachheit entschieden hatten, statt jeden denkbaren Fall im Design der Lösung abzudecken." Tal hat die Geschichte von SAP Business One von den Anfängen in Israel bis ins Jahr 2017 in großem Detail auf „LinkedIn" aufgeschrieben.

Zum Ende des Meetings in Palo Alto, das auch dazu diente herauszufinden, ob eine Übernahme von TopManage durch SAP möglich sei, fragte Plattner laut Ilan Tal, wie das Produkt wohl im SAP-Look-and-Feel aussehen würde? Beim nächsten Treffen zwei Wochen später – diesmal in der SAP-Zentrale in Walldorf – präsentierte das TopManage-Team die Lösung im SAP-Design. Dies gefiel dem SAP-Vorstandssprecher erneut sehr gut, weil es die Flexibilität des Produkts und der Entwickler dahinter zeigte.

Überzeugende Reise nach Israel

Der damalige Vertriebschef der SAP-Region EMEA (Europa, Naher Osten, Afrika) Léo Apotheker, der das Meeting ebenfalls verfolgte, wurde beauftragt, als Executive Sponsor die nächsten Schritte einzuleiten. Zusammen mit Hans-Jürgen Uhink, damals Vice President SMB für die EMEA-Region, besuchte er die TopManage-Büros in Israel, lernte Mitarbeitende und Kunden kennen. „Léo konnte auch hebräisch und jiddisch und hat die Gespräche mit den Kunden geführt", erinnert sich Uhink an die

Reise an einem Samstag mit dem Firmenjet nach Israel. Die Demo des CEOs einer 200-Mitarbeiterfirma, der das System selbst in allen Einzelheiten zu bedienen verstand, beeindruckte die SAPler. Somit stand auf der Rückreise am Sonntagabend für beide fest: „Wir würden dem Vorstand vorschlagen, TopManage zu übernehmen", so Uhink. „Wir mussten auf irgendeiner griechischen Insel zwischenlanden, weil wir Sprit brauchten und haben angefangen zu telefonieren. Ich habe gleich mit der Boston Consulting Group vereinbart, dass wir am nächsten Tag ein großes Projekt aufsetzen, um den Business Case vorzubereiten."

> *Ein Mittelständler hat die gleichen generischen Prozesse wie ein Großunternehmen.*
>
> **Hans-Jürgen Uhink**

Es war Eile geboten. Vom jährlichen Führungstreffen Ende Februar auf der deutschen Nordseeinsel Sylt brachte Apotheker das Okay zur Übernahme mit – und den Plan, die Akquisition und die neue Mittelstandsinitiative der SAP auf der Computermesse CeBIT Mitte März 2002 zu verkünden. Für einen finalen Namen der neuen Lösung reichten die verbleibenden Tage nicht. Den Vorschlag, das Produkt „SAP VantageOne" zu nennen, lehnte Plattner ab, mit Hinweis auf eines seiner Autos, das so hieß und mehr Zeit in der Werkstatt als auf der Straße verbringe. So stellte SAP ihr Konzept für kleine und mittelständische Unternehmen zunächst unter dem Namen „Smart Business Solutions" vor. Die einfach und intuitiv zu bedienende TopManage-Software sollte die sogenannten Advanced SMBs für SAP gewinnen, also vor allem vertriebsorientierte Firmen, die weniger auf individuelle Lösungen und branchenspezifische Funktionen angewiesen sind. Für die anspruchsvolleren „Sophisticated SMBs" mit ihren spezifischen Anforderungen würden Partner weiterhin je nach Branche und Zielgruppe spezielle Lösungen anbieten, die auf mySAP.com basierten, dem Nachfolger von SAP R/3.

Das Konzept des indirekten Vertriebs

Dieses Konzept ging auf die Strategie zurück, die Hans-Jürgen Uhink bereits Mitte der 1990er-Jahre verfolgt hatte. 1995 gründete SAP einen „Geschäftsbereich Mittelstand" und rief – zunächst in Deutschland und initiiert durch Mitgründer Dietmar Hopp – das Konzept des indirekten Vertriebs ins Leben: Unabhängige Systemhäuser durften R/3-Lizenzen bei mittelständischen Unternehmen mit bis zu 250 Millionen D-Mark Jahresumsatz vertreiben und R/3 mit branchenspezifischen Add-ons ergänzen. Eineinhalb Jahre später hatten die 29 Systemhäuser gerade mal 127 Kunden gewonnen – „ein recht mageres Ergebnis", so die Zeitschrift „Computerwoche" damals.

Das lag auch daran, dass die Systemhäuser gerne ihre eigenen Produkte verkauften und sich zudem untereinander bekämpften. Hans-Jürgen Uhink: „Als einige bei einem gemeinsamen Meeting sagten, dass nun die Messer gewetzt seien, war mir klar, dass das so nicht weitergehen konnte." Er beschloss, ganz auf die Vertikalisierung des Mittelstandsgeschäfts zu setzen und entwickelte mit seinem Team das Programm „SAP Ready to Work": „Wir legten fest, dass ein Partner nur Leads bekommen würde für die Branche, in der er eine Ready-to-Work-Lösung anbietet. Und die Lösung musste an maximal 150 Manntagen zu einem Festpreis eingeführt werden können."

Die Partner nahmen also nun das mächtige R/3 (ab 1999 das mySAP.com-Paket) und identifizierten ganz spezifische Einzelaspekte („Micro Verticals") einer Branche, für die sie eine Lösung entwickelten. „Nehmen wir das Beispiel Konsumgüter", erklärt Uhink. „Einige Partner haben sich etwa auf Konsumgüter Lebensmittel fokussiert. Da gibt es aber für einen Getränkehandel oder einen Importeur von Kaffee unterschiedliche Prozesse. Hierfür haben die jeweiligen Partner Lösungen programmiert, während wir die für den Lebensmittelhandel generischen Aspekte geliefert haben, zum Beispiel Haltbarkeitsdatum, Verpackung oder Retoure."

SAP verabschiedete sich damit von der bislang geltenden Idee, bei der ERP-Lösung wie SAP R/3 ließen sich einfach Funktionen eliminieren und die Lösung so auch für den Mittelstand attraktiv gestalten. „Aber ein Mittelständler hat ja die gleichen generischen Prozesse wie ein Großunternehmen. Er hat Aufträge, Stücklisten, Arbeitspläne und braucht genauso eine Finanzbuchhaltung, Payroll und so weiter", sagt Uhink. „Also haben wir ihm eine vorkonfigurierte Lösung geliefert, die Partner dann genau auf die

↑ Brachte Mitte der 1990er-Jahre das Systemhauskonzept der SAP in Schwung: Hans-Jürgen Uhink.

→ Er gehört zu den Urvätern der Mittelstandssoftware der israelischen Firma TopManage, die 2002 von SAP übernommen wurde: Gadi Shamia.

↓ Das Team der israelischen Firma Menahel (später TopManage) 1997 im Garten des Gründers Reuven Agassi (stehend links). Mittlere Reihe 2. von links: Ilan Tal, dahinter Gadi Shamia.

Anforderungen seiner Branche angepasst haben." Für die System-häuser (später Value Added Reseller, VARs) war es zudem wichtig, dass sie auch Wartungsverträge abschließen konnten. „Denn nur wer die Wartung macht, kann später auch vom Nachverkauf profitieren", so Uhink. Er musste die Idee, dass die Partner die Beziehung zum Kunden halten, auch intern hartnäckig verteidigen. Doch der Erfolg gab ihm Recht, denn die Zahl der Partner und Kunden stieg nun von Jahr zu Jahr. So konnte das Konzept von Deutschland aus über die Schweiz und Österreich nach ganz Europa und letztlich global ausgerollt werden.

Noch umfasste der für die Walldorfer erreichbare Markt nur die „Sophisticated SMBs" mit ihren industriespezifischen Anforderungen und bis zu 500 Mitarbeitenden. Den darunterliegenden riesigen Markt mit den „Advanced SMBs" und ihren bis zu 200 Beschäftigten sowie den zahlreichen Tochtergesellschaften ihrer Konzernkunden wollte SAP mit der akquirierten TopManage-Lösung angehen. Kurz nach der CeBIT 2002 standen auch die Namen fest: Mit „mySAP All-in-One" wollte SAP die anspruchsvolleren Mittelständler für sich und ihre Partner gewinnen (der Zusatz „my" verschwand 2007). Die kleineren Firmen sollten in Zukunft „SAP Business One" nutzen, das nur über Partner vertrieben wurde und ab September 2002 verfügbar war.

> *Zum ersten Mal hatten wir eine Entwick-lungstruppe, die sich explizit um den Mittelstand kümmerte. Damit konnten wir dann auch etwas bewirken.*
>
> **Christoph Behrendt**

Christoph Behrendt wurde nach der Übernahme von TopManage zum Leiter der Business Unit SMB ernannt, womit die SAP erstmals auch Entwickler auf den Mittelstand ansetzte. Die bisherigen 70 TopManage-Mitarbeitenden in Israel wurden durch Teams in Walldorf, Palo Alto und Schanghai ergänzt. „Zum ersten Mal hatten wir jetzt eine Entwicklungstruppe, die sich explizit um den Mittelstand kümmerte", sagt Behrendt. „Damit konnten wir dann auch etwas bewirken."

Ein Vorteil war laut Behrendt, dass Vorstandssprecher Henning Kagermann und der für Service & Support zuständige Vorstand Gerhard Oswald das Team nicht in der Entwicklung, sondern in Oswalds Bereich aufhängten. „Damit waren wir geschützt vor den Mechanismen einer großen Konzernentwicklung mit ihren angestammten Technologien und vielen Großkundenanforderungen.

↑ Rainer Zinow zeigt 1995 auf den R/2-Infotagen, wohin die SAP-Datenautobahn führt.

← Léo Apotheker (links) und Henning Kagermann stellen 2002 auf der Computermesse CeBIT die neue Mittelstandsstrategie der SAP vor.

↓ Das Business-One-Team in Deutschland im Jahr 2003.

Wir konnten die Lösung einfach halten und sehr schnell entscheiden und liefern." So bewahrte sich die Behrendt-Mannschaft den Spirit eines Start-ups und entwickelte SAP Business One sehr selbstständig und pragmatisch weiter.

Eine Entwicklungsgruppe für mySAP All-in-One wurde parallel aus dem SAP-Best-Practices-Team heraus aufgebaut. Dieses Team lieferte in enger Abstimmung mit Partnern und den SAP-Landesorganisationen vorkonfigurierte Branchenstandards für Industrien und Länder, die tausendfach eingesetzt wurden.

Obwohl die Lösung SAP Business One ziemlich genau das konnte, was SAP für die Abrundung ihres Marktes nach unten gebraucht hatte, gab es einiges zu tun. Die Oberfläche war bislang nur auf Hebräisch und Spanisch (für einige wenige Kunden in Panama) verfügbar. So mussten neue Oberflächen entwickelt, Übersetzer engagiert, die Lokalisierung vorangetrieben und neue Funktionen programmiert werden. Vor allem galt es, die Softwarearchitektur so zu erneuern, dass sie ihrer zukünftigen Skalierung gewachsen war. „Wir hatten Qualitätsprobleme, waren zu schnell und zu fordernd", räumt Behrendt ein. Also schob er ein Jahr ein, „in dem wir konsolidiert und die Qualität in den Griff bekommen haben, ohne ständig etwas Neues zu programmieren."

Die Weiterentwicklung ging einher mit dem Aufbau eines Partnernetzwerks, um den indirekten Vertrieb auszubauen und die Lösung auch über Partner zu erweitern. Hierzu stellte das Team ein „Software Development Kit" zur Verfügung. Dabei handelt es sich um Entwicklungswerkzeuge, mit denen Partner etwa Funktionen hinzufügen, Nutzeroberflächen modifizieren und die Lösung mit anderen Anwendungen integrieren konnten. Für Ilan Tal war das ein „Gamechanger", denn die Konkurrenten erlaubten damals nur wenige Veränderungen ihrer Produkte. Anfang 2004 starteten die Walldorfer ihr SAP Business One Solution Partner Programm, das Mitte 2005 ins SAP-PartnerEdge-Programm mündete.

Ohne Partner geht es nicht

Der Aufbau eines Ökosystems, in dem die Partner wachsen und von SAP profitieren konnten, war essenziell dafür, dass SAP nach mehreren wenig erfolgreichen Versuchen mit dieser Initiative schließlich einen Fuß in die Tür bei den Mittelständlern brachte. Diese sind häufig eigentümergeführt, erklärt Rainer Zinow, der das Mittelstandsgeschäft bei SAP von den Anfängen bis heute mitgeprägt hat. „Und ein solcher Unternehmenschef verlässt sich gerne auf einen Partner in der Nähe, den er kennt – und den er bezahlen kann", so Zinow.

Heute gehören rund 800 Value Added Resellers (VARs) und etwa 300 Service-&-Solution-Partner zu diesem Netzwerk, das mehr als 70.000 SAP-Business-One-Kunden umfasst. Dazu kommt die Cloudsoftware SAP Business ByDesign für Unternehmen mit bis zu 10.000 Nutzern, die inzwischen in 155 Ländern und 40 Sprach-

versionen im Einsatz ist. Jedes Jahr kommen an die 4.000 neue kleine und mittelständische Business-One-Kunden in aller Welt dazu und werden Teil der SAP-Familie. Mindestens ebenso wichtig ist: Mit SAP Business One veränderte sich die Wahrnehmung, dass SAP nur Software für große Unternehmen entwickeln könne.

Seismograf des Marktes

„SAP hat mit Business One auch eine Art Seismograf erworben, der uns zeigt, wie es um uns und unsere Lösungen bestellt ist", sagt Zinow. Die SAP-Führungsriege sei damals sehr von den Ideen des amerikanischen Wirtschaftswissenschaftlers Clayton M. Christensen beeinflusst gewesen. Man war überzeugt, ein Angriff, der SAP in Gefahr bringen könnte, komme statt von oben eher von unten und würde deshalb vielleicht zu spät erkannt. Rainer Zinow: „Deshalb wollten wir auch unten mitspielen und jederzeit mitbekommen, wie sich der Markt dort entwickelt."

> *SAP hat mit Business One auch eine Art Seismograf erworben, der uns zeigt, wie es um uns und unsere Lösungen bestellt ist.*
>
> **Rainer Zinow**

SAP deckt nach wie vor nur einen kleinen Teil dieses riesigen Marktes mit einem geschätzten Volumen von 100 Milliarden US-Dollar ab. Das habe vor allem damit zu tun, dass im Mittelstand noch keine Aggregierung stattgefunden habe, sagt Zinow. Der Mittelstandsmarkt sei nicht nur von Partnern, sondern weiterhin stark von lokalen IT-Firmen geprägt. Es gebe keinen Spieler, der den Wettbewerb global dominiere. Allerdings geht der SME-Experte davon aus, dass sich das ändern wird. Angesichts wachsender regulatorischer Anforderungen könnte es für viele kleinere Softwareanbieter eng werden.

Klar ist für Zinow, dass SAP zu den „Konsolidierern" gehören wird. Um im Mittelstand noch erfolgreicher zu sein, müsse SAP aber weiter dafür sorgen, „dass andere viel Geld verdienen". Dietmar Hopp habe ihm beigebracht: Wenn SAP einen Euro verbuche, sollten wir dafür sorgen, dass Partner neun weitere Euro verdienen. Rainer Zinow: „Nur mit den Partnern können auch wir ohne Ende wachsen." ∎

Verfechter der digitalen Inklusion

Seit zehn Jahren setzen sich SAP-Mitarbeitende im Programm SAP Social Sabbatical für nachhaltige gesellschaftliche Verbesserungen ein.

Von Jacqueline Prause

Ziel der SAP ist es, die Abläufe der weltweiten Wirtschaft und das Leben der Menschen zu verbessern. Eines der wirkungsvollsten Instrumente zur Umsetzung dieser Zielsetzung ist die Förderung der digitalen Inklusion in benachteiligten Bevölkerungsgruppen. Unter internationalen Entwicklungsfachleuten gilt digitale Inklusion als ein wesentliches Element jedes der 17 UN-Nachhaltigkeitsziele (UN SDGs). Mit ihren nachweislichen Erfolgen in Freiwilligeninitiativen und sozialem Engagement ist die SAP ein leidenschaftlicher Verfechter der digitalen Inklusion, denn diese eröffnet Menschen die Chance, am gesellschaftlichen, ökologischen und wirtschaftlichen Wandel teilzuhaben.

Prägende Erfahrung

Eines der erfolgreichsten Programme für Freiwilligenarbeit von SAP-Angestellten ist SAP Social Sabbatical, dessen Bestehen sich 2022 zum zehnten Mal jährt. SAP Social Sabbatical ist ein vielfach ausgezeichnetes Programm für ehrenamtliches Engagement, in dem sich SAP-Talente einsetzen, um gemeinnützige Organisationen und Sozialunternehmen voranzubringen, die sich für digitale Inklusion engagieren. Seit dem Start des Programms 2012 hat die SAP fast 20 Millionen Euro investiert und dabei die betriebliche Kapazität von rund 440 gemeinnützigen Organisationen und Sozialunternehmen in mehr als 50 Ländern der Welt gesteigert.

Über 1.300 SAP-Freiwillige haben ihre Zeit und Fähigkeiten eingebracht – oft in fernen Ländern oder Regionen, wo sie direkt vor Ort bei Kunden tätig waren. Das Programm bietet Spitzenkräften eine einzigartige Möglichkeit zur Weiterentwicklung, indem sie ihre gewohnte Arbeitsumgebung für eine gewisse Zeit verlassen und ihre fachlichen Kompetenzen gemeinnützigen Organisationen und Sozialunternehmen zur Verfügung stellen, die oft kaum Zugang zu Ressourcen und Spezialkenntnissen haben. Die Erfahrungen, die die Teilnehmer dabei machen, sensibilisieren sie für kulturelle Aspekte und für Diversität. Bei ihrer Rückkehr zur SAP bringen die Freiwilligen neu gewonnenes Selbstvertrauen und Mitgefühl sowie gestärkte Führungsqualitäten mit.

„Ein Social Sabbatical ist eine Erfahrung, die Menschen prägt, denn sie formt in ihnen eine globalere Denk- und Herangehensweise", sagt Alexandra van der Ploeg, Global Head of Corporate Social Responsibility (CSR) bei SAP, und federführend bei der Innovation des Programms. „Sie gewinnen die Erkenntnis, dass es mehr Dinge gibt, die uns verbinden als uns trennen."

An vorderster Front

Das Programm SAP Social Sabbatical wurzelt in einer Unternehmenskultur, die es wertschätzt, wenn Mitarbeitende gemeinschaftlich Probleme lösen und sich für gesellschaftliche Veränderung engagieren. Schon vor der Entsendung des ersten zehnköpfigen SAP-Teams nach Brasilien im Jahr 2012 war das Programm im Unternehmen begeistert aufgenommen und vom SAP-Vorstand

Hazel Taparan

Country Director, SAP Concur Philippines
SAP-Standort: Manila, Philippinen

↑ Auftaktveranstaltung mit SAP-Team und -Mentorin, PYXERA Global, und Vertretern der Gastorganisation, Südafrika, 2019 (Taparan in der 2. Reihe, 2. von links)

Zwischenmenschliche Beziehungen aufbauen

Mitgefühl, die ethische Grundlage für das Ziel der SAP, das Leben der Menschen zu verbessern, entsteht durch das Aufbauen von authentischen Beziehungen bei der Zusammenarbeit an gemeinsamen Zielen. Diese Erkenntnis hat Hazel Taparan, Country Director, SAP Concur Philippines, aus ihrem SAP Social Sabbatical mitgenommen. 2019 reiste Taparan nach Durban in Südafrika, um als ehrenamtliche Beraterin für das KZN e-Skills Colab zu arbeiten, ein Erweiterungsprogramm der Durban University of Technology zum Aufbau der digitalen Fähigkeiten von Jugendlichen. Durch die Zusammenarbeit mit der Gastorganisation wurde Taparan bewusst, wie viel Positives Sozialunternehmen mit ihren begrenzten Ressourcen erreichen können.

Ihre Erfahrungen brachten sie dazu, in jeder Situation immer Fragen zu stellen und unterschiedliche Perspektiven einzunehmen. „Die Erfahrung im SAP Social Sabbatical hat meine Sicht darauf, wie Ziele erreicht werden, grundlegend verändert", resümiert Taparan, die inzwischen Executive Sponsor für SAP Social Sabbatical auf den Philippinen und Mentorin für das Programm auf globaler Ebene ist. „In einem Unternehmensumfeld mit seiner breiten Verfügbarkeit von Ressourcen geht man wie selbstverständlich davon aus, dass Dinge wie erwartet erledigt werden. Heute weiß ich, dass es sich lohnt, authentische Beziehungen aufzubauen und mit Mut und Mitgefühl ans Werk zu gehen, damit wir Dinge anders machen und unser Ziel gemeinsam erreichen können.

Neue Höhen erklimmen: Die Kunming Jumpers

voll unterstützt worden. „Wir wussten, dass SAP-Mitarbeiterinnen und -Mitarbeiter sich gerne gesellschaftlich engagieren", erinnert sich Brittany Lothe, Head of Learning Engagement bei der SAP, die beim SAP-Social-Sabbatical-Programm Pionierarbeit leistete. „Die Menschen, die bei der SAP arbeiten, sind aufgeschlossen. Sie haben den Willen, Dinge zu erledigen, Probleme zu lösen und einen echten Beitrag zur Verwirklichung der SAP-Ziele zu leisten, ob in der Organisationsentwicklung oder der projektbezogenen Arbeit." Eine der bemerkenswertesten unter den vielen wertvollen Erkenntnissen aus dem Programm ist, wie leicht sich Fähigkeiten vermitteln lassen, um in den unterschiedlichsten Situationen Positives zu bewirken. „Das hören wir von unseren Social-Sabbatical-Teilnehmenden sehr oft", berichtet van der Ploeg. „Viele wussten bisher gar nicht, wie viel Wissen und wie viele Fähigkeiten sie eigentlich haben, die sich in ein anderes Umfeld übertragen lassen. Eine solche Erfahrung gibt einem Menschen Selbstvertrauen."

Bei der Entwicklung des SAP-Social-Sabbatical-Programms schöpfte van der Ploeg aus ihren eigenen Erfahrungen als Freiwillige in Haiti nach dem Erdbeben im Jahre 2010. Damals arbeitete die SAP mit Professor Muhammad Yunus, Friedensnobelpreisträger 2006, zusammen, um ein Freiwilligenteam nach Haiti zu entsenden, das beim Wiederaufbau unterstützt. Sie sah mit eigenen Augen, wie viel Positives das Team für andere Organisationen

bewirken konnte. „Die eigentlichen Experten für gesellschaftliche Innovation sind die leidenschaftlichen Changemaker, die an vorderster Front alles dafür geben, die Welt zu einem besseren Ort zu machen", sagt sie. „Wir können ihnen helfen, effizienter und effektiver zu arbeiten, sodass sie umfassende soziale Veränderungen in Gang bringen."

Alle profitieren

SAP Social Sabbatical orientiert sich eng an den drei Säulen der SAP-CSR-Strategie, die Chancen durch digitale Inklusion eröffnen will. Diese sind:

1. der Aufbau digitaler Fähigkeiten

2. die Beschleunigung der Entwicklung von gemeinnützigen Organisationen und Sozialunternehmen sowie

3. das Mobilisieren der Mitarbeitenden für soziales Engagement

Um die Reichweite und Effektivität des Programms zu optimieren, hat die SAP eine Partnerschaft mit PYXERA Global geschlossen. Diese Organisation hat es sich zur Aufgabe gemacht, das Zusammenwirken von öffentlichen, privaten und gesellschaftlichen Interessen bei der Bewältigung globaler Herausforderungen neu zu konzipieren. Beim SAP Social Sabbatical profitieren drei

Wolfgang Fassnacht

Human Resources Business Partner, Finance,
SAP-Standort: Walldorf, Deutschland

Carolina Milione

Global Operations Manager,
RFP Center of Excellence,
SAP-Standort: Buenos Aires, Argentinien

↑ *Coaching eines jungen Teams in Ghana, 2016*
(Fassnacht in der 2. Reihe rechts)

↑ *Stolz auf ein erfolgreiches Projekt bei Canyou Zhijian,*
China, 2019 (Milione 7. von rechts)

Erfahrung statt Geld

Führungskräfte stellen sich rasch auf neue Herausforderungen ein, um sie zu bewältigen, und inspirieren Menschen dazu, das Beste aus sich herauszuholen. Die Bestätigung, die er aus dem Aufbau der nächsten Generation von SAP-Führungskräften zieht, trägt Wolfgang Fassnacht, Human Resources Business Partner, Finance, bei seiner Tätigkeit als Executive Mentor im SAP-Social-Sabbatical-Programm. Die Begeisterung für das Programm beruht bei Fassnacht auf seinen eigenen Erlebnissen beim SAP Executive Social Sabbatical in Ghana im Jahr 2016.

„Die Verhaltensgrundsätze für Führungskräfte funktionieren auch in einem völlig anderen gesellschaftlichen, ökologischen und kulturellen Kontext", stellt Fassnacht ausgehend von seiner jahrelangen Erfahrung als Mentor für SAP-Führungskräfte während Social Sabbaticals fest. „Man lernt, dass man nicht mit einer eigenen Lösung anrücken kann, die man anderen aufzwingt, sondern dass man die Lösung gemeinsam entwickelt."

Fassnacht bestätigt den dreifachen Wert des Programms, indem die Gastorganisation, die Freiwilligen und die SAP davon profitieren. „Was mich bei der Projektarbeit in Afrika immer am meisten erstaunt hat, ist die Energie und Tatkraft der jungen Menschen, die wir dort kennenlernen dürfen", sagt er. „Diese jungen Menschen brauchen Mentoring und Coaching, damit sie den nächsten Schritt gehen können. Das zeigt die Wichtigkeit des SAP-Social-Sabbatical-Programms, denn wir geben kein Geld weiter, sondern Erfahrung."

Selbstvertrauen tanken

Beruflicher Erfolg beruht auf einer Kombination aus Fähigkeiten und Leidenschaft. Als Carolina Milione als Praktikantin bei der SAP in Buenos Aires anfing, wünschte sie sich einen Job, mit dem sie etwas Positives für die Gesellschaft bewirken konnte. Für die junge Wirtschaftsstudentin schien eine Karriere im öffentlichen Sektor die offensichtliche Wahl. Doch sie entschied sich für SAP, denn „SAP gab mir die Chance, diesen Wunsch zu verwirklichen", sagt Milione. „Wenn ich an das SAP Social Sabbatical zurückdenke, so ist es eines der Dinge, die mich als Mitarbeiterin bei der SAP halten. Es erhält meine Motivation in Bezug auf die SAP und meinen Job." Ihr erstes Social Sabbatical absolvierte Milione 2017 in Buenos Aires bei Libertate. Dieses Sozialunternehmen ist im Bereich Beratungsleistungen und Workshops für digitale Bildung tätig und beschäftigt Menschen mit Behinderungen. Libertate benötigte eine standardisierte Vorgehensweise, um für mehr Transparenz im Unternehmen zu sorgen, nachdem es für seine bahnbrechende Arbeit Bekanntheit erlangt hatte. Milione ist im Rahmen des SAP Month of Service noch heute für Libertate und seinen Ableger Inmigrantes Digitales aktiv.

2019 reiste Milione für ein globales Social Sabbatical nach Shenzhen in China. Inzwischen war sie Managerin eines weltweit verteilten Teams für den Presales-Support. „Das globale Social Sabbatical hat mir geholfen, meine Fähigkeiten zu stärken und Selbstvertrauen aufzubauen", konstatiert Milione. „Ich habe Seite an Seite mit Menschen gearbeitet, die viele Jahre mehr Erfahrung hatten als ich. Als ich erkannt habe, dass ich einen wertvollen Beitrag leisten kann, hat mir das sehr viel Selbstvertrauen gegeben. Seit meiner Rückkehr habe ich die Selbstsicherheit, neue Ideen und Vorschläge einzubringen."

Seiten: Kunden, Mitarbeiter und das Unternehmen. Das Programm unterstützt Kunden dabei, ihre geschäftlichen Probleme zu lösen und die Fähigkeiten zu entwickeln, um ihre Ziele zu erreichen. Die Freiwilligen sammeln Erfahrungen, die für ihre persönliche und berufliche Weiterentwicklung wertvoll sind Und die SAP profitiert selbst dreifach von dem Programm: Es stärkt ihre Unternehmens- und Führungskultur, positioniert sie als attraktiven Arbeitgeber und stellt ihr strategisches Engagement unter Beweis, das Leben der Menschen zu verbessern.

Nachhaltige Veränderungen

„Es ist die kombinierte Wirkung des SAP Social Sabbatical auf die Gemeinschaften, die Ehrenamtlichen und das Unternehmen, die das Programm auf einzigartige Weise von anderen Initiativen unterscheidet", betont Hemang Desai, Global Program Director, SAP Social Sabbatical Portfolio.

„Aufgrund dieser drei Wirkungsbereiche bringt das Programm nachhaltige Veränderungen für alle Beteiligten, die weit über die Laufzeit des Programms hinaus Bestand haben. „Bei unseren Mitarbeiterinnen und Mitarbeitern beobachten wir tiefgreifende Veränderungen, sowohl in der beruflichen Kompetenz als auch in der Persönlichkeit. Sie entwickeln sich durch die Erfahrungen zu toleranten, empathischen Führungskräften mit einer globalen Sichtweise und einem geschärften Blick für Innovation.

Im gesellschaftlichen Bereich unterstützen die Freiwilligen unsere Partner im sozialen Sektor beim Ausbau ihrer Organisation und helfen ihnen damit, die großen gesellschaftlichen Herausforderungen zu bewältigen und nachhaltige Veränderungen in Gang zu bringen", erklärt Desai.

Ein Beispiel für ein Sozialunternehmen, dem es mit Unterstützung eines SAP-Social-Sabbatical-Teams gelang, schnell zu wachsen, ist Tinkerly, ein Unternehmen für Bildungstechnologie mit Sitz im indischen Jaipur. Es hilft Schulen, Lerninhalte für MINT-Fächer kostengünstig in ihre Lehrpläne zu integrieren. „Das SAP-Team war in mehreren Bereichen tätig, etwa im Kundenunterstützungsprozess, in der Organisationsstruktur und in der SWOT-Analyse. Wir hatten in jedem Bereich Probleme, da wir eine Skalierung auf 500 Schulen anstrebten", erzählt Sharad Bansal, Mitgründer und CEO von Tinkerly. „Dank des großen Einsatzes des Teams konnten wir 2.000 Schulen mit Lernangeboten versorgen. So werden wir künftig über eine Million Lernende in Schulen in ganz Indien und darüber hinaus erreichen." ■

Informieren Sie sich ausführlicher über die Sozialunternehmen und gemeinnützigen Organisationen, die Gastorganisationen für SAP Social Sabbatical sind.

VORBILD FÜR FIRMENPARTNERSCHAFTEN

SAP Social Sabbatical ist heute ein Vorbild für Unternehmen, die kompetenzorientierte Freiwilligenarbeit in ihr Corporate-Social-Responsibility-Programm integrieren möchten. Doch auch mit der breiten Anerkennung und Unterstützung entwickelt sich SAP Social Sabbatical ständig weiter.

2018 wurde die SAP am Hauptsitz der Vereinten Nationen in New York mit dem neu geschaffenen IMPACT2030 Award für Collaboration for Good ausgezeichnet. Grundlage hierfür war die äußerst produktive ehrenamtliche Zusammenarbeit mit GSK in Ruanda. Dieser Erfolg befeuerte eine Ausweitung des SAP Social Sabbatical auf Ehrenamtliche aus mehreren Unternehmen, indem andere Organisationen sich gemeinsam mit SAP-Mitarbeiterinnen und -Mitarbeitern in breit aufgestellten Teams engagieren können.

Seitdem arbeitet die SAP diesbezüglich mit Unternehmen wie BMW, EY, Nestlé, Medtronic und vielen anderen zusammen. Das gemeinsame ehrenamtliche Engagement von Fachkräften aus mehreren Unternehmen stützt sich auf die Reputation der SAP für stabile Partnerschaften. Dieses Modell bietet Unternehmen jeder Größe und Branche einen einfachen Einstieg in die Freiwilligenarbeit für die Bewältigung gesellschaftlicher Herausforderungen und den Aufbau einer besseren Welt.

↑ SAP-Team unterwegs in Kolumbien, 2015.

↖ Abschlusszeremonie des Projekts an der Elfenbeinküste im Jahre 2018.

↗ Das Social-Sabbatical-Team auf einer Exkursion in Mexiko 2019.

↙ Ideen austauschen und gemeinsam Innovationen entwickeln: Südafrika, 2019.

Namaste
INDIEN

Eine symbiotische Beziehung

Nach der wirtschaftlichen Öffnung in Indien Anfang der 90er-Jahre trug SAP maßgeblich zur Globalisierung der indischen IT-Branche bei. Und profitierte selbst von ihrem Aufschwung.

Von Michael Zipf

Ob Bengaluru, Neu-Delhi, Kalkutta oder Mumbai – Lakshman Pachineela Seshadri verbrachte Mitte der 90er-Jahre viel Zeit auf den Flughäfen Indiens und in den Maschinen der damaligen Indian Airlines. Dazwischen hetzte Seshadri, den man bei SAP und in der Branche nur „Lucky" nannte, von einem potenziellen Neukunden zum nächsten, beantwortete geduldig deren Fragen zu Funktionalität, Kosten oder Implementierungszeiten. „Wir haben damals die Türen zu interessierten Firmen geöffnet. Wir reisten wie verrückt, ich war jeden Tag in einer anderen Stadt und ich konnte nie sicher wissen, in welcher Stadt ich übernachten würde. Es ging ziemlich hektisch zu."

Im März 1996 gründete die SAP ihre Tochter in Indien mit der Zentrale in Bengaluru, zu der bald zwei Büros in Mumbai und Neu-Delhi hinzukamen. Zuvor waren indische Unternehmen von Singapur aus betreut worden. Seit 1994 fungierte zudem die Siemens-Tochter Siemens Information Systems Limited (SISL) als Wiederverkäufer von SAP-Software.

Als Seshadri im November 1996 zur SAP kam, gehörte er zu den ersten zehn SAP-Mitarbeitern in Indien. Seine Aufgabe war es, ein Presales-Team aufzubauen, und da es auch noch keine Beratungsorganisation gab, kümmerte er sich die ersten Monate darum gleich mit. „Da waren einige Berater aus Deutschland und Südafrika beim Kunden Mahindra & Mahindra im Einsatz, aber noch gab es ganz wenig SAP-Know-how in Indien", erinnert sich Seshadri.

Country Version India und Gründung der SAP Labs

Während in den bereits etablierten Vertriebsregionen Europa und USA vor allem Partner die Implementierung der Software übernahmen, gab es diese Partner in Indien noch nicht. Und so mussten die SAP-Kolleginnen und Kollegen alle Beratungsprojekte in Indien zunächst selbst übernehmen. „Glücklicherweise konnten die Firmen hier schon etwas mit Client-Server anfangen", erzählt Seshadri.

SAP R/3, die neue Generation von ERP-Software, war in den USA und Europa im Laufe des Jahres 1992 auf den Markt gekommen. Angesichts des sehr spezifischen indischen Steuersystems und lokaler Gesetzgebung begann SAP Ende 1995 mit der Lokalisierung von R/3 und der Erstellung einer „Country Version India". Dazu beauftragte SAP zunächst eine SISL-Tochter, ehe man Anfang 1997 beschloss, die indische Landesversion von einem eigenen Team weiterentwickeln zu lassen. Dieses Team bildete dann zusammen mit der von SAP übernommenen Firma Kiefer & Veittinger, die in Bengaluru rund 90 Mitarbeiter beschäftigte, den Kern der SAP Labs India, die am 13. November 1998 offiziell gegründet wurden. Zwei Jahre zuvor, als Seshadri bei SAP einstieg, war es aber durchaus noch mühsam, die Unternehmen von den Vorzügen von R/3 zu überzeugen. „Wir mussten über die Gesamtbetriebskosten, die Implementierungs-, Netzwerk- und Hardwarekosten Auskunft geben und gleichzeitig die Architektur entwerfen. Viele starteten langwierige Diskussionen, ehe sie einen Vertrag unterzeichneten."

Trotz mancher Hürde kam das SAP-Geschäft in Indien nun in Schwung. Bei einer Pressekonferenz im Februar 1997 betonte Les Hayman bereits die bedeutende und wachsende Rolle Indiens und kündigte hohe Investitionen der SAP im Land an. Mitte 1997 zählte SAP Indien mehr als 30 Kunden und R/3 konnte einen Anteil von 65 Prozent auf dem Markt für Client-Server-Software verbuchen.

Die ersten Kunden in Indien ließen sich dabei drei Gruppen zuordnen. Da gab es zunächst die Töchter globaler Konzerne wie Dow Chemical, ABB und Colgate Palmolive; zweitens waren da staatliche Unternehmen wie ONGC und BPCL; und drittens gehörten große private Firmen wie Mahindra & Mahindra, Tata Group, Reliance und Arvind Mills zu den SAP-Kunden.

Erste Meilensteine

Seshadri erinnert sich an den ersten Kunden Haldia Petrochemicals, den die Vertriebler Ende 1996 von Indien aus an Land zogen. „Die errichteten rund 120 Kilometer von Kalkutta entfernt im Hafen von Haldia eine große petrochemische Produktionsanlage. Das war ein Meilenstein für uns."

Ein lokales Support-Team wurde installiert, um der wachsenden Kundenzahl bei etwaigen Problemen unter die Arme zu greifen. Gleichzeitig entwickelte sich rund um SAP ein Netzwerk an Partnern, die zusätzliche Lösungen programmierten, Software verkauften und Implementierungsprojekte übernahmen. Alle hatten Bedarf an IT-Experten – von denen es genügend gab. „Wir schalteten kleine Anzeigen in den wichtigsten Tageszeitungen des Landes, um BeraterundPresales-Mitarbeiter zu finden", erzählt Seshadri. „Innerhalb einer Woche bekamen wir rund 2.200 Bewerbungen." Im November 1998 eröffnete SAP dann nicht nur die SAP Labs India in Bengaluru, sondern auch ein „Sapient College" in Mumbai, wo sich Kunden, Partner und Einzelinteressenten als SAP-Berater zertifizieren lassen und weiterbilden konnten.

SAP LABS INDIA

Am 13. November 1998 wurden die SAP Labs India im neuen ITPL-Gebäude (International Technology Park Limited) in Whitefield, rund 15 Kilometer außerhalb des Zentrums von Bengaluru, eröffnet. Die ersten etwa 100 SAP-Mitarbeitenden konnten ihre Arbeit aufnehmen.

Heute arbeiten auf dem 2003 eingeweihten eigenen Campus in Whitefield rund 11.000 Menschen, etwa 9.500 von ihnen sind SAPler, dazu kommen zahlreiche Mitarbeiter von Drittfirmen.

Für Clas Neumann, der die SAP Labs India von 1999 bis Anfang 2005 als Geschäftsführer (zuerst zusammen mit Udo Urbanek, später mit Martin Prinz) und von 2007 als Präsident entscheidend mitgeprägt hat, begründete SAP nicht nur die Disziplin der Entwicklung von Standardsoftware. „SAP folgte nicht dem damaligen Trend, IT-Arbeit am unteren Ende der Wertschöpfungskette in Offshore-Länder wie Indien zu verlagern", sagt Neumann, der heute Chef des globalen Netzwerks der SAP Labs ist.

Vielmehr wurden die Labs in Indien als eines der wichtigsten Entwicklungszentren integriert und so wurde SAP zum Vorreiter für Prozesse der verteilten Forschung und Entwicklung".

Heute sind die SAP Labs India nach Walldorf der zweitgrößte Entwicklungsstandort der SAP. In Bengaluru, Gurgaon und Pune arbeiten Teams an allen wichtigen SAP-Lösungen.

Als einer von vier „Global Hubs" (neben Deutschland, China und USA) laufen in den SAP Labs India viele Fäden zusammen. „Dieser Standort hat heute eine enorme strategische Bedeutung für SAP", sagt Neumann.

Einen enormen Aufschwung erlebten die indischen Anbieter von Offshore-Dienstleistungen und Systemintegratoren wie Infosys, Tata Consultancy Services, Satyam oder Wipro – und alle gingen Kooperationen mit SAP ein, um vom steigenden Bekanntheitsgrad und dem hervorragenden Ruf der Software „made in Germany" zu profitieren. Nirgendwo sonst fand aber auch SAP ein so großes Reservoir an IT-Experten, die nicht nur Beratungs- und Implementierungswissen beisteuerten, sondern auch innovative Anwendungen und Branchenlösungen entwickelten – zunehmend auch in den eigenen SAP Labs.

Auf die Landkarte

So wuchs die SAP und mit ihr und den anderen Global Playern, die sich in Indien angesiedelt hatten, eine ganze Branche. Und die SAP trug ihren Teil dazu bei, dass sich die Systemintegratoren und andere indische Unternehmen auf den Weltmärkten etablieren konnten.

Alan Sedghi, von 2002 bis 2007 President der SAP in Indien und auf dem indischen Subkontinent, formulierte es so: „Ich glaube, dass SAP viel dafür getan hat, indische Unternehmen auf die Landkarte der globalen Wirtschaft zu bringen."

Seshadri, der bis 2019 bei SAP arbeitete, kann da nur zustimmen: „Beide, die indische IT-Branche und SAP, haben enorm voneinander profitiert, und tun das bis heute." ∎

Die Geschichte der SAP Labs India

↑ Neue Mitarbeiter der SAP Indien beim FKOM in Singapur 1997 (von links): Subbu Iyer, Waman Dukle, Lakshman Seshadri, Shyam Prasad Baddepudi (hinter Seshadri), Ashish Manakthala, Avijit Biswas (hinter Manakthala), Andy Kalambi, Thiruvengadam und Partha Bose.

↖ Trugen maßgeblich zum Aufbau der SAP in Indien bei (Aufnahme aus dem Jahr 2004): die Geschäftsführer der SAP Labs Martin Prinz (links) und Clas Neumann (rechts) sowie Vorstandsmitglied Gerhard Oswald.

↗ Das erste SAP-Büro in Bengaluru: Die örtlichen Gesetze forderten, dass Firmenlogos an Gebäuden in der lokalen Sprache angebracht wurden.

↙ Zählte zu den ersten zehn Mitarbeitern der SAP Indien: Lakshman „Lucky" Pachineela Seshadri.

Überzeugungstäter in Sachen ABAP:
Frank Jentsch, Karl Kessler, Harald Kuck (von links).

Die Steampunker

Knapp 40 Jahre alt ist die Programmiersprache ABAP, mit der SAP die Wirtschaft in Echtzeit ermöglicht hat. Sie bringt der SAP auch im Cloud-zeitalter entscheidende Wettbewerbsvorteile. Dies verdankt sie leidenschaftlichen Mitarbeitenden, die immer an ABAP geglaubt haben.

Von Jürgen Zimmermann

„Wäre das meine Firma, würde ich 100 junge Leute einstellen und auf das Thema ansetzen." Mit diesen Worten bringt Harald Kuck bei einem Telefonat Ende 2016 seine tiefste Überzeugung auf den Punkt. Am anderen Ende der Leitung ist SAP-Mitgründer und Chief Software Advisor Hasso Plattner. Das Thema des Telefonats: Soll die Firma mitten im größten Cloud-Hype noch einmal in die Entwicklung ihrer proprietären Programmiersprache ABAP investieren? Bei dieser wichtigen Weichenstellung geht es nicht nur um die Jobs von 100 neuen Mitarbeitenden. Vielmehr steht die zukünftige technologische Ausrichtung der SAP, ihrer Bestandskunden und -partner zur Debatte. Harald Kuck, seit über 30 Jahren bei SAP und Leiter der ABAP-Entwicklung, hatte bereits zuvor in vielen Gesprächen mit dem Vorstand und Aufsichtsrat dargelegt, warum er überzeugt sei, dass sich weitere Investitionen lohnen würden.

Die Entscheidung kommt eine halbe Stunde später: Harald Kuck und Boris Gebhardt, sein langjähriger Weggefährte und Chief Product Owner, gönnen sich nach dem anstrengenden Telefonat erst mal ein Bierchen. Als sie das zweite gerade geöffnet haben, kommt der Rückruf von Plattner. Er gibt grünes Licht für die Einstellung und damit auch die entscheidende Starthilfe für „Steampunk".

Steampunk? Der Begriff steht laut Wikipedia für eine „Vorstellung der Zukunft aus der Perspektive früherer Zeiten" und ist die Überschrift eines weiteren Kapitels der Erfolgsgeschichte der SAP-Programmiersprache, das Harald Kuck, Boris Gebhardt und ihre Mitstreitenden von da an schreiben können. Steampunk bezeichnet auch die „Brücke", die sie von der ursprünglichen SAP-Technologie zur neuen Welt des Cloud-Computing schlagen. Über diese Brücke können nun viele SAP-R/3-Kunden den Weg in Richtung SAP S/4HANA und in ein neues Zeitalter gehen und dabei ihre Investitionen der letzten Jahrzehnte in Richtung Cloud transformieren.

Mit Volldampf in die Cloud

Rückblende: Erstmals wird „Steampunk" im Jahr 2017 erwähnt. Im Star-Trek-Anzug verkündet der damalige Chief Technology Officer Björn Goerke bei der Entwicklerkonferenz SAP TechEd, was die Kunden von der Initiative erwarten können: Auf der SAP Cloud Platform (heute SAP Business Technology Platform, BTP) bietet SAP neben den typischen Cloud-Programmierumgebungen auch eine ABAP-Programmierumgebung. SAP, Kunden und Partner können damit auch künftige, cloudbasierte Anwendungen und Erweiterungen mit ABAP bauen.

„Wäre das meine Firma, würde ich 100 junge Leute einstellen und auf das Thema ansetzen."

Auf ABAP: Ende 2016 stößt Harald Kuck spätabends im SAP-Büro gemeinsam mit Boris Gebhardt (kleines Bild) auf ein erfolgreiches Telefonat mit Hasso Plattner an.

Bei Kunden und Mitarbeitenden schlägt die Ankündigung ein, es gibt viele positive Reaktionen. ABAP schien bis dahin auf einem Abstellgleis gelandet zu sein. Doch nun zeigt sich eine Möglichkeit, all die Programmzeilen, die SAP und Tausende Kunden in den zurückliegenden Jahrzehnten geschrieben haben, all das codierte Business-Know-how und all die ausgebildeten ABAP-Fachkräfte in die Cloud zu überführen. Plötzlich zeigt sich das Bild einer Brücke, die die alte SAP-Welt mit der Zukunft verbindet. Was noch fehlt, ist der Beweis, dass die Brücke gebaut werden kann und wirklich hält.

Von da an wird mit Hochdruck an Steampunk gearbeitet. Srini GV aus Bangalore kann sich noch gut an die Aufbruchstimmung dieser ersten „Bauphase" erinnern. Bevor der Entwickler zu SAP kam, arbeitete er bei zwei anderen Firmen. Von ABAP hatte er vor SAP noch nie gehört, geschweige denn wurde er darin ausgebildet. Bei SAP macht er sich damit vertraut. Die Ankündigung bei der TechEd klingt für ihn vielversprechend: „Da bot sich eine einmalige

Chance, und ich habe sie ergriffen." Er wird ein sogenannter Development Angel für Steampunk, der als Entwickler ganz eng mit einigen der ersten 15 ausgewählten Kunden zusammenarbeitet. Das neue Produkt quietscht und klemmt jedoch noch an vielen Stellen. ABAP hat einiges aufzuholen. „Da brauchte es absolute Bereitschaft für die Sache und auch ein paar schlaflose Nächte", erzählt Srini GV, der mittlerweile die Entwicklung der ABAP-Programmiertools verantwortet. Sein Einsatz lohnt sich. Der Kunde, den er begleitet, arbeitet heute erfolgreich mit den Steampunk-Lösungen. Das bedeutet, die Kundenprogrammierer schreiben neue Cloudanwendungen in ABAP auf Basis der SAP BTP.

Ganz nah bei den Kunden

Für Steampunk-Projektleiter Frank Jentsch ist die enge Zusammenarbeit mit den Kunden einer der wichtigsten Erfolgsfaktoren.

↑ Brückenbauer: Harald Kuck will ABAP in die Cloud führen.

← Den Zugang zu ABAP demokratisieren: Srini GV.

→ Vertreter einer neuen Generation von ABAP-Kennern: Florian Wahl.

Er kommt beinahe ins Schwärmen, wenn er berichtet, wie SAP-Mitarbeitende gemeinsam mit ihren Kunden die Lösung entwickelt haben – wie in den Anfangszeiten der SAP sei auch Steampunk direkt unter Realbedingungen beim Kunden entstanden. Nach der Ankündigung im Spätjahr 2017 folgten im Frühjahr 2018 ein Prototyp und im September 2018 die erste offizielle Version für Kunden.

Nicht nur das Zusammenwirken mit den Kunden scheint zu funktionieren. „Wir hatten mit allen Teams bei SAP eine wahnsinnig gute Zusammenarbeit", berichtet Matthias Schmitt, Chief Architect beim Produkt Master Data Governance. Schmitt und sein Team stehen Ende 2018 vor einer Richtungsentscheidung. Das bestehende Produkt zur Stammdatenverwaltung, eines der Kernprodukte, muss für die Cloud erneuert werden. Anstatt jedoch komplett auf die Cloud-Native-Technologie zu setzen, macht sich Schmitt dafür stark, es mit Steampunk zu versuchen: „Wir sahen darin die Chance, unsere vorherigen Investments von fünf bis sechs Jahren Entwicklung in ABAP und vor allem die über Jahrzehnte gesammelte Businesslogik zu erhalten. Gerade ein so komplexes Produkt wie die Stammdatenverwaltung profitiert von den ABAP-Stärken."

Dennoch braucht es viele interne Diskussionen mit dem Management und solide Überzeugungsarbeit, bis im April 2020 endgültig die Entscheidung fällt, das neue Stammdatenmanagement mit Steampunk zu bauen. Heute ist Schmitt froh über die Entscheidung, denn die Technologie funktioniert und durch das bestehende Know-how arbeitet sein Team an vielen Stellen effizienter.

Demokratisierter ABAP-Zugang

Nicht nur Schmitt ist zufrieden. Steampunk oder das „SAP Business Technology Platform ABAP Environment" (offizieller Produktname) ist Mitte 2021 bei einer dreistelligen Zahl von Kunden weltweit im Einsatz – mit steigender Tendenz. Außerdem birgt Steampunk auch das Potenzial, der Cloud-Suite SAP S/4HANA Cloud zum entscheidenden Durchbruch zu verhelfen. Mit einem „Embedded Steampunk" soll es Kunden künftig möglich sein, cloudfähige ABAP-Erweiterungen direkt in S/4HANA Cloud zu entwickeln. „Auch in der Cloud sind reichhaltige Erweiterungsmöglichkeiten sehr wichtig. Deshalb kann Embedded Steampunk für S/4HANA Cloud zum richtigen Zugpferd werden", sagt Chief Product Owner Boris Gebhardt.

Wieso kann SAP aber heute noch mit einer Programmiersprache aus den frühen 1980er-Jahren punkten? Grund ist das Wesen der Programmiersprache selbst, weiß Karl Kessler, der bei SAP seit seinen Anfängen 1992 mit ABAP arbeitet und heute das Produktmanagement der ABAP-Plattform leitet. Von früh an sei die Programmierumgebung sehr umfassend gewesen, sodass Entwickler effizient entwickeln und schnell das Ergebnis ihrer Arbeit sehen könnten. Das zeichne die Sprache bis heute aus und werde immer weiter verbessert.

„Die enge Zusammenarbeit mit den Kunden ist ein wichtiger Erfolgsfaktor."

Kennt die Vorteile der Cloudwelt: Frank Jentsch.

„Am Ende war die Sprache wendig und flexibel genug, um nach den Hypes die Nase vorn zu haben."

Ist von der Flexibilität der Programmiersprache überzeugt: Karl Kessler.

Für Kessler noch wichtiger: „Es ist unsere Sprache, und wir haben sie in der Hand. Gleichzeitig haben wir den Quellcode der ABAP-Anwendungen von Anfang mit ausgeliefert. Unsere Kunden haben das Implementierungswissen immer auf der Installations-CD mitgeschickt bekommen und konnten damit arbeiten. Das haben sie schon immer geschätzt." Mit Steampunk geht die SAP noch einen Schritt weiter und „demokratisiert den Zugang zu ABAP", wie Srini GV beschreibt. Damit meint er, dass heute nicht mehr nur Kunden mit ABAP arbeiten können, sondern mittels Steampunk alle Entwicklerinnen und Entwickler auf der Welt in der ABAP-Entwicklungsumgebung in der Cloud programmieren können.

Totgesagte leben länger

Dennoch wird ABAP seit der Jahrtausendwende immer wieder totgesagt. Zu behäbig, zu proprietär, nicht genug verbreitet, lauten die Argumente im Cloudzeitalter. Tatsächlich ist ABAP in den letzten zwei Jahrzenten nie vorne dabei, wenn neue Architekturtrends die Branche voranbringen, bestätigt Kessler. „Aber am Ende war die Sprache wendig und flexibel genug, um nach den Hypes die Nase vorn zu haben", beschreibt er die Situation beinahe zärtlich. Natürlich sei ABAP in erster Linie für komplexe Geschäftsanwendungen verfasst. Für simple Anwendungen taugten andere Sprachen besser. Auch Start-ups werden wohl nicht auf ABAP als erste Wahl setzen. Wenn in großen, multinationalen Konzernen jedoch komplexe Betriebsabläufe abgebildet und organisiert werden müssen, habe ABAP auch nach 40 Jahren große Vorteile.

Dabei profitierte auch ABAP von vielen technologischen Weiterentwicklungen in den vergangenen Jahren. Kessler ist überzeugt, dass etwa die Strategieentscheidung für die In-Memory-Technologie und SAP HANA der ABAP-Technologie einen wichtigen Lebensimpuls verpasste. Auch eine regelmäßige Modernisierung – sprich Entrümpelung – von ABAP, sei hilfreich und notwendig. Nur ein Teil der alten Objekte werde in der neuesten Steampunk-Version noch verwendbar sein, schätzt Kessler.

Attraktiv auch für den Nachwuchs

Mindestens ebenso wichtig wie die technologischen Veränderungen sind die Eigenschaften der Planer und Macher, vor allem ihre Bereitschaft, sich auf Neues einzulassen. Kuck, Kessler, Gebhardt und Jentsch ist gemeinsam, dass sie die Vorteile der neuen Cloudwelt kennen und akzeptieren. Für sie gibt es nicht das „Entweder-oder", sondern stattdessen die Suche nach einer sinnvollen Verbindung mit ABAP. „Die Ansätze der Cloud sind richtig gut, aber was fehlte, ist die Übersetzung in den SAP-Alltag", sagt Kuck.

Überzeugungskraft und Beharrungsvermögen sind ebenfalls gefragt. Um zu Steampunk zu gelangen, muss mancher Felsbrocken aus dem Weg geräumt werden. „Während Cloud-Native-Projekte schnell gestartet wurden, mussten wir immer wieder haarklein durchrechnen und nachweisen, welche Vorteile ein Steampunk-Projekt bringt", berichtet Matthias Schmitt. Selbst viele ABAP-Entwicklerinnen und -Entwickler stehen Steampunk zunächst ablehnend gegenüber, und es bedarf vieler Gespräche, um sie von den Plänen zu überzeugen. Auch Entscheiderinnen und Entscheider zeigen sich inzwischen meist offen für die Steampunk-Argumente.

Ein weiteres Hindernis: Als Harald Kuck das denkwürdige Telefonat mit Hasso Plattner führt, beträgt das Durchschnittsalter seiner ABAP-Entwickler 47 Jahre, und es fehlt der Nachwuchs. „Wenn Dir die Jungen wegbrechen, stirbst Du aus", sagt es Karl Kessler deutlich. So muss nicht nur die Technologie, sondern auch die Entwicklungsabteilung verjüngt werden. Zudem gilt es, bei den Nachwuchskräften die gleiche Leidenschaft zu wecken wie bei den „Alten".

Bei Florian Wahl hat das geklappt. Er ist einer der 100 neu im Team eingestellten „Jungen". Der Wirtschaftsinformatiker arbeitete zunächst bei IBM und von 2016 an bei SAP im Technologievertrieb. Dabei teilten ihm Kunden regelmäßig mit, dass sie den von SAP in die Cloud eingeschlagenen Weg zwar für richtig hielten, sich aber auch die Sicherung ihrer Investments in ABAP wünschten. Als er 2018 von Steampunk hört, ist ihm klar: „Das muss erfolgreich werden – bei der Kundennachfrage." So wechselt Wahl ins Steampunk-Produktmanagement in der Entwicklungsorganisation und betreut von Anfang an Kunden und Anwendergruppen.

Dabei läuft nicht jede Produkteinführung reibungsfrei. Gerade der intensive Austausch mit Kunden, die sich sehr gut in der Technologie auskennen und diese damit voranbringen, zählt Wahl zu den Highlights seines Jobs. Mittlerweile schauen die Kunden überwiegend positiv auf Steampunk. Florian Wahl: „Auch die jungen Leute bei den Kunden sehen: Es lohnt sich, sich mit Steampunk zu beschäftigen." Besonders motivierend ist für ihn, dass die Entwicklungsvorstände bei jeder größeren Messe darüber berichten, was es Neues von Steampunk gibt. Die Wahl-Generation wächst: Mehr als die Hälfte der ABAP-Entwickler wurde im Laufe der vergangenen vier Jahre eingestellt. Sie alle nutzen den Begriff Steampunk noch heute. Das zeugt vom Stolz, die ursprünglichen Bedenken überwunden und die Hindernisse aus dem Weg geräumt zu haben.

Langfristig belastbar?

Wie geht es nun weiter mit Steampunk? Die Technologie funktioniert, erste Kunden haben die sich noch im Bau befindliche Brücke bereits betreten. Nun gilt es, ABAP weiterhin auf Cloudanforderungen wie Skalierbarkeit und dauernde Verfügbarkeit zu optimieren. Ein weiterer Test, wie stabil die Brücke bereits ist, wird sein, ob „Embedded Steampunk" bei der S/4HANA Cloud die entscheidenden Vorteile für Kunden bringen kann.

So muss sich in den kommenden Jahren zeigen, ob sich die ABAP-Technologie ein weiteres Mal durchsetzt und als langfristig belastbare Brücke in die Zukunft taugt. Am Willen der beteiligten Architektinnen und Konstrukteure mangelt es nicht. „Ich bin jetzt 62 und möchte das erfolgreich auf den Weg bringen", sagt Harald Kuck über seine Zukunft und über die Brücke, die er mit vielen anderen baut. ∎

WAS IST ABAP?

ABAP ist die hauseigene (proprietäre) Programmiersprache und Technologieplattform der SAP. Sie ist optimiert für die Entwicklung und den Betrieb geschäftskritischer Anwendungen.

ABAP bietet viele eingebaute Features und Services wie ABAP SQL, Transaktionshandling, Erweiterbarkeit und ein ausgefeiltes Datenmodell (Data-Dictionary). Das alles erlaubt Anwendungsentwicklern, sich voll und ganz auf die Geschäftslogik zu konzentrieren, ohne in die Tiefen der unterliegenden technischen Schichten abtauchen zu müssen, wie das bei einigen anderen Programmiersprachen der Fall ist. Ebenso verfügt ABAP seit jeher über ein sehr ausgereiftes Software-Lifecycle-Management und reichhaltige Test- und Analysewerkzeuge, um Geschäftsanwendungen auf Dauer auf dem aktuellen Stand und funktionstüchtig zu halten.

Die ursprüngliche Idee geht auf den SAP-Mitgründer Klaus Tschira zurück. Er realisierte ein Allgemeines Belegauswertungsprogramm in Form von Assemblermakros für die Datenselektion und Listenaufbereitung für das System RFM (Realtime-Finanzbuchhaltung und -Materialwirtschaft).
In den 1980er-Jahren schuf Gerd Rodé ABAP/4 als eigenständige 4GL-Programmiersprache (Sprache der vierten Generation) und stellte mit dem Allgemeinen Berichtsaufbereitungsprozessor den zugehörigen Interpreter für das System R/2 bereit. ABAP/4 verfügte damals bereits über eine integrierte Entwicklungsumgebung mit Data-Dictionary, alphanumerischem Screen Painter, ABAP-Editor und Debugger.
Die SAP-Entwicklerinnen und -Entwickler nutzten ABAP/4, um Anfang der 1990er-Jahre sämtliche Module des Systems SAP R/3 zu programmieren. Mit der zunehmenden Verbreitung wurde ABAP in „Advanced Business Application Programming" umbenannt. Viele grundlegende, innovative Technologien wie Objektorientierung und Webentwicklung wurden im Laufe der Jahre in ABAP integriert.

Noch heute sind die meisten SAP-Lösungen wie die SAP Business Suite und SAP S/4HANA in ABAP programmiert. ABAP wird kontinuierlich erweitert, um die technischen Herausforderungen zu meistern. Der Schwerpunkt liegt auf der Entwicklung von cloudfähigen ABAP-Anwendungen, die für SAP HANA optimiert sind. Auch SAP-Partner und -Kunden verwenden ABAP, um Anwendungen zu entwickeln oder den ausgelieferten SAP-Standard zu erweitern und an eigene Anforderungen anzupassen.

50 GESICHTER DER SAP

Tolles Teamwork

33 | Ricardo Avila fing 1996 als Experte für Verträge bei der SAP an. Unter anderem war er für die Preisgestaltung in Lateinamerika verantwortlich. 2004 wechselte er nach Miami in die Hauptniederlassung der Region. Heute ist er Commercial Finance Head für Lateinamerika.

„Wir wuchsen schnell und jeder bemühte sich, all die Aufträge zu schaffen, um dieses Wachstum zu unterstützen. Die SAP war marktführend, und wir konnten die besten Unternehmen weltweit als Kunden gewinnen – ob klein, mittelständisch oder groß. Natürlich haben sich inzwischen viele Dinge geändert. Aber wir sind immer noch führend und das beste Unternehmen der Welt. Wir haben die besten Mitarbeiter und die besten Lösungen. Ich war immer sehr stolz darauf, für die SAP zu arbeiten. Der Kunde steht bei uns immer an erster Stelle und kann immer auf unsere Unterstützung zählen. Wir respektieren die Meinung anderer und unterstützen unsere Mitarbeiter ebenso wie unsere Kunden. Ich denke, dass diese Werte bei der SAP immer vertreten wurden – von Beginn an bis heute.
Lateinamerika ist nicht die größte Region, aber obwohl wir klein sind, sind wir für die SAP von großer Bedeutung. Wann immer ich jemanden hier bei der Firma oder in einer anderen Region anrufe, erhalte ich stets die Unterstützung, die ich benötige. Die Teamarbeit war immer herausragend."

Luxus und Überfluss

34 | Doris Winkler (im Bild mit ihrem Mann) arbeitete als Programmiererin bei Robotron in Dresden, als die deutsche Wiedervereinigung kam. Nun wurden keine Programme mehr geschrieben, sondern Bewerbungen. Nach einem kurzen, aber herzlichen Personalgespräch wurde sie bei SAP angenommen.

„Drei Monate lange sollte ich nun zusammen mit neun weiteren Kollegen aus unserer Abteilung bei der SAP ausgebildet werden. Das war schwierig für mich und meine Familie, denn ich hatte zu dieser Zeit eine 11-jährige Tochter, die mich natürlich zu Hause brauchte.
Der Montag startete mit dem ersten Kurs. Ich war überwältigt, nein, nicht vom Kurs, aber von dem Service, der uns Kursteilnehmern geboten wurde. Das gewaltige Gebäude auf der heutigen Dietmar-Hopp-Allee, Kaffee und Getränke umsonst, Mittagessen vom Feinsten und Tennisplätze am Haus. Es war irgendwie nicht fassbar, dieser Unterschied zu den bisher gekannten Bedingungen in einer Firma. Nein, uns ging es nicht schlecht in der DDR. Was ich hier erlebte, waren Luxus und Überfluss pur, und das machte mich erst einmal sehr unsicher.
Das Klima in Walldorf war gut, und es war nichts Besonderes, wenn man Hasso Plattner auf dem Gang traf und mit ‚Hallo' gegrüßt wurde. Wir lernten täglich jede Menge, wie man mit einem PC umgeht, was man mit der Maus macht, wir lernten mit Kunden zu telefonieren, wir bekamen zu spüren, dass wir besser Englisch anstatt Russisch hätten lernen sollen. Ich hatte großes Glück, ja, so empfinde ich es wirklich, bei SAP zu arbeiten, und bin stolz, ein ganz kleiner Teil dieses Unternehmens zu sein."

Keine leeren Versprechungen

35 | Simon Carpenter trat 1994 dem Presales-Team von SAP South Africa bei. Später wurde er Leiter des Bereichs Presales, Marketingleiter, COO und Head of Business Analytics von SAP South Africa. Danach wurde er Chief Customer Officer und zuletzt Chief Technology Advisor für SAP Africa. Im Januar 2019 wechselte er nach Großbritannien und ist nun Mitglied des Teams EMEA North RISE.

„Ich wurde schon oft gefragt, wie ich denn so lange in einem Unternehmen bleiben könne? Meine Antwort lautet immer: Weil die SAP noch nie nur ein Unternehmen war. Sie ist kein Zirkuspferd, das nur eine Nummer perfekt beherrscht. Jedes Jahr bringt Fortschritte und Veränderungen mit sich, während wir, gemeinsam mit unseren Kunden, immer komplexere Herausforderungen meistern. Wer sich bei SAP langweilt, der macht etwas falsch, denn es gibt so viele Möglichkeiten zu lernen, zu wachsen und etwas beizutragen. Was mich schon so lange bei der SAP hält, sind die intelligenten, motivierten Mitarbeiter, mit denen ich zusammenarbeite, unsere Kunden und die intellektuelle Herausforderung, die mit dem, was wir machen, einhergeht.
Ich bin wirklich der Meinung, dass es unsere Kultur und Werte sind, die die SAP zu einem ganz besonderen Arbeitgeber machen. Natürlich hat sich das Unternehmen im Laufe der Jahre gewandelt. Es ist gewachsen und dadurch zwangsläufig politischer und bürokratischer geworden. Und im Laufe der Jahre haben wir einen gewissen Anteil an unsympathischen Führungskräften und Blendern mit Management-Defiziten gesehen. Aber sie hielten sich nicht lange, denn darum geht es bei der SAP nicht. Und wir machen keine leeren Versprechungen: Ich bin stolz darauf, dass die SAP bei Schwierigkeiten immer die Initiative ergreift, um ein erfolgreiches Ergebnis zu gewährleisten – auch wenn es für uns manchmal erheblichen Zeit- und Arbeitsaufwand bedeutet. Ich glaube auch, dass wir uns durch unser Engagement für Vielfalt und Nachhaltigkeit wirklich vom Wettbewerb abheben, denn unsere Branche ist nach wie vor männlich dominiert und in vielen Fällen zu stark auf Technologie fokussiert.
In einer Welt voller Unbeständigkeit, die mit existenziellen Gefahren verbunden ist – vom Klimawandel und Atomkrieg bis hin zum Missbrauch von Daten und unzureichend geregelter KI – ist es meiner Meinung nach wichtig, Teil eines Teams intelligenter, motivierter Menschen zu sein, die versuchen, etwas Gutes zu tun."

Beziehungen aufbauen und Spaß haben

36 | James (Jim) Gunn wurde im Juni 1997 als Regional Controller für Lateinamerika eingestellt. Später wurde er zum Finance Director für Lateinamerika befördert, und von 2003 bis 2006 war er Finanzchef für die Region. Heute ist Gunn Mitglied des Teams Strategic Finance Projects.

„Als ich bei SAP anfing, hatte ich den Eindruck, dass SAP Lateinamerika wie ein kleiner Neuling angesehen wurde. Doch es kam zu einem imposanten Wachstum, und als ich Lateinamerika verließ, hatte sich die Wahrnehmung geändert. Man erkannte an, dass die Niederlassungen in erheblichem Maße zum Erfolg des Konzerns beitragen.
Im Vordergrund stand immer das große Engagement der Mitarbeitenden, und es wurde besonders viel Wert auf Kooperation gelegt. Aber es wurde viel gelacht, und niemand nahm sich selbst allzu ernst. Wenn uns nach der Arbeit noch Zeit für Spaß und Zusammensein blieb, dann ließen wir uns das nicht entgehen. Es ging darum, Beziehungen aufzubauen – nicht nur, damit wir die von uns erwarteten Aufgaben erledigen konnten. Wir genossen das Zusammensein und die Zusammenarbeit.
Ins Spanische übersetzt lautet mein Name ‚Jaime Pistola'. Gegen Ende meiner Zeit in Lateinamerika begannen meine Kollegen, mich so zu nennen. Und sie tun dies heute noch."

Standardprozesse schwer in Mode

Carhartt gehört heute zu den Top-Herstellern von Arbeitskleidung. Der Erfolg bei seiner hart arbeitenden Kundschaft beschert dem Unternehmen außer steigenden Umsätzen auch jede Menge neuer Herausforderungen. Um diese zu meistern, war die umfassende Digitalisierung des Unternehmens mit SAP notwendig.

Von Johannes Klostermeier

Als Hamilton Carhartt 1889 in Detroit sein Unternehmen gründete, war seine Devise, robuste, langlebige und komfortable Arbeitskleidung für Facharbeiter und Handwerker herzustellen. Zu seinen ersten Kunden zählten Männer, die Eisenbahnlinien bauten, und als Detroit sich zum Zentrum der US-amerikanischen Autoindustrie entwickelte, waren es auch die Arbeiter in den Automobilfabriken, die Carhartt mit seiner robusten Kleidung ausstattete. Die ersten von Carhartt hergestellten Produkte waren Overalls aus Leinen- und Denimstoffen. Bis in die 1960er-Jahre hinein erweiterte das Unternehmen seine Produktpalette erheblich, blieb dabei aber immer seiner Ausrichtung auf die Arbeitswelt treu. In den USA setzte die Marke unter Facharbeitern und Handwerkern einen Standard an Qualität und Beständigkeit.

Rasantes Wachstum

Carhartt beschäftigt heute weltweit mehr als 5.000 Mitarbeitende. Es liegt auf der Hand, dass mit dem rasanten Wachstum und einer sich wandelnden Kundschaft die Ansprüche nicht nur an die Produkte, sondern auch an das Kauferlebnis wuchsen. Das betrifft in besonderem Maße auch die IT-Systeme. Der große Erfolg stellt deshalb auch Carhartt-CIO John Hill vor erhebliche Herausforderungen.

Umfassende Transformation der IT-Landschaft

Um das Unternehmen für das digitale Zeitalter fit zu machen, hat Hill eine umfassende Transformation der gesamten IT-Landschaft ins Auge gefasst. Sein Ausgangspunkt war dabei nach eigener Aussage alles andere als vielversprechend. John Hill: „Wir waren so weit wie nur denkbar von einem virtuellen Unternehmen entfernt. Uns wurde deshalb schnell klar, dass wir nicht nur unsere Technologie transformieren, sondern auch die gesamte Prozesslandschaft neu aufsetzen mussten, um das Potenzial einer durchgehenden Digitalisierung voll auszuschöpfen."

Dabei haben er und seine Mannschaft, so erzählt er in einem Interview, Hunderte von Schwachstellen in der Wertschöpfungs-

kette identifiziert, die mit der groß angelegten Transformation beseitigt werden sollten.

Im Mittelpunkt stand das ERP-System

Carhartt hatte vor der Reorganisation seiner IT-Landschaft die Branchenlösung SAP Apparel and Footwear sowie SAP ECC als ERP-Lösung im Einsatz. Beide liefen auf den firmeneigenen Servern im Carhartt-Rechenzentrum. John Hill: „In unserem alten ERP-System gab es mehr als 2.000 individuelle Anpassungen. Das machte die Wartung, die Integration mit anderen Systemen und natürlich jede Änderung ungeheuer kompliziert und zeitaufwendig, eine schnelle Reaktion auf die sich rasant ändernden Kundenanforderungen wurde so immer schwieriger."

Hill wollte vor allem zurück zu einem Standard-ERP-System mit möglichst wenig Customizing, um von den Best Practices eines weltweit tätigen Softwarespezialisten wie SAP profitieren zu können. Dabei überzeugten ihn auch die Philosophie und Leistungsfähigkeit der Vision eines „intelligenten Unternehmens", das der SAP-ERP-Strategie zugrunde liegt. Mit der Implementierung von SAP S/4HANA als Cloudlösung konnte das Unternehmen die Anzahl der notwendigen unternehmensspezifischen Anpassungen um 90 Prozent verringern: statt 2.000 sind es jetzt nur noch rund 200. Gleichzeitig mit der Transformation der ERP-Landschaft setzte Carhartt die E-Commerce-, PoP(Point of Sale) und 3PL-Systeme (Third-Party Logistics, Kooperation mit externen Logistikdienstleistern) neu auf.

Innovation vorantreiben

Der Sinn der großflächigen Reorganisation der gesamten IT-Landschaft steht für Hill außer Zweifel: „Es war niemals eine Frage, ob wir mit der Transformation voranschreiten, sondern wann wir damit beginnen". Sie war unabdingbar, um eine nahtlose Integration und Kommunikation mit Kunden, Partnern und Lieferanten zu ermöglichen. Die neue, jetzt cloudbasierte SAP-Landschaft spielt dabei die entscheidende Rolle, weil sie nicht nur als zentrale Plattform ERP-System, E-Commerce und Point of Sale vereinheit-licht, sondern darüber hinaus eine Vielzahl von Out-of-the-box-Szenarien bereitstellt und damit hilft, die schnelle Innovation voranzutreiben.

Dabei bietet die einheitliche Plattform eine Reihe weiterer Vorteile. So verringert sich der Aufwand für Security- und Compliance-Anforderungen erheblich, bei gleichzeitig höherem Sicherheitsstandard. Ebenso sinkt der Aufwand für Support und Training für seine IT-Mannschaft. Nicht zuletzt bildet die neue Infrastruktur die Grundlage für ein verbessertes Datenmanagement und Business Analytics. John Hill: „Der intelligente Umgang mit Daten, KI, ML etc. sind Schlüsseltechnologien für die Konkurrenzfähigkeit von Unternehmen." Die Möglichkeit zuverlässiger Prognosen mithilfe von Predictive Analytics in Verbindung mit den komplexen Supply-Chain-Planungstools versetzt Carhartt nicht nur in die Lage, die Bestell- und Lieferprozesse zu optimieren. „Wir können damit auch sicherstellen, dass die Waren, deren jederzeitige Verfügbarkeit wir unseren Kunden versprochen haben, immer vorrätig sind."

„Es gibt keinen Zweifel, dass Cloud Computing eine der tiefgreifendsten technologischen Innovationen unserer Zeit ist. So wie sich das Cloud Computing weiterentwickelt, entwickeln auch wir uns weiter. Bei SAP werden wir diese Innovationen mit aller Kraft vorantreiben – für Unternehmen und Konsumenten. Dank der Cloud wird sich unser Leben völlig verändern – und zwar auf bestmögliche Weise."

Scott Russell ist Mitglied des Vorstands der SAP SE und Leiter des Bereichs Customer Success

Die gesamte Transformation fand bei laufendem Betrieb statt, denn eine Geschäftsunterbrechung war für das Unternehmen ebenso undenkbar wie eine gestörte Kommunikation mit Zulieferern und Großhändlern oder zu lange Reaktionszeiten seiner Onlineshops. „Natürlich müssen wir jederzeit in der Lage sein, die Ansprüche des Kunden zu erfüllen; ihm ist es schließlich egal, welchen Aufwand wir für die Abwicklung seiner Bestellung treiben müssen", sagt Hill.

Zu allem Überfluss fand ein Großteil des Projekts unter Corona-Ausnahmebedingungen statt. Hills Büro war deshalb geschlossen, fast alle Projektbeteiligten arbeiteten aus dem Homeoffice. Dabei verlief die eigentliche Implementierung von SAP S/4HANA einfacher als erwartet. Als größere Hürde während des Projekts erwiesen sich die durch Corona stark schwankende Nachfrage sowie die angespannten Lieferketten, die verlässliche Prognosen unmöglich machten. John Hill resümiert: „Die technische Transformation fühlte sich vor diesem Hintergrund fast wie ein normaler Geschäftsverlauf an. Das Schwierigere im Umgang mit der Coronapandemie war, dass es dafür keine Blaupausen gab." Insgesamt war es eine Mammutaufgabe: „Ich würde niemandem raten, das nachzumachen. Zwar war das Projekt erfolgreich, aber es war eine große Herausforderung und für alle Beteiligten eine wirklich harte Zeit." Nach seiner Einschätzung dennoch eine unumgängliche Transformation: „Wir wollten nicht hier und da einzelne Verbesserungen umsetzen, sondern in einem großen Wurf das gesamte Unternehmen durchgängig digitalisieren und zukunftsfähig machen. Und das ist uns gelungen."

Kernanwendungen in der Cloud

Neben dem SAP-S/4HANA-System wurden zudem weitere Kernanwendungen in die Cloud verlagert und laufen jetzt auf Microsoft Azure; weitere Applikationen sollen Schritt für Schritt folgen. Zurzeit läuft noch ein Teil der Systeme in den Carhartt-eigenen Rechenzentren, aber Hill hofft, dass er bis Herbst 2022 ihren Betrieb fast vollständig herunterfahren kann.

Zwar wickeln nicht viele Unternehmen derartige Großprojekte während einer Pandemie ab, aber die Erfahrung mit angespannten Lieferketten und schwer prognostizierbaren Umsätzen haben fast alle gemacht. „Es ist offensichtlich, dass Corona weltweit die digitale Transformation vorangetrieben hat", sagt DJ Paoni, President von SAP North America. Dabei zeige sich, dass sich Unternehmen mit ausgereifter digitaler Technologie nicht nur besser und schneller an sich kurzfristig verändernde Marktbedingungen anpassen können, sondern ihren Kunden auch ein völlig neues Einkaufserlebnis bieten können.

Davon ist auch der Carhartt-CIO überzeugt. Hill will weiterhin in digitale Technologien investieren; nicht nur, um agiler und flexibler auf Marktanforderungen reagieren zu können, sondern vor allem auch, um den weiter steigenden Ansprüchen der Kunden gerecht zu werden.

Im ersten Schritt wurden die SAP-Lösungen im Einzelhandelsbereich in Nordamerika implementiert. Im Laufe des Jahres 2022 sollen Lösungen für den Großhandel und das Consumer-E-Commerce-Geschäft hinzukommen und ebenfalls in Europa ausgerollt werden. „Ich bin sicher, dass der Markt weiterhin diejenigen Unternehmen belohnen wird, die nicht nur großartige Produkte liefern, sondern die ihren Kunden auch ein natives digitales Einkaufserlebnis bieten können", formuliert der CIO sein Credo. ∎

Weitere Beispiele von Unternehmen, die auf Cloudlösungen der SAP setzen.

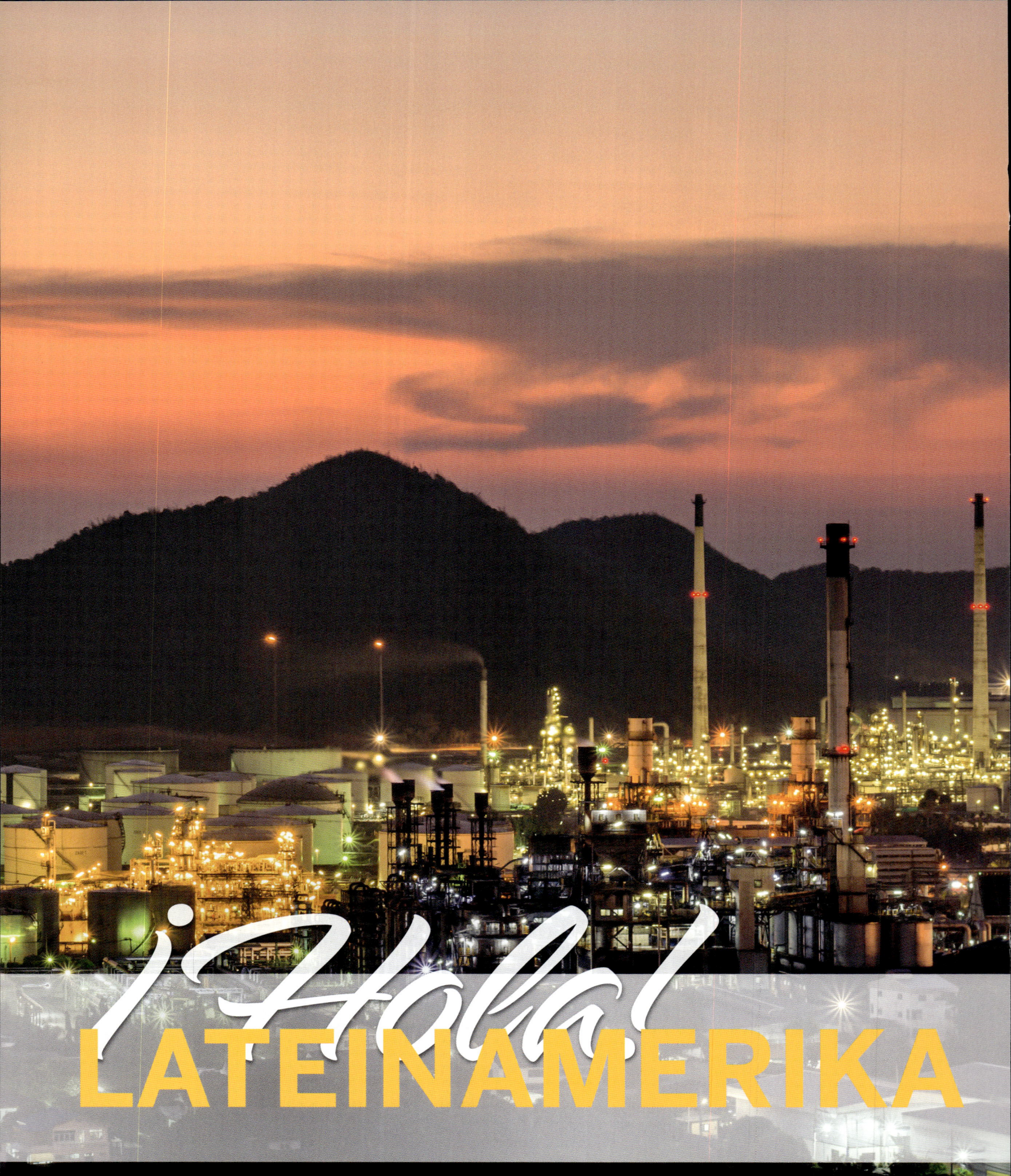

¡Hola!
LATEINAMERIKA

Unterm SAP-Zeltdach

Als sich Lateinamerika Anfang der 1990er-Jahre öffnete, war SAP zur Stelle und trug mit ihrem wachsenden Ökosystem zur Internationalisierung der Wirtschaft bei.

Von Michael Zipf

Bis Ende der 1980er-Jahre war das Bild von Lateinamerika von Militärdiktaturen und Bürgerkriegen, von Verschuldung und Hyperinflation, von Korruption und Vetternwirtschaft geprägt. Im internationalen Wettbewerb fiel Lateinamerika bis in die frühen 1990er-Jahre hinein immer weiter zurück. Der Anteil Lateinamerikas an der weltweiten Wertschöpfung in der Verarbeitenden Industrie sank beispielsweise von knapp sechs Prozent im Jahre 1983 auf unter fünf Prozent 1993. Zwischen 1980 und 1995 nahmen die Einkommensunterschiede zwischen den lateinamerikanischen Ländern und den USA weiter zu. Lateinamerika schien gegenüber den aufstrebenden asiatischen Staaten immer weiter ins Hintertreffen zu geraten. Man sprach vom verlorenen Jahrzehnt („década perdida").

Dies änderte sich mit dem Beginn der 90er-Jahre – allmählich und von Land zu Land in unterschiedlichem Tempo und Ausmaß. Veränderte politische Bedingungen, die wirtschaftliche Öffnung und der Eintritt in die eng miteinander verknüpften Prozesse der Globalisierung veränderten nun die Sicht auf Mittel- und Südamerika. Der Abbau des staatlichen Einflusses auf die Wirtschaft, die Privatisierung von Staatsunternehmen und die außenwirtschaftliche Öffnung setzten eine Welle von ausländischen Direktinvestitionen in Gang.

„Und zu diesem Zeitpunkt, als sich Lateinamerika entschieden hatte, zu einem Akteur in der globalen Wirtschaft zu werden, kommt die SAP ins Spiel", erzählt Georgette Antelo. Die Bolivianerin half seit 1994 mit, den lateinamerikanischen Markt für SAP zu erobern. „Die Unternehmen benötigten nicht nur Wissen und betriebswirtschaftliche Expertise, sie benötigten auch Systeme, um ihr Geschäft zu managen und langfristig zu wachsen."

SAP reitet die Welle

Für Antelo war es der „perfekte Zeitpunkt", SAP nach und nach in den mittel- und südamerikanischen Ländern einzuführen. Und mit der Client-Server-Lösung SAP R/3 hatte das Unternehmen wohl auch die perfekte Software. Sie konnte einerseits europäische und amerikanische Firmen bei ihren Expansionsbestrebungen unterstützen und gleichzeitig einheimische, vormals Staatsunternehmen sowie kleine und mittelständische Firmen für den (globalen) Wettbewerb fitmachen. „Viele Firmen hatten ja noch gar keine ERP-Software im Einsatz und konnten mit R/3 bei Null starten", sagt Tom Pfister, der von 1995 an eine Marketing-Organisation in Lateinamerika (und davor und danach in anderen SAP-Regionen) aufbaute. „Es gab damals viele sehr innovative Firmen in Lateinamerika. Für die war das eine integrierte und finanzierbare Realtime-Lösung und genau das, was sie brauchten", so Pfister.

Die kleinen SAP-Teams mussten in den Anfangszeiten aber noch häufig erläutern, wer die SAP ist, was sie tut und wie die Firmen von ihr profitieren können. Um ihren Bekanntheitsgrad zu erhöhen, setzte SAP deshalb bewusst auch auf andere Namen –

auf die ihrer Partner. „IBM, HP, KPMG oder Andersen Consulting waren etablierte Marken", erzählt Pfister. „Wenn die Interessenten hörten, dass solche Partner bei Hardware oder Implementierung beteiligt sein würden, zögerten sie nicht mehr, einen Vertrag mit uns abzuschließen."

Referenzkunden als Meinungsmacher

Das Interesse an SAP-Software wuchs schnell und zeigte sich auch in der 1996 erstmals ausgerichteten Kundenmesse „SAPUniverse": Über 2.500 Unternehmensvertreter informierten sich über R/3 und die SAP-Strategie. „SAPUniverse war wie eine SAPPHIRE im Taschenformat", sagt Pfister, der die Veranstaltung in vielen lateinamerikanischen Ländern etablierte. „Die Latinos teilen ihre Erfahrungen gerne mit anderen. Deshalb kamen die Events von Anfang an gut an."

„Hier erfuhren die Interessenten aus den jeweiligen Ländern aus erster Hand, wie Geschäftsprozesse in einer globalisierten Wirtschaft funktionierten und was sie benötigten, um auch in zehn Jahren noch relevant zu sein", sagt Antelo. Schnell entwickelten sich auch Eventformate, bei denen sich Unternehmen aus einer Branche trafen und Erfahrungen mit SAP-Software austauschten. „Hier konnten die Firmen voneinander lernen und Netzwerke zu anderen Firmen aufbauen, die dieselbe Sprache sprachen, auch wenn sie in anderen Ländern agierten", so Pfister. Bald konnte die SAP nicht nur überlegene Software, sondern auch Referenzkunden vorweisen, „die zu Meinungsmachern und zu Vorbildern wurden, wie man sein Geschäft führt", sagt Antelo.

VON LATEINAMERIKA IN DIE SAP-WELT

SAP gilt in der IT-Branche als Erfinderin der globalen Kundenmesse. Die erste „Sapphire" fand bereits im November 1989 in Princeton/USA statt (nach der ersten internationalen SAP-Anwender-Konferenz im Juni 1989 in Lausanne/Schweiz, die damals noch „International R/2 User Conference" hieß).

Laut SAP-Marketing-Pionier Tom Pfister war SAP auch das erste Unternehmen, das eine globale „Welttournee" für Kunden und Partner auf die Beine stellte – und zwar von Lateinamerika aus. „Die SAPUniverse ist entstanden, weil nicht jedes Land ein eigenes Konzept entwickeln konnte und weil es für viele lateinamerikanische Firmen zu teuer war, ihre Leute in die USA oder nach Europa zu schicken", erzählt Pfister.

„Dieses Konzept einer SAPPHIRE im Taschenformat ist dann auch in Europa, Asien und den USA übernommen worden und resultierte in einer globalen Roadshow, die SAP World Tour und später SAPNow Tour hieß."

profitierten. Viele andere Energieversorger in Lateinamerika folgten. Antelo beschreibt den Einfluss des Unternehmens so: „SAP fungierte als großes Zelt, als Schirm, unter dem die Firmen nicht nur die passende Technologie und das Wissen über Geschäftsprozesse vorfanden, sondern sich auch als Teil einer gemeinsamen Branche identifizieren konnten." Und dieses sich immer weiter spinnende Netz aus Kunden und Partnern sei natürlich auch heute noch ein entscheidender SAP-Erfolgsfaktor, so die Bolivianerin.

Ob und in welchem Maße SAP dazu beitrug, dass die lateinamerikanischen Volkswirtschaften in den 90er- und 2000er-Jahren einen gewaltigen Wachstumsschub verzeichneten, bleibt einer wissenschaftlichen Analyse vorbehalten. Die lateinamerikanischen Unternehmen erhöhten ihre Wettbewerbsfähigkeit sicherlich auch mithilfe der sich in den 1990er- Jahren etablierenden Freihandelszonen Nafta, Mercosur oder Andenpakt. So konnten auch lokale Unternehmen auf den Weltmärkten bestehen und expandieren. So hat beispielsweise laut Inter-American Development Bank die Arbeitsproduktivität in Lateinamerika in den Jahren von 1990 bis 1999 um immerhin 0,7 Prozent zugenommen – in den zehn Jahren davor war sie um 1,4 Prozent gesunken. (Ostasien andererseits legte zwischen 1990 und 1999 um 2,7 Prozent zu).

Fest steht, dass die SAP mit ihrem sich ständig erweiternden Ökosystem zu einem immer wichtigeren Faktor der lateinamerikanischen Wirtschaft wurde. Fest steht aber auch, dass die SAP angesichts der weiterhin extremen Gegensätze und großer Armut in vielen Ländern Lateinamerikas und der Karibik auch in Zukunft dazu beitragen will, dass der

So setzten bald beispielsweise fast alle Öl- und Gasproduzenten in diesen an Rohstoffen reichen Ländern SAP-Software ein und folgten dem Beispiel der brasilianischen Petrobras, der mexikanischen Pemex oder der venezolanischen PDVSA. Auch andere Branchen, etwa die Bierproduzenten oder Energieversorger, entschieden sich nun ganz überwiegend für SAP R/3. In Argentinien beispielsweise waren die Anbieter Edenor und Edesur die Vorreiter, die sich bereits 1993 als Pilotkunden für SAP R/3 entschieden hatten und von Ende 1994 an von der SAP-Software

Kontinent sein ganzes Potenzial ausschöpft und die vor ihm liegenden großen Herausforderungen meistert.

Wie die SAP in Lateinamerika ihren Kunden hilft, Krisen zu meistern.

↑ Organisierten das Wachstum der SAP in Lateinamerika (von links): Tom Pfister (SAP Marketing), Klaus P. Besier (Präsident SAP America), Raúl Véjar (MD SAP Mexico), Ken Detato (Business Development Director für Lateinamerika), Augusto Pinto (MD SAP Brazil). Das Foto stammt wahrscheinlich aus dem Januar 1995.

↖ Trug mit neuen Event-Formaten maßgeblich zum Wachstum der SAP in Lateinamerika (und andernorts) bei: Tom Pfister (2. von links).

↗ The Veranstaltungsreihe SAPUniverse entwickelte sich für SAP in Lateinamerika zu einer der wichtigsten Marketingmaßnahmen.

↘ Das volle Potenzial schöpfen: Das für Schulungen in Lateinamerika zuständige Team in der Zentrale von SAP Lateinamerika und Karibik in Miami im Jahre 1999. Oliver Hid Arida (sitzend links) und Jennifer Ingle (stehend links) sind heute noch bei SAP.

„Menschlicher Einfallsreichtum und maschinelle Intelligenz müssen in einer empathischen Symbiose zusammenkommen."

Martin Wezowski,
Chief Futurist der SAP

„Wir erleben eine Vermenschlichung der Arbeitswelt."

Cawa Younosi,
Head of People der SAP in Deutschland

„In 10 bis 20 Jahren wird ERP grundlegend anders aussehen als heute."

Jan Gilg,
President und Leiter von SAP S/4HANA

„Wir bei SAP glauben, dass Nachhaltigkeit auch in wirtschaftlicher Hinsicht die größte Chance unserer Zeit darstellt."

Julia White,
Chief Marketing & Solutions Officer

„Unternehmen benötigen Lösungen, die Datentransparenz und Einblick in die Auswirkungen ihres Geschäftsbetriebs und ihrer Lieferketten bieten. So können sie fundierte, nachhaltigere Entscheidungen treffen."

Luka Mucic,
Finanzvorstand der SAP

„Intrapreneurship ist eine kulturelle Ausrichtung, ein Spirit, der fest bei SAP verwurzelt ist und den wir stärken möchten."

Joachim von Goetz,
Leiter des SAP-Intrapreneurship-Programms

ZUKUNFT GESTALTEN | 3

Seit 50 Jahren sorgt die SAP für Innovationen im Bereich der Unternehmenssoftware und treibt die Transformation der IT-Branche voran.

Symbiose zwischen Mensch und Maschine

Auch in den nächsten 50 Jahren wird die SAP eng mit Anwendern zusammenarbeiten, die bei all ihren täglichen Arbeitsabläufen und Entscheidungsprozessen sowohl in der realen als auch in der virtuellen Welt auf unsere Daten angewiesen sind.

Von Upen Barve, John Licata,
Martin Wezowski, The SAP Future Hub

In der Welt von morgen müssen Menschen eine regelrechte Informationsflut verarbeiten. Ohne die richtigen Hilfsmittel werden wir jedoch nicht in der Lage sein, all diese Inhalte aufzunehmen, geschweige denn anhand der Fülle an Daten Entscheidungen zu treffen. Deshalb benötigen wir hochgradig personalisiertes Wissen und kontextbezogene Analysen, die leicht verständlich und anwendbar sind. Diese Fortschritte, die größtenteils durch künstliche Intelligenz (KI) möglich gemacht werden, optimieren die Fähigkeiten von Menschen und Maschinen in vielerlei Hinsicht.

Unserer Ansicht nach muss die Arbeitsweise sowohl der Menschen als auch der uns unterstützenden Software und Maschinen verbessert werden. Die Möglichkeiten maschineller Intelligenz sind beeindruckend. Doch der Fokus muss auch verstärkt auf die Entwicklung von Tools gelenkt werden, mit denen wir Daten besser verstehen und komplexe Entscheidungen treffen können. Die Frage dabei ist, auf welche Weise Menschen künftig von Maschinen generierte Daten konsumieren. In der visuell geprägten virtuellen Welt sind datenorientierte Dashboards nur begrenzt hilfreich, wenn Nutzer die riesigen Mengen an neuen Informationen nicht verstehen oder anwenden können. Das gilt insbesondere für unstrukturierte soziale, demografische, kulturelle oder komplexe wissenschaftliche Daten.

Wir leben in einer Zeit, in der Dinge, die vor Kurzem noch unmöglich schienen, mit erstaunlicher Regelmäßigkeit und überraschend schnell Realität werden. Niemand kann mit absoluter Sicherheit vorhersagen, was die Zukunft bringt. Dennoch müssen Unternehmen versuchen, ihre Geschäftsprozesse zukunftsfähig zu machen, unabhängig davon, ob diese Prozesse bereits in der realen Welt, in der virtuellen Realität oder gar im Metaversum existieren. Deshalb muss die SAP mit der Zukunft im Blick als Vorreiter vorangehen. Unsere Vision muss dabei als Kompass und Leitbild für transformative Maßnahmen dienen.

Im Folgenden werfen wir einen Blick auf die Innovationen, die den Auftakt für die nächsten 50 Jahre der SAP bilden werden. Unsere Vision einer harmonischen Symbiose zwischen menschlicher Erfindungsgabe und maschineller Intelligenz erscheint simpel. Aber der Eindruck täuscht, besonders wenn menschliche Emotionen ins Spiel kommen. Mit unserer Vision möchten wir erreichen, dass Menschen und künstliche Intelligenz besser zusammenarbeiten und einander ideal ergänzen.

Warum brauchen wir eine Vision?

Arthur Schopenhauer schrieb einst: „Das Talent trifft ein Ziel, das niemand anderes treffen kann; das Genie trifft ein Ziel, das niemand sonst sehen kann." Die Frage ist nun: Was sehen wir? Zu einer Vision gehört eine gute Beobachtungsgabe. Ein klares Ziel vor Augen und visionäres Denken sind die Grundlagen lohnenswerter Strategien, Roadmaps und Umsetzungspläne. Auf diese Weise haben wir die Welt der Informationstechnologie die

vergangenen 50 Jahre stets aufs Neue verändert. Dieselben Prinzipien verfolgen wir auch, um konsequent mit Blick auf die Zukunft als Vorreiter voranzugehen – und zwar mithilfe einer Vision, einer Strategie sowie mit den richtigen Geschäftsabläufen und Taktiken. Unser Weg nach vorn beginnt in der Zukunft.

„Die fortwährende gemeinsame Innovation mit unseren Kunden ist seit 50 Jahren eine Grundlage unseres Erfolgs. Aber wir lassen es damit nicht bewenden. Vielmehr gehen wir mit einer klar formulierten, langfristigen Vision und einer wegweisenden Innovationsstrategie in die Zukunft, um die nächste Generation von Geschäftslösungen zu liefern."

Jürgen Müller, Chief Technology Officer und Mitglied des Vorstands der SAP SE

Niemand wusste anfangs, wie ein Mensch auf dem Mond landen kann oder wie man einen Computer baut. Einige folgten ihrer Eingebung und waren davon überzeugt, dass diese Vorhaben Realität werden könnten. Diesen und anderen Vordenkern verdanken wir Erfindungen wie Solarzellen, Insulinpumpen, Prothesen, finanziell tragbare Raumfahrt, Laptops, Smartphones und Technologie, die Menschen in den Mittelpunkt rückt. Damit wir etwas richtig machen, müssen wir zunächst herausfinden, was das Richtige ist.

Um Strategien zu planen beziehungsweise auszuführen und uns in die richtige Richtung zu bewegen, müssen wir uns eine erstrebenswerte Zukunft vorstellen; eine Zukunft mit besseren virtuellen Erlebnissen und noch nie dagewesenen Möglichkeiten zum Identitätsschutz. Um Erwartungen zu übertreffen und bahnbrechende Innovationen zu schaffen, müssen wir mutig sein. Dazu benötigen wir einen umfassenden Blick auf unser Geschäft und die Zukunft unseres Unternehmens.

Wir möchten dazu beitragen, zukunftsfähige revolutionäre Ideen, Konzeptfahrzeuge und andere neuartige Geschäfts- und Technologiechancen zu entwickeln. Wir wollen auf das richtige Pferd setzen, um transformative Innovation voranzutreiben. Diese Vision dient uns als richtungsgebender Kompass, um gemeinsam die Zukunft zu gestalten, die wir uns ausmalen: eine von Innovationen, Prozessen, Anwendungen, Entscheidungen und Strategien geprägte Zukunft; ein Paradigmenwechsel auf Grundlage personalisierter und kontextbezogener Daten, mit deren Hilfe Menschen überall und jederzeit effizienter lernen und arbeiten können. So sorgen wir für eine bessere Verbindung mit den genutzten Systemen, während wir eine harmonische Symbiose zwischen Mensch und Maschine anstreben, die einander ergänzen.

Unsere Vision für Innovation

Die Vision beruht auf vier Säulen:

1.

Die Erfindungsgabe der Menschen fördern:
Dieser Aspekt steht im Mittelpunkt. Wir geben allen Menschen genau das, was sie benötigen genau dann, wenn sie es benötigen – und zwar mittels eines hochgradig personalisierten Informationsflusses, der die Menschen am Arbeitsplatz in jeder Situation unterstützt und stärkt, sodass sie ihr Bestes geben können. Dies entspricht einer persönlichen Transformation, einem Kollaborationsansatz und einem Weg, die Produktivität zu steigern.

2.

Stärkung von Entscheidungen auf Unternehmensebene (sich selbst entwickelnde Strategien):
Dieser Aspekt umfasst die Fähigkeit, selbstständig zu adaptiven Unternehmensstrategien beizutragen, Empfehlungen für flexiblere strategische Entscheidungen zu geben und diese schnell umzusetzen. So ist es möglich, selbst auf kleinste Veränderungen am Markt zu reagieren.

3.

Autonome oder automatisch ablaufende Prozesse:
Hierbei geht es darum, nicht nur innerhalb eines klar definierten Parametersatzes für Automatisierung zu sorgen, sondern sich auch proaktiv an dynamische Umgebungen anzupassen, sich weiterzuentwickeln und alle Geschäftsaktivitäten und möglicherweise sogar ganze Unternehmen zu optimieren. Geschäftsabläufe, Funktionen, Prozesse und sogar informelle Routinen können automatisiert und möglicherweise als Services bereitgestellt werden.

4.

Autonome oder sich selbst organisierende Netzwerke:
Diese Netzwerke sorgen dafür, dass Unternehmen auf zirkuläre, dezentrale und widerstandsfähige Wertschöpfungsketten zurückgreifen können. Sie begünstigen ein autonomes Partnernetz, das neue und zuvor unbekannte Wertschöpfungsfaktoren verbindet.

Während jede der vier Säulen für sich genommen Denkanstöße gibt, bergen sie zusammengenommen großes Potenzial, um das SAP-Partnernetz zu bereichern. Nutznießer einer Zukunft, die von intelligenter Technologie geprägt ist und Menschen in den Mittelpunkt stellt, sind die Kunden. Während sie ihre digitale Transformation vorantreiben, können sie neue Märkte erschließen und von einem klareren Ausblick auf morgen profitieren.

SAP setzt auf Optimierung

Die Zeitreise der Filmtrilogie „Zurück in die Zukunft" zeigt, dass die Vergangenheit und die Zukunft veränderbar sind. Selbst die kleinsten Verhaltensänderungen können unser Leben nachhaltig beeinflussen. Während wir die Weichen für die nächsten 50 Jahre der SAP stellen, müssen wir begreifen, dass unsere Zukunft nicht in Stein gemeißelt ist. Wir können aus unserer Vergangenheit lernen. Wichtiger ist jedoch, verschiedene Szenarien für zukünftige Innovationen zu verstehen und sich auf diese zu konzentrieren. Diese Szenarien üben Einfluss auf den technologischen, sozialen, verhaltensbezogenen oder wirtschaftlichen Wandel aus. Die Gegenwart war noch nie so schnelllebig wie jetzt. Deshalb benötigen wir Anwendungen, die in Echtzeit und direkt zur Laufzeit in Prozessen und Routinen zusammengestellt und ausgeführt werden können – quasi im Hier und Jetzt. Für die SAP könnten dies eine einzigartige Chance und ein Beispiel dafür sein, wie wir mit unserer langfristigen Vision als Vorreiter vorangehen und unsere Rolle bei der Stärkung der Arbeitswelt von morgen ausbauen. Teil dieser Zukunft ist es auch, Lösungen für eine „Creator Economy" anzubieten, eine Wirtschaft, in der kreative Köpfe im Alleingang und selbstständig Unternehmen gründen. Denn viele Angestellte werden es aus unterschiedlichen Gründen schwer haben, nach der Coronapandemie wieder in bestimmte Berufe und Branchen zurückzukehren.

Die Erfindungsgabe der Menschen fördern

In der Zukunft kommt eine Datenlawine auf uns zu. Es wird schwierig sein, all diese Daten zu konsumieren, geschweige denn zu verarbeiten. Daher benötigen wir neue technologische Lösungen, um in der realen und virtuellen Arbeitswelt von morgen mit transparenteren Prozessen erfolgreich zu sein. Lösungen müssen den Erfindungsgeist der Menschen auf vielfältige Weise fördern. Diese Lösungen sollen den Fachkräftemangel überwinden und Wissenslücken schließen – dank Quantencomputing, Fortschritten im Bereich KI sowie der horizontalen und vertikalen Datennutzung, die virtuelle Realitäten prägen wird. Wir müssen dem menschlichen Erfindungsgeist auch aus den folgenden Gründen auf die Sprünge helfen:

• Maschinen sind empathielos. Mitunter nutzen wir jahrzehntelang Systeme – etwa eine bestimmte Laptopmarke –, die uns nicht wirklich „verstehen". Die Systeme sind nicht in der Lage, nützliche Daten über unser Verhalten zu sammeln. Können sie uns also wirklich helfen?

- Für Unternehmen und Menschen ist Zeit ein kostbares Gut, insbesondere in einer Welt, in der Work-Life-Balance aufgrund der Coronapandemie immer wichtiger geworden ist. Wir stehen jedoch erst am Anfang eines Wertewandels, der uns über die kommenden Jahrzehnte hinweg beschäftigen wird. Technologien müssen individualisiert und kontextualisiert werden, damit Menschen Zeit haben, das zu tun, was sie gerade tun möchten.

- Da betrügerische Aktivitäten oder Falschinformationen (zum Beispiel Deepfakes) zunehmen, muss Technologie zur Verifizierung von Anbietern und Partnern eingesetzt werden.

- Ein Drittel unseres Arbeitstages werden wir künftig mit Lernen verbringen. Deshalb benötigen wir Unterstützung bei der Strukturierung unserer Arbeitszeit und der Priorisierung von Aufgaben. Mithilfe technologischer Hilfsmittel erreichen wir mit weniger Ressourcen mehr und bewältigen das immer komplexer werdende individuelle tägliche Lernpensum.

- Dank organisationsübergreifender Belegschaften haben Unternehmen in den nächsten Jahren die Möglichkeit, Spitzenkräfte zu finden und globale Ziele voranzutreiben. Menschen brauchen Unterstützung bei der Bewältigung neuer und möglicherweise noch größerer Herausforderungen, etwa in Bezug auf Compliance, Finanzen, Nachhaltigkeit, geopolitische Aspekte und Geschäftsprozessstandards sowie bei kulturellen oder ethischen Fragestellungen.

- Die zukünftige Arbeitswelt wird hochgradig personalisiert und nicht nur auf die Angestellten innerhalb einer bestimmten Einheit oder eines Unternehmens beschränkt sein. Stattdessen können Beschäftigte organisationsübergreifend und weltweit über zahlreiche Kanäle, Geräte und optimierte Benutzeroberflächen auf Systeme zugreifen. Prozesse werden damit zu einer entscheidenden Komponente für operativen Erfolg auf Basis von Compliance, Kontextualisierung, Nachhaltigkeit und Dezentralisierung.

- Geschäfts- und Compliance-Prozesse werden sich weiterentwickeln, und der Bedarf an dezentraler Zusammenarbeit wird wachsen. Technologie könnte diesen Bedarf decken.

- Kreativität und Einfallsreichtum gewinnen zunehmend an Bedeutung. In einer immer komplexeren Welt werden physische und virtuelle Erlebnisse auf noch nie dagewesene Weise nebeneinander bestehen. Deshalb ist Digitalisierung nicht mehr nur ein Begriff zur Differenzierung von Erlebnissen, sondern vielmehr ein Katalysator für positive Veränderungen und Innovation. Das unterstreicht die Relevanz des Menschen als Entscheidungsträger und intelligenteste Instanz.

- Wir stellen uns ein optimiertes digitales Erlebnis vor, bei dem der respektvolle Umgang mit Menschen und der Schutz digitaler Identitäten im Vordergrund stehen.

Unternehmen setzen auf sich selbst entwickelnde Strategien

Strategische Entscheidungen der Zukunft werden genauso komplex sein wie die Welt, in der sie getroffen werden. Es wird eine Herausforderung darstellen, Beziehungen zum eigenen Partnernetz aufzubauen oder zu verstehen, wie sich lokale Gegebenheiten auf die Unternehmenspläne auswirken. Noch schwieriger wird es jedoch, eine globale Strategie zu verfolgen. Gleichzeitig sind Strategien in Zukunft eher ein stetiger Fluss neuer Entscheidungen und weniger an einen bestimmten Zeitpunkt gebunden. Hier kommen die bereits beschriebenen individuellen Optimierungsmöglichkeiten ins Spiel. Wir müssen auch unsere strategischen Entscheidungsprozesse weiterentwickeln und optimieren.

Eine sich selbst entwickelnde Strategie benötigt kontextsensitive und antizipative Funktionen, um das Geschäft sowohl kurz- als auch langfristig immer wieder neu auszurichten. Mithilfe flexibler und agiler Entscheidungsfindungsprozesse können Unternehmen proaktiv auf Veränderungen am Markt reagieren, die eigene Relevanz erhöhen und strategische Beziehungen knüpfen – während und sogar bevor sich das Marktverhalten ändert oder die Strategien auf Hindernisse stoßen. Dabei können auch Nachhaltigkeit und die Einhaltung gesetzlicher Vorschriften besser umgesetzt werden.

Automatisierung gibt Kunden mehr Zeit für strategisches Denken, um Geschäftsmodelle neu auszurichten oder weiterzuentwickeln und entsprechende Chancen in Prozessen und Routinen zu identifizieren. Diese neuen Erkenntnisse müssen den an der Entscheidungsfindung Beteiligten aufgezeigt werden, seien es die Produktionsleitung, ein Regionalrat, der Vorstand oder eine Regierungsversammlung. Wenn Daten und Prozesse korrekt erfasst und in den Kontext der Unternehmensvision und der aktuellen strategischen Abläufe gestellt werden, lassen sich im Fall von Anomalien strategische Änderungen schnell und konkret mit geringerem Risiko umsetzen.

Geschäftsmodelle werden wichtig, um zu zeigen, wie ein Unternehmen Mehrwert schafft, erbringt und erfasst. Diese Modelle sind nicht mehr nur statische, papierbasierte Sichten auf ein Unternehmen oder Netzwerk, sondern werden zu digitalen Gebilden, die sich ständig weiterentwickeln. Sie reflektieren das Wertversprechen des Unternehmens sowie dessen Kundensegmente, Kanäle, Beziehungen, Aktivitäten, Ressourcen, Partnerschaften, Kostenstrukturen und Einnahmequellen. Die Geschäftsmodelle verdeutlichen die Möglichkeiten, die sich Unternehmen im Rahmen von Echtzeitnetzwerken bieten, in denen ein Werteaustausch stattfindet. Die Verwaltung von Geschäftsmodellen mithilfe intelligenter Systeme ist eine neue Methode zur physischen oder virtuellen Steuerung von Innovation.

Sich selbst weiterentwickelnde Strategien können nicht nur aktuelle Geschäftsmodelle durch stufenweise Änderungen verbessern,

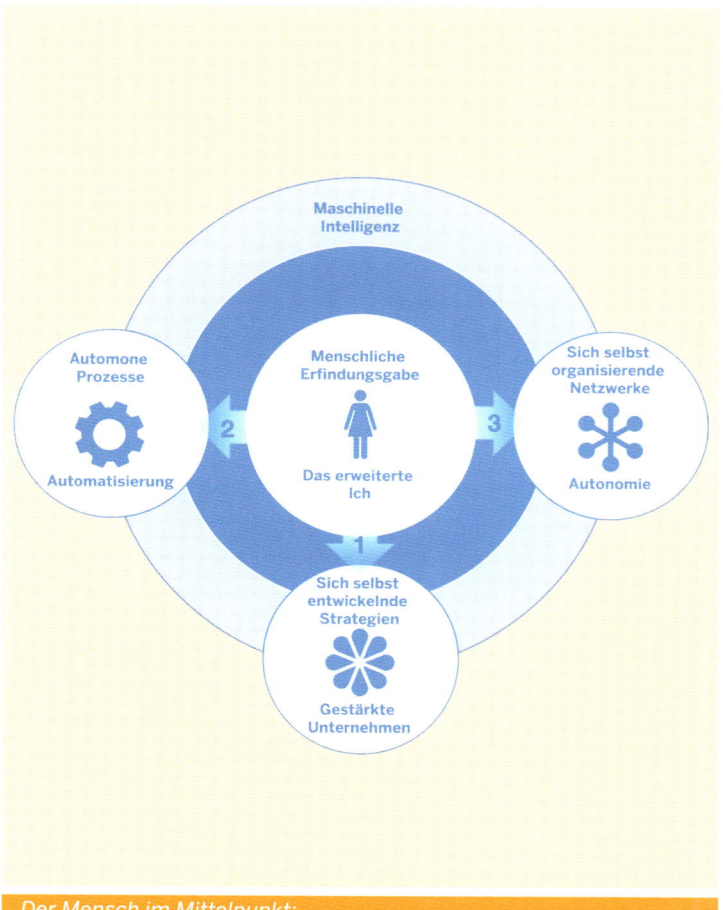

dungen hinweg ermittelt. Das System berechnet fortwährend Risiken und Chancen und weist mithilfe von Benachrichtigungen in hochgradig personalisierten Informationsflüssen auf diese hin. Ausnahmen bearbeitende intelligente, autonome Agents nutzen bestimmte strategische Kriterien, zum Beispiel Service-Level-Vereinbarungen mit Kunden und unternehmensspezifische Strategien zur Kostensenkung. Sie sorgen dafür, dass sich selbst organisierende Netzwerke stabil bleiben. Dies ist ein weiteres Beispiel für die Erweiterung strategischer Schritte mithilfe von Automatisierung und tiefgreifender Prozessintelligenz. Kalkuliertes Experimentieren und Koordination fördern hierbei menschliche Erfindungsgabe.

Autonome oder automatisch ablaufende Prozesse

Der Diskurs darüber, wo Optimierung enden und Automatisierung beginnen sollte, konzentriert sich auf die Frage, welche Rolle automatisch ablaufende Prozesse auf Basis künstlicher Intelligenz und maschinellen Lernens in der Geschäftswelt von morgen spielen. Automatisierung unterstützt nicht nur IT-Abteilungen bei der Verwaltung von Netzwerken, sondern auch Unternehmen bei der Automatisierung von Prozessen. Dadurch haben Mitarbeitende mehr Zeit für das, was sie gerne tun und können neue Geschäftsideen und Branchen erkunden und Kontakte knüpfen.

Die Automatisierung einiger Aufgaben und die vorausschauende Optimierung der Geschäftsabläufe in der Cloud und in der Netzwerkperipherie ermöglichen einen grundlegend neuen Ansatz der Unternehmensführung, der auf der Idee umfassender Daten und der Optimierung von richtlinienbasierten Kontrollen beruht.

Warum ist dies so wichtig? Im nächsten Jahrzehnt müssen intelligente Unternehmen für Routineaufgaben verstärkt Technologien einsetzen. Automatisch ablaufende Prozesse bieten den Menschen die Freiheit, sich auf größere Probleme und Chancen zu konzentrieren. Dies könnte die Arbeitskapazität verbessern, die Markteinführungszeit verkürzen und die Probleme reduzieren, die bei der Übergabe von Projekten an andere Personen entstehen. Intelligente Unternehmen werden moderne Strategien und Prozesse auf Grundlage einer intelligenten Suite von Technologielösungen nutzen. Auf diese Weise profitieren sie von einem effizienteren Entscheidungsfindungsprozess, schnelleren Abläufen und kombinierbaren formalen Geschäftsprozessen.

Automatisch ablaufende Prozesse – auch die zukünftig zu erwartende domänenübergreifende Automatisierung – müssen Teil der Suite an intelligenten Unternehmenslösungen sein. Das ist entscheidend, um Menschen in den Mittelpunkt der Arbeitswelt von morgen zu stellen und künstliche Intelligenz und maschinelles Lernen für selbstständig ablaufende fortschrittliche Analysen zu nutzen. Unternehmen werden flexibler und erfüllen gleichzeitig die wachsenden Anforderungen in Bezug auf Compliance, Nachhaltigkeit, Finanzen und gesetzliche Vorgaben. Wenn Systeme in

sondern auch dazu beitragen, völlig neue Geschäftsmodelle zu konzipieren. Dazu schlagen sie geeignete Muster vor, die auf unternehmensspezifischen Daten, Branchen-Benchmarks und Erkenntnissen basieren, die aus sich selbst organisierenden Netzwerken abgeleitet wurden. Aufwendige Analysen auf Grundlage eingeschränkter und manchmal veralteter Daten sind passé; jetzt können nicht nur ein Dutzend, sondern Millionen von Varianten von Geschäftsmodellen in der virtuellen Welt simuliert werden, möglicherweise mithilfe von Quantencomputing. Kausale künstliche Intelligenz hilft dabei, die passendsten Varianten auszuwählen.

Sobald die Entscheidungen gefällt sind, kann die Plattform ausgewählte Geschäftsmodelle pilotieren, die erforderliche Prozesslandschaft ermitteln und die notwendigen Funktionen und Workflows für selbstständig ablaufende Prozesse und sich selbst organisierende Netzwerke aktivieren. Für bestätigte Strategieoptionen erstellt das System automatisch Ausführungspläne, konfiguriert Geschäftsabläufe und -prozesse, passt Kriterien und Parameter an und koordiniert das Änderungsmanagement.
Darüber hinaus werden anhand strategischer Kriterien eine Vielzahl an Geschäftsereignissen über Netzwerke und hybride Anwen-

der Lage sind, Probleme automatisch ohne menschliches Eingreifen zu lösen, können Unternehmen dynamisch auf eine weite Bandbreite an Anforderungen reagieren und das Benutzererlebnis verbessern.

Neben der Automatisierung im intelligenten Unternehmen erfolgt auch eine Entwicklung hin zu automatisch ablaufenden Unternehmen. Im Zuge der Digitalisierung gehen Menschen bereits im großen Maßstab von routinemäßigen zu nicht routinemäßigen Verfahren zur Problemlösung über. Durch weitere Automatisierungsmaßnahmen können sie sich auf echte Wissensarbeit und kognitive Arbeit auf hohem Niveau – und letzten Endes gezielte Erkundungen und Interaktionen – konzentrieren, während die meisten Routinefunktionen modular und automatisch ablaufen und sich selbst optimieren.

Durch die neuartige Vernetzung von Menschen und Maschinen kann die SAP neue Prozesse vorantreiben, wie zum Beispiel solche, die durch formale Geschäftsabläufe ermöglicht und bei Bedarf dynamisch zur Laufzeit zusammengestellt werden. Auf diese Weise werden automatisch ablaufende Prozesse Realität und lassen sich erfolgreich umsetzen.

Autonome oder sich selbst organisierende Netzwerke

Autonomie ist die letzte Säule unserer Vision und vereint die „drei Ps": People, Purpose und Planet (Menschen, Ziele und Planet), drei umfangreiche, äußerst komplexe und gleichermaßen faszinierende Thematiken. Um die Wertschöpfungsketten von morgen aufzuteilen und vom Mehrwert dieser drei Ps zu profitieren, ist erneut ein Paradigmenwechsel notwendig. Gleichzeitig ergänzen wir diese drei P-Bereiche um Prosperity (wirtschaftlicher Wohlstand). Als nächstes steht eine soziale und menschliche Revolution bevor, bei der Maschinen und Menschen einander ergänzen. Hier kommt der Leitgedanke der SAP wirklich zum Tragen: „Die Abläufe der weltweiten Wirtschaft und das Leben von Menschen verbessern".

In unserer Vorstellung ermöglicht und koordiniert die SAP autonome, dezentrale und verteilte Geschäftsnetzwerke, die sich selbst strukturieren und eigenständig handeln. Die Netzwerke bringen große Unternehmen, kleine Betriebe und sogar Einzelpersonen miteinander in Verbindung – quasi von selbst. Dies entspricht der Fähigkeit, ein „Ecosystem as a Service" anzubieten; ein Partnernetz, das für wirtschaftlichen, operativen und nachhaltigen Mehrwert sorgt.

Autonome Netzwerke ermöglichen es Unternehmen, Ausschreibungen, Verträge, Aufträge und Bedarfe bis ins kleinste Detail und ohne menschliche Interaktion über ein Netzwerk von Netzwerken hinweg zu handhaben, das sich selbstständig und weit über die eigenen Unternehmensgrenzen und das Partnernetz hinaus strukturiert und agiert. Diese Betrachtungsweise bezieht Wertesysteme mit ein, denn Nachhaltigkeit muss künftig die treibende Kraft

hinter Interaktionen, Transaktionen und der Weiterentwicklung von Unternehmen sein – mit konkreten und messbaren Auswirkungen. Dies stellt eines der wichtigsten Wertversprechen der SAP dar.

Wir wollen nicht nur bekannte und detailliert geplante Prozesse, sondern auch stumpfsinnige Routineaufgaben automatisieren. Über längere Zeitspannen immer wiederkehrende Aufgaben mit umfangreichen Datensätzen lassen sich leicht bis ins kleinste Detail prognostizieren und somit automatisieren. Bisher von Menschen erledigte Aufgaben mit geringem Wertschöpfungspotenzial werden Maschinen überlassen. Somit haben die Menschen Zeit und Raum für Gespräche und tiefgreifende Interaktionen, kreative Untersuchungen, subjektiven Erfahrungsaustausch, komplexe Problemlösungen, langfristige und fortgeschrittene Planung, Erkundungen und Experimente.

Der nächste große Trend ist das Zusammenspiel von vielen ehemals inkompatiblen oder nicht vernetzten Elementen, wie zum Beispiel Blockchain und bürgerschaftliches Engagement oder verschiedene Autohersteller, die gemeinsam an Mobilitätslösungen arbeiten. Dieses Zusammenspiel entwickelt sich ständig weiter und erfordert eine Vielzahl von Verbindungen, die sich auf die Strategie sowie auf Compliance und Nachhaltigkeit auswirken könnten.

Fein abgestimmte und autarke Netzwerke senken durch vernetzte Administration mit mehreren Beteiligten sowie durch Vorschriften und Controlling-Aktivitäten die Gemeinkosten für Verwaltung und Logistik. Dies automatisiert die Identifizierung, Autorisierung und Anbindung von Microservices, wobei der wirtschaftliche Zweck gewahrt bleibt.

Durch die Digitalisierung werden in den kommenden Jahren mehr als drei Milliarden Menschen online sein. Das bedeutet, der Zugang zu technologischen Hilfsmitteln – zum Beispiel kostengünstige Wearables, Geschäftsabläufe im Metaversum und DNA-Sequenzierung in Echtzeit – trägt zur Vernetzung von Einzelpersonen und Unternehmen außerhalb von Wertschöpfungsketten bei.

Stellen Sie sich eine „Global Open Resource Planning"-Lösung (GO-RP) vor. Diese könnte Unternehmen dabei unterstützen, von einem alten, von einer kleinen Gruppe von Entscheidungsträgern gesteuerten „Egosystem" zu einem Ökosystem überzugehen, das sämtliche Stakeholder umfasst und bei dem Unternehmen in ihren Innovations- und Nachhaltigkeitsbemühungen stets Unterstützung durch andere haben. Das Ökosystem der Unternehmen würde aus Beteiligten bestehen, die entweder zum System beitragen oder es fördern –, angefangen beim Kakaoerzeuger mit ein paar Hektar Land über ein weltweites Konglomerat bis hin zu den einzelnen Verbrauchern, die nachhaltiger leben möchten. SAP ist bestens dafür gerüstet, die zukünftige Plattform für dieses Partnernetz zu stellen.

Fazit: Die nächsten 50 Jahre

In den letzten 50 Jahren hat die SAP viele Innovationen miterlebt und vorangetrieben. Auch in den nächsten 50 Jahren gibt es zweifellos viel neues Potenzial für zu erkundende Innovation. Die Art und Weise, wie wir arbeiten, einkaufen, uns austauschen, entwickeln, konsumieren und Mehrwert schaffen, hat sich grundlegend verändert. Informationen, die intelligente Abläufe unterstützen, können den Unterschied zwischen Mittelmaß und überragendem Erfolg ausmachen. Dadurch erwarten Unternehmen mehr. Das ist auch gut so, denn die SAP kann damit die nächste Generation einer für die Mobilität und Anwendungen von morgen entwickelten Plattform vorantreiben: einer intelligenten Plattform, auf der neue Prozesse, Hyperpersonalisierung und Kontextualität von entscheidender Bedeutung sind.

Die SAP hat in den vergangenen fünf Jahrzehnten durch Herausforderungen, Erfolge als auch Misserfolge viel gelernt. Das hat sie als weltweites Technologieunternehmen nur noch stärker gemacht. Diese Lernfähigkeit kann eine Chance sein, um über unsere und die Zukunft unserer Kunden zu reflektieren. Eines ist sicher: Um in Zukunft erfolgreich zu sein, müssen wir besser nachvollziehen können, was auf uns zukommt. Nur dann können wir wirklich revolutionäre Wege einschlagen, um den Status quo infrage zu stellen, schwierige Kundenprobleme zu lösen und gleichzeitig die Erfindungsgabe der Menschen in allen Branchen zu fördern. Für die SAP ist dies eine spannende Zeit, aber es ist erst der Anfang. Wir befinden uns an einem Wendepunkt und müssen nicht nur die Herausforderungen von heute bewältigen, sondern uns auf das vorbereiten, was vor uns liegt, denn der Mensch denkt seit jeher über den Tellerrand hinaus. Walt Disney sagte einst, wir bewegen uns immer vorwärts, öffnen neue Türen und tun neue Dinge, weil wir neugierig sind und die Neugier uns immer wieder auf neue Wege führt. Dem können wir nur beipflichten! Empathie, Mitgefühl, Innovation und ambitionierte Ziele entscheiden darüber, wie sich unsere Gesellschaft weiterentwickelt.

Um erfolgreich zu sein und unser Potenzial voll zu entfalten, müssen wir über die bekannten und gewohnten Grenzen hinausschauen. Wir müssen in eine neue Richtung blicken, auch wenn das unbequem ist. Was als Nächstes kommt, wird durch Innovation beflügelt, die keine Grenzen kennt, und von Träumern geleitet, die den Blick auf neue Horizonte richten und darüber hinausdenken. Die nächsten 50 Jahre der SAP werden von einer Vision, einer Gesinnung und einer Unternehmenskultur geprägt sein, bei der menschliche Erfindungsgabe und intelligente Unternehmen eine Symbiose eingehen. Im Mittelpunkt all dessen steht: der Mensch.

SAP FUTURE HUB

Die Mitglieder des „SAP Future Hub" untersuchen die möglichen Wege der SAP in die Zukunft, treiben die konsistente und langfristige Vision der SAP voran und entwickeln dazu entsprechende Konzepte und Narrative. Dies erfordert neben tiefen Branchenkenntnissen vor allem unkonventionelles Denken, besondere Werkzeuge und Methoden sowie vielfältige Kooperationen, die helfen, eine Zukunft zu gestalten, in der wir alle leben möchten.

Der „SAP Future Hub" ist Teil des Teams SAP New Ventures & Technologies innerhalb des Vorstandsbereichs Technologie & Innovation.

Upen Barve   John Licata   Martin Wezowski

Gemeinsam die Zukunft gestalten

Weltweit gilt für Unternehmen: Die größten Geschäftschancen bieten sich durch das Nutzen menschlicher Möglichkeiten, denn die Menschen treiben das Geschäft voran. Dabei sollten sie sich von traditionellen Vorstellungen lösen und nicht am Status quo festhalten.

Von Upen Barve, John Licata, Martin Wezowski,
The SAP Future Hub

Das rasante Tempo des exponentiellen Wandels lässt es nicht mehr zu, sich Kenntnisse anzueignen, sich vorzubereiten und zu planen – ein Luxus, den man sich im vergangenen Jahrzehnt noch leisten konnte. Ziel der SAP ist es, ihren Kunden zu helfen, sich besser auf verschiedene künftige Möglichkeiten vorzubereiten, welche dies auch sein mögen.

Die wichtigste Frage ist also: Wie bereiten wir uns auf die Zukunft vor und was genau ist „die Zukunft"? Leider können wir die Zukunft nicht wirklich vorhersagen, aber eines ist sicher: Wenn wir sie uns vorstellen können, sind wir in der Lage, sie zu gestalten. Was wir heute zur Sprache bringen und an Entscheidungen treffen, wird unsere Zukunft prägen.

Die Vorstellungskraft ist eine sehr menschliche, aber eine insbesondere im Geschäftsleben viel zu wenig genutzte Fähigkeit. Es gibt viele Beispiele für Personen, die scheinbar utopische Ideen entwickelt und mit der Welt geteilt haben. So Jules Verne, der über eine Reise zum Mond schrieb, und zwar ein knappes Jahrhundert, bevor tatsächlich die ersten Menschen in den Weltraum flogen. Viele der phantasievollen Ideen aus der Science-Fiction vergangener Jahre sind zu wissenschaftlichen Fakten geworden. Daraus sind technische Neuerungen entstanden, ohne die wir kaum noch leben könnten (zum Beispiel Smartphones).

Phantasie ist natürlich wichtig, aber letztendlich kann man etwas nur herstellen, wenn man es auch gut beschreiben kann. Menschen sollten eine Vision als langfristigen Erfolgsplan für ihr Unternehmen haben, darauf basierend aussagekräftige Berichte erstellen, andere dafür begeistern und einbinden, um sie auf das vorzubereiten, was als Nächstes und darüber hinaus ansteht. Wir müssen die Zukunft, die wir uns für unsere Unternehmen erhoffen und wünschen, genauer beschreiben. Die hier aufgeführten Tools bieten ein solides Fundament für die Umsetzung und Verankerung der Vision der SAP.

In der Geschäftswelt sind viele mit dem ursprünglich von McKinsey vorgestellten Drei-Horizonte-Modell für Wachstum vertraut. SAP Future Hub hat eine eigene, umfassendere und zukunftsorientiertere Beschreibung dieses Modells entwickelt.

Horizont 1 ist „DAS JETZT". Fähigkeiten werden heute genutzt, um Ziele umzusetzen und Resultate zu erbringen. Dabei geht es um schrittweise Innovation. Horizont 3 ist „DAS NEUE". Hier bilden Vision und visionäres Denken den „transformativen Horizont". Dazwischen liegt Horizont 2, „DAS NÄCHSTE" oder der „benachbarte" Horizont. Er wird vom Vertrauen in die Vision, Prognose und Ressourcen von Horizont 1 bestimmt. Hier werden strategische Entscheidungen erarbeitet und weiterentwickelt.

Jeder der drei Horizonte erfordert unterschiedliche Metriken und Ziele. So können zum Beispiel die Kennzahlen zur Messung betrieblicher Effizienz aus dem ersten Horizont nicht für den zweiten Horizont verwendet werden, um dort die Ergebnisse in Bezug auf die Erlernbarkeit zu messen.

Viele von uns lieben Prognosen und Hochrechnungen, aber wenn sie vermeintlich direkt aus dem dritten Horizont heraus prognostizieren können, ist es eindeutig nicht der dritte Horizont. Definitionsgemäß lässt sich mit dem Bestehenden keine umwälzende Neuerung schaffen und das Unbekannte nicht mit dem Bekannten erreichen. Bestenfalls handelt es sich nur um eine Anpassung oder Änderung des aktuellen Angebots und nicht um eine echte Transformation. Es ist jedoch möglich, von dem erwünschten Zukunftsszenario im dritten Horizont zurückzugehen in den zweiten Horizont und diesen dann mit dem ersten Horizont zu verbinden, um das „JETZT" in Richtung der angestrebten Zukunft zu beeinflussen.

Intensiver in dieselbe Richtung zu schauen, führt nicht dazu, dass man etwas Neues sieht. Beim dritten Horizont muss man dem Vorstellungsvermögen, beim zweiten Horizont der Kraft des Experimentierens und Entdeckens und beim ersten Horizont der Kraft des Vorankommens vertrauen. Wenn wir dieses Denken überwinden, können wir mit den richtigen Methoden und Ansätzen sowohl wahrscheinliche als auch mögliche Zukunftsszenarien herausfinden und verstehen. Wir können die gewünschten Szenarien auswählen und anstreben.

Mit der Schleuder in die Zukunft

Diese erwünschten Zukunftsvorstellungen passen in den dritten Horizont der transformativen Innovation. Aus dem Blickwinkel des „JETZT" sind sie schwer zu erkennen und zu verstehen, da hier die Kennzahlen zur betrieblichen Effizienz des ersten Horizonts die Sicht trüben. Eine Prognose vom dritten Horizont aus ist nicht möglich, weil es nur dürftige Anhaltspunkte gibt. Deshalb basieren die meisten Prognosemethoden auf Erkenntnissen aus der Vergangenheit.
Doch wie können wir schneller zu unserer gewünschten Zukunft gelangen? Hierfür wurde die Steinschleudermethode entwickelt.

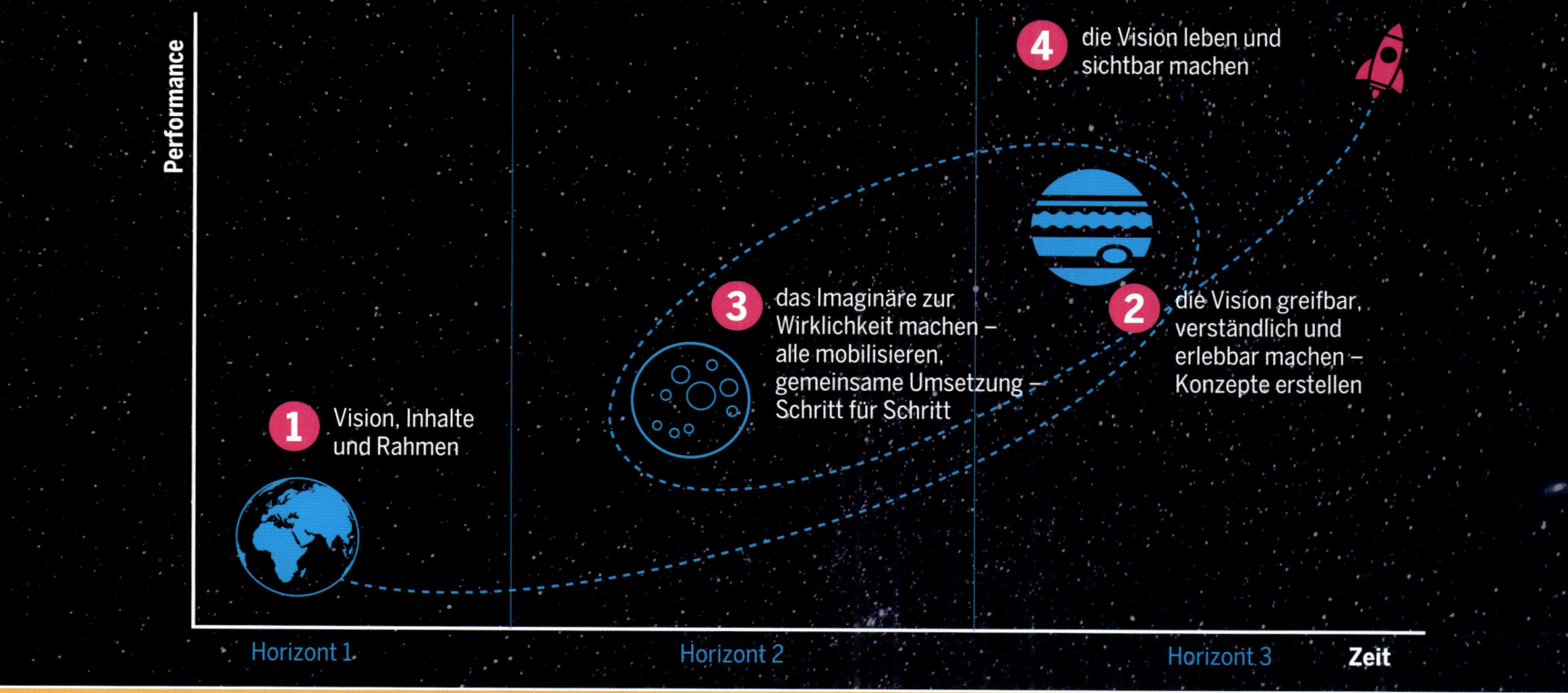

Steinschleudermethode: „Weltraumspaziergang" zwischen den Planeten

Inspiration für diese zukunftsweisende Technik war der Schleudereffekt. Dabei nutzt ein Objekt die Schwerkraft anderer Planeten, um zu seinem Ziel zu gelangen.

Die Technik dient als Taktik, um das Denken in drei Horizonten auf eine ausgewählte Vision anzuwenden. Es geht darum, die Schwerkraft des dritten Horizonts zu nutzen. Auf diese Weise kann man sich von den weit entfernten visionären Ideen zum zweiten Horizont zurückbewegen, bei dem sich Experimente und Erkenntnisse sammeln und anschließend vermarkten lassen, was wiederum Auswirkungen auf den ersten Horizont hat. Es stellt eine Art Weltraumspaziergang zwischen den Planeten dar.

Die Vision greifbar, verständlich und erlebbar zu machen, ist ausschlaggebend, um Menschen, Partner und Investoren zu inspirieren. So wird auch zu emotionalen, ehrlichen und intelligenten Beiträgen aus dem gesamten Partnernetz eingeladen, damit Zukunftsvorstellungen Wirklichkeit werden. Das Konzept der Steinschleuder trägt dazu bei, das Ziel im gesamten Unternehmen zu verankern.

Eine Schleuder, die etwas aus der Zukunft in die Gegenwart katapultiert, stellt eine strategische Vorgehensweise dar. Sie hilft Unternehmen, bei bestimmten Problemen das Denken in drei Horizonten anzuwenden. Im heute hoch dynamischen Geschäftsumfeld müssen Entscheidungsträger aktiver und vorausschauend handeln, wenn es um künftige Entwicklungen geht. Den Luxus, Zeit zum Reagieren zu haben, gibt es nicht mehr.

Die Steinschleudermethode umfasst vier wegweisende Schritte:

Schritt 1: Vision – Legen Sie den Inhalt der Vision und den Rahmen fest, wecken Sie die Vorstellungskraft und kurbeln Sie die Umsetzung an.

Schritt 2: Inspiration – Vermitteln Sie den Stakeholdern, was Sie mit der Vision verbinden. Machen Sie sie greifbar, erlebbar und verständlich, um die Öffentlichkeit, Investoren, Sponsoren, Führungskräfte und Bürger zu mobilisieren und einzubinden.

Schritt 3: Handeln – Nutzen Sie die Dynamik und die Beziehungen von Schritt 2, um zum zweiten Horizont „zurückzugehen". Machen Sie das Imaginäre zur Wirklichkeit, pflegen Sie die Innovation, entwickeln Sie gemeinsam mit geeigneten Partnern Innovationen und sorgen Sie für leichte Erlernbarkeit und Einfluss. Gehen Sie zurück zu den Aktivitäten im ersten Horizont, um ihnen Bedeutung zu verleihen.

Schritt 4: Erfolg – Eine neue Reise beginnt mit einer Feier. Die Vision wird Wirklichkeit: ein Produkt, ein Service, eine Geschäftsbeziehung. Nun spüren Sie Ihre Begeisterung, denn Sie sehen Ihre Intention in Aktion. Indem Sie kommunizieren, dass echte transformative Innovationen möglich sind, steigern Sie die Leistungsfähigkeit Ihres Unternehmens und machen es zukunftsfähig. Seien Sie immer bereit, von Neuem an der Entstehung zu arbeiten.

Während früher der Mangel an Technologie Innovationsprojekte und die Gestaltung neuer Services und Produkte scheitern ließ, stehen heute unsere Vorstellungen im Weg. Wir müssen uns auf die Menschen konzentrieren, ihre Bedürfnisse berücksichtigen und fragen: Wie können wir Software entwickeln und bereitstellen, die den Menschen dient und das Erlebnis perfekt macht?

Die oben genannten Methoden werden der SAP und ihrem Partnernetz helfen, ihre langfristige Vision zu verfolgen: die Symbiose aus menschlicher Erfindungsgabe und maschineller Intelligenz. Es geht vor allem um Beziehungen. Um diese aufzubauen, müssen Sie Ihre Vorlieben kennen und sich vorstellen, wie sie in ferner Zukunft funktionieren könnten – aber Sie müssen heute anfangen!

Gemeinsam können wir die Zukunft planen und gestalten, in der wir alle leben wollen ■

Von „Egosystemen" zu Ökosystemen

Die Verwaltung begrenzter Ressourcen ist seit 50 Jahren eine Kernkompetenz der SAP. Angesichts der großen Herausforderungen, vor denen die Menschheit steht, ist die Expertise der SAP mehr denn je gefragt.

Von Michael Zipf und Sarah Bürkle

Vordenker in Sachen Nachhaltigkeit: Christian Boos (links) und Gunther Rothermel.

Seit 2014 verantwortet er das Thema Nachhaltigkeit bei SAP: Daniel Schmid

Während wir uns noch immer mit den Auswirkungen der globalen Coronapandemie beschäftigen, richten Unternehmen ihr Augenmerk verstärkt auf eine andere existenzielle Bedrohung, die viel zu lange vernachlässigt wurde: die Klimakrise. Wir sprachen darüber mit:

Daniel Schmid: Er ist seit Juni 2014 Chief Sustainability Officer der SAP.

Gunther Rothermel: Als Leiter S/4HANA Sustainability ist er für die Entwicklung der Nachhaltigkeitslösungen der SAP zuständig.

Christian Boos: Er leitet den Bereich Sustainability Engagement bei SAP New Ventures and Technologies (NVT).

Die drei Partner haben eine SAP-interne Denkfabrik zum Thema Nachhaltigkeit gegründet, in der sie die wichtigsten Themen gemeinsam vorantreiben.

Die Menschheit stand immer wieder vor großen Herausforderungen. Was ist heute anders?

Schmid: Es ist das erste Mal, dass niemand behaupten kann, nicht Teil des Problems zu sein – potenziell ist aber auch jede und jeder Teil der Lösung. Die Klimakrise ist die Herausforderung unserer Zeit. Wir können die Klimakatastrophe nur gemeinsam verhindern und zugleich die wachsende soziale Ungleichheit angehen.

Was bedeutet das für Unternehmen?

Schmid: Unternehmen stehen ja unter zunehmendem Druck von allen Anspruchsgruppen. Alle erwarten, dass sie nachhaltige Geschäftspraktiken einführen und menschenwürdige Arbeit in einer zukünftig inklusiveren und regenerativen Wirtschaft schaffen. Sie müssen dazu auch mit Regierungen, Nichtregierungsorganisationen und mit der Wissenschaft zusammenarbeiten. Es geht um Stakeholder Capitalism, also darum, dass die Unternehmen nicht nur für ihre Aktionäre, sondern auch für ihre Kunden und Lieferanten, für die Mitarbeitenden und das Gemeinwesen langfristige Werte schaffen. Wir brauchen die gemeinsame Vision einer nachhaltigen Wirtschaft und kollektives Handeln, wenn wir ein gutes Leben für alle auf unserem gemeinsamen Planeten sichern wollen.

Rothermel: Ich würde so weit gehen zu sagen, die Unternehmen, die sich in Richtung Nachhaltigkeit verändern und die wir durch Technologie dazu befähigen können, nachhaltiger zu wirtschaften, die werden überleben. Die anderen werden sich schwertun. Wenn eine Firma Nachhaltigkeit nicht ernsthaft angeht, wird sie auch Probleme bekommen, neue Talente und neue Investoren zu finden.

Unternehmen gehen große Risiken ein, wenn sie beispielsweise in der EU den Anforderungen der Sustainable Finance Disclosure Regulation (SFDR) oder der Corporate Sustainability Reporting Directive (CSRD) nicht entsprechen. Die seit Januar 2022 geltende EU-Taxonomie legt zudem Kriterien für rund 80 Teilsektoren der Wirtschaft fest. Nur wenn Aktivitäten diese Kriterien erfüllen, gelten sie als nachhaltig. Und da werden Banken und Investoren in Zukunft genau hinschauen, wer die Kriterien erfüllt. Unternehmen müssen also letztlich aus Eigeninteresse eine wichtige Rolle dabei spielen, nachhaltige Veränderungen anzustoßen, um die Klimakatastrophe noch zu verhindern.

Boos: Es hört auch nicht an der eigenen Unternehmensgrenze auf. Vernetzung ist für Unternehmen das Gebot der Stunde, wenn es um Nachhaltigkeit und die Zukunft der Digitalisierung geht. Wir müssen Prozesse in Zukunft viel stärker unternehmensübergreifend abbilden und auf Basis von Daten Entscheidungen treffen, die nicht nur finanzielle Aspekte berücksichtigen, sondern eben auch solche der Nachhaltigkeit. Dazu müssen die Unternehmen Netzwerke und Allianzen bilden und über Wertschöpfungsketten hinweg mit anderen Unternehmen kooperieren, sinnvollerweise in branchenbezogenen Netzwerken wie der Automotive Alliance oder dem Netzwerk zum grünen Wasserstoff, an dem wir beteiligt sind.

Nun müssen Unternehmen aber doch vor allem Gewinne erzielen.

Schmid: Dies steht doch in keinerlei Widerspruch. Ich halte das Vorurteil für überholt, dass Unternehmen entweder nachhaltig oder profitabel sind. Langfristig müssen Unternehmen nachhaltig sein, um profitabel zu sein. Es greift schon heute zu kurz, Unternehmenserfolg alleine an Finanzkennzahlen zu messen. Zukünftig müssen auch andere Aspekte wie Ökologie und Soziales in der Bilanz abgebildet und nicht mehr nur als ideeller Wert verstanden werden. Die wirtschaftliche, ökologische und soziale Leistung muss zusammen gedacht und noch konsequenter integriert werden. Denn jedes Wirken in einem der Bereiche hat zwangsweise Einfluss auf die anderen.

Ist es nicht auch an der Zeit, das Mantra des ewigen Wachstums in Frage zu stellen?

Boos: Unternehmen müssen heute größer denken und Wachstumsziele mit Nachhaltigkeitszielen in Einklang bringen. Sie müssen kritisch überdenken, wie ihre Produkte und Dienstleistungen geschaffen und genutzt werden, um jeden Schritt in der Wertschöpfungskette nachhaltiger gestalten zu können.

In Zukunft sollten Ressourcenschonung, Recycling und Wiederverwendung, regenerative Energieerzeugung und grüne Produktion oberste Priorität haben. Grüne Effizienz rückt dann an die Stelle von Ausbeutung und Expansion. Dazu gehört auch, dass gerade das produzierende Gewerbe mit seinen globalen Lieferketten sicherstellt, dass es seine Ziele unter Wahrung der Menschenrechte erreicht.

Welche übergeordneten Nachhaltigkeitsziele verfolgt SAP?

Schmid: Das Ziel bei SAP besteht darin, positive wirtschaftliche,

Gemessen an unserem jährlichen Rohstoffverbrauch würden wir Menschen mit unserer derzeitigen Lebensweise die Ressourcen von 1,5 Erden benötigen.

ökologische und soziale Wirkungen innerhalb planetarer Grenzen zu schaffen. Dieses Bestreben bildet einen integralen Bestandteil von Unternehmenszweck und -strategie. Bei der Umsetzung gehen wir zweigleisig vor: als Vorbild („Exemplar") und als Wegbereiter nachhaltiger Unternehmen („Enabler").

Auf der einen Seite möchte die SAP mit gutem Beispiel vorangehen und ihre eigenen Geschäftsprozesse und -praktiken nachhaltig ausrichten. Wir sind stolz darauf, seit 15 Jahren von den Dow Jones Sustainability Indices als nachhaltigstes Softwareunternehmen ausgezeichnet zu werden und als Vorreiter im Bereich ganzheitlicher, integrierter Nachhaltigkeitsberichterstattung zu gelten. Daten und Transparenz sind bei uns ebenso wie bei unseren Kunden wichtig, beispielsweise um den Fortschritt zu unserem 1,5° C wissenschaftsbasierten Klimaziel (Netto-Nullemissionen bis 2030), Achtung der Menschenrechte, Gleichstellung und Vielfalt, Mitarbeitergesundheit, digitale Bildung und mehr zu verfolgen – und zwar über unsere gesamte Wertschöpfungskette hinweg.

Rothermel: Auf der anderen Seite stellen wir unseren Kunden Lösungen und Dienstleistungen zur Verfügung, mit denen sie nachhaltiger wirtschaften können. Hier können wir enorm viel bewirken: Unsere Kunden generieren 87 Prozent des weltweiten Handels, das entspricht rund 46 Billionen US-Dollar. 94 Prozent der 500 größten Unternehmen der Welt sind SAP-Kunden. Die SAP betrachtet drei Schlüsselbereiche, die die größten Hebel darstellen, um eine Welt zu schaffen, die keine Emissionen, keine Abfälle und keine Ungleichheit aufweist. Unternehmen sollen in der Lage sein, Klimaschutzmaßnahmen zu ergreifen, in die Kreislaufwirtschaft einzusteigen und ethische und umweltbewusste Praktiken in ihre Wertschöpfungsketten zu integrieren.

Boos: Wir helfen seit 50 Jahren, Prozesse zu optimieren. Wir haben von Anfang an in Prozessen gedacht. Wir kennen und können diese Prozesse, sei es in der Buchhaltung, in der Fertigung oder in der Lieferkette. Nur SAP kann die gesamte Wertschöpfungskette abdecken. Viele der Daten, die etwa zur Sicherung sozialer Standards oder zur CO_2-Bilanzierung erforderlich sind – zum Beispiel Stücklisten, Daten zum Energieverbrauch, Beschaffungs- und Stammdaten –, befinden sich bereits in SAP-Systemen. Und nur wir haben dieses riesige Kunden- und Partnernetzwerk. Unsere Aufgabe – und unser „Right to Win" – ist es jetzt, unsere Kunden mit Lösungen in die Lage zu versetzen, dass sie in durchgängigen Prozessen unternehmensübergreifend zusammenarbeiten und sich mit nachhaltigen Geschäftsmodellen transformieren können.

Und noch ein Aspekt: Wir sind mit Finanzprozessen groß geworden, haben die Buchhaltung digitalisiert und dabei Standards geschaffen. Jetzt werden auch im Umfeld der Nachhaltigkeit neue Standards entwickelt, und dabei sollten wir wie in der Vergangenheit mithelfen.

„Kein Unternehmen, keine Regierung, kein Land kann die größten Herausforderungen unserer Zeit alleine meistern. Statt Egosystemen brauchen wir Ökosysteme und wir müssen in Netzwerken agieren."

Christian Klein,
Vorstandssprecher der SAP

„In einem sich ständig wandelnden Umfeld, das durch zunehmende gesetzliche Regulierungen und steigenden Druck verschiedenster Stakeholder gekennzeichnet ist, müssen Unternehmen neu darüber nachdenken, wie sie wirtschaftlichen, sozialen und ökologischen Wert schaffen und messbar machen. Für uns bei SAP ist eine ganzheitliche Steuerung und Berichterstattung der Schlüssel, um fundierte, verantwortungsvolle und langfristige Geschäftsentscheidungen zu treffen. "

Luka Mucic,
Finanzvorstand der SAP

Welche Rolle kann Software konkret spielen?

Boos: Software kann zunächst Transparenz schaffen, damit Unternehmen auf Basis guter Daten bessere Entscheidungen treffen können –, Entscheidungen, die auch auf Nachhaltigkeitskriterien beruhen. Das wird in Zukunft auf Belegebene passieren: Wenn also eine Firma eine Rechnung verschickt, dann werden da nicht mehr nur Menge und Preis angegeben sein, sondern auch Informationen darüber, ob Produktion und Lieferung den EU-Richtlinien entsprechen, ob recycelte Materialien verwendet wurden oder Kinderarbeit dahintersteckt. All das muss natürlich überprüfbar und auditierbar sein, aber auch dafür wird es Lösungen geben.

Rothermel: Software kann zudem helfen, neue Geschäftsmodelle zu entwickeln und sich als Unternehmen zu transformieren. Wenn sie wirklich in die Kreislaufwirtschaft einsteigen, dann produzieren und verkaufen die Unternehmen ihre Produkte nicht mehr nur, sondern sind auch dafür verantwortlich, sie später wieder einzusammeln und zu recyceln. Dafür benötigen die Firmen dann andere, zusätzliche Partner –, was uns wieder zur Notwendigkeit von Netzwerken führt.

Boos: Und wir können auf Basis unseres großen Netzwerks mithelfen, Firmen aus unserem Netzwerk mit jungen Firmen etwa aus dem Bereich „Grüne Technologie" zusammenzubringen. Wir können quasi als „Matching Platform für Nachhaltigkeit" fungieren.

Schmid: Nicht zuletzt können wir beispielsweise unsere Kunden dabei unterstützen, die geforderten EU-Taxonomieberichte zu erstellen. Auf der Basis der aggregierten Daten können wir zeigen, wo die Unternehmen in Sachen Klimaschutz und Nachhaltigkeit wirklich stehen. Und wir können Benchmarks erstellen und zeigen, wie Firma X im Vergleich zu Firma Y abschneidet. So kann man auch sehen, wie sich Investitionen in Klimaschutz auswirken.

Und weil soziale Aspekte nicht weniger wichtig sind: Die Frage ist ja, wie lässt sich sicherstellen, dass Lieferanten neben ökologischen auch soziale Standards und die Menschenrechte einhalten, dass Menschen weder ausgebeutet noch diskriminiert werden? Software kann sicher nicht die alleinige Antwort sein, aber sie kann für mehr Transparenz sorgen, bei der Auswahl und Auditierung von Lieferanten unterstützen und helfen, etablierte Standards einzuhalten.

Boos: Es geht also auch hier um datengetriebene Modelle, die auf Informationen aus SAP- und Nicht-SAP-Systemen beruhen und für unternehmensübergreifende Transparenz sorgen.

Rothermel: Man kann sich das wie ein firmenübergreifendes ERP-System vorstellen, in dem alle Prozesse und alle Mitspieler integriert sind

LINEARWIRTSCHAFT

Rohstoffe abbauen — Produzieren — Wegwerfen

VS.

Grüne Produkte

Recycling, Wiederverwertung von Ressourcen

Umweltverträgliche Produktion

KREISLAUF-WIRTSCHAFT

Besserer Service

Sammlung und Wiederaufbereitung

Nun ist es aber von Transparenz bis zum entschlossenen Handeln oft ein weiter Weg.

Boos: Das stimmt leider. Aber auch die Menschen ändern ihr Verhalten eher, wenn wir Daten sichtbar machen und so ein Umdenken bewirken. Beispiel Geschäftsreisen: Ein digitaler Coach wird in Zukunft nicht nur anzeigen, wie hoch der CO_2-Ausstoß einer Flugreise im Vergleich zu einer Anreise mit der Bahn ist. Er wird dann auch gleich Alternativen, etwa einen Coworking-Space in der Nähe oder ein virtuelles Meeting vorschlagen. So kann ich als Mitarbeiter abwägen und die Reiseoption wählen, die am nachhaltigsten ist –, oder gar nicht reisen.

Wie hängen Klimaschutz und Kreislaufwirtschaft zusammen?

Schmid: Klimaschutz, Kohlendioxidemissionen und der Übergang zu einer kohlenstoffarmen Wirtschaft hängen nicht nur von der Verringerung des Einsatzes fossiler Brennstoffe für die Energieerzeugung, die Produktion usw. ab, sondern auch von der Wiederverwendung und dem Recycling von Materialien. Nur so lassen sich die Emissionen verringern, die ansonsten mit der Gewinnung und Verwendung neuer Materialien einhergehen. Wir können also eine kohlenstoffarme Wirtschaft nicht erreichen, ohne zu einer Kreislaufwirtschaft überzugehen. Da SAP das Management komplexer Lieferketten auf der ganzen Welt unterstützt, können wir Unternehmen dabei helfen, ihren Übergang zur Kreislaufwirtschaft zu beschleunigen.

Heute liegt der Schwerpunkt bei der Bewältigung der Klimakrise häufig auf Energieeffizienz und Umstellung auf erneuerbare Energien. Laut einer Studie der Ellen-MacArthur-Stiftung wird dies jedoch nur 55 Prozent der Emissionen betreffen, wohingegen die verbleibenden 45 Prozent aus der „Take-Make-Waste"-Wirtschaft stammen, in der – vereinfacht gesagt – Ressourcen verschwendet werden. Daher müssen Unternehmen die Art und Weise, wie Produkte gestaltet, produziert und verwendet werden, umgestalten, weshalb Klimaschutz und Kreislaufwirtschaft bei SAP eng miteinander verknüpft sind." Laut einer Studie der Ellen-MacArthur-Stiftung wird dies jedoch nur 55 Prozent der Emissionen betreffen, wohingegen die verbleibenden 45 Prozent aus der „Take-Make-Waste"-Wirtschaft stammen, in der – vereinfacht gesagt – Ressourcen verschwendet werden. Daher müssen Unternehmen die Art und Weise, wie Produkte gestaltet, produziert und verwendet werden, umgestalten, weshalb Klimaschutz und Kreislaufwirtschaft bei SAP eng miteinander verknüpft sind.

Laut einer Studie können Emissionen, die in der Lieferkette entstehen, mehr als 11-mal höher sein als diejenigen, die Unternehmen direkt verursachen. Besteht hier besonderer Handlungsbedarf?

Rothermel: Absolut. Lieferketten sind sehr komplex, bestehen aus vielen unterschiedlichen Akteuren. Um sie nachhaltiger zu gestalten, brauchen Unternehmen Transparenz entlang der gesamten Lieferkette, also von ihren vorgelagerten Lieferketten bis hin zur nachgelagerten Logistik, einschließlich Beschaffung, Betrieb und Herstellung der Produkte. Wir bauen Funktionen in unsere zentralen Analyse- und Transaktionssysteme ein, um die Treibhausgasemissionen in den Unternehmen samt ihrer Lieferketten zu analysieren, sodass sie den CO_2-Fußabdruck bis auf die Ebene der einzelnen Produkte bestimmen können.

Boos: Oder schauen wir auf die energieintensiven Branchen wie die Stahl- oder Zementindustrie. Da ist enorm viel Druck auf dem Kessel, weil deren Kunden schon jetzt erwarten, dass sie „grünen Stahl" oder „grünen Zement" liefern. Da kommt SAP ins Spiel: Die Unternehmen werden noch einige Zeit lang nicht nur Grünstahl produzieren können. Aber welcher Kunde bekommt dann wie viel regenerativ erzeugten Stahl? Und wie kann man überhaupt nachvollziehen, ob der Stahl wirklich mit grüner Energie produziert wurde? Das wird nur mit digitalen Lösungen gelingen, etwa mit Blockchain-Technologie, wie wir sie innerhalb der Supply-Chain-Lösung „GreenToken by SAP" anwenden.

Was stimmt Euch angesichts der zahlreichen aktuellen Krisen optimistisch, dass wir den Umschwung hin zu einer nachhaltigen Zukunft schaffen?

Schmid: Das Bewusstsein setzt sich durch, dass ein „Weiter so" nicht mehr geht und ein grundlegender Wandel unseres Wirtschaftens erforderlich ist. Immer mehr Akteure teilen mit uns die Sicht, dass rein kaufmännisch geprägte Governance-Prinzipien nicht ausreichen und Unternehmen neben wirtschaftlichen auch gesellschaftliche und ökologische Aspekte ganzheitlich und integriert berücksichtigen müssen. Sie erkennen zunehmend ihre kollektive Verantwortung für die Auswirkungen ihrer Geschäftstätigkeit –, und sie haben das Potenzial, erhebliche Veränderungen zum Besseren zu bewirken, insbesondere wenn über Organisationsgrenzen hinausgedacht wird. Zahlreiche Multistakeholder-Kooperationen machen mich zuversichtlich, dass uns gemeinsam die Wende gelingen kann.

Boos: Ich setze auf den unstillbaren Erfindergeist der Menschen. Ein konkretes Beispiel: Wasserstoff kann sicherlich dazu beitragen,

In fünf Schritten zum nachhaltigen Unternehmen

Nachhaltiges Unternehmen

ZIEL

1 Eine nachhaltige Geschäftsstrategie entwickeln

2 Daten zur Nachhaltigkeit in Prozesse und Netzwerke integrieren

3 CO_2- und klimarelevante Emissionen über das Unternehmen hinweg steuern

4 Die Kreislaufwirtschaft fördern und regenerativ wirtschaften

5 Menschen entlang der Wertschöpfungskette Vorrang einräumen

„Zweifellos werden sich verstärkte Nachhaltigkeitsbemühungen der Unternehmen dramatisch positiv auf die Menschen und den Planeten auswirken. Wir bei SAP glauben, dass Nachhaltigkeit auch in wirtschaftlcher Hinsicht die größte Chance unserer Zeit darstellt."

Julia White,
Chief Marketing & Solutions Officer
und Mitglied des Vorstands der SAP

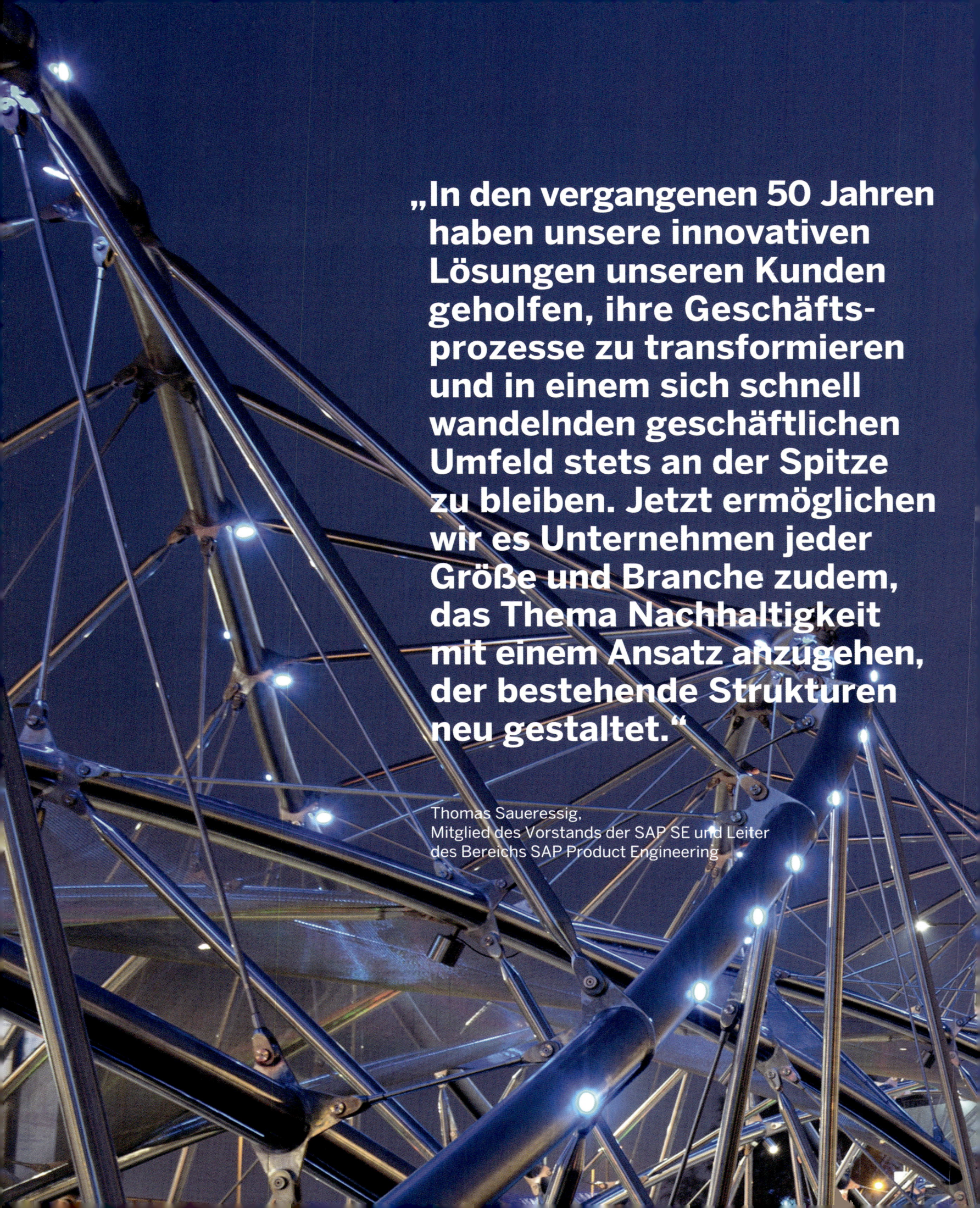

„In den vergangenen 50 Jahren haben unsere innovativen Lösungen unseren Kunden geholfen, ihre Geschäftsprozesse zu transformieren und in einem sich schnell wandelnden geschäftlichen Umfeld stets an der Spitze zu bleiben. Jetzt ermöglichen wir es Unternehmen jeder Größe und Branche zudem, das Thema Nachhaltigkeit mit einem Ansatz anzugehen, der bestehende Strukturen neu gestaltet."

Thomas Saueressig,
Mitglied des Vorstands der SAP SE und Leiter
des Bereichs SAP Product Engineering

emissionsintensive Branchen wie das Transportwesen und die Eisen- und Stahlproduktion nachhaltiger zu gestalten. Aber langfristig ist nur CO_2-freier – sogenannter grüner – Wasserstoff nachhaltig, der mithilfe erneuerbarer Energien erzeugt wird.

Wir arbeiten schon heute an einer Plattform für grünen Wasserstoff, die Daten von allen Teilnehmern der Wasserstoffwertschöpfungskette kombiniert und so bessere datengestützte Entscheidungen ermöglicht. Dabei sind ganz viele Spieler mit von der Partie: Unternehmen müssen die Energie regenerativ erzeugen, dann muss der Wasserstoff über Elektrolyse hergestellt, dann gelagert werden und zu den Nutzern wie den Stahlwerken kommen. Diese digitale Plattform bringt alle Mitspieler mit ihren Daten zusammen, um die Herstellung und Nutzung von Wasserstoff von Anfang bis Ende zu organisieren. Da will dann jeder Zugriff haben, aber nur einen Teil der Daten – am besten anonymisiert – preisgeben. Wir arbeiten schon heute an einer Lösung dafür.

Rothermel: Mich stimmt ebenfalls optimistisch, dass immer mehr Unternehmen ihre Entscheidungen nicht mehr nur auf Basis ihrer Umsätze – der Top Line – und ihrer Bottom Line, also dem, was nach Abzug der Kosten übrig bleibt, treffen. Immer häufiger wollen sie die Daten zur „Green Line", also zu ihrem ökologischen Fußabdruck messen und in ihre Entscheidungen einbeziehen. Und jetzt gibt es die Lösungen, die den Unternehmen ein ganzheitliches Bild ihrer Tätigkeit und ihres Fußabdrucks liefern: Innerhalb von SAP Cloud for Sustainable Enterprises – ein Angebot, das wir Anfang 2022 vorgestellt haben –, funktionieren die verschiedenen Lösungen im Zusammenspiel dann wie ein Fieberthermometer. Das zeigt dem Unternehmen, wenn es 39 Grad Fieber hat.

Im zweiten Schritt helfen wir ihm, wieder auf Normaltemperatur herunterzukommen und im dritten Schritt wollen wir zeigen, wie es vorbeugend vermeiden kann, jemals mehr Fieber zu bekommen. Damit helfen wir dem Unternehmen, sich wirklich zu wandeln. ■

ZUSAMMENARBEIT ZÄHLT

SAP ist Teil zahlreicher sogenannter Multistakeholder-Kooperationen. Das Unternehmen arbeitet zum Beispiel mit anderen Organisationen in der Value Balancing Alliance e.V. daran, einen Standard zu schaffen, der sowohl positive als auch negative Auswirkungen der Unternehmenstätigkeit monetarisiert, offenlegt und vergleichbar macht.

Der Carbon Transparency Pathfinder des World Business Council for Sustainable Development bringt Stakeholder aus der gesamten Wertschöpfungskette, unabhängige Branchengremien wie das GHG Protocol und Technologieunternehmen zusammen. SAP hat sich diesem Projekt 2021 angeschlossen. Das Ziel ist es, eine methodische und technische Infrastruktur zu erarbeiten, die benötigt wird, um eine datenbasierte Transparenz über die Emissionen zu schaffen. Diese ermöglicht Firmen, ihre Bemühungen zur Dekarbonisierung in Zukunft zu verbessern und zu beschleunigen.

Ein drittes Beispiel ist die Generation Unlimited, einer bei UNICEF angesiedelten globalen öffentlich-privaten Partnerschaft. Hier engagiert sich SAP, um Innovationen auf eine breitere Basis zu stellen und gute Programme auszuweiten. Hierbei ist das Ziel, jungen Menschen in großem Maßstab eine bessere Bildung zu ermöglichen, ihnen digitale Fähigkeiten zu vermitteln und den Weg zu Unternehmertum und menschenwürdiger Arbeit zu ebnen.

Christian Klein über Maßnahmen, die jetzt nötig sind.

Thomas Saueressig über das steigende Interesse der Unternehmenschefs am Thema Nachhaltigkeit.

Luka Mucic über eine neue Ära des Nachhaltigkeitsmanagements.

Julia White über Nachhaltigkeit als „Mannschaftssport".

Merhaba!
TÜRKEI

Viel Vertrauen als Fundament

SAP erkannte früh die Bedeutung von kleineren Landes-gesellschaften wie der SAP Türkei und gab ihnen die nötige Unterstützung und Freiheit.

Von Ozan Yilmaz

Der Ort schien dem Anlass angemessen: Im Kempinski Istanbul, einem der luxuriösesten Hotels der Stadt, feierte die SAP Türkei am 6. November 2001 ihre Eröffnung. In den prunkvollen Hallen des ehemaligen osmanischen Palastes stießen geladene Gäste nach einer Pressekonferenz auf die offizielle Gründung der neuen Landesgesellschaft im Juli davor an. „Man hätte meinen können, ich werde Ministerpräsident oder sowas", erinnert sich Safa Haktanır lachend an den Tag, an dem er als erster Geschäftsführer der SAP Türkei die Gäste begrüßte. Erst vier Jahre zuvor hatte er seine Karriere bei der SAP als Berater begonnen, nichts ahnend von den Möglichkeiten, die sich ihm im Laufe der kommenden Jahre noch bieten sollten.

Obwohl die Veranstaltung bis ins kleinste Detail durchgeplant war, gab es Probleme. „Ich sollte zunächst die Pressekonferenz eröffnen, Enrico sollte sprechen und danach Léo", erzählt Haktanır. Léo Apotheker leitete damals die Region EMEA (Europa, Naher Osten und Afrika) und Enrico Negroni war der Geschäftsführer für Südeuropa. „Und dann bekomme ich die Nachricht: Es gibt Nebel, Léo kann nicht abfliegen und Enrico kommt mit Verspätung." Kurzerhand übernahm der Geschäftsführer also auch die Reden der beiden verhinderten Kollegen. Nach der Pressekonferenz traf Negroni ein, doch noch immer keine Spur von Apotheker. Denn kaum hatte sich der Nebel verzogen, gab es einen Brand im Cockpit seiner Maschine. Ein paar Minuten vor Beginn der Nachmittagsveranstaltung kam aber auch der EMEA-Chef im Kempinski an. „Ich fand das toll, wie die beiden sich trotz aller Komplikationen eingesetzt haben", freut sich Haktanır noch heute über das Engagement seiner damaligen Kollegen.

Vertrauen statt Mikromanagement

Dass nicht einmal ein Flugzeugbrand Apotheker davon abhalten konnte, an der Eröffnung der SAP Türkei teilzunehmen, sagt viel darüber aus, wie wichtig der Mutterkonzern selbst die kleinsten Landesgesellschaften nimmt. Die 19 Mitarbeiter im Gründungs-team hatten immer das Gefühl, von Walldorf unterstützt zu werden, ohne dass ihnen dabei auf die Finger geschaut wurde. „Wir waren frei in unseren Entscheidungen und das Vertrau-en war groß", erinnert sich Ismail Bosnalı zurück. Er stieß als Business Development Manager zu Haktanırs Team und hat seitdem zahlreiche Positionen innerhalb der Organisation bekleidet. „Unsere Führung legte immer Wert auf Vertrauen. Es gab kein Mikromanagement." Diese unternehmerische Freiheit war genauso eir Erfolgsgarant der Landesgesellschaft wie die Fähigkeit, sich als Firma an die Landeskultur anzupassen, um schnell das Vertrauen der Kunden zu gewinnen. Nicht zuletzt war ausschlaggebend, dass die SAP-Mitarbeiter einen engen persönlichen Draht zu ihren Kunden knüpfen konnten. „Manchmal trafen wir uns mit ihnen nach den Demos an der Playstation", lacht Bosnalı. „Wir waren alle jung und hatten viel Spaß im Büro. Trotz der langen Arbeitstage war jeder glücklich." Die Work-hard-play-hard-Einstellung" unterstreicht auch Haktanır: „Die Mitarbeiter gingen nach der Arbeit nicht gleich nach Hause.

Sie saßen noch zusammen, spielten Videospiele und machten danach weiter. Wir hatten aber auch immer etwas zu feiern und das taten wir auch. Wir planten ständig neue Aktionen. Als der Kinofilm ‚Matrix' herauskam, mieteten wir einen Kinosaal und schauten die Premiere zusammen."

Goldene Jahre

Wenn sie nicht auf einer Feier oder Kinopremiere waren, hatten die Kollegen in der Türkei in den ersten Jahren jedoch alle Hände voll zu tun. Zunächst mussten bestehende Verträge der Distributionsfirma, die schon seit 1994 SAP-Produkte im Land vertrieben und die Marke SAP bekannt gemacht hatte, von der neuen Landesgesellschaft übernommen werden. Gleichzeitig wollte die SAP natürlich neue Kunden hinzugewinnen. Erdem Şekeroğlu, aktueller COO der SAP Türkei, erinnert sich an Tage, an denen die Mitarbeiter nicht einmal Zeit hatten, alle Anrufe zu beantworten. „Jeder von uns musste alle möglichen Aufgaben erledigen. Alle wollten etwas von der SAP hören." Um bei diesem Druck die Ruhe zu bewahren, war es praktisch für die Kollegen, dass sich das damalige Büro in Istanbul direkt im Akmerkez, einer der renommiertesten Einkaufsmalls der Türkei, befand. Şekeroğlu kann sich noch gut an diese kleinen Motivationsausflüge erinnern. „Während des Arbeitstages gingen wir ab und zu mit den Kollegen auf einen Kaffee in das Einkaufszentrum und diskutierten über Kundenprobleme und die Arbeit. Es war wie unser Zuhause."

In den Erzählungen der Gründungsmitarbeiter wird der damalige Start-up-Charakter der Firma deutlich. Flache Hierarchien und eine lockere, aber dennoch disziplinierte Arbeitsumgebung prägten den Alltag. Der Ausdruck „Goldene Jahre" geht allen Interviewpartnern leicht über die Lippen, wenn die frühen 2000er angesprochen werden. Dennoch gab es auch ungeahnte Komplikationen, die überwunden werden mussten.

Inflationäre Herausforderungen

Ein Unternehmen in Zeiten einer nationalen Finanzkrise zu gründen ist eine Sache. Wenn jedoch noch eine starke Inflation der Währung hinzu kommt, kann das für ein nicht dafür ausgelegtes ERP-System Probleme mit sich bringen. Diese Lektion lernten Haktanır und seine Kollegen, als die SAP-Lösungen aufgrund einer zu hohen Anzahl an Ziffern abstürzten. Der Wechselkurs zwischen Dollar und Lira war bei 1 zu 1,65 Millionen angelangt, was dazu führte, dass sogar ein einfaches Brot 90.000 Lira kostete. Für dieses sogenannte Digit-Problem musste eine schnelle Lösung her, um keine Kunden zu verlieren. Bosnalı erinnert sich daran, wie ein externer Berater sagte: „Technisch gesehen ist es unmöglich, das zu beheben. Ihr müsst zur Regierung gehen und sie bitten, die Nullen zu streichen!"

Allen Warnungen zum Trotz fanden Huseyin Bulutoğlu, einer der erfahrensten Consultants der SAP Türkei, und sein Team einen vorübergehenden Workaround. Sie erstellten eine virtuelle Währung mit dem Namen „Kilolira". Diese half dem System, drei bis sechs Stellen zu streichen. Um diese Umgehungsstrategie nutzen zu können, gingen die SAP-Berater sogar bis zum türkischen Finanzministerium und ließen sich eine offizielle Genehmigung zur Nutzung dieser Pseudowährung ausstellen. Glücklicherweise strich die Regierung im Jahre 2005 sechs Nullen aus der Währung, was die Arbeit für und mit den SAP-Systemen wieder vereinfachte und das Problem quasi über Nacht löste. „Das waren verrückte Zeiten", lacht Ismail Bosnalı heute über die damaligen Probleme.

Raum zur Entfaltung genutzt

Die SAP Türkei entwickelte sich mit der Zeit zu einem bedeutenden Standort in der Region und unterstützt die Innovationsarbeit der Firma seit 2013 auch mit einem eigenen Entwicklungszentrum. Die Landesgesellschaft konnte sich unter anderem deswegen so gut entwickeln, weil den einzelnen Mitarbeitern viel Raum zur freien Entfaltung geboten wurde. Ob Bosnalı, Şekeroğlu oder Haktanır: Alle drei konnten schnell in bedeutende Positionen innerhalb der Firma aufrücken und sich stetig weiter entwickeln. Erdem Şekeroğlu hat es in seiner mehr als 20-jährigen SAP-Karriere vom Senior Consultant zum COO geschafft. Ismail Bosnalı hat sich vom Presales Manager zum Head of Services in Middle East South hoch gearbeitet.

Der damalige Gründungsdirektor Safa Haktanır hatte zwischendurch die Leitung über nahezu alle Balkanländer der SAP inne und leistete auch dort die Aufbauarbeit, bis er wieder zurück in die Türkei kam. Heute ist er Country Manager Türkei für den SAP-Partner OpenText und arbeitet von Frankfurt aus. Trotzdem benutzt er noch immer die erste Person, wenn er über die SAP spricht. „Ich hab so viele gute Freunde bei der SAP. Noch immer. Ich komme ab und zu nach Walldorf. In den anderen Firmen habe ich diese engen Bindungen so nicht gesehen."

Auch er betont, wie wichtig und prägend die frühe Verantwortung gepaart mit der Freiheit und Unterstützung durch den Mutterkonzern für die Mitarbeiter war. Seien es die qualitativ hochwertige Ausstattung der Büros, großzügige Marketingbudgets oder die Investitionen in ein Entwicklungszentrum: SAP habe immer versucht, den Mitarbeitern ein solides Fundament zu bieten, was sich schlussendlich für beide Parteien auszahlte.

Safa Haktanır sagt es so: „Wenn du jemandem die Chance gibst, dann gibt er natürlich Gas. Und dann ist er auch nach 20 Jahren dankbar. Nicht wegen des Gehaltes, sondern weil er oder sie diese Chance hatte." ∎

↑ Herbst 2001 – das erste Gruppenfoto der SAP Türkei.

↖ Frühling 2002 – erstes Team-Event in Sapanca, Sakarya; Safa Haktanır ist der Dritte von links, Ismail Hakkı Bosnalı der Erste von rechts.

↗ Vorläufer der SAP Türkei war die 1994 von Behcet Yanmaz (3. von links) gegründete Distributionsfirma.

↙ Safa Haktanır in seiner Zeit als Geschäftsführer der SAP Türkei.

Rezept fürs digitale Überleben

Die Coronapandemie hat gezeigt, dass fast nichts im Leben wirklich garantiert ist. Das gilt auch für Unternehmen: Technologische Rückständigkeit oder falsche Entscheidungen werden jetzt sichtbarer denn je – und ihre Folgen schmerzhafter. Dagegen werden Organisationen, die die Pandemie als Startschuss für die digitale Transformation begreifen, gestärkt daraus hervorgehen.

Von Christoph Lixenfeld

Als Greg Petraetis Anfang April 2020 über seine Coronaerkrankung und die Folgen berichtete, war die Pandemie noch vergleichsweise jung. „Natürlich war ich auch vorher schon mal krank", erzählt der Managing Director Midmarket für SAP Nordamerika im SAP News Center. „Aber so schlimm wie mit diesem Virus war es noch nie. Und dabei habe ich ja noch Glück gehabt." Obwohl Petraetis über Wochen Fieber und Husten hatte und zeitweilig vollständig den Geschmacks- und Geruchssinn verlor, stresste ihn die Sorge, auch seine Frau und seine Kinder könnten sich infizieren, fast mehr als die eigene Erkrankung. Die plötzliche Verbreitung dieses rätselhaften Virus war auch für ihn höchst verstörend – und seine wichtigste Lehre daraus eindeutig: „Wir sollten schlicht nichts im Leben für selbstverständlich halten."

Greg Petraetis war schon damals der Ansicht, dass nach der Pandemie – wann immer das ist – gerade beim Thema Technologie und Digitalisierung nichts mehr so sein wird wie vorher. Er verglich den bevorstehenden Wandel mit Veränderungen durch die Anschläge vom 11. September 2001: So seien die heutigen Sicher-

heitschecks beim Einchecken am Flughafen allenfalls noch rudimentär mit jenen vor 9/11 vergleichbar. Ähnlich radikal werde die Pandemie zur Wasserscheide der digitalen Transformation. Weil es kein Zurück mehr gebe, nachdem Unternehmen und ihr Management so viele – oft erzwungene – Veränderungen erleben und umsetzen mussten.

Rückhol-App für Urlauber

Corona zwang uns, Abstände einzuhalten. Zugleich brauchten wir mehr denn je Vernetzung, Kommunikation und neue Wege der Verteilung – etwa von Impfstoffen. SAP engagiert sich massiv und auf ganz unterschiedliche Weise dafür, dass die Pandemie für die Menschen erträglicher, ihre Folgen handhabbarer und der Weg zurück in die die Normalität leichter wird. So entwickelte das Unternehmen in diesem Zusammenhang unter anderem rund 30 Apps. Eine entstand in nur einer Nacht und einem Tag für das deutsche Auswärtige Amt: die Plattform Rueckholprogramm.de. Unterstützt von der SAP Cloud Platform, leistete ein über drei

Zeitzonen hinweg koordiniertes globales Team aus circa 40 SAP-Mitarbeitenden einen auf den ersten Blick kleinen Beitrag. Für die Reisenden aber, die auf Flughäfen oder in Hotels gestrandet waren und nicht wussten, wie sie nach Hause kommen sollten, leistete die Plattform einen unvergesslichen Beitrag.

Um das Rückholprogramm der Bundesregierung zu nutzen, registrierten sich die zwischen Resignation und Panik schwankenden Menschen via App auf der sogenannten Elefand-Liste (Elektronische Erfassung von Deutschen im Ausland). Doch die Plattform dahinter war für einzelne Notfälle geschaffen worden und auf einen derartigen Massenansturm ganz und gar nicht vorbereitet. Irgendwann brach sie gänzlich darunter zusammen. Es ging also nicht nur um die Neuentwicklung der App, sondern vor allem auch um ihren sicheren und skalierbaren Betrieb auf der SAP Cloud Plattform.

Knapp 24 Stunden nach der ersten Anfrage vom Auswärtigen Amt war die Lösung fertig und weltweit erreichbar unter der Domain „Rueckholprogramm.de". Eine vergleichbare Teamleistung hatten auch die Beteiligten nie zuvor erlebt.

Vernetzung der Warn-Apps in Europa

Um Risiken für den Einzelnen weiter zu verringern und zugleich das Monitoring des gesamten Infektionsgeschehens zu erleichtern, beauftragte die Bundesregierung im April 2020 SAP und die Deutsche Telekom mit der gemeinsamen Entwicklung einer Corona-Warn-App für Deutschland. Nach deren Fertigstellung im Juni 2020 machten sich die Projektleiter Martin Fassunge (SAP) und Peter Lorenz (Deutsche Telekom) auch daran, eine EU-Warnplattform aufzubauen. Sie sollte ermöglichen, die lange strikt voneinander getrennten nationalen Corona-Apps auch grenzüberschreitend zu nutzen. Nach einer nicht völlig unerwarteten Reihe von Irrungen und Wirrungen – auch Rückschlägen – gelang auch dieses Projekt. Mittlerweile kann die App nicht nur in den App-Stores aller EU-Mitgliedsstaaten, der Schweiz und Norwegens heruntergeladen werden, sondern Reisende benöti-

gen in Europa tatsächlich nur eine einzige Warn-App. Damit sie auch nach Ankunft in einem anderen Land funktioniert, müssen Nutzer die Anwendung lediglich vor Ort aktualisieren und dem EU-Datenaustausch zustimmen. Anschließend kann ein positiv Getesteter seine Infektion der App mitteilen, die dann jedem, der länger in der Nähe war, die Risikobegegnung anzeigt. Der Gewarnte lässt sich anschließend testen und verhindert gegebenenfalls, dass sich weitere Menschen infizieren.

Den gesamten Impfprozess abgebildet

Der von der großen Mehrheit der Experten präferierte Weg zur Eindämmung der Virusverbreitung ist die Impfung. Dabei die Versorgung mit Vakzinen sicherzustellen und auch große Kampagnen zu managen, stellte Regierungen und unterstützende Organisationen vor enorme Herausforderungen. Um sie besser bewältigen zu können, entstand im Oktober 2020 der „Vaccine Collaboration Hub" (VCH). Er basiert auf dem „SAP Information Collaboration Hub for Life Sciences", der den gesamten Prozess von der Herstellung des Impfstoffs über seine kontrollierte Verteilung bis zur Nachkontrolle im Anschluss an die Injektion abbildet. Alle Beteiligten – Hersteller, Großhändler, Logistiker und Impfzentren – können ihre Prozesse mithilfe der SAP-Software steuern.

Den COVID-19-Impfstatus ihrer Mitarbeiter wiederum können Unternehmen mithilfe eines Impf- und Testmanagement-Tools der US-SAP-Tochter Qualtrics einfach und sicher erfassen und bestätigen. Digitalisierte Formulare, automatisierte Arbeitsabläufe und übersichtliche Dashboards erlauben auch Mitarbeitenden mit geringen IT-Kenntnissen eine unkomplizierte Bedienung.

Trainingslösung fürs Personal

Vor ganz besonderen Herausforderungen stehen in diesen Zeiten Krankenhäuser. Auch sie hat SAP systematisch unterstützt. Ein Beispiel ist das Al-Ahli-Hospital – Katars größtes privates allgemeines Krankenhaus –, dessen Verantwortliche und Mitarbei-

tende in gewisser Weise Glück im Unglück hatten: Sie ersetzten kurz vor Ausbruch der Pandemie ihre selbst entwickelt, lokale Trainings- und Weiterbildungslösung durch SAP SuccessFactors. Die cloudbasierte Plattform stellt mithilfe automatisierter digitaler Workflows individuelle Trainingsprogramme für jeden einzelnen Mitarbeitenden bereit. Mit ihr war es innerhalb von nur zwei Tagen nach der Registrierung der ersten Infizierten in Katar möglich, sowohl medizinisches als auch nicht medizinisches Personal für den Umgang mit Coronapatienten zu schulen und Maßnahmen für wirksamen Selbst- und Fremdschutz zu trainieren.

Wie andernorts standen auch deutsche Krankenhäuser vor der komplexen Aufgabe, ihre Bettenkapazitäten für Coronafälle zu erhöhen, ohne dadurch Behandlungsmöglichkeiten für Patienten mit anderen akuten Erkrankungen einzuschränken. Um dies zu gewährleisten, schufen Gesundheitsamt und Krankenhäuser in und um Heidelberg unter Leitung des örtlichen Universitätsklinikums eine gemeinsame COVID-19-Koordinationsplattform, die 45 Stationen in 25 Krankenhäusern vernetzt. Technische Basis sind die SAP Cloud Platform und die SAP Analytics Cloud. Die Lösung kann intensivmedizinische Kapazitäten darstellen und zeigen, wie sich die Bettenbelegung innerhalb eines bestimmten Zeitraums verändert hat. Außerdem lässt sich damit die Verlegung von Patientinnen und Patienten in andere Kliniken steuern. Mitarbeitende erkennen auf einen Blick, welches Krankenhaus für einen bestimmten Fall am besten geeignet wäre und ob es dort aktuell freie Kapazitäten gibt.

Verknotete und gerissene Lieferketten

Verfügbarkeit und Verteilung spielen bei der Versorgung mit Lebensmitteln eine wichtige Rolle. Auch hier hat die Pandemie bewährte Abläufe empfindlich gestört, weil sie global für ein Abreißen und später erneutes plötzliches Anschwellen der Nachfrage sorgte. Container, mit denen Konsumgüter über die Ozeane geschippert werden, fehlten auf der einen und stapelten sich auf der anderen Seite der Welt; Lieferketten verknoteten sich oder rissen gleich ganz ab.

Ob und wie Einzelhändler mit einer solchen Situation klarkommen, hängt maßgeblich vom Grad der Digitalisierung ihrer Strukturen ab. Goldstandard ist hier, an möglichst vielen Stellen der Supply Chain Daten zu sammeln und mithilfe von Data Analytics und Machine Learning auszuwerten.

Unternehmen, die besonders gut darin sind, konnten in Zeiten von Corona ihren Marktanteil nicht nur halten, sondern im Vergleich zu davor sogar steigern. Dazu zählt die Schweizer Supermarktkette Coop, bei der die Verantwortlichen die richtigen Schlüsse aus der Krise zogen. Nachdem im Frühjahr 2020 die Nachfrage nach Lebensmitteln kurzfristig extrem gestiegen war, stießen die Coop-Verteilzentren an Kapazitätsgrenzen. Besonders der tägliche Absatz von Lebensmitteln in Dosen war dreimal so hoch wie vor der Pandemie. Das galt selbst für Produkte, die sonst eher zu den Ladenhütern gehörten. Um alles, was jetzt in jedem Supermarkt zwingend vorrätig sein musste, rechtzeitig und flächendeckend ausliefern zu können, priorisierte Coop diese Produkte in der Lieferkette und klammerte zugleich mehrere Tausend andere Artikel temporär aus der täglichen Verteilung aus. Möglich wurde das mithilfe detaillierter Datenanalysen, die die Software SAP Forecasting and Replenishment bereitstellte. Die so optimierten Prozesse sorgen auch jenseits der Pandemie für mehr Transparenz in der Supply Chain, für weniger Über- und Fehlbestände und weniger manuelle Arbeit. Außerdem helfen die durch künstliche Intelligenz (KI) gestützten Prognosen, Abfall bei Frischprodukten zu vermeiden.

Die COVID-19-Pandemie hat eindrucksvoll gezeigt, wozu IT fähig ist: Technologische Rückständigkeit oder falsche Entscheidungen werden in Zeiten wie diesen schmerzhafter sichtbar denn je. Wie sagte Greg Petraetis schon im April 2020 so treffend: „Unternehmen, die die Pandemie als Wendepunkt in Sachen digitaler Transformation betrachten, werden hinterher stärker sein als je zuvor." ∎

Der Job muss sich anpassen

SAP gibt Antworten auf eine sich rasch verändernde Arbeitswelt – und viele dieser Antworten sind überhaupt nicht neu.

Von Jeanette Rohr

„Was wir im Moment erleben, ist eine Vermenschlichung der Arbeitswelt", sagt Cawa Younosi, Head of People, Germany. „Und die weltweite Pandemie hat sie noch beschleunigt."

Genau wie alle anderen hatte auch die SAP keine Möglichkeit, Anfang 2020 in eine Glaskugel zu blicken und die weltweite Pandemie vorauszusehen. Doch eine stabile digitale Infrastruktur und eine stark auf Austausch und Kommunikation ausgerichtete Firmenkultur erlaubten es dem Walldorfer Softwareunternehmen, seine über 100.000 Mitarbeitenden weltweit bis auf wenige Ausnahmen von einem Tag auf den anderen ins Homeoffice zu schicken. In den folgenden Monaten sah man einander trotz der räumlichen Distanz plötzlich aus großer Nähe. Das Arbeitsleben wurde transparenter und emotionaler.

„Wir sind nicht nur Berufstätige, nicht nur SAPler:innen", sagt Younosi. „Wir sind auch Eltern, Künstler:innen, Sportler:innen, Haustierbesitzer:innen. Wir stehen nicht jeden Tag auf und funktionieren wie ein Roboter. Die vielen Onlinemeetings haben uns einander von einer menschlicheren Seite gezeigt. Wir haben uns gegenseitig erzählt, wie erschöpft wir sind, welche Sorgen wir uns um Angehörige in Risikogruppen machen, wie schwer es ist, unter Pandemiebedingungen zu arbeiten, wenn die Kinder nicht zur Schule oder in die Kita gehen können."

Flache Hierarchien, viel Freiraum

Dass die Arbeitszeit immer mehr mit der Freizeit verschwimmt, ist eine von vielen Umwälzungen der Arbeitswelt, die in den letzten 10 bis 15 Jahren stattgefunden haben. Eine gewisse Grundflexibilität – etwa, dass eine Mitarbeiterin zwischendurch einen Arzttermin wahrnehmen oder ein Mitarbeiter sein Kind aus der Kita abholen kann – wird inzwischen vom Arbeitgeber erwartet. Als Softwarekonzern hatte SAP von Anfang an den Finger am Puls dieser Entwicklung. Das schlug sich auch im Umgang mit den Mitarbeitenden nieder. Seit Gründung der Firma pflegt der Walldorfer Softwarekonzern eine Kultur der offenen Tür mit flachen Hierarchien und vergleichsweise großen Freiräumen für die Mitarbeitenden.

„Dass man ohne Termin zu seinem Chef ins Büro kommen darf, dass alle sich duzen, dass es keine Zeiterfassung gibt – das alles wurde von außen als revolutionär und teilweise sogar befremdlich wahrgenommen", sagt Günter Pecht, Head of Innovation SME.

Die SAP ist sich bei alldem treu geblieben und hat über die Jahre stark mitarbeiterzentrierte Strukturen aufgebaut. Die Zahlen sprechen für sich. „Die durchschnittliche Betriebszugehörigkeit liegt in Deutschland bei zwölf Jahren", sagt Younosi. Zum Vergleich: Bei Google sind es vier. Er führt das unter anderem auf die internen Entwicklungsmöglichkeiten zurück. „Etwa 10 Prozent unserer Mitarbeitenden bewerben sich jedes Jahr auf eine neue Stelle innerhalb der SAP. Und dadurch, dass neue Stellen in Wachstums-bereichen ausgeschrieben werden, nehmen wir die Mitarbeitenden automatisch auf die Reise unserer Firma mit." Wohin führt diese Reise? Wo sieht man bei SAP die Zukunft der Arbeit?

Einerseits ermöglichen technologischer Fortschritt und Digitalisierung es den Menschen, zunehmend wertvollere und befriedigendere Aufgaben zu erledigen – anstatt ewig gleicher Routine. Zum anderen bedeuten sie aber auch immer rascher erfolgende Veränderungen, die Firmen zu immer schnelleren, flexibleren Reaktionen zwingen und sie zu aktiver Antizipation von Veränderungen ermuntern.

> *In einer bürokratischen, streng reglementierten und kontrollierten Organisation kann sich ein Mensch nicht entfalten, und auch der Kommunikation sind Grenzen gesetzt. Wir bei SAP haben versucht, zu einer Unternehmenskultur zu finden, die Individualität zulässt und Gestaltungsräume bietet, und damit zu einer gesteigerten Zufriedenheit der Menschen an ihrem Arbeitsplatz führt.*
>
> Dietmar Hopp, 1996

„Wer diese stetigen Veränderungen meistert, dessen Firma hat eine Zukunft", ist Matthias Langholz, Learning & Development Consultant im Bereich Global Finance & Administration, überzeugt, weist jedoch auch darauf hin, dass dazu häufig die eigene Organisationsform neu überdacht werden muss. „Hierarchien sind das klassische Firmenmodell, aber was nun gefordert ist, sind netzwerkartige Strukturen, die Menschen mit unterschiedlichen Kenntnissen zusammenbringen", sagt Langholz.

Austausch auf Augenhöhe

Für Austausch auf Augenhöhe sieht Younosi es als Aufgabe des Managements, den Zugang zu Vorgesetzten so niedrigschwellig wie möglich zu gestalten. „Kolleg:innen müssen den Weg zu uns finden, wenn sie Ideen haben", sagt er. Pecht stimmt zu: „Entscheidend für Innovation ist auch, dass Potenziale geschöpft und gefördert werden, indem man den Mitarbeitenden Freiraum gibt und sie nicht zu Befehlsempfängern degradiert."

Die Führungskräfte müssen die Mitarbeiter so führen, dass sie selbstbewusst und unabhängig sind, und sich nicht erst Gedanken darüber machen müssen, was der Chef wohl gerne hört. Nur so bleibt das Gehirn des Unternehmens nicht das Gehirn der Unternehmensleitung, sondern es ist die Kombination der Intelligenz und Fantasie aller Mitarbeiter.

Dietmar Hopp, 1996

Bei SAP ist man sich darüber im Klaren, dass eine von Wertschätzung und Transparenz geprägte Arbeitskultur kein Selbstläufer ist, sondern täglich mit Leben gefüllt werden muss. Lena Frank, Head of Communications, Learning & Engagement bei SAP Customer Experience, hat sich in ihren Anfangsjahren als Berufseinsteigerin beim SAP Innovation Center Network (ICN) intensiv mit dem Thema beschäftigt.

„Das SAP ICN als eine Art Trendradar für SAP hat den Anspruch, die agile Arbeitsweise eines Start-ups mit der Expertise des Konzerns zu verweben", erklärt sie. „Als ich 2015 dort meine erste Berufserfahrung gesammelt habe, waren die meisten Mitarbeitenden sehr jung. Viele kamen frisch von der Uni und hatten noch kein Netzwerk bei SAP, dafür aber jede Menge neue Ideen und auch Offenheit dafür, Dinge auszuprobieren. Das ICN war dafür die ideale Umgebung." Was sie dort verinnerlicht hat: Das Ziel sollte immer die bestmögliche Umgebung für alle sein. Dabei wird die soziale Komponente immer wichtiger. „Mitarbeiter wollen gesehen und gehört werden", sagt Frank. „Wenn ich als Mitarbeiterin sehe, dass mein Feedback versandet, dass keine Reaktion darauf erfolgt, dann ist das frustrierend – aber solche Frustrationen lassen sich zum Glück von Managementseite vermeiden." Younosi bekräftigt: „Mitarbeiterzentrierte Unternehmenskultur bedeutet, dass Menschen sich gesamtheitlich angenommen fühlen, in welcher Lebensphase sie auch sind. Der Job muss sich der jeweiligen Lebensphase anpassen, nicht umgekehrt."

Die Expert:innen von morgen heranbilden ...

Inzwischen leitet Lena Frank selbst ein Team. „Eine Führungskraft, die die Bezeichnung verdient, betrachtet ihre Rolle nicht als reinen Karriereschritt", sagt sie. „Sie interessiert sich dafür, Menschen zu entwickeln, in ihnen Potenziale zu erkennen und zu fördern – manchmal sogar Potenzial, das die betreffende Person selbst noch gar nicht wahrgenommen hat." Sie fügt hinzu: „Ich weiß, wovon ich spreche, denn jemand hat das in mir gesehen, bevor ich es selbst sehen konnte."

Entscheidend wird dabei sein, die Transformation so zu gestalten, dass Menschen ihre Talente entwickeln und ausspielen können. Lebenslanges Lernen gilt inzwischen als unerlässlich, denn wenn man nicht gerade im Support arbeitet, beträgt die Halbwertzeit für technisches Wissen etwa zwei Jahre. „Eine Firma, die nicht in Aus- und Weiterbildung investiert, hat keine Zukunft", sagt Frank. „Ich leite ein dynamisches Team in einer Entwicklungseinheit und es ist mir besonders wichtig, dass meine Mitarbeiter Zugang zu den neusten Tools haben, um auf ihrem Spezialgebiet eine stete Lernkurve verzeichnen zu können."

Günter Pecht fügt hinzu: „Menschen wollen lernen, also müssen sie auch die Zeit dafür zugestanden bekommen. Im nächsten Schritt muss das Erlernte dann angewendet werden. Das erfordert eine Kultur, die Fehler nicht nur verzeiht, sondern sie auch als notwendigen Schritt beim Lernen betrachtet."

... und sie Sinn entdecken lassen

Dazu gehört auch, den Freiraum und das Vertrauen zu haben, Fragen stellen zu dürfen. „Es wird unterschätzt, wie viel Mut es erfordert, als Frischling, der das Gefühl hat, sich erst noch bewähren zu müssen, in einem Meeting Fragen zu stellen – erst recht kritische Fragen", sagt Frank. „Dabei sind wir auf genau diesen frischen, unverstellten Blick auf unsere Arbeit angewiesen." Deshalb sind nicht nur flache Hierarchien so wichtig, sondern auch diverse Teams mit einem gesunden Mix aus „Sil-

„Mitarbeitende nicht zu Befehlsempfängern degradieren."
Günter Pecht

berrücken", jungen Talenten und allem, was dazwischen liegt. „Diversität bedeutet mehr als Geschlecht oder ethnische Zugehörigkeit", erklärt Frank. „Es geht auch um verschiedene Altersgruppen und um Diversität von Fähigkeiten und Erfahrungen." Lebenslanges Lernen betrifft daher nicht nur Fachwissen, sondern auch Soft Skills, die ein wertschätzendes Miteinander ermöglichen.

Ein Trend, der sich derzeit über alle Altersgruppen hinweg Bahn bricht, ist das Bedürfnis, in der eigenen Arbeit einen höheren Zweck zu erkennen.

„Ich sehe das an meinen eigenen Kindern, die nun Mitte 20 sind", sagt Günter Pecht. „Die klassische Großkonzernkarriere mit hohem Gehalt und Dienstwagen genügt ihnen nicht mehr. Junge Talente wollen vor allem das Gefühl haben, einen Beitrag für die Gesellschaft und zur Erhaltung des Planeten zu leisten." Aber auch alte Konzernhasen haben das Bedürfnis, eine Tätigkeit

auszuüben, von deren Sinn sie überzeugt sind. „Die Frage nach der Daseinsberechtigung von Unternehmen wird im 21. Jahrhundert neu verhandelt, das können wir bereits sehen", sagt Matthias Langholz. Das Gefühl, dass die eigene Arbeit einem höheren Zweck dient, ist deshalb entscheidend für die Motivation.

Unter dem unmittelbaren Eindruck von Klimawandel, globaler Armut und Pandemie wird die Zukunft mitunter sehr düster gemalt und pessimistisch aufgefasst. „Dabei sollten wir aber nicht aus dem Blick verlieren, was wir als Menschheit schon erreicht haben", sagt Langholz. „Wir müssen einen gesunden Optimismus beibehalten." Hier liegt auch die Antwort auf die Frage, wie mit immer komplexeren Problemen umgegangen werden soll, mit der Informationsflut, die auf die Menschen einprasselt. „Wie geht es uns dabei? Was fühlen wir?", fasst Langholz den inneren Kompass des Menschen zusammen. „Empathie für andere, aber auch für uns selbst, ist mit das wichtigste Werkzeug, das uns hilft, unsere Arbeit gut zu machen."

„Einen gesunden Optimismus behalten."
Matthias Langholz

> „Wir sind auf einen frischen, unverstellten Blick auf unsere Arbeit angewiesen."
>
> **Lena Frank**

> *Wir haben immer versucht, einen Geist zu fördern, der die Freiheit lässt, Fehler zu machen, und damit den Mut zum Risiko bestärkt. Angst erstickt die Lebensfreude und die freie Entfaltung des Geistes, die letztlich das Entstehen von Innovationen begünstigen.*
>
> **Dietmar Hopp, 2004**

Auch für Younosi ist diese Achtsamkeit gegenüber den eigenen Bedürfnissen und denen anderer ein direktes Resultat der von ihm bereits angesprochenen Vermenschlichung der Arbeitswelt.

„Um aufregende Zeiten wie die Pandemie zu meistern, hat sich dieses Mehr an Miteinander, an Kommunikation, Offenheit und Verständnis als goldwert erwiesen", sagt er. „Das hat uns darin bestärkt, dass wir mit unserem mitarbeiterzentrierten Ansatz auf dem richtigen Weg sind."

Die berühmte Glaskugel, um in die Zukunft zu sehen, besitzt SAP zwar noch immer nicht. „Aber so viel wissen wir", sagt Younosi. „Die Menschen und ihre Bedürfnisse werden der Kompass sein, nach dem wir uns ausrichten." ∎

UMFASSENDES GESCHÄFTSNETZWERK

Das Anfang 2012 gemeinsam mit Ariba gegründete Geschäftsnetzwerk wird Mitte 2014 mit Fieldglass und SAP-Vertragspartnern erweitert. Ende 2014 schließt SAP die Akquisition von Concur ab. Es ist die bislang größte Übernahme im Bereich Software as a Service in der Geschichte.

PARTNERSCHAFT ZWISCHEN APPLE UND SAP

Apple und SAP kündigen eine Partnerschaft an, um die leistungsstarken Apps für iPhone und iPad mit den innovativen Funktionen der Plattform SAP HANA zu kombinieren.

KLIMANEUTRAL BIS 2025

SAP verpflichtet sich, bis 2025 vollkommen klimaneutral zu wirtschaften. Das Unternehmen wird die bestehenden Initiativen und Programme fortführen, um Energieeffizienz und Innovation zu fördern und dadurch Treibhausgasemissionen zu vermeiden und zu reduzieren.

EINE EUROPÄISCHE GESELLSCHAFT

SAP ändert die Rechtsform von einer Aktiengesellschaft (AG) in eine Europäische Aktiengesellschaft (Societas Europaea, SE) und unterstreicht so die internationale Ausrichtung.

MEHR CHANCENGLEICHHEIT

SAP erhält als erstes multinationales Technologieunternehmen die weltweite EDGE-Zertifizierung (Economic Dividends for Gender Equality). Diese würdigt das globale Engagement des Unternehmens, Geschlechtervielfalt und Gleichstellung am Arbeitsplatz zu schaffen und zu erhalten.

2014   2015   2016   2017

SAP S/4HANA

SAP stellt mit der neuen Anwendungssuite SAP S/4HANA die Unternehmenssoftware der nächsten Generation vor. SAP S/4HANA basiert vollständig auf der leistungsfähigen In-Memory-Plattform SAP HANA. Nach der Einführung folgt bald die Cloud-Edition von SAP S/4HANA.

SAP LEONARDO

Auf der SAPPHIRE NOW stellt SAP das erweiterte Portfolio von SAP Leonardo vor. Das umfassende System für digitale Innovation der SAP bringt Lösungen für maschinelles Lernen, Internet der Dinge, Big Data, Analysen und Blockchain auf der SAP Cloud Platform mit dem umfassenden Prozess- und Branchenwissen der SAP sowie Design-Thinking-Methoden zusammen.

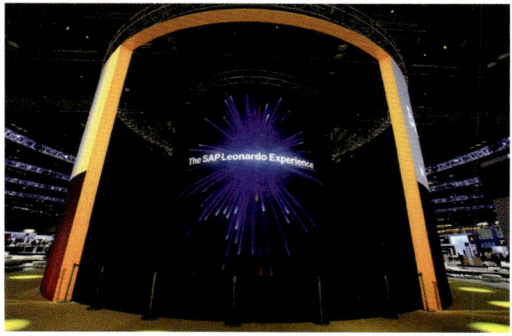

VERÄNDERUNG AN DER SPITZE

Bill McDermott wird alleiniger Vorstandssprecher. Jim Hagemann Snabe tritt als Co-CEO zurück und wird bei der SAP-Hauptversammlung im Mai 2014 in den Aufsichtsrat der SAP SE gewählt.

**INVESTITIONEN
IN CHINA**

SAP kündigt weitere Investitionen in China an und unterstreicht so das langfristige Engagement in der zweitgrößten Volkswirtschaft der Welt. SAP vermeldet die bisher beste Quartalsentwicklung in China mit mehr als 30 Prozent Umsatzwachstum für Softwarelizenzen.

**POWERED BY SAP
HANA**

Die komplette SAP Business Suite wird auf SAP HANA umgestellt. In den drei Jahren seit seiner Einführung erzielt SAP HANA knapp 1,2 Milliarden Euro Umsatz und wird zu einem der wachstumsstärksten Produkte in der Geschichte der Unternehmenssoftware.

DOPPELSPITZE

Im Februar ernennt der SAP-Aufsichtsrat Bill McDermott und Jim Hagemann Snabe zu gleichberechtigten Vorstandssprechern. Zeitgleich wird Vishal Sikka, Chief Technology Officer, zum Vorstandsmitglied bestellt. Im Juli wird erstmals eine Frau in den SAP-Vorstand berufen: Angelika Dammann übernimmt die Verantwortung für das globale Personalwesen.

**FÜHRENDE
HR-LÖSUNG**

Kurz vor Jahresende gibt die SAP die Übernahme von SuccessFactors – einem führenden Anbieter von Cloudanwendungen in der Personalwirtschaft – bekannt.

successfactors
BUSINESS EXECUTION SOFTWARE

2010   2011   2012   2013

ÜBERNAHME VON HYBRIS

SAP übernimmt hybris, einen schnell wachsenden, führenden Anbieter von E-Commerce-Technologie.

JEDERZEIT AN JEDEM ORT

Die ersten Kunden implementieren das erste In-Memory-Produkt – die SAP-HANA-Plattform – und erhalten damit die Möglichkeit, Daten in Sekunden anstatt in Stunden oder gar Tagen zu analysieren. Die Nachfrage nach SAP HANA lässt sich mit der Nachfrage nach der SAP-R/3-Software zur Zeit ihrer Markteinführung vergleichen.

**MOBILE
DATENNUTZUNG**

Im Mai gibt SAP die Absicht bekannt, das kalifornische Unternehmen Sybase zu einem Preis von rund 5,8 Milliarden Dollar zu übernehmen. Sybase ist der größte Anbieter von Unternehmenssoftware und -services, der sich ausschließlich auf das Informationsmanagement und die mobile Datennutzung spezialisiert hat.

ZUSAMMENARBEIT VEREINFACHT

Mit der Akquisition von Ariba erobert SAP eine führende Position im schnell wachsenden Markt der unternehmensverbindenden, cloudbasierten Geschäftsnetzwerke und bietet durchgängige Beschaffungslösungen in der Cloud.

20
10
—

20
22

DIE DIGITALE WIRTSCHAFT

Cloud Computing, mobile Geräte und In-Memory Computing eröffnen neue Möglichkeiten für den Echtzeitdatenzugriff zu jeder Zeit und an jedem Ort. Strategische Akquisitionen gekoppelt mit weiteren Innovationen fördern das anhaltende Unternehmenswachstum. SAP wird zum Plattformanbieter und definiert die Zusammenarbeit der Unternehmen in Geschäftsnetzwerken neu. Mit Lösungen, die Unternehmen dabei unterstützen, ihren ökologischen Fußabdruck zu verkleinern, eröffnet SAP ihnen Wege in die Kreislaufwirtschaft und zur Klimaneutralität.

INTELLIGENTE UNTERNEHMEN

Während der SAPPHIRE NOW präsentiert die SAP ihre Vision für das intelligente Unternehmen. Mit SAP C/4HANA will SAP den Markt für das Customer Relationship Management (CRM) neu definieren.

NEUE FÜHRUNGSKRÄFTE-GENERATION

Im Oktober gibt Bill McDermott bekannt, dass er seinen Vertrag nicht verlängern und nach knapp zehn Jahren von seiner Position als Vorstands-sprecher zurücktreten wird. Der Aufsichtsrat ernennt dar-aufhin Jennifer Morgan und Christian Klein zu seinen Nachfolgern.

FÜR SAUBERE WELTMEERE

Beim Weltwirtschaftsforum in Davos/Schweiz erläutert die SAP, wie sie mithelfen will, die Weltmeere bis 2030 von Plastikmüll zu befreien.

BRANCHENSPEZIFISCHE CLOUD

Auf der SAPPHIRE NOW Reimagined im Mai stellt SAP die branchenspezifische Cloud (Industry Cloud) vor. Eine Innovationsplattform, auf der Kunden und Partner branchenspezifi-sche Cloudlösungen entwickeln können.

GRÖSSTES GESCHÄFTSNETZWERK

Als ersten Schritt auf dem Weg zum weltweit größten Geschäftsnetzwerk stellt SAP im Juni auf der SAPPHIRE NOW das SAP Business Network vor. Über 5,5 Millionen Unter-nehmen werden von der Mitgliedschaft in dieser Netzwerk-Community profitieren.

2018 **2019** **2020** **2021**

ÜBERNAHME VON QUALTRICS

Im November gibt die SAP ihre Absicht bekannt, Qualtrics, einen weltweiten Vorreiter im Soft-warebereich Experience Management (XM) zu übernehmen.

qualtrics™

ALLEINIGER VORSTANDSSPRECHER

Die SAP beschließt im April, zum Modell eines alleinigen Vorstandssprechers zurückzukehren, um in der Pandemie eine starke, eindeutige Führungsverant-wortung sicherzustellen. Christian Klein übernimmt alleine die Funktion des Vorstandssprechers.

SAP FIONEER GEHT AN DEN START

SAP und die Beteili-gungsgesellschaft Dediq GmbH geben im April den Abschluss einer Partnerschaft für die Finanzdienstleis-tungsbranche bekannt. Das neue Unternehmen heißt SAP Fioneer.

RISE WITH SAP

Im Januar stellt SAP „RISE with SAP" vor. Der ganzheitliche Ansatz geht über eine techni-sche Migration in die Cloud hinaus, um eine kontinuierliche Transformation zu ermöglichen.

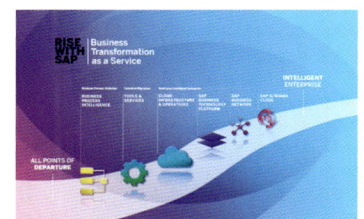

UNTERSTÜTZUNG IN DER KRISE

Nach dem Beginn der Coronakrise setzen 18 der 20 größten Impfstoff-Hersteller bei der Produktion auf SAP-Lösungen. Inmitten eines Lockdowns entwickelt SAP im Auftrag der Bundesregierung zusammen mit der Deutschen Telekom und weiteren Partnern die Corona-Warn-App für Deutschland. Weitere Länder folgen.

Wichtiges Bollwerk

SAP ist 50: „Die Grenzen des Wachstums" werden zum Fahrplan für den Weg zum Erfolg.

Von Joshua Greenbaum

1972 veröffentlichte der Club of Rome einen kontroversen Bericht mit dem Titel „The Limits to Growth", zu Deutsch „Die Grenzen des Wachstums." Darin erkundete die einflussreiche Denkfabrik die Zukunftsprobleme der Menschheit und des Planeten: „Wenn die gegenwärtige Zunahme der Weltbevölkerung, der Industrialisierung, der Umweltverschmutzung, der Nahrungsmittelproduktion und der Ausbeutung von natürlichen Rohstoffen unvermindert anhält, werden die absoluten Wachstumsgrenzen auf der Erde im Laufe der nächsten hundert Jahre erreicht."

Die Gründer der SAP dürften den apokalyptischen Zukunftsvisionen des Club of Rome nicht allzu viel Aufmerksamkeit geschenkt haben, als dieser Warnschuss vor 50 Jahren abgefeuert wurde. Das Unternehmen, das sie im selben Jahr gründeten, war damit beschäftigt, Software zu entwickeln, die dazu beitragen sollte, der Verunsicherung in Bezug auf Unternehmensabläufe und Governance ein Ende zu bereiten. Das Ziel war es, wichtige Prozesse und Daten im Finanzwesen, in der Fertigung und in anderen Bereichen zu zentralisieren. Es ist ein Zufall, der fast unheimlich anmutet. Eines der ersten modernen ERP-Systeme entstand im Schatten einer Zukunftsvision, die angeblich durch ihre Grenzen und nicht durch ihre Möglichkeiten definiert wurde.

Sicher hätten die Gründer in ihren kühnsten Träumen nie gedacht, dass ihr Unternehmen mit seinem stetig wachsenden Portfolio aus Softwarelösungen und Services zu einem wichtigen Bollwerk werden würde, und zwar gegen die Grenzen des Wachstums, die der Club of Rome so schonungslos beschrieben hatte. Gerade im Rückblick auf die vergangenen 50 Jahre, in denen sich die SAP zu einer globalen Ideenschmiede für Unternehmenssoftware entwickelt hat, wird klar, dass viel von dem, was Kunden mit SAP-Software machen können, über diese angeblichen Grenzen hinaus geht. Sie führen – sowohl im wörtlichen als auch im übertragenen Sinne – den Kampf gegen die Entropie einer Welt an, die theoretisch dem vorzeitigen Untergang geweiht ist.

Nicht schlecht für eine kleine Gruppe deutscher Techies, die damals aus einem großen Unternehmen ausstiegen, um etwas zu tun, was damals beinahe undenkbar war. Sie gründeten ein deutsches

Im Gespräch mit Hasso Plattner bei der SAPPHIRE 1998 in Los Angeles - Joshua Greenbaum (links).

Joshua Greenbaum blickt auf über 30 Jahre Erfahrung in der Branche als Programmierer, Systemanalyst, Autor, Berater und Branchenanalyst zurück.

Software-Start-up, das sich innerhalb von 50 Jahren zu einem der wichtigsten Treiber der weltweiten Wirtschaftsleistung entwickeln sollte, die sich heute auf 50 Billionen US-Dollar beläuft.

Natürlich sind die vom Club of Rome beschriebenen Probleme nicht verschwunden. Auch wird die SAP nicht im Handumdrehen verhindern können, dass das düstere Zukunftsszenario wahr wird, das in dem Bericht prophezeit wurde. Der Aufruf zum Handeln umfasst eine Reihe von Faktoren: Bevölkerungszuwachs, Industrialisierung, Umweltverschmutzung, Weltnahrungsmittelproduktion und Rohstoffausbeutung. 2022 steht die SAP an der Spitze einer globalen Bewegung, deren Ziel es ist, den technologischen Fortschritt der letzten Jahrzehnte zu nutzen, um direkt und wirkungsvoll eine Welt zu schaffen, in der die Grenzen des Wachstums noch immer entdeckt werden, anstatt als unumstößlich zu gelten.

Aber die SAP entwickelt nicht aus Versehen Software, die dazu beiträgt, eine bessere Welt zu schaffen. Bewusst nutzt die SAP ihre Position an der Schnittstelle zur Weltwirtschaft, um Regierungen, Unternehmen und Menschen zu helfen, die unzähligen Probleme einer Welt zu lösen, die sich zunehmend im Wandel befindet. Der Einfluss der SAP ist weitreichend. Sie setzt sich für Menschenrechte, faire Arbeitsbedingungen und Nachhaltigkeit in globalen Lieferketten ein und fördert die Vielfalt, Kompetenzen und Ambitionen der globalen Belegschaft. Außerdem unterstützt die SAP gemeinnützige Non-Profit-Organisationen und stellt proaktiv Menschen mit Behinderungen ein, um nur einige von vielen lobenswerten Initiativen zu nennen.

Für all diese Initiativen gibt es ein Software- und Serviceportfolio. Und es scheint beinahe, als sei es dafür entwickelt worden, die Probleme anzugehen, auf die der Club of Rome vor 50 Jahren hingewiesen hat. SAP-Software hilft Unternehmen aller Größenordnungen in 25 Branchen, knappe Ressourcen bestmöglich einzusetzen sowie Liefer- und Nachfrageketten zu optimieren. SAP-Kunden nutzen die Software, um innovative Systeme für die Produktion und den Vertrieb von Lebensmitteln zu steuern, ihren CO_2-Fußabdruck und Schadstoffausstoß zu überwachen und zu reduzieren, die Produktivität ihrer Mitarbeitenden zu steigern, die Lebensqualität von Menschen in allen Gesellschaftsschichten zu erhöhen und sicherzustellen, dass die Welt, in die die SAP vor 50 Jahren hineingeboren wurde, bestehen bleibt – auch noch lange nach dem in „Die Grenzen des Wachstums" prophezeiten Zusammenbruch.

Die SAP entwickelt sich zu einem Unternehmen, das die Wende zum Besseren vollzieht. In vielerlei Hinsicht ist die Softwareindustrie nach wie vor von anachronistischen Drei- und Vier-Buchstaben-Akronymen gekennzeichnet, die das Fundament für den Markt für Unternehmenssoftware bildeten. Noch immer werden die Funktionen benötigt, die sich in isolierten Domänen wie ERP, CRM, HRMS/HXM und SCM befinden. Die Komplexität der globalen Wirtschaft führt jedoch dazu, dass SAP-Kunden – und damit auch die SAP selbst – über diese Buchstabensuppe hinausblicken, um besser zu verstehen, was Unternehmen wirklich voranbringt. Kein Unternehmen – faktisch kein einzelner Verbraucher – kann es sich leisten, das symbolträchtige Bild eines Containerschiffes zu ignorieren, das genau dann im Suezkanal feststeckt, als die Weltwirtschaft versucht, sich von den unvorhergesehenen Auswirkungen der Coronakrise zu erholen. Wir sind nur bedingt dazu fähig, die nächste Krise – oder die nächste unerwartete Wendung in einer Reihe von scheinbar täglichen Krisen – vorauszusehen. Doch unsere Fähigkeit, intelligenter, effizienter und vor allem menschlicher zu reagieren, hat erst in den letzten 50 Jahren zugenommen. Und dies nicht zuletzt dank der führenden Rolle, die die SAP bei der Gestaltung der wirtschaftlichen Entwicklung und der zugrunde liegenden Prozesse einnimmt.

Aus diesem Grund sehen die nächsten 50 Jahre für die SAP, ihre Kunden und die vielen Partner aus dem weltweiten SAP-Partnernetz so vielversprechend aus. Die mehr als 100.000 Beschäftigten der SAP aus über 140 verschiedenen Ländern arbeiten allesamt daran, eine dynamische, komplexe und teilweise sogar beängstigende Welt zu verbessern. Mit ihrer Hilfe können im Gesamthandel Billionen von Dollar, Euro, Yuan, Rupien, Real und Riyal für buchstäblich Hunderttausende von Unternehmen erwirtschaftet werden. Angefangen bei den größten globalen Konzernen bis hin zu regionalen und lokalen Unternehmen und hyperlokalen Plattformen, die viele der dynamischsten Volkswirtschaften unserer Zeit ausmachen.

Für mich persönlich war es eine Ehre, während der letzten 30 dieser 50 Jahre an vorderster Front dabei sein zu können. Als Branchenanalyst und -berater war ich vielleicht nicht immer mit jeder Entscheidung oder Initiative einverstanden. Trotzdem ist unschwer zu erkennen, dass die Grundwerte, die 1992 bei meinen ersten Treffen mit Professor Hasso Plattner und anderen galten – Ehrlichkeit, Integrität, Qualität und Zweckhaftigkeit – noch heute Bestand haben. Dank dieser Werte fiel es mir leicht, weiterhin im SAP-Partnernetz zu arbeiten. Ich wusste, dass das Unternehmen immer einem klaren Kurs folgen würde, auch wenn die Sicht zum Teil schlecht war und der Weg ein steiniger. Im Geschäftsleben, wie auch im sonstigen Leben, kann man nicht immer nur Rückenwind und Sonnenschein haben. Es ist beeindruckend, wie es die SAP geschafft hat, in ruhigen wie in stürmischen Zeiten Erfolg zu haben und dabei auch noch der Welt einen Dienst zu erweisen. Alles Gute zum 50. Geburtstag, SAP! Auf viele, viele weitere Jahre! ■

50
GESICHTER
DER
SAP

Sich zu Hause fühlen

37 | Elisabet Hemming wuchs in Finnland auf. Ihr beruflicher Werdegang bei der SAP begann 1989, als sie vorübergehend eine Position bei SAP Australia antrat. 1991 zog sie nach Schweden um und ist heute Executive Assistant des COO von EMEA Nord.

„Die drei wichtigsten Gründe, warum ich immer noch gerne bei der SAP arbeite, sind:
Meine Teammitglieder: Es macht Spaß, mit Menschen zusammenzuarbeiten, die kompetent, professionell und innovativ sind und ihr ganz eigenes Know-how mitbringen. Eines meiner Ziele ist es, oft bei der Arbeit zu lachen, was ich bei SAP seit meiner Anfangszeit fast jeden Tag tue.
Meine Führungskräfte: Ich hatte das Glück, als Assistentin von mehr als 15 Geschäftsführern zu arbeiten, die alle meine Entwicklung unterstützt haben. Sie haben mir beigebracht, mit verschiedenen Persönlichkeiten umzugehen, und mir dabei geholfen, viel über mich selbst zu lernen. Meine Führungskräfte haben mir das Gefühl gegeben, dass meine Arbeit wichtig ist und etwas bewirkt.
Ziele und Werte der SAP: Ich habe die Erfahrung gemacht, dass diese wirklich das Fundament unserer Arbeit bei der SAP bilden. Sie kommen auch meinen persönlichen Werten sehr nahe. Deshalb habe ich Vertrauen und Zuversicht in die Arbeit, die ich hier verrichte. Ich glaube, dass die starken Ziele und Werte sowie die großartigen Menschen, die hier arbeiten, gemeinsam den Schlüssel zum Erfolg der SAP bilden. Diesem ganz besonderen Arbeitsklima, das unsere SAP-Familie schafft, ist es zu verdanken, dass ich mich nach all diesen Jahren immer noch zu Hause fühle."

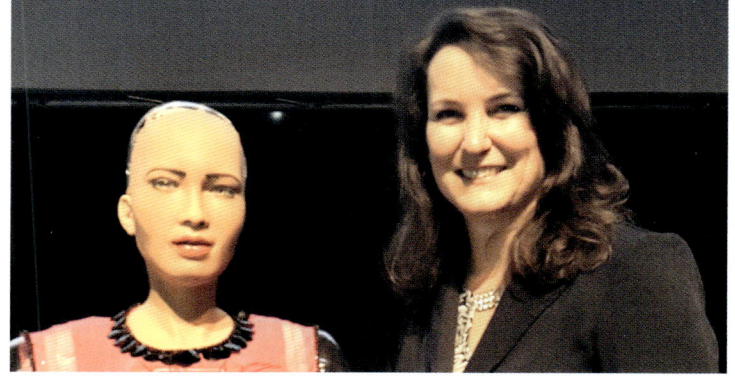

Von der Ausbildung bis zum Vorruhestand

38 | Axel Heck bildete mit vier weiteren Studenten 1985 den ersten Ausbildungsjahrgang der SAP und entwickelte sich zum damals üblichen Allrounder. Später entwickelte er unter anderem Anwendungen fürs Customer Relationship Management und für SAP HANA. Seit Ende 2019 ist er im Vorruhestand.

„Als ich an einem Samstagvormittag mit meinem Abiturzeugnis nach Walldorf in die Max-Planck-Straße kam, beeindruckte mich vor allem, dass es einen Tennisplatz für die Mitarbeiter gab. Auf dem duellierten sich gerade Dietmar Hopp und Hasso Plattner – ziemlich gut übrigens. Nach einer Weile kam Herr Hopp zu uns, und wir unterhielten uns, hauptsächlich über Sport. Irgendwann fragte Herr Hopp nach meinem Zeugnis, zeigte sich beeindruckt von meiner eins in Mathe, Sport und Informatik. Mit den Worten: „Okay, nächste Woche schicken wir den Ausbildungsvertrag zu" war mein ,Vorstellungsgespräch' beendet.

Es gefiel mir vom ersten Tag an. Das Team war einfach klasse. Es wurde viel gearbeitet und noch mehr geraucht. Der Qualm drang aus fast jedem Büro. Meine spannendste und interessanteste Zeit bei SAP hatte ich von 1996 bis 2002 im damals eigens gegründeten R/2-Geschäftsbereich, der sich um die Datenmigration von Kunden kümmerte, die von R/2 nach R/3 umsteigen wollten. Jede Menge Projekte bei interessanten Firmen wie Siemens, Mahle oder BASF brachten nicht nur tausende Kilometer auf den Tacho meines Firmenwagens, sondern ganz tolle Erfahrungen und sehr viel neues Wissen.

Rückblickend hätte mir nichts Besseres als SAP als Arbeitgeber passieren können. Ich habe zu keinem Zeitpunkt bereut, mehr als 34 aktive Arbeitsjahre in der besten Firma der Welt verbracht zu haben."

Positiver Schneeballeffekt

39 | Lorna Cook fing 1997 bei der SAP an. Sie war die erste Produktmanagerin bei SAP Education in Afrika. In den letzten 25 Jahren hat sie in vielen Bereichen des Unternehmens gearbeitet – darunter Schulung und Weiterbildung, Produktmanagement Presales, Marketing, Alliance Management und Operations. Sie ist derzeit Regional Partner Director im Team EMEA South Solutions Extensions.

„SAP hilft mir, meine Ziele zu erreichen. Ich wollte schon immer etwas bewirken und das Leben von uns Menschen auf der ganzen Welt positiv beeinflussen. Nicht nur SAP-Kunden profitieren von meiner Arbeit, sondern auch unser Partnernetz, denn es werden neue Arbeitsplätze geschaffen, Tausende von Beschäftigten bei unseren Partnern werden mit neuen Fähigkeiten ausgestattet und für die Kunden wird ein Mehrwert geschaffen. Ich fühle mich als Teil eines Ganzen, das einen positiven Schneeballeffekt auslöst. Sowohl die Ziele der SAP als auch meine Ziele werden so erreicht.

Mit Initiativen wie One Billion Lives und Intrapreneurship-Programmen ermutigen wir unsere Mitarbeiter, Innovationen zu entwickeln und sicherzustellen, dass neue Ideen auf den Markt kommen. Die SAP ermöglicht uns allen, auf breiterer Basis Einfluss nehmen zu können – über unsere aktuellen Rollen hinaus. Die besondere Fähigkeit der SAP, sich immer wieder schnell auf neue Geschäftsanforderungen einzustellen, hat sie zu einem Unternehmen gemacht hat, das seit einem halben Jahrhundert erfolgreich ist. Die Firma ist auf den Schultern von Giganten aufgebaut: Führungskräfte mit ausgeprägtem Gespür für technologische Innovationen, mit der Fähigkeit sich vorzustellen, wie sie die Welt nützen könnten, und der Bereitschaft zu investieren; Kunden, die darauf vertrauen, dass SAP-Software ihre Geschäftsabläufe steuert und ihre Transformation vorantreibt; ein Partnernetzwerk, das einzigartig auf dem Markt ist; und im gesamten Unternehmen sehr motivierte, intelligente Mitarbeiter, die jeden Tag bereit sind, sich im besonderen Maße zu engagieren."

Mit Leib und Seele SAP-Fan

40 | Wendy du Toit kam 1994 als SAP-Beraterin bei Deloitte South Africa erstmals mit der SAP in Berührung. Heute sorgt sie im SAP Mission Control Center in Auckland, Neuseeland, für die Sicherheit der Cloudlösungen.

„Wir haben bei Deloitte South Africa eine Lösung für die Prozesskostenrechnung implementiert. Die Software, die diese Methodik unterstützte, war SAP R/2 – damals haben wir noch Mainframe-Systeme eingesetzt. So sammelte ich meine ersten Erfahrungen mit SAP.

Ich fand die Software einfach fantastisch. Ich war es gewohnt, dass alles auf Papier erledigt werden musste, und entdeckte meine Liebe zum SAP-System.

Bei ICS – einem Geschäftsbereich innerhalb von Deloitte – kam nur SAP-Software zum Einsatz. Als ich in dieses Team wechselte, lernte ich R/3 kennen. Ich war restlos begeistert. Ich habe so viel wie möglich gearbeitet und bin immer so früh es ging zur Arbeit erschienen. Ich erinnere mich noch gut an diese Zeit und an die Freude, die ich bei der Arbeit empfand. Ich war der wahrscheinlich größte SAP-Fan. Mir floss damals bestimmt ,blaues Blut' durch die Adern!

Im Laufe der Jahre habe ich für eine ganze Reihe von Unternehmen gearbeitet, die auf unterschiedliche Weise mit SAP-Lösungen zu tun hatten, bevor ich vor 22 Jahren dann tatsächlich zur SAP gekommen bin. Man fühlt sich als Teil einer Gemeinschaft und lernt bei der täglichen Arbeit Menschen aus dieser großen Familie kennen. Egal, ob man für die SAP, einen Partner oder einen Kunden arbeitet – jeder ist Teil dieser Familie. Der Großteil der Mitarbeitenden, die ich kenne, steht jedoch wirklich hinter diesem Unternehmen und möchte so lange wie möglich zu dieser Familie gehören."

Zdravo
WESTBALKAN

Früher Fokus aufs Lokale

Krieg, Wirtschaftsembargo und politische Umbrüche: Die Voraussetzungen für den Aufbau des SAP-Geschäfts in den Westbalkan-Ländern waren zunächst alles andere als günstig. Komplexe lokale Anforderungen kamen hinzu.

Von Dorit Beric

Als die Headhunter-Firma Tatjana Filipović im Sommer 2006 zum dritten Mal anrief, war sie immer noch nicht interessiert. Sie war zufrieden mit ihrer Arbeitsstelle und ging nicht davon aus, sich verbessern zu können. Warum also jetzt zu einer anderen international agierenden Firma wechseln? Um welche Firma es sich handelte, war ihr am Telefon nicht verraten worden.

Filipović hatte im Anschluss an ihr Studium an der Belgrader Universität als Assistentin für den Bereich Management Accounting und Financial Management gearbeitet und in dieser Funktion auch zahlreiche englischsprachige Fachbücher ins Serbische übersetzt. Dort hatte sie zuerst von SAP-Anwendungen im Finanzbereich gehört. „Seit meiner Studienzeit war es mein Wunsch, mit SAP-Software zu arbeiten. Ich wusste zu diesem Zeitpunkt nicht, dass SAP eine Niederlassung in Serbien gründen würde, aber es war immer mein Traum, einmal mit SAP zu arbeiten. Damals schien es unmöglich, denn es gab nicht eine einzige SAP-Schulung in Serbien."

Erst als die Recruiter anboten, sie auch per Auto abholen zu lassen, um die schwierige Parkplatzsituation im Zentrum Belgrads zu umgehen, und ihr damit auch die letzte Ausrede abhandenkam, beschloss Filipović, sich in der Mittagspause in ein Taxi zu setzen und das Gespräch zu führen. „Zunächst erläuterte man mir die Einzelheiten über die zu besetzende Stelle – die Position des „Finance and Administration Managers" – und erst am Ende sagte mir der Agenturchef, von welcher Firma die Rede war. Als ich hörte, dass es um SAP geht, war alles andere plötzlich egal: Ich habe sofort ohne weiteres Zögern zugesagt."

Ein Blick zurück – die Neunziger

SAP war seit 1990 verstärkt in den ehemaligen Ostblockländern aktiv. Auch das ehemalige Jugoslawien als vom Ostblock unabhängigen sozialistischen Staat wollte man hier nicht außen vor lassen. Aber 1992 war gegen das damalige Serbien und Montenegro durch den UN-Sicherheitsrat ein Wirtschaftsembargo verhängt worden, das bis 1995 andauerte. Dr. Alfred Wenzel, von 1990 bis 1998 Regional Manager für den osteuropäischen Wirtschaftsraum, war zu Embargo-Zeiten in Serbien. „Man durfte dort nicht wirtschaftlich tätig werden. Andererseits war klar, dass das Embargo nicht ewig dauern würde. Die Betriebe in Serbien machten den Eindruck, sehr gut geführt zu sein. Dort war Potenzial, das zur rechten Zeit genutzt werden wollte", sagt Wenzel.

SAP hatte die Erweiterung nach Osteuropa bis 1998 von Deutschland aus gesteuert. Doch dann wurde die 1986 gegründete SAP (Österreich) GmbH als hundertprozentige Tochter der SAP in Wien zum Hauptquartier der Region Central and Eastern Europe (CEE). „Der SAP-Vorstand übergab uns die Leitung unter anderem deshalb, weil Österreich ein mittelständischer Markt ist", erklärt Wolfgang Runge, damals COO für Zentral- und Osteuropa. „Unternehmen, die in Österreich als mittelständisch galten, waren in Deutschland eher als klein angesehen und mittelständische Unternehmen in Deutschland waren für SAP Österreich bereits große Firmen. Unser Verständnis vom Mittelstand hat uns deshalb in diesen kleineren europäischen Ländern geholfen, die richtigen Strategien anzuwenden." Doch während SAP Österreich 2002 in der Region CEE bereits 629 Millionen Euro erwirtschaftete, liefen die Aktivitäten im Gebiet der SAP West Balkans nur langsam an.

Während in Ländern wie Slowenien und Kroatien bereits sogenannte Country Distributor tätig waren, gab es im Gebiet der heutigen SAP West Balkans (Serbien, Montenegro, Bosnien und Herzegowina, Mazedonien und Kosovo) zunächst noch keine SAP-Aktivitäten, berichtet Franz Zipp, der zu dieser Zeit die Field Services EMEA Emerging Markets leitete. „Durch die Kriege war die Region auch nach Embargo-Ende für längere Zeit nicht offen für wirtschaftliche Unternehmungen. Die politischen Umbrüche veränderten die Geografie in diesem Raum damals noch stark."

Ende der neunziger Jahre gab es erste SAP-Implementierungen in Serbien. „Diese Aktivitäten liefen über ausländische, vorrangig deutsche Firmen, die in Serbien Niederlassungen gründeten. Ende 1998 ging beispielsweise SAP R/3 bei Messer Technogas AD live, einem Ableger der deutschen Firma, die seit 1996 SAP-Kunde war", erzählt Slaviša Lečić, heute Customer Solution Advisor für SAP S/4HANA bei SAP West Balkans. Doch als Belgrad 1999 zum Ende des Kosovokrieges durch die NATO bombardiert wurde, lag das Geschäft erneut vorübergehend brach.

Regionaler Start in den 2000ern

Die erste Implementierung bei einer einheimischen Firma geht in das Jahr 2001 zurück – der traditionsreiche Teppichproduzent Sintelon in der serbischen Stadt Bačka Palanka ist als Teil der Tarkett Group bis heute SAP-Kunde geblieben. Das Repräsentanz-Büro, das ab 2002 seine Aktivitäten in Belgrad aufnahm, nannte sich SAP SCG (SAP Serbien und Montenegro) – hieß also bereits SAP, war aber noch keine Landesgesellschaft.

2005 gab es eine Liste mit den Namen von 23 Kunden, mit denen Implementierungsprojekte in verschiedenen Phasen bestanden. Darunter waren Kunden wie die Hemofarm Group, eine Niederlassung der STADA Arzneimittel AG, und die Telekom-Unternehmen in Bosnien und Herzegowina (BiH) und Montenegro. „Mit der zunehmenden Zahl an Kunden war es nicht mehr sinnvoll, den Vertrieb auf indirektem Wege über SAP Österreich abzuwickeln," so Franz Zipp. Wolfgang Kastenhofer war bei SAP Österreich in dieser Zeit in der Funktion des COO Emerging Countries unter anderem für die Aktivitäten in Belgrad verantwortlich. „Das Rep-Office durfte nur im Rahmen von Vertrieb und Marketing tätig werden. Wenn man Service und Beratung anbieten wollte, musste man mit Partnern arbeiten oder ein Unternehmen gründen."

In Kroatien hatte man bereits seit 1995 mit dem Franchise Partner b4b als „SAP Croatia" zusammengearbeitet und hier bestand auch für die Region West Balkans eine Kooperation. Die Lokalisierung dauerhaft in die Hände von Partnern zu geben, war aber auch

ein Problem hinsichtlich des geistigen Eigentums, erläutert Kastenhofer. „Hinzu kam, dass die Betreuung von lokalen Niederlassungen unserer internationalen SAP-Kunden über die Partner schwierig war. Die Erwartung war, dass man von SAP direkt betreut wurde." SAP-Niederlassungen in Kroatien und Slowenien waren bereits 2001 und 2002 gegründet worden. Schließlich traf man konkrete Vorbereitungen, um auch für die Westbalkan-Länder eine Landesgesellschaft zu gründen.

Herausforderung Lokalisierung

Noch aber galt es, komplexe Projekte in einem frühen Lokalisierungsstadium zu meistern – wahrlich keine einfache Aufgabe. Wolfgang Kastenhofer sieht dennoch einen der Gründe des Erfolges genau darin, dass die SAP früher als andere in den Ländern der Westbalkan-Region tätig wurde. Vergleichsweise schnell erstellte sie eine lokale Version und trieb die Bemühungen um lokale Kunden voran.

SAP Globalization Services stufte beispielsweise die Landesversion Serbien, die 2005 entstand, auch viele Jahre später noch als sehr komplex ein – insbesondere aus Sicht der gesetzlichen Vorgaben. Das Maß an Gesetzesänderungen, die ungeplant und kurzfristig berücksichtigt werden mussten, war anfänglich sehr hoch und ging erst in den kommenden Jahren auf ein mittleres Niveau zurück. „Es war nicht so sehr ein Problem, die laufenden Änderungen im System zu implementieren, sondern den Wartungsprozess zu gestalten und Updates mit der Lokalisierung zusammenzuführen," so Wolfgang Runge.

Die SAP West Balkans d.o.o. (lokale Bezeichnung für Gesellschaft mit beschränkter Haftung) wurde schließlich am 26. Juni 2006 als Kapitalgesellschaft registriert und die Gründung einer SAP-Tochtergesellschaft damit besiegelt. Nun umfasste das Vertragsgebiet zusätzlich auch Albanien und Kosovo. Gleichzeitig wurden in Belgrad neue Büros bezogen. Als Managing Director der ersten zwei Jahre konnte nun Dragan Spanović die Geschicke zunehmend lokal und selbstständig in die Hand nehmen.

Tatjana Filipović wurde im Dezember als erste Mitarbeiterin eingestellt – andere Kollegen waren noch in der Zeit dazu gekommen, als es nur eine Vertretung gab. „Der Anfang war sehr schwierig. Im zweiten Monat nach meiner Einstellung verdoppelte sich die Mitarbeiterzahl von vormals etwa 15 Kollegen – jede Menge neuer Berater wurden eingestellt, die ständig auf Reisen waren. Der Travel Expense Manager war zur dieser Zeit aber noch nicht für Serbien lokalisiert, so dass es unheimlich viel zu tun gab und mein Arbeitstag im ersten halben Jahr sehr lang war. Aber meine Motivation war riesig: Denn nun war ich bei SAP." ■

Wie das Team der SAP West Balkans die Herausforderungen der Anfangsjahre meisterte

↑ Das Team SAP West Balkans 2012 auf dem Field Kick-Off Meeting der SAP in Zentral- und Osteuropa in Karpacz/Polen. Von links: Dušan Radošević, Milica Peković, Olja Lapčević, Srđan Lukić, Srđan Daničić, Đorđe Talević, Branislav Sekulović, Milan Milenković, Bojana Kolašinac, Dubravka Živančev, Željko Anđić, Tatjana Filipović, Goran Nikolić, Srđan Gligorić, Aleksandar Bjeličić, Mirjana Trifunović, Aleksandra Stojanović, Slaviša Lečić.

↖ War als COO für Zentral- und Osteuropa maßgeblich am Aufbau der Landesgesellschaften in den Westbalkan-Ländern beteiligt: Wolfgang Runge.

↗ Erlebte die politischen Umbrüche in der Region mit: Franz Zipp.

↙ Organisierte acht Jahre lang den Aufbau der SAP in Osteuropa: Alfred Wenzel.

Gemeinsam die Verkehrs- wende beschleunigen

Niemand baut ein Auto alleine. Das ist der Grund, warum SAP und viele weitere Partner mit Catena-X ein offenes Industrienetzwerk über die gesamte Wertschöpfungskette der Automobilbranche hinweg schaffen möchten.

Von Johannes Klostermeier

Die aktuellen globalen und lokalen Krisen haben Branchen aus allen Sektoren mit ihren eigenen Herausforderungen konfrontiert. Doch die Automobilindustrie hat es besonders hart getroffen. Nach zunächst rückläufiger Nachfrage sind inzwischen bei wieder steigendem Bedarf einige Komponenten nicht oder nur verzögert verfügbar. Neben diesen Herausforderungen führen neue EU-Regulierungen und das Bestreben nach mehr Nachhaltigkeit in allen Geschäftsprozessen zu einer klaren Botschaft an die Branche: Wenn sie gemeinsame Sache macht, ist sie stärker, nachhaltiger und kann ihre Resilienz gegenüber solchen Problemen erhöhen. Die europäische Automobilindustrie hat daher begonnen, ihre Bemühungen um eine bessere Zusammenarbeit über die gesamte Wertschöpfungskette hinweg zu intensivieren: Alle Industriepartner, von Zulieferern über OEMs bis hin zum Recyclinganbieter, müssen besser integriert werden.

Schlüssel zu einer solchen Integration in der digitalen Wirtschaft ist der gleiche Zugang zu Daten. Nur durch einen verbesserten Datenaustausch zwischen allen Akteuren der Branche können die Lieferketten robuster gemacht werden. „Für die Automobilbranche mit ihrer komplexen Lieferkette und Vertriebsstruktur sowie den großen Umwälzungen, die in den kommenden Jahren anstehen, ist der interoperable Datenaustausch entlang der kompletten Wertschöpfungskette von entscheidender Bedeutung", sagt Hagen Heubach.

Heubach ist Head IBU Automotive bei SAP und Vorstandsmitglied beim „Catena-X Automotive Network". Mit Catena-X, das Mitte 2020 als Automotive Alliance startete, sollen einheitliche Standards für den sicheren Austausch von Daten und Informationen zwischen Automobilherstellern und Zulieferern als Grundlage der durchgehenden Digitalisierung einer der Kernindustrien in Deutschland geschaffen werden. Zusammen mit BMW, der Deutschen Telekom, Bosch, Siemens, ZF Friedrichshafen, Mercedes-Benz, Volkswagen, BASF, Henkel und Schaeffler sowie weiteren aktuell fast 100 Partnern und Mitgliedern legt SAP die Grundlage für digitale Wertschöpfungsketten, neue Serviceangebote und zukunftsfähige Geschäftsmodelle auf Basis eines skalierbaren Netzwerks. Technologisch werden dabei die Grundlagen der europäischen, souveränen Cloud-Dateninfrastruktur Gaia-X genutzt, deren bisher

größtes Realisierungsprojekt aktuell Catena-X darstellt. „Mit Catena-X verfolgen wir einen vollständig kollaborativen Ansatz. Es geht darum, die Industrie an der ersten Stelle zu positionieren, um so alle Unternehmen gemeinsam voranzubringen", sagt Hagen Heubach.

Ein offenes Netzwerk

Catena-X ermöglicht es damit der SAP und den Netzwerkpartnern aller Größen und Provenienz – von Zulieferern, technischen Überwachungsvereinen, Partnern und Experten bis hin zum Automobilkonzern –, gemeinsam Geschäfte zu machen. Auf Basis von Branchennetzwerken möchte SAP den Erfolg bei der Unterstützung von Unternehmen auf unternehmensübergreifende Prozesse entlang der Wertschöpfungskette ausdehnen. Denn, so formuliert es SAP-Vorstandssprecher Christian Klein: „Kein Unternehmen betreibt sein Geschäft allein."

Gerade die Automobilindustrie zeichnet sich durch vernetzte Geschäftsprozesse mit hochspezialisierten und maßgeschneiderten Produkten aus. Sie sei daher, da sind sich alle Beteiligten einig, der ideale Industriezweig für die Einrichtung eines der ersten Branchennetzwerke. Entsprechend stark investiert SAP in den Ansatz eines offenen Datenökosystems und unterstützt Catena-X als erstes, offenes Partnernetz. „Ich rechne damit, dass sich bald weitere Industriezweige daran orientieren werden, da auch die Automobilindustrie zum Beispiel in Zusammenarbeit mit der Halbleiterindustrie schon heute nach mehr Synergien sucht", sagt Heiko Flohr, Leiter SAP S/4 Industry Cloud für Discrete Industries und Mitglied des Guidance Board für Catena-X. So könnten also weitere Schlüsselbranchen folgen, etwa Maschinenbau, die Luft- und Raumfahrtindustrie, Hightech- und Elektronikindustrie, Transport- und Logistikbranche, die dann allesamt vom enormen Mehrwert und den Wettbewerbsvorteilen der durchgängigen Prozessdigitalisierung profitieren würden.

Erste Anwendungsfelder

In der ersten Phase konzentrieren sich die Catena-X-Pilotprojekte auf fünf Anwendungsfelder zur Produktivitätssteigerung und zur Verbesserung der Nachhaltigkeit: Qualitätsmanagement, Logistik,

Instandhaltung, Supply Chain Management und grüne Lieferketten. Für später sind Anwendungen zur Unterstützung von Produktion und Entwicklung geplant.

SAP wird ihre Kunden dabei unterstützen, Geschäftsprozesse über die gesamte Wertschöpfungskette im Netzwerk miteinander zu verbinden. Etwa durch den Austausch ausgewählter Daten direkt aus SAP S/4HANA, aus netzwerkfähigen SAP-Produkten und SAP-Netzwerken wie dem SAP Business Network for Logistics.

Zu den wichtigsten Anwendungsfällen in der Industrie gehören die Kreislaufwirtschaft, das Nachfrage- und Kapazitätsmanagement und die Rückverfolgbarkeit von Materialien und Komponenten, die ab 2023 auch im neuen Lieferkettengesetz verankert ist. Deshalb werden hieraus auch die ersten Anwendungsfälle von Catena-X abgeleitet: Rückverfolgbarkeit, Nachhaltigkeit mit den Aspekten Kreislaufwirtschaft und CO_2-Fußabdruck, Qualitätsmanagement sowie Bedarfs- und Kapazitätsmanagement. Das SAP Business Network for Logistics ermöglicht etwa die Rückverfolgung von fehlerhaften Teilen und bietet mit der Lösung GreenToken by SAP Transparenz über den CO_2-Fußabdruck.

Der Anwendungsfall „Teilerückverfolgbarkeit" dient als Grundlage weiterer Anwendungsfälle des Catena-X-Konsortiums und stellt die Grundlage zur digitalen Abbildung für das mehrstufige und komplexe Logistiknetzwerk der Automobilindustrie dar. Auf dieser Grundlage lassen sich andere Geschäftsprozesse wie die Verfolgung von Serialnummern, schnellere und verbesserte Rückrufe oder der Austausch von Nachhaltigkeitskennzahlen ermöglichen.

Der Anwendungsfall „Qualitätsmanagement" ermöglicht es Automobilherstellern und Zulieferern, Qualitätsprobleme schneller zu erkennen und zu lösen. Kernanwendungsfälle sind, Produktfehler schneller und umfassender zu erkennen, unternehmensübergreifende Ursachen entlang der Wertschöpfungskette zu finden und die betroffenen Fahrzeuge, Komponenten und Materialien frühzeitig zu identifizieren, um Schaden bei Verbrauchern und Unternehmen zu minimieren.

Aktuell auftretende Kapazitätsengpässe, etwa die mangelnde Versorgung mit Computerchips in der Fahrzeug- und Komponenten-

produktion, Fabrikschließungen und die damit verbundenen Ausfälle, führen zu einem hohen Aufwand für die Beschaffung und Planung und verunsichern Kunden wie Mitarbeitende. Wie aktuell an der Tagesordnung, führen Vorfälle im Rahmen der aktuellen Halbleiterkrise zu schwerwiegenden Störungen. Der Anwendungsfall „Bedarfs- und Kapazitätsmanagement" konzentriert sich auf das mehrstufige Beschaffungs- und Versorgungsnetzwerk und auf die Optimierung der Planung über Unternehmensgrenzen hinweg. Neue, intelligentere Methoden der Planung, auch mit KI-basierten Systemen der SAP, bieten sich hier als Lösungsweg an und werden im Rahmen von Catena-X in das offene Industrienetzwerk eingebunden.

Grundlage für Dekarbonisierung

Beispielhaft für die Leistungsfähigkeit des geplanten Netzwerks Catena-X steht die Dekarbonisierung in der Automobilindustrie. Das Rennen um die Nullemissionen der Autohersteller ist in vollem Gange. Denn die Treibhausgasemissionen der Branche machen noch mehr als neun Prozent der weltweiten Emissionen aus – so viel wie die der gesamten EU. Für die Dekarbonisierung sind die Unternehmen auf zuverlässige und überprüfbare Daten angewiesen. In der SAP-Studie „Improving the Environment at Planetary Scale: A Survey of Business Drivers and Actions" nennen Unternehmen als größtes Hindernis bei der Umsetzung ihrer Aktionspläne die Unsicherheit darüber, wie die Nachhaltigkeitsziele in Geschäftsprozesse und IT-Systeme eingebettet werden können.

Daher treibt Catena-X mit Unterstützung der SAP zwei zentrale Anwendungsfälle voran:

Beim „Nachweis CO_2-Abdruck" geht es um die durchgehende und nachprüfbare Ermittlung des CO_2-Fußabdrucks. Bei der „Kreislaufwirtschaft" ist das Ziel, die Materialkreisläufe über den gesamten Lebenszyklus durch Zusammenarbeit im Netzwerk zu schließen, um wertvolle Materialien wieder in den Umlauf zu bringen und den Abfall sowie die Umweltverschmutzung zu minimieren. SAP steuert in diesen zentralen Themengebieten mit Lösungen zur Ermittlung, Validierung und Optimierung von CO_2-Emissionen und deren finanzieller Bewertung sowie mit Kreislauf- und Logistiklösungen maßgebliche Inhalte bei.

„Der Trend zur Nachhaltigkeit muss von der Digitalisierung begleitet werden. Dazu gibt es keine Alternative", erklärte Nicolas Peter, Finanzvorstand von BMW, auf dem Sustainability Summit der SAP im vergangenen Jahr. Um klimaneutral zu werden, muss der CO_2-Fußabdruck der einzelnen Produkte in der Lieferkette verwaltet werden. Und um dies zu erreichen, benötigen Unternehmen Transparenz über den CO_2-Fußabdruck ihrer vorgelagerten Lieferanten – die so genannten Scope-3-Emissionen. Ralf Pfitzner, Leiter Konzern Nachhaltigkeit bei Volkswagen, auf dem SAP Sustainability Summit: „Um unsere Dekarbonisierungsziele zu erreichen, sind wir auf glaubwürdige Daten von unseren Zulieferern über die CO_2-Bilanz der Komponenten angewiesen, mit denen wir unsere Fahrzeuge bauen."

Bislang hätten Unternehmen Durchschnittswerte verwendet, um den CO_2-Fußabdruck auf Produktebene zu berechnen, „weil es an genauen, detaillierten Emissionsdaten und einer einheitlichen Methodik fehlte", berichtete John Revess, Director Net Zero Transformation beim World Business Council for Sustainable Development. „Um Teil der globalen Lieferketten zu bleiben, müssen die Unternehmen den CO_2-Fußabdruck ihrer Produkte auf der Grundlage von Messwerten genau berechnen."

Für Heiko Flohr steht fest: „Die kommenden Jahre werden für die Transformation des Verkehrs und der Autoindustrie entscheidend sein. Das neue, schnell skalierbare und erweiterbare Ökosystem Catena-X hilft den Herstellern und Zulieferern dabei, indem es auf die Chancen der Digitalisierung setzt." Den Beitrag der SAP beschreibt er so: „Wir verfügen über eine nachweisliche Erfolgsbilanz beim Aufbau und Betrieb zuverlässiger, offener und vernetzter Plattformen als Grundlage für die entsprechenden Netzwerke." ∎

50 GESICHTER DER SAP

Mein Weg zur SAP

41 | Shiny Victoria fing 2008 bei den SAP Labs in Bangalore an. Sie ist jetzt Senior Business Process Consultant.

„Es war Ende Oktober 2007. Mein Vorstellungsgespräch war für 10.30 Uhr geplant. Ich kam um 10 Uhr mit dem Auto an der SAP-Sicherheitsschranke an. Der Wachmann ließ mich aber nicht durchfahren. Es gab nur ein Problem: Als ich ein Jahr alt war, erkrankte ich an Kinderlähmung und bin seitdem auf eine Gehschiene und einen Stock angewiesen. Da ich einfach nicht bis zum Personalgebäude laufen konnte, bat ich um Erlaubnis, hineinfahren zu dürfen.

‚Geht nicht', war die Antwort. Zufällig erschien dann der Vorgesetzte des Wachmanns. Er erlaubte mir, auf das SAP-Gelände zu fahren. Irgendwie kam ich rechtzeitig zu dem Raum, in dem ich mich melden sollte. Bereits kurz danach rief schon jemand: ‚Shiny, du bist dran.' Ich betrat das Zimmer und setzte mich. Meine Gesprächspartner waren sehr nett. Ich dachte, alles sei gut gelaufen. Aber nach ein paar Tagen hatte ich noch immer keine Antwort erhalten.

Nach einem Monat bekam ich dann eine E-Mail. Im Betreff stand: ‚Angebot für einen Arbeitsvertrag bei SAP Labs.' Ich schrie vor Freude.

Die Tage und Jahre, die seit meinem Eintritt bei SAP im Januar 2008 vergangen sind, waren einfach wunderbar. Eine Zeit voller Freude, in der ich viel gelernt habe. Ich war so stolz, als ich 2018 die E-Mail zu meinem 10-jährigen Jubiläum bei der SAP bekam. Das Gefühl des Stolzes und der Dankbarkeit, das ich damals empfand, wurde durch meinen körperlichen Zustand noch verstärkt.

Ich dachte zurück an den Tag meines Vorstellungsgesprächs, als ich mich ohne jegliche Hoffnung auf dem Weg zum Personalgebäude machte. In den darauffolgenden Jahren hat mich die SAP zu einer Frau voller Hoffnung, Freude und Selbstvertrauen gemacht. Dieser Weg zum SAP-Gebäude wird für mich unvergesslich bleiben. Die SAP hat mich gelehrt, nicht den Kopf hängen zu lassen."

Ein Meer von Möglichkeiten

42 | Alexander Mamaev kam 1995 zum ersten Mal mit der SAP in Kontakt, als er in der Logistikabteilung eines internationalen Unternehmens mit SAP R/3 arbeitete. Die Integrationsmöglichkeiten und zahlreichen Funktionen des Systems beeindruckten ihn.

„Deshalb begann ich, von einer Stelle bei der SAP zu träumen. Und 1998 wurde dieser Traum dann wahr. Die SAP fing an, aktiv neue Mitarbeitende einzustellen, und ich gehörte auch dazu. Ich war sofort von der warmen, aufrichtigen und fast familiären Atmosphäre begeistert – und ganz besonders von der Chance, mit der damals modernsten Technologie arbeiten zu können. Die SAP fühlte sich wie das Unternehmen meiner Träume an. Ich fand das ganze Paket großartig: das SAP-R/3-System, die freundlichen Menschen, die modernen Büros und die grenzenlosen Möglichkeiten, sich weiterzubilden und zu reisen. Im Laufe der Jahre habe ich in verschiedenen Abteilungen gearbeitet: Marketing, Presales, Business Development und Support. Und ich war schon immer daran interessiert, etwas Neues zu lernen. Anfang der 2000er-Jahre war ich zum Beispiel ganz vorne mit dabei, als es darum ging, die neuen Internetlösungen der SAP für CRM, E-Commerce, Marktplätze und Unternehmensportale auf dem russischen Markt zu etablieren. Später, in meiner Zeit beim Support, habe ich dasselbe für die innovativen Services von SAP MaxAttention und SAP Enterprise Support getan.

Ich bin der SAP sehr dankbar für die Weiterbildungs- und Wachstumsmöglichkeiten, die sie ihren Mitarbeitenden bietet. Unsere Führungskräfte haben stets betont, dass die Belegschaft das wertvollste Kapital des Unternehmens ist. Und sie haben ihren Worten immer Taten folgen lassen – auch in schwierigen Zeiten."

In eine neue Dimension

43 | Serge Thepaut trat 1991 beim Computerhersteller Bull in die Welt der Softwareentwicklung ein, nachdem er für kurze Zeit als Biophysiker in England gearbeitet hatte. Wissbegierig und stets auf der Suche nach einer Herausforderung hatte er verschiedene Entwicklungs- und Managementposten bei einer Reihe mittelständischer Softwareunternehmen inne, bevor er 2006 als Architect zu Business Objects wechselte. Nur wenig später wurde das Unternehmen von der SAP übernommen.

„Ich bin auch heute noch Softwarearchitekt. Ich arbeite jetzt im ‚Hyperspace', was nicht heißen soll, dass ich ins All reise. Mein Job ist es, den Weg für die schnelle Bereitstellung von Software zu ebnen. Vor einigen Monaten habe ich 15 Kerzen auf meinem SAP-Kuchen ausgeblasen. Ziemlich bemerkenswert, wenn man bedenkt, wie sehr ich Abwechslung und Spannung brauche. Doch genau das bekommt man bei der SAP: Das breit gefächerte Portfolio und der Umstieg auf die Cloud sind so interessant, dass wir alle dazu beitragen möchten, die SAP in eine neue Dimension zu versetzen. Vor 50 Jahren war das Unternehmen maßgeblich am Aufbau des ERP-Marktes beteiligt. Heute treibt die SAP den Übergang zum ‚Hyperbusiness' in der Cloud voran und hilft ihren Kunden dabei, die Abläufe der weltweiten Wirtschaft sicherer, sauberer und fairer zu gestalten. Ich freue mich darauf, auch im kommenden Jahrzehnt an dieser spannenden Entwicklung teilhaben zu dürfen."

Ein Privileg

44 | L. W. Bryan Charnock kam 1992 zu SAP America und arbeitet jetzt als Solution Management Director für SAP Digital Supply Chain. Das Bild zeigt ihn (vordere Reihe ganz links) und die restlichen Teilnehmer einer Schulung in Deutschland im Jahre 1992.

„Ich schätze die Flexibilität, die mir die SAP gibt, um bei meiner Familie zu sein und sie zu unterstützen. Die Arbeit ist oft hektisch, und es gibt viel zu tun, aber ich kann mit meiner Familie zu Abend essen und am frühen Abend Zeit mit ihr verbringen. Was an Arbeit liegen geblieben sein sollte, hole ich im Anschluss daran nach.

Ich fühlte mich zum ersten Mal wie zu Hause bei der SAP, als ein Kunde sich bei mir für meine Unterstützung bedankte und sagte: ‚Bryan, Sie haben uns wirklich geholfen – heute haben Sie sich Ihr Gehalt redlich verdient!' Für mich ist es sehr wichtig, die Kunden in den Mittelpunkt zu stellen und ihnen bei ihren Geschäftsabläufen zur Seite zu stehen. Es geht darum, Mehrwert zu schaffen und ihnen voranzuhelfen, Schritt für Schritt.

Die SAP verfügt über eine großartige Unternehmenskultur, starke Werte und die besten Mitarbeitenden. Ich empfinde es als eine Ehre und ein Privileg, jeden Tag hier arbeiten zu dürfen."

Ein Blick auf das ERP der Zukunft

In absehbarer Zeit werden Systeme für Enterprise Resource Planning die menschliche Intelligenz ergänzen und zu unseren ständigen Begleitern werden. Dabei ist eines besonders wichtig: Vertrauen.

Von Paul Baur

Diffusion scheme

Etiam condimentum blandit nibh, eget elementum est facinia sit
amet. Pellentesque habitant morbi tristique senectus et netus et ma-
lesuada fames ac turpis egestas. Praesent sed lorem et mauris ali-
quam sagittis. Fusce tempus magna in nisl vulputate, ac elementum
eros rutrum.

Engine

Monede

Upstaa

Solbox

Particles

Cells

Tripods

Eine Vorstandschefin wird über eine Naturkatastrophe informiert, die Auswirkungen auf einen ihrer großen Lieferanten hat. Sie wird rechtzeitig an einen anderen Lieferanten verwiesen, um Verluste zu vermeiden. – Wegen einer technischen Störung an einer Brücke berechnet ein Transportmanagementsystem eine neue Route für die Frachtlieferung. – Ein Vertriebsleiter kämpft im Zuge eines Bieter-wettstreits um einen großen Geschäftsabschluss und kann sein Angebot auf Grundlage von Echtzeiteinblicken in die Warenkosten und die angestrebte Gewinnspanne souverän anpassen.

So könnte sie aussehen, die Zukunft des Enterprise Resource Planning (ERP). Das sind nur drei Beispiele dafür, wie Unternehmen mit ERP zukünftig noch selbstständiger und intelligenter arbeiten können als heute.

SAP steht für ERP

Kein anderes Unternehmen hat so viel Know-how in Software für Enterprise Resource Planning gesteckt wie die SAP. Mit der Einführung der Systeme SAP R/2 und SAP R/3 für Informationsverarbeitung in Echtzeit setzte die SAP Ende des letzten Jahrhunderts weltweit den Standard für Unternehmenssoftware. 2015 wurde ERP mit der Einführung von SAP S/4HANA weiter verbessert: Mithilfe der Leistungsfähigkeit von In-Memory Computing lassen sich seither riesige Datenmengen analysieren. In Verbindung mit Technologien wie künstlicher Intelligenz (KI) und maschinellem Lernen (ML) trägt die führende ERP-Lösung der SAP nun dazu bei, dass Mitarbeitende fundiertere Geschäftsentscheidungen treffen können. In diesem Beitrag werfen SAP-Führungskräfte mit jahrzehntelanger Erfahrung auf dem Gebiet der Forschung und Entwicklung von ERP-Systemen einen Blick auf deren Funktionen und Merkmale der nächsten Generation sowie die Verbesserungen, die sie den Nutzerinnen und Unternehmen bringen werden. Wer meint, ERP sei langweilig, hat offensichtlich nicht mit den richtigen Leuten gesprochen!

„Mobile Geräte aller Art werden die wichtigsten Schnittstellen zum Unternehmen sein", sagt Jan Gilg.

Allgegenwärtig, kontextsensitiv und intelligent

Die Überzeugung der Führungsriege der SAP, dass ERP-Systeme weiterhin eine wichtige Rolle bei der Automatisierung und Optimierung von Geschäftsprozessen spielen werden, dürfte niemanden überraschen. Die Frage dabei ist nicht ob, sondern wie. Während die Aufgaben der ERP-Systeme weitestgehend gleich bleiben, wird es große Veränderungen bei der Interaktion der Nutzer mit den Systemen geben.

„In 10 bis 20 Jahren wird ERP grundlegend anders aussehen als heute", sagt Jan Gilg, President und Leiter von SAP S/4HANA. „ERP wird noch näher am Kunden sein, denn unsere Anwender werden definieren, was ERP für sie bedeutet und wie sie es nutzen möchten." Gilg nennt dies die „Demokratisierung des Zugangs", bei der ERP-Systeme allgegenwärtig sind. Ihre Funktionen werden kontextsensitiv sein und von der Rolle und dem Profil der Nutzerinnen abhängen. „Die Anwender werden nicht mehr bemerken, dass sie mit einer ERP-Lösung interagieren." Er prognostiziert, dass mobile Geräte aller Art die wichtigsten Schnittstellen zum Unternehmen sein werden. „Das klassische Desktop-Gerät, auf dem ich mich bei einem Programm anmelde, wird weitgehend verschwinden. Die Dateneingabe erfolgt automatisch, und das

System führt Standardprozesse selbstständig aus. Das Geschäftsumfeld wird immer komplexer, weshalb Technologie wirklich dazu beitragen muss. es einfacher zu machen. Die Anwenderinnen erwarten etwas, das einfach zu implementieren und intuitiv zu bedienen ist und ihnen hilft, die richtigen Entscheidungen zu treffen."

Die Idee eines digitalen Leitfadens oder Partners, der geduldig im Hintergrund wartet, aber bei Bedarf immer verfügbar ist, propagiert auch Uwe Grigoleit, Leiter des Bereichs Solution Management und Marketing für Cloud-ERP-Lösungen. Nach seiner Auffassung muss die Komplexität des ERP-Systems verborgen werden, indem es in die Prozesse eines Unternehmens eingebettet wird, um so dem Ziel eines allgegenwärtigen ERP-Systems näherzukommen. Dieser Trend sorgt dafür, dass die Grenzen zwischen Lösungen für bestimmte Geschäftsbereiche noch mehr verschwimmen und Unternehmen als Einheit statt in Silos gesteuert werden: „Unternehmen werden nicht mehr zwischen Finanzwesen, Personalwesen, Beschaffung und Fertigung unterscheiden. Wir werden noch einen Schritt weiter gehen und alle gängigen Sichtweisen auf ein Unternehmen in einer einzigen Sicht zusammenführen.". Seiner Prognose zufolge wird diese Vision in den nächsten zehn Jahren Wirklichkeit werden.

Evolutionär, revolutionär oder beides?

In Bezug auf die Frage, ob ERP-Systeme der Zukunft eine evolutionäre oder revolutionäre Veränderung für die Anwender darstellen, sind sich die Fachleute der SAP einig: Je nach Kundenanforderung müssen beide Optionen möglich sein. Für viele der rund 90.000 Unternehmen, die ERP-Lösungen von SAP einsetzen, ist ein evolutionärer Ansatz oft der einzige Weg. Größere Unternehmen können es sich beispielsweise nicht leisten, ihre Abläufe auf Eis zu legen, um eine neue Arbeitsmethodik einzuführen. „Ich denke, wir werden eher eine Evolution erleben, denn ERP-Lösungen sind sehr beständig", sagt Jan Gilg. Beständig heißt in diesem Fall, dass die Anwendungen eng mit den Geschäftsprozessen eines Unternehmens verbunden sind und nicht einfach ausgetauscht werden können. Ein bestehendes ERP-System zu entfernen und durch ein anderes zu ersetzen, wird mitunter mit dem Austausch einer Flugzeugturbine während des Fluges verglichen. Wenn beispielsweise ein Montageband bei der Traktorproduktion oder ein Flugbuchungssystem ausfällt, kann sich die Unterbrechung schnell auf der Gewinn und das Ansehen eines Unternehmens auswirken.

Während die SAP ihren ERP-Kunden versichert hat, dass sie gemäß ihren eigenen Vorstellungen und in ihrem Tempo in die Cloud wechseln können, hat sie auch deutlich gemacht, dass die Cloud in Zukunft den Ton angeben wird. Gilg ist der Meinung, komplett neue Cloud-ERP-Projekte bringen Vorteile mit sich: „Die Transformation eines Unternehmens ist nur durch radikale Veränderungen möglich. Nur moderne ERP-Plattformen in der Cloud werden über die Flexibilität und Skalierbarkeit verfügen, die nötig sind, um in einem sich ständig wandelnden Geschäftsumfeld erfolgreich zu sein."

„Unsere Kunden werden den Betrieb ihrer Geschäftsprozesse in die Hände der SAP legen",
glaubt Sabine Otholt.

„Das Cloud-ERP der Zukunft ist modular", ist Stefan Batzdorf überzeugt.

Die SAP hat sich stets darum bemüht, Kunden in den Mittelpunkt all ihrer Bemühungen zu stellen. Dies zeigt sich in einem ständigen Dialog mit den Anwenderinnen und gemeinsamen Innovationsprojekten mit den wichtigsten Kunden. Sabine Otholt, Leiterin von Strategic Customer Engagements & Co-Innovation bei SAP S/4HANA, überwacht strategische Innovationsprojekte, bei denen Fachleute aus der Konsumgüterindustrie, der Automobilbranche und der chemischen Industrie zusammenkommen, um sicherzustellen, dass SAP S/4HANA auch weiterhin den Maßstab für Enterprise Resource Planning setzt. Beide Seiten ziehen Nutzen aus dieser engen Partnerschaft. Otholt, die ihre Karriere als SAP-R/2-Beraterin begann: „Kunden profitieren davon, dass sie unsere Lösungen beeinflussen und sie wissen zu schätzen, dass wir ihnen zuhören, wenn sie ihre Erfahrung und Strategie teilen. Und die SAP profitiert davon, indem wir vom Know-how unserer Kunden lernen und Lösungen entwickeln, die die Branchen- und letztlich Kundenanforderungen für SAP S/4HANA erfüllen",

Kombinierbares ERP für Agilität in der Cloud

„Um die Vorteile des ERP-Systems der nächsten Generation voll auszuschöpfen, sollten Unternehmen so schnell wie möglich in die Cloud migrieren", sagt Stefan Batzdorf, Leiter für Cross Product Architecture und Chief Technology Officer bei SAP S/4HANA. Er empfiehlt einen Wechsel in die Cloud und hin zu Software as a Service. Auf diese Weise können sich Unternehmen darauf konzentrieren, Geschäftsprozesse und Geschäftsmodelle umzugestalten, während sie täglich anfallende Routineaufgaben anderen überlassen.

Laut Batzdorf ist das Cloud-ERP der Zukunft modular, quasi wie ein Lego-Set: „Unsere Architektur antizipiert ein modulares ERP, das sich beliebig kombinieren lässt und aus einfachen Services besteht, die es Unternehmen ermöglichen, im eigenen Tempo auf der Grundlage von Business Process as a Service (BPaaS) in die Cloud zu wechseln." Anfangs benötigt ein Start-up-Unternehmen möglicherweise nur wenige Module wie Finanz- und Personalwesen, Lagerhaltung und Beschaffung, um die Vorteile der Cloud zu nutzen. Größere Unternehmen mit einem hohen Maß an Komplexität brauchen hingegen mitunter Hunderte von Modulen, die über einen längeren Zeitraum implementiert werden.

Dank der Übernahme von Signavio im Jahr 2021 unterstützt SAP Unternehmen bereits dabei, ihre Geschäftsprozesse schnell zu verstehen, zu verbessern, zu transformieren und vollumfassend zu managen. „Die Anwender wollen die Software nutzen und nicht für den Betrieb oder Datenbank- und Wartungs-Upgrades verantwortlich sein, und das wird sich in Zukunft nicht ändern", betont Batzdorf.

Sabine Otholt: „BPaaS wird die Art und Weise, wie Unternehmenssoftware verwaltet und genutzt wird, maßgeblich verändern, da unsere Kunden den Betrieb ihrer Geschäftsprozesse in die Hände der SAP legen werden. Dies hat Einfluss auf ihr Kerngeschäft und bedeutet, dass sie deutlich weniger IT-Fachleute benötigen werden." Für Otholt ist dies eine große Chance, mit Kunden zusammen Innovationen zu entwickeln, um BPaaS Wirklichkeit werden zu lassen. SAP sorgt dabei für die Durchführbarkeit, und Kunden geben fortwährend Feedback zur Benutzerfreundlichkeit.

Von transaktionalen Systemen zur datengestützten Umgebung

Die Fachleute bei der SAP sind sich einig, dass der gegenwärtige Übergang von statischen, transaktionalen Systemen zu intelligenten und datengesteuerten Lösungen auch grundlegend die Art und Weise verändern wird, wie Benutzer mit ERP-Systemen interagieren. „Daten sind ausschlaggebend für die Wertschöpfung, und die SAP steht kurz davor, datengestütztes ERP zum Vorteil von Anwenderinnen bestmöglich zu nutzen", sagt Jan Gilg. „Unsere In-Memory-Plattform SAP HANA unterstützt Unternehmen dabei, ihre Geschäftsabläufe mithilfe riesiger Mengen an detaillierten Transaktions- und Analysedaten aus nahezu jeder Datenquelle zu analysieren. Damit können wir Analysen bereits in den Kontext von

Prozessen setzen." Gilg räumt jedoch ein, dass es noch viel zu tun gibt: „Daten werden für alle Unternehmen zur Priorität, da wir Konzepte entwickeln und umsetzen, um die vorhandenen Daten zu nutzen, anzureichern und auszuwerten." Er stellt sich ein Netzwerk von ERP-Systemen vor, das mit Daten aus digitalen Zwillingen und von den IoT-Sensoren aller physischen Objekte versorgt wird. Dabei kann es sich um Roboter in Fabriken und Anlagen oder mobile Objekte wie Autos und Züge handeln. „Die Systeme werden miteinander kommunizieren und automatisch Daten austauschen."

Bei der weltweiten Bewältigung des Klimawandels ist laut Gilg die Rolle datengestützter und vernetzter ERP-Systeme nicht zu unterschätzen. „Es ist heute ersichtlich, dass die Kontrolle von Treibhausgasemissionen zu einem Leitprinzip für die Unternehmensführung werden wird." 2020 und 2021 brachte die SAP mehrere Lösungen für ihr führendes ERP-System auf den Markt, mit denen Unternehmen dieses Ziel erreichen können. Weitere Systeme sind in der Entwicklung. „Zukünftige ERP-Systeme werden es Unternehmen ermöglichen, ihren CO_2-Fußabdruck zu analysieren und zu verkleinern, die Produktivität ihrer Ressourcen durch Kreislaufprozesse zu steigern und für mehr Sicherheit und Nachhaltigkeit in ihren Geschäftsprozessen zu sorgen, wobei operative Daten und Finanzdaten aus der gesamten Wertschöpfungskette berücksichtigt werden."

Was ist ERP?

Enterprise Resource Planning (ERP) ist ein betriebswirtschaftliches Konzept. Es vereint alle für die Führung eines Unternehmens erforderlichen Prozesse, einschließlich Finanzwesen, Fertigung, Vertrieb, Personalwesen, Logistikketten, Services und Beschaffung. Die ersten ERP-Lösungsmodule der SAP kamen 1973 auf den Markt. Sie fußten auf computergestützten Unternehmensanwendungen im Finanz- und Rechnungswesen der 1960er-Jahre. Mit der Einführung der Software SAP R/2 und SAP R/3 setzte SAP weltweit den Standard für ERP-Software. Auch das führende ERP-Produkt SAP S/4HANA beruht auf dieser Grundlage. SAP S/4HANA nutzt neueste Technologien, um Informationen in Echtzeit automatisch in allen Geschäftsbereichen verfügbar zu machen.

KI und ML für proaktive und intelligente Prozesse

ERP-Systeme werden mithilfe von KI und ML die erforderlichen Daten sammeln, konsolidieren und mit Empfehlungen anreichern, sodass Fachkräfte sich nur um Ausnahmen kümmern müssen. „Das ERP-System der Zukunft wird proaktiv und intelligent genug sein, um den Kontext zu verstehen und Prozesse zu automatisieren", berichtet Stefan Batzdorf. „Es wird Ereignisse prognostizieren, den Nutzern Optionen für mögliche Aktionen vorschlagen und ihnen wiederkehrende, zeitaufwendige Aufgaben abnehmen."

Auch Paul Saunders, Leiter im Bereich Produktstrategie für SAP S/4HANA und Chief Evangelist für Cloud ERP bei SAP, ist von einem ereignisgesteuerten ERP überzeugt: „Wenn das System der Meinung ist, dass ich etwas zu einer bestimmten Aufgabe beitragen muss – etwa bei einer Budgetüberschreitung oder Auffälligkeiten im Rechnungswesen –, werde ich davon in Kenntnis gesetzt." Laut Saunders, der vor seiner SAP-Laufbahn beim Analystenhaus Gartner tätig war, werden die zukünftigen ERP-Systeme menschliche Entscheidungsprozesse zwar erleichtern, aber nicht ersetzen: „Menschliche Intelligenz und künstliche Intelligenz werden einander ergänzen." Er ist sich sicher, dass die Anwenderinnen auf ganz neue Weise mit ERP-Systemen interagieren und diese gemäß ihren Bedürfnissen prägen werden. Auf Grundlage des gewünschten Geschäftsergebnisses und dank intelligenter Vernetzung stellen ERP-Systeme die erforderlichen Prozesselemente und Daten zusammen. Anschließend verbinden sie die Komponenten zu einem funktionierenden System.

Von der selbstlernenden Lösung zur autonomen Software

Laut Uwe Grigoleit kann ein ERP-System Ansätze zur Optimierung von Prozessen entwickeln, sobald es die Möglichkeit hat, Daten über alle Dimensionen eines Unternehmens und dessen Partnernetz hinweg fortwährend zu analysieren. „Warum sollte ein ERP-System beispielsweise nicht in der Lage sein, Daten auszuwerten, um einen Kunden proaktiv bei der Suche nach neuen Märkten für ein Produkt zu helfen?" Diese Vorhersagen werden auch zur Anpassung von Geschäftsprozessen zum Einsatz kommen. „Geschäftsprozesse ändern sich täglich – mitunter auch auf grundlegende Weise, wenn neue Situationen eintreffen", sagt Grigoleit. Er ist gespannt auf die Möglichkeiten zukünftiger ERP-Systeme und glaubt, solche Funktionen sind innerhalb der nächsten zehn Jahre realisierbar: „Während sie anfangs rudimentär sind, können sie durch die ständige Aufnahme von Daten immer besser werden." Gilg stimmt dem zu: „Auch wenn es in den letzten Jahren einen großen Hype um KI gab, fasst sie definitiv Fuß, da die Anwendungsfälle präziser werden und Unternehmen damit spürbare Vorteile erzielen. KI wird die Grundlage für die Art und Weise bilden, wie wir Daten in Zukunft verarbeiten. Sie wird eingesetzt werden, um autonome Systeme zu schaffen, die aus vergangenen Ereignissen, Benutzerinteraktionen und allen in der Cloud verfügbaren Daten lernen können. Dann gilt es, die Daten zu nutzen, um die richtigen Entscheidungen zu treffen."

Vertrauen ist das A und O

Wenn die manuelle Dateneingabe nicht mehr notwendig ist, könnten ERP-Systeme unter Nutzung von anonymisierten Inhalten mit selbstoptimierenden Algorithmen arbeiten. Diese ließen sich durch den Zugriff auf anonymisierte und in der Cloud verfügbare Daten von Hunderten oder sogar Tausenden von Kunden optimieren. Aber das ist noch nicht alles. „Sobald die Daten verlässlich sind, können sie zur Anpassung und Präzisierung von Simulationen eingesetzt werden, was genauere Prognosen und letztlich bessere Geschäftsentscheidungen ermöglicht", sagt Gilg.

Im Endeffekt werden aber nicht Technologien über den Erfolg oder Misserfolg von ERP-Systemen der nächsten Generation entscheiden, betont Paul Saunders: „Die größte Hürde ist der Mensch. Zukünftige ERP-Systeme werden ihr volles Potenzial nur dann entfalten können, wenn die Nutzer den Entscheidungen vertrauen, die die Systeme vorschlagen. Menschen sind schließlich sehr gut darin, ihre Entscheidungen zu rechtfertigen, indem sie nach den Daten suchen, die ihren Überzeugungen entsprechen." ■

50
GESICHTER
DER
SAP

Das Wachstum meistern

45 | Jorge Schiavo kam 1995 zur SAP in Argentinien, zunächst als Finanzmanager und später als Finanzchef für die Region SUR. So war er nicht nur für den finanziellen Kurs verantwortlich, sondern auch für die IT, Verträge, den Bürokomplex und einige HR-Aktivitäten.

„Anfangs saßen wir in einem sehr kleinen Büro im Zentrum von Buenos Aires. Wir hatten nicht für jeden Mitarbeitenden einen Desktop-PC, deshalb teilten wir uns die Computer. Um einen freien Rechner zu ergattern, musste man sehr früh morgens ins Büro kommen.

Damals war unser wichtigstes Ziel, in der Region Referenzkunden aus verschiedenen Branchen zu gewinnen. Die größte Herausforderung für die SAP-Niederlassung in Argentinien bestand also darin, das Wachstum zu meistern, denn wir planten, viele Leute einzustellen, und mussten daher immer wieder größere Büros mieten. Erst als wir uns gut positioniert hatten, schauten wir auf die Profitabilität und begannen damit, unseren Kundenstamm rasch zu vergrößern.

Es gab keine formalen Prozesse, keine Richtlinien, nur einige Best Practices, die sich in anderen Ländern Lateinamerikas bewährt hatten. Wir wurden von Mitarbeitenden aus Mexiko und Brasilien unterstützt und natürlich auch von Kolleginnen und Kollegen aus Deutschland."

Bereitschaft zur Zusammenarbeit

46 | Klaus Merx arbeitete von 1989 an zunächst in der SAP-Entwicklung, ehe er verschiedene Querschnittsthemen wie Test- und Qualitätsmanagement bearbeitete und diverse Entwicklungswerkzeuge einführte. 2006 wurde er in den Betriebsrat gewählt. Von 2015 bis 2018 und von 2021 bis 2022 war er Betriebsratsvorsitzender der SAP SE.

„Meine erste Aufgabe war mit zwei weiteren Kollegen die Entwicklung der ersten Version des SAPGUI. Mein erster Eindruck war der einer beeindruckenden Ansammlung von guten Softwareingenieuren mit viel technischem Know-how. Allerdings war SAP auch schon ein recht großer Laden mit insgesamt fast 1.000 Leuten und nicht leicht zu durchschauen. Die entscheidenden Faktoren für den Erfolg der SAP sind für mich das integrierte Angebot für alle Geschäftsprozesse und das tiefe Branchen-Know-how. Die Mitarbeiter vereint das gemeinsame Ziel, gute Software zu entwickeln, und sie zeigen eine sehr hohe Bereitschaft zur Kooperation. Die Diversität der Belegschaft ermöglicht viele internationale Kontakte. ,Ich habe schon mal in einer Firma mit 1.000 Leuten gearbeitet, in einer Firma mit 10.000 und in einer Firma mit 100.000 Beschäftigten. Zufällig hießen alle diese Firmen SAP.' Diese beiden Sätze beschreiben die Entwicklung der SAP ganz gut. Der Faktor 100 bei der Beschäftigtenzahl hat natürlich vieles komplizierter und schwerfälliger gemacht. Nach wie vor ist es daher wichtig, die richtigen Kontakte zu kennen, um etwas zu bewegen."

Die Möglichkeit, die Welt zu sehen

48 | Hanne Schultz Andersen arbeitet als Senior Solution Advisor für SAP Nordic. Ihr Büro befindet sich in Kopenhagen, aber sie ist viel unterwegs und reist zu Kunden in allen acht Ländern der Market Unit.

„Mein Job bei der SAP in der Region Nordic hat mir die Möglichkeit gegeben, die Welt zu sehen. Ich hatte das Glück, dass ich im Ausland leben und in verschiedenen SAP-Niederlassungen arbeiten durfte,

Adrenalinschübe

47 | Alexey Krutilin kam im Dezember 2001 als Associate Management Accounting Consultant zu SAP CIS. Nach sieben Jahren in der Beratung wurde er Manager in der Oil and Gas Industry Group und begann, ein Team von Branchenexperten aufzubauen. Er ist jetzt Global Industry Lead für den Bereich Mill Products & Mining bei SAP CIS.

„Das erste Implementierungsprojekt, an dem ich – nach nur drei Monaten aktiver Weiterbildung in unserem Schulungszentrum – beteiligt war, fand bei Megionneftegas statt, einem Kunden aus der Öl- und Gasindustrie in Sibirien. Meine hoch professionellen Kollegen zeigten mir, dass Beratung alles andere als einfach war. Aber sie gaben ihr Wissen an mich weiter, leiteten mich an und gaben mir Ratschläge, was ich noch lernen müsste und wie ich dabei vorgehen sollte. Teil dieses SAP-Teams zu sein und mit den Kundenteams zusammenzuarbeiten, war eine tolle Erfahrung. Die Kunden, die ich betreute, vermittelten mir Branchenwissen und machten mir deutlich, welche Anforderungen sie an die SAP-Implementierung stellten. Die SAP gibt ihren Mitarbeitenden die Möglichkeit, in einem Umfeld mit sehr professionellen Kollegen zu arbeiten, die Wissen austauschen und gerne einander helfen – und zwar in einem Umfeld, das es ermöglicht, sich weiterzuentwickeln. Wir haben interessante Tätigkeiten, die uns immer wieder einen Adrenalinschub geben und Erfolgserlebnisse bieten. Für mich besteht der Erfolgsfaktor der SAP in ihrer Fähigkeit, Branchen, Unternehmen, Menschen und Kunden kontinuierlich voranzubringen."

zum Beispiel in Atlanta, Singapur und Dubai. So hatte ich die einmalige Gelegenheit, spannende Unternehmen kennenzulernen, Einblicke in verschiedene Kulturen zu gewinnen und mit großartigen Kolleginnen und Kollegen im Presales-Team zusammenzuarbeiten. In Walldorf habe ich zwei Jahre verbracht. Ich hatte die wunderbare Möglichkeit, mit den bemerkenswertesten und intelligentesten Kolleginnen und Kollegen zusammenzuarbeiten und in engem Kontakt mit den größten Kunden der Branche zu stehen.
Die SAP ist ein außergewöhnlicher Arbeitgeber mit vielen cleveren Leuten und den besten Lösungen der Welt. Für mich ist es wichtig, dass ich bei einer Firma arbeite, die über die besten Produkte verfügt und sich auf das konzentriert, was sie am besten kann – und die SAP ist eine solche Firma. Auch nach vielen, vielen Jahren im Unternehmen lerne ich jeden Tag etwas Neues dazu. Ich bin sehr stolz darauf, für die SAP zu arbeiten."

Aushängeschild: Das ursprüngliche →
Team von SAP Ruum.
Sitzend von links: Florian Frey,
Josefine Harzmann, Stefan Ritter.
Stehend von links: Matthias Stegmüller,
Felipe Taiarol, Alban Nocaj.

Auf den Spuren der Gründer

Innovation beginnt im Unternehmen: SAP investiert in kleine, von Unternehmergeist geprägte Mitarbeiterteams, die Softwarelösungen mit großem Potenzial entwickeln.

Von Anna Hild

Im Sommer 2016 hatte Gopinath B. ein erfreuliches Problem. Sein Team sollte von vier Mitarbeitenden auf 40 vergrößert werden – und zwar schnell. Kurzerhand bat er drei Teammitglieder der SAP Labs India um Unterstützung: Hemant Shetty, Appaiah Ketolira Ganapathy und Swetha PB. Über mehrere Wochen interviewte das Team täglich bis zu zwölf Kandidatinnen und Kandidaten. Und doch ging der Einstellungsprozess nur schleppend voran. Im besten Fall konnte das Team eine Stelle pro Tag besetzen, an vielen Tagen gar keine.

Das brachte die Kollegen zum Nachdenken: Erging es nur ihnen so oder handelte es sich um ein Problem, das auch andere Jobanbieter haben? Sie fanden heraus, dass 70 Prozent aller Interviews in der ersten Bewerbungsrunde nicht zur Einstellung führen. Der Grund: Recruiter haben in der Regel nur sehr wenig Zeit, sich mit den Unterlagen der Kandidaten zu befassen, bevor sie zu einem telefonischen Interview einladen.

Die Recherche des Teams brachte weitere Probleme ans Licht: Studien zeigen, dass Bewerberinnen und Bewerber mit europäisch oder US-amerikanisch klingenden Namen 50 Prozent häufiger zu einem weiteren Gespräch eingeladen wurden als solche, die süd- oder afroamerikanisch klingende Namen hatten.

„Wir fanden zudem heraus, dass Angaben wie Universität, Adresse und frühere Arbeitgeber zu unbewusster Voreingenommenheit im Bewerbungsprozess führten", sagt Swetha PB. „Dies verhindert, dass Unternehmen die besten Kandidaten für den Job einstellen." Chancengleichheit? Im Recruiting oftmals Fehlanzeige. Das Team hatte ein Problem identifiziert und machte sich kurzerhand daran, es mithilfe von Software zu lösen. Ein Hackathon bestätigte dem Team, dass die entwickelte Softwarelösung großes Potenzial hat. Also setzten die drei Mitarbeitenden der SAP Labs India alles auf eine Karte. Sie schickten

SAP ONE BILLION LIVES – IDEEN MIT WIRKUNG

Das Internet der Dinge nutzen, um die Gesundheitsfürsorge für ältere Menschen zu verbessern; eine Lösung programmieren, die Geschäftsreisenden hilft, ihren Kohlendioxid-Ausstoß zu reduzieren; eine globale Plattform fürs Recyceln von Elektronik-Altgeräten entwickeln – diese und viele weitere Projekte waren oder sind Teil von „SAP One Billion Lives", einem Programm, das insbesondere Social-Entrepreneurship-Initiativen bei SAP unterstützt.

One Billion Lives wurde 2016 in der Region Asien-Pazifik-Japan unter der damaligen Leiterin der Region Adaire Fox-Martin ins Leben gerufen. Ziel ist es, „die Plattform, Finanzmittel, Infrastruktur und Zeit bereitzustellen, die es braucht, um großartige Ideen für eine bessere Gesellschaft Wirklichkeit werden zu lassen", sagte Fox-Martin damals.

„Das schafft nicht nur gemeinsame Werte und einen gemeinsamen Sinn, für den sich unsere Mitarbeiter engagieren, sondern zeigt auch unsere große Stärke, unsere Vision in die Tat umzusetzen und die Abläufe in Unternehmen weltweit und das Leben der Menschen zu verbessern."

Gemeinsam mit „Intrapreneurship" ist „One Billion Lives" das größte Innovationsprogramm der SAP. Beide haben zum Ziel, Mitarbeitende auf ihrem Weg von der Idee zum internen Investment zu unterstützen und so neue Produkte und Geschäftsfelder für SAP zu erschließen. Inzwischen ist One Billion Lives ein globales Programm.

ihre Idee an SAP.iO, den Zweig der SAP, der interne und externe Gründer unterstützt. Das Team wurde im Jahr 2018 als eines der ersten zum sogenannten Intrapreneurship-Programm zugelassen und setzte sich mit seiner Idee unter dem Namen „Brilliant Hire" gegen weitere Mitarbeiterteams durch. Brilliant Hire erhielt Startkapital von SAP und wurde Teil des hauseigenen Inkubators SAP.iO Venture Studio.

Mittlerweile zählt das SAP-Start-up über 20 Mitarbeitende und arbeitet mit mehr als 15 Kunden weltweit zusammen. Im Jahr 2021 entwickelte das Team die Lösung in eine neue Richtung weiter, um Unternehmen künftig noch besser bei der Suche und Einstellung der besten Talente zu unterstützen. Mithilfe von künstlicher Intelligenz stellt Brilliant Hire nun Listen mit den Rollen zur Verfügung, die für den jeweiligen Kandidaten am besten passen. Die Kandidatensuche wird für Unternehmen damit bedeutend optimiert: Statt sich durch seitenweise Angebote klicken zu müssen, bekommen Interessenten nur noch die Jobs angezeigt, die wirklich ihren Fähigkeiten und Interessen entsprechen.

SAP hat die neuen Funktionen bereits auf der eigenen Karriereseite eingeführt und konnte die Zahl derjenigen, die sich nach dem Besuch der Website tatsächlich entschieden, eine Bewerbung loszuschicken, innerhalb weniger Wochen um 110 Prozent steigern. Der Grund: Bewerber konnten nun schneller eine passende Stelle finden. Auch in Sachen Chancengleichheit kann Brilliant Hire Erfolge vorweisen: Ein Kunde verzeichnete nach Implementierung der Lösung einen knapp dreiprozentigen Anstieg weiblicher Bewerber.

Dass aus einer guten Idee in kurzer Zeit Großes entstehen kann, ist Teil der SAP-Geschichte. Seit 2014 ist es für Mitarbeiter möglich, im Rahmen des Intrapreneurship-Programms in die Fußstapfen

↑ Die Innovationskultur stärken: Joachim von Goetz leitet das Intrapreneurship-Programm der SAP.

↖ Netzwerken ist elementarer Bestandteil jedes „Accelerators".

↗ Von der Programmierung bis zum Marketing: Das Intrapreneurship-Programm unterstützt bei allen Aspekten einer Gründung.

↙ Ein physisches Treffen der Start-up-Gründer fand 2019 im SAP Innovation Center in Potsdam statt.

der fünf Gründer zu treten und eigene interne Start-up-Firmen aufzubauen.

Von der Idee zum Produkt

Mehr als 5.500 Teams haben seitdem ihre Ideen eingereicht. Zur Bewerbung gehört ein Video, in dem die Gründer das Projekt kurz erläutern. Außerdem müssen sie einige Fragen beantworten, die sich unter anderem um die Skalierbarkeit der Idee sowie den Nutzen für SAP drehen. Innerhalb von zwei Wochen wählt das Team um Joachim von Goetz, der das Programm seit 2021 steuert, die vielversprechendsten Ideen aus. Diese Teams dürfen an der sogenannten Validierungsphase teilnehmen, die rund drei Monate dauert und in der die zukünftigen Neugründer erfahrene Mentoren an die Seite bekommen, die sie bei der Weiterentwicklung ihrer Ideen unterstützen. „Im Prinzip kann jeder Mitarbeiter ein Start-up-Unternehmer werden", sagt von Goetz. „Was zählt, ist ein starkes Team mit einer gute Idee, Durchhaltevermögen und die Lust, sich auf völlig neue Aufgaben einzulassen." Im Anschluss beginnt die heiße Phase des Intrapreneurship-Programms: Rund zwei Dutzend Teams bekommen die Möglichkeit, an einem intensiven, knapp dreiwöchigen „Accelerator" teilzunehmen, der regulär im SAP Innovation Center in Potsdam stattfindet, in den vergangenen Jahren aber virtuell veranstaltet wurde. Sie entwickeln ihr Geschäftsmodell weiter, feilen an ihrem Prototyp, erstellen Businesskonzepte und lernen, wie sie ihre Idee gemeinsam mit Kunden erproben können.

„Das Intrapreneurship-Programm half uns bei den verschiedenen Aspekten einer Start-up-Gründung von der Validierung der Idee bis hin zur ersten Inkubationsphase der Firma", sagt Swetha PB. „Es hat den Unterschied gemacht. Wir haben nicht nur die Software entwickelt, sondern waren auch verantwortlich fürs Marketing, dafür, Kunden für uns zu interessieren und mit ihnen zu sprechen. Wir haben wie ein kleines Start-up innerhalb der SAP agiert." Am Ende präsentieren die Teams ihre Ideen vor einem ausgewählten Komitee von SAP-Führungskräften. Nur die aussichtsreichsten von ihnen werden ausgewählt und erhalten anschließend Startkapital. Als Teil des SAP.iO Venture Studio haben sie bis zu 18 Monate Zeit, sich und ihre Idee unter Beweis zu stellen. „Das Programm ermöglicht es Mitarbeitern, auf einfache Weise etwas auszuprobieren – auch mit dem Risiko, dass eine Idee am Ende scheitert", sagt von Goetz. Nicht alles müsse von Anfang an perfekt sein. „Die Teams bekommen die Möglichkeit, sich und ihre Idee in einem schnellen Umfeld zu testen. Große Unternehmen agieren oft behäbig und langsam, Start-ups hingegen sind Sprinter."

← Während des dreiwöchigen intensiven „Accelerators" entwickeln die Gründerinnen und Gründer ihre Ideen mit kompetenter Unterstützung weiter.

→ Groß denken: das Brilliant-Hire-Team mit Hemant Shetty, Appaiah Ketolira Ganapathy, Swetha PB (von links).

Die Teams erhalten also intensive Betreuung, um ihre Ideen zu entwickeln und relevante Geschäftsprobleme aus der Praxis zu lösen. Außerdem bekommen sie finanzielle Unterstützung, um die Problemlösungen in Produkte zu verwandeln. Obwohl sie innerhalb der SAP agieren, müssen sie sehr ambitionierte Wachstumsziele und Meilensteine erreichen – wie ein externes Start-up-Unternehmen. Die Vorteile für die Gründer liegen auf der Hand: 77 Prozent des weltweiten Handelsvolumens laufen über SAP-Systeme. Das Unternehmen verfügt über wertvolle Daten, Programmierschnittstellen und ein globales Partner- und Kundennetzwerk, von dem Gründer sowohl bei der Produktentwicklung als auch bei der Vermarktung profitieren können.

Ideen mit Potenzial

Im besten Fall werden die Start-ups in eine bestehende Unternehmenssparte eingegliedert und damit Teil des Kernportfolios von SAP. So ist auch SAP Ruum zu einem der wichtigsten Aushängeschilder des Intrapreneurship-Programms geworden. Die Software wurde 2016 von den SAP-Mitarbeitern Stefan Ritter und Florian Frey entwickelt und war ursprünglich als Werkzeug konzipiert, das die Zusammenarbeit in Teams erleichtern sollte. Das Ruum-Team stellte jedoch fest, dass in ihrer Software noch mehr Potenzial

steckte. „Wir wollten Ruum zu einer leicht zugänglichen Plattform machen, auf der jeder schnell und automatisiert Prozesse erstellen kann – und zwar ohne Programmierkenntnisse", erklärt Florian Frey, General Manager von SAP Ruum. Das Ruum-Team passte daher die Lösung an, sodass das Konzept für die Erstellung von Prozessen ohne Programmieraufwand in jeden Geschäftsbereich integriert werden konnte. Eine lohnende Weiterentwicklung, wie sich zeigte. Zwei Jahre später setzten bereits mehr als 16.000 Nutzer aus über 1.700 Unternehmen Ruum ein. Im Jahr 2020 wurde SAP Ruum schließlich ins Kernportfolio von SAP aufgenommen.

Auch wenn solche Beispiele zeigen, dass SAP mit dem Intrapreneurship-Programm gut aufgestellt ist, will das Team mehr. „Wir verstehen uns auch als Impulsgeber für die Unternehmenskultur der SAP", sagt Joachim von Goetz: „Es geht in unserem Programm um mehr als nur Ideen. Intrapreneurship ist auch eine kulturelle Ausrichtung, ein Spirit, der fest bei SAP verwurzelt ist und den wir stärken möchten – damit SAP noch mindestens weitere 50 Jahre an der Spitze bleibt." ∎

„Denkt niemals,
es sei geschafft"

Anlässlich des 50-jährigen Jubiläums der SAP blicken Hasso Plattner und Christian Klein auf die Erfolgsgeschichte des Unternehmens zurück und auf die Perspektiven für die Zukunft. In diesem Gespräch tauschen sich der SAP-Mitgründer und der Vorstandssprecher darüber aus, was das Besondere an der SAP ist, wie man es schafft, eine Idee erfolgreich in die Tat umzusetzen, und was Führungskompetenz bedeutet. Hasso Plattner hat außerdem Ratschläge für die nächste Führungsgeneration parat.

Christian Klein

Hasso, wir blicken zurück auf 50 Jahre SAP – welchen Rat würden Sie jungen Menschen mit auf den Weg geben, die davon träumen, die nächste SAP zu gründen?

Hasso Plattner

Mein Rat lautet: Steckt euch hohe Ziele, aber nehmt euch nicht zu viel vor. Als wir 1972 die SAP gründeten, hatten wir nicht gedacht, dass wir einmal die nächste IBM werden. Sucht euch daher ein interessantes Thema. Stellt das richtige Team zusammen und macht euch mit Leidenschaft an die Arbeit. Wichtig ist dabei, einen klaren Plan zu haben, möglichst bald den produktiven Betrieb aufzunehmen. Denn dann ändert sich alles. Die ersten Jahre eines Start-up-Unternehmens sind gewiss nicht einfach, da man zuerst etwas Konkretes entwickeln muss. Die Forschungsphase ist schön, birgt aber auch Gefahren. Man kann den Punkt verpassen, an dem das Unternehmen wachsen, Geld verdienen und neue Investoren gewinnen muss.

Deshalb muss man möglichst schnell – also innerhalb weniger Jahre – schwarze Zahlen schreiben. Man darf sich nicht zu lange darauf verlassen, von anderen finanziert zu werden. Man braucht einen Plan, wie man mit Gewinn arbeitet. Einer meiner wohl wichtigsten Ratschläge lautet: Wenn man feststellt, dass es in die falsche Richtung geht, muss man Führungsstärke zeigen und den Kurs ändern.

Klein

Das stimmt. Als Führungskraft muss man die Loyalität und das Vertrauen der Mitarbeitenden gewinnen und ein Arbeitsumfeld schaffen, indem sich jede und jeder voll entfalten kann. Meine wichtigste Erkenntnis ist, dass es vor allem um eines geht: die Mitarbeitenden.

Wie haben Sie es geschafft, starke Teams aufzubauen, Hasso?

Plattner

Zu Beginn, wenn das Team noch klein ist, weiß jeder, was gute Leistung ist. Darum muss man sich also nicht allzu sehr kümmern. Wenn man Führungsstärke zeigt, kann man auf die Unterstützung der Mitarbeiter zählen. Uns wurde gesagt, dass sich das ändern würde, wenn man mehr als 100 Mitarbeiter hat. Es änderte sich nichts, als wir in der Anfangszeit der SAP mehr als 100 Angestellte hatten – erst, als es über 1.000 waren.

Klein

Was war der Grund hierfür und was hat sich geändert?

Plattner

Anfangs gab es bei uns keinen Unterschied zwischen Entwicklern, Beratern und Vertriebsmitarbeitern. Wir haben alles gleichzeitig gemacht. Wir hatten ein Gespür für die anderen Bereiche und waren deshalb in der Lage, tolle Produkte zu entwickeln. Wenn

man größer wird und die Arbeit auf unterschiedliche Abteilungen verteilt, läuft man Gefahr, Silos zu errichten und den Blick für das große Ganze zu verlieren. Es wird schwieriger, die Leistung zu steuern. Man neigt dazu, zu vergessen, was es heißt, Unternehmer zu sein.

Klein

Es kann eine ziemliche Herausforderung sein, sich diesen Unternehmergeist zu bewahren, wenn das Unternehmen wächst. Haben Sie weitere Ratschläge?

Plattner

Die wichtigste Voraussetzung, um Unternehmer zu werden? Man muss Vertrauen in die eigenen unternehmerischen Fähigkeiten haben. Man muss lernen, sich selbst zu vertrauen.

John L. Hennessy, der Präsident der Universität Stanford, erklärte mir in einem Gespräch einmal seinen sehr pragmatischen Ansatz. Er sagte, Studenten müssten lernen, auf ihren Innovationsgeist zu vertrauen. Und eine Methode, dieses Vertrauen aufzubauen, ist Design Thinking.

Die Design-Thinking-Kurse in Stanford und anderswo schaffen eine Umgebung, in der sich die Menschen entwickeln können und mutig werden. Das ist sehr wichtig. Wahrscheinlich sogar wichtiger als das tatsächliche Wissen über die Materie, um die es geht.

Es liegt auf der Hand, dass man Innovationsgeist braucht, um ein Unternehmen aufzubauen. Und das muss man lernen. Es reicht nicht, eine natürliche Begabung für Führungsaufgaben zu haben. Man kann sich nicht auf alles vorbereiten, sondern wird manchmal ins kalte Wasser geworfen. Als Führungskraft muss man sich um die Produkte, um die Mitarbeiter und um die Kunden kümmern.

Und man muss im Grunde genommen alles gleichzeitig machen. Das Wichtigste ist jedoch, an sich zu glauben und sich selbst zu vertrauen.

Klein

Sie sagen, dass Führungskräfte an sich und ihre Fähigkeiten glauben müssen. Wie kann man anderen helfen, dieses Vertrauen in die eigenen Führungsqualitäten und -kompetenzen aufzubauen?

Plattner

Man kann andere nicht wirklich darauf vorbereiten, sondern muss ihnen eine Chance geben. Wenn sie scheitern, gib ihnen eine zweite Chance. Sorge dafür, dass sie es schaffen.

Klein

Mit Design Thinking haben wir ähnliche Erfahrungen bei Transformationsprojekten für unsere Kunden gemacht. Dies gilt insbesondere für Unternehmen, die mit der Einführung neuer Technologie weit mehr erreichen möchten, als ein vorhandenes Geschäftsmodell damit zu unterstützen. Design Thinking hilft Menschen, sich in den Konsumenten hineinzuversetzen. Das ist wichtig, weil wir die Situation aus der Perspektive des Verbrauchers betrachten und verstehen müssen, wie Technologie helfen kann, neue Produkte auf den Markt zu bringen und ein ansprechendes Erlebnis zu bieten. Design Thinking ermutigt dazu, aus alten Denkmustern auszubrechen und die Komfortzone zu verlassen, um etwas Neues zu schaffen. Technologie hilft zwar, Verbrauchern ein ansprechendes Erlebnis zu bieten, doch am Ende ist die Kombination aus Mensch und Technologie entscheidend.

Plattner

Das bringt mich zu einem weiteren wichtigen Punkt. Egal, welches Produkt man entwickeln möchte, man muss verstehen, wo und von wem es angewendet werden soll.

Wir hatten das unglaubliche Glück, dass wir in einem großen multinationalen Unternehmen quasi „lebten". Das war unser erster Kunde ICI. Wir kamen also jeden Tag in das Unternehmen, liefen durch die Büros, unterhielten uns mit den Mitarbeitern und bekamen ein Gespür für ihre Arbeit. Das hat uns enorm geholfen. Als wir die ersten Prototypversionen auslieferten und die Rückmeldung bekamen, dass noch nicht alles passt, sagten wir: „Okay, gebt uns zwei Tage, und wir kommen mit einer neuen Version wieder."

Das war eine sehr steile Lernkurve. Unsere ersten Projekte haben wir vor Ort bei unseren Kunden durchgeführt. Wir müssen also bereits in einer sehr frühen Phase herausfinden, womit sich Unternehmen beschäftigen – wesentlich früher, als wir das heute tun. Unternehmen entwickeln sich permanent weiter, sonst überleben sie nicht. Wir müssen Teil dieser Entwicklung sein. Wir sollten nicht erst dann ins Spiel kommen, wenn sie etwas entwickelt oder gekauft haben, damit scheitern und schließlich die SAP um Unterstützung bitten. Wir müssen uns sehr viel früher mit ihnen zusammensetzen.

Und wir müssen verstehen, was unsere Systeme nicht können. Wir glauben, dass wir zu viel anbieten. Wir glauben, dass ERP plus CRM und ein bisschen Plattform für zusätzliche Anwendungen das ganze Unternehmen abbilden. Das stimmt aber nicht. Ich empfehle, zurück zu den Anfängen der SAP zu gehen und SAP-Teams zum Kunden zu schicken. Sie sollen nicht unsere Standardsysteme implementieren, sondern herausfinden, was der Kunde mit Tools von SAP und anderen Anbietern macht. Dann können wir gezielt dort ansetzen. Es gibt viele interessante Unternehmen da draußen, von und mit denen wir lernen können. Die einzelnen Regionen haben oft unterschiedliche Herangehensweisen. Auch davon können wir lernen. Wir müssen zu den Kunden gehen und mit ihnen zusammenarbeiten.

Klein

Da haben Sie vollkommen recht. Ich bin auch der Meinung, dass wir unsere eigenen vier Wände verlassen müssen, um wirklich innovativ zu sein. Ein gutes Beispiel dafür ist das HanaHaus-Konzept. Es bietet eine Umgebung, in der sich kreatives Potenzial entfalten kann, in der wir uns mit Kunden jeder Größe zusammensetzen können, auch mit Start-ups, die ihre Branche auf den Kopf stellen. Über das HanaHaus können wir außerdem erfahren, was unsere Software anders machen muss und welche zusätzlichen Lösungen wir entwickeln müssen, damit junge Unternehmen wachsen können.

Wenn wir uns vor Augen halten, was vielen CEOs heute wirklich wichtig ist, dann geht es auch um mehr Agilität und nachhaltigere Abläufe. Und zwar in jeder Branche. Das sind nur zwei Beispiele, wobei die SAP Unternehmen unterstützen kann.

Plattner

Ganz genau. Der Neuaufbau von ERP läuft gut. Er ist in vollem Gange, und die Kunden wissen, dass er kommt. Die verbleibenden Probleme werden wir eines nach dem anderen lösen.

Ich bin außerdem sehr zufrieden mit dem Umstieg der SAP in die Cloud. Wir haben enorme Fortschritte gemacht, was die Vereinfachung betrifft, aber auch im Hinblick darauf, wie schnell wir Kunden Updates bereitstellen und unser System entwickeln können – nicht nur in den Labs oder für Neukunden, sondern für unseren gesamten Kundenstamm.

Klein

Was unsere Agilität erhöht und uns mehr Spielraum gibt, in neue Funktionen zu investieren, wenn wir keine alte Software warten müssen.

Plattner

Wenn ich bei Kunden der SAP in der Gegend von Berlin bin, darunter sehr bekannte Namen, erzählen sie mir, dass sie gerne ein Projekt

mit einer Universität in Angriff nehmen würder. Und gestehen dann, dass das nicht möglich ist, weil ihre Systeme schon 15 Jahre alt sind.

Klein

Auch ich treffe hin und wieder Kunden, die ihre letzte Software bei Ihnen gekauft haben. Das ist zwar einerseits toll, da sie noch immer unsere Kunden sind ...

Plattner

... zeigt aber auch, dass in unserer Branche etwas falsch gelaufen ist. Wer fährt schon einen 15 Jahre alten Dienstwagen? Diese Unternehmen arbeiten nicht mit 15 Jahre alten Computern, sie haben nur die Software nie gewechselt. Die Umstellung auf neue Anwendungssoftware ist so zeitaufwendig. Das machen sie einmal oder zweimal und sagen dann: „Oh, das ist uns zu teuer." Das nun kontinuierlich in der Cloud machen zu können, ist vermutlich eine der größten Errungenschaften unserer Branche.

Klein

Da die Entwicklung in der Cloud so viel schneller ist, wäre es mein Traum, dass wir eines Tages unser Know-how, unsere Rechenleistung und unsere Daten für die dynamische Modellierung von Lösungen einsetzen, mit denen unsere Kunden ihre größten Herausforderungen bewältigen können. Mit RISE with SAP bauen wir Komplexität ab und nutzen die Geschwindigkeit der Cloud, um ein sauberes Kernsystem zu bekommen. Mit SAP Signavio simulieren wir nun eine Herausforderung eines Kunden und sollten am Ende ein selbstlernendes System haben, das unseren Kunden im dynamischen wirtschaftlichen Umfeld von heute die nötige Agilität bietet. Dann sprechen wir nicht mehr von ERP oder CRM, sondern lösen ein Kundenproblem einfach und schnell.

Plattner

Ja, Geschwindigkeit ist eine Grundvoraussetzung in unserer Branche und heute wichtiger denn je. Die gesamte Entwicklung der letzten 50 Jahre beruht auf der Entwicklung schnellerer Computer. Es ist

absurd, stunden- oder gar tagelang auf eine Analyse warten zu müssen. In der Vergangenheit war das jedoch völlig normal. Heute können wir die meisten Abfragen, bei denen große Datenmengen durchsucht werden müssen, in wenigen Sekunden ausführen.

Klein
Glauben Sie, dass SAP HANA in Kombination mit künstlicher Intelligenz neue Möglichkeiten schaffen kann?

Plattner
Unbedingt! Diese Kombination ist sehr wichtig, da intelligente Technologien eine schnellere Verarbeitung von Daten ermöglichen. Und je mehr Daten verarbeitet werden können, desto intelligenter wird das Unternehmen. Ich glaube deshalb, dass die SAP die richtige Richtung eingeschlagen hat. Wir sollten künstliche Intelligenz jedoch nicht überbewerten.

Sie hat den Nachteil, dass es eine individuelle Lösung sein muss. Vermutlich werden wir damit nicht allzu viele allgemeine Analysen ermöglichen können. Sie müssen auf das Unternehmen zugeschnitten sein: auf die Art, den Führungsstil, das Produktangebot des Kunden. Man muss sich nur anschauen, was in der Automobilindustrie mit dem autonomen Fahren passiert. Es ist sehr, sehr schwierig und entwickelt sich nur langsam.

Klein
Wir sind uns also einig, dass Technologie alle Branchen verändern kann, bei bestimmten Aktivitäten jedoch weiter menschliches Eingreifen erforderlich ist.

Plattner
KI trägt mit Sicherheit zur Optimierung zentraler Geschäftsprozesse bei. Wir können sie autonomer gestalten und Mitarbeiter können sich dadurch gezielt wertschöpfenden Aufgaben widmen. So lässt sich die Leistungsfähigkeit von Geschäftsprozessen insgesamt verbessern.

KI kann menschliche Fähigkeiten zwar ergänzen, doch unser Gehirn ist ein wirklich großartiger Computer. Es ist faszinierend, wie wir neue Situationen in wenigen Sekunden oder gar im Bruchteil einer Sekunde analysieren können. Ich glaube, dass Entscheidungen letztlich immer von Menschen getroffen werden sollten.

Klein
Wie sollte in Ihren Augen die zukünftige Marschrichtung der SAP aussehen?

Plattner
Ich bin der Auffassung, es gibt Bereiche, in denen uns unsere bisherige Erfahrung helfen kann. Zugleich sehe ich auch großes Potenzial außerhalb des Unternehmensbereichs, vermutlich in Verbindung damit. Das wären eher auf Verbraucher ausgerichtete Geschäftsfelder – ein Massenmarkt mit anderen Vertriebsmodellen, aber ganz klar hochprofitabel.

Klein
Zu Beginn unseres Gesprächs haben Sie, Hasso, Ratschläge zur Gründung eines Unternehmens gegeben. Welchen Rat würden Sie den heute über 100.000 Mitarbeitenden der SAP mit auf den Weg geben?

Plattner
Sucht euch die richtigen Leute aus allen Teilen der Welt, die jeweils unterschiedliche Perspektiven einbringen. Behandelt die Kunden gut – wenn wir sie erst einmal gewonnen haben, müssen wir sie auch halten. Das ist eine der Stärken der SAP. Und: Denkt niemals, es sei geschafft. Ihr müsst euch immer weiter anstrengen. Denn geschafft ist es nie. ∎

50
GESICHTER
DER
SAP

Vorbildfunktion

49 | Tatjana Borovikov Die SAP-Geschichte von Tatjana Borovikov führt uns zurück ins Jahr 2005 und zu den Anfängen von Design Thinking im Unternehmen.

„Ich wurde in der Abteilung eingestellt, die Hasso Plattner geschaffen hatte, nachdem ihm ein Artikel über Design Thinking in der damaligen Zeitschrift Businessweek aufgefallen war. Der darin beschriebene Ansatz einer Designagentur erinnerte ihn an die Anfänge der SAP.
Als ich 2006 als Teil des Design-Services-Teams bei der SAP anfing, war die Methode des Design Thinking in der Geschäftswelt noch nicht weit verbreitet. Wir führten also die neue Methode ein und passten sie an die Anforderungen eines großen Unternehmens an. Wir waren damit Vorreiter bei der Anwendung dieses nutzerorientierten Ansatzes.
2007 war ich als Design-Thinking-Coach in Hasso Plattners Seminaren ‚Trends and Concepts' am Hasso-Plattner-Institut tätig. Seine Botschaft an die Studierenden war: ‚Wir müssen unseren Endanwendern über die Schulter schauen. Wir müssen ein offenes Ohr für sie haben und beobachten, wo sie Schwierigkeiten haben, um zu verstehen, was sie brauchen und wie sie unsere Software nutzen wollen.'
Die SAP wurde zu einem Vorbild für ihre Kunden, andere Großunternehmen sowie die gesamte IT-Branche und die Wissenschaft. Das Hervorheben von Benutzerfreundlichkeit und die Einbindung von Endanwendern in den Designprozess wurden zu Best Practices. Wenn die SAP nicht so stark in das Thema investiert hätte, gäbe es heute Berufe wie ‚User Researcher' oder Begriffe wie ‚Benutzerfreundlichkeit' vermutlich gar nicht. Deshalb bin ich so stolz und dankbar, dass ich bei der SAP arbeite und das Unternehmen auf seinem Weg als einer der Vorreiter begleiten darf!"

Schneller Aufstieg

50 | João Paulo da Silva kam 1996 zur SAP in Portugal. Heute ist er SVP und General Manager für Südeuropa und das französischsprachige Afrika und für rund 1.000 Mitarbeitende verantwortlich.

„Seit 1996 ist es mit meiner Karriere schnell vorangegangen: Ich bin mit meiner Familie nach Lissabon, Mailand, Barcelona und Madrid gezogen, habe in Bereichen wie Vertrieb, Marketing und Channel Management gearbeitet und Teams in der ganzen Region EMEA geleitet.
Aktuell habe ich den achten Job, seit ich bei der SAP bin. Ich habe also im Durchschnitt alle drei Jahre die Aufgabe gewechselt und mich weiterentwickelt. Das Besondere an der SAP aber sind die Menschen. Unsere Kunden lassen uns zu einem starken Team zusammenschweißen.

Die SAP ist seit 50 Jahren erfolgreich – weil wir Branchenlösungen entwickelt haben, die auf die Anforderungen unserer Kunden eingehen; weil wir ein starkes Partnernetz haben; und weil wir es geschafft haben, uns immer zum richtigen Zeitpunkt neu zu erfinden."

Menschen, Daten, Hintergründe

SAP kann auf eine bewegte Geschichte zurückblicken und hat sich vorgenommen, mit ihren Kunden gemeinsam die Zukunft zu gestalten. 10 Fragen zu 50 Jahren SAP. Rätseln Sie mit!

1. Wie lautete der ursprüngliche Firmenname?
☐ A: Systeme, Anwendungen, Programme in der Softwareentwicklung
☐ B: Systeme, Analysen, Produkte in der Softwareentwicklung
☐ C: Systemanalyse Programmentwicklung

2. Wann und wo wurde die erste SAP-Niederlassung gegründet?
☐ A: 1984 in der Schweiz
☐ B: 1978 in Österreich
☐ C: 1989 in Australien

3. Wann wurde SAP erstmals an den deutschen Börsen in Frankfurt und Stuttgart gelistet?
☐ A: 1978
☐ B: 1988
☐ C: 1998

4. Im Jahr 1989 organisierte SAP die erste SAPPHIRE. Wofür stand der Name SAPPHIRE ursprünglich?
☐ A: SAP's Productive Highly Interactive R/2 Exchange
☐ B: SAP's Perennial Highly Integrated R/3 Exchange
☐ C: Such a Phenomenal Program for Hardware-Improved Realtime Enterprises

5. Im Jahr 1986 investierte die Firma rund 7 Millionen D-Mark in einen neuen IBM-Computer. Wie hoch war seine Speicherkapazität?
☐ A: 786 KB
☐ B: 64 MB
☐ C: 3 GB

6. Aus wie vielen unterschiedlichen Ländern stammen die Mitarbeitenden bei SAP?
☐ A: Aus mehr als 75
☐ B: Aus mehr als 150
☐ C: Aus mehr als 200

7. In wie viele Sprachen ist SAP S/4HANA Cloud übersetzt (Stand: Dezember 2021)?
☐ A: 12
☐ B: 18
☐ C: 27

8. Wie viele Gebäude besitzt die SAP in wie vielen Ländern?
☐ A: 345 Gebäude in 69 Ländern
☐ B: 405 Gebäude in 81 Ländern
☐ C: 672 Gebäude in 120 Ländern

9. Wie viele der weltweit 100 größten Unternehmen sind SAP-Kunden?
☐ A: 79
☐ B: 89
☐ C: 99

10. Wie viele der SAP-Kunden sind kleine und mittelständische Unternehmen?
☐ A: Rund 60 Prozent
☐ B: Rund 80 Prozent
☐ C: Rund 90 Prozent

Die richtigen Antworten finden Sie am Ende dieses Buches.

Ein Hinweis zum Gendern

Wir verwenden in diesem Buch unterschiedliche Formen geschlechtergerechter Sprache. Manchmal nutzen wir gleichzeitig feminine und maskuline Formen, manchmal geschlechtsneutrale Begriffe. Die Leserinnen und Leser können im Einzelfall auch noch das generische Maskulinum finden, also den geschlechts-unabhängigen Gebrauch der maskulinen Form, dem wir an anderer Stelle das generische Femininum danebenstellen. Bisweilen verwenden wir auch die neuen Formen mit Doppelpunkten. Die im Buch verwendeten Formen sind so vielfältig wie das Unternehmen SAP. In jedem Fall wollen wir sicherstellen, dass sich die gesellschaftliche Diversität auch in unseren Texten widerspiegelt. Damit machen wir alle Geschlechter sichtbar und bekennen uns zu einer vielfältigen Gesellschaft.

Quellen und Literatur

6 / 7 Grundlagen legen

Zitat Dietmar Hopp: Hauptversammlung SAP AG, Juni 1995.

Zitat Hasso Plattner: Dem Wandel voraus, 2000, S. 215.

Zitat Klaus Tschira: SAP Partner Congress, 1997.

Zitat Gerhard Oswald: Interview mit SAP Inside, 1995.

Zitat Esther Dyson: Realtime, A Tribute to Hasso Plattner, 2004, S. 258.

Zitat Hans Schlegel: Die ersten zehn Jahre der Internationalisierung von SAP, in: Helden für den Mittelstand – weltweit, 2012, S. 203.

10 / 19 Ein Glücksfall

Zitat Hasso Plattner: Dem Wandel voraus, 2000, S. 72.

Oral-History-Interview: Paul Neugart mit Timo Leimbach, 2006.

Oral-History-Interview: Walter Rothermel mit Timo Leimbach, 2008.

Ludwig Siegele/Joachim Zepelin, Matrix der Welt, SAP und der neue globale Kapitalismus, Frankfurt/Main, 2009, S. 39 f.

22 / 29 Das Dream-Team

Oral-History-Interview: Dietmar Hopp mit Timo Leimbach, 2006.

Oral-History-Interview: Paul Neugart mit Timo Leimbach, 2006.

Dem Wandel voraus, 2000, S. 215.

Interview mit Hasso Plattner, Palo Alto, 2000.

30 / 31 Finanzgenie und Freigeist

Oral-History-Interview: Claus Wellenreuther mit Timo Leimbach, 2005.

Oral-History-Interview: Dietmar Hopp mit Timo Leimbach, 2006.

Oral-History-Interview: Paul Neugart mit Timo Leimbach, 2006.

Gerd Meissner, SAP – die heimliche Software-Macht, München, 1997, S. 39.

32 / 52 Von der Ungleichzeitigkeit disruptiver Veränderungen

Timo Leimbach, Vom Programmierbüro zum globalen Softwareproduzenten. Die Erfolgsfaktoren der SAP von der Gründung bis zum R/3-Boom, 1972–1996, in: Zeitschrift für Unternehmensgeschichte, 52. Jahrgang, Nr. 1/2007, S. 33–56.

Timo Leimbach, The SAP Story: Evolution of SAP within the German Software Industry. In: IEEE Annals of the History of Computing, Vol. 30, No. 4, 2008, p. 60–76.

Gerd Meissner, SAP – die heimliche Software-Macht, München, 1997.

Ludwig Siegele/Joachim Zepelin, Matrix der Welt, SAP und der neue globale Kapitalismus, Frankfurt/Main, 2009.

Bill McDermott, Mein Weg zu SAP, Berlin, 2015.

SAP-Pressespiegel 2012 bis 2021.

Transkripte zu Zeitzeugeninterviews mit Hasso Plattner 1997, 2000 und 2012.

SAP-Geschäftsberichte 1988 bis 2021.

SAP-Aufsichtsratsprotokolle 1988 bis 2011.

Zeitzeugeninterviews:

Henning Kagermann am 31.8.2021.

Luka Mucic am 2.9.2021.

Jim Hagemann Snabe am 7.10.2021.

56 / 63 Taktgeber der Globalisierung

Hans Schlegel: Die ersten zehn Jahre der Internationalisierung von SAP, in: Helden für den Mittelstand – weltweit, 2012.

Oral-History-Interview: Dietmar Hopp mit Timo Leimbach, 2006.

Ludwig Siegele/Joachim Zepelin, Matrix der Welt, SAP und der neue globale Kapitalismus, Frankfurt/Main, 2009.

Clas Neumann, Jayaram Srinivasan: Managing Innovation from the Land of Ideas and Talent, The 10-Year Success Story of SAP Labs India, Berlin, Heidelberg, 2009, S. 33.

86 / 91 Durch die Decke

Oral-History-Interviews: Dorit Beric mit verschiedenen Gesprächspartnern, März – Juni 2021.

92 / 97 Mehr als die Summe seiner Teile

Johanson, J., & Vahlne, J. E.: The internationalization process of the firm-a model of knowledge development and increasing foreign market commitments,
in: Journal of international business studies, 8 (1), 1977, S. 23–32.

Winkler, Jessica: International entry mode choices of software firms: An analysis of product-specific determinants, Lang, 2010.

Mitchelmore, S., & Rowley, J.: Entrepreneurial competencies: a literature review and development agenda, in: International Journal of Entrepreneurial Behavior and Research, 16 (2), 2010, S. 92–111.

Osterwalder, A., & Pigneur, Y.: Business model generation: a handbook for visionaries, game changers, and challengers, John Wiley & Sons., 2010.

Cusumano, M. A., Jansen, S., & Brinkkemper, S. (Eds.): Software ecosystems: analyzing and managing business networks in the software industry, Edward Elgar Publishing, 2013.

von Hippel, E.: Democratizing innovation, MIT Press, 2006.

Teece, D. J., Pisano, G., & Shuen, A.: Dynamic capabilities and strategic management, in: Strategic Management Journal, 18 (7), 1997, S. 509–53.

100 / 105 Türen öffnen auf dem Schlüsselmarkt
Alexandra Tashos: 30 Jahre SAP in Kanada, in SAP News, 17. Oktober 2019.

114 / 119 Von Mut, Freundschaften und gemeinsamen Erfolgen
Studie Harvard Business Review:
hbr.org/2018/01/how-and-where-diversity-drives-financial-performance

120 / 123 Cowboys im wilden Osten
Hans Schlegel: Die ersten zehn Jahre der Internationalisierung von SAP, in: Helden für den Mittelstand – weltweit, 2012.
Oral-History-Interview: David McMahon mit Rudy van der Hoeven, 2018.

120 / 123 Cowboys im wilden Osten
Hans Schlegel: Die ersten zehn Jahre der Internationalisierung von SAP, in: Helden für den Mittelstand – weltweit, 2012.

134 / 137 Kreative Anarchie
Hans Schlegel: Die ersten zehn Jahre der Internationalisierung von SAP, in: Helden für den Mittelstand – weltweit, 2012.
Oral-History-Interview: David McMahon mit Rudy van der Hoeven, 2018.
Clas Neumann, Jayaram Srinivasan: Managing Innovation from the Land of Ideas and Talent, Berlin, Heidelberg, 2009.
Kundenzeitschrift SAP Info und Mitarbeiterzeitschrift SAP World.

140 / 147 Von der Steinzeit in die Moderne
Informationen zum Einsatz des IBM Systems /370, Modell 165 im Hause Carl Freudenberg, Weinheim, Mannheim, Oktober 1971, in: UA 3/08805.
Mitarbeiterzeitung Knoll Informationen, Heft 4–74, S. 16 f.
Mitarbeiterzeitung SCHOTTintern, 1977, S. 14–16.

160 / 165 Vom Projekt zum Platzhirsch
Clas Neumann and Jayaram Srinivasan: Managing Innovation from the Land of Ideas and Talent, Berlin, Heidelberg, 2009.
Hans Schlegel: Die ersten zehn Jahre der Internationalisierung von SAP, in: Helden für den Mittelstand – weltweit, 2012.
Mitarbeiterzeitung SAP Inside und Mitarbeiterzeitschrift SAP World.
Kundenzeitschrift SAP Information.

190 / 199 Treibende Kraft oder Getriebene?
Garud, R., Tuertscher, P., & Van de Ven, A. H.: Perspectives on innovation processes, in: Academy of Management Annals, 7 (1), 2013, S. 775–819.
Aspray, W., Campbell-Kelly, M., Ensmenger, N., & Yost, J. R.: Computer: A history of the information machine, Routledge, 2018.

McAfee, A., & Brynjolfsson, E.: Investing in the IT that makes a competitive difference, in: Harvard business review, 86 (7/8), 2008, S. 98–102.
Godin, B.: Models of innovation: the history of an idea, MIT Press, 2017.
O'Mara, M.: The code: Silicon Valley and the remaking of America, Penguin Books, 2020.
Leimbach, T.: Die Softwarebranche in Deutschland: Entwicklung eines Innovationssystems zwischen Forschung, Markt, Anwendung und Politik von 1950 bis heute, Fraunhofer Verlag, 2011.
Cusumano, M. A., Jansen, S., & Brinkkemper, S. (Eds.): Software ecosystems: analyzing and managing business networks in the software industry, Edward Elgar Publishing, 2013.

222 / 225 Lange Leine, kurzer Draht
Oral-History-Interview: David McMahon mit Alice Hee Jeong Hong, 2018.
Kundenzeitschrift SAP Info und Mitarbeiterzeitschrift SAP World.

226 / 235 Von Walldorf an die Wallstreet
Siehe: 32 / 52 Von der Ungleichzeitigkeit disruptiver Veränderungen
Analysten-Studien zu SAP bzw. IT-Branchenstudien von Knut Woller, UniCredit Markets & Investment Banking bzw. Hevea Baader Equity Research 2003 bis 2021.

236 / 239 Druckluft im Abo
www.compair.com/de-de/industries-and-applications/industrial-manufacturing
www.t-systems.com/de/de/referenzen/digital/industrie-4-0-kaeser
www.mbtmag.com/home/article/13245373/wonder-twins
customer-first-cloud.de/knowhow/sap-iot/
www.druckluft-fachhandel.de/kaeltetrockner-druckluft
www.kaeser.de/produkte/
www.compair.com/de-de/industries-and-applications/industrial-manufacturing
www.sap.com/about/customer-stories.html?search=kaeser

260 / 265 Verfechter der digitalen Inklusion
Links zur Zusammenarbeit von SAP Social Sabbatical mit Kunden und Partnern:
GSK:
www.impact2030.com/impact/docRepo/impact2030/files/9241547710367CaseStudyTemplate-SAP.pdf
gskpulsevolunteers.com/2016/10/26/pihsapgsk-featured-at-un-conference-robin-in-rwanda-5/
blogs.sap.com/2016/08/17/sapgsk-in-rwanda-improving-rural-healthcare-research/
EY:
www.sap.com/dmc/exp/2017_03_46558/enUS/social_sabatical_021.html
Nestlé:
www.sap.com/dmc/exp/2017_03_46558/enUS/social_sabatical_021.html
Medtronic: news.sap.com/2021/03/telehealth-reimagine-community-health-systems/
BMW:
www.impact2030.com/impact/docRepo/impact2030/files/1801569342626SAP-2019Update.pdf

Bildnachweise

4 Bert Bostelmann

10/13/14/17/18 Karl-Heinz Reiff

17 Reinhold Lehmann

33 Paul Pape: SAP-Rechenzentrum, Wind spürbar im Gesicht

56 SAP Image Library, Getty Images 1140040722

62 Ingo Cordes (Mitarbeiter, D. Matheis), Monika Michel (H. Schlegel)

64 Ekaterina Pokrovsky/Adobe Stock

71 Nettingsdorfer Papierfabrik und Nationalbank: By Bwag - Own work, CC BY-SA 4.0

86 Horváth Botond/Adobe Stock

98 Marko Priske

100 ATGimages/Adobe Stock

108 Rawpixel.com/Adobe Stock

114 belyaaa/Adobe Stock

116 Ingo Cordes

120 Tayler/Adobe Stock

126 ArTo/Adobe Stock

134 TTstudio/Adobe Stock

Impressum

Herausgeber	SAP-Unternehmenskommunikation www.sap.com
Konzept, Redaktion und Projektleitung	Michael Zipf
Bildredaktion	Monika Michel
Autoren	Upen Barve, Paul Baur, Dorit Beric, Sarah Bürkle, Andrea Diederichs, Prof. Dr. Paul Erker, Joshua Greenbaum, Anna Hild, Johannes Klostermeier, Timo Leimbach, John Licata, Christoph Lixenfeld, Corinna Machmeier, David McMahon, Stephan Magura, Jacqueline Prause, Jeanette Rohr, Heidi Schweickert, Martin Wezowski, Ozan Yilmaz, Jürgen Zimmermann, Michael Zipf
Übersetzung	SAP SE Corporate Content Team
Lektorat	Brian Wasson Margit Gehrig
Layout und Gestaltung	Simone Bräu, www.werbebrauerei.com Christian Piorkowski, www.abcpremium.de IMAGO Walldorf GmbH, www.imago-walldorf.de
Fachliche Beratung	Philipp Becker, Clive Day, Ralf-Dietmar Dittmann, Norbert Heenes, Erwin Ledig, Paul Neugart
Druck	abcPremium GmbH, Heidelberg www.abcpremium.de Gedruckt auf Quatro Silk, 135 g naturmatt mit Volumen von IGEPA www.igepagroup.com Klimaneutral durch CO_2-Ausgleich und ökologisch gedruckt mit Bio-Farben Dieses Buch liegt als Druckversion in deutscher und englischer Sprache vor Erscheinungsjahr: 2022
Verlag	© abcVerlag GmbH Im Sändel 4, 69123 Heidelberg www.abcverlag.de V. i. S. d. P.: Winfried Rothermel

ISBN 978-3-938833-60-5